税收筹划
战略方法与操作实务

蔡昌 ———— 著

内 容 提 要

本书以税收筹划战略方法和操作实务为核心，重点从企业设立、投资融资、物资采购、生产研发、市场销售、利润分配、薪酬激励、企业重组等战略流程视角探讨战略税收筹划的操作技术与方法，并结合大量实战案例点评与分析，提供关于战略税收筹划的系统性操作实务与指导。

本书分为三大篇，共20章。上篇主要是税收筹划方面的战略方法，中篇主要是税收筹划方面的实践应用，下篇是一些相关的案例解析。从理论到实践，帮助读者更好地学习和掌握税收筹划的战略方法与操作技巧。

本书不拘泥于税制结构和税收政策的细节，而是从普遍意义和更深层次探讨税收筹划与战略规划，适合企业高管、高校师生及对税收有兴趣的读者阅读。

图书在版编目(CIP)数据

税收筹划战略方法与操作实务 / 蔡昌著. — 北京：北京大学出版社，2024.1
ISBN 978-7-301-34563-4

Ⅰ. ①税… Ⅱ. ①蔡… Ⅲ. ①税收筹划 Ⅳ. ①F810.423

中国国家版本馆CIP数据核字(2023)第194384号

书　　　名	税收筹划战略方法与操作实务 SHUISHOU CHOUHUA ZHANLÜE FANGFA YU CAOZUO SHIWU
著作责任者	蔡　昌　著
责任编辑	刘　云
标准书号	ISBN 978-7-301-34563-4
出版发行	北京大学出版社
地　　　址	北京市海淀区成府路205 号　100871
网　　　址	http://www.pup.cn　　新浪微博：@北京大学出版社
电子信箱	编辑部 pup7@pup.cn　　总编室 zpup@pup.cn
电　　　话	邮购部 010-62752015　发行部 010-62750672　编辑部 010-62570390
印　刷　者	北京鑫海金澳胶印有限公司
经　销　者	新华书店
	787毫米×1092毫米　16开本　36印张　652千字 2024年1月第1版　2024年1月第1次印刷
印　　　数	1—3000册
定　　　价	128.00 元

未经许可，不得以任何方式复制或抄袭本书之部分或全部内容。
版权所有，侵权必究
举报电话：010-62752024　电子信箱：fd@pup.cn
图书如有印装质量问题，请与出版部联系，电话：010-62756370

1

民以食为天，国以税为本。随着市场经济的深入发展，税收与经济的关系更为密切，税收也更多地影响着人们的生产和生活，有来自世界各地的诸多事例为证。2013年1月3日，瑞士古老的私人银行——韦格林银行因帮助100多位美国富人逃避税收，为此缴纳5780万美元的补偿和罚金。这家有着271年历史的银行在经营超过两个半世纪后永久歇业[①]。2015年以来，著名足球运动员梅西、马斯切拉诺、内马尔等曾因涉嫌逃税被西班牙政府予以制裁和处罚。2017年，欧盟宣布对亚马逊与卢森堡签订的税收协议展开调查，认为亚马逊在卢森堡非法避税，要求其补缴2.5亿欧元的税款及利息。此后，亚马逊与美国国内税务局（IRS）的税收争议案经美国税务法庭审议，法官阿尔伯特·劳勃尔驳回了IRS的诸多指控，判定IRS多次滥用自由裁量权，最终以IRS败诉而结案。2018年10月3日，深受社会关注的某明星"阴阳合同"逃税案最终公布了处理结果：税务当局对该明星处以8.8亿元的巨额罚款，该案终于尘埃落定。2021年浙江省杭州市税务部门对网络主播涉嫌偷逃税款展开调查发现，朱某和林某两名网络主播通过在上海、广西、江西等地设立个人独资企业，虚构业务将其取得的个人工资薪金和劳务报酬所得转变为个人独资企业的经营所得，偷逃个人所得税，分别对其追缴税款、加收滞纳金及罚款6555.31万元、2767.25万元。黄某在上海崇明区、奉贤区和舟山市设立了多家个人独资企业和合伙企业，而这些企业没有实质性经营活动，只是享受了当地的税收优惠政策，并凭借产业园区核定征收政策，通过隐匿收入、虚构业务、转换收入性质、虚假申报等方式逃避税款6.43亿元，其他少缴税款0.6亿元，税务机关依法对黄某做出了税务行政处理处罚决定，追缴税款、加收滞纳金并处罚款13.41亿元。Klepper & Nagin（1989）有一句经典名言："人的一生中有三件事情是确定的：死亡、税收及人类为逃避这两件事所做出的不懈努力。"

税收规则的存在对于判断税收活动的性质至关重要。开曼群岛当局于2018年12月27日颁布了《国际税收合作（经济实质）法》[②]（The International Tax Co-Operation (Economic Substance) Law），要求在开曼群岛设立的经济主体若要开展"相关活动"并取得"相关

---

① 《瑞士最古老银行被迫永久关门》．北京日报，2013年1月6日。
② 开曼群岛颁布的《国际税收合作（经济实质）法》于2019年正式生效，此后陆续推出过1.0版本、2.0版本两个指引文件。

收入",必须满足经济实质测试,并向开曼群岛税务信息局申报相关信息。2020年7月13日,开曼群岛当局颁布了《开曼群岛经济实质法指引3.0》[①],这是国际反避税规则的重大发展。经济合作与发展组织(OECD)于2019年6月发布了税基侵蚀和利润转移(BEPS)两大支柱的咨询意见,BEPS两大支柱的确立及应用将进一步影响国际税收环境。OECD于2020年1月31日发布了两大支柱的包容性框架声明,对数字经济税收应对提出了建议性方案。无独有偶,海南自贸港建设也开启了新税制设计与运行,对实质性运营给出了深入诠释:企业注册在自贸港且在自贸港之外未设立分支机构的现实情形,判断实质性运营的条件是,居民企业的生产经营、人员、财务、资产在自贸港。换言之,四要素当中任何一项不在自贸港,就不属于实质性运营。企业注册在自贸港且在自贸港之外设立分支机构的现实情形,属于总机构在自贸港的跨自贸港经营汇总纳税企业,判定是否属于实质性运营,主要取决于注册在自贸港的居民企业是否能够从生产经营、人员、财务、资产四个维度实施对各分支机构的实质性全面管理和控制。

税收筹划是一种融战略规划、经营模式、商务结构及管理方式为一体的,旨在降低税收成本与税务风险的智慧型行为。美国《会计技术》杂志称税收筹划为"皇冠上的明珠",要使其放射出耀眼的光芒,必须分析照射在明珠上的每一束光。

从实践角度分析,税收筹划是指纳税人在既定的税制框架下,通过对纳税主体的战略模式、经营活动、投资行为、理财涉税事项等进行事先规划和安排,以规避税务风险、递延纳税、控制或减轻税负为手段,实现税后收益最大化目标的一系列税务规划活动。出于理财决策和税收利益的考虑,集团企业、商务机构乃至自然人都十分重视税收筹划的实践运作。国内一些税务师事务所、会计师事务所、律师事务所等机构为服务纳税人,积极推出了满足社会各界需求的高端税收筹划业务。

国务院行政审批制度改革推进以来,"注册税务师职业资格核准"被取消,由准入类职业资格调整为水平评价类,税务师行业通过审批进行管理的方式被取消,税务师中介行业面临重要转型。国家税务总局前任副局长任荣发于2016年8月25日在全国税务师行业党委书记会议上作了《加强党建工作 加快转型升级 促进税务师行业持续健康发展》的重要讲话,对税务社会组织和中介机构的未来发展,明确提出了"大力开拓税务筹划、高端税务顾问、企业兼并重组、上市公司纳税情况审查等高端业务",强调大力推动税务师行业持续健康发展。

---

① 3.0版本的指引文件重点扩充了"附表:行业具体指南"(The Schedule: Sector Specific Guidance)的内容,对全部9类"相关活动"的定义、核心经济活动及经济实质要求等进行了较为详细的说明。此外,3.0版本指引文件还正面回应了《经济实质法》实施以来业界较为关注的部分问题。

"横看成岭侧成峰,远近高低各不同",对税收筹划的理解与认识也是如此。基于私法自治原则①,以及法律框架下的利益追求,税收筹划被界定为纳税人享有的一项合法权益。税收法定原则确立了纳税人的税收筹划权,而私法自治真正使这种权利成为现实。税收筹划是市场经济环境下的产物,是纳税人具有法律意识的主动行为。它不仅具备合法性的基本要件,更体现了民主、正义的税收契约精神。

征税与纳税是一种永恒的、高智商的动态博弈,我们经常用"渔网理论"来刻画征纳双方之间的微妙关系:渔民编织渔网出海打鱼,但在打鱼过程中必然会出现一些漏网之鱼。鱼之漏网,原因在于网,而不在于鱼,鱼从网中钻出来是鱼渴望生存的天性使然。渔民不应该埋怨漏网之鱼,而应该想办法修补好捕鱼之网。其实,将"渔网理论"应用于税收筹划有一定的借鉴意义:税法犹如一张渔网,再结实的渔网都有网眼过大乃至破损之处,再完善的税法都有缺陷和漏洞。因此,税收筹划体现着纳税人寻觅"税收空间"的洞察力,是纳税人对税收环境的反应和适应。更为重要的是,税收筹划堪称税收公平与效率的试金石,能使政府意识到修补"税法之网"的迫切性,进而演变成一种税制变迁的推动力,引发税制的诱致性制度变迁②。

关于税收筹划的起源,据文献记载,最早可追溯至19世纪中叶的意大利。当时意大利的税务咨询业已存在税收筹划服务,这可以看作是税收筹划的萌芽。税收筹划的正式提出始于美国财务会计准则,美国财务会计准则委员会(FASB)在《SFAS 109:所得税的会计处理》中首次提出了"税收筹划战略(Tax-planning Strategy)"。欧洲税务联合会于1959年在法国巴黎成立,其主要业务就是为纳税人开展税收筹划。美国经济学家迈伦·斯科尔斯、马克·沃尔夫森提出了"有效税收筹划理论"。该理论体现了一般均衡的战略思想,旨在建立一个透视税收规则如何影响税务决策、资产定价、资本结构和财务战略的理论框架。自从罗纳德·H.科斯获得诺贝尔经济学奖以来,产权经济学思想逐步渗透进税收领域,税收筹划被视为"由社会多方契约关系制约的、多方契约力量之合力推动的一种经济行为"。在承认理性经济人的逐利本性、契约的不完备性和利益博弈均衡等前提下,契约各方当事人(涵盖经营者、投资者、债权人、供应商、代理商等利益相关者)便有动机、有条件利用交易契约进行税收筹划运作,在更大范围内、更主动地灵

---

① 私法自治原则,建立在19世纪个人自由主义之上,强调国家应严格限制自己的权力范围和权力界限,充分关注个体利益,最大限度地发挥个体的主观能动性和积极性,以实现社会效益的最大化和社会的公平正义。
② 诱致性制度变迁是与强制性制度变迁相对立的一种制度演进模式。北京大学的林毅夫教授认为:"诱致性制度变迁指的是一群(个)人在响应由制度不均衡引致的获利机会时所进行的自发性变迁;强制性制度变迁指的是由政府行动来加以促进的。"(参见林毅夫:《关于制度变迁的经济学理论:诱致变迁与强制性变迁》,载于《财产权利与制度变迁》。)

活安排理财涉税事项,以达成契约各方的共赢局面。美国税务协会前任主席萨利·琼斯和谢利·罗兹-盖特那奇敏锐地指出:"税收代表一种经营成本,而且要像产品成本、雇员工资、财务成本等一样进行管理。将税收作为一种战略规划变量,特别强调其在经营决策制定中的角色。"①

纵观世界范围内税收筹划领域的发展,理论研究总是滞后于实务。究其原因,一是由于税收筹划是致用之学,更多地与商业实践联系在一起;二是由于税收筹划属于边缘学科,理论研究向纵深推进颇有难度,研究视角必须向经济学、管理学、法学等方向拓展。税收筹划实务离不开理论的指导,缺乏理论根基的实务总是充满风险,而理论研究要有前瞻性,就必须超越实务发展的阶段。因此,税收筹划理论的研究视野、研究方法、研究范式等都亟待突破,基于经济学原理构建税收筹划的一般理论框架将是未来的方向,利用实证方法检验税收筹划的内在规律是理论指导实践的必由之路,创立一种能够解释税收筹划实务的理论范式将是本学科未来发展的重点。

本书分为上、中、下三篇。上篇为"战略方法",将研究视野拓展到经济学、管理学、法学、伦理学等领域,从战略管理理论、契约理论、产权理论、治理理论、博弈论等视角重构税收筹划的战略框架,将税收筹划放到一个更为开阔的跨学科视野范围,从更普遍意义上探讨税收筹划的战略方法,从更深层次上提供一个理解税收筹划与战略管理、税收契约、产权制度、法律规制、会计管理之间彼此影响的理论体系,力求讲清楚税收筹划的原理与方法体系。中篇为"实践应用",系统阐述税收筹划的基本操作,从流程视角研究税收筹划实务,并进一步研究国际税收筹划方法、技术与案例,以方法论思维阐释税收筹划的实践应用,从现实角度构筑一种税收筹划与战略规划、经营模式、资本交易、财务决策彼此关联的实践范式。下篇为"案例解析",从实战角度剖析税收筹划案例及其实战方案,这些案例脱胎于实践,但又高于实践。

总之,本书从更高站位上体现税收筹划的战略思维,从更深意义上体现税收筹划理论与实践的统一性,旨在将思维模式与理论方法深蕴于实践运行当中。当然,限于作者学识与水平,书中难免有疏漏,恳请读者不吝指正。

蔡 昌

注:本书所涉及资源已上传至百度网盘供读者下载,请关注封底"博雅读书社"微信公众号,并输入本书77页的资源下载码,即可获取相关资源。

---

① 萨利·琼斯,谢利·罗兹-盖特那奇.高级税收战略[M].北京:人民邮电出版社,2010.

目 录
Contents

上 篇 战略方法

第 1 章 税收筹划溯源　002

1.1 税收筹划的起源与发展 / 002
    1.1.1 税收的概念 / 002
    1.1.2 税收筹划的产生与发展 / 005
    1.1.3 税收筹划的重点研究领域 / 007
    1.1.4 税收筹划的方法论 / 009

1.2 税收筹划的演进 / 010
    1.2.1 税收筹划的概念之争 / 010
    1.2.2 税收筹划的主体之争 / 012
    1.2.3 税收筹划的多维观点 / 012
    1.2.4 税收筹划的学科定位 / 013
    1.2.5 税收筹划的微观目标 / 015
    1.2.6 税收筹划的风险根源 / 016

1.3 税收筹划的形成机理与效仿现象 / 017
    1.3.1 税收筹划的诱因 / 017
    1.3.2 税收筹划的动因 / 018
    1.3.3 税收筹划的形成机理 / 019
    1.3.4 "破窗理论"与效仿现象 / 020

1.4 税收筹划的宏观经济效应 / 022
    1.4.1 税收筹划的宏观定位 / 022
    1.4.2 税收筹划的博弈局势 / 023
    1.4.3 税收筹划与公平效率 / 024
    1.4.4 税收筹划与宏观调控 / 025

第 2 章 税收筹划的战略方法　027

2.1 税收筹划的战略管理 / 027
    2.1.1 企业战略与税收筹划 / 027
    2.1.2 税收筹划的战略管理方法 / 029
    2.1.3 税收筹划的战略模型 / 033
    2.1.4 战略税收筹划的基本理论 / 036

2.2 税收筹划的契约选择 / 038
    2.2.1 税收筹划的契约特征 / 038
    2.2.2 契约规则与契约选择 / 039
    2.2.3 契约视角的税收筹划创新理论 / 042

第 3 章 税收筹划的大数据战略　053

3.1 大数据时代税收筹划面临的机遇与挑战 / 053
    3.1.1 大数据时代税收筹划面临的机遇 / 053
    3.1.2 大数据时代税收筹划遇到的挑战 / 055

3.2 大数据背景下税收筹划的变革 / 059

3.3 大数据时代提升税收筹划的战略方法 / 061

3.4 税收筹划的大数据战略方法 / 065
    3.4.1 构建智能税收筹划大数据平台 / 065
    3.4.2 构建财务战略框架下的数据驱动型税收筹划模型 / 067

第 4 章 税收筹划的产权安排　071

4.1 产权理论 / 071
    4.1.1 产权学说 / 071
    4.1.2 产权的本质与特征 / 073
    4.1.3 交易费用的含义 / 074

4.1.4 产权安排的效率 / 075
4.2 科斯定理与资源配置效率 / 076
　　　4.2.1 科斯定理 / 076
　　　4.2.2 税收、产权与资源配置效率 / 077
4.3 税收与产权的关联性及互动关系 / 078
　　　4.3.1 税收依附于产权基础 / 078
　　　4.3.2 税收与产权的互动关系 / 079
　　　4.3.3 税收在调整产权关系中的角色定位 / 080
　　　4.3.4 搭建产权保护的税收平台 / 081
4.4 企业边界、产权关系与税收筹划 / 083
　　　4.4.1 企业边界与税收筹划 / 083
　　　4.4.2 规模经济、范围经济与税收筹划 / 087
　　　4.4.3 产权关系与税收筹划 / 090
4.5 基于产权安排的税收筹划 / 091
　　　4.5.1 产权结构与企业边界决定税收要素 / 091
　　　4.5.2 产权安排决定税收负担及税收筹划战略 / 092
　　　4.5.3 产权安排下的税收筹划范式 / 093

第5章 税收筹划的治理机制　101

5.1 信息不对称下的税收筹划博弈分析 / 101
　　　5.1.1 市场环境变化与税收筹划博弈分析 / 101
　　　5.1.2 税制缺陷与税收筹划博弈分析 / 103
5.2 信息不对称下的税收筹划契约安排 / 105
　　　5.2.1 隐藏行为因素的税收筹划契约 / 105
　　　5.2.2 隐藏信息因素的税收筹划 / 106
5.3 公司治理框架下的税收筹划 / 107
　　　5.3.1 公司治理：税收筹划的源动力 / 107
　　　5.3.2 税收筹划治理结构 / 108

5.4 税收筹划的契约安排与治理模式 / 112
　　　5.4.1 税收筹划的委托代理问题 / 112
　　　5.4.2 契约不完备性与道德风险 / 113
　　　5.4.3 税收筹划契约的优化 / 114
　　　5.4.4 税收筹划契约的激励与约束模型 / 115
　　　5.4.5 税收筹划的治理模式 / 116
　　　5.4.6 税收筹划契约安排的结论 / 118

第6章 税收筹划的博弈均衡　120

6.1 博弈论与税收筹划 / 120
　　　6.1.1 博弈论基础 / 120
　　　6.1.2 税收征纳双方的博弈关系 / 123
　　　6.1.3 税收筹划的博弈基础 / 124
　　　6.1.4 税收筹划博弈的基础条件 / 126
6.2 税收筹划的博弈机理与博弈对象 / 127
　　　6.2.1 税收筹划的博弈机理 / 127
　　　6.2.2 税收筹划的博弈对象 / 128
6.3 基于税务稽查的博弈模型 / 133
　　　6.3.1 博弈模型设计 / 133
　　　6.3.2 博弈纳什均衡分析 / 135
　　　6.3.3 博弈均衡策略分析 / 137
6.4 基于税收寻租的博弈模型 / 138
6.5 政府与税务机关的委托—代理博弈模型 / 141
　　　6.5.1 委托代理关系建立的前提假设 / 141
　　　6.5.2 委托代理博弈模型及分析 / 141
6.6 股东与管理层的委托—代理博弈模型 / 143
　　　6.6.1 参与人的行动分析 / 143
　　　6.6.2 博弈模型设计 / 144
　　　6.6.3 委托—代理博弈模型的均衡解 / 145

第7章 有效税收筹划 148

7.1 有效税收筹划理论 / 148
7.1.1 有效税收筹划的含义 / 148
7.1.2 有效税收筹划的理论框架 / 149

7.2 有效税收筹划的核心观点 / 150
7.2.1 多边契约 / 150
7.2.2 非税成本 / 151
7.2.3 隐性税收 / 154

第8章 税收筹划普适方法与技术 162

8.1 纳税主体筹划法 / 162
8.1.1 纳税主体筹划法的原理 / 162
8.1.2 纳税主体筹划法的操作技术 / 163

8.2 税基筹划法 / 167
8.2.1 税基筹划法的原理 / 167
8.2.2 税基筹划法的操作技术 / 167

8.3 税率筹划法 / 171
8.3.1 税率筹划法的原理 / 171
8.3.2 税率筹划法的操作技术 / 172

8.4 税收优惠筹划法 / 174
8.4.1 税收优惠筹划法的原理 / 174
8.4.2 税收优惠筹划法的操作技术 / 176

8.5 会计政策筹划法 / 182
8.5.1 会计政策筹划法的原理 / 182
8.5.2 会计政策筹划法的操作技术 / 182

8.6 税负转嫁筹划法 / 184
8.6.1 税负转嫁筹划法的原理 / 184
8.6.2 税负转嫁筹划法的操作技术 / 185

8.7 递延纳税筹划法 / 187
8.7.1 递延纳税筹划法的原理 / 187
8.7.2 递延纳税筹划法的操作技术 / 188

8.8 规避平台筹划法 / 189
8.8.1 规避平台筹划法的原理 / 189
8.8.2 规避平台筹划法的操作技术 / 189

8.9 资产重组筹划法 / 191
8.9.1 资产重组筹划法的原理 / 191
8.9.2 资产重组筹划法的操作技术 / 191

8.10 业务转化筹划法 / 196
8.10.1 业务转化筹划法的原理 / 196
8.10.2 业务转化筹划法的操作技术 / 196

8.11 转让定价筹划法 / 201

第9章 大数据时代的税收筹划新方法 204

9.1 数字经济下的税收筹划新方法 / 204
9.1.1 灵活用工 / 204
9.1.2 创新销售方式 / 205
9.1.3 利用产业园税收优惠政策 / 206
9.1.4 利用税收管辖权 / 206
9.1.5 利用高新技术企业税收优惠政策 / 207
9.1.6 设立创投基金 / 207
9.1.7 利用新兴产业税收优惠政策 / 208
9.1.8 无形资产转让定价 / 210
9.1.9 跨国经营 / 210

9.2 互联网代理型常设机构的税收筹划方法 / 211
9.2.1 筹划原理 / 211
9.2.2 筹划再升级 / 212
9.2.3 代理型常设机构税收筹划的发展趋势 / 214

9.3 互联网平台的税收筹划方法 / 215
9.3.1 增值税筹划 / 215
9.3.2 主播个人所得税的税收筹划 / 216
9.3.3 网络"红包"补贴的税收筹划 / 217

中篇 实践应用

第10章 公司设立的税收筹划 222

10.1 居民企业与非居民企业的设立与筹划 / 222
    10.1.1 居民企业的设立与筹划 / 222
    10.1.2 非居民企业的设立与筹划 / 224

10.2 分支机构的设立与税收筹划 / 227
    10.2.1 分支机构的设立与税收政策 / 227
    10.2.2 选择分支机构形式的税收筹划 / 230

10.3 各类经济组织的选择与税收筹划 / 232
    10.3.1 公司制企业与非公司制企业选择的税收筹划 / 232
    10.3.2 个人独资企业、合伙企业的设立与筹划 / 233
    10.3.3 民营企业、个体工商户的选择与筹划 / 235

第11章 投资与融资的税收筹划 242

11.1 投资决策的税收筹划 / 242
    11.1.1 投资地点选择的税收筹划 / 242
    11.1.2 投资行业选择的税收筹划 / 244
    11.1.3 投资方式选择的税收筹划 / 250
    11.1.4 投资方法选择的税收筹划 / 257

11.2 融资决策的税收筹划 / 259
    11.2.1 资本结构理论与税收筹划 / 259
    11.2.2 融资渠道选择的税收筹划 / 268

第12章 物资采购的税收筹划 284

12.1 采购发票及税款抵扣的税收筹划 / 284
    12.1.1 索取采购发票 / 284
    12.1.2 规避采购合同的税收陷阱 / 285
    12.1.3 增值税进项税额的筹划 / 285

12.2 采购控制的税收筹划 / 290
    12.2.1 采购时间选择的税收筹划 / 290
    12.2.2 供应商选择的税收筹划 / 291
    12.2.3 结算方式选择的税收筹划 / 292
    12.2.4 委托代购方式的税收筹划 / 293
    12.2.5 固定资产采购的税收筹划 / 294

第13章 生产研发的税收筹划 299

13.1 存货计价与资产折旧的税收筹划 / 299
    13.1.1 存货发出计价方法 / 299
    13.1.2 固定资产折旧的税收筹划 / 301

13.2 生产设备租赁的税收筹划 / 304

13.3 技术改造及设备大修的税收筹划 / 305
    13.3.1 技术改造与设备大修的税收政策 / 305
    13.3.2 设备大修的税收筹划 / 306

13.4 技术研发的税收筹划 / 307
    13.4.1 技术开发、技术服务、技术培训与技术转让 / 307
    13.4.2 研究开发费用的税收筹划 / 309
    13.4.3 转让商誉的税收筹划 / 318

第14章 市场销售的税收筹划 323

14.1 混合销售与兼营行为的税收筹划 / 323
    14.1.1 混合销售 / 323
    14.1.2 兼营行为 / 324

14.2 促销行为的税收筹划 / 328
    14.2.1 商业折扣 / 328
    14.2.2 现金折扣 / 332
    14.2.3 销售折让 / 334
    14.2.4 捆绑销售 / 336
    14.2.5 商业捐赠 / 338

14.3 销售模式及结算方式的税收筹划 / 340
    14.3.1 产品成套销售 / 340

         14.3.2 代理销售 / 341
         14.3.3 销售结算方式 / 344
    14.4 销售返利及佣金的税收筹划 / 346
         14.4.1 销售返利的税收筹划 / 346
         14.4.2 佣金及手续费的税收政策与税收筹划 / 350
         14.4.3 礼品、宣传品赠送的税收筹划 / 354
    14.5 销售活动的其他税收筹划方法 / 358
         14.5.1 设立独立核算公司 / 358
         14.5.2 价格拆分 / 361
         14.5.3 转让定价 / 361

第15章 利润分配的税收筹划　368

    15.1 企业利润形成的税收筹划 / 368
         15.1.1 收入总额的税收筹划 / 369
         15.1.2 不征税收入的税收筹划 / 369
         15.1.3 免税收入的税收筹划 / 370
         15.1.4 扣除项目的税收筹划 / 371
         15.1.5 以前年度亏损弥补的税收筹划 / 381
         15.1.6 减计收入的税收筹划 / 382
    15.2 企业利润分配的税收筹划 / 383
         15.2.1 企业股东利润分配的税收筹划 / 383
         15.2.2 个人股东利润分配的税收筹划 / 388

第16章 薪酬激励的税收筹划　393

    16.1 综合所得的计税政策与税收筹划 / 393
         16.1.1 综合所得的计税政策 / 393
         16.1.2 综合所得的税收筹划 / 395
    16.2 企业年金的税收筹划 / 404
         16.2.1 年金的税收政策 / 404
         16.2.2 企业年金的税收筹划 / 407

    16.3 股权激励的税收筹划 / 409
         16.3.1 股权激励的税收政策 / 409
         16.3.2 股权激励的税收筹划 / 416
    16.4 个人所得税的其他筹划方法 / 419
         16.4.1 劳务报酬的税收筹划方法 / 419
         16.4.2 销售激励的税收筹划方法 / 420

第17章 资本交易的税收筹划　423

    17.1 企业并购的税收筹划 / 423
         17.1.1 企业并购的税收筹划规律 / 423
         17.1.2 企业并购的税收筹划 / 435
    17.2 企业分立的税收筹划 / 440
         17.2.1 企业分立的筹划规律 / 440
         17.2.2 分支机构设立的税收筹划 / 445

第18章 国际税收筹划方法与技术　460

    18.1 导管公司与国际税收协定 / 461
         18.1.1 引入导管公司 / 461
         18.1.2 导管公司的类型 / 462
         18.1.3 导管公司与滥用税收协定 / 463
    18.2 转让定价与正常价格标准 / 464
         18.2.1 转让定价原理 / 464
         18.2.2 国际应对转让定价的措施 / 464
         18.2.3 转让定价调整中特别需要关注的问题：无形资产 / 467
    18.3 外国基地公司与受控外国公司制度 / 468
         18.3.1 外国基地公司的原理 / 468
         18.3.2 总机构的转移——控股公司和服务公司 / 470
         18.3.3 受控外国公司制度 / 473
    18.4 利息抵税与资本弱化税制 / 475
         18.4.1 利息抵税在国际税收筹划中的应用 / 475
         18.4.2 资本弱化税制 / 476
    18.5 机构流动与常设机构 / 477

下篇 案例解析

第19章 国内税收筹划战略案例 482

19.1 京东集团税收筹划案例 / 482
- 19.1.1 京东集团概况 / 482
- 19.1.2 京东集团的投资、经营与股权结构的税收筹划 / 490
- 19.1.3 京东集团税收筹划方案设计 / 493

19.2 拼多多税收筹划路径研究 / 497
- 19.2.1 案例背景 / 497
- 19.2.2 案例分析 / 497
- 19.2.3 涉税分析 / 499
- 19.2.4 税收优势 / 502
- 19.2.5 税收风险 / 505
- 19.2.6 税收筹划建议 / 507

19.3 哔哩哔哩税收筹划案例 / 508
- 19.3.1 哔哩哔哩概况 / 508
- 19.3.2 组织架构设计的税收筹划 / 508
- 19.3.3 利用行业优势进行的税收筹划 / 509
- 19.3.4 员工股权信托激励的税收筹划 / 510
- 19.3.5 日常经营活动中的税收筹划 / 512
- 19.3.6 其他性质的税收筹划 / 512
- 19.3.7 结论和税收筹划建议 / 513

19.4 滴滴出行平台快车业务税收筹划案例 / 513
- 19.4.1 滴滴出行快车业务的运作机制 / 513
- 19.4.2 滴滴出行快车业务的涉税情况分析 / 514
- 19.4.3 滴滴出行快车业务的税收筹划方法及效果分析 / 516
- 19.4.4 滴滴出行快车业务的税收筹划风险分析 / 518
- 19.4.5 税收筹划的结论与启示 / 520

第20章 跨国税收筹划战略案例 521

20.1 苹果公司全球税收筹划战略案例 / 521
- 20.1.1 背景资料 / 521
- 20.1.2 苹果公司开展税收筹划的诱因与条件 / 522
- 20.1.3 苹果公司境内筹划战略分析 / 525
- 20.1.4 苹果公司海外筹划战略分析 / 527
- 20.1.5 苹果的全球销售结构 / 533
- 20.1.6 苹果公司的国际筹划方法总结 / 535
- 20.1.7 苹果公司案例延伸分析：国际反避税趋势 / 537

20.2 星巴克国际税收筹划模式 / 538
- 20.2.1 案例背景 / 538
- 20.2.2 星巴克在美国的纳税状况及税收争议 / 541
- 20.2.3 星巴克税收筹划的基本框架 / 543
- 20.2.4 星巴克税收筹划策略 / 545

20.3 数字经济下亚马逊公司税收筹划案例 / 549
- 20.3.1 背景资料 / 549
- 20.3.2 亚马逊开展海外税收筹划的框架及方法 / 554
- 20.3.3 亚马逊境内税收筹划的条件及方式 / 559

参考文献 / 579

战略方法

上篇

美国《会计技术》杂志把税收筹划称为
"皇冠上的明珠"。
诚如其言,税收筹划不仅是一种观念突破,
更是一个有效的税控工具。

第1章

税收筹划溯源

> 人们合理安排自己的活动以降低税负,这是无可指责的。每个人都可以这样做,不论他是富人还是穷人。纳税人无须超过法律的规定来承担国家税收。
>
> ——美国联邦大法官 勒纳德·汉德(Learned Hand)

1.1 税收筹划的起源与发展

1.1.1 税收的概念

1. 税收的起源与发展

税收是一个古老的财政范畴,它随着国家的出现而出现。无国无税,无税无国。几千年前的古希腊、古罗马和古埃及就已存在税收。英美很早就有"只有死亡和纳税是不可避免的"之类的名言;中国唐代诗人杜荀鹤的名句"任是深山更深处,也应无计避征徭",道出了几千年来的赋税制度。

税收是政治与经济的交会点,体现着政治制度及社会变革的深刻性,也展现出了经济演进的轨迹。我国台湾中央研究院院士许倬云教授对历史演变有这样一段深刻的论断:"历史的演变未必有任何天定的规律,却仍有若干找寻的轨迹。"如果注意到了汉字"税"的写法,你就会发现:"税"字的左边是禾木旁,右边是一个"兑"。从"税"字构成来看,喻示着税最早起源于农业,"税"的探源性解释为:税取之于民,民以禾为兑。即税收最早起源于农业,最早的税收是以农产品形式征收的,即农业税的雏形是以禾苗或粮食为代表的"实物税"。只是到了后来,税收才渗透进工商业、服务业、建筑房地产业等领域，逐渐演变为"货币税"。

税收的英文名称为"tax"，源于拉丁文"taxo"，含有"必须忍受""必须负担"的意思。可以说，税收是与人类的文明进程相伴随的，没有税收就不可能创造出辉煌的人类文明。

从历史角度观察，我国最早出现的是农业税，从夏代开始就有"任土作贡"的国法，即按土地的好坏分等级征税。《孟子》记载："夏后氏五十而贡，殷人七十而助，周人百亩而彻，其实皆什一也。"这里的"贡""助""彻"都属于比较原始的土地税征收形式。"五十""七十""百亩"均是计算征税土地的数量单位，"其实皆什一也"是说当时的征税率均为1/10。

商代井田制在中国历史上非常有名。什么是井田制？井田制即在一块四方形的土地上写一个大大的"井"字，把土地平分为九份，最中间的一块是公田，其余八块是私田。公田由耕种私田的八家农户共同耕种。《孟子》载："方里而井，井九百亩，其中为公田，八家皆私百亩，同养公田，公事毕，然后敢治私事。"井田制是商代典型的赋税制度，即农户先耕种公田，公田的农活干完之后，才能够耕种私田。公田的全部收入都上缴政府，私田的收入归农户所有。一份公田的收入用于缴税，八份私田的收入属于农户，这样算来，井田制的税率大约相当于九分之一。

2. 税收的概念与本质

税收是国家财政收入的主要来源，也是政府赖以实施宏观调控的重要杠杆。从本质上说，税收是一种政府行为，体现着政府的意志，但这种意志也绝不是随心所欲的。一国经济的运行模式和经济发展水平制约着该国的税制结构、税负水平和税收征管方式。从不同的角度分析，税收具有不同的内涵。下面分别从收入分配、公共财政和法学角度来探讨税收的内涵与本质。

从收入分配角度分析，税收是国家凭借其政治权力强制性参与国民收入分配的一种工具，税收具有强制性、固定性、无偿性的特征。马克思认为："国家存在的经济体现就是捐税。"他还认为："捐税体现着表现在经济上的国家存在，官吏和僧侣、士兵和女舞蹈家、教师和警察、希腊式的博物馆和哥特式的尖塔、王室费用和官阶表这一切童话般的存在物于胚胎时期就已安睡在一个共同的种子——捐税——之中了。"列宁认为："所谓税赋，就是国家不付任何报酬而向居民取得东西。"从本质上说，税收是一种政府参与分配的行为。

从公共财政角度分析,税收是公共产品的价格。美国法学家奥利弗·霍尔姆斯有一句经典名言:税收是我们为文明社会所付出的代价。布坎南认为,税收是个人为支付由政府通过集体筹资所提供的商品与劳务的价格。我们享受政府的公共产品,实际上是因为我们作为纳税人支付了税收,公共产品才能得以提供。所以,税收是公共产品的价格。这里所强调的是税收交换论,即税收体现着政府与纳税人之间的一种利益交换关系。

从法学角度分析,税收是以法的形式存在的。"法律上的税收,是指作为法律上的权利与义务主体的纳税者(公民),以自己的给付适用于宪法规定的各项权利为前提,并在此范围内,以遵从宪法制定的税法为依据,承担的物质性给付义务。"[①]

3. 纳税意识

在市场经济条件下,纳税人的意识非同小可。对此,不能仅仅从政府收入来源的层次上来理解。事实上,纳税人既昭示着一种义务,亦标志着一种权利。或者说,纳税人是集权利与义务为一身的特殊群体。市场经济的通行准则是权利与义务相对称。讲到某人负有什么义务,要相应说明其享有怎样的权利;讲到某人享有怎样的权利,也要相应说明其负有怎样的义务。纳税人的纳税义务与纳税权利,同样是一种对称关系。

有一件被中国人引为笑谈的趣事,在美国,有位女士家里养的一只猫爬到房顶上去,自己下不来了。焦急中,她打电话向警察局求助。警察特意跑来,搬梯子上房,帮她把猫抱了下来。有人奇怪地问她,为什么警察可以管这种事?她不假思索地反问道:"为什么不可以?他们花的是我们纳税人的钱!"由美国人这句话意料之外、情理之中的幽默,我们想到了纳税人和政府之间的关系。从某种意义上说,在市场经济条件下,政府实质上是一个特殊的产业部门——为社会提供公共产品。正如人们到商店买东西需要为之付款一样,政府提供的公共产品也不是"免费的午餐"。只不过为消费公共产品的付款,是以纳税的方式来完成的。这实际上是说,只要纳税人依法缴纳了税金,就拥有了向政府部门索取公共产品的权利;只要政府部门依法取得了税收,就要负起向纳税人提供公共产品的义务。纳税人之所以要纳税,就是因为要换取公共产品的消费权。而政府部门用于提供公共产品的资金,来源于纳税人所缴纳的税金。因此,对于生活在市场经济环境

---

① 刘剑文,熊伟.税法基础理论[M].北京:北京大学出版社,2004.

下的纳税人,既有依法履行好缴纳税金的义务,又有充分用好消费公共产品的权利。这两个方面的有机结合与统一,便是人们通常所说的纳税意识。

1.1.2 税收筹划的产生与发展

1. 税收筹划的产生

"一部税收史,同时也是一部税收抗争史。"[①] 其实纳税人的税收抗争活动就蕴含着税收筹划行为。只不过税收抗争是比税收筹划更为宽泛的一个概念,它还包含避税、逃税、抗税等丰富的内涵。

从已有文献探源税收筹划的产生,最早可追溯至 19 世纪中叶的意大利,那时意大利的税务咨询业务已存在税收筹划行为,意大利的税务专家地位不断提高,这可以看作是税收筹划的萌芽。[②] 税收筹划的正式提出始于美国财务会计准则,美国财务会计准则委员会(FASB)在《SFAS 109:所得税的会计处理》中首次提出了"税收筹划战略(Tax-planning Strategy)",并将其表述为:"一项目满足某种标准,其执行会使一项纳税利益、营业亏损或税款移后扣减在到期之前得以实现的举措。在评估是否需要递延所得税资产的估价准备及所需要的金额时,要考虑税收筹划策略。"上述观点较为准确地阐明了税收筹划与税务会计的关系,尽管税收筹划的边界远远超出了 SFAS 109 所定义的范围,但税收筹划始终是税务会计的重要组成部分。

20 世纪以来,有 3 个里程碑式的事件使税收筹划正式进入了人们的视野。

其一,1935 年,英国上议院时任议员汤姆林爵士针对"税务局长诉温斯特大公"一案,作了有关税收筹划的重要声明:"任何一个人都有权安排自己的事业,如果依据法律所做的某些安排可以使自己少缴税,就不能强迫他多缴税。"这一观点得到了法律界的普遍认同,税收筹划第一次得到法律的认可,成为税收筹划史上的基础判例。

其二,1947 年,美国联邦时任大法官勒纳德·汉德(Learned Hand)在法庭判决书中勇敢地为纳税人辩护:"人们合理安排自己的活动以降低税负,是无可指责的。每个人都可以这样做,不论他是富人还是穷人。纳税人无须超过法律的规定来承担国家税收。

---

① 盖地. 税收筹划理论研究——多角度透视 [M]. 北京:中国人民大学出版社,2013.
② 梁云凤. 战略性税收筹划研究 [M]. 北京:中国财政经济出版社,2006.

税收是强制课征的，而不是自愿的捐款。以道德的名义来要求税收，纯粹是奢谈。"该判例成为美国税收筹划的法律基石。

其三，1959年，欧洲税务联合会在法国巴黎成立，当时由5个欧洲国家的从事税务咨询的专业团体发起成立，后来规模不断扩大，其成员遍布英、法、德、意等22个国家和地区。欧洲税务联合会明确提出，"为纳税人开展税收筹划"是其服务的主要内容。

从历史逻辑角度分析，理性经济人假设是税收筹划产生的前提条件，私法自治原则是税收筹划赖以存在的温暖土壤。税收法定主义确立了纳税人的税收筹划权，而私法自治使这种权利成为现实。因此，税收筹划是市场经济的必然产物，是纳税人具有法律意识的维权行为，体现着民主、正义、自由的税收契约精神。

2. 税收筹划的发展状况

自20世纪中期以来，税收筹划为世界上越来越多的纳税人所青睐，同时也成为中介机构涉税业务新的增长点。德勤、普华永道、毕马威、安永等四大国际会计师事务所纷纷进军税收筹划咨询业。据不完全统计，四大会计师事务所来自税务咨询业务方面的收入额超过了其总收入额的一半，其中税收筹划已经成为税务咨询业的重要构成内容。

税收筹划在我国起步较晚，这与我国市场经济的发展状况息息相关。已有税收筹划方案大多停留在"就税论税、单边筹划"层面，很多所谓的税收筹划方案并没有多少含金量，充其量只是依靠税收优惠或税制缺陷获取税收利益。筹划者较少考虑经济交易中其他契约方的利益诉求及非税成本的影响，当然也未从战略高度推进企业经营活动、业务流程与税收筹划模式的深度融合。

目前从事税收筹划实务的主要有两类人：一类是学院派，另一类是实务派。学院派主要包括高等院校、科研机构的一些研究者；实务派主要包括企业高管、职业经理人、财务总监及税务系统的一些实践从业者。学院派主要从税收原理出发，结合税制要素和业务流程分析税收筹划的基本方法和技术，致力于揭示税法中存在的税收优惠待遇或"税收漏洞"。学院派偏向于税收筹划方法论的研究和运用，原理性强、逻辑结构严谨。但是，他们所设计的税收筹划方案与实务工作联系不够紧密，可操作性差，在税收实务中往往需要结合具体情况进行验证。相反，实务派从一开始就注重税收筹划方案操作的可行性。他们从税收实务角度出发探索可行的税收筹划操作方案，可操作性强，但是缺乏原理性分析和方法论基础，并力求从这些税收筹划实践中总结出一些基本规律和方法。

实务派的税收筹划因为缺乏原理性分析和方法论基础，所以容易陷入"一事一议"的局限，特别是在税制变革时容易完全失效。[①]

1.1.3 税收筹划的重点研究领域

Hoffman 认为，税收筹划的研究文献大部分都关注税收实务的具体操作。这在很大程度上是由税收筹划本身的特点所决定的：研究者要使纳税人获得直接的税收利益，就必须时刻跟随纳税人具体的经营情况及相关税收法规。E.S.Hendrickson 在《会计理论》一书中写道：很多小企业的会计目的主要是编制所得税报表，甚至不少企业若不是为了纳税，根本不会记账。即使对于大公司来说，收益的纳税亦是会计师们的一个主要问题。

Franco Modigliani 和 Mertor Miller 将公司所得税因素引入了 MM 理论，论证了企业负债比率越高，节税利益越大，对企业越有利。当负债比率为 100% 时，企业价值达到最大。Stightz 等人在引入市场均衡、代理成本和财务拮据成本等因素后，对 MM 理论进一步完善，并形成了以下观点：公司提高负债比率，会使其财务风险上升，破产风险也随之加大。当负债比率升高到一个均衡点时，债务利息抵税的边际收益正好被债务提高的损失（财务拮据成本、代理成本、股本成本的提高）所抵消。因此，资本结构、税收负担与公司价值相关，在现实经济环境下每一个公司均存在实现企业价值最大化的最佳资本结构。

Brennan 通过假设投资者的股利与资本利得均须缴纳个人所得税，资本利得税低于股利所得税，首次推导出了附加税收因素的资本资产定价模型，建立了期望收益率与股利收益率之间的联系，从理论上揭示了股利所得税对股票价格的影响。Zimmerman 检验了公司规模与实际所得税税率的联系，发现了公司规模与实际所得税税率呈正相关。

Chittenden 从税率差异的角度，运用一般均衡方法就企业通过税收筹划行为对宏观经济政策的回应进行检验，论证了税收筹划的替代效应。Graham 和 Tucker 认为，税收筹划是一种能够增加价值的企业活动。Desai 和 Dharmapala 在研究了税收筹划与股东价值

---

① 宋春平：《中国企业税收筹划战略——斯科尔斯税收筹划框架的应用》，厦门大学，2011.

的关系后，认为税收筹划能够增加股东价值，并认为企业一旦相信税收筹划是一项价值增加活动，往往会倾向于积极进行税收筹划。Hanlon H 和 Slemrod 认为，规模越大的公司，其节税行为越容易导致媒体的负面评价，因此，税收筹划很可能使政治成本增加。

Betty 和 Harris 基于信息不对称理论，分析上市公司与非上市公司在税收筹划方面的差异，经过实证检验发现，上市公司的非税成本高于非上市公司，且上市公司更倾向于采取保守的税收筹划行为。David M.S. 研究了政府税收体制与税收筹划的关系，其基本观点是，税收体制有时阻碍了税收筹划的进行，但有时又促进了一个新的税收筹划方式的转变。造成的这种差异就是所谓的摩擦，诸如会计规则、信用风险、技术进步阻力等。因此，由于政府缺乏关键的信息，税制改革必须充分考虑税收筹划，否则可能会导致税收的交易成本过高。

Myron Scholes 和 Mark Wolfson（2002）不仅认为"税收筹划是一种节税活动"，而且从经济学角度提出了"有效税收筹划理论"，认为"传统的税收筹划方法没有认识到有效税收筹划与税负最小化之间的显著差异"，强调"税收契约"观点的重要性，旨在挖掘错综复杂的税收筹划实务及其技术细节所蕴含的税收筹划的一般规律。他们进一步阐释了"有效税收筹划理论"的三大战略思想：一是多边契约（Multilateral Approach），即纳税人在开展税收筹划时，必须考虑所有契约方的税收利益，税收筹划是基于多边契约关系的利益均衡结果，而非单边利益导向的产物；二是隐性税收（Hidden Taxes），即纳税人在开展税收筹划时，不仅需要考虑显性税收，还必须考虑隐性税收；三是非税成本（Nontax Costs），即纳税人在开展税收筹划时，必须考虑所有的商业成本，而非仅仅局限于税收成本，非税成本往往是影响税务决策的关键因素。"有效税收筹划理论"体现了一般均衡的战略思想，旨在建立一个透视税收筹划规则如何影响税务决策、资产定价、资本结构和战略管理的理论框架，这在一定程度上促进了税收筹划理论向纵深发展。

国内税收筹划的研究发端于20世纪90年代初期的市场经济发展。在市场环境下，企业作为营利性组织，必须考虑自身经营成本问题，税收就是其中很重要的一个成本项目。1994年，我国出版了第一部税收筹划专著——《税务筹划》（唐腾祥、唐向著）；20世纪90年代中期，天津财经大学盖地教授作为税收筹划早期研究的代表人物，从税务会计研究延伸到了税收筹划研究，为我国税收筹划研究做出了开拓性贡献。进入21世纪，活跃在税收筹划领域的学者有计金标、刘桓、朱青、杨志清、张中秀、黄凤羽、蔡昌、谭光荣、童锦治、丁芸、刘蓉、沈肇章、姚林香、梁云凤、王素荣、梁俊娇、薛钢、王兆高、翟继光、席卫群、万莹、尹音频、李克桥、王红云、张云华、高金平、庄粉荣和李继友等专家教授，德勤、普华永道、毕马威、尤尼泰、中瑞岳华、立信等一些事务所及税收类协会、研究机构的实务专家也活跃于涉税服务领域，为纳税人提供各类税收筹划咨询服务和家族财富管理方案，同时发表了若干税收筹划相关领域论文，出版了多部税收筹划论著与教材。

回顾我国税收筹划的研究情况，大致分为三种范式。一是按照税种类别展开研究，分析不同税种的税收筹划特点、方法与规律；二是按照业务流程展开研究，分析不同业务流程中的税收筹划特点、方法与规律；三是按照行业类别展开研究，分析不同行业的税收筹划特点、方法和规律。总体来讲，我国已有税收筹划的研究大多停留在就税论税、单边筹划层面，较少考虑经济交易中其他交易方的利益及税收以外的影响（非税因素），更难结合企业经营活动和战略规划进行深层次剖析。

近年来，税收筹划研究随着学术研究的融合、开放、发展，逐渐出现了从不同专业角度研究税收筹划的研究派系和研究者，税收筹划研究呈现广泛性、社会化特征，同时也出现了一定程度的融合性特征。比如，法学界逐渐参与税收筹划领域，推出了一系列法律规制视角的税收筹划成果，即主要探讨税收筹划的合法性、法律证据、行政复议、法律诉讼等具体问题，将税收筹划研究引向法律视野；会计学界从税会差异、税务会计视角参与税收筹划研究，关注税收筹划与会计管理的融合规律，从盈余管理、会计政策选择等财务视角研究税收对会计核算及信息披露的影响。比较具有代表性的有战略税收筹划理论研究、契约观视角的税收筹划理论研究、法律规制视角的税收筹划研究、博弈均衡视角的税收筹划研究、产权视角的税收筹划研究和行为经济学视角的税收筹划研究等。

1.1.4 税收筹划的方法论

方法是指人们实现特定目的的手段或途径，是主体接近、达到或改变客体的工具和桥梁。而方法论则是指人们认识世界、改造世界的一般方法，具体是指人们用什么样的方式、方法来观察事物与处理问题，即方法论就是一整套解决问题的方法体系。税收筹划的方法论就是如何开展税收筹划活动、解决税收筹划问题的一整套方法体系。税收筹划的方法论来自对税收筹划理论与现实问题的研究与探索。

归纳法、演绎法是推理、判断和认识问题本质的科学方法，被广泛应用于税收筹划领域，税收筹划方法论的精髓在于归纳法、演绎法的交替使用。归纳法是指通过样本信息来推断总体信息的思维方法，即从个别前提得出一般结论的方法，其优点是能体现众多事物的根本规律，且能体现事物的共性。演绎法是指人们以一定的反映客观规律的理论认识为依据，从服从该认识的已知部分推知事物的未知部分的思维方法，即由一般到个别的认识方法。

恩格斯的《自然辩证法》有一段关于归纳演绎的精辟言论："归纳和演绎正如分析和综合一样，是必然相互联系着的，我们不应当在两者之中牺牲一个而把另一个高高地抬上天去，我们应当力求在其适当的地位来应用它们中间的任何一个。而要想做到这点，就只有注意它们之间的相互联系和相互补充。"

归纳法和演绎法带给了我们莫大的启示，税收筹划方法论其实就是归纳、演绎方法在税收筹划领域的引入。税收筹划是致用之学，备受纳税人重视，实务中已出现大量成功案例。我们可以从税收筹划个案出发，运用归纳法从特殊推理到一般，归纳概括出税收筹划的基本方法与规律；然后再从基本方法与规律出发，运用演绎法从一般推演到特殊，将归纳获得的税收筹划基本方法与规律演绎推广到税收筹划实践中去。通过归纳、演绎方法的交替使用，可以深化对税收筹划本质的认识，挖掘税收筹划的各种方法，有助于解决现实问题，也有利于将理论、方法与现实操作完美结合。

1.2 税收筹划的演进

1.2.1 税收筹划的概念之争

学术界对于税收筹划的认识，存在以下五种不同的称谓：税收筹划、税务筹划、纳税筹划、税收策划①、税收规划②。其实这些说法并无本质差别，尤其是前三个概念，基本上是混用的。国内对"Tax Planning"一词大多译为"税收筹划"，但也存在着不同的看法。盖地教授认为"税务筹划"与"税务会计"相对应，称为"税务筹划"对于纳税人更为妥帖③。针对"税收筹划"与"税务筹划"的概念之争，黄凤羽认为："从一个侧面说明了国内从事税收筹划研究的学者，所遵从的两种不同研究范式与分析线索。'税收筹划'观点主要体现了以税收学中的税务管理和税收制度为基础的分析范式，'税务筹划'观点主要代表了以会计学中的税务会计和财务管理为基础的研究思路。在某种程度上，二者体现了殊途同归的学术思想，也是国内税收筹划研究'百家争鸣、百花齐放'的发展趋势使然，都是值得加以肯定的……循着研究传承的逻辑一致性，既然在'Tax Planning'一词引入我国之初就将其译为'税收筹划'，况且这种译法也没有什么不妥之处，它能够更好地体现纳税人减轻税收负担的中性结果，今后也不妨继续沿用约定俗成的规范用语。"④笔者对此所持观点认为，"Tax Planning"最准确的含义应该是"税务规划"，即强调事前性和科学规划性特征，但"税收筹划"之称谓比较规范，也较好地体现出了税收筹划是一种纳税策略和技巧的意蕴，且已被社会各界所广泛接受。基于上述考虑，笔者认为学术界、实务界沿用"税收筹划"这一规范称谓是较为有效推广和传播税收筹划的明智之举。

2017年5月5日，《国家税务总局关于发布〈涉税专业服务监管办法（试行）〉的公告》（国家税务总局〔2017〕第13号）第五条规定："（四）税收策划。对纳税人、扣缴义务人的经营和投资活动提供符合税收法律法规及相关规定的纳税计划、纳税方案。"这是国家税务总局对税收筹划的权威性概念界定，使用了"税收策划"这一概念，并特别强调合规性要求，即只有符合税收法律及其他相关规定的纳税计划、纳税方案才可以称为税收策划，这是对税收策划的本质要求。如果纳税人以违法手段设计并实施纳税计划、纳税方案，导致国家税收流失和纳税人违法犯罪，就会受到国家法律的惩处。

---

① 庄粉荣在《实用税收策划》（西南财经大学出版社，2001）中，把税收筹划称为"税收策划"。
② 刘心一、刘从戎在《税收规划——节税的原理、方法和策略》（经济管理出版社，2006）中，把税收筹划称为"税收规划"。
③ 盖地所著的《税务筹划》（高等教育出版社，2003）、《税务会计与税务筹划》（中国人民大学出版社，2004）、《企业税务筹划理论与实务》（东北财经大学出版社，2005），书名都体现了"税务筹划"的称谓。
④ 黄凤羽. 从"消极避税"到"阳光筹划"[J]. 税务研究，2006(6).

1.2.2 税收筹划的主体之争

关于税收筹划的主体,目前有"征纳双方"[1]与"纳税人一方"两种观点,即存在"双主体论"和"单主体论"的争辩。目前,"单主体论"的观点是主流观点,大量的学术文献都支持该观点。盖地教授认为:"在征、纳双方法律地位平等但不对等的情况下,对公法来说,应遵循'法无授权不得行'的原则,即依法行政。因此,如果他们(税收执法机关)还可以进行'税收筹划',则会造成对公法的滥用和对纳税人权益的侵害。"[2]

笔者认为,税收筹划只是针对纳税人而言的,其主体只能是纳税人。"征税筹划"只不过是"征税计划"或"征税规划"而已,即针对不同性质、不同表现的纳税人,税务当局采取不同的监控方式和征管模式,以实现税款征收管理的计划性和有效性。

1.2.3 税收筹划的多维观点

关于什么是税收筹划,可谓众说纷纭,目前尚难从税收词典和教科书中找出权威而统一的说法。下面是国内外一些学者的观点,我们尝试做一些概念解析与比较分析。

荷兰国际财政文献局(IBDF)编写的《国际税收词汇》中是这样定义的:税收筹划是使私人的经营活动及(或)私人缴纳尽可能少的税收的安排。

美国华盛顿大学斯特温·J. 赖斯教授给出的定义为:"税收筹划是纳税人控制自己的经营行为以避免不希望的税收后果的过程,你可以把税收筹划看成是挖掘现行税法中的理论漏洞,并设计自己的交易行为以利用这些漏洞的过程。"

美国南加州大学 W. B. 梅格斯博士在《会计学》著作中做了如下阐述:"人们合理而又合法地安排自己的经营活动,使之缴纳可能最低的税收。他们使用的方法可称之为税收筹划……少缴税款和递延纳税是税收筹划的目标所在。……税制的复杂性使得为企业

---

[1] 张中秀所著《公司避税节税转嫁筹划》(中华工商联合出版社,2001)一书认为,税收筹划 = 纳税筹划 + 征税筹划。刘建民等所著的《企业税收筹划理论与实务》认为,税收筹划的内容主要涉及两个方面:一方面是站在税收征管的角度进行的征税筹划;另一方面是站在纳税人减少税收成本的角度进行的纳税筹划。

[2] 盖地. 企业税务筹划理论与实务 [M]. 大连:东北财经大学出版社,2017.

提供详尽的税收筹划成为一种谋生的职业。现在几乎所有的公司都聘用专业的税务专家，研究企业主要经营决策上的税收影响，为合法地少纳税制订计划。"

唐腾翔、唐向在《税务筹划》一书中认为："税收筹划指的是在法律规定许可的范围内，通过对经营、投资、理财活动的事先筹划和安排，尽可能地取得节税（Tax Savings）的税收利益。"

盖地认为："税务筹划是纳税人在特定税收制度环境下，在遵守税法、尊重税法的前提下，规避涉税风险、控制或减轻税负，以获取税收利益有利于实现企业财务目标的谋划、对策与安排。"[①]

从上述观点看，虽然税收筹划没有一个统一的概念，但学术界、实务界存在一些共识，即税收筹划是在法律许可的范围内合理降低税收负担和税务风险的一种经济行为。笔者认为，税收筹划是纳税人在既定的税制框架内，通过对纳税主体的战略模式、经营活动、投资行为、理财涉税事项进行事先规划和安排，以规避税务风险、递延纳税、控制或减轻税负为手段，实现税后收益最大化目标的一系列税务规划活动。

对税收筹划宜从多个角度去观察，正所谓"横看成岭侧成峰，远近高低各不同"。实际上，在税收征纳活动中，税收筹划是纳税人对税收环境的一种反应和适应行为。这种行为不仅仅是减轻税负，还有降低税务风险的要求。所以，纳税人应该分析税收环境的特征，掌握税收政策的差异性和变化趋势，了解税务当局的征税行为特征，有针对性地开展税收筹划活动。毋庸置疑，纳税人的税收筹划行为也影响着税收制度的变迁。

1.2.4 税收筹划的学科定位

1. 税收筹划的理财性质

税收筹划本质上是一种企业理财行为，税负测算、税收筹划方案设计、税务风险控制都属于财务管理范畴。因此，学术界的主流观点认为税收筹划应归属于财务管理。税收筹划的目标与财务管理的目标具有一致性。现代企业财务管理的目标是企业价值最大化，衡量企业价值最大化所采用的重要指标是现金流，而税收筹划的功能之一就是对现

---

① 盖地. 税务筹划理论研究——多角度透视[M]. 北京：中国人民大学出版社，2013.

金流的管理，包括节约现金流、控制现金流、获取货币时间价值，并为财务管理决策增添税收因素。税收筹划与企业价值具有紧密的关联性，从而使税收筹划成为财务管理的重要构成内容。

2. 税收筹划与税务会计的关系

税收筹划天然不是税务会计，但税务会计必然衍生出税收筹划。企业的税收活动离不开税务会计，税收征管依据的基础信息是税务会计所提供的，那么税收筹划依据的基础信息也必然来源于税务会计，税收筹划对税务会计产生强烈的依赖关系；不以税务会计信息为依据，税收筹划是无法开展的，税收筹划与税务会计相辅相成、交相辉映，形成一种交叉互补的依存关系。

其实，税务会计与税收筹划算是一对孪生兄弟，有着极为密切的关系，但从根源上讲，税收筹划是税务会计决策职能的衍生，其理财决策特征十分明显。

3. 法学视角的税收筹划

借用罗马法谚语——"私法乃为机警之人而设"，其实税法作为公法也有"为机警之人而设"之妙用。从法律角度出发，税收法定原则要求实务中对税收法规作严格解释，即法律没有禁止的就是允许的，这意味着税收筹划包括避税和节税。法学派对税收筹划的研究内容可以概括为，注重从司法原理上界定税收筹划（避税）的范围，通过控制经济交易的无数税法细节和例外规定来进行合法的税收筹划。法学派对税收筹划的研究主要基于具体技术和特定规则的范式；在约束避税这种具有不确定性和超前性行为的问题上，普通法系在一定程度上比大陆法系有更大的约束力。这也在一定程度上揭示了为什么税收筹划问题的研究和应用首先出现在普通法系下的英美等国家。

税收筹划是纳税人的一种理性经济行为，有存在的市场空间。税收筹划有其社会经济土壤，这主要是指市场经济的优良环境，使其具有自发性特征，显示出勃勃生机。税收筹划之所以具有生长的自发性和韧性，源于纳税主体的利益诉求与外部制度环境形成的双重驱动力。

税收筹划是一门新兴的复合型、应用型学科，融经济学、管理学、财务学、会计学、税收学、法学于一体。随着经济全球化趋势和市场经济的发展，税收筹划已经独立为一门重要的交叉性学科或边缘性学科，但归属于财务学范畴这一点并没有改变。还有一种观点认为，税收筹划应归属于管理会计范畴，其理由是税收筹划不仅有着涉税会计决策功能，而且也给企业管理者提供了相当丰富、有益的内部税务会计信息。笔者认为，税收筹划的财务决策功能充分发挥出来后，其客观效应一定会形成对企业内部管理有用的决策信息。由此判断，税收筹划归属于管理会计的观点颇为牵强，税收筹划的基本功能是理财决策，因此将税收筹划的学科定位为理财性质较为合适。

1.2.5 税收筹划的微观目标

税收筹划作为一种纳税设计和战略规划活动，主要有三大微观目标。

1. 降低企业涉税风险

税收筹划是远离风险的。设计税收筹划方案要领悟税法精神，吃透税法条款。虽然税收筹划与逃税、避税在概念上相差甚远，但在实际生活中，有时却难以划清其界限。逃税、避税的涉税风险较大。纳税人在设计税收筹划方案时，必须有效防范涉税风险，过滤、查定并化解税务隐患，以规避未来可能出现的税务风险。

2. 挖掘规律性的纳税模式

税收筹划是针对企业个性特征而提出的一种纳税优化方案。由于企业经营管理和运作是有规律可循的，通过税收筹划活动，可以挖掘较为合适、较为有效的纳税模式，并使之逐步制度化于企业内部管理，为企业发展的长期战略目标服务。

虽然不同的企业在经营管理方面有着较大的差异，但反映在纳税问题上却存在着惊人的相似。一旦通过税收筹划方案成功解决企业的某一纳税难题，就会开创一种成功的纳税模式，并可规律性地推演到其他企业或相关领域。在税收微观层面，许多优秀的纳税模式是可以被复制、移植和嫁接的，这应归功于税收筹划。

3. 维护企业的合法权益

税收筹划以税收负担的低位选择为己任，设计税收筹划方案的目的在于维护企业的合法权益。对于税收筹划维护企业合法权益的观点有三层含义。第一，税收筹划在一定程度上降低企业的税收负担，实现合法节税。节税效应建立的基础是法律适用的合法性，税收筹划行为不应有任何法律风险。第二，税收筹划在一定程度上挖掘税务管理的最佳模式，探寻最优纳税模式。在税收筹划活动中，纳税人的权利无疑会得到最大程度的保障。第三，税收筹划承担着维护企业权益的重任，所以，不论是对税务机关还是对纳税人而言，严格监控税收活动的细节以保证纳税人的税收筹划行为的合法性和有效性是极为关键的。

1.2.6 税收筹划的风险根源

1. 外部环境的不确定性导致的税收筹划风险

（1）外部经济条件的不可预知性导致税收筹划风险。对企业纳税人来说，税收筹划是企业整体经营战略的一部分，而企业的经营活动是在一定的外部经济条件下运行的。影响企业生产经营的外部经济条件包括国家的宏观经济形势、相关产品的市场需求状况及微观客户群的发展变化情况等。对于企业来说，这些外部经济条件的发展变化是难以准确预知的，这会制约企业税收筹划的总体效果，导致税收筹划风险的产生。

（2）税收政策的不稳定性导致税收筹划风险。税收政策是国家宏观经济调控的政策工具，其内容是随着社会经济形势的发展变化而不断进行相应调整的，这就给纳税人的税收筹划带来了潜在的政策变动风险。

（3）税收法制管理的非规范性导致税收筹划风险。税收法制管理包括税收立法管理、税收执法管理、税收司法管理等内容。税收法制管理的非规范性所导致的风险主要体现在两个方面：一是由于税收法律的模糊性所导致的风险；二是由于税收执法行为的非规范性所导致的风险。

2. 内部环境的不确定性导致的税收筹划风险

内部环境的不确定性将会给纳税人带来以下风险：
（1）对税收筹划的合法性的认识不足所导致的合法性界定风险；
（2）税收筹划方案设计不当所导致的方案风险；
（3）税收筹划方案的实施不当所导致的操作风险。

3. 风险偏好因素导致的税收筹划风险

纳税人的风险偏好也会对纳税人的税收筹划行为产生重大影响。一般而言，风险偏好型纳税人倾向于选择那些收益大、风险也大的税收筹划方案，会面临较大的风险；风险厌恶型纳税人倾向于选择收益适中且风险较小的税收筹划方案，会面临较小的风险。

1.3 税收筹划的形成机理与效仿现象

1.3.1 税收筹划的诱因

1. 税收制度的"非中性"和真空地带

由于各国经济背景不同、税收法律环境不同，税制的具体规定千差万别。为了实现不同的目标，各国规定了许多差异化政策，如差别税率、免征额、减免优惠政策等，这使得税收制度呈现出"非中性"的特征，导致企业的经营活动面对税收契约呈现出差异化反应。

税收制度是政府在有限信息条件下的决策结果，不可能对现实的所有情况、所有交易和事项都能产生约束，也难以对未来的情况、交易和事项做出规范，从而必然留下真空地带，形成税法空白。税法空白诱发了纳税人进行税收筹划的热情。纳税人利用税法空白进行税收筹划，是其追逐税收利益的一种本能反应。

2. 税收漏洞的存在

在税收活动中，导致税制失效、低效的因素都可称为税收漏洞（Tax Loop-hole）。税收漏洞可视为税制本身因各种难以克服的因素而形成的税制缺陷。从法律角度看，税收漏洞可分为立法税收漏洞和执法税收漏洞。无论是发展中国家还是发达国家，其税收漏洞都是普遍存在的，而且今后很长时间内都会存在。由于纳税人的数量是巨大的，对税法的解剖和考察是全方位的，因此只要存在税收漏洞，就很容易被纳税人识破并捕捉到。

面对税收漏洞，纳税人不会无动于衷，也不能无动于衷。所以，税收漏洞的存在诱发了纳税人的税收筹划行为，利用税法中存在的逻辑矛盾和税制缺陷进行税收筹划，是纳税人追逐税收利益的一种方式。

3. 税收负担重、税收监管严

税收负担过重、税收监管过于严苛会导致税收筹划现象的产生。税收负担过重促使纳税人寻找有效的税收筹划方法以控制其税负支出，税收筹划既不违法又能有效降低税负，必然成为纳税人的追逐对象。因此，在税收筹划和税收负担之间存在着一种良性的互动关系。从某种意义上看，税收负担背后所隐含的政府的宏观政策意图是引导纳税人进行税收筹划的路标，而税收筹划则是纳税人针对"路标"所做出的良性反应。

严密的税收监管体系会形成良好的税收执法环境。纳税人要想获得税收利益，只能通过合法的税收筹划获取正当的税收利益，而一般不会、不易或不敢选择逃税避税行为来获取税收利益。

4. 公正的社会政治环境

在社会政治环境较为理想的社会中，纳税人通过政治运作减轻税负的空间较小，因此，纳税人将倾向于在依法纳税的前提下，通过税收筹划减轻自己的税收负担。在政治环境缺陷较多的社会中，纳税人仅通过政治运作或行政操作就可以减轻税收负担，因此，纳税人将倾向于进行政治运作，采取贿赂政府官员或税务官员等方法，通过偷逃税或欺诈等手段来减轻自己的税收负担。因此，社会政治环境是影响税收筹划的一个不可忽视的社会性因素。而公正的社会政治环境是诱发税收筹划行为的基础性条件。

1.3.2 税收筹划的动因

1. 理性经济人的选择

理性经济人是指人的思考和行为都是理性的，能根据自己所处的环境条件来判断自身利益并决定行为走向，尽可能实现利益最大化。纳税人作为市场中的纳税主体，根据市场条件和税收环境理性地选择最优纳税方案，追求税负最小化或者税后收益最大化的经济结果是其理性选择。

理性纳税人的目标是减轻税负、实现税后收益最大化。在法律允许的情况下，纳税人总是在寻求这样一个结果，即最大限度地支付最少的税款。

2. 税收筹划的法律之源——税收法定与私法自治

税收法定原则与私法自治是税收筹划存在的法理基础。税收法定是规范和限制国家权力、保障公民财产权的基本要求。税制的法定性越强，税收筹划的预期性越明确，税收筹划的技术、方法就越具有稳定性和规范性。私法自治则表现为公民个人参与社会活动、处分其私有财产的自主性。税收法定和私法自治二者相互融合，相互协调，共同保证纳税人权利的实现。基于私法自治原则，利用私法上的经济活动形式的自由选择权，在法律框架下进行合法的税收筹划，是纳税人享有的一项正当的权利。

3. 利用税收规则的自由度

纳税人作为税收契约关系中的弱势群体，虽然不能制定税收规则，但可以利用税收规则，享有利用税收规则的自由度。因此，纳税人更好地理解税收规则，利用税收规则，即从现行税收规则中谋取最大的税收利益才是上乘之计。纳税人无法选择税制（除非移民到世界上别的国家或迁移到国际避税地），但可以选择适用税制的相关条款，灵活利用不同的税收规则以谋求税收利益最大化。

1.3.3 税收筹划的形成机理

自负盈亏的经济主体在激烈竞争的市场环境及其他内外部制度因素的推动驱使下，产生了利益最大化需求。强烈的利益需求天然激发了企业的节税动机，所以从逻辑角度分析，本能的驱利动机使纳税人寻找降低税收负担的各种手段以实现税后收益最大化。

在这种情况下，纳税人和代表政府税收征管的税务部门的目标差异性将引发一场激烈的博弈对局。博弈结果不外乎两种情况：一是企业选择了非税收筹划手段而遭到税法的严厉制裁和处罚，随着税收监管力度的加大，企业通过这种方式获得的收益很可能无法弥补由于处罚导致的利益丧失；二是企业选择税收筹划行为，使企业通过税收筹划获取的利益能够弥补并超过所耗费的成本。

税收筹划与税收监管实际上是一对相互促进的矛盾体，税收监管为税收筹划提供了法律保障，税收制度的变革又指导着税收筹划的顺利实施；税收筹划活动为税收制度的变革和完善指明了方向①。上述博弈过程导致了税收筹划的产生，这就是税收筹划的形成机理，如图1-1所示。

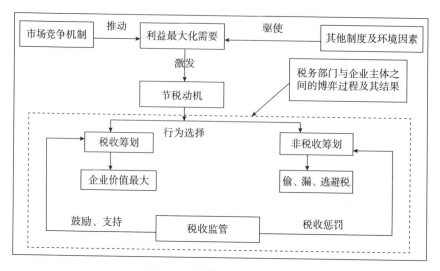

图1-1　税收筹划的形成机理

1.3.4　"破窗理论"与效仿现象

1. 破窗理论

"破窗理论"源自美国斯坦福大学心理学家詹巴斗的一项有趣的试验，他同时将两辆相同的汽车，停放在两个不同的街区：杂乱的平民街区和中产阶级居住的社区。他摘掉了停放在杂乱街区的汽车的车牌，并打开顶棚，而停放在中产阶级社区的那辆车未作处理。结果，前一辆车当即不翼而飞，后一辆车过了一周仍安然无恙。后来，他用锤子将后一辆车的玻璃敲碎，结果数小时后该车也没了踪影。

美国政治学家威尔逊和犯罪学家凯林从这个试验中进一步抽象出了"破窗理论"：如果有人打坏了一幢建筑物的窗户玻璃，而又未及时进行修补，别人就可能受到某些暗示性的纵容，去打碎更多的窗户玻璃。久而久之，这些破窗就给人造成一种无序的感觉。

---

① 孙进营，张峰，马骥．税收筹划动力源泉分析[J]．南京财经大学学报，2008，4．

在这种麻木不仁的氛围中,犯罪就会不断滋生、蔓延。这个理论传递出这样的信息:环境具有强烈的暗示性和诱导性,人们的行为会受到环境暗示的影响,进而产生效仿的本能。这是一种正常的社会现象,但对纳税人的税收活动和经济行为产生了深远的影响。

2. "破窗理论"对税收筹划效仿现象的解释

税收筹划是一项智力型的创造活动,其主观性很强。税收筹划活动的开展会受到环境暗示作用的制约。如果一个企业利用合理的税收筹划达到了节税效果,那么其他企业在条件允许时便会产生效仿行为。同理,如果一个企业钻税法空子,通过违规的操作牟取了利益,而税务机关对这种行为未做处理,则其他企业心理上就会形成一种暗示,即"我"也可以如法炮制。于是,由于一扇"破窗"没人修补,紧跟着会出现一扇又一扇的"破窗",最终会扰乱企业的正常纳税秩序和税收筹划规则,使违法操作的企业获得的利益超过依法筹划的企业,进而造成众多企业对税收筹划规则失去信心。反之,如果税务机关对企业的纳税行为进行适度监控,对违法行为予以严厉处罚,及时将"破窗"补上,那么无疑会给企业带来另一种暗示,即"伸手必被捉,钻法律空子的人一定会得到应有的惩罚",从而营造出依法纳税和科学筹划的良好氛围。

"破窗理论"给税收筹划带来启示:环境暗示作用对税收筹划行为的影响要予以充分重视。从税务机关的角度来讲,主要有三点。一是要暗示企业国家是支持税收筹划的,税收筹划是纳税人的一项权利,从而提高社会各界对税收筹划的认识程度,但同时要严厉打击避税、逃税行为。二是要暗示企业合法的税收筹划会带来税收利益,政府要为企业的税收筹划提供必要的政策支持,鼓励企业依法争取应得的税收利益,并通过对企业合法筹划行为的认定,及时将企业的筹划成果转化体现在税款征收上。三是要暗示企业税务机关绝不会纵容税收违法行为的存在,要加强对企业税收筹划行为的监督力度,做到放开而不放任,一旦发现企业税收筹划行为中存在违法现象,就要及时处理,依法处罚,切实规范税收筹划的秩序。

从纳税人的角度讲,主要有两点。一方面,成功的税收筹划是一种寻找自身经营活动与税法规定契合点的行为,是对税法的遵从和灵活运用的行为,是一种自主行动、自我受益的行为,从而吸引越来越多的纳税人参与税收筹划。另一方面,成功的税收筹划会暗示税务机关:税收筹划具有合法性,合法节税也是纳税人依法纳税的表现形式,应该获得税务机关的支持与认可。

1.4 税收筹划的宏观经济效应

1.4.1 税收筹划的宏观定位

税收筹划行为的本质是纳税人在税法许可的范围内,通过对经营、投资、财务活动的合理筹划和安排,以达到减轻税负、降低风险的行为。

税收筹划具有两个特点。第一,税收筹划是在合法的条件下进行的,纳税人在对政府制定的税法进行精细比较后进行的纳税优化选择,或者是在纳税义务现实发生之前采取一定的措施和手段减轻或免除纳税义务的税务规划(纳税义务并没有真实发生)。第二,税收筹划符合政府的政策导向,从宏观调控角度来看,税收是调节纳税人行为的一种有效的经济杠杆。政府可以有意识地通过税收规则、税收政策,引导投资和消费行为的价值取向,使之符合国家政策导向。

从另一角度观察,税收筹划行为的本质是纳税人对国家税法和政府税收政策的反馈行为。如果政府的税收政策导向正确,税收筹划行为将会对社会经济发展产生积极的推动作用。正是因为企业具有强烈的节税愿望,政府才可能利用税收杠杆来调整纳税人的行为,从而实现税收的宏观调控职能。

对纳税人而言,要使其主观的节税动机转化为现实的节税行为,使节税收益成为现实,还必须具备一定的客观条件,其中的关键是税法完善程度及税收政策导向的科学性。税法体现着政府推动整个社会经济运行的导向,而在公平税负和税收中性的一般原则下,也渗透着税收优惠条款和各种差异化税收政策。税收优惠条款和各种差异化税收政策无疑为税收筹划提供了一定的客观条件。如果从单纯的静态意义上讲,税收筹划的确有可能影响短期财政收入。然而,税收筹划及其后果与税收法理具有内在的一致性,它不会影响或削弱税收的法律地位,也不会影响或削弱税收的各种职能及功能。这种税收筹划行为完全是基于政府对社会经济规模和结构能动的、有意识的优化调整,这也正诠释了税收筹划的实质是对税收立法宗旨的有效贯彻。

1.4.2 税收筹划的博弈局势

征税与纳税是一种永恒的、高智商的动态博弈对局,我们经常用"渔网理论"来刻画征纳双方之间的微妙关系:渔民编织渔网出海打鱼,打鱼时必然会出现一些漏网之鱼。鱼之漏网,归因于网眼过大或渔网破损,且鱼从网中拼命挣脱是鱼渴望生存之天性使然。渔民不应该埋怨鱼,而应该想办法修补渔网。税法犹如一张渔网,再完善的税法都有缺陷和漏洞。而税收筹划犹如检验税法的试金石,使政府意识到修补"税法之网"的迫切性。

税收的存在对企业而言有着直接或间接的约束。一方面,征税会增加税收负担,直接减少税后净利润;另一方面,征税会导致企业现金流出,使现金流量匮乏,影响其偿债能力。征税必然导致企业既得利益的损失,这是一种客观存在。

企业在纳税时必然要考虑这样一些问题:既然纳税源于对社会共同利益的维护与保障,税收是调节市场经济运行的重要杠杆,那么政府利用税收杠杆能够在多大程度上给企业带来利益增加?如果这种积极作用的确能使纳税人收到预期实效,并有助于提高其经济效益,那么税收贡献大的企业就会因此而强化市场竞争能力,推动后进企业的纳税意识,增强对税收活动的兴趣。否则,企业以各种形式和手段对抗政府赋税的意识和行为就不可避免。同时,征税还使企业承担着投资扭曲风险、税款支付风险等。在这种环境下,企业会对宏观经济环境及其自身的行为取向进行博弈分析,一定会走向税收筹划,这也是企业在复杂经济环境下的自然选择。

【案例 1-1】

若两种不同资产的税前收益率相同,税后收益率也相同,这便是一种均衡状态。当税制发生变化时,影响其中一种资产的税收支出,结果是两种不同资产虽然税前收益率相同,但税后收益率却不同。在这种情况下,投资方会增加对税后收益率高的资产的投资,而减少对税后收益率低的资产的投资,使得税后收益率高的资产价格升高,税前收益率会因此而降低,导致税后收益率会逐渐降低;而税后收益率低的资产价格降低,税前收益率会因此而提高,导致税后收益率也逐渐提高。这一投资动态博弈过程直到两种资产的税后收益率相等为止,此时重新达到新的均衡状态。当税制发生变化时,税后收益率的均衡过程如图 1-2 所示。

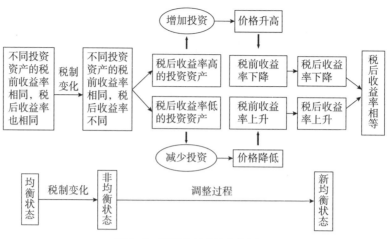

图1-2 税后收益率的均衡过程

纳税人和税务机关之间存在一种博弈关系。纳税人在既定的税制框架下追求税收利益,在税收政策选择与运用方面都有着明显的博弈特征,税务机关注重纳税人的税收遵从,并对其进行监管和治理,使税收遵从与税收筹划达成均衡态势。税收征纳中的博弈均衡体现着一种基于税收契约精神的动态博弈。

1.4.3 税收筹划与公平效率

企业的税收筹划活动能正确反映和体现国家政策的公平、效率倾向,且是实现财政政策目标的手段之一。政府通过税收立法,调节某一行业或地区的纳税人在税收筹划过程中所能得到的利益,为纳税人提供弹性的税收空间,即有选择地调节纳税人的"节税"能力,使纳税人在税收固定性的基础上有一定的"节税"弹性。这种"节税"弹性是依靠纳税人的主观能动性和税收筹划能力才能转化为现实收益的。

"节税"能力的大小在不同纳税人之间的分布,体现出政府对公平、效率的选择,具体表现为两个层次。第一个层次是税收范围内的公平、效率选择。若税收条款对所有纳税人具有普遍约束力,没有针对某些行业或地区的特定条款,纳税人具备相同的税收选择空间、相同的节税弹性,则是趋向公平的政策选择,反之为趋向效率的政策选择。第二个层次是整个国民经济运行中的公平、效率选择。市场对资源配置发挥主导作用,经济增长与收入分配不公、地区差异过大、行业间发展不均衡并存。企业可支配的资源数量不同,决定了其市场地位不同,从而决定了其抵御风险能力、盈利能力和核心竞争力的不同。税收发挥调节功能,通过税种结构的合理搭配,赋予在市场中处于不利地位的小规模投资者、欠发展地区和低盈利行业纳税人较大的节税弹性,使这部分税收优惠能弥补由于市场不公平带给他们的损失。这就表现为税法通过调节企业税收利益,从而实现对公平政策的选择。反之,进一步刺激优势部门和地区的发展,则为对效率政策的选择。

1.4.4 税收筹划与宏观调控

税收筹划与宏观调控存在一种相互依存的关系,一国或一地区的税收制度处于主控地位,自上而下地控制信息输入,经过纳税人这个处理器,产生两个输出信息参数:一是纳税人上缴给国家的税款;二是纳税人投入宏观经济运行的生产要素。由于税法的约束力,输入的税法信息能够控制税收结构、税额等数据输出。获取税款只是税收杠杆调节系统的辅助目标,促进经济增长才是其主要目标。因此,必须设法控制生产要素的输出,这种控制要经过纳税人这一中间环节,关键在于调动纳税人的积极性。系统中输出参数对输入参数的依存关系,取决于纳税人这个中间处理器的运行方式,而纳税人的处理原则之一就是努力减轻税负,实现税后利润最大化,即进行有效的税收筹划以控制税负。

在既定的税制框架下,纳税人往往面对多种税负不同的纳税方案。因此,纳税人开展税收筹划选择最优纳税方案,是实现国家税收经济调控职能的必要环节。其实,税收筹划是纳税人对国家税法与宏观调控做出的合理的、良性的反应,政府合理引导企业的税收筹划行为可以达到涵养税源、调整产业结构的目的,有助于社会经济资源的优化配置。

这种通过纳税人的税收筹划行为选择来达到优化资源配置的效果,是市场经济条件下政府引导资源配置的主要方式,是国家税收经济调控职能的重要体现,对于维护宏观经济的稳定发展和产业结构的平衡有着非常重要的作用。

复习思考题

1. 我国台湾省关于租税主要强调以下三大功能：

（1）使政府达成资源配置效率（Allocation Efficiency）；

（2）所得重分配（Income Redistribution）；

（3）经济稳定与增长（Economic Stabilization and Growth）。

【要求】：请用经济学原理解释租税的三大功能及其对社会经济的贡献。

2. 台湾省为达成租税之三大功能，常藉由订立子规则、条例、规则、办法或发布解释函令等方式来顺应商业及税务环境的剧烈变化。但也造成租税法规日趋复杂化及专业化，导致纳税义务人遵循税法之困难。

【要求】：针对此现实，请论证纳税义务人应如何面对这种商业环境及税务规则的变化，以及有哪些应对策略。

第 2 章

税收筹划的战略方法

在纳税人之间、不同时期之间、各种组织形式之间及各种经济活动之间,存在税率差异的情况下,纳税人具有与其他纳税人订立契约,从而改变他们边际税率的动机。

——诺贝尔经济学奖得主 迈伦·斯科尔斯(Myron S. Scholes)

2.1 税收筹划的战略管理

2.1.1 企业战略与税收筹划

1. 企业战略管理与税收筹划的关系

1)战略管理指导税收筹划

企业的战略管理是首要的,税收筹划是为之服务的。税收筹划只有在战略管理的框架下才能充分发挥作用,税收筹划对企业战略管理能够起到一定作用,但不可能起决定性作用。

2)战略管理重视税收筹划

战略管理是从宏观角度看待问题的,它关注的是企业整体。战略管理不仅考虑税收对企业的影响,还考虑其他非税收因素对企业的影响。但税收是影响企业战略的重要因素之一,税收筹划是战略管理要考虑的一个重点,必然会成为企业战略管理框架的组成部分。

战略管理和税收筹划有着共同的目的,即从企业整体绩效出发,为股东创造最大价值。在实现这一目标的过程中,税收筹划也明显带有长期战略的痕迹。但当企业决策是否进入某个行业或某个市场时,考虑最多的是该行业或市场的潜力,而不是税收筹划。

尽管也要考虑相关税收政策和税收筹划，但这些是附属的、次要的，即不能因为税收因素而改变企业的战略决策。这是一条重要的企业法则。

2. 企业战略税收筹划的导向

企业战略是对企业未来的长期发展所做的全局性的总体谋划，是为创造未来而设定的成长路径。其本质在于调整和变革以适应未来环境的变化，实现企业的价值增长和未来的可持续发展。企业战略支配着企业经营与财务活动，自然也包括税收筹划。因此，税收筹划必须服从于企业的总体发展战略。

在探讨企业战略与税收筹划的关系时，必须强调的是，企业战略是首要的，其次才是税收筹划，税收筹划只有在企业战略确定的情况下才能充分发挥其作用。当然，在某些条件下，税收筹划在确定企业战略时能够起到一定的作用，但绝不是决定性的作用，下面从多个角度分析其原因。

1）市场超越一切

当企业决定是否进入某个市场时，考虑得最多的并不是税收筹划，而是这个市场的潜力如何，以及企业能否在短期内占领这个市场。比如，许多外国投资者在考虑投资中国时，其看重的并不是中国优惠的税率、优厚的待遇，而是广大的消费市场和广阔的发展空间。当然，优惠的税收待遇能够为投资者提供一个良好的竞争条件，但投资者为了扩大市场份额，是很少考虑税收成本的，甚至有的投资者为了达到一定的目的，如扩大市场份额，击垮竞争对手，逃避政治经济风险及获取一定的政治地位等，可能会把投资由低税区转向高税区。

2）税收筹划为企业战略服务

当企业决定是否进入某个行业时，考虑得最多的也不是该行业是否能够享受税收优惠，而是主要考虑企业进入该行业后能否有长期的发展潜力。在决定是否进入某个行业时，企业首先要考虑清楚行业的供货方或原料提供者，即上游企业是一些什么性质的企业，与企业选址的相对位置如何；其次要考虑它的市场在哪里，下游企业是一些什么性质的企业，是垄断还是竞争；再者要考虑该行业的潜在进入者有哪些，构成的潜在威胁有多大；最后要考虑替代产品或替代服务有哪些，它们是否对本企业构成威胁及潜在的威胁程度如何。至于筹划节税问题，则应列在这些因素之后。因此，从这个意义上来说，企业战略是税收筹划的导向，税收筹划要为企业战略服务。

3）企业战略目标决定税收筹划的内容与方式

企业在考虑采取某项经营活动时，往往不是从税收筹划的角度出发的。虽然税收筹划能够渗透企业生产经营的每个环节，但它并不是企业的首要目标，企业存在的唯一理由是盈利，能为投资者带来税后收益，而不是少缴税款。因此，企业采取的某些政策措施，虽然从税收筹划的角度来说可能是不划算的，但符合企业的战略目标。如某些上市公司在不违反法律的条件下，会推迟费用入账时间以降低当期费用，这样筹划的结果是公司的本期利润增加，缴纳的所得税款也会相应增多。但由于经营业绩变好，股票价格上扬会提升公司价值，这对公司来说是有利的。

企业战略目标决定了税收筹划的内容和方式。企业不同阶段的不同需求和战略目标定位，对税收筹划的相关领域和内容提出了要求，也对税收筹划的方式提出了约束条件。不满足企业战略目标要求的税收筹划方案，不能在企业实践中得到实施。

2.1.2 税收筹划的战略管理方法

税收筹划的战略管理是立足系统思维和超前思维的战略性管理活动，这里讨论的税收筹划的战略管理活动，其所采用的核心工具是"税收链"，其所运用的战略管理方法是合作博弈。

1. "税收链"思想及应用

1）价值链的概念

价值链最早是由迈克尔·波特于 1985 年提出来的。每一个企业都是在设计、生产、销售、发送和辅助其产品生产的过程中进行种种活动的集合体，所有这些活动都可以用一个价值链来表示。

价值链的含义包括三个部分：第一，企业各种活动之间都有密切联系，如原材料供应的计划性、及时性与企业的产品生产有密切联系；第二，每项活动都能给企业带来有形或无形的价值，如售后服务，如果企业密切关注顾客的需求或做好售后服务，就可以为企业赢得良好的信誉，带来无形价值；第三，价值链不仅包括企业内部各链式活动，还包括企业的外部活动，如与供应商之间、与顾客之间的活动。由此可见，价值链将一个企业分解成战略性相关的许多活动,企业的价值增长和利润就是在这些活动中产生的。

2)"税收链"思想

企业所从事的生产经营活动是多种多样的,在生产经营过程中面临的税收问题也是多种多样的,既有增值税等流转性质的税收,又有企业所得税和个人所得税等所得性质的税收,还有诸如房产税、契税、土地增值税等其他性质的税收。从企业的生产经营过程来看,其主要活动分为供应、研发、生产、销售等四大经营活动,即企业先采购原材料,然后研发新技术、设计新产品,继而进行生产加工,最后到市场上销售产品。所有这些环节都创造价值或实现价值,构成了完整的价值链。在这条价值链上,有一部分价值是以税收的形式流入国库的。企业所承担的税收,都是在价值流转的节点确认纳税义务并实际缴纳给政府的。如果沿着价值流转的路径观察,就形成了一个与税收相关的链条,即所谓的"税收链"(见图2-1)。

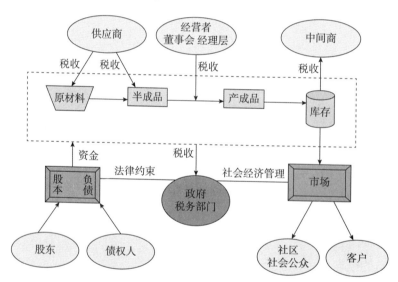

图2-1 税收链框架

注:图中虚线框内为企业生产经营的主体部分,利益相关者皆用椭圆形表示。

利用"税收链"有助于分析税收的形成机理与纳税环节。对企业来说,许多税收都是在流程中形成的,所谓税收的流程观,其实就是"税收链"思想。

税收筹划是一种实现企业价值增长与战略目标的重要工具,企业税收链(价值链)某一环节的改善或优化,都可能与税收筹划发生直接或间接的关联。因此,企业要站在战略的高度,用战略思想统筹税收筹划工作,结合企业内外部环境的变化,将企业税收链(价值链)与税收筹划有机结合,对企业的涉税事项进行战略规划。

3)"税收链"的应用

如果企业具有"税收链"的观念,就能够找到税收筹划的易胜之地,即与哪些利益相关者合作最有效,在哪个流程筹划最合适,哪些税种的筹划空间最大。基于"税收链"的企业税收战略,要从整体和全局角度出发,不仅要考虑局部环节的税收负担或个别利益相关者的税收利益,还要具有开阔的视野,考虑全部流程的税款支出及所有利益相关者的税收利益。

"税收链"思想要求企业从利益相关者视角看问题,不仅要考虑企业自身的税收情况,还要从企业与利益相关者在整个价值链上的位置来考虑,以求照顾到利益相关者的纳税要求,这样才能真正利用"税收链"彻底解决与利益相关者因交易活动而产生的税收问题。推而广之,在国际税收领域,随着数字经济的兴起,全世界联系日益密切,国家或地区之间的各个经济体共同形成了一条涉及数字经济的全球产业链,各个经济体在产业链上的位置及对全球产业链的贡献程度,都会影响到各个经济体的实际税负水平和利润率水平。因此,从全球产业链视角分析,也涉及一条庞大的全球税收链,其对税收的影响超越了国界、国境,形成了全球视野的跨境税收分配大格局。全球税收链的税收影响会对一国或地区的税收主权形成挑战。

【案例2-1】

甲公司的"税收链"上有一家代理商,属于小规模纳税人。该代理商在代理产品时不能给终端客户开具增值税专用发票,因而其市场拓展一直存在障碍。从"税收链"角度分析,即使该代理商的价格(指含税销售额)比一般企业低,只要不低到一定程度,终端客户一般也不会购买其代理的产品。道理很简单,如果终端客户购买了该代理商的产品,而不能取得增值税专用发票,就不能抵扣进项税额,这无疑会增加终端客户的税收负担。请问有什么可行的解决方案?

【解析】:如果利用"税收链"思维,就能够彻底解决该问题。下面根据这一思维模式,我们给出多种可行的解决方案。

方案一: 甲公司对代理商实行销售让利,并促使代理商给终端客户让利,代理商的价格优势会吸引来大量终端客户。

方案二: 甲公司协助代理商到税务机关代开增值税专用发票,解决代理商不能为终端客户开具增值税专用发票的问题。

方案三: 甲公司和代理商相互协作,把对外销售的商业模式改为"委托代销"模式,即让代理商只充当销售代理中介,而由甲公司给终端客户开具增值税专用发票。

2. 合作博弈:税收筹划的战略方法

税收合作博弈是税收筹划活动中很重要的一个概念,它包括企业与企业之间的税收合作,企业与税务机关之间的税收合作,以及企业与客户之间的税收合作。这种税收合作并不是博弈双方合谋逃避税收,而是一种正当的税收合作行为。

1)企业之间的税收合作博弈

企业之间的税收合作形式是多种多样的,企业之间或集团内部组织之间通过合理的转让定价模式来转移利润与税收,这是常用的税收筹划方法。例如,集团内部企业之间通过转让定价,将高税区的利润转移至低税区,则可以降低集团整体的税收负担。其实,这种现象引申开来,只要两个企业之间有购销往来关系,就是利益关联方,就可以利用转让定价的方式共同实现筹划节税。市场价格处于不断波动的状态,有高也有低,因此,转让定价既可以稍高于市场价格,也可以稍低于市场价格,具有一定的弹性空间。如果把这种现象一般化,利用转让定价的灵活性,在关联企业之间合理进行利润转移,就能够合理控制税负。

企业之间的税收合作主要有六种形式:一是商品交易定价的税收合作;二是提供劳务或服务定价的税收合作;三是无形资产交易定价的税收合作;四是租赁业务租金的税收合作;五是融资业务的税收合作;六是成本分摊与费用转嫁的税收合作。

企业之间的税收合作博弈主要表现为三种形式:一是其中一方完全掌握产权或控制权,另一方购买使用权;二是双方通过交易活动实现产权转让;三是实行委托代理制,转让使用权或控制权。这三种形式都存在不同程度的税收筹划空间,其实质是资源使用权让渡或产权转让的税收规划。譬如,一个企业拟向其利益相关者转移资产,可以考虑的路径有:

(1)通过正常交易行为转移资产;

(2)通过非货币资产对外投资的方式转移资产;

(3)通过捐赠行为转移资产;

(4)通过租赁方式让渡资产使用权,具体分为经营租赁与融资租赁两种形式;

(5)通过实体资产抵债的方式转移资产;

(6)通过非货币资产交换的方式转移资产;

(7)通过企业合并、分立、股权交易等资产重组方式转移资产。

当然，具体选择哪种资产转移方式，完全取决于企业之间的税收合作博弈的目标导向和操作模式。

2）企业与客户（消费者）之间的税收合作博弈

企业与客户之间的税收合作也是一种相当重要的税收合作。这种税收合作其实也可以归入企业与企业之间的税收合作，但由于一些客户可能属于自然人，因此在这里单列出来。按照一般的经营常识，商品最终总要销售给客户，因此企业与客户的税收合作就具有重要的现实意义。如装修服务，到底是由企业还是由客户提供装修材料，这是可以协商的。再如房产租赁业务，出租人与承租人在租金额度及支付方式上也是可以磋商合作的，双方的契约安排和有效合作可以大大降低税收负担。

3）企业与税务机关的税收合作博弈

企业与税务机关也存在着税收合作，而且这种税收合作也具有一定的操作空间。税务机关征税本身是要花费成本的，而企业的生产经营活动错综复杂，税务机关根本无法完全掌握企业经营活动的全貌。因此，对税务机关来说，详细了解每个企业的具体情况，并对企业每项经营活动都实施监控，需要花费高昂的成本。如果企业与税务机关相互沟通和协调，就能减少征税成本。比如，涉及转让定价时，企业与税务机关采取预约定价安排，不仅可以方便税务机关征税，降低其征税成本，而且会给纳税人带来好处，既可以适当采用有利的转让价格，又可以避免转让价格被调整的税务风险。

2.1.3 税收筹划的战略模型

税收筹划战略是指导税收筹划全局的计划和策略，具体表现为企业适应税收环境的一组税收行动计划和策略，其作用在于规避涉税风险、降低税收负担。税收筹划战略要求企业将税收筹划纳入企业战略决策之中，以获得市场竞争优势。基于企业税收筹划环境的复杂性，尤其是企业面对众多的利益相关者，应该借鉴战略管理的思想，制定科学的税收筹划战略。

为了提高税收筹划的效率，实现税后收益最大化的目标，企业在与利益相关者进行交易时需要充分考虑税收因素的影响，这就是建立税收筹划战略模型的意义之所在。基于税境与利益相关者分析框架的税收筹划战略模型设计如图 2-2 所示。

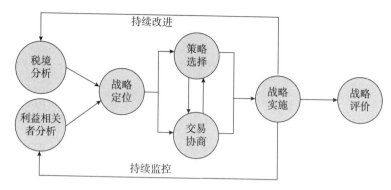

图 2-2　基于利益相关者的企业税收筹划战略模型

从战略管理视角分析，税收筹划对环境和相关主体有着高度的依赖性，持续监控环境和相关主体的变化情况，持续改进税收筹划策略与战略规划，是税收筹划获得成功的基本保障性条件。从"战略定位"到"策略选择——交易协商"的交互融合，再到"战略实施"，是税收筹划战略管理的关键所在。

1. 战略环境分析

战略环境分析包括税境分析与利益相关者分析。

税境分析指的是对企业所处税收环境的分析，主要从经济发展水平、市场开放程度、物价变动、税制变革、税种结构、征管模式、税务人员素质等方面分析税收环境的复杂性与变动性，为制定税收筹划战略提供基础性环境信息。税境分析要预测税收制度的变化及其对企业和利益相关者的税收影响。我国正在进行的税制改革对社会经济产生了重大影响，企业也存在着许多税收筹划的机会和空间。我国税制改革比较透明，企业也完全可以预期，并做出合理的纳税行为调整及税收筹划策略安排。

在市场经济环境下，企业与利益相关者的关系非常密切。为了实现税收筹划战略目标，必须对利益相关者的基本情况进行分析。对利益相关者的分析，主要从行业背景、经营特征、发展战略、业务模式、税收状况等方面进行，掌握利益相关者的经营情况、财务状况、纳税状况，从而为税收筹划战略的制定及具体策略的选择提供决策依据。

2. 战略定位

企业根据税境分析、利益相关者分析确定税收筹划的战略目标，给出明确的战略定位。税收筹划战略表明了企业未来的路径指向，是企业税收筹划前进的方向。税收筹划的战略定位必须建立在企业外部环境、内部条件和战略目标的基础之上。

3. 策略选择

美国战略学家乔治·斯坦纳（George A. Steiner）教授认为："策略即为达成制定的目标所采取的特别行动，通常，这类行动是指资源的配置与运用。"从博弈论的角度理解，策略就是参与人在给定信息的情况下的行动规则，它规定参与人在什么时候选择什么行为。其实，策略也可以理解为特定环境下对于特定问题的应对之策，即"对策"。对一个企业而言，策略是抽象的，它体现着企业的战略导向，企业战略驾驭着策略，其实战略可以被认为是一组或多组策略的组合。因此，策略支配着整个生产经营活动，决定着企业的生存和发展。

企业战略的实现在于成功地选择策略，企业税收筹划战略也是如此。在企业实际的经营管理活动中，策略选择可以被看成是通过资源的系统规划来建立竞争优势的一种适应性行为。

4. 交易协商

交易协商主要是关于税收利益分配的协商，包括两个方面：一是企业与税务部门协商税收利益的分配，如税务部门与企业协商给予一定的税收优惠，鼓励企业实施再就业工程或吸引投资；二是企业与利益相关者协商交易价格及交易形式，如协商关联定价的原则、关联交易的时间、契约履行的条件等。交易协商可以在企业与其一个利益相关者之间进行，也可以在企业与其多个利益相关者之间进行。交易协商的目的是就交易中的税收利益达成一致。

交易协商是策略选择的下一步，两者有着直接的关联，也相互影响。策略选择决定交易协商的内容，交易协商的结果也可能会引起策略选择的调整。

5. 战略实施

战略实施是把战略付诸实施或执行的过程。要把税收筹划战略变成现实，就需要具体付诸实施。在税收筹划战略实施的过程中，要特别注意环境变化和战略定位持续改进的问题。

现代社会环境变化迅速，税收筹划战略即使制定得相当缜密、科学，也需要在执行中随着环境的变化进行修订。在图 2-2 中，建立在税境分析和利益相关者分析基础上的持续改进，就是环境应变能力的提高，能够使税收筹划战略更适应环境的变化。

6. 战略评价

战略评价是对战略实施结果的评价与总结。税收筹划战略实施后，应该对税收筹划战略的实施结果进行检查和评价。将税收筹划战略的实施结果与战略目标进行比较，审查执行业绩及战略执行成本，分析其税收筹划战略的有效性。此外，战略评价还要从税收筹划对企业的财务、税收及战略管理的影响角度分析税收筹划战略的适应性。

2.1.4 战略税收筹划的基本理论

战略税收筹划的思想是 20 世纪树立起来的，它把企业战略与税收筹划有机地结合在了一起。诺贝尔经济学奖得主迈伦·斯科尔斯在其所著的《税收与企业战略》的"写给中文译本的序"中写道，所有国家的筹划者都必须确定税收战略与公司的财务和经营战略之间的相互影响性。

1. 战略税收筹划的理论基础

基于企业税收筹划环境的复杂性，税收筹划不能停留在具体方法的探索上，应该借鉴战略管理的思想，从战略的高度审视和把握企业的税收活动。盖地教授指出，税收筹划研究从单纯的节税论向经营战略论的转变是一个新的研究方向[①]。因此，在企业总体战略下，应该存在一个纳税战略，但纳税战略很难脱离企业总体战略而单独存在，所以从战略税收筹划角度研究纳税战略可能更容易，更能与企业管理结合起来，全面把握税收对企业战略的影响。

战略税收筹划包括五个理论基础：一是税收效应理论与税收控制理论；二是产业组织理论与资源基础理论；三是企业核心竞争能力理论；四是企业战略风险管理理论；五是企业战略评价理论。

---

① 盖地. 税收筹划几个基本理论问题探讨. 天津财经大学 2005 年 MPAcc 税收筹划教学研讨会论文集.

2. 战略税收筹划的内容

战略税收筹划包括战略纳税环境分析、战略税收筹划目标与原则的制定、战略税收筹划的实施与控制。这里主要引入 SWOT 分析法，根据战略纳税环境的变化，适时选择和实施战略税收筹划方案。

运用 SWOT 分析法时，首先分析企业开展税收筹划的优势与劣势。优势通常是指企业所擅长的一些事情，或那些能提升企业竞争力的与众不同的特征。相对应的，劣势则是指竞争对手拥有但企业尚不具备或不擅长的竞争性资源，以及其他使企业处于不利竞争地位的内部条件。判断企业税收筹划资源的优势与劣势，可以设计表 2-1 进行分析。

表 2-1 企业税收筹划资源的优势与劣势

企业潜在的优势	企业潜在的劣势
·筹划战略目标细化到了各组织中	·战略方向不清晰
·企业内部筹划氛围良好	·企业内部筹划环境缺失
·企业内各组织筹划协调有序	·企业内部筹划行为混乱
·拥有税收筹划专业人才	·专业人才匮乏
·拥有卓越的技术手段	·技术设备落后于竞争对手
·取得规模经济效益及学习经验的曲线效应	·筹划所针对的适用范围太狭窄
·财务状况良好，资金充足	·经营资金不足
·具有紧密的战略联盟	·筹划伙伴缺失

运用 SWOT 分析法接着分析企业开展税收筹划所面临的机会及威胁。评估企业的筹划机会及其吸引力时，应避免将行业机会等同于企业的机会。企业应根据自身的资源状况来把握外部的筹划机会，同时也应留心于未来可能会带来筹划收益的机会。但有时外部环境的某些因素会给企业筹划带来一定的威胁。例如，政府出台新的税收政策，给企业带来了税收筹划方面的限制。面对外部威胁，企业一方面需要预测这些威胁可能会带来的负面影响，另一方面，在此基础上，企业要明确如何采取措施来减轻或消除这些影响。评价企业开展税收筹划的机会与威胁时，可以设计表 2-2 进行评价。

表 2-2 税收筹划 SWOT 分析矩阵

外部因素		内部因素	
机会	威胁	优势	劣势
国家各类税收优惠政策的制度供给	国家法律、经济政策的非稳定性	对国家相关税收政策有专门的研究，与外部机会相匹配	研究资金、专业人才紧缺，与外部机会相关
		对国家经济运行状况有所研究，与外部威胁相匹配	相关部门税收筹划氛围缺失，与外部威胁相关

战略税收筹划的重点是对税收筹划风险、战略纳税评价的分析。战略税收风险包括环境风险、经营管理风险、金融风险、财务风险、筹划风险。战略税收筹划评价可以从财务、客户、内部经营、学习和创新四个方面评价企业的战略税收筹划活动。

3. 战略税收筹划方案的基本特征

战略税收筹划方案其实是对经营战略和财务战略的税务安排,每一个备选的战略税收筹划方案都必须符合两个标准。一是具有战略协同性,任何战略税收筹划方案都服从于企业整体战略目标,不能与企业总体发展战略相左;二是具有战略资源支撑性,即企业内部必须有充分的人力资源和技术条件,为税收筹划方案提供支撑。

2.2 税收筹划的契约选择

2.2.1 税收筹划的契约特征

1. 契约是税收筹划的根源与基石

企业的实质是"一系列契约的联结",包括企业与股东、管理者、债权人、政府、职工、供应商、客户等之间的契约。各契约关系人之间又存在着利益冲突。当我们承认"理性经济人"的逐利本性、契约的不完全性和部分契约是以会计数据作为基础的等前提条件时,部分契约关系人(如股东或管理者)便有动机和机会进行一些操纵,以实现收益最大化。因此,只要企业税收契约中使用会计数据作为决定税负大小的重要指标,那么在执行税收契约的过程中,投资者与经营者就会产生对会计数据及相关行为进行管理控制以谋取自身利益的动机。纳税人掌握着公司真实的会计信息,在信息不对称和契约不完备的条件下,纳税人自然具有强烈的税收筹划动机以减轻其税收负担。纳税人对税法的选择性利用和对税负的低位选择属于一项正当的权利,对税收规则的利用拥有相当程度的自主权和自由度,这也进一步解释了税收筹划存在的原因。所以,如果没有税收契约关系存在,就没有税收筹划存在的可能性。

2. 税收筹划存在多重契约方及利益诉求

纳税人的税收筹划行为要考虑多重契约方,即在进行税收筹划时不仅要考虑纳税人与税务当局的关系,还要考虑纳税人与其利益相关者的关系。所以,纳税人开展税收筹划所考虑的契约方至少应该包括税务当局和利益相关者两类不同的契约方。

纳税人针对不同的契约方,应当采取不同的契约模式和税务对策。引入"契约理论"作为研究的起点,采用契约思想诠释税收筹划,旨在说明契约方影响税收筹划的决策行为。不同的契约方有不同的利益诉求,一个成功的税收筹划方案不仅体现在纳税人所获取的税收利益,还体现在各契约方所获取的税收利益及其满意程度。

3. 税收筹划受到法定税收契约的制约

税收筹划是纳税人在税制框架下通过对投资、经营、理财等活动的事前谋划、安排,以降低风险和减轻税负的规划活动。税收筹划之所以出现,源于纳税人与政府之间的法定税收契约关系。因为政府作为企业契约的参与者,在向企业提供公共物品的同时,也"强制"与企业签订了税收契约,即颁布其所制定的税法,并按税法规定强制性征税。所以,税法应被视为政府与纳税人签订的通用税收契约。在这种固定契约下,税款征纳是由税收的强制性来保障的。政府征税是为了保证财政收入以维护国家机器的正常运转,而纳税人依法纳税则是一种责任和义务。

在市场经济环境下,出于自身利益的考虑,纳税人总有寻求节税的动机。如果税收不具强制性,而是像慈善活动一样靠企业自愿捐赠,那么,税收筹划就会失去其存在的意义。所以,只要存在法定税收契约,就一定会存在税收筹划。税收筹划实际上是纳税人对税收环境的一种适应性反应,但税收筹划必须在税制框架下开展,这是法定税收契约对税收筹划的一种强制性约束。

2.2.2 契约规则与契约选择

1. 利用契约规则获取税收利益

税收筹划的作用在于利用契约规则合理安排交易,降低隐含在交易中的税收负担。

如果企业之间存在税率差,即面临不同的企业所得税税率,则企业之间可以通过订立契约而合法地约定将应税收入从高税率纳税人那里转移到低税率纳税人那里。这是纳税人之间的一种税收合作博弈模式。其实,纳税人之间所订立的契约模式(契约中蕴含的交易结构、交易形式、交易要素等)稍作调整,就会显著地引起税收负担的变化。

税收筹划担负着实现税后利润最大化的重任,即为最大化税后收益而组织的生产必须考虑契约各方目前和未来的税收状况。税收筹划要求企业充分利用现有税收契约的优惠条款,积极发掘税法空白点与税收漏洞,以寻求更大的节税空间;税收筹划鼓励企业充分利用契约平等原则,在与税务机关或其他利益相关者缔约的过程中,尽可能争取更多的税收利益。由此可见,从契约角度观察,税收筹划的过程其实就是纳税人利用契约规则获取税收利益的过程。

【案例2-2】

假定初始状态,市场上有两种无风险投资具有相同的税前投资收益率,这两种投资所适用的税收政策也无差别,这是一种相对稳定的均衡状态。如果政府出于宏观调控和产业结构调整的考虑,对其中一种形式的投资(以下简称第一种投资)给予税收优惠政策,这样就导致其税后投资收益率高于没有给予税收优惠的另一种投资的税后收益率。于是,税后投资收益率的提高必然抬高第一种投资的市场价格,这又会使其税后投资收益率降低,直到两种投资的税后收益率相等,实现新的市场均衡。那么,对这两种资产的投资怎样才能获益?

【解析】:尽管市场达到均衡点以后,边际投资者对两种资产的选择是无差异的,但市场上仍有相当一部分非边际投资者,他们之间仍可以通过相互订立契约的方式进行税收筹划而受益。

2. 税收筹划的契约选择策略

诺贝尔经济学奖得主迈伦·斯科尔斯认为,为实现各种社会目标而设计的任何税收制度都不可避免地会刺激社会个体进行税收筹划活动。在市场经济中,纳税人的交易活动可以通过契约形式约定交易结构、交易条件。纳税人与其利益相关者通过调整契约条件、变换契约形式、设计交易结构等手段,在更大范围内、更主动地安排纳税事宜以获取税收利益。迈伦·斯科尔斯认为,低税负和高税负的企业双方可以签订一项安排财产权的契约,若该契约能够使低税负企业有效地将税收利益出售给高税负企业,就对双方都有利。

当同一纳税人在不同纳税期存在税率差,以及同一纳税人在同一纳税期内不同经济活动之间存在税率差的情况下,也可以通过调整契约内容、变换契约形式、设计交易结构等手段进行契约选择,以寻求税收筹划的节税空间。

【案例2-3】

某公司董事长以个人名义向公司借款300万元购买别墅,并办理了借款手续。到第二年年末还未归还该笔借款。根据《财政部、国家税务总局关于规范个人投资者个人所得税征收管理的通知》(财税〔2003〕158号)的规定,个人投资者从其投资企业(个人独资企业、合伙企业除外)借款,在一个纳税年度未归还的,且又未用于企业生产经营的,应视为企业对个人投资者的红利分配,征收20%的个人所得税。由于该公司的财务人员没看懂上述文件,也没有对董事长的借款做出任何处理。因此税务稽查人员到企业检查时,要求企业补缴60万元的税款,并加征滞纳金和罚款。

问题:该涉税事项应该如何应对,能否设计税收筹划方案?

【解析】:如果利用契约思想进行税收筹划方案设计,那么完全可以实现节税。这里提供两个基于契约思想的税收筹划方案。

方案一:对于该董事长的个人借款,让其在年末筹备周转资金偿还,然后进入次年后再签订借款合同借出该笔款项以偿还周转金。这一处理模式,要求该董事长每年年末都要办理还款手续,次年年初再办理借款协议。这样操作使得董事长每次借款的期限都不会超过1年,也就无须承担纳税义务了。

方案二:签订借款协议时转变契约方,即让该董事长找一位朋友去办理个人借款(该董事长的朋友不能是公司的股东),从而可以摆脱上述税收政策的约束。即使该董事长的朋友借款超过1年,也不用缴纳任何税金。

【案例2-4】

美国、英国等很多国家都允许对建筑物、设备、机器进行加速折旧,这是一项鼓励资本性投资的税收政策。如果一个经营主体租用的机器设备超过了其经济寿命,租赁费用就只能按实际发生额进行税前扣除,而租赁费用扣除额的现值通常远远小于折旧扣除额的现值。但不能由此就得出结论,在经营中使用自有机器设备的所有企业都能最小化本企业的税负。因为一旦分析低税负和高税负纳税人双方的税收状况就会发现,放弃节税和出租的机会而采用租赁高税负企业的设备,对低税负纳税人可能更有利。那么,如何控制高税负企业与低税负企业的税收支出呢?

【解析】：从税收角度分析，对于低税负企业，通过降低承租设备的租赁费率，可以控制高税负企业出租设备的租金收入，从而控制高税负企业的税收支出。反之，低税负企业出租设备给高税负企业，则可以提高设备的租赁费率，将利润由高税负企业转移至低税负企业，从而有效控制双方的税收支出。高税负企业和低税负企业调整租赁费率的方法虽然可以控制税负支出，但双方所签订的安排财产权的契约不仅要约定租赁费率，还要约定获取的税收利益在两个企业之间的转移方法和分配比例。

2.2.3 契约视角的税收筹划创新理论

1. 税收契约的内涵与类别

1）税收契约的内涵

税收契约思想源于社会契约论。霍布斯、洛克、孟德斯鸠、卢梭等人将契约思想从私人领域扩展到了公共领域，形成了社会契约论思想。税收契约正是社会契约在税收领域承继、沿袭的必然产物。税收契约作为一种公共契约，天然具有契约的基本属性。税收契约的表现形式为税收法律制度，它是国家和纳税人经过多层次博弈形成的一种相对固化的税收分配与管理关系。

税收制度的演化其实是税收契约关系演化的积累与外在表现形式。税收契约建立在平等原则基础之上，税收契约的缔结必须遵循社会正义与诚实信用原则。因此，税收契约一旦签订就是受法律保护的。税收契约既要求纳税人依法诚信纳税、不能蓄意逃避税收；也要求政府代表国家行使征税权时须以宪法为依据，依宪治税。税收契约对政府与纳税人的合法权益均等保护，不偏袒任何一方。

2）税收契约的类别界定

契约理论认为，企业是"一系列契约的联结"。税收契约是企业契约的重要组成部分，是企业契约关系网中的利益结点。在企业契约集合中存在着两类较为明显的税收契约：一是政府与纳税人之间的"法定税收契约"，二是纳税人与其利益相关者之间的"交易税收契约"。这两类税收契约在经济发展中发挥着重要作用，影响着资源配置效率与纳税主体的税收利益。

税收筹划作为由社会多方契约关系制约的、多方契约力量之合力推动的一种社会经济行为，也与税收契约之间有着千丝万缕的联系。在承认理性经济人的逐利本性、契约的不完备性和相当一部分契约是以会计信息为基础的等前提条件的情况下，税收契约各方当事人（包括经营者、投资者、供应商、代理商等利益相关者）便有动机、有条件进行税收规划和安排，以实现税后利润最大化乃至企业价值最大化的战略目标。

2. 法定税收契约与政策性税收筹划

1）法定税收契约的内涵

税收本质上是一种契约关系，作为公民财产权的一种让渡，公民必须获得政府提供的公共产品。政府和公民之间以获得公共产品为"标的"的特殊交换关系具有公共契约的性质。政府征税和纳税人缴税是一种权利和义务的交换。政府具有政治权力的垄断性，为避免政府对其权力的滥用，政府和纳税人之间需要缔结"契约"，把政府与纳税人之间的产权的分割用"法"的形式固定下来。由于政府和纳税人之间的税收契约是政府强加给纳税人的一种不可推卸的责任，政府是不请自来的"法定契约方"，因此我们把这种天然存在的税收契约称为"法定税收契约"。例如，作为税收程序法的《中华人民共和国税收征收管理法》（简称《税收征收管理法》），以及作为税收实体法的《中华人民共和国企业所得税法》（简称《企业所得税法》）、《中华人民共和国个人所得税法》（简称《个人所得税法》）、《中华人民共和国车船税法》（简称《车船税法》）、《中华人民共和国契税法》（简称《契税法》）等都是法定税收契约的典范。在经济学界和法学界，法定税收契约已经得到广泛的认可、传播和应用。

法定税收契约其实是政府依照政治权力，以提供公共产品为目的而分享纳税人利益的依据。在法定税收契约缔结的过程中，政府和纳税人是平等的，政府和纳税人各自依法享有法定权利。这种双方权利平等的关系体现了契约精神的本质，并贯穿于政府和纳税人之间关系的各个层面。

2）法定税收契约的效力

法定税收契约具有强制性。法定税收契约的效力不仅源于政府具有政治强制力，还源于税收契约的签订具有公共选择的机制和程序。法定税收契约的签订是社会成员通过公共选择机制选择的结果，它代表着社会成员集体意愿的表达。在经过一定的立法程序把这种集体意愿固化为税收法律后，税收契约就有了法律强制力，社会成员和政府都必须遵守。如果纳税人和政府违反税法这种税收法定契约，就必须承担相应的责任。

《税收征收管理法》规定了针对纳税人的核定征收、税款追缴、滞纳金征收、纳税担保、税收保全、纳税救济等保障政府税收权益的措施。同样，政府或者税务当局对纳税人权益造成侵犯时也要承担一定的责任。政府或税务当局对于因对纳税人执法不当而造成的损失要承担相应的赔偿责任；对于税收保全不当造成的损失，政府要对纳税人进行赔偿；对纳税人超额征收的税款要加息归还给纳税人。

3）法定税收契约的实施机制

法定税收契约是国家和公民之间为获得公共产品或服务而签订的。法定税收契约的签订是双方合意通过公共选择机制得以表示的结果。一旦国家和公民之间签署了这一契约，法定税收契约就具有了强制性。国家作为民众订立社会契约的缔约方，其实是一个抽象的权利主体，国家的权利要由政府这个代理人来执行。

法定税收契约的实施是一个复杂的过程。从契约论的观点看，国家权利和公民（纳税人）的权利是平等的，但国家的公权力和公民的私权利发生冲突时，公民权常处于弱势地位。政府作为国家的代理人，有追求预算收入规模最大化的动机与行为。为保障纳税人的权利，就需要围绕税收契约进行立宪，以保障税收契约实施过程中双方权利、义务的一致性。对于符合税收宪政的税收契约，由国家委托政府的征税机关来实施税款的征收。征税机关代表政府对违反税法（税收契约的固化形式）规定的纳税人实施强制征税、加收滞纳金或者罚款等惩戒行为，以保障政府获得税收收入的权利。政府也要对税收的征收使用情况向纳税人进行信息公开，接受广大纳税人的监督。对于政府违反法定税收契约的情形，纳税人有权借助其代表机构，通过公共选择的程序更改税收契约内容，并让政府对纳税人进行合法补偿。因此，法定税收契约的实施机制是建立在委托—代理制基础上的，但委托—代理制的执行须以法定税收契约的依法履行为前提。法定税收契约的有效履行会促进一国或一地区税收制度的优化与演变。

4）政策性税收筹划：法定税收契约框架下的税收筹划创新

政策性税收筹划是指企业在不违背税收立法精神的前提下，与政府的税务、财政等部门进行协商，试图改变现有的对企业（或行业）不适用的税收制度，以实现企业利益最大化的筹划活动。政策性税收筹划作为一种动态的筹划方式，会对国民经济和企业产生宏观和微观的双重效应，不仅会使企业的涉税风险降低，而且对完善税收制度发挥着重大的作用。

从经济学角度分析，政策性税收筹划实质上是税收筹划的一种创新活动，它改变了原来的法定税收契约关系，本质上是一种契约变革性质的税收筹划模式。首先，当企业发现税收制度的非均衡[①]，从而产生税收制度的创新需求，企业便会通过游说手段或其他方式推动政府的税收制度变迁。然后，政府根据这一制度需求对税收制度供给进行调整，制定多种备选的税收制度变迁方案。企业再根据自身利益需求影响或决定税收制度变迁方案的选择，最终达到税收制度变迁后的再次均衡状态。政策性税收筹划的操作模式如图 2-3 所示。

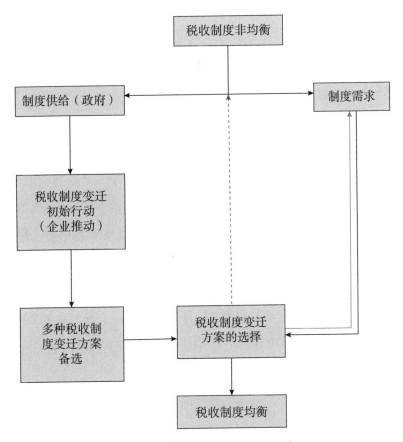

图 2-3　政策性税收筹划的操作模式

政策性税收筹划是以一种更有效率的新的税收制度来替代旧有税收制度的过程，真正体现了税收制度由非均衡到均衡的变动。政策性税收筹划与一般的税收筹划策略存在较大的差异，但是它并非对目前税收筹划模式的背叛，而是对税收筹划模式的延伸和扩展，更能在税收筹划中发挥纳税人的主动性。

---

① 税收制度的非均衡是指税收征纳博弈各方对现行税收制度不满意的状态，从供求关系看，呈现出一种制度供给与制度需求不一致的状态。

3. 交易税收契约与税收筹划创新

1）交易税收契约的内涵

契约是交易当事人在市场交易活动中所确立的一种权利和义务关系，交易活动的实质是交易当事人对财产权利做出的契约安排，其目的是实现资源在时间和空间上的合理配置与有效利用。企业是"一系列契约的联结"，在这种契约的联结中，存在着包括股东、债权人、供应商、代理商、终端客户、职业经理人、雇员等在内的各利益相关者。尽管企业与这些利益相关者之间的关系是纯粹的市场关系，但他们之间的交易合约的缔结，对企业的纳税行为和税收负担也有着微妙的影响。

企业与其利益相关者之间的税收关系是交易当事人各方确立的权利和义务关系的一种，笔者把它们之间由于交易活动引发的税收关系称为"交易税收契约"。交易税收契约是企业契约集合中的子契约，可以将其界定为企业法人与其利益相关者在交易活动中所形成的有关财产权利流转的税收协议或者约定。斯韦托扎尔·平乔维奇认为，契约是人们用于寻找、辨别和商讨交易机会的工具。对契约功能的这一深刻认识非常适用于交易税收契约，各缔约方缔结交易税收契约的目的在于探寻和把握交易机会、获取经济利益。交易税收契约的各缔约方利用契约的签订，合理规划其税务活动，实施税务战略管理，并最终实现税收利益乃至经济利益的最大化。

企业与其利益相关者的"交易税收契约"所涉及的各项交易包含复杂的关系，关系和交易紧密结合，同等重要且不可分割，属于一种典型的关系契约[①]，具有以下四个显著特征。

（1）交易税收契约各方存在契约团结或共同意识。缔约方利用正式或非正式规则确保他们之间关系的稳定性。正是复杂的利益相互依赖性使交易的各缔约方当事人必须就某些事件达成共识，这种共识的达成具体表现为当事人之间的沟通。在沟通过程中，会产生各种正式或非正式规则，以规范交易过程中当事人的行为，减少契约各方存在的信息不对称情况，从而降低交易费用。因此，交易税收契约强调合作及其长期关系的维持，契约当事人都愿意建立一种规制结构来对契约关系进行适应性调整。

（2）交易税收契约各方是伙伴关系。与法定税收契约要借助法律的强制性来维护政

[①] 关系契约的概念是由著名法学家麦克尼尔（Macneil）提出的。他认为契约具有社会性和关系性，即契约是当事人及其协议内容的内在性社会关系的体现。

府与纳税人之间的关系不同，交易税收契约依赖于企业与利益相关者的经济活动"市场合约"，他们之间是以利益为纽带结成的伙伴关系。其实，基于伙伴关系的交易税收契约的最终目标是获得相应的经济利益。因此，交易税收契约注重经济伙伴关系的过程性与连续性，以致很多契约条款悬而未决，留待以后根据商业形势进行适当的调整。这使得交易税收契约具有灵活多变的特征。因此，交易税收契约在缔结与履行过程中，不会出现阻碍契约自由的权力、等级和命令，纯粹是一种商业环境下的利益合约。在交易税收契约中，冲突的解决可以通过自我调节，可以通过第三方介入，也可以通过其他的利益协调机制。

（3）交易税收契约具有"不完备性"特征。与法定税收契约相比，交易税收契约的"不完备性"更加明显，这种不完备性增强了各缔约方灵活应对商业形势变化的便利性，也增加了交易税收契约履行的难度。交易税收契约的履行需要依靠契约各方的团结或者共同意识。交易中的企业一般假定会持续经营，因此，企业和其利益相关者之间的经济关系也可以看作是长期的。这种长期合作的达成不论是通过一次次独立的短期合约，还是通过一次签订一种长期合约，都使得交易的各缔约方形成了一种长期的、信息不完备的动态博弈关系。在长期的博弈中，即使交易活动的参与者极为注重短期利益，但也有动机假冒成注重长期合作的参与者，从而获得长期利益的最大化。因此，交易税收契约的履行要依赖各缔约方长期的合作博弈，而不是短期的、一次性的竞争博弈。

（4）交易税收契约具有合法边界下的自由性。交易税收契约各缔约方的自由权利受到法律保护，这些自由权利包括缔约的自由、选择缔约方的自由、决定缔约内容与形式的自由、变更或解除缔约的自由。但各缔约方不存在绝对的自由权利，其缔约的自由度具有一定的边界，即必须在法定税收契约的框架约束下进行，必须受制于一国或一地区法律的约束。若超越了这一边界，交易税收契约就是不成立的。

2）交易税收契约的效力

交易税收契约属于一种经济规则或者经济合约，建立在利益基点上。利益是研究人类经济活动的出发点。利益是社会化的需求，它在本质上属于社会关系范畴。人类个体与群体既是利益的需要者，同时也是利益的供给者。在利益相关者的社会网络中，获得利益必须通过与其他利益主体进行利益的交换。交易活动中的每一个利益相关者都是"理性人"，在交易中都追求短期利益或长期利益的最大化。交易税收契约是寻求经济利益的一个有效工具，缔约方都倾向于从税收契约中获得相应的利益。由于利益的存在和分配，才吸引纳税人及其利益相关者签订有利的税收契约以保护自身利益。从这一角度分析，交易税收契约的履行并不需要具有强制性政治约束，主要由交易的利益各方为获得满意的利益而自我约束。当然，交易税收契约效力的发挥也必然被限定在以宪法、合同法、税法等为首的法律框架内。

市场中交易当事人在交易过程中所约定的基本内容，构成了契约的基础。从利益相关者角度分析，企业与包括股东、债权人、供应商、客户、职工等在内的各利益相关者之间存在着微妙的关系，他们之间的博弈竞争与合作关系是靠契约来维持的，这种契约其实是一种纯粹的市场契约。

企业与利益相关者之间的税收契约作为企业契约集合中的一个子契约，是在经济交易中形成、维护并履行的，其本质是税收影响各利益相关者收益分配与资源配置的一个强有力的工具。交易税收契约明显区别于政府与纳税人之间的法定税收契约，如果我们给交易税收契约一个准确概念，那么可以表述如下：交易税收契约是利益相关者在经济交易中所形成的有关财产权利流转的税收方面的协议或约定。

从税收筹划角度分析，交易税收契约的引入，可以指导企业与其利益相关者签订理性的税收契约，能在更大范围内更主动地巧妙安排纳税理财事宜，有效开展税收筹划，实现企业与其利益相关者的双赢。

3）利用契约规则的税收筹划：交易税收契约形式转化

交易税收契约属于一种典型的关系契约，在缔约、履约过程中，易于在各契约方之间进行契约形式的变换以获取税收利益。交易税收契约形式转化主要有三种模式：业务形式转变、业务口袋转换、业务期间转移。

（1）业务形式转变是将企业的业务活动从一种业务形式转变为另一种业务形式。随着业务形式的转变，其所涉及的业务收入和税种也会发生相应变化，最终所导致的税收负担自然不同。也就是说，通过业务形式转变可以产生税收筹划节税空间。

（2）业务口袋转换是将一个纳税主体的业务转化为另一个纳税主体的业务。最为典型的案例是利用关联企业之间的税率差，以转让定价的方式实现利润转移，从而实现税收筹划的节税目的。

（3）业务期间转移是将一个纳税期间的业务转移为另一个纳税期间的业务，这样就可以实现业务收入、费用（成本）及税金的跨期转移，从而实现筹划节税。

利用税收契约形式的转化实现业务期间转移，通常利用一些理财工具来实现。譬如企业年金[①]就是一种重要的工具。国际上通行的企业年金计划采用的是 EET 征税模式,即用字母 E(Enterprise,代表企业)、E(Exempt,代表免税)、T(Tax,代表征税)来表示政府对企业年金计划的征税情况。该模式对职工在工作期间的企业年金(补充养老保险费金)、企业年金基金(补充养老保险基金)的投资收益免税,只在职工未来领取补充养老保险费金时才予以课征个人所得税。这种企业年金计划事实上是一种将现在收入转化为未来收入并推迟缴纳税收的薪酬形式。

下面从税收筹划角度分析企业年金的税收优势。假定企业采用企业年金计划时,每年把少支付的现金形式的工资 U 全部转化为企业年金,个人所得税税率为 t。个人所获得的相当于年金部分的工资全部用于投资,投资报酬率为 r,企业年金基金的投资报酬率也为 r。企业年金缴纳的持续期间为 n 年,第 $n+1$ 年初全部返还给个人。

若企业采取现金形式的工资 U,则税前工资投资 n 年后获得的收益为:

$$F_c = U(1-t)[1+r(1-t)]^n$$

若企业把现金工资 U 转化为企业年金形式,则企业年金项目经过 n 年后获得的收益为:

$$F_p = U(1-t)(1+r)^n$$

由于 $U(1-t)(1+r)^n > U(1-t)[1+r(1-t)]^n$,故 $F_p > F_c$。

比较现金形式的工资和企业年金,其投资回报率有差别:现金形式的工资,其投资报酬率为 $r(1-t)$,企业年金的税前投资报酬率为 r。所以,对于职工来说,获得的企业年金显然比现金形式的工资更为合适。

若企业采取现金形式的工资,每年多获得的现金工资 U 在 n 年后的税后总收益 E_c 为:

$$E_c = U(1-t)[1+r(1-t)]^n + U[1+r(1-t)]^{n-1} + U[1+r(1-t)]^{n-2} + \cdots + U[1+r(1-t)]$$

$$= U(1-t)\{1+1/[(r(1-t)]\}\{[1+r(1-t)]^n - 1\}$$

若企业把现金工资 U 转化为企业年金形式,n 年后企业年金基金的税后总价值 E_p 为:

$$E_p = U(1-t)(1+r)^n + U(1-t)(1+r)^{n-1} + U(1-t)(1+r)^{n-2} + \cdots + U(1-t)(1+r)$$

$$= U(1-t)(1+1/r)[(1+r)^n - 1]$$

比较可知,必有 $E_p > E_c$ 成立,即职工以企业年金形式获得的税后总收益大于现金形式的工资的税后总收益。因此,从税收筹划角度分析,企业年金优于现金形式的工资。

[①] 企业年金(Occupational Pension)是指政府养老保险制度之外,雇主为进一步提高其雇员退休后的收入水平而建立的一种补充性养老保险制度。

4）利益格局调整：交易税收契约下的税收筹划

基于交易税收契约的安排，纳税人可以利用契约规则实现税收筹划模式的创新。企业与其利益相关者（如供应商、代理商、债权人）之间的契约关系集中体现在商品、劳务、资金的成本和价格之中。企业及利益相关者在与税务当局博弈的过程中，利益趋于一致，自然形成一个利益团体，因此他们都希望尽量减轻税收负担。于是，利益团体中的利益相关者就有可能合谋，即签订合谋契约，从政府手中争取更大的税收利益。同时，利益团体中的利益相关者之间又存在着利益冲突，都希望将税负转嫁给他人（税负前转或税负后转），而不希望别人将税负转嫁给自己。因此，纳税人与其利益相关者之间就形成了一个极为微妙的博弈对局关系。

根据纳税人及其利益相关者的利益格局特征，按照博弈论思想，税收筹划可以被划分为三种类型：偏利税收筹划、零和税收筹划、多赢税收筹划，如图2-4所示。

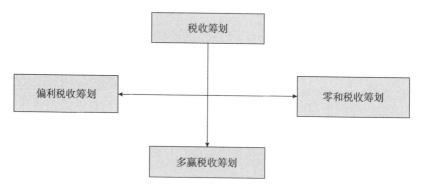

图2-4 税收筹划的三大类型

类型一： 偏利税收筹划。

偏利税收筹划是指通过对交易税收契约的优化创造出新的价值，即企业享受通过税收筹划所带来的税收利益的同时，不会对利益相关者造成利益损害，但利益相关者也没有任何额外收益。换言之，税收筹划使得企业获取税收利益，但不对其利益相关者产生任何影响。为了有效实施税收筹划，有时可能需要利益相关者在各种形式上的支持与配合。

偏利税收筹划的显著特征是偏利性，即税收筹划所创造出来的新的价值，主要分配给筹划者一方。由于利益相关者没有收益也没有损失，因此他们并不热衷于这种筹划活动，但出于战略联盟或维护合作关系的考虑，利益相关者一般会支持或配合税收筹划。若企业改变交易模式进行税收筹划，就可能需要客户在签订交易契约时予以配合，因为交易模式的改变可能会导致交易契约的改变。

当然，纳税人实施的税收筹划活动也可能不需要利益相关者参与或者配合，如企业自身创造条件单方面享受税收优惠就属于纯粹的偏利税收筹划。例如，某大型集团公司适用25%的企业所得税税率，为降低税收负担，该集团公司将其经营的高科技产业分拆出来，单独设立一家高新技术子公司，该子公司可以享受15%的低税率优惠。该项税收筹划活动不会影响客户的税收利益，但可以降低集团公司总体的税收负担，因此属于纯粹的偏利税收筹划。

类型二： 零和税收筹划。

零和税收筹划是指企业通过税收筹划获取了一定的税收利益，但其利益相关者却因此蒙受了与企业税收利益等额的税收损失，即双方的税收利益与税收损失之和为零。这虽然对双方总体的税收结果没有影响，但对任何一方都产生了重大影响，反映为税收利益在双方之间的等量转移，没有产生新的价值，最终体现为双方税收利益的一种再分配。

零和税收筹划在现实生活中并非完全不可能，如果企业承诺给予利益相关者一定的补偿或其他经济利益，就可能会使利益相关者被迫接受该类型的税收筹划。由于企业获得的税收利益是建立在利益相关者承担等量税收损失的基础上的，因此，来自利益相关者的阻力会使零和税收筹划难以付诸实施。在现实经济中，较典型的零和税收筹划的例子是税负转嫁。税负转嫁实质上是商品供应者与需求者之间的税收博弈，供求双方天然地存在着利益冲突，自由价格机制的存在是税负转嫁存在的客观条件。税负转嫁的受益方通常是强势的一方，而弱势的一方则会蒙受税收损失，但也只能被动接受。

类型三： 多赢税收筹划。

多赢税收筹划是指在给企业带来税收利益的同时，也给其利益相关者带来税收利益，即双方都能从税收筹划活动中受益。企业作为主动的筹划一方，积极获取税收利益是其天性使然；而利益相关者是被动的一方，被动地享受税收筹划带来的好处，因而，利益相关者非常愿意甚至热衷于参与这种类型的税收筹划。多赢税收筹划是一种最佳的税收合作模式，有时可能涉及三方或者三方以上的利益相关者，这时税收筹划所带来的税收利益会在企业及其所有利益相关者之间进行分配。

> **复习思考题**
>
> ### 均衡点增值率的测算方法
>
> 假定纳税人销售某类商品的增值率为 R，该商品的含税价格为 S，购进商品的含税价格为 P，$R=(S-P)/S$。一般纳税人的适用税率为 T_1，小规模纳税人的征收率为 T_2。
>
> **问题：**
>
> 1. 当一般纳税人和小规模纳税人的税负相等时，请推导出均衡点增值率 R 的表达式。计算当 $T_1=13\%$，$T_2=3\%$ 时，税负均衡点增值率的大小。
>
> 2. 请分析影响增值税税负的相关因素。企业应该如何控制增值税税负？可以采取哪些有效的税收筹划方法？

第 3 章

税收筹划的大数据战略

数据确实为我们所做的一切提供了动力。

——领英首席执行官　Jeff Weiner

3.1　大数据时代税收筹划面临的机遇与挑战

随着我国经济社会的不断发展,国家出台的政策及规定更新较快,税制处于不断变化之中。在数字时代,企业利用互联网、大数据技术,能更快地了解与企业经营活动相关的税收优惠政策和税收管理规定,及时与政府部门和社会机构配合,充分利用税收法规所提供的包括减免税在内的一切税收优惠,有计划、有步骤地实施税收筹划。这在一定程度上能够使企业更好地安排经济活动,在法律框架下达到依法纳税、科学节税的目的。

3.1.1　大数据时代税收筹划面临的机遇

1. 大数据时代提高了企业会计信息质量

大数据具备存储空间大、数据读取快等特征,迎合了企业发展的需求。大数据、云计算、人工智能等从数据采集、数据预处理、数据存储、数据挖掘与分析、数据展示及数据应用等方面,提高了数据的准确性和可靠性,同时,数据共享在一定程度上确保了企业获取信息的及时性与准确性。如果企业发生虚增收入,伪造、变造会计账簿,进行虚假纳税申报的情况,大数据就会对企业的信息进行筛查,识别企业的纳税申报数据之间的逻辑矛盾,时刻提醒企业税务风险的存在,在一定程度上起到了警示作用,提高了企业的会计信息质量，预防了企业出现逃避税现象，强化了企业的财务管理。

2. 大数据时代促使企业更好地安排经济活动与税收筹划

在大数据时代下，企业可以依靠先进的信息系统，更加清晰地了解自己的业务情况。同时，由于税收筹划是一种整体性行为，目标是企业总体利润的最大化，因此需要用系统论方法去分析自身的经济活动。而互联网、大数据对于企业经营活动及相关信息的整合，正好契合了这一需求，使企业能够从整体角度合理安排相关投资、经营活动，从而降低企业的总体税负。

大数据时代的数字化、智能化优势能够帮助企业实现既定的财务目标。例如，通过大数据进行税收筹划分析，决策产品销售采用哪种促销模式，在"买一赠一""打折销售"等多种模式之间进行比较，计算出税负较小的促销方案，尽量减少企业存货，加快资金回笼，提高企业净利润，实现企业价值最大化，体现税收筹划的实践价值。

3. 新经济、新业态、新模式的出现为税收筹划提供了空间

在互联网、大数据的推动下，B2B、B2C、C2C、O2O等电子商务模式的发展都十分迅速，有效地推动了经济增长。与传统经济模式相比，电子商务属于新兴产业，目前世界各国均缺乏完善的有针对性的税收政策，这为税收筹划提供了空间。企业可以结合平台经济、共享经济、零工经济等新业态、新模式，合理安排自身的经济活动，有效降低整体税负。

4. 现代信息技术提升了税收筹划的效率与质量

随着现代信息技术的发展，互联网、大数据、云计算、人工智能等无时无刻不在改变着人们的生活，提高着企业的办税效率。依托计算机网络的"金税三期"的上线，为纳税人搭建起了统一的系统平台。全新的纳税申报流程，实现了信息采集、发票管理、纳税申报和税款缴纳于一体的办税流程。图3-1展示了作为自然人的纳税人申报缴纳个人所得税的办税流程，即申报人员只需提前设置月平均工资、年平均工资、公积金上限和年金扣除上限，并填入相关数据，平台就可以自动计算税款。

在税收筹划效率方面，"金税三期"及网络办税平台的搭建，极大地简化了纳税人的办税流程，节省了办税时间和税收成本。同时能够使企业系统、全面地掌握自身的财税状况，从而提高税收筹划的效率。

第 3 章 税收筹划的大数据战略

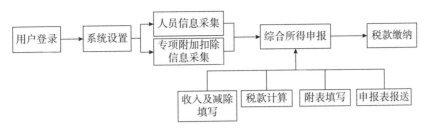

图 3-1 "金税三期"综合所得申报简化流程

在税收筹划质量方面，一方面，企业借助互联网与大数据可以快速掌握相关税收优惠政策，避免出现虽然适用税收优惠政策却因为信息不对称而丧失享受税收优惠的情况；另一方面，大数据对于企业经营行为的记录与比对，有助于打击企业虚增成本、伪造账簿等逃避税行为，引导企业选择合法的税收筹划手段来降低税负。

3.1.2 大数据时代税收筹划遇到的挑战

1. 经营模式的多样化提高了税收筹划的复杂程度

数字化趋势对社会分工和交易产品产生了重大影响，企业的经营内容变得广泛而复杂。与数字技术相关的互联网企业、网络科技企业普遍存在三个税收难题：一是由于这种类型的企业的人工成本占比相对较高，与工业、制造业需要大量购进原材料相比，其能抵扣的进项税额相对较少，从而面临较大的增值税压力；二是如果不能享受企业所得税优惠政策，那么 25% 的所得税税率就会给企业带来较重的所得税负担；三是由于互联网行业的高速发展，企业经营范围不断扩张，因此可能带来更多的税收负担。

大数据时代，企业的运营模式已经延伸到了消费者层面，企业到企业，消费者到消费者，线上和线下等多种运营模式层出不穷。网购平台（如淘宝、京东）不只包括单一的实体财物销售功能，还包括信息服务、数据资源交换等无形的商品、服务，或是平台售后返利、高额补贴等特殊的销售方式与结算方式。同时，完全通过互联网完成购买、交付的流程，使得交易更加隐蔽化，主体税源更加难以确定。这些混合的销售模式的支付、结算、流转阶段都有所不同，使得企业因此产生的资金流、票据流、服务流与传统的税收政策无法进行直接的匹配，需要企业进行相应的调整和选择，在遵循现有规则的基础上进行合理的归纳和分类。

2. 交易种类、数量的增长和信息的滞后性增加了纳税的核算成本

由于会计和税法在目标、主体、计量原则上并不是完全一致的，在企业对账目进行税务调整时，需要财务人员及时了解相关的税收优惠政策及税率变化。但是，互联网时代带来的交易方式的多样化和交易数量的爆炸增长，使得企业如果光靠人工的方式对数据进行整理和申报，将会大大提高企业在税收筹划方面的人工成本，降低筹划的效率和纳税的安全性。

另外，大部分企业并没有设立专门的税收管理系统，在交易活动发生的过程中，财税部门往往在最后一个环节才会接触并参与有关交易的整体流程和数据结算。而此时，财务人员已经无法改变已经发生的交易过程中产生的或者可以规避的税收风险。同时，由于税收的政策及信息会不定期地频繁变动或更新，假若没有快速对相关政策进行了解及应用，仅凭财务人员自身的业务素质，将会带来纳税隐患和不必要的税收成本。

3. 税收征管的数字化、智能化压缩了税收筹划的空间

依托互联网、大数据搭建起来的"金税三期"等涉税平台，不仅使纳税人办税更便捷，也方便了税务机关对纳税人实施全面的税收监管。传统的税收征管处于企业信息流和业务流的末端，税收管理仅重视事后检查，这种征管方式给事前、事中、事后的税收筹划都提供了可行性。但随着信息技术的发展，涉税信息的全国联网正在稳步推进，税务局的税收风险预警系统也在不断完善，对企业经济活动的监管会变得更加严格。

比如，国家税务总局推出的增值税发票系统，无论是专用发票还是普通发票，相关信息全部要记录在数据库中。2016年增值税发票系统的信息增添了商品编码和服务编码，所有的普通发票和增值税发票都在系统中有所记录。因此，根据这个系统，国税局的税务监管可以完整地掌握企业每一笔款项的进出。在这种严监管的情况下，企业的每一个购销活动都处于税务局的监控之下，压缩了企业事前与事中进行税收筹划的空间。

同时，税务机关还建立了精确的产出模型，监控纳税人的投入和产出信息及对应数量，使得企业的商品流和资金流在纳税申报之前就已经通过系统监控实时地被税务机关所掌控。因此，企业不能再通过改变款项的类别等方式抵扣一定的增值税款项，因为每一笔支出都从源头被记录。

知识链接

网络主播避税案

1. 案例背景

2021年11月22日,杭州税务部门发布的消息称,税务稽查人员通过大数据分析系统,发现两名当红网络主播朱某和林某涉嫌偷逃个人所得税款,将依法对两个人进行税收稽查。

两名主播也因此面临着天价的罚款。根据杭州税务部门的通报,最后的处罚结果为,对朱某处以罚款共计6 555.31万元,对林某处以罚款共计2 767.25万元。从罚款的数额我们可以想象两个人偷逃税额之巨大。

在2021年"双十一"预热的直播带货活动中,朱某和林某都位于直播电商行业的头部主播之列。而更值得注意的是,朱某和林某属于同一家MCN机构,朱某也是这家MCN机构的法定代表人,同时也是董事长兼CEO。该MCN机构已经经过了多次融资,且最近一次融资规模达到千万元级别。而这起逃避税收案件的另一个主人公林某也在该家MCN机构中任职,职位为CMO,她的年商品交易总额(Gross Merchandise Volume,GMV)在最近几年已经超过了10亿元。

2. 避税手段

根据税务部门的官方通报,朱某与林某主要是通过改变纳税主体和改变申报的收入类型等手段来偷逃收款的。具体来说,朱某与林某主要是在广西北海、上海、江西宜春等地设立营销策划中心等个人独资企业,将收入申报为经营所得,并通过虚构业务将收入分拆给策划公司以降低纳税额。

如果以工资薪金和劳务报酬为名义申报缴纳个人所得税,那么适用综合所得税税率,而综合所得税适用七级超额累进税率,其范围为3%~45%。而头部主播的一场直播的收入很有可能达到百万元级别,那么这一笔带货业务的收入适用的最高税率就为45%。如果主播通过成立个人工作室或者个人独资企业,以个人工作室的名义承接业务并收取费用和销售提成,那么纳税主体发生了变动,即从自然人变成了个人独资企业,其获得的收入可以按照经营所得申报缴纳个人所得税,适用的税率为五级超额累进税率,范围为5%~35%,适用的最高税率便下降了10个百分点,因此通过这种转换就能将税率降低。税率的变化只是一方面,由于个人独资企业往往存在会计账目不健全、会计核算不规范等情况，因此税收机关对个人独资企业采用核定征收的优惠政策。

在这次的案例中，广西北海、江西宜春及上海崇明岛都属于比较出名的税收洼地，由于核定征收率较低，实际税负甚至可以达到10%以下的低税率。

事实上，通过成立个人独资企业，并且将其设立在"税收洼地"，是属于合理的税收筹划手段。但在此次案例中，这两名主播违背了两个基本的原则，导致她们的"避税"行为被判定为逃避税收行为。

首先，核定征收政策的设立实际上是对个人独资企业施行的一种税收优惠政策。个人独资企业一般存在不规范的问题，比如，无法设立独立且详细的会计账目，或者规模较小的个体工商户无法被及时监管等，若税收机关对这些纳税主体采取查账征收的政策，反而会提高纳税成本和征税成本。而案例中提到的两位主播成立的这些所谓的营销策划中心，事实上可以建立健全的账目资料配合税务局的查账征收，但为了享受较低税率，她们仍然选择核定征收政策。

最重要的是，朱某与林某都涉及通过虚构业务逃避税收。由于直播带货中牵扯的收入类型较多，因此她们通过虚构业务，要求商家将不同的费用（包括坑位费和提成等）支付给不同的公司，并由这些不同的公司进行开票，业务拆分意味着收入被拆分，因此适用的累进税率便可以降低档次，从而减少纳税额，而这明显不是一种正常的商业行为。

在本案例中，对这两名网络主播的收入进行界定的关键要素为，直播带货的收入应该归属于工资薪金所得、劳务报酬所得还是应该归属于生产经营所得。事实上，现行的税法并没有对这一类收入进行明确的界定和定义，再加上一些主播和平台公司并没有关于自身业务的商业逻辑，以及对税法认识不足，在税收筹划的安排上，只是简单地在公司架构上做出调整，因此犯下了"虚构业务"的逃避税收行为。

4. 企业税收筹划面临信息安全管理风险

大数据时代下，个人的隐私信息，如姓名、电子证件、购买倾向、性格偏好、信用情况，以及企业经营情况、财务状况等海量数据都会被收集，出现了一定的信息安全管理风险。一旦这些信息被泄露，将会带来一定的隐患。税收作为国家财政收入的主要来源，现行的法律法规为了预防企业逃避税，规定企业纳税申报的相关数据必须公开化、透明化。然而数据的高度集中，容易受到黑客或其他不法组织的入侵，一旦信息没有妥善保存，个人或企业的重要信息就可能发生泄露，后果将不堪设想。信息安全管理问题就成了数字时代的重要问题。

技术创新是企业发展的根本动力，对于一些具有较强的技术创新能力、高端技术开发能力的企业而言，其核心技术一旦被泄露，企业将在市场上失去竞争力。例如，企业在设计税收筹划方案的过程中，企业的信息安全管理工作做得不到位，对信息的存储缺乏加密处理，相关人员的访问权限不能得到有效控制，就会增加企业财务数据、税收信息泄露的风险。因此，在大数据时代，如何加强税收筹划中的信息安全管理已经成为企业管理工作中的重要问题。

5. 税收筹划新形势对企业财税人员提出了更高要求

互联网、大数据给税收筹划带来了发展机遇，但同时也给企业财税人员提出了更高的要求。首先，部分中小型企业财务人员的税收筹划意识相对淡薄，可能无法利用优惠政策为企业争取到更多的税收利益。其次，税收政策本来就处于不断变化中，尤其是新兴经济业态，相关政策的变化速度更快，按以前政策适用的税收筹划方案可能在当前政策下已经失效，甚至可能给企业带来很大的税收风险。因此，新时代的税收筹划对企业财税人员理解与运用税收政策提出了更高要求。最后，随着大数据时代的到来，数据处理的海量性、高速性和多样性是前所未有的，企业财务人员面临由纸质数据筹划分析向电子数据筹划分析的转化，若财务人员不能及时更新知识体系，对大数据理解有偏差，不能将数据资源有效转化为对决策有用的信息，就不能及时设计出适合企业未来发展要求的税收筹划方案。因此，面对海量的信息，财务人员必须培养数据分析和挖掘能力，并依据相关信息进行正确的税收筹划决策。

3.2 大数据背景下税收筹划的变革

1. 企业筹划成本降低

税收信息化征管系统的搭建，主要采用人工智能、分布式计算等技术，为纳税人申报缴纳税款提供了便利。纳税人所申报的征管系统数据、纳税人基本涉税信息、生产经营活动信息、涉税调查数据及其他相关公文，都可以按照一定的格式有序提交至税收征管系统，这样便降低了税收筹划成本，同时也为办税人员节省了时间。

2. 会计政策、会计估计的选择更具准确性

会计政策和会计估计的选择对企业税负有较大影响，且一经确定不得随意变更，所以企业应慎重选择合适的会计政策和会计估计方法。举例来说，企业若选择了不合适的存货发出计价方法，就可能会导致成本较低，从而使利润虚高，加重所得税负担。固定资产折旧、无形资产摊销等会计估计方法也是企业盈余管理的重要手段，借助大数据技术，企业可以预估不同会计估计或不同会计政策下的大致税收负担，从而做出最佳决策。

3. 商业模式多样化和服务数字化提供了税收筹划空间

新兴的商业模式，如网络支付、线上交易、配送售后、混合销售等，因支付款项、交易发生及商品流转之间存在差异，使得企业的现实运营与"四流"（合同流、资金流、票据流、货物服务流）不完全匹配，因此出现了税收征管空白地带。既给了纳税人筹划的空间，同时也增加了政策适用的风险。

依靠互联网发展起来的信息服务行业，并不需要消费者与服务提供方之间产生实物性质的商品交换。但是在数字化服务的流转中，确实存在资金流转与税收监管问题。如软件交易，这类电子信息产品的交易款项就面临着是界定为特许权使用费还是界定为营业利润的争议，甚至会出现国际税收纠纷。

4. 税收筹划操作涉及的信息安全维护风险加大

信息化程度的加剧无法避免数据隐私泄露的风险，因此在大数据背景下，企业的税收筹划对商业秘密等隐私保护的需求日益提高。例如，在数据的流通阶段，纳税人申报纳税数据时与第三方机构开展合作，可能会遇到恶意病毒插件，存在数据泄露风险；在数据的存储阶段，企业云端信息的保密性、完整性与易获得性，是企业、税务机关与第三方机构合作时需要注意的风险点。

3.3 大数据时代提升税收筹划的战略方法

在大数据的背景下，企业提升税收筹划有以下几种战略方法。

1. 提高税收筹划的战略地位

一些企业不够重视税收筹划，倾向于将税收筹划滞后于经营安排，着力于事后的税务管理。其实，税收筹划最重要的特征之一是事前性。税收筹划应该在纳税事项发生之前进行安排，进而达到节税目的。税收筹划的目的不仅仅是降低税收负担，还包括实现企业税后利润最大化。有些税收筹划方案虽然可以降低某一项业务的税收负担，但是可能会增加企业其他成本，或者税收筹划方案本身的实施成本大于其节税收益，这样的税收筹划方案都不是最优的方案。因此，企业应该提高对税务管理的重视程度，实现税务部门和业务部门之间的信息沟通交流，在进行业务运营之前对纳税事项进行评估，进而选择能实现税后利润最大化的经营方案。

2. 建立税务风险识别和预警机制

大数据技术的出现，使得企业相关财务数据和运营数据都能被实时监控，或者说随时可以被曝光。纳税信用评估机制逐渐完善，企业一旦由于纳税申报出现差错，就会受到税务机关的惩罚，在一定程度上会影响企业信誉及正常运营。因此，有必要建立企业风险识别与预警机制，加强企业税务风险防范意识。

此外，由于互联网行业的税收政策还不完善，国家为了促进互联网、大数据行业的发展，制定的税收优惠政策又比较多，这在扩大企业税收筹划空间的同时，也增加了因政策变动而导致的企业筹划风险。数字经济的不断发展对国际税制也造成了一定的冲击，因此世界各国乃至经济合作与发展组织（OECD）都在采取积极态度应对这一冲击。例如，BEPS行动计划就是应对税基侵蚀和利润转移的行动方案；双支柱方案也针对数字经济带来的冲击问题提出了解决方案。西方国家的互联网技术早于我国，因此西方发达国家早就针对互联网企业的数字服务税问题出台了一些措施，针对互联网企业，不再重视物理存在，而是考虑在实际存在关联关系时就行使征税权。这就意味着互联网企业具有的虚拟实体的优势正在消失。针对这一点，企业有必要加强风险预警与防范，关注税收政策变动趋势，洞察数字时代的细微变化，善于捕捉机遇。

3. 升级信息化与智能化税务系统

面对互联网的发展，企业应该升级自己的信息化与智能化税务系统。通过信息化和智能化税务系统，企业可以在线收集业务数据和财务数据，运用预定的逻辑，对收集的数据进行计算和校验，自动生成纳税申报表，能大大提高税务工作的效率。例如，印度的塔塔集团通过使用大象慧云平台，实现了对内部税控设备、财务数据的统一管理，确立了财税信息化管理体系，在合同、采购、结算、开票等方面实现了协同。在升级过程中，企业可以提高税收筹划的效率，降低税收筹划的人力成本和时间成本。

> **知识链接** >>>
>
> 构建企业数字化税收系统
>
> （1）建立完整的税务会计系统。在交易发生的过程中，能实时更新财务信息，进行税务风险预测与规避，使财税部门不至于每次都只在交易完成后才能接触到财务信息，避免只能在既定的情况下开展局限的筹划工作。实现交易信息的全流程沟通，可以使财务部门在交易前、交易中、交易后均能够进行企业的税务管理和税收筹划，将税务流程贯穿到企业的每个交易流程中去，从而可以有效地降低企业税务风险，完善成本管理。
>
> （2）完善企业自身的发票管理系统、财税管理系统。做到企业内部资金、交易等信息和外部税收管理、政策改变的实时交流与更新。利用信息系统进行纳税的核算与申报也能够有效地降低企业税收筹划的成本。企业内部税务管理系统如图 3-2 所示。

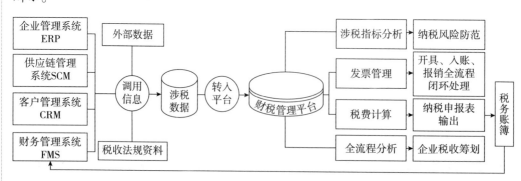

图 3-2　企业内部税务管理系统

例如，京东就有效地利用了本身的大数据技术与研发人员，建立了符合自身运作特点的 ERP 系统，进行企业内部的长处管理和过程控制。同时，与其建立的供应链管理系统、客户管理系统相联系，制定了相应的财务管理整体解决方案。并且，京东还积极完善了平台中电子发票的开具，使得交易的信息能够直接留在票据系统中，且易于查证。

4. 建立动态税收筹划风险防控机制

对于数字时代的不确定性风险，企业在制定出税收筹划方案之后，需要不断地进行实时监控、评估和改进，建立动态税收筹划风险防控机制。当国家政策出现调整、数据出现更新、相关人员操作不当、税收筹划方案出现偏差时，能够通过动态的税收筹划风险防控机制，将情况快速反馈给税收筹划的决策小组，以便及时对税收筹划方案进行修订和改进。作为企业的财税人员，应提高税收筹划风险防范意识，在企业内部加强对税收政策的学习和对动态税收筹划风险的防控工作，以便及时、有效地应对数字时代带给企业的一系列风险。

5. 构建基于区块链技术的信息安全保障体系

数字时代带来的信息安全隐患也不容忽视。企业应注重信息安全保障，在构建数据库、整合企业数据信息的同时，要制定信息安全制度，引入区块链技术，实现数据应用合法、授权合规、共享激励，对企业不同岗位的员工进行人员权限设置，加强对员工信息安全维护方面的培训，并定期对企业的信息安全情况进行评估，确保企业各项业务活动顺利进行。

6. 税收筹划与人工智能技术相结合

税收筹划依靠的是数据和信息，所有的税收核算和决策都是基于数据分析的。数据是企业的资产，也是企业管理和发展的核心。在人工智能和大数据背景下，数据容量大、种类多，通过对数据的交换、整合和分析，可以为决策带来重要信息。在数字时代，人工智能技术取得了新的发展和突破，在数据收集、调整分类、深度挖掘、辅助分析决策等方面提供了技术支持，从而大大提升了数据采集能力和数据质量，给企业提供了更加准确和科学有效的决策方案，有助于企业更好地预测未来的发展。人工智能技术和数据处理系统如图 3-3 所示。

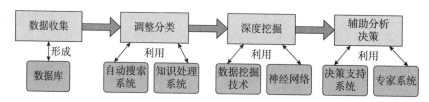

图 3-3　人工智能技术和数据处理系统

在大数据时代，人工智能可以实现数据的智能收集，将企业内部和外部的海量数据采集到人工智能数据库中，包括与税收筹划相关的结构化和非结构化数据。利用人工智能自动搜索系统和知识处理系统，能够进行数据的整合和分类，可以充分利用原始数据。利用人工智能神经网络，结合数据深度挖掘技术，可以获取财务数据的潜在价值，有助于分析底层财务数据，获取数据的隐含信息，并将其转换为税收筹划所需的信息，如税务报表和会计决策信息，可以与外部环境相结合，做出动态反应。此外，人工智能决策支持系统可以与决策过程互动，利用人机对话和专家系统解决税收筹划中的决策问题。因此，人工智能、大数据与税收筹划融合发展的新模式，能为企业带来更大的经济效益。

7. 组建税收筹划专业队伍

在数字时代，要保证税收筹划工作的顺利开展，还需要组建专业的税收筹划队伍。首先，专业化的综合性人才是解读政策趋势、规避税收风险的基本保障，也是根据国家频繁的政策变化制定出有效税收筹划方案的先决条件。其次，需要将税收专业人才和信息化人才相结合。大数据等信息技术的发展，有助于企业获取更多的数据和信息，并且据此迅速分析出大数据背后隐藏的各种信息。我们需要将税收管理和大数据相结合，及时动态地反映税收政策变化对企业经营活动的影响，进而制定和调整企业税收筹划方案。综上，企业需要重视专业化、复合型税收人才的培养，组建税收筹划专业队伍，提高企业税收筹划的综合水平。

3.4 税收筹划的大数据战略方法

大数据时代为税收筹划的发展提供了一个良好的契机,但在大数据时代下,税收筹划也面临着现实挑战,企业应着力推进涉税信息的有效整合,完善涉税信息安全保护措施,加强税收筹划信息系统建设,推动新形势下税收筹划的创新和变革。

3.4.1 构建智能税收筹划大数据平台

1. 基于神经网络的税收筹划大数据平台[①]

从 20 世纪 60 年代的神经网络感知机到今天,深度神经网络已在众多领域取得重大成功。微软、谷歌、IBM 等公司都开展了相应的研究工作。数字时代的到来,使企业可以通过大数据技术和深度神经网络学习方法构建智能税收筹划大数据平台。针对税收筹划的大数据分析技术是神经网络技术,企业的税收信息被编码为某种数据,进而由筹划神经网络进行处理。税收筹划大数据平台就是一个大数据智能平台,由大数据加深度神经网络共同构建。

深度神经网络是一种模拟神经元的计算方法,它可以将税收筹划神经网络结构与神经网络记忆相结合,利用神经网络结构和学习算法完成整个深度神经网络的构建。它是一种基于大数据的税收筹划系统,该系统包括企业信息采集、数据库分类、分析、校正、预测及税收筹划模块。它首先会智能采集企业的税务信息与基本数据类型;然后建立数据集并分类,从而完善基础数据;接下来会分析上述信息并建立标签值,该步骤可以帮助企业建立税务与基础数据类型之间的链接;系统下一步会调整与校正那些标签值的平均值低于阈值的数据;紧接着预测企业税收筹划的成功率;最后系统会为企业提供税收筹划信息。

筹划人员或技术人员采用神经网络,对企业税收筹划进行模拟训练,以训练结果为对比基础,迭代学习,不断提高模型的精确度。运用自开发工具可以进行全网的税收政策搜索,快速、全面、精确地获取互联网上的税收政策信息,并采用规划及自动申报提

[①] 周艳斌."营改增"背景下构建智能税收筹划平台[J]. 福建电脑,2017(10):123-124.

醒的方式，更好地为纳税人服务。

利用深度神经网络，税收筹划大数据智能平台能实现一天 24 小时监控政策动态，并自动完成搜索比对、申报提醒、信息匹配等过程，在感知基础上精准定位筹划方法与操作模式，进一步拓展税收筹划的范围。同时，该智能平台还可以进一步设计税收筹划感知系统，实现在智能数据分析范围内的平台感知。感知领域包括价格感知、优惠感知、弹性感知、规避感知、空白感知和漏洞感知等。

2. 税收筹划大数据分析与深度神经网络驱动的智能税收筹划平台

税收筹划是纳税人开展生产经营活动的合法环节，属于纳税人的权利。在贯彻落实国家相关的税收政策时合理进行税收筹划，能够减轻纳税人的经营负担，提高纳税人的税后利润水平。

税收筹划大数据智能平台引入了人工智能，采用机器学习技术设计智能税收筹划感知模块。税收筹划大数据智能平台主要由智能税收筹划统一数据系统采集数据并输入数据，经由模拟神经并行计算集群处理，进而通过深度学习算法完成训练，并构建税收筹划模型。税收筹划智能算法模型又包括五个子系统：一是税收常识知识库模型子系统；二是税收筹划知识库模型子系统；三是流转税税收筹划模型子系统；四是所得税税收筹划模型子系统；五是税收筹划风险管理模型子系统。

税收筹划智能算法模型包括税收政策消息感知中心和政策规则引擎软件两部分，可以实现消息传感器多通道自动侦听税收政策。算法模型启动传感器系统对国家相关的税收政策颁布的信号进行感知。采用神经网络输出不同信息网站的税收政策信号，经过税收筹划文本数据统一接口，采集分析处理得到税收筹划信息，并将这些信息提供给模拟神经并行计算集群进行筹划预测，再将预测结果与实际结果相比较，计算其税收筹划感知能力，并实现税收筹划的追踪预测与方案设计。

知识链接 >>>

京东构建基于数据驱动的智能税收筹划平台

随着大数据时代的到来，京东对于数据的处理技术也在不断升级。京东拥有着大规模历史数据集，每天新的数据增长也体现着高规模的数据增幅，在高速增长的数据背后，是京东自身形成的智能数据处理平台。该平台不仅用于对商品交易、用户喜爱度、好评商家等数据的收集，也用于京东的税务处理，可以减轻财务人员和数据分析人员的基础工作，能使他们更好地利用自身所长做出更利于企业自身发展的税收筹划决策。这个过程降低了相关人员收集信息的门槛，实现了对结构化和非结构化数据的收集分类，可以保证收集数据的相关性和真实性。

在大数据时代下，京东对其企业的税收筹划提出了更高的要求，不仅要满足企业现实需要，还应具有前瞻性，要对企业未来的发展战略和趋势做出正确判断，使得企业的税收筹划方案高效运行，不断满足京东业务高速发展对未来大数据的需要，实现京东战略价值目标。

京东在利用大数据平台帮助企业进行税收筹划方面做得可圈可点。其一，利用自身建立的数据收集系统，及时关注国家和政府有关税收方面的法律法规，将有关变动及时传递给分析人员；其二，利用大数据平台对企业内部的业务运行实行监督，通过信息了解企业的最新相关情况，及时提出合理建议，避免不合法及冗余的行为；其三，京东自身配有专业的税务分析团队，十分重视税收对公司经营的影响。

大数据时代就是要充分挖掘数据的潜在价值，使其发挥最大作用，大数据思维就是对整体数据进行收集、挖掘、整合和处理，随机抽样对数据进行有效处理。对公司进行税收筹划，就是要最大可能地在允许范围内提高企业利润。而企业当期的利润除了留存企业以用于生产经营和扩大规模外，还用于弥补以前年度亏损和分配给投资者、债权人。对此企业就可以利用大数据去搜索亏损企业进行收购，从而降低企业纳税额。除此之外，大数据平台可以实现对销售环节进行细分，合理确定不同纳税项目和纳税过程，实现精细化管理和全方位掌控。

3.4.2 构建财务战略框架下的数据驱动型税收筹划模型[①]

企业税收筹划是一项系统工程，应结合企业战略、财务战略的目标，考虑企业税收筹划的自身特点，运用大数据、云会计、人工智能等先进技术，将税收筹划定位于战略，

---

① 李克红. JDJG集团基于财务战略的税收筹划模型 [J]. 财务与会计，2018（7）：64-65.

实现税收筹划由个体信息化向云信息化转型，以提高工作效率。

数字时代基于财务战略设计的创新型税收筹划模型的基本框架如图 3-4 所示：自下而上包括基础设施层、业务层、数据层、服务层、应用层 5 个层次。

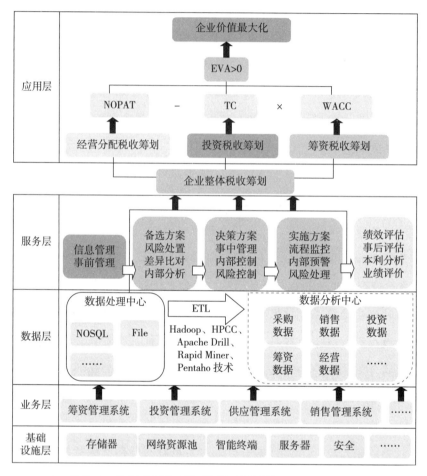

图 3-4　数字时代基于财务战略设计的创新型税收筹划模型

1. 基础设施层、业务层与数据层

基础设施层主要包括软件资源和硬件资源，为企业税收筹划提供环境支撑。存储器、网络资源池、智能终端等资源为税收筹划平台提供存储、网络和运算的基础服务，将存储器、网络资源池、智能终端、服务器等连接到云端，为业务层提供筹资管理系统、投资管理系统、供应管理系统、销售管理系统及分配管理系统等，同时在云端获得相关行业的数据，为上游的数据层、服务层和应用层收集所需的数据。

数据层通过大数据技术，如 Hadoop（分布式文件系统）、HPCC（高性能计算与通信)、Apache Drill(大型数据集分析系统)、Rapid Miner(数据挖掘解决方案)、Pentaho(开源商务智能软件)等,利用数据抽取工具 ETL(Extract:提取。Transform:转换。Load:加载),将数据处理中心分布的数据,如关系数据库、NoSQL(非关系型数据库)、File(本地文件)等,抽取到临时中间层后进行清洗、转换、集成,加载到数据仓库或数据分析中心,成为联机分析处理、数据挖掘的基础。数据分析中心以整个企业的经济业务为起点,形成多维度的采购数据、销售数据、投资数据、筹资数据、经营数据等,为上游的服务层和应用层提供所需的数据。

2. 服务层

服务层对来自数据处理中心和数据分析中心的数据进行信息管理,建立税收筹划纳税备选方案、比较差异、评估内部控制风险、选择最佳方案、监控方案实施并评价绩效。面向应用层的企业整体税收筹划,服务层提供了完备的税收筹划风险管理价值链。

1)信息管理

信息贯穿税收筹划活动的整个过程,既包括国家税收政策内容信息,也包括企业过去和现在所处环境的信息,如企业的税收筹划意图、企业的财务状况和经营成果、实际税收负担、税收筹划人才管理信息等。通过大数据技术和云平台,收集和应用精度高、价值大、实用性强的信息,能够避免税收筹划中不必要的经济损失,这也是保证税收筹划方案有效实施的关键所在。

2)税收筹划方案的建立、决策与实施

评估备选方案时,一般会认为每个方案的预计未来现金流量可以事先确定,但即使利用再先进的技术,也不可能对纳税与筹划每个方案的未来现金流量的不确定性进行精确预知,因而进行税收筹划时应始终保持对筹划风险的警惕性,合理利用有效方法处置备选方案的风险。

在对方案进行决策和实施时,企业应建立纳税内部控制系统,通过对企业内部生产经营过程中各涉税环节纳税活动的计划、审核、分析和评价,使企业纳税活动处于规范有序的监管控制中,便于及时发现和纠正偏差。此外,还应建立具有危机预知功能和风险控制功能的税收筹划预警系统。当出现引起税收筹划风险的关键因素时,系统会发出预警信号,提醒税收筹划者关注潜在的隐患并及时采取应对措施。当找到导致风险的根源时,系统会引导筹划者制定科学合理的风险控制措施以有效应对税收筹划风险。

3）绩效评估

对税收筹划方案进行比对、决策和实施后，企业应制定税收筹划分析与评价指标，通过绩效评估系统中的成本效益分析、本量利分析、业绩评价等综合分析与考评，既能对筹划人员形成激励，也有利于企业积累经验和总结教训，并对下一个周期的税收筹划起到很好的铺垫和预测作用，从而不断提高企业的税收筹划水平。

3. 应用层

应用层位于纳税筹划框架模型的最高层，需要基础层、业务层、数据层和服务层的基础与支撑。企业整体税收筹划分为筹资税收筹划、投资税收筹划和经营分配税收筹划3个关键环节。

筹资税收筹划环节中，债权筹资需要定期还本付息，压力负担较重，但是其借款利息于税前支付，可以起到税收挡板的作用，使债权融资成本降低，且当投资收益率高于资金成本率时，债权筹资能给集团带来巨大的财务杠杆收益。股权筹资虽然不用定期还本付息，但股息红利不具有税收挡板的功效，且股权筹资的门槛和成本费用较高。企业可综合考虑债权和股权筹资的优势和弊端，按照债权和股权的适当比例搭配进行筹资。

投资税收筹划和经营分配税收筹划类似，比如，企业将大约30%的款项投资于流动资产，70%的款项投资于非流动资产；将货币资金、应收款项的占款控制在35%，将存货大约控制在65%。此外，每月综合分析比较正常与病态资产负债表，力求达到最佳比例3∶7。这一比例适用于"负债∶所有者权益""流动资产∶非流动资产""货币资金＋应收账款∶存货""流动负债∶长期负债"等四种情况。

具体到不同类别的企业，由于各自的出发点和侧重点不同，在实际运作经营、投资、筹资等活动中进行税收筹划时，还要结合企业具体情况综合考虑成本效益的问题。就像应用层的顶端是衡量税收筹划结果的标准及实现企业价值最大化的目标一样，企业在进行税收筹划的整个过程中，要始终关注企业整体的价值创造，而不仅要关注税收成本的节约。税收筹划作为企业财务管理的重要组成部分，与企业其他管理活动相辅相成、相互制约。所以，税收筹划方案的构思、设计与选择，应从企业价值最大化的全局出发，综合权衡各种因素与结果，将企业价值最大化作为税收筹划的出发点与终结点，为企业创造更多的价值。

第 4 章

税收筹划的产权安排

如果产权构造使人们只得从事社会生产活动，就会出现经济增长……政府应该负责保护和强制执行产权，因为他们承担这项职能的成本比私人自愿承担的成本要低。然而，对政府的需要可能会诱发政府保护一些妨碍增长而不是促进增长的产权。因此，我们没有办法保证生产性的制度安排一定会出现。

——诺贝尔经济学奖得主　道格拉斯·C.诺斯（Douglass C. North）

4.1　产权理论

4.1.1　产权学说

产权是财产所有权或财产权的简称，学术界从不同角度研究产权问题，形成了关于产权的多种学说。

1. 内涵说

美国经济学家菲吕博腾（E.G. Furubotn）和配杰威齐（S. Pejovich）认为，"产权不是指人与物之间的关系，而是指由于物的存在和使用而引起的人们之间一些被认可的行为性关系……社会中盛行的产权制度便可以描述为界定每个在稀缺资源利用方面的地位的一组经济和社会关系。"[①] 平乔维奇（Svetozar Pejovich）认为，产权是因为存在着稀缺物品

---

① [美]科斯，等. 财产权利与制度变迁[M]. 上海：上海人民出版社，1994.

和其特定用途而引起的人们之间的关系。① 德国学者柯武刚（Kasper）和史漫飞（Streit）认为，产权是个人和组织的一组受保护的权利，它们使所有者能通过收购、使用、抵押和转让资产的方式持有或处置资产，并占有在这些资产的运用中所产生的效益。②

2. 外延说

从外延上对产权进行界定，主要是从产权具体包括哪些权利的角度来定义产权。完整的产权集合涵盖了两种基本产权模式，一种是单一所有权模式，即从狭义的角度来讲，产权等同于所有权，即指产权主体把客体当作自己的专有物，排斥别人随意加以侵夺的权利；另一种是权利束模式，即从广义的角度讲，产权不仅包含所有权（狭义），还包含其他的排他性控制权，即产权是指包括广泛的人们因财产而发生的社会关系的权利束的总称。

英国学者 P. 阿贝尔认为，产权包括所有权、使用权、管理权、分享残余收益或承担负债的权利、对资本的权利、安全的权利、转让权、重新获得的权利及其他权利。著名经济学家巴泽尔则认为，人们对不同财产的各种产权包括财产的使用权、收益权和转让权。

3. 形成说

形成说主要从产权形成机制角度对产权进行内涵界定，即从法律或国家强制性层面对产权进行界定。《法兰西民法》明确规定，财产权就是以法律所允许的最独断的方式处理物品的权利。美国经济学家阿尔钦（Alchian）认为，产权是授予特别个人某种权威的办法，利用这种权威，可以从不被禁止的使用方式中，选择任意一种对特定物品的使用方式……产权一方面是国家所强制实施的对某种经济物品的各种用途进行选择的权利，另一方面是市场竞争机制的本质。

4. 功能说

对产权概念的理解应从功能出发，脱离产权的功能来抽象地定义产权则会缺乏解释力。美国经济学家德姆塞茨（Demsetz）认为，产权是一种社会工具，其重要性在于它能

---

① [美]科斯, 等. 财产权利与制度变迁[M]. 上海：上海人民出版社, 1994.
② [德]柯武刚, 史漫飞. 制度经济学：社会秩序与公共政策[M]. 北京：商务印书馆, 2000.

帮助一个人形成他与其他人进行交易的合理预期,且产权的一个主要功能就是引导人们在更大程度上将外部性内部化。美国著名法律经济学家波斯纳(Richard Allen Posner)在其所著的《法律的经济分析》一书中,根据对产权社会作用的认识与理解,从保障产权的社会作用有效性的目的出发,提出了衡量产权有效性的三个标准:一是普遍性,二是排他性,三是可转让性。

4.1.2 产权的本质与特征

1. 产权的本质

著名经济学家科斯(Coase)被经济学界称为新制度经济学的开山大师,其重要贡献在于揭示了产权、交易费用与资源配置效率之间的联系。关于产权的概念,德姆塞茨是较早对其进行研究的经济学家,他在《关于产权的理论》中认为,"所谓产权,意指使自己或他人受益或受损的权利。"被尊称为"产权经济学之父"的阿尔钦(Alchian)认为,在一个社会中,当两个或更多的个人都想得到同一种经济物品的好处时,必然隐含了竞争。竞争的冲突要通过这种或那种方式来解决。

从理论上分析,产权意味着对特定财产持有的完整的一组权利,这组权利一般可以分为财产的所有权、占有权、支配权和收益权等。财产的所有权是指财产所有者对财产的终极所有权,在产权的各种权利中占据核心地位,在其基础上派生出了财产的占有权、支配权和收益权等。对于企业经营的财产,在理论上也把财产的占有权、支配权和收益权等统称为"经营权"(Operating-right)。

2. 产权的特征

产权作为以财产所有权为基础的权利集合体,是人们在交易过程中相互利益关系的体现。产权的特征主要体现在以下四个方面。

第一,产权界定的明确性。应在国家法律的基础上,对产权主体和产权客体进行明确的界定,同时还应明确划清产权与产权之间的界限。其中,产权主体指拥有财产所有权或具体享有所有权某一项权能的一方;产权客体指归所有者占用、使用的资产或权利。

第二,产权的排他性。出于产权主体保护自己所有权的需要,产权关系一经确定,在特定财产权利领域，一个产权主体不受其他利益主体的随意干扰，其实质是产权主体对特定财产权利具有垄断性。

第三，产权的可转让性。该特征是以产权的明确界定和排他性为基础的，主要包括两种转让形式：一是转让所有权、使用权、收益权、处分权中的某项或某组权能而保留终极所有权；二是整个所有权体系的转让。

第四，产权的可分割性。产权的四项权利（所有权、使用权、收益权和处分权）各有不同的权能和相应的利益，当同一资源的各项产权临时或永久地被不同的人所占有时，产权的分割便产生了。关于这一特征，美国经济学家阿尔钦认识到，在任一时点上，资源都不能完全地被所有者占有。

总之，产权的存在是以市场经济的存在为前提的，体现着市场经济中人们之间的财产权利与利益关系。市场经济中的产权交易，实质是产权关系的交换，产权主体以让渡某项或某组产权为代价换取他人的某项或一组产权。产权交易是一项复杂的交易行为，包括产权让渡过程中的信息搜集处理、谈判、签约、履约等具体活动。

产权与契约之间的关系非常微妙，其实产权交易往往通过契约关系来完成，契约是形成产权制度的基础，产权制度在形式上可以被视为是一种相对固定化的契约。产权制度的变迁实际上是契约演化的结果，产权关系的调整其实就是契约关系的改变。

4.1.3 交易费用的含义

交易费用已经成为一个极为广泛传播的概念，对交易费用的研究推进了产权经济学的发展。科斯最早把传统经济学中的交易概念扩展为交易费用概念，并应用于企业起源和规模的经济学分析中，最后交易费用概念扩展到了包括度量、界定和保护产权的费用，讨价还价的费用，订立交易合约的费用，执行交易的费用，监督违约行为并对之制裁的费用，维护交易秩序的费用，等等。[1]阿罗将交易费用高度地总结为"经济制度的运行费用"。值得一提的是，在交易费用中，信息成本也是一项重要的构成内容，正如经济学家张五常所言："交易成本的产生部分地归因于我们的无知或信息的缺乏。"

---

[1] 伍中信. 产权与会计 [M]. 上海：立信会计出版社，1998.

威廉姆森认为，交易活动中存在交易费用就如同物体运动存在摩擦力一样，交易活动中不存在交易费用是不可想象的。威廉姆森进一步把交易费用分为事前交易费用和事后交易费用。事前交易费用是指为达成一种交易进行谈判和缔约所发生的费用，事后交易费用是指交易达成后所发生的费用，包括修改合约条款、解决合约纠纷及履行合约所付出的费用。所以，从契约理论的角度看，交易费用可以概括为用于契约签订、执行和监督的一种资源支出。其实，在交易费用中，信息成本占据重要的地位，它是契约安排和一般组织结构的主要决定因素。

哈特认为，交易费用来源于契约的不确定性，即交易的各契约方无法签订完全契约会导致契约履行中出现大量没有预测到的交易费用。交易费用的存在是制度产生的原因，制度的存在可以节约交易费用。科斯认为，交易费用的高低与产权明晰程度有关，产权越明晰，交易费用就越低。产权制度就是人们为了节约交易费用而"发明"出来的。交易费用已经成为衡量"市场""政府""企业"三者行使权利的标准。任何一种产权安排都不是万能的，选择的标准就是交易费用最小化。

4.1.4 产权安排的效率

产权安排与效率的联系非常紧密，通过产权界定和产权安排来促进效率的提高，是市场经济运行的重要原则。

美国经济学家诺斯（Douglass C. North）认为，市场的有效性意味着充分界定和行使产权，有效率的产权对经济增长起着十分重要的作用。因为一方面，产权的基本功能与资源配置的效率相关；另一方面，有效率的产权使经济系统具有激励机制。

美国经济学家德姆塞茨提出了"外部性决定产权安排"的思想：产权起源于外部性，外部性构成了产权起源、演化的基础。所以，不能离开外部性而抽象地谈论产权安排的效率。不同的产权安排在内部化同一种外部性时会体现出不同的效率，同一种产权安排在内部化不同的外部性时效率也不同，即不同的产权安排往往是和不同的外部性相对应和匹配的。因此，在界定和安排产权时，既要关注各种产权形式自身的特征，又必须将具体的外部性纳入考虑，选择那些能最大限度地将有关的外部性内部化的产权形式。

4.2 科斯定理与资源配置效率

4.2.1 科斯定理

1. 科斯第一定理

科斯认为,在交易费用为零的情况下,资源达到最优配置效率的结果与产权安排无关,而收益分配却与产权安排有关。这被后人称为"科斯第一定理"。科斯第一定理强调的是产权制度的明晰性,如果产权是明确界定的,那么,在不考虑交易费用的情况下,无论产权是由交易的哪一方拥有,都能带来社会资源的有效配置,都会形成帕累托最优效率。

2. 科斯第二定理

在社会经济实践中,交易费用为零的假定是很不现实的。市场交易一般都需要通过讨价还价来缔结合约,并通过制度安排督促合约条款的严格履行等,这通常是要花费成本的。所以,一旦考虑到交易费用,产权的界定与归属必然会对社会资源的配置及经济效率产生影响。因此,在交易费用为正的情况下,合法产权的初始界定会对经济制度运行的效率产生影响。产权的一种调整可能会比最初的产权制度或其他的产权调整产生更多的产值或经济收益。但除非这是法律制度确认的产权安排,否则通过转移和合并产权达到同样后果的市场交易费用会很高,以至最佳的产权配置及由此带来的更高的产值也许永远不会实现。这被后人称为"科斯第二定理"。

科斯第二定理强调的是交易费用会对产权配置下的经济效率产生影响,即如果交易费用为正,不同的产权安排必然会带来不同的资源配置,必然会影响到经济效率。推而广之,不同的产权制度下,交易成本不同,从而会导致不同的资源配置效率,即产权制度是决定经济效率的重要内生变量。所以,为了优化资源配置,产权制度的安排和选择是至关重要的。

3. 科斯第三定理

科斯第三定理通常被表述为,如果没有产权的界定、划分、保护、监督等规则,即没有产权制度,产权的交易就难以进行。即产权制度的供给是人们进行交易、优化资源配置的前提。

不同产权制度下交易活动的交易费用是不一样的。合理清晰的产权界定有助于降低交易费用，因而激发了人们对制定产权规则、建立产权制度的热情。但产权制度的建立不是无代价的。对产权制度的设计、制定、实施和变革是需要耗费成本的，这就是制度成本。科斯第三定理给人的启示，是从产权制度的成本角度对产权制度做出选择。

科斯定理所要解决的问题就是如何通过对产权关系的调整，安排合理而有效的产权制度，降低或消除市场机制运行的交易费用，提高运行效率，改善资源配置。"科斯第一定理"是"科斯第二定理"的铺垫，"科斯第二定理"将产权安排、交易费用与资源配置效率结合起来，使社会找到了资源优化配置的有效途径，即依赖政府的力量使社会经济生活中的各种产权得到清晰界定，并得到法律制度的支持和保护。"科斯第三定理"建立在"科斯第二定理"的基础之上，重点揭示了不同产权制度设计的成本差异及其与资源配置效率的相关性，告诉人们应该如何选择制度才是合理而有效的。

4.2.2 税收、产权与资源配置效率

科斯定理的本质是关于产权安排与资源配置效率的定理，其核心是交易费用。在科斯定理的启示下，笔者对税收、产权与资源配置效率之间的关系提出以下三个推论。

推论1：在信息对称且税收中性的前提下，若交易费用（涵盖涉税交易费用）为零，则税收不会影响资源的配置效率。

推论2：在现实的社会经济环境中，若交易费用（涵盖涉税交易费用）为正，则税收会对资源的配置效率产生巨大的影响，资源趋于流向税负较低的领域。

推论3：税收制度是指对税收征纳双方权益的约定、保护和监督的一组规则，若没有税收制度，就不能保护正常交易的税收利益。

下面分析、解释关于税收、产权与资源配置效率之间的关系的三个推论。

第一，推论1所要表达的经济含义是，在信息对称、税收中性的前提下，涉税交易费用为零的理想状态下，税收与资源配置效率不相关。这一理想结论是建立在信息充分

有效的前提下的，此时，税收对交易及资源配置效率的可能影响恰好被当事人对交易的合理预期调整所抵消。

第二，推论 1、推论 2 中所提到的涉税交易费用，被涵盖在交易费用之中，是交易费用的一部分。涉税交易费用主要是指与征纳税相关的费用，而不包括应征缴的税款，其范围除了涵盖征税成本和纳税成本外，还包括一部分隐性税收成本，如因税收而调整交易的费用。

第三，税收是交易结构中被强制性塞进来的"楔子"，起着阻碍交易的作用。如果没有税收，交易可能会更流畅，因此，税收就好比是经济交易的"摩擦力"，税收不可避免地对资源配置效率有着重要影响。推论 2 显然放宽了，不仅承认税收对资源配置效率的影响，而且承认税收对资源配置起着资源流向的引导作用。

第四，推论 3 从制度优势角度分析了最优税收制度对税收利益的保护作用。同时，也隐含了税收制度的建立是需要耗费交易费用的，尤其是建立、实施并维护具有公平、中性特质的税收制度的代价更高昂。实质上，税收是调节经济的一种手段，税收制度也可以被称为配置资源的一种有效方式。

第五，税收是关于征纳双方权益保护的一组规则，体现着一种契约关系。税收制度的根本目的不仅在于保障财政收入，还在于实现资源配置的高效率。因为税收制度可以归结为一种有效减少信息不对称的制度安排。

第六，税收制度作为"制度"中的一个方面，同样具有"制度"一般的属性和功能。税收制度的功能之一在于核定"交易"的转移数量及其涉税额。一项"制度"的选择和重新安排，是按照交易费用最小化原则来进行的。税收制度也不应例外，税收制度的变迁应该以"交易费用最小化"为原则来选择和安排。

4.3 税收与产权的关联性及互动关系

4.3.1 税收依附于产权基础

从表面上看，税收的征税对象是财产、所得、货物或劳务的流转额，但税收的真正目的物是产权。对财产征税，实质上是对财产所有权征税；对所得征税，实质上是对产权收益征税；对货物或劳务的流转额征税，实质上是对货物或劳务的产权流转征税。既然从本质上看税收的目的物是产权，那么政府运用税收形式获取财政收入的前提就是产权的存在性。换言之，对财产、所得、货物或劳务进行征税的前提是，财产、所得、货物或劳务的产权客观存在、明晰且无任何争议。如果财产、所得、货物或劳务的产权模糊，税收就失去了存在的前提条件。政府运用征税权获得税收收入的前提应当是产权的清晰界定。因此，私人产权的存在是税收的逻辑起点，税收存在的基础和前提条件是清晰产权的存在，即税收必须依附于清晰的产权关系。

4.3.2 税收与产权的互动关系

1. 保护私人产权是形成国家合法征税权的前提条件

著名经济学家布坎南认为，如果没有一种制度来保护所有权并使契约付诸实施，那么国家也就无权来分享总收入。在我国，"国家保护私人财产"已入宪，私人产权得到法律的认可，这从立宪层面界定了政府征税的合法性，从而也拉开了国家严格保护私人产权的帷幕。在市场经济环境下，一个国家或政府在较为有效地保护私人产权、遏制国家肆意征税行为的基础上才能赋予税收合法性基础，从而为产权制度的确立、市场经济的发展奠定基础性制度结构。

2. 政府征税是对私人产权合法性认定的一种承诺

一般征税对象是合法财产与所得，一般不对非法财产和所得征税，因为这属于政府打击和取缔的非法产权范畴。即政府征税隐含着一个前提假设：财产、所得必须属于合法产权范畴。在国家和法律制度存在的前提下，产权确认是由国家或法律制度实施的，私人拥有的财产和所得必须得到国家或法律制度的认可，否则就不属于合法产权，也就谈不上产权保护了。

4.3.3 税收在调整产权关系中的角色定位

税收的作用在于其在调整产权关系中扮演着极为重要的角色：税收充当着产权证人和产权保护人的双重角色。

1. 确认产权：税收作为一种认定工具

按照宪政思想，公共财产与私人财产呈现出此消彼长的关系。公共财产以征税为基础而逐步积累形成，马克思曾对此指出："赋税是政府机器的经济基础。"因此，承认与保护私有产权是国家实现征税权的前提，否则就不存在国家强制课征的对象，也就不存在税收。税收意味着国家对私人财产的剥夺，私人产权的存在是国家税收的逻辑起点。所以，如果没有私人产权保护，就不能形成真正合法的征税权。也就是说，只有产权明确了，税收才能明确。

政府征税也反过来证明了国家对私人产权的认可，即征税作为一个资源由私人产权转变为公共收入的过程，只有税收明确了，产权才能明确。这种逻辑关系体现了税收在产权确认中的作用，即税收扮演产权证人的角色。

譬如，目前较为典型的例证是中国城市郊区的"小产权房"问题。"小产权房"因各种原因导致其产权不合法，政府不予确权登记发证，也不允许其在市场上公开流通。如何正确对待"小产权房"问题，如何妥善完成"小产权房"非正式产权向正式产权过渡，也是彻底解决中国产权遗留问题的关键。我们认为，因为产权状况不同，所以"小产权房"应该根据不同背景情况区别对待，实施分类管理：对于不符合土地使用权政策而建造的"小产权房"，不受国家法律保护，一律不予确权登记，应作为非法建筑物强行拆除，以正本清源，有力支持和保护合法产权；对于符合土地使用权政策但缺少审批手续的"小产权房"，应允许补办相关手续（确权发证），并同时补缴土地出让金及相关的税费，实现"小产权房"从无产权过渡到合法产权。对此类"小产权房"，在未来交易时将其产权流转额及所得额完全纳入现行税收体系，即通过征税方式解决"小产权房"的产权合法性及产权归属问题，这是对"小产权房"购买者及"小产权房"建设用地使用权出让方的一种相对公平公正的处理方式，也是保护私有财产权的一种政策体现。值得提醒的是，政府利用征税体系还能够验证产权交易的合理性，因为产权流转时通常以产权流转额作为计税基础，这为验证产权交易价格的合理性提供了实践证据。

2. 保护产权：构建符合产权逻辑的税收体系

保护产权是促进经济进步和社会发展的基础性条件，是市场机制顺利运转和各种所有制经济平等竞争的前提条件。税收作为宏观调节手段，发挥着对产权的保护作用，税法的稳定性亦能作为静态功能保护私人产权。但税收的目的还在于利用财富分配这一强制性手段，调节经济结构，打破低效率的产权制度安排，对财产资源进行更有效率的配置和使用。

目前，政府对产权持有、产权流转、产权收益等环节存在一定的管理缺陷，还没有构建出一整套涵盖产权持有、产权流转、产权收益等环节，符合产权逻辑的税收体系，以致形成了利用税收工具调整产权关系乏力的局面，这将无助于构建符合现实需求的产权保护制度。因此，政府有必要按照对产权持有、流转及收益环节分别征税的逻辑，形成涵盖产权持有税、产权流转税、产权收益税的一整套税收体系，以此形成对私人产权内部各项权能的有效保护，即：构建产权持有税实现对产权主体拥有合法产权的认同与保护，保障产权所有者拥有产权相对应的各项权能；构建产权流转税实现对产权流转行为的认同及对流转额的确认，保障产权流转的有序性和效率性；构建产权收益税实现对产权收益额及分配额的确认、计量与征税，保护产权所有者在产权流转中的合法权益。因此，构建符合产权逻辑的税收体系，可以有效保护产权，提高税收效率，充分发挥税收作为产权保护人的角色价值。

4.3.4 搭建产权保护的税收平台

1. 税收法定原则：产权保护的准则平台

税收法定原则始见于 1215 年的英国大宪章，后广为世界各国采纳。税收法定原则是指一切税收的课征均须以国家立法机关制定的法律为依据进行，即若没有法律依据，则国家不得课征税收。税收关系着私人产权与公共财政、个人权利与国家权力之间的界限，从本质上来说，税收法定原则是对产权的一种有力的保护，且与对私人产权的保护和对国家征税权的合理限制密切相关。税收法定原则的法定机制既赋予国家有权依法征税来分配财富，同时也要求产权所有者必须按照税法条款依法纳税，不应逃避应承担的税收责任。

国家保护私人产权的行为主要体现在对正当财产权的保护和对非法财产权的没收，

从而构建了合法产权的保护机制。《中华人民共和国宪法》规定"保护公民的合法的财产权",即国家保护公民财产权的前提是产权的合法性。同时,考虑到税收法定原则的两面性,保护私人产权必须构建关于税收完整的监督机制,既要保证国家依法征收税款,又要使国家不得超出原有的界限危害产权所有者的合法权益。此外,在产权保护的基础上,还要对私人产权进行相应的限制,防止产权所有者过分利用其权利损害他人及国家的利益,因此要从法律层面上规范私人产权的范围。

2. 提高直接税比重:产权保护的税制平台

在现代社会中,税制结构与产权保护有何关系,政府应选择何种税制结构以促进对私人产权的保护?目前世界各国的税制结构大多以直接税为主,并且是以个人所得税和企业所得税为主体税种。通过直接税,纳税人比较清楚自己实际缴纳了多少税,政府在征税和安排公共支出时就会比较顾忌纳税人的反应。而货劳税是一种间接税,纳税人并不是负税人,随着商品、劳务的流转,货劳税的大部分可能会被转嫁给后续环节。与间接税最大的不同是,直接税要求纳税人从属于自己的财产中拿出一部分来缴税,并且这种付出是不可能得到任何补偿或转嫁的。这就使得纳税人极为敏感,对政府税收政策的制定、财政收入的合法性及财政支出的透明度十分关注。直接税在私人产权和公共收入之间建立起了联系,从而使得纳税人能对政府进行有效制约。所以,直接税能够更好地体现对国家的贡献和对政府的监督,其财政价值和监督效果远远超过间接税。国家提高直接税比重有助于在全社会提高产权保护意识,加强经济与法律意义上的产权保护。

3. 构建税收信用:产权保护的伦理平台

税收信用是建立在税收法律关系中,表现和反映征纳双方相互之间信任程度的标的,是由规矩、诚实、合作的征纳行为组成的一种税收道德规范。税收信用作为约束税收行为的伦理规范,对产权制度起着巩固和维护作用,充当着产权保护的伦理平台。首先,在产权制度既定的前提下,人们普遍遵守税收信用,就会改善税收征纳关系,减少政府保护产权的支出;社会交易费用大大缩减,人们就会得到政府提供的更多的公共产品和服务;产权制度的有效性和合理性进一步加强,人们就会更为依赖和维护既定的产权制度,产权保护就会成为必然。其次,良好的税收信用可以减少产权的外部性问题,即减少既有的产权结构对外部或有利或不利的外部性效应,对产权制度是一种有效的维护。

反之，糟糕的税收信用关系会削弱甚至破坏已有的产权制度。当存在税收信用危机时，税收征纳双方互不信任，政府与纳税人之间的矛盾激化，诚信纳税人并不能得到相应的回报，相反一些没有诚信的纳税人肆意逃避税款，结果却逍遥法外。于是人们就会不再相信税收信用，甚至开始怀疑作为征税边界的产权边界，进一步质疑现行的产权制度，不再维护现有的产权制度，最终会导致合法产权得不到应有的保护。

4.4 企业边界、产权关系与税收筹划

4.4.1 企业边界与税收筹划

1. 市场与企业的相互替代性影响税收负担

完全竞争下的市场交易是最优的，市场交易的结果是实现帕累托最优。但是，现实经济中不存在完全竞争，且市场交易费用不为零。同样的交易，通过市场进行或在企业内部进行所花费的交易费用显然是不同的，交易费用成为衡量交易是通过市场进行还是通过企业进行的标准。

下面根据效用理论，采用均衡分析方法进一步论证市场与企业的相互替代性，如图4-1所示。

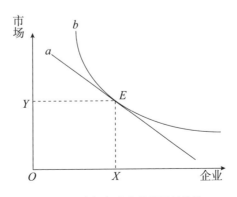

图4-1　市场与企业的相互替代性

假定一项交易只能通过市场或通过企业内部进行，且每笔交易通过市场交易的价格（即市场交易费用，包括税收）表示为 P_1，每笔交易通过企业内部交易的价格（即企业内部组织交易的费用）表示为 P_2，企业的总交易费用限额用 C 表示。纵轴表示通过市场交易的交易量 Y，横轴表示通过企业交易的交易量 X，且 $C=P_1Y+P_2X$。向下倾斜的直线 a 是预算约束线，表示当总交易费用限额和每笔交易所需的市场交易费用、企业内部组织交易费用给定的条件下，企业的总交易费用限额所能实现的两种交易方式的各种组合。而凸向原点的曲线 b 是无差异曲线，表示能够给企业带来相同效用水平的两种交易方式的组合。

曲线 a 与曲线 b 相切于 E 点，E 点为均衡点，即最优的交易方式组合点。E 点处无差异曲线和预算约束线的斜率是相等的。无差异曲线斜率的绝对值为边际替代率 MRS，预算线斜率的绝对值为两种交易费用（交易方式的代价）之比，即 P_1/P_2，因此效用最大化的均衡条件为：

$$\text{MRS} = \frac{P_1}{P_2} = \frac{\Delta X}{\Delta Y}$$

1）市场被企业所替代的税收筹划

如果交易通过市场进行，其交易费用过高，就应该把交易放到企业内部来进行，这样可以降低与市场有关的交易费用。具体可通过资本运营，以产权调整、资产重组等手段来扩大企业边界，使市场交易实现内化。也就是说，原本属于市场的交易活动就转变成了企业内部的业务活动，即一部分市场将会被企业所替代。[①]虽然企业内部处理交易的组织费用[②]会增加，但这时与市场有关的交易费用会明显锐减或彻底消失。总的来看，企业所增加的组织费用抵不上减少的与市场有关的交易费用，则最终的结果是总的交易费用降低了。所以，交易费用的变化依赖于企业边界的变化。显然，企业边界在一定程度上是可以被安排的，产权调整、资产重组是引起企业边界变化的重要手段，而税收筹划通过对企业规模、产权结构及组织形式等内容的调整，进而做出适当的税收安排，就可以充分利用企业边界的变化微妙地影响税收。

---

① 著名经济学家张五常教授认为，企业的出现并不意味着市场失灵。一部分市场被企业所替代，其实质是要素市场取代了产品市场，一种合约取代了另一种合约。

② 企业内部的组织费用也是交易费用的一种形式，主要表现为在企业内部有关"交易"的组织协调成本及监督成本等。

2）企业被市场所替代的税收筹划

当然，对存在着不同边界的企业而言，所显示的企业规模也不同。随着市场部分或全部地被企业所替代，企业边界会不断扩张，企业内部交易的空间分布、交易的差异性和相对价格变动的可能性会增加，导致企业内部的组织费用也会不断增加。如果增加到通过市场进行的交易费用，企业边界就显得过于膨胀而超过最优企业规模。为了降低市场的交易费用和企业的组织费用之和，就必须缩小企业边界，即通过产权调整、资产重组把一部分非核心资产或低效资产剥离出去，这就是以资产剥离、企业分立为特征的资本收缩。资本收缩的本质是企业的一部分被市场所替代。

考虑到税收因素，当交易通过市场进行时，会形成一道流通环节，显然会形成商品所有权的转移或劳务交易的确认，这需要缴纳流转税、印花税等与交易相关的税收。而交易在企业内部进行时，由于没有商品所有权的转移和劳务交易的确认，在法律形式上就不构成流通环节，所以就不存在流转税的负担问题。税收筹划尤其是针对流转税、所得税的筹划，不能不考虑企业边界的影响和约束。

作为市场交易费用的重要组成部分，企业税收负担的大小会通过对产权边界的调整来影响企业对市场的替代程度。在市场与企业相互替代的过程中，在产权边界不断变化的过程中，企业税收负担也会相应发生变化。

2. 企业边界的模糊性影响税收筹划

"企业边界"概念是由罗纳德·H.科斯首次提出的，科斯认为，企业边界决定于企业和市场在组织交易活动时的交易成本边际比较，在组织交易活动的过程中，企业是最优化行为者。企业将倾向于扩张直到在企业内部组织一笔额外交易的成本，等于通过在公开市场上完成同一笔交易的成本或在另一个企业中组织同样交易的成本为止。此时企业处于最佳规模，企业边界应该是清晰的，企业边界在一定程度上是可以被安排的。产权交易、资产重组等都是引起企业边界变化的重要手段，企业通过对生产规模、产权结构及组织形式等内容的调整，结合税制变化及适当的税务规划活动，就能够利用对企业边界的调整来影响税收活动。

张五常提出了企业边界的模糊性，他在《企业的契约性质》一文中明确指出，企业的出现并不意味着市场失灵。一部分市场被企业所替代，其实质是要素市场取代了产品市场，一种合约取代了另一种合约。这种观点认为企业与市场的区别在于合约的形式不同。是采取产品买卖合约、分包合约、租赁合约，还是采取工资合约，以交易费用的多寡为标准。市场和企业的区分似乎不再重要，企业边界也逐渐变得模糊。在这一分析框架下，税收的多寡不必然取决于企业边界的大小，而是依赖于交易合约的性质、内容及履约情况。因此，税收筹划面对模糊性的企业边界，对交易合约的关注程度远远高于企业边界。

3. 产权穿越企业边界的税收约束

产权穿越企业边界，其实就意味着产权转让（或产权流转）。产权转让（或产权流转）意味着产权主体的改变，是一种实质性的产权变更。税收制度对产权流转严格履行征税权。

这里以资产穿越企业边界为例论证产权流转过程中的征税问题。假定有两个产权主体：S 和 H（此处的产权主体既可为自然人，也可为法人），产权主体 S 将一项资产转让给产权主体 H，价格为 P。在产权流转环节，一般不对受让方 H 征税，而对转让方 S 征税。产权流转的征税情况如图 4-2 所示。

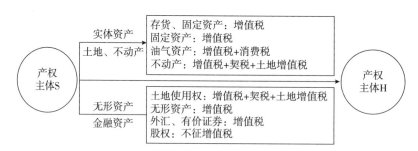

图 4-2 产权流转的征税情况

按照目前我国税法的规定，图 4-2 中的产权流转征税情况如下。

（1）实体资产（如存货、固定资产）的产权流转需要征收增值税；油气资产（如石油、天然气）的产权流转需要征收增值税和消费税；土地、不动产、无形资产（含专利权、商标权、著作权、非专利技术、商誉）的产权流转需要征收增值税，土地、不动产流转还要征收契税和土地增值税；外汇、有价证券（股票、债券、基金）等金融资产的产权流转，按照买卖价差征收增值税；股权流转目前暂不征收增值税。

（2）产权流转签订相关合同的，须按照合同类型分别征收不同税目税率的印花税。

（3）产权流转过程中产生流转所得额的，根据产权主体性质以所得为计税依据再征收一道个人所得税或者企业所得税。

（4）使用权流转与所有权流转有着本质的区别，使用权可以独立于所有权而单独流转，如资产租赁就是典型的使用权流转形式。目前税法规定，有形动产、土地使用权、不动产的融资租赁和经营租赁均征收增值税。

总之，产权流转受到税收的强制性约束，根据产权所对应的财产类型的不同，征收不同性质和不同税目税率的税收。

综上，产权穿越企业边界受到税收约束，税收状况因资产类型及转移路径不同而有所不同。深入剖析税收与产权流转的关系模式，可以为产权税收理论的实践应用指明方向。

4.4.2 规模经济、范围经济与税收筹划

1. 规模经济与税收筹划

所谓规模经济，是指在一定的范围内，企业生产规模的扩大会引起边际产出增加和边际成本下降的现象。即当规模经济出现时，随着投入的增加，产出的增长比例会超过投入的增长比例。规模经济使得产出产品的平均成本随产量的增加而递减。

追求规模经济的结果可能就是垄断的产生和发展，垄断使价格机制受到人为因素的控制与扭曲，扼杀竞争，使经济失去活力，破坏资源的合理配置。但是，正如马克思指出的，竞争孕育了它的对立物——垄断，而现代化大生产的突出特点就是规模经济，没有规模经济就谈不上资源配置的效率和社会福利的改善。所以，规模经济也反映了资源配置效率的提高。

德姆塞茨认为，不同规模企业的利润率差异是由成本差异造成的。企业规模差异和进入壁垒差异归根结底会反映到企业的成本水平上，从而造成企业利润率的差异。根据尼达姆（Needham）对规模经济的研究表明，规模经济与产品的需求弹性之间存在负相关关系。即产品的需求弹性越小，企业通过扩大规模获得规模经济收益的可能性越大。同时，税负的转嫁与产品的需求弹性之间也存在负相关关系，即产品的需求弹性越小，税负越容易转嫁。产品的需求弹性对税负归宿的影响如图 4-3 所示。

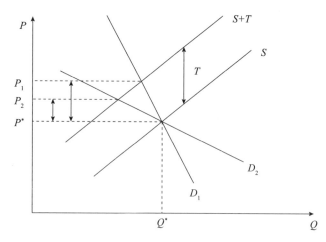

图 4-3　产品的需求弹性对税负归宿的影响

在图 4-3 中，用 D_1 和 D_2 分别表示产品 A 和产品 B 的需求弹性曲线 ($E_{D1} < E_{D2}$)。在供给曲线相同的情况下，若对两种产品征收相同的税 T，则产品 A 的价格会从 P^* 上升到 P_1，产品 B 的价格从 P^* 上升到 P_2，显然 $(P_1-P^*) > (P_2-P^*)$。即需求弹性较小的产品 A 更容易通过提高价格将税负进行转嫁。

在规模经济下，产品的利润率与产品的需求弹性之间的关系可用下式来表述：

$$\frac{p-mc}{p} = \frac{1}{\varepsilon_d}$$

其中，p 为市场价格，mc 为边际成本，ε_d 为产品的需求弹性。

经济学原理告诉我们，在产出规模扩大的过程中，只有产品的市场需求不存在问题，规模经济才得以成立和实现。所以，产品价值的实现受到市场需求的约束，而规模经济的实现取决于产品的需求弹性，规模经济与产品的需求弹性存在负相关关系，即产品的需求弹性越小，就越有可能从规模的扩张中获得规模经济收益，企业的税负也越容易通过提高价格的方式进行转嫁。这便是企业利用规模经济进行税收筹划的原理所在。

由于规模经济使得产品的平均成本随企业规模和产量的扩大而递减，单位产品所承担的税负分摊额也就会减少，因此，税负全部或部分转嫁出去的可能性也大大提高了。但有一个问题要考虑到，即随着企业规模和产量的扩大，生产厂商为保证自己的竞争优势，会适当调低其产品的出厂价格和销售价格。通常价格降低的程度不会大于税负分摊到每个产品上的下降程度，即生产厂商在把产品价格调低后，仍会把部分税收转嫁给消费者，因为成本的递减，生产厂商甚至还可以获得多于税额的价格利益。这种税负转嫁也可称为转嫁式筹划,即生产厂商的税收负担可以通过税收筹划实现税负向消费者的转嫁,以此来降低其自身的税收负担。

综观规模经济与产品需求弹性及税收与产品需求弹性的关系,规模经济的实现与税收的转嫁对于需求弹性的要求是同方向的,都呈负相关关系。即产品的需求弹性越小,规模经济越容易实现,税负也越容易转嫁。这一结果有利于实现规模经济与税负转嫁的双重收益。

其实,除产品的需求弹性影响规模经济外,供给弹性也在一定程度上影响着规模经济与税负转嫁。产品的供给弹性反映的是产品供给量对于市场价格变动的反应程度。在其他条件不变的情况下,产品的供给弹性越大,产品的税收负担越容易转嫁给消费者。产品的供给弹性越大,同时也表明生产厂商越容易调整其生产规模,即规模经济越容易实现。

2. 范围经济与税收筹划

所谓的范围经济是指这样一种经济,即同时生产多种产品所花费的成本低于分别生产它们的成本之和。对于规模经济与范围经济的界定,中外理论界存在激烈争论。美国学者潘扎尔(Panzar)、威利哥(Robert D.Willig)认为,范围经济是由于企业的范围(而不是规模)而产生的成本节约。如果在一个企业中将两条或更多的生产线合并起来比各自分开生产更能节约成本,就存在范围经济。

规模经济和范围经济存在很大的不同,即规模经济重视规模的扩大对产出及收益的影响,而范围经济更重视生产的联合性效应,而非规模效应。但二者也有着密切的联系,结合它们对税收及税收筹划的影响,综合分析如下。

(1)从实现方式来看,规模经济与范围经济都可以通过产权调整和资本运营来实现,诸如企业并购重组、资产置换、股权交易、投资扩张等都可以打破企业边界,实现资源的优化配置,促使规模经济和范围经济出现。

(2)从税收角度分析,规模经济和范围经济都会对税收及税收筹划产生深远的影响。一方面,规模经济与范围经济影响企业边界的最终选择,从而影响税收及税收筹划活动;另一方面,在所得税和增值税方面,规模经济与范围经济也会通过对成本、价格的调整来影响企业税负。

(3)从辩证的角度分析,规模经济、范围经济会影响税收,税收也是规模经济、范围经济决策的相关影响因素,不同的税收制度制约着规模经济与范围经济的最优选择及其经济效果的发挥。规模经济和范围经济也是税收筹划决策的重要影响因素，税收筹划在规模经济和范围经济方面也应有所作为。

4.4.3 产权关系与税收筹划

1. 产权关系、关联定价与税收筹划

复杂产权关系的背后有着多种投资方式，由于产权和投资而形成的网状交织的多个经济主体之间的关联方关系，因此关联定价的制定和关联价格政策的调整会影响税收与税收筹划。

关联定价是利用两个或多个具有关联关系的经济主体之间的税率差异及减免税政策的差异等条件，为实现在关联方之间转移利润的目的而实施的关联价格的确定与调整行为。实施关联定价的双方或多方具有一定的联属关系和互惠关系，属于有一定利益联系的关联方。关联定价会造成关联方之间利益的再分配，能够实现关联方整体的税负降低。这也经常被作为税收筹划的一个强有力的武器。

关联定价之所以被广泛运用，是因为在市场经济环境下，商品的定价是灵活的，任何一个生产厂商及其顾客都可以"讨价还价"，只要交易出于双方自愿，别人就无权干涉，属于一种合法行为。但并非所有的关联定价都是随意的、无原则的，那些有失公允的、合谋的或明显带有欺诈性质的关联定价就会被税务机关查处并予以调整，所以关联方之间的关联定价并非任意行为，它也具有相当程度的风险。

关联定价是一把"双刃剑"，若运用得当，则可以成为税收筹划的重要工具；而若运用不当，则可能被视为"避税"，招致来自税务部门的价格调整。甚至还有许多经济组织蓄意利用产权关系的复杂性及关联定价手段，在转移资产及利润实现的过程中偷逃税款。在世界范围内，许多国家和地区都限制和惩戒经济组织利用产权关系制造关联定价并转移利润以逃避税收。一些国家和地区的反避税措施都是直接针对关联定价问题的，对关联定价的管制已经成为一种国际趋势，但直到目前国际上还没有出现一个能够彻底应对关联定价避税乃至偷逃税行为的有效措施，关于关联定价避税倾向的程度与范围的界定还是一个颇有争议的国际税收话题。

2. 产权关系、收益分配与税收筹划

不同的产权安排会给产权主体带来不同的成本和收益，产权关系影响着产权主体之间的收益分配，不同的产权关系形成不同的收益分配模式。分配模式是一定产权制度下的产物，并随着产权制度的变化而变化。收益分配模式在某种程度上又会影响税负水平。

（1）企业产权关系的变动会循着收益分配的链条而不断传递下来，进而影响企业纳税活动及税收负担，这是产权关系直接影响税收的情形。

（2）产权关系的变动改变着收益分配的主体及分配范围，企业通过并购重组等产权交易行为，还可以将多种形式的收益转变为资本收益，这会引起税收的变化。

（3）企业产权关系的变动还会带来非税成本，即因产权关系的变动而带来的一系列交易费用[①]。非税成本也是税收筹划决策必须考虑的重要因素。

可以说，不论是从税收成本角度考虑，还是从非税成本角度考虑，产权关系的变动对税收的影响都是敏感而永恒的。

4.5 基于产权安排的税收筹划

4.5.1 产权结构与企业边界决定税收要素

产权结构是指产权的构成因素及其相互关系和产权主体的构成状况。产权结构主要涉及两个重大问题：一是特定主体拥有哪些产权或财产，其财产结构如何；二是特定主体内部的权力结构，这是为产权运作而设置的内部机构及人员的分工安排。

这两个方面，对于不同的主体，可能具有不同的意义。特定主体所拥有的产权结构，也就是其资产结构。特定主体所拥有的微观产权结构，具有十分重要的经济意义。第一，任何主体的产权，都不仅仅意味着拥有财产的所有权，而且意味着该产权主体与社会的

---

① 该交易费用并不表现为税收成本，而是表现为其他非税成本，如产权交易合同的签约成本、产权变动所导致的企业组织结构调整的成本等。

产权关系，即意味着一种产权的分配关系。第二，单个主体的产权结构——拥有哪些资产的产权，是资产的全部产权还是部分产权，是所有权还是经营权，是全部经营权还是部分经营权，意味着该产权主体与别的产权主体之间的不同的分离组合关系和不同的委托—代理关系。第三，每个产权主体既有的产权结构及产权结构的变动，都会影响全社会的产权分布，从而会影响资源配置。[①]

产权结构影响税收，主要是因为会改变一些税收环境与税收要素，诸如纳税地点、纳税时间、纳税环节、征税对象、纳税主体等会发生显著变化。

关于企业边界与税收的关系，前文已经重点分析过规模经济及范围经济对税收筹划的影响。总的来看，企业边界影响税收，主要是因为改变了企业规模、组织结构和资产所有权归属，在市场与企业的相互替代中，以流转税和所得税为代表的主要税种及税负会发生显著变化。

因此，在一定环境下，产权结构和企业边界的调整，会造成税收待遇的巨大差别，尤其是税收优惠政策与产权结构调整密切相关。许多企业通过外部扩张，进入新的行业、新的领域，税收待遇自然不同；许多企业并购重组的根本目的在于利用亏损税前弥补政策，以降低企业的盈利水平和税收负担；许多企业的并购重组、引进外资等行为，其实是一种因势利导的行为，其目的在于变换纳税人身份或性质，以充分利用税收政策的差异性进行税收筹划。

4.5.2 产权安排决定税收负担及税收筹划战略

产权安排的实质是对财产权利的分配，产权安排分为产权初始安排和产权后续安排。科斯定理揭示了产权安排的重要性，该定理表明，无论交易费用为零还是为正，产权初始安排不同，都意味着财富分配格局不同，都必然会影响分配的状况。因为产权的初始拥有者，不仅意味着拥有一定的财产存量，还拥有获取更多收益（财富增量）的机会。产权后续安排是对产权初始安排的调整，在现实经济实践中可能有多种原因导致产权安排的调整，产权安排的调整导致的直接结果是产权关系的变化和财富分配格局的变化。

---

① 黄少安.产权经济学导论[M].北京：经济科学出版社，2004.

产权安排的调整会产生交易费用，正是由于交易费用的存在，才会影响产权安排调整的效率。

产权安排的调整有多种方式，其中对税收及税收筹划有着重大影响的是一定条件下的产权交易和资产重组活动。导致产权安排发生变化最典型的产权交易和资产重组是企业并购、企业分立及组织形式调整等行为。企业并购、企业分立或组织形式调整都是资源优化配置方式，都不可避免地影响着产权关系，甚至会打破原来的企业边界，实现资产的转移及产权结构的变化，而资产的转移和产权结构的变化又会影响企业的税收负担和税收筹划战略。因此，运用产权安排的调整寻找税收筹划的节税空间极为重要，这也是优化企业财税管理、实现价值增长的重要方式。

从一定意义上说，产权框架下的税收筹划其实就是寻找产权结构和企业边界对税收负担的微妙影响，并尽力打破这种产权结构和企业边界的"束缚"，寻找税负最小化的产权安排模式。

4.5.3 产权安排下的税收筹划范式

产权安排是一种资产转移、产权结构调整的资源配置方式，能够打破原来的企业边界。从一定意义上讲，不同的产权安排会带给产权主体不同的税收负担。产权安排的实质是寻找产权结构和企业边界对税收负担的微妙影响，追求税收最小化的产权安排范式。

1. 企业性质选择的税收筹划范式

按照我国法律的规定，企业有公司制企业和非公司制企业之分。非公司制企业主要是指个人独资企业与合伙企业，公司制企业主要是指有限责任公司和股份有限公司。

公司制企业属于企业法人，有独立的法人财产，享有法人财产权。无论是有限责任公司还是股份有限公司，公司制企业都应对其利润总额进行相应的纳税调整后缴纳企业所得税。如果向自然人投资者分配股利或红利，还要代扣投资者税率为20%的个人所得税。

我国税法对公司制企业，既要征收企业所得税又要征收个人所得税，这就是通常所说的"双重征税"。相较而言，我国税法对个人独资企业、合伙企业只征收个人所得税。

但由于股息红利和资本利得之间存在可能的转化通道,以及资本利得税率偏低甚至享受免征待遇,公司制企业"双重征税"模式下的总税负并不一定高于个人独资企业、合伙企业所缴纳的税款。因此,在选择企业性质的决策中,存在选择个人独资企业、合伙企业还是选择公司制企业的税收筹划范式。

下面构建一个比较合伙企业与公司制企业的税后收益的模型①。该模型假定,公司的税前收益率为 R_c,合伙企业的税前收益率为 R_p,且 R_c 和 R_p 在不同时期均保持不变。公司所得税税率为 t_c,个人所得税税率为 t_p,资本利得税税率为 t_g。由于存在非税因素,因此合伙企业的生产经营和投融资活动面临较高的管理成本。在缴纳公司所得税之后、缴纳个人所得税之前,公司的收益率为 r_c,且 $r_c=R_c(1-t_c)$,合伙企业缴纳个人所得税之前的收益率为 r_p,且 $r_p=R_p(1-t_p)$。假定该投资项目持续期为 n 年,n 年后公司清算买回所有的股票,且公司中间不对股东支付股利或分配利润。

如果项目是在合伙企业中实施,当取得收入时,合伙人以税率 t_p 支付税收,则合伙人1美元的原始投资 n 年后的税后累计收益为:$[1+R_p(1-t_p)]^n$。

如果项目是在公司实施,则 n 年后公司清算买回所有的股票时,股东投入公司的1美元投资的税收累计收益为:$[1+R_c(1-t_c)]^n-t_g\{[1+R_c(1-t_c)]^n-1\}$。

当合伙企业与公司的税后收益率相等时,合伙企业形式与公司形式的税收筹划没有差异。假定此时的公司层次的税后收益率的均衡临界值为 r_c^*,则有:

$$[1+R_p(1-t_p)]^n=[1+R_c(1-t_c)]^n-t_g\{[1+R_c(1-t_c)]^n-1\}$$

故整理可得:$r_c^*=\dfrac{\left[(1+r_p)^n-t_g\right]^{\frac{1}{n}}}{(1-t_g)^{\frac{1}{n}}}-1$

根据上式可知,r_c^* 受到以下因素的影响:合伙企业缴纳个人所得税之前的收益率 r_p、资本利得税税率 t_g,以及投资项目持续期 n。从税收角度来看,如果公司层次的税后收益率大于 r_c^*,则投资者选择公司形式更合适;如果公司层次的税后收益率小于 r_c^*,则投资者选择合伙企业形式更合适。

公司制企业的出现晚于个人独资、合伙企业,公司制企业相对较为进步,这不仅体现在公司较低的运作风险方面,而且体现在公司税收方面的独特优势方面。公司在冲抵

---

① 迈伦·S.斯科尔斯,马克·A.沃尔夫森,等.税收与企业经营战略[M].北京:中国人民大学出版社,2018.

损失时不限于当期利润，损失甚至可以延续冲抵未来的利润；公司能够在合理范围内于税前列支有利于雇员的金额相当可观的年金；公司还能够在所得税扣除方面于税前列支更多的成本费用项目。这些都是个人独资企业或合伙企业所无可比拟的。

2. 分支机构形式选择的税收筹划范式

分支机构的形式主要有分公司和子公司两种。其中，分公司不具有独立法人资格，没有独立的财产权，其经营活动的所有后果均由总公司承担，其税收会汇总到总公司集中缴纳；子公司则具有独立的法人资格，拥有独立的财产权，一般独立对外开展经营活动，与母公司之间没有连带责任，其税收自行申报缴纳。

根据分公司及子公司的不同税收特征，下面进行选择分支机构形式的决策分析。

假设分支机构与总机构都不存在税收优惠，那么根据总机构与分支机构预计的盈亏程度及税率的不同，可分为八种情况进行讨论，如图4-4所示[①]。

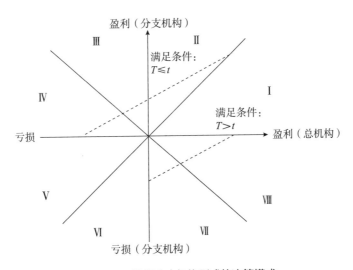

图4-4 选择分支机构形式的决策模式

在图4-4中，横轴表示总机构的预计盈亏状况，纵轴表示分支机构的预计盈亏状况。t 表示分支机构的税率，T 表示总机构的税率。由于我国存在多层面税收优惠政策，企业所得税有25%、20%、15%等多种税率，这里分别讨论 $T>t$ 和 $T \leqslant t$ 两种情况。图中虚线区域表示采用分公司形式合适，在第 I 种情况下，采用子公司合适，其余区域表示采

---

① 宋献中，沈肇章. 税收筹划与企业财务管理 [M]. 广州：暨南大学出版社，2002.

用子公司与分公司形式没有差别。

第Ⅰ种情况下，总机构与分支机构预计皆为盈利。若要求子公司将税后利润分配给母公司，在第Ⅰ种情况下，满足条件 $T > t$，若 t 属于法定低税率，则不需要补税，因此分支机构采用子公司形式比较有利；若分支机构采用分公司形式，由总分公司汇总计税，适用总公司的税率，则会导致分支机构的盈利多缴纳企业所得税。所以，第Ⅰ种情况下，分支机构采用子公司形式更合适。

第Ⅱ种情况下，满足条件 $T \leqslant t$，分支机构选择分公司形式，采用汇总纳税方式统一适用母公司的低税率，则能够降低整体税负。

第Ⅲ、Ⅳ种情况下，总机构预计亏损，分支机构预计盈利。分支机构最好采用分公司形式，这样能够采取汇总纳税方式，可使总分机构盈亏互抵，使当期的应纳税额最少。

第Ⅴ、Ⅵ种情况下，总机构与分支机构预计皆为亏损，则分支机构不论采取哪种形式，对企业（集团）的应纳税额都没有影响，即分支机构采用哪种形式对纳税总额的影响都没有差别。

第Ⅶ、Ⅷ种情况下，总机构预计盈利，分支机构预计亏损，则选择分公司形式可以汇总纳税，实现盈亏互抵，使总分公司整体的应纳税额最少。

在设立分公司与子公司的选择筹划中，还要考虑分支机构所处的区域优势及其享受税收优惠政策的情况。若分支机构单独运作，其所享受的税收优惠优于母公司，则分支机构应采用子公司形式，反之采用分公司形式。除此之外，还要考虑到分支机构初期的经营情况。由于开办费、市场风险等因素的存在很容易导致分支机构出现亏损，因此分支机构在组建初期，最好采用分公司形式；当分公司开始盈利后，再把分公司经过注册登记转变为子公司，这样会收到较好的税收效果。

关于母子公司的控股比例的设置也存在一定的税收筹划空间。如果母子公司均是居民企业，且母公司对子公司直接控股100%，则允许双方采取资产或股权划转，且采用特殊性税务处理。《财政部、国家税务总局关于促进企业重组有关企业所得税处理问题的通知》（财税〔2014〕109号）的适用范围没有限定为国有及国有控股企业集团，而是适用于各种所有制性质的母子公司之间，其政策适用范围普遍扩大。

3. 产权重组的税收筹划范式

所谓产权重组，是指对产权结构及由产权结构所决定的产权具体的实现形态进行重新组合和构造。产权重组的实质是产权安排的后续调整,其直接目的就是将企业的产权结构调整到理想状态,从而使企业获得更大的权益。具体到税收上,就是使企业达到税后收益最大化。通过产权重组进行税收筹划的具体途径有以下三种。

1)企业合并与分立的税收筹划

企业合并属于一种扩张性的产权重组,其应用在税收筹划中主要体现在四个方面。第一,通过横向合并,实行横向一体化战略,扩大企业规模和市场占有率,形成规模经济并加以利用,从而进行税收筹划。第二,通过纵向合并,实行纵向一体化战略,通过节约交易成本(如流转环节的税收)进行税收筹划。第三,通过合并与本企业处于不同行业的企业,进入新的行业,享受其税收优惠等进行税收筹划。第四,通过合并存在较大经营亏损的企业,可以抵补本企业的高盈利,从而降低整体的税负水平。

企业分立是一种与扩张性的合并相反的重组方式,其应用在税收筹划中主要体现在三个方面。第一,通过将企业中存在的兼营或混合销售的业务分离出来,使其适用零税率或低税率以进行税收筹划;第二,若企业中存在适用累进税率的业务,那么可以将这些业务进行分拆,分立成两个或多个适用低税率的纳税主体以进行税收筹划;第三,通过对处于不同环节上的业务进行分拆,从而增加一道流转环节,利用诸如增值税进项税额抵扣及转让定价等手段进行税收筹划。

企业在进行税收筹划时究竟是选择合并重组还是分立重组,可以参考哈特的理论模型[①]。假设有两种资产 a_1 和 a_2,以及两个经营者 M_1 和 M_2,根据这些要素,可以形成两种分立型和两种合并型的产权结构,如表4-1所示。哈特经过论证后得出结论:当 a_1 和 a_2 两种资产密切相关或高度互补时,采用(1)或(2)的合并型产权结构更容易降低交易成本;当某个经营者与某种资产密切相关时,如 M_1 必须拥有 a_1 或 a_2 的全部控制权才更具生产力,则采用(3)或(4)的分立型产权结构。

表4-1 哈特模型中的产权结构类型

合并型		分立型	
(1)	(2)	(3)	(4)
$(a_1, a_2) \in M_1$ M_2 是 $\emptyset$	$(a_1, a_2) \in M_2$ M_1 是 $\emptyset$	$a_1 \in M_1$ $a_2 \in M_2$	$a_1 \in M_2$ $a_2 \in M_1$

---

① [美]哈特.企业、合同与财务结构[M].上海:上海人民出版社,1998.

2）股权交易与资产交易的税收筹划

从产权重组的角度观察，股权和资产都属于企业这一产权主体所拥有的产权，两者都具有独立性和确定性，都可以进行单独交易。其交易结果不会影响企业的产权性质，只会影响企业的产权结构。因此，股权交易与资产交易都属于产权重组的范畴。

利用股权交易和资产交易改变企业边界进行税收筹划时，会涉及企业所得税、增值税、营业税及土地增值税等多个税种。比较资产交易与股权交易，一般资产交易只涉及单项（或一组）资产的交易，而股权交易涉及部分股权或全部股权的交易，两者所适用的税收政策存在较大差异：资产交易涉及流转税、印花税和企业所得税，譬如，交易存货、固定资产时，转让方的行为应被视同货物销售行为而缴纳增值税、企业所得税；而股权交易并未引起交易双方资产、负债的实质性流动，不属于流转税的征收范围，仅仅征收印花税和企业所得税。鉴于股权交易的目的在于通过股权控制实现对目标企业的控制，股权交易作为一种典型的企业重组形式，已经被越来越多的纳税人用来作为一种有效的税负控制工具。

股权收购与资产收购通常需要区分一般性税务处理与特殊性税务处理，因为二者的税务处理是不同的。一般性税务处理也就是人们常说的应税重组的税务处理方式，而特殊性税务处理也就是人们常说的免税重组的税务处理方式。企业在进行企业所得税筹划时，应尽可能地满足税法规定的条件①，以适用免税重组的税务处理方式，从而达到节税的目的。股权收购与资产收购的税务处理比较如表 4-2 所示。

表 4-2 股权收购与资产收购的税务处理

比较项目	股权收购	资产收购
定义及实质	通过购买目标公司股东的股权达到对目标公司实施绝对控制的行为，其实质就是目标公司股东投资形式之间的变换	一家企业购买另一家企业实质经营性资产的交易行为，其实质是购买非现金资产
支付形式	股权支付、非股权支付或两者的组合	

---

① 特殊性税务处理须满足的五个条件分别是：
第一，具有合理的商业目的，且不以减少、免除或者推迟缴纳税款为主要目的；
第二，被收购、合并或分立部分的资产或股权比例不低于 50%；
第三，企业重组后的连续 12 个月内不改变重组资产原来的实质性经营活动；
第四，重组交易对价中涉及股权支付的金额不少于 85%；
第五，企业重组中取得股权支付的原主要股东，在重组后连续 12 个月内，不得转让其所取得的股权。

续表

比较项目		股权收购	资产收购
处理方式	一般性税务处理（目标企业股东的所得实现确认）	（1）被收购方应确认股权、资产转让所得或损失 （2）收购方取得股权或资产的计税基础应以公允价值为基础确定 （3）被收购企业的相关所得税事项原则上保持不变	
	特殊性税务处理（目标企业股东的所得未实现确认）	（1）被收购企业的股东取得收购企业股权的计税基础，以被收购股权的原有计税基础确定 （2）收购企业取得被收购企业股权的计税基础，以被收购股权的原有计税基础确定 （3）收购企业、被收购企业的原有各项资产和负债的计税基础及其他相关所得税事项保持不变	（1）转让企业取得受让企业股权的计税基础，以被转让资产的原有计税基础确定 （2）受让企业取得转让企业资产的计税基础，以被转让资产的原有计税基础确定

注：股权支付是指在企业重组中购买、换取资产的一方支付的对价中，以本企业或其控股企业的股权、股份作为支付对价；非股权支付是指以本企业的现金、银行存款，本企业或其控股企业股权和股份以外的有价证券、存货、固定资产、其他资产及承担债务等作为支付对价。

产权重组的实质为产权调整行为，其目的是通过产权安排来合理配置资源。企业在重大产权重组活动中，将全部或部分实物资产及与其相关联的债权、债务和劳动力一并转让给其他单位和个人的行为，其实质是进行一种类似股权交易的"净资产"交易，其本质是一种产权交易。考虑到中国税制对股权交易并不课征任何流转税，因此对这种表现为"净资产"交易的产权交易也不征收流转税（主要是增值税或营业税）。对满足特殊性税务处理要求的资产重组活动，不确认资产（或股权）转让所得，也不征收企业所得税。可以说，中国税制对产权重组几乎一路开"绿灯"。所以，纳税主体利用产权重组调整产权结构以降低税收负担不失为一个明智的战略选择。

4. 代际间财富转移的税收筹划范式

财产继承是实现财富转移的一种有效方式，世界上一些国家已经开征遗产税，从而可以有效地监控财富的传承与转移。鉴于我国目前还未开征遗产税与赠与税，所以财富拥有者在代与代之间传递时会选择用继承的方式转移财富以降低税负。如果未来开征遗产税与赠与税，那么个人也会选择在开征遗产税与赠与税之前提前转移财富以规避税收。

目前，我国政府对房产、汽车等大额记名财产有产权登记要求，转移时必须办理过户手续；而对金银珠宝、古玩字画等收藏品、投资品等并未建立严格的产权登记制度，若大量财富以无记名财产的形式存在，并通过继承、赠与等方式在代际间转移，那么政府将难以对其实施有效的税收监管。因此，从产权角度分析，政府应尽早开征遗产税与赠与税，以实现对财产继承和转移行为课征适当的赋税。

如果开征遗产税或赠与税，那么拥有大量财产的个人未来就会面临高昂的遗产税和赠与税负担。而能够实现在代与代之间低税负转移财富的税收筹划范式是采取保险理财模式。利用保险实施税收筹划的操作模式：上代财富拥有者为下代子女投保各类人身保险产品，子女作为受益人未来所收到的各项保险理赔金和保险返还款均免征个人所得税，且不再视为继承或赠与的财产（遗产）而征收遗产税和赠与税。

这里所体现的保险筹划原理，实质上是一种低税负的产权交易安排。譬如，一些保险机构利用保险筹划原理设计的"零岁保险计划"，深受孩子家长的青睐；还有一些保险机构推出的寿险也是一种合法的理财工具。寿险合同反映的是保险方与投保方之间的保险给付关系，利用寿险既可以预防风险、保全财富，又可以合理规避遗产继承风险。所以，借助保险工具低税负转移财产的模式被很多家庭所接受，保险这一理财工具就冠冕堂皇地成为代际间的"财富传递管道"。

复习思考题

1. 请分析财产权转移的税收筹划模式。
2. 如何通过企业边界的变化来实施税收筹划？请举例说明其原理及操作方法。
3. 税收筹划的产权安排有哪些范式，请进行论证分析。

第 5 章
税收筹划的治理机制

治理状况良好的公司实施避税能够较大幅度地提高公司价值，而治理状况较差的公司实施避税所节约的税收支出大部分被公司管理层转移或侵占。为了避税，公司管理层在会计信息上大做文章，尽量使会计信息模糊以隐瞒应税收入，而会计信息模糊又为公司管理层采取机会主义行为创造了条件。

——著名经济学家　德赛（Desai）和达马帕拉（Dharmapala）

5.1 信息不对称下的税收筹划博弈分析

5.1.1 市场环境变化与税收筹划博弈分析

1. 市场环境变化信息的不对称性

企业作为市场主体，需要掌握一些信息，比如，财务状况和经营成果信息、税收筹划的目标、国家的税收政策等易于掌握的私人信息和公共信息。但企业对市场环境的变化无法准确预测，这些市场变化信息具有不对称性，比如，企业无法准确预测和掌握市场环境的变化时间、变化趋势等信息。因此，企业和市场环境就构成了博弈对局的两个主体。

2. 基于市场环境变化的税收筹划博弈模型

企业进行税收筹划需要付出大量成本，包括货币成本、风险成本和机会成本。货币成本是指企业为税收筹划而产生的人、财、物的耗费，它包括税收筹划方案的设计成本和实施成本等；风险成本是指税收筹划方案因设计失误或实施不当而造成筹划目标落空所导致的经济损失及承担的法律责任；机会成本是指采纳该项税收筹划方案而放弃其他方案的最大收益。

假设企业进行税收筹划的货币成本为 G，风险成本（包括市场环境变化造成的风险成本）为 T，机会成本为 C；由于进行税收筹划企业获得的节税收益为 R，且满足 $R>G+C$。因此企业税收筹划的支付矩阵如表 5-1 所示。

表 5-1　市场环境变化下税收筹划博弈的支付矩阵

行动	市场环境变化（P）	市场环境不变化（$1-P$）
企业实施税收筹划（Q）	$-G-T-C$	$R-G-C$
企业不实施税收筹划（$1-Q$）	0	0

企业所处的市场环境动荡不安时，如果企业贸然实施税收筹划，结果很可能是失败，则企业的期望收益值 $E=-G-T-C$。此时，企业的最优选择是不实施税收筹划，期望收益值 $E=0$。

由于存在信息不对称性，企业预测市场环境变化的概率为 P，则市场环境不发生变化的概率为 $1-P$。企业实施税收筹划的概率为 Q，则企业不实施税收筹划的概率为 $1-Q$。企业实施税收筹划与不实施税收筹划的期望收益分别为 M_1、M_2，则有：

$$M_1=(-G-T-C)\times P+(R-G-C)\times(1-P)$$

$$M_2=0$$

令 $M_1=M_2$，则：$(-G-T-C)\times P+(R-G-C)\times(1-P)=0$

解得：$P=(R-G-C)/(R+T)$

上述结论的经济含义如下。

第一，若市场环境变化的概率 $P<(R-G-C)/(R+T)$，则企业的最优选择是实施税收筹划。

第二，若市场环境变化的概率 $P>(R-G-C)/(R+T)$，则企业的最优选择是不实施税收筹划。

第三，若市场环境发生变化的概率 $P=(R-G-C)/(R+T)$，则企业可以随机地选择实施或不实施税收筹划。

5.1.2 税制缺陷与税收筹划博弈分析

1. 税制缺陷背景下的信息不对称性分析

税法制度性缺陷属于一种正常现象。常见的税法制度性缺陷有税收漏洞和税法空白等多种情况，这里重点分析税收漏洞与税法空白的情况。

所谓税收漏洞，是指所有导致丧失有效性或低效率的税收政策或税法条款。税收漏洞是由税制体系内部结构的不协调性或不完善性引起的，这些漏洞性的条款往往自身规定矛盾或在具体规定中忽视某个细小环节，抑或是存在较大的弹性空间和不确定性。

所谓税法空白，是指税法中对一些涉税事宜或纳税事项没有明确规定或根本没有规定的情形。税法空白是税法中的明显缺陷，由于世界是在变化的，税法的修订和完善需要一个过程，所以任何一国或地区的税法等都不可避免地会出现税法空白之处。

由于企业的经营活动多种多样，税务部门无法全部知悉，因此存在着基本的信息不对称问题。而企业通过调整业务模式或组织结构改变纳税事项，进一步利用税收漏洞或税法空白的做法也是建立在信息不对称的基础之上的，因为企业在利用税收漏洞或税法空白等税法制度性缺陷时，可能税务部门并不十分清楚税法制度性缺陷的具体所在。而等到税务部门观察到时，企业可能已经利用该缺陷成功地进行了税收筹划活动。

2. 税制缺陷背景下的税收筹划模型

利用税制缺陷减轻税负，属于一种特殊的税收筹划方式。[①] 这种筹划过程实质上是政府与企业的一种动态博弈过程。企业作为博弈的一方，在市场利益的驱动下，积极寻找税法制度性缺陷并以此来安排自己的经济活动。政府作为博弈的另一方，在观察到企业的行动后，也会发现税法制度性缺陷，从而会积极通过完善税收契约堵塞漏洞。双方利益冲突的存在会使这种博弈过程一直持续下去。

假设企业利用税法空白点减轻税负，当找到税法空白点并在政府发现之前加以利用，就能够避免缴纳数量为 T 的税收，此时企业的筹划收益为 T，政府的收益为 0；当企业没有找到税法空白点时，就必须缴纳此笔数量为 T 的税收，此时企业的收益为 0，政府

---

① 一些学者认为利用税制缺陷减轻税负属于避税范畴。既然"法无明文不违法"，那么，这种减轻税负的方式也是不违法的，广义的税收筹划也应包括此种情况。

的收益为 T。

如果企业找到了税法空白点，而政府也开始采取措施准备填补此项空白点，那么，最终的结果要看这项空白被填补的程度。如果用 t 表示政府通过填补税收空白挽回的损失，那么，此时企业的筹划收益为 $T-t$，政府的收益为 t，且满足 $t<T$。在政府和企业博弈的过程中，企业找到税法空白点的概率为 Q，政府完善税法的概率为 P，其中，$0<P<1$、$0<Q<1$。则相应的博弈支付矩阵如表 5-2 所示。

表 5-2 税法空白点筹划博弈支付矩阵

项目	政府完善税法（P）	政府不完善税法（$1-P$）
企业找到税法空白点（Q）	$T-t$, t	T, 0
企业未找到税法空白点（$1-Q$）	0, T	0, T

对企业来说，其找到税法空白点并进行筹划的期望收益为 U_1，则有：

$$U_1=(T-t)P+T(1-P)=T-tP$$

对企业来说，未找到税法空白点的期望收益为 U_2，则有：

$$U_2=0$$

显然 $U_1>U_2$，故企业有寻找税法空白点获取筹划收益的动力，企业会不断寻找税法空白点，即不存在企业不去寻找税法空白点进行税收筹划的行为。

对政府来说，完善税法（消除税法空白）的期望收益为 V_1，则：

$$V_1=tQ+T(1-Q)=T-TQ+tQ$$

对政府来说，不完善税法的期望收益为 V_2，则：

$$V_2=T(1-Q)=T-TQ$$

显然 $V_1>V_2$，故政府会不断完善税法加以约束，而不会选择放纵企业利用税法空白点进行税收筹划，所以，政府有不断完善税法的动力。

由于政府和企业的这一博弈过程是动态的，只要企业寻找到税法空白点，接下来政府就会填补该税法空白点，所以政府完善税法的概率与企业找到税法空白点的概率是相等的，即有 $P=Q$。进一步分析，在政府与企业的这一博弈过程中，假定税法空白点无限多，则在利益驱动下，企业与政府的这个博弈过程会一直持续下去：如果企业获得的空白点筹划的期望收益高于政府填补空白点所获得的期望收益，则政府会继续填补税法空白；如果政府填补空白点所获得的期望收益高于企业空白点筹划的期望收益，则企业会继续寻找税法空白。故该博弈模型有一个纳什均衡解,即当政府和企业的期望收益相等时达到均衡,这一点可以表示为:$U_1=V_1$。

即 $T-tP=T-TQ+tQ$,且 $P=Q$。

解得:$t=\dfrac{T}{2}$

该结论的经济含义是,经过一系列的税收筹划的动态博弈之后,政府和企业将均分空白点筹划的税收收益。

5.2 信息不对称下的税收筹划契约安排

契约理论将企业视为由股东、债权人、经营者、职工等利益相关者之间订立的一系列契约组成的集合体,契约各方在契约条款约束下均是追求自身利益最大化的经济主体。如果将税收因素考虑在内,那么,政府作为税法的代表,毫无疑问应被引入订立契约的程序。不过,相对其他契约方而言,政府无法及时调整它的策略,因为它要通过变动税法来实现,而税法的调整总是滞后的或者税制的变化总是缓慢的。为了简化分析,这里我们暂不考虑政府作为契约方对税法进行调整所带来的影响。

由于契约双方拥有不对称信息,导致一方无法观察到交易另一方的行为并对其进行控制,即存在着"道德风险"问题。这种情况增加了契约的签订及履行成本,甚至有时为了获得其他方面更大的利益,交易方不得不放弃节税的计划。换句话说,企业税收筹划也会涉及"道德风险"问题,税收筹划的契约安排是一项复杂的活动,企业在开展税收筹划时必须考虑到由于信息不对称所增加的成本。

5.2.1 隐藏行为因素的税收筹划契约

隐藏行为因素的税收筹划是指契约一方控制着影响未来税收负担及现金流量的行为

选择，而这个行为选择却不能被其他契约各方观察到。① 下面以企业和雇员之间的报酬契约为例阐述隐藏行为因素的税收筹划。

假设雇员取得的收入适用一个随着时间推移不断降低的税率表，而企业适用累进所得税率，即利润越高，税率也越高。如果企业在初期创业阶段，费用支出较多会形成当期的净经营损失，但预计未来会盈利。在这种情况下，税负最小化的报酬契约是，在企业未来盈利较高、支付的雇员报酬能够全额获得税前扣除时，企业会给予雇员最高的工资。与此类似，当企业的盈利和适用税率都较低时，报酬支出应当尽量压缩或者通过其他方式递延到未来期间。在这个报酬契约中，如果雇员对风险的考虑是中性的，也愿意取得与企业利润相联系的未来报酬，那么企业的这种报酬契约安排就是基于税负最小化的考虑。

进一步分析，假设雇员是风险厌恶型的，而企业对风险的考虑是中性的，则雇员会权衡风险与收益，即一方面愿意获得当期报酬以规避风险，另一方面又愿意使其报酬税负最小化。从风险共享的角度看，雇员也愿意以独立于企业盈利能力之外的单纯工资形式获得报酬，让企业承担利润不确定性引起的所有风险。但是，如果雇员面临一个固定税率，且企业适用累进的税率，那么相较于税负最小化的最优契约而言，企业和雇员都倾向于达成一个次优报酬契约，即包含当期支付的固定工资报酬附加与未来风险程度相关的奖金形式的报酬契约。此时的报酬契约既不是税负最小化的契约，也不是使雇员规避所有风险的契约，而是一个折中契约，这样对雇员和企业都有利。

5.2.2 隐藏信息因素的税收筹划

隐藏信息因素的税收筹划是指契约一方已经观察到影响未来税收负担及现金流量但其本身无法控制的某一经济状态，而这一经济状态却不能被其他契约方观察到。② 下面以亏损企业出售为例来阐述隐藏信息因素的税收筹划。

假设一个企业在以前年度累积有大量的净经营亏损且即将过期③。进一步假设，如果某个盈利企业兼并上述具有净经营损失的企业，它就会节省部分税收。由于存在信息不

---

① [美]迈伦·斯科尔斯，等. 税收与企业战略 [M]. 北京：中国劳动社会保障出版社，2004.
② 同①。
③ 我国税法允许企业的亏损在 5 年内用税前利润弥补，超过 5 年期限的亏损只能用税后利润弥补。

对称情况，亏损企业具有信息优势，如果双方实施并购交易，则亏损企业的"道德风险"问题会使并购方在并购交易中承担全部风险，因为亏损企业的并购方并不清楚亏损企业待售资产的质量状况。而并购方虽然通过并购交易可以获得一定的税收利益，但它无法预料到可能产生的大量的非税成本，如信息搜集费用、签约费用、资产评估费、信息披露成本、人员安置费等，这些非税成本的总额可能比并购税收筹划所节约的税额高出很多。因此，并购方在信息不对称条件下进行决策，必须充分考虑包括税收因素与非税因素等在内的多方面因素的综合影响，并最终拟定出切实可行的并购交易方案。

5.3 公司治理框架下的税收筹划

5.3.1 公司治理：税收筹划的源动力

公司治理就是通过一套包括正式及非正式的制度来协调公司与所有利害相关者之间的利益关系，以保证公司决策的科学化，并最终维护公司各方面的利益。[①] 一般地讲，公司治理可以分为两个部分：一个是公司治理结构，另一个是公司治理机制，这两者共同决定了治理效率的高低。公司治理结构是治理公司的基础，公司治理机制通过治理机构发挥作用，公司治理效率来自合理的治理结构与治理机制的完美结合。

1. 公司治理是一种契约关系

公司具有明显的契约性质，被认为是一组相互关联的契约的联合体，这些契约约束着公司的交易，使得交易成本低于由市场组织这些交易时发生的交易成本。公司治理是以公司法和公司章程为依据，以简约的形式规范公司各利益相关者的关系，约束他们之间的交易，来实现公司交易成本的比较优势。公司治理结构则是依据这些契约进行的组织安排，具体表现为明确界定股东大会、董事会、监事会和管理层的职责和功能的一种

---

① 李维安. 公司治理 [M]. 天津：南开大学出版社，2001.

企业组织制度结构。这种制度安排也决定了公司的目标、行为，以及公司的利益相关者如何解决管理、控制风险和分配收益等有关公司生存和发展的一系列重大问题。

2. 公司治理推动了税收筹划

公司治理有两个基本功能：一是保证公司管理行为符合国家法律法规、政府政策、企业的规章制度，保证公司资产完整；二是促使管理者在守法经营的前提下努力工作。毫无疑问，股东作为公司的所有者，进行公司治理的目标是股东价值最大化。在有效治理下管理者有足够的动力采取措施提高公司的运行效率，增加股东价值。公司运行效率的提高依赖于两个方面：一是生产经营活动效率的提高，二是财务管理效率的提高。因此需要制定科学的企业财务战略来提升股东价值，而税收筹划则是财务战略重要的组成部分之一。税收筹划是通过税后收益最大化来实现股东价值最大化目标的。而在这一目标实现的过程中，必须建立完善的公司治理结构和有效的治理机制，充分发挥公司治理的功能与效用。

5.3.2 税收筹划治理结构

在公司治理框架下开展税收筹划活动，是必然的也是必须的。公司治理结构为税收筹划提供了环境基础，只有适应公司治理要求的筹划方案才能够得到实施，才能够发挥其巨大的潜能。在公司治理框架下，企业必须设立税收筹划治理结构，如图 5-1 所示。税收筹划治理结构由税收筹划治理要素与税收筹划治理机制两部分组成。

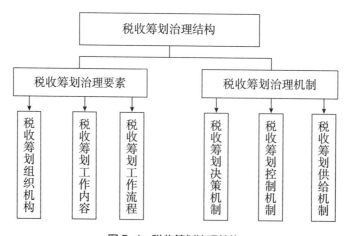

图 5-1　税收筹划治理结构

1. 税收筹划治理要素

1) 税收筹划组织机构

开展税收筹划，需要一定的组织机构作为保障。在企业内部，需要成立税务部（或税收筹划部）等类似的专业组织机构，以便为税收筹划工作提供组织和人力资源方面的保障。税务部（或税收筹划部）一般应该独立设置，与财务部平行。为了保障税收筹划治理系统能够有效运行，还必须明确涉税环节各部门的岗位职能与权责关系。一个企业应设立税务部（或税收筹划部）经理作为税收筹划治理系统的执行者，税务部（或税收筹划部）还应聘用若干税收筹划人员，并明确其岗位职责与权利。对于规模较小的企业，也可以不设立税务部（或税收筹划部），而是在财务部设置税收筹划岗位。

2) 税收筹划工作内容

税务部（或税收筹划部）的工作内容体现在以下方面。

第一，税收法规与税收信息搜集；

第二，企业整体税负分析；

第三，涉税业务处理；

第四，税务风险防范措施的制定；

第五，税收战略规划与内部税务计划的制订；

第六，纳税申报与税款缴纳；

第七，企业内部纳税评估；

第八，税收筹划方案的设计与实施；

第九，税收筹划绩效评价。

3) 税收筹划工作流程

税收筹划工作流程是税收筹划人员进行税收筹划所采取的基本程序和方法。制定科学、合理的税收筹划工作流程是顺利开展税收筹划的首要条件和重要保障。在税收筹划中采用恰当合理的工作流程是实现筹划目标的重要条件，是影响筹划效率和效果的重要因素。根据实践经验设计的税收筹划工作流程如图 5-2 所示。

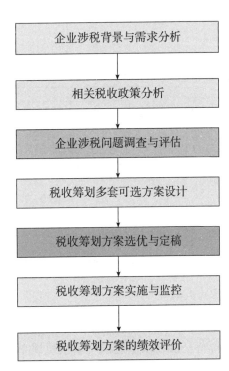

图 5-2　税收筹划工作流程

2. 税收筹划治理机制

1）税收筹划决策机制

公司治理框架下的税收筹划决策，可以明确授权并形成内部制衡关系，确保税收筹划决策的科学性，力避企业税务风险和税务危机的出现。税收筹划决策机制关注的是筹划决策权在公司内部利害相关者之间的分配格局。由于公司治理的权力结构由股东大会、董事会、监事会和经理层组成，并依次形成了相应的决策分工形式和决策权分配格局，因而税收筹划决策机制实质上体现了一种层级制决策机制。

层级制决策的产生在公司治理中应被看作是权力的分立和制衡的结果，公司治理结构在股东大会、董事会、监事会和经理层之间形成不同的权力边界，并使得每一权力主体被赋予不同的筹划决策权。税收筹划层级制决策有三个主要特征：首先，存在一个最高决策者；其次，权力边界清晰，每一决策层都清楚其权力范围；最后，下级决策服从上级决策。

按照公司治理机制，税收筹划的决策机制与制衡关系如图5-3所示。

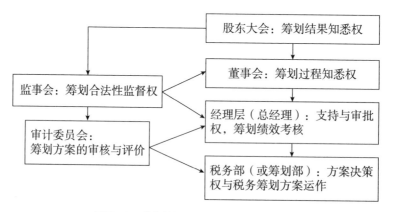

图5-3　税收筹划的决策机制与制衡关系

2）税收筹划控制机制

税收筹划控制机制作为保障税收筹划效果的一种内部控制机制，应该从以下三个角度考察。

第一，内部税务计划控制。内部税务计划是税务部（或税收筹划部）根据企业的纳税特征和要求制定的一个纳税规划，是企业纳税活动的计划安排和税收筹划工作的规划方案。一般来讲，由税务部（或税收筹划部）制订的内部税务计划包括三部分内容：一是年度纳税计划,包括对纳税规模、支出结构、纳税期间及税收筹划进行合理的安排;二是涉税因素变动分析,即对影响纳税支出和税收筹划的诸多因素的变动状况进行分析,以预防因其变动而产生的税务风险;三是外部敏感性分析,对因影响纳税支出和税收筹划的外部条件的变化而引起纳税支出及筹划效果变动的敏感程度进行分析,以预防因外部条件的变化而产生的税务风险。

第二,内部税务会计控制。内部税务会计控制是整个企业内部控制中的一部分,建立和完善内部税务会计控制系统,定期核对账簿,可以提高税务会计核算的可靠性。同时,内部税务会计控制有利于引导税收筹划目标的实现,即通过协调会计处理与税务处理的差异,最大限度地规避税务风险,降低企业实际税负。内部税务会计控制的目的是使税务会计提供的会计报告和涉税信息真实可靠,提高纳税遵从度。为实现这些目标,设计内部税务会计控制制度时,应充分协调税务部、会计部、各业务部门与内部审计机构之间的关系。

第三,内部税务管理控制。从税务角度分析,内部税务管理控制是指与税务会计提供资料的可靠性没有直接关系的内部控制,如内部纳税检查、纳税程序控制、纳税申报控制等。这里重点以内部纳税检查为例说明内部税务管理控制及其运行机制。所谓内部纳税检查,是指企业内部的独立人员对企业税款核算、税款缴纳情况所进行的全面检查。通过内部纳税检查,可以预防财税欺诈与舞弊行为,降低企业税务风险。为了强化企业内部纳税检查,笔者建议由税务部(或税收筹划部)联合内部审计机构开展纳税检查,以保证检查工作的公平性、公正性。

3)税收筹划供给机制

税务部(或税收筹划部)人员属于公司治理框架下的代理人,由于存在信息不对称现象,因此其努力程度很难被委托人所观察和发现,其税收筹划业绩也因税务风险的存在而难以被准确评判,这样代理人不免会产生"道德风险"问题。

由于税收筹划风险的客观存在,导致税收筹划方案的供给动力不足。税务部(或税收筹划部)人员出于自身的利益和安全性考虑,会尽量规避税收筹划风险,而规避风险的最好办法就是不设计税收筹划方案。因此,一般情况下,在企业内部几乎很难产生理想的税收筹划方案,即使税务部(或筹划部)人员的业务水平很高,他们也不愿冒风险设计和实施税收筹划方案。只有在税务部(或税收筹划部)人员因提供税收筹划方案所获得的收益大于他们为此而承担的风险时,他们才乐意提供税收筹划方案。税收筹划的供求均衡分析如图5-4所示。

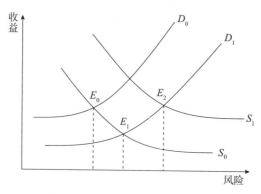

图 5-4 税收筹划的供求均衡分析

在图 5-4 中，E_0 点为供给曲线 S_0 与需求曲线 D_0 的交点，该点为供需均衡点，表示税务部（或税收筹划部）人员提供税收筹划方案所获得的收益等于其承担的风险成本。只有税务部（或税收筹划部）人员提供税收筹划方案所获得的收益大于其承担的风险成本时，他们才有动力提供税收筹划方案。

如果企业有更多的税收筹划需求，则需求曲线会向右上方平移，由 D_0 移至 D_1，此时 S_0 与 D_1 的交点为 E_1。很明显，在 E_1 点，税务部（税收筹划部）人员所获取收益相同的情况下，需要承担更大的风险成本，即 E_1 点的风险成本超过 E_0 点的风险成本。因此，需求曲线由 D_0 移至 D_1，会导致税务部（或税收筹划部）人员提供税收筹划方案的供给动力不足。所以，这种情况下，企业需要通过提高税收筹划人员的收益等激励方式使供给曲线上移。当供给曲线由 S_0 移至 S_1 时，重新达到新的均衡状态，新的均衡点为 E_2，此时供给曲线 S_1 与需求曲线 D_1 达到均衡，税收筹划供给的风险成本恰好等于税收筹划供给所获得的收益。

5.4 税收筹划的契约安排与治理模式

5.4.1 税收筹划的委托代理问题

契约理论认为，企业是一系列契约的总和。詹森和麦克林将代理关系定义为一种契约关系，在这种契约下，一个人或更多的人（即委托人）聘用另一个人（即代理人）代表他们来履行某些服务，包括把若干决策权托付给代理人。在委托代理框架下，企业的股东与经理人之间就是一种典型的委托代理关系，而在企业中实施税收筹划的税务部（或税收筹划部）人员属于经理人范畴，也是委托代理关系的一部分。具体分析，税收筹划的委托代理主要有以下问题。

1. 税收筹划行为使股东与经理人的目标进一步偏离

税收筹划成本的即时性与收益的滞后性，导致税收筹划对当期财务报表业绩产生的负面影响，对经理人的业绩评价有不利的一面。然而，从长远来看，有效的税收筹划行为对股东价值最大化目标的实现是有利的，因此股东有意愿进行长期性的税收筹划活动，而经理人从自身利益角度考虑，将倾向于避免此类降低其短期绩效的行为。

2. 税收筹划行为使股东和经理人的风险差异加大

税收筹划风险的存在，使税收筹划的效果具有极大的不确定性。在这种情况下，经理人即使为税收筹划行为做出了努力，但仍有可能为企业带来风险和损失，给经理人带来声誉损失与收益损失。而对股东而言，税收筹划行为的失败对其影响则小得多，而且股东还可以通过投资组合的方式来降低风险。

3. 税收筹划行为会加剧股东和经理人之间的信息不对称程度

经理人在掌握税收筹划的专业技术的情况下，会对企业的税收筹划行为做出预期，一旦意识到税收筹划的难度和可能承担的潜在风险，若没有恰当的激励机制，经理人可能会直接隐藏专业技术或有意阻挠税收筹划活动的开展。这些隐藏信息和蓄意阻挠的行为会加剧股东与经理人之间的信息不对称程度，从而会增加代理成本及税收筹划失败的可能性，影响税收筹划行为的最终效果。

5.4.2 契约不完备性与道德风险

美国经济学家科托威茨（Y. Kotwitza）认为，道德风险是指从事经济活动的人在最大限度地增进自身效用时做出不利于他人的行为。道德风险源于委托人和代理人所掌握的信息不对称。一方面，代理人的某些行为是隐蔽的，很难被委托人所察觉和提防，在委托代理契约中难以反映和应对。另一方面，委托人掌握的某些信息只根据自己占有的为限，由于委托人与代理人之间的信息不对称，有关他们之间的风险分担，也会产生道德风险。

道德风险形成的另一个原因是委托人与代理人的合同订立障碍和实施障碍。一方面，由于签订详细而完备的合同所需的费用高昂，而且合同订立者无法掌握充分信息，代理合同实际上难以穷尽未来事项。另一方面，合同实施费用和其他限制也使得道德风险不能避免。在公司治理中，为了正确处理所有者和经营者之间的委托代理关系，以降低代理成本和道德风险，具有关键意义的是建立一套针对代理人的激励机制，使代理人追求自身利益最大化的同时，实现委托人利益的最大化，避免隐蔽、偷懒和机会主义等损害委托人利益的行为。

5.4.3 税收筹划契约的优化

在社会经济实践中，是否真实存在最优契约？

其实，最优契约在现实中是不存在的，它只存在于理想状态下。

虽然最优契约不存在，但现实中可以实现契约优化。一个相对优化的契约应该满足三个条件：第一，委托人与代理人共担风险；第二，契约的报酬结构因履约结果的不同而有所不同；第三，代理人与委托人的契约签订行为具备重复博弈模式，即当供需不均衡时，保留委托代理双方重新签订或修改契约条款的权利，直至契约所约定的价格在不断博弈的过程中重新订立并最终实现供需均衡。

从契约的约束机制分析，越是条款详尽、权责明晰的契约越具有约束力。因此，企业在制定税收筹划契约时，应由税务部（或税收筹划部）提供承诺书或保证书，由后者承诺协议期间的预期工作成效，并制订规范的工作计划书，以实施有效的合同约束。但从契约协商机制角度分析，企业与经理人签订较为完备的税收筹划契约需要付出更多的交易成本（包括信息成本、协商成本、签约成本等），因此，从契约的签订角度分析，达成一份完备的税收筹划契约需要付出更多的签约成本，追求完备的契约安排可能并非最佳选择。

虽然税收筹划的最优契约可能是不存在的，但税收筹划契约可以优化。一个不甚完美的税收筹划契约将随着时间的推移而不断被修正并逐步得到优化。

5.4.4 税收筹划契约的激励与约束模型

税收筹划契约的制度安排，主要从履约的监督机制和激励机制两个方面分析。

第一，履约的监督机制。如何区分履约中的不确定性和主观故意不履约，是监督代理人履约状况的关键。在履约过程中，对代理人努力程度的观察和度量是很困难的，其度量费用是很高的。这些度量费用构成了履约监督成本的一部分，因此履约的监督成本是极其昂贵的。

第二，履约的激励机制。由于个人的有限理性，外在环境的复杂性、不确定性，信息的不对称性和不完备性，导致契约当事人无法证实或观察一切，这就造成契约条款是不完全的。基于契约天然具有不完全性的特征，就需要设计不同的激励机制以对付契约条款的不完全性，并处理由于不确定性引发的有关不履约的风险。

履约的监督行为与激励行为是可以相互替代的，即税收筹划契约要达到如期如约履行的话，当监督行为比较有效时，可以减少激励行为甚至完全取消激励行为；反过来，当激励行为比较有效时，也可以减少监督行为甚至完全没有监督行为，这是非常有趣的现象。当然，对应的履约的监督成本与激励成本也是可以相互替代的，有着此起彼伏的微妙关系。假设我们考察履约成本时只考虑履约监督成本与履约激励成本，即履约成本 = 履约监督成本 + 履约激励成本，就会有图 5-5 所示的履约成本无差别曲线。

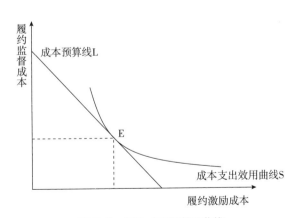

图 5-5 履约成本无差异曲线

在图 5-5 中，给定的成本支出效用曲线 S 上的每一个点所对应的履约效用都是无差别的。对于成本支出效用曲线而言，在一系列履约成本预算线中，总会有一条与之相切，即成本支出效用曲线与成本预算线的切点为图 5-5 中的 E 点，则 E 点为履约成本最低点，即在该点达到履约成本最小化。

如果综合考虑签约成本、履约监督成本和履约激励成本，我们就会发现，在这三个成本中，履约监督成本与履约激励成本呈反向变动关系，履约监督成本与履约激励成本之和又与签约成本呈反向变动关系。实际上，通过逐步分析契约的一系列相关成本，总能够找到契约总成本[①]的最小值，这也是经济学所追求的最优化目标。

5.4.5 税收筹划的治理模式

基于委托—代理框架下税收筹划契约之道德风险问题的存在，需要将税收筹划纳入公司治理的框架内，以寻找有效的治理模式。针对税收筹划契约的治理，并不需要特别强调监督机制，原因有二：一是在企业现行环境与状态下，税收筹划方案往往供给动力不足，这绝非监督机制所能奏效的；二是在信息严重不对称的情况下设计并运行一种监督机制，其成本是极为昂贵的，可能不符合成本效益原则。

完善税收筹划的治理模式，具有关键意义的是建立一套针对代理人的激励措施，以规避代理人的隐蔽、偷懒和机会主义行为。因此，有效的税收筹划治理模式需要将税收筹划人员的利益同企业利益适当地结合起来，持续、有效的激励是诱导税收筹划行为的内在动力。

对于高智力性的劳动强度和难度集于一体的税收筹划活动，可以采用产权激励机制、竞赛机制、收益分配机制、荣誉激励机制等多种激励机制相结合的多元化激励模式。

1. 产权激励机制

产权激励机制表现为向税收筹划人员转让部分产权，使税收筹划人员因拥有企业股权而成为企业所有者，拥有对企业剩余的分配权。美国一些公司按照长期业绩付给经理人员的激励性报酬所占比重很大，其形式多采用购股证、股票期权和增股等。税收筹划人员成为企业的所有者后，企业价值的变化直接影响税收筹划人员的财富，这无疑是对

---

① 这里的契约总成本是广义上的概念，不仅包括签约成本、监督成本、激励成本，还包括其他与契约签订和履行过程相关的所有成本。

税收筹划人员强有力的激励,而且这种激励是长期而持久的。作为公司股东的税收筹划人员,为了自身的利益,有足够的动力进行合理的税收筹划来减少企业的税费支出,最终实现税后利润的增加及企业价值的提升。

2. 竞赛机制

以职务晋升、收益增长为基础的激励体系类似于一个竞赛,可以对税收筹划人员维持持久的激励。首先,当税收筹划人员的能力相同时,竞争机制完全可以在全体人员中根据他们的能力来维持对他们的激励。如果他们的能力是有差异的,则竞赛机制有助于发现人才,对有才干的税收筹划人员进行激励,可以使企业获得更多更优的税收筹划方案。

3. 收益分享机制

实现公司内部激励机制的根本途径在于,使经营者获取与其经营企业所付出的努力和承担的风险相对应的利益,同时又需要经营者承担相应的风险与约束。对于税收筹划人员而言,就是要使其获得比他人更多的收益。一个具体的办法就是让从事该项筹划工作的人员享受企业税收筹划收益的分成。该分成收益应该至少和从事税收筹划所付出的努力及承担的风险成本相当,以此来激发税收筹划人员从事税收筹划的积极性。

企业可以考虑以下两种具有激励效果的收益分享机制。

1) 固定工资加基于劳动量的奖金激励计划

假定筹划者的固定工资为 W,工作量为 x,每一单位劳动的奖金为 K,劳动成本为 $C(x)$,基于劳动量的奖金为 Kx,筹划者的收益为:

$$F(x)=Kx+W-C(x)$$

则 $F(x)$ 取最大值的条件为:

$$\frac{dF(x)}{dx}=0$$

即:$\frac{d[Kx+W-C(x)]}{dx}=0$

解得:$\frac{dC(x)}{dx}=K$

这一结果意味着筹划者会选择使他的边际成本等于每一单位劳动的奖金数额的劳动水平。

2）税收筹划收益分享激励计划

在收益分享机制下，企业与筹划者按照一定的比例从筹划收益中获得各自的分成利润。假定筹划收益是筹划者劳动量的函数，记为 $f(x)$，筹划者的分成比例为 $a(0<a<1)$，其分成份额可记为 $S(x)=af(x)+T$，筹划者的劳动成本为 $C(x)$。

则，筹划者的收益为：

$$F(x)=af(x)+T-C(x)$$

$F(x)$ 取最大值的条件为：

$$\frac{dF(x)}{dx}=0$$

即：$d\dfrac{[af(x)+T-C(x)]}{dx}=0$

解得：$dC(x)=adf(x)$

这一结果意味着筹划者会选择劳动水平，在该劳动水平上，使得 $dC(x)=adf(x)$ 成立。

税收筹划收益分享激励计划使企业与筹划者共同承担风险，是一种较好的激励模式。因为在信息不对称下，有效的激励一方面能对代理人产生激励，另一方面能使代理人分担委托人的风险。

4. 荣誉激励机制

在公司治理中，除了物质激励外，还有精神激励。对于税收筹划人员而言，良好的职业声誉一方面可以令其获得社会的赞誉，产生成就感和心理满足；另一方面，现期货币收入和声誉之间有着替代关系，良好的声誉意味着未来的高货币收入。税收筹划人员出于对声誉或财富的追求，有做好税收筹划的主观愿望。因此，对优秀的税收筹划人员给予必要的精神奖励，也是有效的激励模式之一。

5.4.6 税收筹划契约安排的结论

基于委托代理关系的契约安排和公司治理相互配合，影响和制约着税收筹划在企业微观层面的运作，也决定着税收筹划运作的效率。可以说，从权力制衡、成本约束、行为博弈角度分析，契约安排、公司治理对税收筹划的影响，以及三者之间的内在联系，都是极为微妙的。我们通过研究得出关于税收筹划契约安排的以下结论。

第一，关于税收筹划的治理模式，具有关键意义的是建立一套针对代理人的激励机制，以规避代理人的隐蔽、偷懒和机会主义行为。针对税收筹划代理问题，我们并不强调与激励机制相对应的监督机制。这里有两点需要说明：一是在企业现行经营环境下，税收筹划方案往往供给动力不足，这绝非监督机制所能解决的问题；二是在信息不对称的情况下设计并运行一种监督机制，其成本是极为昂贵的，可能不符合成本效益原则。

第二，税收筹划契约的制度安排必须付出成本，并寻找契约总成本的最小值。从契约的签订角度分析，达成一份完备的税收筹划契约需要付出更多的签约成本，追求完备的契约安排可能并非最佳选择；从契约履行的监督角度分析，契约的监督成本因信息不对称和契约天然的不完全性而极为昂贵；从契约履行的激励角度分析，契约天然需要激励成本的支持。上述与契约相关的三个成本中，契约的监督成本与激励成本呈反向变动关系，而契约的监督成本与激励成本之和又与契约的签约成本呈反向变动关系。实际上，通过逐步分析契约的一系列相关成本，总能够找到契约总成本（即签约成本、监督成本、激励成本等契约成本的总和）的最小值，这也是经济学所追求的最优化目标。

第三，税收筹划最优契约可能是不存在的，但税收筹划契约可以优化。一个不甚完美的契约随着时间的推移被不断修正，其结果是逐步实现契约优化。我们认为，一个相对优化的税收筹划契约必须具备重复博弈特征，即当供给和需求不均衡时，保留委托代理双方重新签订或修改契约条款的权利，这样最终会实现契约优化并达到新的博弈均衡。

复习思考题

1. 税收筹划治理结构的治理要素与治理机制是什么？
2. 你认为影响企业税收筹划需求的因素有哪些？
3. 基于税收筹划供给机制的分析，你认为企业应如何提高税收筹划的供给？
4. 如何设计税收筹划的收益分享计划？请尝试设计一个激励税收筹划代理人的经济模型。

第 6 章
税收筹划的博弈均衡

> 为激励有利于社会的活动而设计的税收规则,却经常刺激纳税人降低自己的应税义务而无利于社会的活动。这种情况导致了税收约束规则的出台,以遏制进攻型税收筹划人员的过分行为。
>
> ——诺贝尔经济学奖得主 迈伦·斯科尔斯

6.1 博弈论与税收筹划

6.1.1 博弈论基础

博弈思想在中国古已有之。《孙子兵法》对攻城掠地、军事对策的辩证分析,就闪烁着深刻的博弈论思想。田忌赛马,更是对博弈论思想的成功应用。博弈论是一个强有力的分析工具,它不仅被广泛应用于经济领域,而且在军事、政治、商战、社会科学领域及生物学等自然科学领域都有非常重大的影响。

1. 博弈论的概念

博弈论(Game Theory)的提法可能太过学术化,容易让人退避三舍。其实它有一个非常通俗的名字——游戏理论,中国曾把博弈论称作"对策论",博弈是讲究对策和游戏的策略。

现代博弈论建立和形成于20世纪40年代,美国数学家冯·诺依曼(Von Neumann)和摩根斯坦(Morgenstern)在《博弈论和经济行为》一书中提出了博弈论的经济思想。

到 20 世纪 80 年代末 90 年代初，博弈论逐渐成为主流经济学的一部分，因为以博弈论为基础的经济分析方法更接近经济系统的本质。博弈论最为重要的是为经济分析提供了一种新的分析方法和框架。

"博弈"（Game），为"对策"之意。具体而言，博弈就是一些个人或组织，面对一定的环境条件，在一定的规则下，同时或先后，一次或多次，从各自允许选择的行为或策略中进行选择并加以实施，并从中取得相应结果的过程。博弈的信号传递和信息沟通，对参与者的策略选择起着重要的作用。

博弈论关注决策主体之间行为的相互影响及决策均衡问题，博弈中的任何一个局中人的决策都会受到其他局中人行为的影响，反过来他的行为也成为其他局中人决策的基础。基于这种依存性，博弈结果依赖于每一个局中人的决策，没有任何一个局中人能够完全控制局面。博弈中的局中人之间产生竞争，而竞争只是博弈中相互依存的一个方面，即博弈并非纯粹是竞争。相互博弈的另一方面是局中人拥有某些共同利益，使局中人彼此合作。这是博弈论方法的本质与精髓。

博弈，是指决策主体（个人、企业、集团、国家等）在相互对局中，对局双方或多方相互依存的一系列策略和行动的过程集合。博弈论是研究对局中理性的经济主体如何做出策略性决策和采取策略性行动的科学。

2. 博弈论的研究范畴

博弈论的研究范畴主要包括决策主体、制度结构、行为、均衡和收益五个方面。

（1）决策主体，即参与者，又称为经济行为主体，是经济活动中追求自身利益最大化的决策者和参与者。如企业、终端消费者、供应商、股东、政府等。

（2）制度结构，即经济行为主体面对的所有约束，它是博弈的规则，规定了经济行为主体拥有什么条件去选择，如何选择，能选择什么，同时它也受到其他行为主体的制约。

（3）行为，是经济行为主体在面对各种约束条件时采取的策略。

（4）均衡，就是一个能够得以维持的结果，或是所有经济行为主体不得不接受而又不可能更好的结果。

（5）收益，即在每一个可能的结果上，参与者的所得和所失。用经济术语来说，就是在所有可能的结果上参与者的偏好。

3. 博弈论的假设条件

1）理性经济人假设

亚当·斯密在《国民财富的性质和原因的研究》中最早提出了"理性经济人"的概念。他认为人们的经济行为都是利己的,"利己"是所有进行经济活动的人的基本动机。在进行经济活动时,人们总是趋向于用最低的成本来取得最大化的效用。

2）理性选择假设

理性选择包括以下三方面的内容。

第一,在众多的支付选择中,至少有一种选择是经济主体可以选择并且能满足其意愿的。

第二,每一种选择都可以用相应支付下的收益来衡量。

第三,同样的成本之下,收益最多的选择是经济人最偏好的。

3）资源稀缺性假设

人们所拥有的资源及想获得的资源都是有限的,即资源具有稀缺性。正因为如此,理性经济人要获取更多的资源,就会进行博弈选择。

4. 博弈的分类

1）静态博弈和动态博弈

根据博弈过程的不同,博弈可分为静态博弈和动态博弈。静态博弈中,参与人会同时选择,或虽非同时选择但后行动者并不知道先行动者采取了什么具体行动；动态博弈中,参与人的行动有先后顺序,且后行动者能够观察到先行动者所选择的行动。

2）完全信息博弈和不完全信息博弈

根据参与者掌握的信息量的不同,博弈可分为完全信息博弈和不完全信息博弈。完全信息博弈是指每一位参与者对其他参与人的情况完全了解,博弈对局建立在信息对称基础之上；不完全信息博弈是指参与人对其他参与人的选择情况不够了解,博弈对局建立在信息不对称基础之上。

5. 纳什均衡

"纳什均衡"是由美国数学家纳什提出的,现在已成为博弈论中应用最广泛、使用最频繁的一个重要概念，它是应用博弈论的基础和核心。

纳什均衡是具有如下特征的策略组合：每个对弈者的策略都是对其他对弈者策略的最佳反应。换句话说，在已知所有参与者的情况下，每个参与者都会选择最佳策略，所有参与者的这种最佳策略的组合就是一个纳什均衡。纳什均衡是一种比较令人满意的均衡，即如果所有的参与者都预测到某个均衡会发生，那么所有参与者都不会故意去违背它，都愿意遵守它，这体现着战略博弈行动的稳定状态。

纳什均衡实际上是一种理性预期均衡，但纳什均衡并不一定是帕累托最优状态，它有时存在个人理性和集体理性的冲突，这种冲突有时会导致集体福利的损失。在博弈对局中，往往不止有一个纳什均衡存在，即纳什均衡并非唯一的。在经济分析中，要求避免低效率的纳什均衡出现，力求社会福利最大化。

在存在纳什均衡的条件下，参与人寻求均衡的努力不会白费，寻求均衡的风险也是较小的。但当可能存在多个纳什均衡时，要所有参与人预期同一个纳什均衡会出现有时是非常困难的。要保证在存在多个均衡的情况下出现一个纳什均衡，可以采用一些方法：一是利用社会文化习惯和参与人过去的博弈历史；二是让参与人在博弈开始前进行低成本的磋商和协调。

6.1.2 税收征纳双方的博弈关系

经济学家布坎南指出："要改变一种游戏或竞争的结果，改变参加竞争的人并不重要，改变竞争规则最重要。"从博弈论角度分析，以政府为主体的征税人和以企业为主体的纳税人成为博弈对局的两个主体：政府凭借其国家权利，会尽可能多地征收税款；纳税人基于自身利益的考虑，会尽可能少地缴纳税款。在这个税收征纳博弈对局中，税法就是博弈双方所遵守的博弈规则，国家在制定税法时必须考虑遵守税法的收益大于破坏税法的收益。换言之，在制定税法时必须考虑税源的存在及其可持续增长性，最好的博弈结果是实现政府财政收入与纳税人财富共同增长。因此，涵养税源应该成为政府的长期战略选择，也就是民间所讲的"放水养鱼"。

从一定意义上讲，征纳博弈并非"零和博弈"，理由如下。

第一，征纳博弈可以实现征税成本与纳税成本的共同节约。如果征纳双方采取合作博弈，则可以避免或减少因对税收政策理解不透或双方的理解有偏差而引起的不必要的税务纠纷，比如，关联定价可以采取预约定价的方式予以协商解决。

第二，通过征纳博弈可以减少税务纠纷，维护纳税人权益，涵养税源。在税务机关与纳税人的博弈对局中，税务机关可以通过合理引导企业享受税收优惠政策，不断增强企业实力，从而形成一种税收增长和企业发展相互依赖的良性互动关系。

6.1.3 税收筹划的博弈基础

从博弈论的角度来看，税收筹划可以理解为企业作为独立的经济行为主体，在税收法律制度的约束下，根据税收政策导向，通过合理地规划、安排其财务活动，以达到减少税款支出、推迟纳税，并最终实现税后收益最大化的博弈行为。

1. 税收筹划博弈的研究范畴

（1）决策主体：税收筹划博弈的参与者，主要包括企业、政府、税务机关、股东、债权人、供应商、代理商、消费者、企业管理层、雇员、社会公众等。

（2）制度结构：税收筹划博弈的制度结构主要包括宪法、税法、公司法、合同法及相关的法律法规。

（3）行为：企业在博弈中的行为是指企业在尊重法律、遵守税法的前提下，获取更多的市场信息，分析自身的成本结构和获利优势，事前系统地对自身的经营、投资等活动进行规划和安排，以达到节约税收、递延纳税和降低风险等目标的税务规划行为。

（4）均衡：税收筹划博弈对局中的各决策主体都能够满足于当前所达成的协议，或因暂时无力改变协议而只能接受的状态。

（5）收益：在每一个可能的博弈上，税收筹划博弈各方获得的收益。

2. 税收筹划博弈的假设条件

1）理性经济人假设

企业是追求税后收益最大化的经济主体，它拥有健全的组织机构，能够详细计算自己的损失和收益，企业的每一个选择都是以这种选择能够带来的收益作为衡量标准的。

在成本一定的条件下，企业总是偏好收益较多的选择；在收入一定的条件下，企业总是偏好成本较低的选择。

2）契约自由假设

当契约不能满足博弈各方的收益需求时，企业与博弈对方达成的契约是可以被修改、补充或废止的，即契约的签订满足自由签约原则。

3）空间存在性假设

企业之所以能够进行税收筹划博弈，是因为税法允许企业拥有税收筹划的权利，且存在税收筹划的空间。一方面由于存在信息不对称现象，税务机关不可能对每个企业的情况都了如指掌。税法本身的不健全、税务机关的自由裁量权及企业拥有独立经营决策权等，都给企业提供了税收筹划博弈的空间。

3. 税收筹划博弈的战略目标定位

企业进行税收筹划都带有战略性目标。企业希望通过税收与财务会计管理活动的结合，达到筹资、投资、利润分配等活动的帕累托最优。由此可见，税收筹划博弈是一种战略博弈。通过税收筹划，企业能够达到以下战略性目标。

1）收益性目标

收益性目标是企业通过博弈所要达到的获利方面的目标。企业在收益性目标方面进行博弈的主要衡量指标有税后净利率、资产报酬率等。收益性目标是税收筹划最基本的目标。

2）成长性目标

企业税收筹划博弈围绕其成长性要求和发展目标进行。企业通过追加投资、提高技术装备质量、提高市场占有率、争取低税率优惠等手段，在降低税负的基础上增加资产的流动性，以满足企业不断发展的内在需要。

3）稳健性目标

企业税收筹划博弈以控制经营风险和税务风险，实现稳健发展的战略为目标。企业主要通过投资、兼并、收购等方式改变其组织架构、股权关系、商业模型、盈利模式，适应多变的市场形势，减少整体性经营风险和税务风险，实现稳健性发展目标。

4. 税收筹划博弈的分类

根据博弈主体的不同，企业税收筹划博弈可分为企业与政府的博弈和企业与利益相关者的博弈。

企业与政府的税收筹划博弈主要包括两大类，一是企业与代表国家行使职权的政府组织的博弈，二是企业与行使政府征税权的税务机关的博弈。

企业与利益相关者的税收筹划博弈主要包括企业与市场竞争者、上下游企业、产权交易方（有意改变企业产权结构的相对人）、投资者、债权人、企业管理层、雇员及社会公众的博弈。

6.1.4 税收筹划博弈的基础条件

1. 信息的不对称性

从企业与政府的关系角度来讲，企业并不完全知晓立法者订立税收法律的意图及其执行标准，他们无法准确预测国家税收政策的变化，对于税法中的"非不允许"事项，企业有一定的自主选择空间。税务机关也不能够完全掌握每一个所辖企业的经济运行情况、获利情况及财务运算情况。企业和税务机关的信息不对称给企业提供了税收筹划空间。

2. 税收契约的不完全性

税收契约的不完全性主要是针对法定税收契约来说的。一方面，政府颁布的税法可以被视为一对多的法定税收契约，一般不会针对每个企业的特殊情况协商签订个别契约，因此企业具有一定程度的主动选择性。另一方面，税收法律法规的制定跟不上经济发展的速度，对经济活动中的一些创新业务，税法没有触及或根本没有做出任何明确规定，这样便不免会出现一些税收漏洞和税法空白，使税收契约的不完全性特征更加显著。

3. 契约签订的灵活性

契约签订的灵活性主要是针对交易税收契约来说的。交易税收契约注重纳税人与其利益相关者之间的关系，这种经济战略伙伴关系的维护依赖于市场合约。在经济利益的驱动下，市场合约并不像税法那样是固定的，而是完全可以在各方合意的基础上做出改变。即企业与其利益相关者是"统一战线"的伙伴，他们可以通过改变契约结构、交易条件及进行价格协商等方式签订"合谋契约"，共同与税务机关进行博弈，以期获得最大化的税收利益。

4. 私法自治与决策自主性

在私法自治原则下，企业对自己的经济业务具有自主决策权和灵活的经营权。经济业务的发生时间、发生地点、交易方式的不同会导致税收结果的不同。比如，通过控制财务费用、销售费用、管理费用的发生时间，可以调节各期之间的企业所得税和净利润水平。因此，私法自治和决策自主权为企业税收筹划博弈奠定了基础。

6.2 税收筹划的博弈机理与博弈对象

6.2.1 税收筹划的博弈机理

1. 税收筹划博弈源于契约的不完全性

著名经济学家劳伦斯·克莱因（L.R.Klein）说："契约的不完全性主要有两个原因——一是不确定性意味着存在大量的偶然因素，且要预先了解和明确针对这些可能的反应，其费用是相当高的；二是履约的度量费用也是相当高的。"正是税收契约的不完全性直接导致了企业税收筹划博弈行为的产生。

（1）法定税收契约的不完全性。一方面，由于存在税制缺陷及税收征纳双方信息不对称，导致我国税法的模糊性广泛存在，且存在一定的税收漏洞，这就决定了法定税收契约是不完全的，税收契约不可能规范所有情况下所有纳税主体的税收事项。另一方面，由于政府及征税机关未能在税收征管中严格履行法定税收契约，且征税机关拥有较大的税收自由裁量权。所以，上述因素直接导致了法定税收契约的不完全性。企业在法定税收契约不完全性环境下，只有积极主动地与政府及征税机关进行税收筹划博弈，才能获取税收利益，实现其最终的财务目标。

（2）交易税收契约的不完全性。我国市场环境不断变化、错综复杂，企业与其利益相关者订立的交易税收契约只是一种合意的约定。受市场环境变化和利益驱动的影响，这种交易税收契约随时可能发生改变。由于交易税收契约存在一定程度的不稳定性，因此企业需要不断地与利益相关者进行博弈,通过不断改变交易税收契约的条件、内容和结构等来达到税收筹划的目的。

2. 税收筹划博弈的本质是改变税收契约关系

企业税收筹划是对其经济业务的一种重新规划和安排,任何类型的税收筹划都会影响到企业之间的利益分配关系。企业作为"一系列契约的联结"的结点,其对经济业务的重新规划和安排都是通过契约来改变利益分配格局的,即最终都表现为契约关系的改变。税收筹划本质上都是税收契约关系的改变,即契约中规定的各利益主体相互联结形式的一种改变。

契约关系的改变会使企业与其竞争者及合作者之间的交易结构、交易方式发生改变。从税收逻辑发展角度观察,企业与政府通过税收契约界定其利益分配格局,企业基于法定税收契约的税收筹划,其实是对企业与政府之间税收契约关系的改变;企业与其利益相关者通过改变市场交易结构和交易方式获取税收利益,企业基于交易税收契约的税收筹划,其实是对企业和利益相关者之间税收契约关系的改变。

6.2.2 税收筹划的博弈对象

企业税收筹划的博弈对象可以分为两大类,即政府和利益相关者。政府包括作为社会经济事务管理者的各级政府组织和作为征税代理人的税务机关;利益相关者包括股东、债权人、管理层、上下游企业(供应商、代理商等)、客户、企业雇员、社会公众等。企业税收筹划的博弈结构如图 6-1 所示。

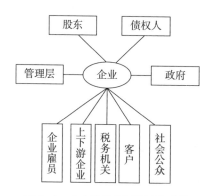

图 6-1 企业税收筹划的博弈结构

1. 企业与政府的博弈对局

企业与政府之间存在着微妙的博弈关系。一方面，企业受制于政府，因此要遵守各种法律法规，定期接受各项检查；另一方面，企业又受益于政府，各级政府为企业提供了良好的发展平台和政策支持，有些地方政府还为企业提供了各种类型的财政补贴和税收减免优惠。政府依赖企业创造的价值而生存，提升政府绩效的源泉也在于企业创造的收益。企业和政府在索与取之间博弈，政府提供更多的政策优惠和发展平台，企业提供更多的价值回报政府，二者在这种博弈框架下相互依存、共同发展。

2. 企业与税务机关的博弈对局

从博弈论角度分析，企业和税务机关构成了博弈对局的双方。政府为了获得更多的税收收入，会不断修订和制定新的税收法律，通过强制性契约来约束和限制企业，以使其按照政府意图纳税；企业为了维护自身利益，会追求合法框架下的税收筹划。因此，企业与税务机关形成了一种动态博弈对局，征纳双方在动态博弈过程中相互竞争和妥协，最终实现双方都能接受的均衡结果。

在企业与税务机关的征纳博弈对局中，税法就是博弈规则。税法的调整其实是一种博弈信号，纳税人对税法条款的选择与运用有着明显的博弈特征。征纳博弈中的纳什均衡是一种动态平衡，税务机关会根据宏观经济发展的要求与税法的制度性缺陷不断完善税收法律制度，进而调整税收筹划空间。纳税人要不断地发现和利用税收筹划空间以制定新的筹划方案。伴随着博弈双方对该空间的认知程度的变化，在约束与博弈中达到新的纳什均衡。

从博弈的分类来看，税收征纳博弈是不对称信息博弈，在税收博弈中纳税人拥有税务机关不拥有的涉税信息，税务机关与纳税人在拥有税收信息方面是不对称的；税收博弈也是一种重复博弈，即同样结构的博弈会重复多次，前一阶段的博弈不改变后一阶段博弈的结构，所有参与人都能观测得到博弈过去的历史。由于税收征纳博弈的存在，对什么征税、征多少税、如何征税，不仅仅取决于税务机关的选择，还取决于纳税人对此的反应和行为选择，以及征税人的税收遵从度。

3. 企业与上下游企业（供应商、代理商等）的博弈对局

企业与上下游企业之间既存在着竞争又存在着合作。在与税务机关的博弈过程中，

企业、供应商、代理商、消费者的利益趋于一致，它们都希望尽量降低税负，降低商品成本和价格，这一利益共同点便成为它们之间合作的基础。企业的经济活动可以通过契约形式约定，不同的契约形式界定不同的业务模式和纳税结构。如果企业与供应商、代理商之间合理安排或调整其契约关系，就可以在更大范围内更主动地安排纳税事宜以期达到节税的目的。也就是说，它们之间有可能达成博弈合作，从政府手中争取更大的税收利益，实现除政府之外其他各方利益的帕累托改进。如果企业与供应商、代理商之间存在税率差异，或面临不同的边际税率，则通过订立契约可以降低共同的税负。

企业与上下游企业之间的竞争体现在税负转嫁方面。税负转嫁并不会造成国家的税收流失，只是企业与供应商、代理商等上下游企业之间税收利益格局的重新调整。从企业节税角度分析，企业既可以通过压低购进商品或生产要素的价格将税负转嫁给供应商，也可以通过提高商品或生产要素的价格将税负转嫁给代理商，从而实现其税后收益最大化的目标。

4. 企业与股东的博弈对局

企业与股东之间的契约关系表现为一种投资与被投资关系，企业与股东之间的博弈对局涉及以下三个方面。

第一，股东投资企业时会考虑企业规模大小、行业类别、组织结构及产权性质等因素，注重战略投资与税收筹划的完美结合。

第二，股东投资企业之后，出于对现实利益的考虑，有要求企业进行税收筹划的强烈愿望，通常会委托管理层实施税收筹划行为。如果企业管理层成功地实施了税收筹划行为，就可能会吸引股东继续投资，从而不断扩大其收益规模，放大税收筹划的节税效应。

第三，不同类型的股东对税收筹划持有不同的态度，并非所有类型的股东都存在强烈的税收筹划动机。从股东性质角度分析，政府作为国有企业的股东，其税收筹划动机并不强烈，企业经营的稳健性是第一目标；民营企业的股东要求实施税收筹划的动机相对比较强烈。上市公司的多元股权结构下，大股东与小股东对待税收筹划的态度也不尽相同，小股东可能会更为关注税收筹划，大股东通过操纵股市套取现金的动机可能比实施税收筹划的动机更强烈。

5. 企业与债权人的博弈对局

企业与债权人的博弈对局极为微妙，主要涉及以下三个方面。

第一，企业通过债务契约举债，可以获得利息抵税效应。莫迪格莱尼（Franco Modigliani）、墨顿·米勒（Mertor Miller）创立的 MM 理论获得了诺贝尔经济学奖。该理论从融资与税收的关系方面揭示了利息抵税效应，论证了债务融资较权益融资更具节税功能，这为企业利用债务融资进行税收筹划创造了条件。

第二，在债务契约中，企业和债权人可以通过对利息费用支付额度、支付方式、支付时间的精心安排，达到双方总体税负降低的效果。特别是在企业与债权人面临不同的边际税率时，通过债务契约可以将利润转移到边际税率较低的一方，然后把得到的税收利益按照事前约定的比例进行分配，从而实现借贷双方共赢的局面。

第三，债权人出于对自身利益的考虑，在债务契约中往往会加入一些限制性条款（如利息偿付方式、利息票据等），约束企业的某些行为和财务指标，而这些限制可能会间接地制约企业进行税收筹划的空间和力度。

6. 企业与管理层的博弈对局

管理层在企业中居于重要的地位，不仅受托为企业提供经营决策和管理服务，而且直接控制着企业的经济资源并占据绝对的信息优势。企业与管理层之间的契约关系及税收筹划博弈体现在以下两个方面。

第一，在所有权与经营权分离的企业中，管理层和股东代表不同的利益主体，代表企业价值的股东与代表企业经营的管理层之间形成了博弈对局。管理层关注的是自己付出的努力得到的回报，股东关注的是管理层带给自己多少税后收益，由此可见，管理层和股东的税收筹划意愿是不同的。股东更希望管理层进行税收筹划以确保公司的长远发展，管理层更倾向于提高当前报表业绩以获取自己的报酬，很可能不愿意冒风险去进行税收筹划。这种矛盾使得二者互相博弈，最终在双方都能接受的利益平衡点上达成均衡。

第二，一般管理层都希望向资本市场和股东报告高水平的会计收益，而向税务当局报告低水平的应税所得。尽管会计收益与应税所得属于不同的范畴，但两者之间毕竟存在一定的正相关性。所以，税收筹划与财务报告往往存在一定程度的冲突，操纵利润往往会增加企业不必要的税收成本，管理层时常面临着盈余管理与税收筹划的选择。资本市场的实践证明，管理层似乎更倾向于虚增利润的盈余管理，这不仅是因为管理层缺乏税收筹划的动力，更是因为财务报告对管理层的意义重大。

7. 企业与其雇员的博弈对局

企业与雇员之间是一种雇佣与被雇佣的契约关系，一般会签订劳动合同。雇员向企业提供劳动和人力资本，企业向雇员支付相应的劳动报酬。在对待税收筹划的问题上，雇员一般不会反对企业进行税收筹划，这是由于雇员总是或多或少、直接或间接地获得企业税负降低、效益增加的好处。当然，如果企业要将职工薪酬作为一种税收筹划的工具来调节企业所得税，就必须充分考虑雇员的利益和承受程度。企业税收筹划要以不损害雇员利益为前提，并考虑适当让利于雇员，以调动全员参与的积极性。

以降低雇员税负支出为导向的职工薪酬筹划行为，既不会给企业带来显性的经济利益，又要花费相当大的精力和成本，企业可能不愿意进行这方面的税收筹划。但从雇员的角度分析，在个人利益的驱动下，雇员很可能非常关注企业是否实施职工薪酬方面的税收筹划。如果雇员的关注程度影响到了工作的积极性和效率，那么，企业就不得不进行职工薪酬方面的税收筹划以满足雇员的要求。

8. 企业与社会公众的博弈

企业与社会公众之间一般缺乏明确的契约载体，但双方的利益关系却不可否认。它不仅表现在社会公众很可能是企业的受益者或受害者，还表现在社会公众同时还可能是企业潜在的投资者或客户。随着社会公众权利意识的觉醒及整个社会可持续发展要求的不断提高，企业与社会公众之间的利益关系越来越密切，提供就业机会、实施社会救济、履行环境保护等社会责任已经成为每个企业不可推卸的义务。[①]

为激励企业积极履行社会责任这项义务，税法往往会给予一定的税收优惠。企业在利用税收优惠政策进行税收筹划的同时，也必然会为社会公众带来更多的福利。从某种意义上说，企业税收筹划并非简单的零和博弈，而是帮助政府保障社会公众利益的一个有效工具。

---

① 盖地. 税务筹划理论研究 [M]. 北京：中国人民大学出版社，2013.

6.3 基于税务稽查的博弈模型

6.3.1 博弈模型设计

1. 模型研究的基础

（1）参与人：企业和税务机关。

（2）制度结构：国家订立的税法、公司法，企业制定的内部规章及道德约束。

（3）假设条件：

第一，纳税人和税务机关均是理性的经济人，其目的都是使自己的利益最大化；

第二，企业与税务机关是信息不对称的；

第三，不存在企业向税务执行人员寻租的情况；

第四，税制不完备性假设，即税法本身存在一定的不合理、不完整和非一致性，企业有税收筹划的空间。

2. 变量设定

本模型会涉及以下变量，其含义如下。

T：企业在税收筹划之前所要缴纳的税收。

p：企业进行税收筹划的概率。

q：税务机关对企业进行税务稽查的概率。

m：企业进行税收筹划的成本。

n：税务机关进行税收稽查的成本。

b：企业进行税收筹划之后少缴的税收占 T 的比例。

r：税务机关对企业进行税收稽查，认定该税收筹划行为合法或者未发现企业有税收筹划行为的概率。

c：税务机关对企业进行税收稽查后，认定企业税收筹划不合法时对企业的罚款比例。

3. 模型设计

在税企稽查博弈均衡模型中，参与人包括企业和税务机关。由于实行纳税申报制度，因此税务机关会根据企业自行申报税额进行征收，并在适当的时候进行税务稽查，对企业纳税申报的真实性与合法性进行检查。企业作为理性的经济主体，在纳税申报时有两种策略可以选择：进行税收筹划与不进行税收筹划，即其策略是"筹划"或"不筹划"。税务机关的策略是"稽查"或"不稽查"。

分析企业和税务机关的博弈行为可以发现，双方会形成一个复杂的博弈对局，如图6-2所示。

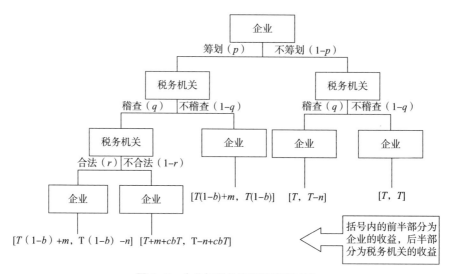

图6-2 企业与税务机关的博弈对局

在企业开展税收筹划、税务机关进行稽查的情况下，企业的支付为 $r[T(1-b)+m]+(1-r)(T+m+c)$，税务机关的税收得益为 $r[T(1-b)-n]+(1-r)(T-n+c)$，由此可以得到表6-1所示的博弈矩阵。进一步简化表6-1，可得到表6-2。

表6-1 企业与税务机关的博弈矩阵

策略选择		税务机关	
		稽查（q）	不稽查（$1-q$）
企业	筹划（p）	$r[T(1-b)+m]+(1-r)(T+m+cbT)$, $r[T(1-b)-n]+(1-r)(T-n+cbT)$	$T(1-b)+m$, $T(1-b)$
	不筹划（$1-p$）	T, $T-n$	T, T

表 6-2　简化后的企业与税务机关的博弈矩阵

策略选择		税务机关	
		稽查（q）	不稽查（$1-q$）
企业	筹划（p）	$T[(1+cb)-rb(1+c)]+m$, $T[(1+cb)-rb(1+c)]-n$	$T(1-b)+m$, $T(1-b)$
	不筹划（$1-p$）	T, $T-n$	T, T

6.3.2 博弈纳什均衡分析

1）当 $m<Tb(rc+r-c)$，且 $n<Tb(1+c)(1-r)$ 时，用条件策略下划线法[①]确定纳什均衡

（1）在税务机关选择稽查的情况下，比较 $T[(1+cb)-rb(1+c)]+m$ 与 T 的大小，当 $m<Tb(rc+r-c)$ 时，$T[(1+cb)-rb(1+c)]+m<T$，在 $T[(1+cb)-rb(1+c)]+m$ 下划线。

（2）在税务机关选择不稽查的情况下，假定企业开展税收筹划的成本小于企业少缴纳的税收，即 $m<bT$，则 $T(1-b)+m<T$，企业选择筹划，在 $T(1-b)+m$ 下划线。

（3）在企业选择开展税收筹划的情况下，比较 $T[(1+cb)-rb(1+c)]-n$ 与 $T(1-b)$ 的大小，当 $n<Tb(1+c)(1-r)$ 时，$T[(1+cb)-rb(1+c)]-n>T(1-b)$，在 $T[(1+cb)-rb(1+c)]-n$ 下划线。

（4）在企业选择不开展税收筹划的情况下，由于 $T-n<T$，税务机关的选择是不稽查，在 T 下面划线。

按照上述分析，我们可以得到表 6-3。

当 $m<Tb(rc+r-c)$，且 $n<Tb(1+c)(1-r)$ 时，（筹划，稽查）是企业与税务机关的纳什均衡。

表 6-3　企业与税务机关的博弈矩阵

策略选择		税务机关	
		稽查（q）	不稽查（$1-q$）
企业	筹划（p）	$\underline{T[(1+cb)-rb(1+c)]+m}$, $\underline{T[(1+cb)-rb(1+c)]-n}$	$\underline{T(1-b)+m}$, $T(1-b)$
	不筹划（$1-p$）	T, $T-n$	T, $\underline{T}$

[①] "条件策略下划线法"是求解纳什均衡的一种方法，其步骤如下：（1）将整个支付矩阵分为 A、B 两个子矩阵；（2）在 A 矩阵中找出每一列的最大者并在下面划线；（3）在 B 矩阵中找出每一行的最大者并在下面划线；（4）将 A 和 B 矩阵合并；（5）两个数字下均有划线的组合为均衡的策略组合。

2）当 $n > Tb(1+c)(1-r)$ 时，用条件策略下划线法确定纳什均衡

在此条件下，上述情况中的（2）和（4）不变，（3）中的情况相反，在 $T(1-b)$ 下划线，（1）中条件放宽，当税务机关选择稽查时，企业是否选择筹划都不是纳什均衡。

经过分析我们得到表6-4。当 $n > Tb(1+c)(1-r)$，m 无限制时，（筹划，不稽查）是企业与税务机关的纳什均衡。

表6-4 企业与税务机关的博弈矩阵

策略选择		税务机关	
		稽查（q）	不稽查（$1-q$）
企业	筹划（p）	$T[(1+cb)-rb(1+c)]+m$, $T[(1+cb)-rb(1+c)]-n$	$\underline{T(1-b)+m}$, $\underline{T(1-b)}$
	不筹划（$1-p$）	T, $T-n$	T, T

3）若 m、n 均无限制条件，则引入概率求解贝叶斯均衡

假设企业的期望支出为 EM，税务机关的期望收入为 ET，企业的目标为期望支出最小化，税务机关的目标为期望收入最大化，则可得到下列结果：

$EM(p, q, r) = pq\{T[(1+cb)-rb(1+c)]+m\} + p(1-q)[T(1-b)+m] + (1-p)qT + (1-p)(1-q)T$

$ET(p, q, r) = pq\{T[(1+cb)-rb(1+c)]-n\} + p(1-q)[T(1-b)] + (1-p)q(T-n) + (1-p)(1-q)T$

对 EM 求 p 的导数，对 ET 求 q 的导数并令其导数为0，可得：

$$\frac{\partial EM}{\partial p} = q\{T[(1+cb)-rb(1+c)]+m\} + (1-q)[T(1-b)+m] - qT - (1-q)T$$

$$= qT(cb-rb-rbc+b) - bT + m = 0$$

则：$q^* = \dfrac{bT-m}{bT(1+c)(1-r)}$

$$\frac{\partial ET}{\partial q} = p\{T[(1+cb)-rb(1+c)]-n\} - p[T(1-b)] + (1-p)(T-n) - (1-p)T$$

$$= pTb(c-r-rc+1) - n = 0$$

则：$p^* = \dfrac{n}{bT(1+c)(1-r)}$

若满足 $p^* = \dfrac{n}{bT(1+c)(1-r)}$，$q^* = \dfrac{bT-m}{bT(1+c)(1-r)}$，

则此条件下企业和税务机关的博弈达到均衡状态。

6.3.3 博弈均衡策略分析

在 6.3.2 节所述的第 3 种情况中，企业与税务机关并没有达成唯一的纳什均衡，而是形成了一个动态的贝叶斯均衡解，下面进一步对此博弈均衡解做出分析。

1. 企业的策略分析

对于企业来说，企业的期望支出 EM 与税务机关的稽查概率 q 有关。当税务稽查的概率 $q>q^*$ 时，企业的期望支出较大，一般会选择不进行税收筹划；当税务稽查的概率 $q<q^*$ 时，企业的期望支出较小，企业会选择进行税收筹划；当 $q=q^*$ 时，选择二者皆可。

此外，税务稽查的均衡概率 q^* 与 b、T、m、c、r 等相关。当企业的税负（T）、筹划空间（b）、筹划成本（m）一定时，税法规定的罚款比例越大、稽查后认定为合法的可能性越小，法律的效力会在一定程度上代替税务机关的稽查行为，使得筹划空间变小。

将 q^* 转化为 $q^*=\dfrac{1}{(1+c)(1+r)}-\dfrac{m}{bT(1+c)(1+r)}$ 可知，当罚款比例（c）、认定为合法的可能性（r）一定时，企业的筹划成本越高，筹划后可减少的税收额（bT）越小，稽查的均衡概率越小，企业筹划的动力越不足。

2. 税务机关的策略分析

对税务机关来说，税务机关的期望收入 ET 与企业进行税收筹划的概率 p 有关。当企业税收筹划的概率 $p>p^*$ 时，税务机关的期望收入较大，会选择进行稽查；当企业税收筹划的概率 $p<p^*$ 时，税务机关的期望收入较小，会选择不进行稽查；当 $p=p^*$ 时，选择二者皆可。

此外，企业税收筹划的均衡概率 q^* 与 b、T、n、c、r 等相关。税务机关的稽查成本（n）越低，企业筹划少缴的税收额（bT）越大，罚款比例（c）越高，认定为合法的可能性（r）越小，税务机关越愿意对企业进行稽查。

6.4 基于税收寻租的博弈模型

著名经济学家塔洛克对寻租（Rent-seeking）的描述是，一个人投资于某一项活动，并没有实际地提高生产率或实际地降低生产率，但是这项活动却因给予他某种特殊地位或垄断权利，而使他的收入增多，这就是寻租。塔洛克在一篇研究报告中把寻租定义为取得垄断或其他政府优惠的活动，即指把资源用于试图取得政府保护的垄断，改变政府管制使对自己有利，或者保护自己免受损害的活动。[1] 布坎南曾将寻租描述为个人在政府保护下寻求财富转移过程的一种资源浪费活动。尽管从局部来看，寻租双方达成了一项双赢交易，但这却会带来社会整体福利的下降。

寻租是一种与社会政治制度密切相关的复杂的社会经济现象，它已经成为一种蔓延极广的社会公害。

纳税人的纳税活动有两种策略选择：依法纳税与偷逃税。纳税人有时为了掩盖偷逃税行为，获取税务机关的"庇护"，可能会采取贿赂税务机关的行为，这被称为"税收寻租"。而税务机关面对纳税人寻租，也存在两种策略选择：依法征税或寻租。这里需要说明的是，税务部门选择寻租行为，是两种情况的混合产物：一是纳税人主动寻租，而税务机关接受寻租，这种情况通常被称为"共谋寻租"[2]；二是税务机关主动选择寻租，这种情况通常被称为"独自寻租"。

假定纳税人偷逃税时税务部门选择寻租，则纳税人的得益为 V；税务机关因寻租（共谋寻租与独自寻租）所获收益为 r，但其寻租如被政府查处则处罚额为 D，则税务机关的净得益为 $r-D$；纳税人因偷逃税而被税务机关查处的处罚为 P，税务机关恪尽职守，无额外所得也无额外损失，得益为 0。若纳税人选择依法纳税时税务机关选择寻租（独自寻租），则纳税人基于各种考虑而使税务机关获得的寻租收益为 S。[3] 若税务机关选择依法征税，则双方的得益均为 0。税务机关与纳税人之间的博弈支付矩阵如表 6-5 所示。

---

[1] Ann.O.Krueger. *Political Economy of the Rent-seeking Society*. American Economic Review, 1974.
[2] 只有在纳税人偷逃税的情况下，共谋寻租才可能发生，若纳税人选择依法纳税，一般纳税行为则不会寻租。
[3] 中国渐进式制度改革中，现行法律制度还存在一定的不完善性，加之税务机关与纳税人权利、地位的不对等性，使得税务部门独自寻租的行为一般隐蔽性很强，很难被政府查处。

第6章 税收筹划的博弈均衡

表6-5 税务机关与纳税人之间的寻租博弈矩阵

项目	税务机关寻租（b）	税务机关依法征税（$1-b$）
纳税人偷逃税（a）	V, $r-D$	$-P$, 0
纳税人依法纳税（$1-a$）	0, S	0, 0

由于税务机关净得益 $r-D$ 大小的不确定性会直接影响博弈结果，因此下面分别讨论。

（1）若 $0<r-D\leqslant S$，根据博弈支付矩阵可知：纳什均衡策略为纳税人选择偷逃税时，税务机关选择寻租策略对双方而言都是最有利的策略选择，会形成稳定的纳什均衡。

（2）若 $r-D\leqslant 0$，根据博弈支付矩阵可知：不存在稳定的纳什均衡，即没有自动实现的均衡博弈策略组合，如图6-3所示，也就是说，每一种博弈策略组合都不稳定。

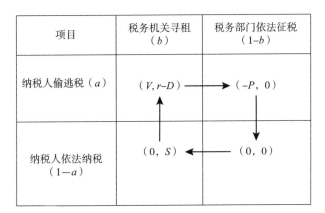

图6-3 不能自动实现纳什均衡的状态

假定纳税人选择偷逃税行为的概率为 a，则纳税人依法纳税的概率为 $1-a$，且 $a\in[0,1]$；税务机关选择寻租行为的概率为 b，则税务机关依法征税的概率为 $1-b$，且 $b\in[0,1]$。以坐标系横轴表示概率 a、b 分布，坐标系左纵轴表示 a 在不同取值下税务机关的得益，右纵轴表示 b 在不同的取值下纳税人的得益，如图6-4所示。

税务机关在纳税人选择不同偷逃税概率（a）条件下的得益曲线（$r-D$）与税务机关选择不同寻租概率（b）条件下的得益曲线 $V(-P)$ 相交于 G 点。根据 G 点位置的不同，可以分为以下三种情况。

第一种情况：G 点恰好位于坐标系横轴上，如图6-4（1）所示，那么 G 点就是博弈双方的重复动态博弈均衡点。因为，若税务机关把寻租概率选择在 G 点左边，则纳税人得益为负，所以纳税人会谋求改变现状；若纳税人把偷逃税概率选择在 G 点右边，则税

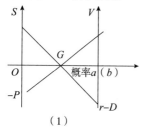

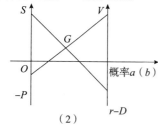

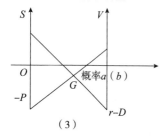

图 6-4 税务机关与纳税人混合策略选择博弈

务机关得益为负，税务机关会谋求改变现状。也正因为博弈双方都有谋求改变现状的选择动机，所以在博弈中总有纳税人因偷逃税被处罚，同时也有税务机关因被政府发现寻租行为而被查处，所以形成一个博弈陷阱——博弈双方各有得失，博弈结果具有不确定性。

第二种情况：G 点位于坐标系横轴之上，如图 6-4（2）所示，此时满足 $0 \leq r-D \leq S$，则博弈双方选择（偷逃税，寻租）的纳什均衡策略组合。

第三种情况：G 点位于坐标系横轴之下，如图 6-4（3）所示，那么博弈中的任何一方的策略选择都会使对方得益而使自己损失，即已不存在双方可共谋的利益。

因此，在外部税制约束框架下，决定博弈双方策略选择的是交点 G 的位置。进一步分析，对纳税人来说，其选择偷逃税和选择依法纳税行为的得益分别为 N_1、N_2，则有：

$$N_1=bV+(1-b)(-P)$$

$$N_2=0$$

令 $N_1=N_2$，即：$bV+(1-b)(-P)=0$

解得：$b=\dfrac{P}{V+P}=1-\dfrac{V}{V+P}$

同理，对税务机关来说，其选择寻租行为的得益和选择依法征税行为的得益分别为 M_1、M_2，则有：

$$M_1=a(r-D)+(1-a)S$$

$$M_2=0$$

令 $M_1=M_2$，即：$a(r-D)+(1-a)S=0$

解得：$a=\dfrac{S}{S+D-r}$

依据上述博弈结果：$b=1-\dfrac{V}{V+P}$，$a=\dfrac{S}{S+D-r}$，可得出以下结论。

如果加大对纳税人偷逃税的处罚力度 P，那么在纳税人降低选择偷逃税的概率的同时，也会变相地提高税务机关选择寻租的概率。如果加大对税务机关寻租查处的处罚力度 D，则在税务机关降低选择寻租策略的概率的同时，也会相应地降低纳税人选择偷逃税的概率。所以，从效率角度分析，通过加大对税务机关寻租行为查处的力度来抑制或消除税收征纳过程中的寻租和偷逃税行为是最佳选择。但从公平角度来说，在对税务机关寻租行为加大查处力度的同时也应加大对纳税人偷逃税行为的处罚力度。

6.5 政府与税务机关的委托—代理博弈模型

6.5.1 委托代理关系建立的前提假设

政府和税务机关之间的关系，属于一种典型的委托代理关系。国家委托税务机关行使征税的职权，而税务机关代表国家履行征税职责并接受政府的监督。政府与税务机关的委托代理关系建立在以下前提假设的基础上。

第一，博弈各方具有有限理性（因而需要外在制度的约束），外在制度的变迁对博弈各方策略的选择具有约束力。

第二，代理人（税务机关）的工作成果（以年度税收增量衡量）具有不确定性，但工作成果与其依法征税程度和经济增长速度成正比例。委托人（政府）对代理人具有不完全监督的能力（因而需要相应的外在制度及激励措施加以辅助）。

第三，代理人（税务机关）接受委托之后，在实施征税的过程中有依法征税或寻租两种选择，即代理人（税务机关）有寻租的动机。

6.5.2 委托代理博弈模型及分析

假设政府与税务机关的博弈对局中，税务机关有依法征税和寻租两种策略选择，政府有进行审计和不审计两种选择。税务机关依法征税的概率为 P，选择寻租的概率为

$1-P$；政府审计的概率为 Q，政府不审计的概率为 $1-Q$。

假设税务机关依法征税时，国家的税收收入为 $R(P)$；税务机关寻租时，国家的税收收入为 $R(Q)$。由于税务机关寻租行为会导致国家税收流失，因此在同样的外部条件下，$R(P)>R(Q)$ 成立。通常政府支付给税务机关的固定工资为 W，税务机关寻租时会取得一定的租金 r，但税务机关的寻租也面临一定的被政府审计查处的风险，查处惩罚（违规成本）为 S，政府审计成本为 C。$R(G)$、$R(L)$ 分别为政府的收益和税务机关的收益。政府与税务机关的博弈支付矩阵如表6-6所示。

表6-6 政府与税务机关之间的博弈支付矩阵

项目	税务机关依法征税（P）	税务机关寻租（$1-P$）
政府审计（Q）	$R(G)-W-C$, W	$R(L)+S-W-C$, $W+r-S$
政府不审计（$1-Q$）	$R(G)-W$, W	$R(L)-W$, $W+r$

1. 对税务机关进行博弈分析

税务机关选择依法征税与选择寻租行为的期望收益分别为 $E(P)$、$E(1-P)$，则有：

$$E(P)=WQ+W(1-Q)=W$$

$$E(1-P)=(W+r-S)Q+(W+r)(1-Q)=W+r-SQ$$

令 $E(P)=E(1-P)$，即 $W=W+r-SQ$

解得：$Q=\dfrac{r}{S}$

2. 对政府进行博弈分析

政府选择审计与选择不审计的期望收益分别为 $U(Q)$、$U(1-Q)$，则有：

$$U(Q)=[R(G)-W-C]P+[R(L)+S-W-C](1-P)$$
$$=PR(G)-PR(L)+R(L)-PS+S-W-C$$

$$U(1-Q)=[R(G)-W]P+[R(L)-W](1-P)$$
$$=PR(G)-PR(L)+R(L)-W$$

令 $U(Q)=U(1-Q)$，即 $PR(G)-PR(L)+R(L)-PS+S-W-C=PR(G)-PR(L)+R(L)-W$，则解得：

$$P=1-\dfrac{C}{S}$$

从上述博弈结果来看，对于税务机关来说，在相同的外部条件下，依法征税的概率取决于政府的审计成本与违法成本，且与审计成本负相关，与违法成本正相关。P 一般

满足 $0 \leq P \leq 1$，则 $C \leq S$ 成立，即政府的审计成本小于政府审计所获的查处所得（税务机关的违规成本）。若出现 $C>S$ 的情况，则政府的最佳选择是不进行审计，因为不进行审计的期望收益为 $R(L)-W$，而审计的期望收益为 $R(L)+S-W-C$，显然有 $R(L)-W > R(L)+S-W-C$ 成立。这一分析结论的政策意义在于，政府应该权衡审计成本与审计查处所得的大小，如果审计成本不能降低，则政府应该考虑其他的监督税务机关的非审计的治理办法。

同理，对于政府来说，在相同的外部条件下，进行审计的概率取决于税务机关的寻租租金与税务机关的违规成本（政府审计所获的查处所得），且与寻租租金成正比关系，与税务机关的违规成本（政府审计所获的查处所得）成反比关系。Q 一般满足 $0 \leq Q \leq 1$，则 $r \leq S$，即税务机关的寻租租金小于税务机关的违规成本（政府审计所获的查处所得）。若出现 $r>S$ 的情况，则税务机关的最佳选择是选择寻租行为，因为寻租行为的期望收益为 $W+r-S$，而依法征税的期望收益为 W，显然 $W+r-S>W$ 成立。这一分析结论的政策意义在于，政府应该加大对税务机关寻租行为的处罚力度，一定要使处罚额超过税务机关可能的寻租租金所得，否则，就会很难抑制寻租的不正之风。

6.6 股东与管理层的委托—代理博弈模型

6.6.1 参与人的行动分析

由于公司制企业所有权与经营权的分离，现代企业内部形成了独特的委托代理关系，企业的所有权人为委托人，企业的管理层为代理人。基于不同的目标定位，委托人与代理人在税收筹划方面的意愿并不一致，但二者可以通过建立某种互利契约、优化策略以实现博弈均衡。

如果管理层选择税收筹划，其负面效应是会增加企业的税务风险和运营风险，有可能会因为税收筹划引起一系列连锁反应，如当期盈利水平不高、报表质量下降，对管理层的职业声誉造成影响，此时管理层的收入并不一定会增加，只会增加股东的利益。如果不选择税收筹划，那么对于有激励机制的公司管理层来说，又会失去激励收入。

从股东（委托人）的角度来看，他关注的是管理层的经营结果，而不是管理层付出了多少努力。管理层进行税收筹划对股东而言是有益的，企业为国家上缴的税收越少，留在企业的收入就越多，股东分得的红利便越多。因此，股东为了获得更多的收益，会倾向于与管理层订立契约，如签订激励性契约，促使其进行有效的税收筹划。

6.6.2 博弈模型设计

1. 变量设定

在本模型中设定以下变量。

D：代理人的总收益。

A：代理人的基本年薪。

B：代理人由于进行税收筹划而带来的激励收入。

t：代理人为企业进行税收筹划而节约的税收。

C：代理人由于进行税收筹划承担风险而减少的收益。

W：委托人的收益。

M：进行税收筹划前委托人的分红收入。

N：由于代理人进行税收筹划而使委托人增加的收入。

2. 模型设计

假定企业税收筹划中涉及的税收筹划成本、稽查处罚等暂不考虑，则企业代理人和委托人的收益分别用下列公式表示：

$D(t)=A+B(t)-C(t)$，代理人的总收益等于其基本年薪加上因税收筹划而获得的激励收入，减去代理人因承担风险减少的收益，变量 D、B、C 都是关于 t 的函数；

$W(t)=M+N(t)-B(t)$，委托人的总收益等于税收筹划之前的分红收入加上税收筹划后增加的收入，减去支付给代理人的激励费用，变量 W、N、B 都是关于 t 的函数。

假设代理人由于税收筹划而增加的激励收入与其节约的税收成正比，即 $B(t)=bt$，承担的风险与其节约的税收的二次方成正比，即 $C(t)=ct^2$。由于代理人进行税收筹划而使委托人增加的收入与节约的税收成正比,即 $N(t)=nt$。

根据上述条件,可知股东与管理层的委托—代理博弈矩阵如表6-7所示,代理人、委托人的收益函数分别为:

$$D(t) = A + bt - ct^2$$
$$W(t) = M + (n-b)t$$

表6-7 委托—代理博弈矩阵

策略选择		委托人（股东）	
		激励	不激励
代理人（管理层）	筹划	$A+bt-ct^2$, $M+(n-b)t$	$A-ct^2$, $M+nt$
	不筹划	A, M	A, M

由表6-7可知,当管理层选择不进行税收筹划时（假设管理层是极端的风险厌恶者）,那么无论股东是否对其进行激励,双方的收益都是不变的。管理层只在乎自己的年薪,对额外的收益不感兴趣。

6.6.3 委托—代理博弈模型的均衡解

对于委托人与代理人收益函数的均衡解,可采用作图法进行求解,如图6-5所示。

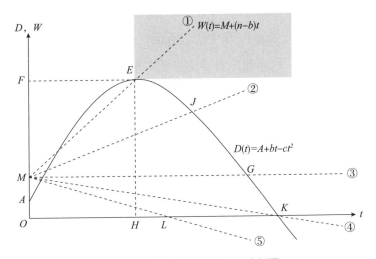

图6-5 委托—代理博弈模型求解图

$D(t)$ 是一个开口向下的抛物线，其与纵轴的交点代表管理层的基本年薪收入。下面根据 $W(t)$ 斜率分不同的情况进行讨论。

1）当 $n-b>0$ 时，$W(t)$ 如图 6-5 中①②所示

（1）在 E 点时 $D(t)$ 达到了最大值，此时 $t=\dfrac{b}{2c}$，$D(t)=\dfrac{b^2}{4c}+A$，与此同时 $W(t)$ 也达到了有效区域内的最大值，$W(t)$ 的斜率 $n-b=\dfrac{b}{2}+\dfrac{2c(A-M)}{b}$，$W(t)=\dfrac{b^2}{4c}+A$，$E$ 点为二者博弈的均衡点。

阴影区域为无效率区域，管理层不能使自己的收入因为税收筹划而有所提高，因此不会为股东冒险。

（2）若 $n-b>\dfrac{b}{2}+\dfrac{2c(A-M)}{b}$，则在区域 EFM 中，管理层的收益还未达到最大，股东的收益也可以继续增长，股东会进一步增加有效激励以使管理层继续进行税收筹划，二者在博弈的过程中继续最大化各自的收益。

（3）若 $0<n-b<\dfrac{b}{2}+\dfrac{2c(A-M)}{b}$，假定处在图 6-5 中②的位置，此时虽然因为税收筹划而减少了更多的税收，但管理层因为承担的风险太大而使自己的收益开始下降，最终也会影响到股东的收益。

2）当 $n-b=0$ 时，$W(t)$ 如图 6-5 中③所示

在 G 点时，$W(t)=M$，无论是否进行税收筹划，股东得到的收益都是一样的，股东因税收筹划得到的收益和付出的激励成本相等，此时股东不会采取激励措施。

3）当 $n-b<0$ 时，$W(t)$ 如图 6-5 中④⑤所示

由于 $n-b<0$，即 $n<b$，表示股东为了使管理层进行税收筹划，必须付出比因税收筹划得到的收益更多的激励成本，这种策略对股东来说是不可取的，因此也是无效的。

（1）在 K 点时，管理层因税收筹划承担风险而减少的收益等于其得到的基本年薪和激励收入的和，管理层所有的努力付诸东流，其总收益为 0，股东收益也为 0。

（2）在图 6-5 中⑤所示的情况下，股东的收入极低，而管理层可能会因税收筹划得到额外收益。

以上两种情况是现实企业经营中不会出现的情形，因为税收筹划的风险太大，成本太高，管理层和股东都会维持各自原来的收入水平而不会采取任何行动。

当管理层和股东拥有共同利益时，管理层倾向于遵从股东的意愿而进行税收筹划；

在管理层与股东收益函数不一致的情况下，除非公司治理结构发生变化，否则管理层与股东的行为取向不可能达成一致。现实生活中常见的使管理层与股东利益一致的措施就是实现管理层持股。如果管理层的持股比例足以影响其自身利益，那么拥有剩余索取权的管理层会和股东的目标函数渐趋一致，且管理层持股比例与税收筹划的实施程度正相关。

> **复习思考题**
>
> 1. 什么是纳什均衡？
> 2. 税收筹划博弈的基础条件是什么？
> 3. 请阐述税收筹划的博弈机理。
> 4. 企业税收筹划的博弈对局有哪些参与者？请分析各参与者对税收筹划博弈结果的影响力。
> 5. 请分析税收寻租产生的条件，并基于此条件分析在国家税收治理框架下应如何根治税收寻租。
> 6. 请分析政府与税务部门关于制订税收计划及其实施中的博弈均衡过程。

第 7 章 有效税收筹划

> 各特殊利益集团和政治家们认为,利息支付所带来的税收扣除鼓励人们采取举债收购方式……为什么目标公司非要求助举债收购,而不能依靠自己举债或调整自身资本结构?原因在于,税收成本之外的非税成本使资本重组较之其他税收替代手段更有效。
>
> ——诺贝尔经济学奖得主 迈伦·斯科尔斯

7.1 有效税收筹划理论

7.1.1 有效税收筹划的含义

早期的传统税收筹划理论没有考虑成本,只以纳税最小化为目标。针对传统理论的种种缺陷,美国斯坦福大学教授——诺贝尔经济学奖得主迈伦·斯科尔斯和马克·沃尔夫森提出了有效税收筹划理论。它是一种研究在各种约束条件下实现纳税人税后利润最大化目标的税收筹划理论。

有效税收筹划是企业战略的一个有机组成部分。它是在现行国家政策法规许可的范围内决策时,考虑所有利益相关者、税收综合衡量及全部商业成本下做出的、旨在实现企业价值最大化的战略税收管理安排。①

---

① 杨华. 企业有效税务筹划研究 [M]. 北京:中国财政经济出版社, 2011.

7.1.2 有效税收筹划的理论框架

有效税收筹划的理论框架构成了一个严密的逻辑体系。当企业进行投融资决策时，其目标是取得最大化的投资报酬率或融资成本最小化。税收规则的存在，使企业在进行各项战略性决策时必须考虑税收因素。此理论还提出了非税成本的概念，即税收筹划所引起的税收成本以外的其他各项成本统称为非税成本。从经济学角度讲，税收成本和非税成本可以统称为交易成本。很显然，交易成本是由于交易各方之间利益不一致和信息不对称所引起的。此理论还将税收成本划分为显性税收和隐性税收，显性税收是被收缴至国库的税收，隐性税收的概念将在下文详解。

有效税收筹划的理论框架的三条思路可以通过交易成本连接起来，如图7-1所示。

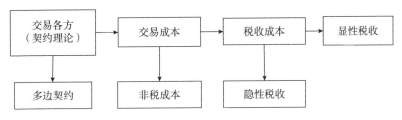

图7-1 有效税收筹划的理论框架

根据图7-1可知，有效税收筹划理论框架包括三个观点：（1）有效税收筹划要求筹划者从交易各方多边契约角度来考虑交易的税收问题；（2）有效税收筹划要求筹划者认识到税收成本仅仅是企业成本的一种，在税收筹划过程中必须考虑所有的成本，一些被提议的税收筹划方案的实施可能会带来大量的非税成本；（3）有效税收筹划要求筹划者在决策时，不仅要考虑显性税收，还要考虑隐性税收。

有效税收筹划理论框架的三条思路并非随意的组合，而是一个相互依存、层层分解的有机整体。多边契约与利益相关者相关，交易成本与企业组织紧密相关，使得在这一框架下的企业税收筹划活动（本身也属于企业组织设计活动的一部分）从企业整体角度出发，严格区别于短期化倾向的税负最小化目标。有效税收筹划既考虑税收成本又考虑非税成本，目标是税后利润最大化。有效税收筹划综合考虑显性税收和隐性税收，是对税收成本全面权衡与分析的纳税决策。

7.2 有效税收筹划的核心观点

7.2.1 多边契约

有效税收筹划理论的一个重要内容，就是运用契约理论的基本观点和方法展开分析，研究在信息不对称的现实市场中，各种类型税收筹划活动的产生和发展过程。

如果将税收因素考虑在内，政府作为税法的代表，毫无疑问应被引入订立契约的程序。不过，相较其他契约方而言，政府无法及时调整其策略，因为政府要通过修订税法来实现策略的调整，而税法调整通常是滞后的。政府与其他契约方的另一个显著差别在于，政府所追求的目标具有多样性，社会公平、社会责任也是其追求的目标之一。社会公平、社会责任目标的实现往往要借助累进税率，这使得支付能力不同的纳税人面临不同的边际税率。而政府对市场中出现的外部性的纠正，也使得不同类型投资的税收待遇大不相同，这进一步加大了投资者边际税率的差异性，同时也为税收筹划提供了广阔空间。

税收体系的多重目标性不仅使纳税人处于不同的税收地位，同时也改变了纳税人的税前收益率。假定初始状态下，市场上两种无风险资产具有相同的税前投资收益率。两种资产的税收待遇不同，其中一种资产由于享受税收优惠，因而其税后收益率高于另一种没有享受税收优惠的资产。这种状态显然是不均衡的，因为投资者会增加对税后收益率较高的享受税收优惠的资产的投资。这种需求的增加将改变资产的价格，使其不断上升，从而导致税后收益率下降，直到两种资产税后收益率相同才实现均衡。在均衡点，边际投资者对两种资产的选择是无差异的。但是，由于税率具有累进性，比边际投资者处于更高或更低税率级次的投资者依然可以通过相互订立契约而受益。比边际投资者面临税率高的投资者倾向于享受税收优惠的资产，比边际投资者税率低的投资者倾向于没有税收优惠的资产。他们之间订立的合作契约将使总财富达到最大化，并使除了政府以外的其他参与的当事人都受益。因此，从一定程度上讲，这种契约实现了税收筹划的帕累托改进。

【案例 7-1】

假定均衡市场上有三个投资者,分别为甲、乙和丙,面临的边际税率依次为30%、40%和50%。有两种无风险资产A和B,其中A为免税债券,利率为6%;B为应就收益全额纳税的公司债券,利率为10%。由于市场实现均衡,因此两种资产利率保持不变。对于乙而言,投资A和B的税后收益率相同,均为6%[即10%×(1−40%)],因此,乙为边际投资者(对购买两种同等风险但纳税不同的资产无偏好的投资者);对丙而言,投资B的税后收益率为5%[即10%×(1−50%)],低于A(6%);对甲而言,投资B的税后收益率为7%[即10%×(1−30%)],高于A(6%)。因此,在其他条件相同的情况下,丙会选择A,甲会选择B。

现假设考虑到其他因素以后,丙要投资B,而甲要投资A。如果两个人直接投资,且均为一个单位,那么丙的收益为0.05[即1×10%×(1−50%)],甲获得的收益为0.06(即1×6%),总收益为0.11(即0.05+0.06)。此时,如果甲和丙订立契约,由甲投资B而丙投资A,然后两个人进行交换,那么两者的总收益为0.13[即1×6%+1×10%×(1−30%)],比前者多出0.02。将这一部分增加的收益在甲、丙之间分配,会使甲、丙均比未订立契约时获得的收益增加,增加的值其实就是政府税收收入减少的值。

7.2.2 非税成本

1. 非税成本的概念

非税成本是指纳税人因实施税收筹划而引致增加的非税收支出形式的各种成本费用。非税成本是一个内涵丰富的概念,有可以量化的部分,也有不能够量化的部分,具有相当的复杂性和多样性。在一般情况下,税收筹划引发的非税成本有代理成本、交易成本、机会成本、组织协调成本、隐性税收、财务报告成本、税务寻租成本、违规成本等。在现实社会经济中,环境的复杂性、人的有限理性是导致非税成本产生的直接诱因。

企业在设计税收筹划方案时,往往不能兼顾税收成本与非税成本,二者经常存在矛盾与冲突。税收利益与财务报告成本之间的权衡是税收成本和非税成本冲突的协调。企业希望向税务当局报告较低应税收入以承担较低的税收成本,却会因此增加企业的财务报告成本(属于非税成本范畴,通常包括高管人员的激励成本、资金成本、监管成本、审计成本、政治成本等）。通常节税（或避税）策略所要求的交易或政策选择会降低报告给利益相关者的利润（当然，纳税申报的利润不同于财务报告的利润），财务报告的数据常应用于各种契约，如债务契约、报酬契约、监管契约、政治契约等，也常被证券分析师和投资者用来评价公司股票或债券价值，这会导致非税成本的上升。

【案例 7-2】

某电梯公司主要生产销售电梯并负责安装电梯。按照税法规定，电梯公司既生产销售电梯又负责安装电梯的行为，分别核算销售货物收入和安装服务收入，并分别按照13%的税率和9%的税率计算增值税销项税额。但安装服务收入可按甲供工程选择以简易计税方法计税。

若电梯销售收入和安装收入不能独立核算，则可能需要根据电梯销售收入和安装收入的总和，按照13%的税率计算增值税销项税额。若电梯公司采取企业分立筹划方案，把电梯安装业务独立出来成立一家电梯安装公司，是否可以实现税收筹划目标呢？

【解析】：在设计电梯公司分立出电梯安装公司的税收筹划方案时，必须考虑可能产生的非税成本：（1）企业分立出两家独立运营的法人机构，必然会增加财务报告成本；（2）企业分立出两家独立运营的法人机构，必然会增加相应的管理成本；（3）一项电梯销售业务，除了需要签订销售合同外，还需要签订电梯安装合同与电梯保养合同，这无疑会增加合同签订的交易费用。这些增加的非税成本的总额，可能会超过企业分立筹划节税额。因此，在信息不对称下进行税收筹划决策时，必须权衡税收收益与非税成本的大小，一旦非税成本高于节税额，则税收筹划方案就不符合成本效益原则，会导致税收筹划方案无效甚至彻底失败。

2. 未来风险——对称型不确定性导致的非税成本

在对称型不确定性存在的情况下，签约各方虽然同等地了解信息，但有关投资未来的现金流却是不可知的，这种不可知意味着投资有风险。特别是当对称型不确定性与一个累进的税率表相连时，即使在初始状态对风险无偏好的投资人也会因两者的共同作用而显示出规避风险的态度。也就是说，对称型不确定性的存在使风险成为投资者开展有效税收筹划时不得不考虑的一个因素，累进税率表则进一步扩大了风险的影响。累进税率表的平均税率随着应税收入的增加而不断升高，会导致投资者倾向于风险更小的投资。即原先属于风险中性的投资者也会呈现出规避风险的特征，对税前收益不确定的资产表现出风险厌恶。

【案例7-3】

假定投资者有10个单位资金,他可以选择两项投资计划中的一项。其中,一项计划是无风险的(如储蓄、购买国债等),收益为2个单位资金;另一项计划是有风险的,如果投资成功,则可以获得15个单位收益,如果投资失败,就会遭受10个单位损失,成功和失败的概率均为50%。再假定该投资人是风险中性的,他会选择期望收益较高的方案。因为有风险方案的期望收益为 $2.5 \times [15 \times 50\% + (-10) \times 50\%]$ 个单位,高于无风险方案,所以投资人会选择有风险的投资方案。现考虑税收因素,假定投资人面临这样一个税率表:如果所得为正,则税率为30%;如果所得为负或为0,则税率为0(对于新开办的企业而言,如果投资失败,则企业不复存在,情况的确如此;对于已开业的企业,我们可以假定税法规定不允许亏损前转或后转)。毫无疑问,这是一个有两档税率的累进税率表。投资人将通过比较资产的税后收益做出选择,由于无风险方案的税后收益为 $1.4 \times [2 \times (1-30\%)]$ 个单位,而有风险方案的税后收益为 $0.25 \times [50\% \times 15 \times (1-30\%) + 50\% \times (-10)]$ 个单位,此时,投资者会选择无风险方案。为什么会出现这种变化呢?因为有风险方案所缴纳的税收 $[2.25 \times (15 \times 30\% \times 50\%)$ 个单位] 要高于无风险方案缴纳的税收 $[0.6 \times (2 \times 30\%)$ 个单位]。而且,这种税收上的差异导致两个方案的税后收益出现相反变化。

累进税率表的平均税率随着应税收入的增加不断升高,会导致投资人倾向于风险更小的投资。也就是说,即便原先属于风险中性的投资者也会呈现出规避风险的特征。在许多国家,当纳税人所得为负(即出现亏损)时,一般都允许向以后期间递延,即递减以后期间的应纳税额。这种规定实际上降低了税率表累进的程度,但税率表仍是累进的(基于货币时间价值的考虑,后一期间节约的税收总是小于同等金额当期的税收)。

3. 道德风险与逆向选择——非对称型不确定性导致的非税成本

非对称型不确定性也是现实生活中普遍存在的一种状态。由于契约双方拥有不对称信息,导致交易的一方无法观察到另一方的行为或无法对其进行控制。这种情况增加了契约订立的成本。甚至有时为了获得其他方面更大的利益,交易方不得不放弃减少税收的计划。企业在开展税收筹划时必须考虑到由于非对称型不确定性而增加的成本。

【案例 7-4】

假定某公司生产的产品是一种耐用消费品——家用电器，雇主和雇员的利益存在矛盾。雇员有两种行动策略可以选择：第一，努力工作，使产品的使用寿命达到 L；第二，不努力工作，产品的使用寿命只有 S，$L>S$ 且售价 $P(L)>P(S)$，即随着产品使用寿命的增加，其销售价格也会提高，并且这种提高的比例大大超出了成本的增加。在这种情况下，雇主自然希望雇员能够努力工作，他们愿意为此支付额外的奖金。假定受到相关法律的限制，即使雇员没有努力工作并且雇主能观察到雇员没有努力工作，雇主也不能采取额外罚款或其他方式处罚。另外，不考虑时间价值，即雇员对即期支付和推迟支付没有偏好，他们追求的是总收入的最大化。在忽略税收的情况下，为减少这种信息的不对称，雇主怎样才能有效激励雇员努力工作？

【解析】：雇主激励雇员努力工作最有效的方式是将对雇员的支付推迟到超过 S 期以后，因为这样就可以很清楚地观察到雇员的行动。不过这种激励安排显然与以税收最小化为目的的契约相冲突。当然，雇主税率不断升高而雇员税率不断降低，税收最小化的方案就是推迟支付。不过，假如我们再加上一个考虑因素，即虽然不存在时间价值，但雇员对即期支付还是推迟支付依然不是无偏好的。原因在于推迟支付会使雇员承担企业可能丧失支付能力的风险。如果雇员一味增大对这种风险的预期，他们就会放弃推迟支付而要求即期支付。但此时的税制显然使推迟支付更能节约纳税。这时，为了激励员工努力工作，企业也许仍然要放弃税收最小化。

7.2.3 隐性税收

1. 隐形税收的内涵

迈伦·斯科尔斯认为，显性税收通常意义上是由税务机关按税法规定征收的税款，这部分税收支出是由企业真实承担的；隐性税收则是指同等风险的两种资产税前投资回报率的差额。隐性税收是开展税收筹划时不可忽视的一个因素。

政府出于对宏观经济调控的考虑，会对某些特殊行业或地区实行税收优惠待遇，如免税、减税等。制定税收优惠政策的结果是导致不同资产承担的法定税负有所差异。理性的纳税人通常会选择低税负的资产进行投资，从而导致低税负的资产的价格被抬高。

也就是说，有税收优惠的资产以取得较低税前收益率的形式间接支付了税收，这部分差额形成了企业的隐性税收。

与显性税收完全不同，隐性税收的产生源于市场。在一个给定的市场环境中，不存在税法的限制和交易成本，两种资产的初始税前投资回报率相同且均为无风险资产，不同的是它们面临着不同的税率。由于一种资产的税前回报率高于另一种资产，因此会吸引投资者将资金投向税收待遇较为优惠的资产，从而使其价格上升，投资回报率下降，直到两种资产的税后投资回报率相同，这种趋势才会停止，即达到一般均衡状态。

隐性税收产生的假设是在税收以外的其他条件相同的情况下，因为投资者竞逐于存有税收优惠的资产，其价格因而被抬高，导致该项税收优惠资产调整后的税前报酬率低于无税收优惠资产的税前报酬率。

隐性税收不仅影响资产的定价，也影响公司投资活动及整体的税前报酬率。因此，政府在制定税收优惠政策或投资者进行税收筹划决策时，必须充分考虑隐性税收的影响。

2. 隐性税收的计量模型[①]

享受税收优惠待遇会导致投资者哄抬税收优惠资产的价格，从而降低这些税收优惠资产的税前收益率。享受税收优惠资产的待遇导致了纳税人较低的显性税收和较低的税前收益率，我们把这种关系称为隐性税收计量模型。

隐性税收的计量模型是由迈伦·斯科尔斯和马克·沃尔夫森于1992年提出的"S-W模型"。S-W模型明确指出，企业承担的总税收应该是显性税收与隐性税收的和。S-W模型引入了"基准资产"的概念，基准资产是一种经过风险调整后所获收益每年按照一般所得税税率全额征税的资产，即基准资产被定位为按最高的法定税率全额征税的资产。基准资产仅仅负担显性税收，不享受任何税收优惠，如完全应税债券等。有了基准资产，就可以把其他享有税收优惠的资产的税前收益率跟基准资产的税前收益率进行比较，并借以确定这些资产的显性税率、隐性税率和总税率。

任何一个资产的隐性税收都等于基准资产和已调整风险的备选资产（如有税收优惠的债券）之间税前收益率的差额。假设 a 为税收优惠资产，b 为基准资产，t_a 为税收优

---

① 杨华.企业有效税务筹划研究[M].北京：中国财政经济出版社，2011.

惠资产承担的隐性税率[①]，R_b 为基准资产的税前收益率，R_a 为税收优惠资产的税前收益率，则投资该项税收优惠资产 a 的隐性税收为 $R_b - R_a$。在没有税收约束和摩擦的完全竞争均衡状态下，所有资产已经调整风险的税后收益率都应当相同，否则就会存在税收套利的机会，即一定有 $R_b(1-t_a) = R_a$ 成立。

故而，可以反推出隐性税率的计算公式：

$$t_a = \frac{R_b - R_a}{R_b}$$

从市场均衡角度分析，任何投资者支付的税收总额都应当是显性税收与隐性税收之和。用 r^* 表示这个共同的税后收益，则总税收可以表示如下：

$$\begin{aligned}
\text{总税收} &= \text{隐性税收} + \text{显性税收} \\
&= (R_b - R_a) + (R_a - r^*) \\
&= R_b - r^*
\end{aligned}$$

由上式可知，在完全竞争状态下，所有资产负担的税收总额是一样的。

然而在实际经济生活中，市场远未达到完全竞争的状态，市场摩擦[②]与税务约束[③]无处不在，税收套利的困难和高昂的成本，使得 S-W 模型中隐性税收的计算结果应该是一种理想状态，实际的隐性税收远远低于其理想值。

S-W 模型在实际经济中难于推广的重要原因还在于，难以选择合适的基准资产并衡量其预期的税前收益率。Callihan 和 White 对 S-W 模型进行了扩展研究，提出了 C-W 模型。这是一种综合运用企业财务报表所提供的信息来计量隐性税收的方法，其最为重要的突破是，解决了如何利用财务会计的数据来衡量隐性税收的各项指标。C-W 模型如下。

基准资产（完全应税资产）的税前收益率 $R_b = [(PTI - CTE)/(1-t)]/SE$

基准资产（完全应税资产）的税后收益率 $R_b = [(PTI - CTE)/(1-t)]/[SE(1-t)]$

备选投资资产的税前收益率 $R_a = PTI/SE$

备选投资资产的税后收益率 $r_a = (RTI - CTE)/SE$

---

① 若该税率被显性地用在基准资产上，则基准资产获得的税前收益率将与税收优惠资产的税前收益率相等。
② 经济学上的摩擦是指在不完全市场下，买卖资产而发生的交易费用和相关信息成本。
③ 税务约束也就是税收规则约束，即国家通过立法施加的、阻止纳税人利用各种方法，以牺牲社会公共利益的方式减少纳税义务的一系列限制。在不完全市场经济环境下，税收规则约束是普遍存在的约束条件，具体表现为现行各项税收法规。

式中：R_b 为已调整风险的完全应税资产的税前收益率，PTI 是企业的税前所得（账面价值），CTE 是企业目前的税收支出，SE 是企业的股东权益，t 是最高的法定税率。根据在完全竞争的市场环境中，完全应税投资资产所获得的税后收益率与其同风险的备选投资资产的税后收益率相同，则有：

$$隐性税率 = (R_b - R_a)/R_b = \left(\frac{PTI-CTE}{1-t} - PTI\right) \bigg/ \left(\frac{PTI-CTE}{1-t}\right)$$

$$显性税率 = R_a - r_a = CTE \bigg/ \left(\frac{PTI-CTE}{1-t}\right)$$

C-W 模型中隐性税率的转化形式为：

隐性税率 = $(t - ETR)/(1 - ETR)$，其中，ETR 是企业的平均有效税率（ETR<t），$ETR = CTE / PTI$。

比如，一个企业投资一项税收优惠资产，取得账面价值为 100 万元的税前所得 PTI。假定根据税收优惠政策，企业可抵减应税所得的金额为 30 万元，则企业的应税所得实际为 70 万元，法定税率为 25%。

那么，税收支出 CTE 为 17.5 万元（70×25%=17.5）

$$企业的平均有效税率\ ETR = \frac{17.5}{100} = 17.5\%$$

$$隐性税率\ t_a = \frac{t - ETR}{1 - ETR} = \frac{25\% - 17.5\%}{1 - 7.5\%} = 9.1\%$$

C-W 模型克服了 S-W 模型的计量缺陷，首次运用企业的财务会计数据尝试建立衡量隐性税收的计量模型。C-W 模型中隐性税率的转化形式表明，衡量企业的隐性税收负担可以只考虑企业最高法定税率与有效税率之间的差异，而可以不用通过基准资产税前收益率来估计企业的隐性税收。C-W 模型虽然运用财务会计数据对企业的隐性税收问题进行了尝试衡量，但其应用前提依然是完全竞争市场，且仅针对企业隐性税收进行衡量，而不是某个方案承担的隐性税收，因而限制了其在选择税收筹划方案中的运用。

我们不妨对 S-W 模型做出一定的放松假设，在税收筹划时，把享有税收优惠的方案视作优惠资产，把不享有税收优惠的方案视作基准资产，从而可以计算出享有税收优惠的方案所承担的"相对隐性税收"，帮助企业在进行税收筹划决策时全面衡量方案的税收负担。同时，要考虑到税收筹划时的市场摩擦和税收约束。

假定企业进行税收筹划决策时面临两个方案的选择：享受税收优惠的方案 A 的税前

收益率为 R_a，无税收优惠或税收优惠较少的方案 B 的税前收益率为 R_b。同时，设 c 为市场摩擦率，s 为税收约束率，在阻碍税收套利的进程中，摩擦占的权重为 θ_1，税收约束占的权重为 θ_2，m 是市场摩擦和税收约束的函数，即 $m = f[c(\theta_1), s(\theta_2)]$。$m$ 取决于不同投资资产的交易摩擦程度和税收约束程度。则不完全竞争市场下税收套利的均衡结果应该是：

$$R_b \times \left(1 - \frac{t_a}{1-m}\right) = R_a$$

此时隐性税率为：

$$t_a = \frac{R_b - R_a}{R_b}(1-m)$$

通过放松假设，我们得到了"相对隐性税收"的数值，虽然尚不够精确，但把它放入税收筹划方案，弥补了税收筹划单纯考虑税收收益的缺陷。同时，我们发现隐性税收与市场摩擦程度、税收约束程度密切相关。市场摩擦程度越低，税收约束越松散，隐性税收越高；反之，市场的摩擦程度越高，税收约束越紧凑，隐性税收越低。

政府颁布各种税收优惠政策时，由于隐性税收和交易成本的存在，国家按照既定的产业政策给予某些产业的税收优惠并不能被该产业完全得到。隐性税收的存在，将抵消一部分税收优惠带来的税收收益，但这种抵消并不同于交易成本对税收优惠的抵消（其实质是市场摩擦导致的一种无谓损失），隐性税收起到了转移税收利益的作用。在没有市场摩擦和税收约束的前提下，投资资产有着相同的税后报酬率是市场均衡的结果。也就是说，在理想状态下，税收优惠完全与企业无关，并不影响企业的财税决策。但是，由于存在市场摩擦，即存在交易费用，在信息不对称和市场结构不对称的情况下，结果就大不一样了。因此，企业在做决策时，要考虑的是综合税收，而不仅仅是显性税收，实现总税收负担（显性税收与隐性税收之和）最小化才是理想的。在税收优惠政策出台的早期，因为资本不可能在短期内大幅增加或缩减，受益企业的确享受了税收优惠。但随着时间的推移，投资者开始出现税收套利行为，社会资本向该产业流动，其资产增值速度趋于缓慢，隐性税收随之产生。换言之，税收优惠刺激了税收套利，税收套利导致了隐性税收。[1] 所以，任何投资都有一个时间周期，预见性比较强的企业会尽早抓住投资的

---

[1] 于浩瀛. 税收优惠和纳税筹划的隐性税收浅析 [J]. 全国流通经济，2007（9）.

最佳时机，既可以享受税收优惠，又可以在投资额的高峰期到来之前（即税收优惠资产抬高价格之前）充分享受高税前收益率的回报。

3. 隐性税收对税收筹划决策的影响

隐性税收的存在，使得企业的实际税负水平大于按照显性税收计算的水平。因此，在衡量税收成本时必须测算隐性税收进而准确确定实际税收负担。纳税人通过税收筹划减轻的税收负担不仅应该包括显性税收，同时也应该包括隐性税收，即税收总额（显性税收与隐性税收之和）的降低才是理想的税收筹划目标。

纳税人应了解隐性税收的生成机理，基于成本效益原则采取税收筹划措施。从另一个角度分析，对于不同竞争市场环境下的行业，隐性税收理论也对其税收筹划决策方向具有指导意义，对于近似完全竞争市场的行业，市场可以自行调节以达到资源的优化配置，基本不存在税收筹划空间或空间较小，因为这种情况下，在竞争市场趋于均衡时，不同投资资产的显性税收与隐性税收之和相等，即不同资产负担的税收总额相等或比较接近，不存在资产转换的税收套利空间，也就不存在税收筹划的显著节税效应。在寡头垄断市场，当政府颁布了较多的税收优惠政策时，企业之间可以利用定价合谋行为整体获取税收利益，即存在较大的基于契约形式转换的税收筹划空间；在完全垄断市场，政府需要对该垄断行业实施限价措施，以保证消费者的利益，增进社会福利的提升。同时，政府也不宜颁布过多的涉及垄断企业利益的税收优惠政策，否则会导致巨大的税收筹划空间。

4. 税收套利及其应用

税收套利，是指通过一种资产的买进和另一种资产的卖出，在净投资额为零的水平下产生一个确定的利润，即通过资产的买卖获取一定的税收利益。尽管市场达到均衡点以后，边际投资者对两种资产的选择是无差异的，但市场上仍有相当一部分非边际投资者，他们之间仍可以通过相互订立契约而受益。非边际投资者的存在，从理论上导致了税收套利行为。在税收套利存在的同时，也存在阻碍税收套利有效实施的约束力，主要包括市场摩擦和税收约束。

税收套利分为组织形式套利和顾客基础套利两种类型。

1）组织形式套利

组织形式套利是指通过一种享有税收优惠的组织形式"多头"持有一项资产或者生

产性行为，同时通过一种没有税收优惠的组织形式"空头"持有一项资产或者生产性行为。

【案例7-5】

> 20世纪90年代中期，美国许多企业都通过持有公司所有的生命保险（Corporate Owned Life Insurance）转移收入。具体而言，就是由公司为雇员购买许多份生命保险，然后使用贷款资金支付保费，或者直接向保险公司贷回应支付的保费。借款利息在每期发生时即可获得扣除（不论是否实际以现金支付利息），而每年投入保单的投资收益则不必立即缴税（按规定保单在获得现金或取得投资收益时才需要纳税甚至免税），因此，公司只要每年将相当于投资收益的资金用于保费，就可以获得延迟纳税甚至节税的好处，也就达到了税收套利的目的。

上述案例是一个典型的组织形式套利模式，即通过持有一种有税收优惠的生命保险类型的资产，同时以一种没有税收优惠的形式持有一种可以产生相应利息扣除的贷款，而净投资额为零，这样就产生了税收套利的效果。

税收约束有利于阻止组织形式套利的实施。上例中，政府可以通过限制纳税人于税前从应税收入中扣除贷款利息的能力来干预或避免税收套利行为。如果税法规定了纳税人可以扣除的贷款利息金额不能超过其应税投资所获得的收益，则组织形式套利的效果就会大打折扣。这一税收约束避免了纳税人借入资金的税后成本低于投资免税资产或储蓄的税后收益。美国税收法典也做出了类似的规定，即允许利息的税前扣除，仅限于纳税人获得的应税投资的收益部分，包括利息、股利、租金等。

市场摩擦也有利于阻止组织形式套利的实施。上述案例中，假设存在一定程度的市场摩擦，那么在投资生命保险时，就会发生一些特定的市场摩擦，即必须支付固定的交易费用（如生命保险的签约费、信息搜寻费、审计监督费等），纳税人运用这一工具所获得的税前收益将损失这一部分费用。假设生命保险的投入额为 Y，生命保险的收益率为 R，生命保险的市场摩擦交易费用率为 f，则生命保险实际投资所获得的收益只有 $Y(1-f)$，其中 Yf 部分已经因为市场摩擦而流失，就像纳税人支付了税率为 f 的现行税收一样。因此，最终生命保险所获取的实际投资收益率仅为 $R(1-f)$。

2）顾客基础套利

顾客基础套利也可能对一项税收优惠资产做多头，对一项非税收优惠资产做空头，其本质取决于纳税人是否从一个相对较高或者相对较低的边际税率开始。对于高税率的纳税人，顾客基础套利是对一项税收优惠资产做多头（该资产负担相对较高的隐性税收）和对一项非税收优惠资产做空头（该资产负担相对较高的显性税收）；对于低税率的纳税人，顾客基础套利是对非税收优惠资产做多头，而对税收优惠资产做空头。

顾客基础套利意味着以增加隐性税收为代价并减少显性税收，或者相反。这样的策略经常出现于以下情形：纳税人能够多头和空头持有不同的应税资产，且至少其中一个负担隐性税收，则纳税人面临着不同的边际税率。

在没有税收约束和市场摩擦的情况下，顾客基础套利导致所有纳税人面临相同的边际税率，所有资产都会承担相同的总税率（隐性税率与显性税率之和）。如果资产买卖成本不是很高，那么边际税率相对而言极高或极低的投资者会产生税收套利动机，即高边际税率的纳税人具有持有税收优惠资产的动机，而低边际税率的纳税人则偏好持有非税收优惠资产。其中的一个情形是，顾客基础套利使高税率纳税人能够把缴纳显性税率的收入转变成缴纳隐性税率的收入。一个简单的例子是使用于税前扣除利息的借款购买免税债券，虽然这种策略可以消除显性税收，但同时却产生了隐性税收。

税收约束有利于预防顾客基础套利的实现，针对使用于税前扣除利息的借款购买免税债券的行为，可以采取的约束规则是不允许使用借款购买某种可获得免税收益的资产（如政府债券），以避免产生利息扣除。因此，税收约束和市场摩擦限制了顾客基础套利得以有效实施的一系列外界环境。

复习思考题

隐性税收是一个重要的概念，对于理解有效税收筹划理论有着重要的意义。请根据你所掌握的知识论述以下问题。

1. 如何理解隐性税收的概念，你能举出一个证明隐形税收存在的真实案例吗？
2. 隐性税收的分析对税收筹划有何意义？

第 8 章

税收筹划普适方法与技术

> 零散的宝石和修理珠宝不会被征税……如果你把祖母胸针上的宝石重新镶嵌在别处，你就会被征税；但是如果把一颗从戒指上掉下的价值 30 000 美元的钻石重新安上，由于属于修补，你就不会被征税。
>
> ——著名学者　斯科特·R. 施梅德尔（Scott R. Schmedel）

税收筹划是一门致用之学，既具有旺盛的生命力和敦厚的实践性，也具有逻辑框架的科学性与观念的前瞻性。研究税收筹划的理论体系，探索税收筹划的实践应用，必须跳出税收筹划狭隘的学科禁锢与税制细节的冗杂，从经济解释视角重新审视税收筹划的普适方法与操作技术，从管理创新视角重新解读税收筹划的经典案例与实践方式。

本章所探讨的税收筹划方法与技术，主要基于规律挖掘，找到普适性方法与技术手段的理论根基与现实支点。对税收筹划的研究与探索，不必拘泥于税制结构与税收政策的细节，也不必局限于财务管理与会计核算的定式思维，而是要把税收筹划放到一个更为开阔的管理学、经济学、社会学、法学等学科领域的多维空间，从更普遍意义上探讨税收筹划的普适方法与操作技术。

8.1　纳税主体筹划法

8.1.1　纳税主体筹划法的原理

纳税主体筹划法聚焦于纳税人身份的合理界定与转化，研究如何使纳税人承担的税负尽量最小化，或者直接避免成为某一特定税种的纳税人。纳税主体筹划法植根于管理思维，从管理创新角度探索纳税人的税务管理思路。纳税主体筹划法可以合理降低纳税人的税负，且方法简单、易于操作。纳税主体筹划法的关键是准确把握纳税人的内涵和外延，合理确定纳税人的范围。

纳税主体亦称纳税义务人（简称纳税人），是指税法规定的直接负有纳税义务的单位和个人。纳税人可以是法人也可以是自然人，法人又分为行政法人、事业法人、企业法人等类型。纳税人是税制的一个基本要素，每一种税都有关于纳税人的规定。如果纳税人不履行纳税义务，就需要承担法律责任。

8.1.2 纳税主体筹划法的操作技术

1. 不同类型纳税人的选择

从纳税人性质的角度分析，现阶段我国有多种不同类型的纳税人：个体工商户、个人独资企业、合伙企业、民办非企业单位、公司制企业等。不同类型的纳税人所适用的税收政策存在很大差异，这为税收筹划提供了操作空间。

个体工商户、个人独资企业和合伙企业的经营所得，以每一纳税年度的收入总额减除成本、费用及损失后的余额为应纳税所得额，计算缴纳个人所得税，不需要缴纳企业所得税。而公司制企业按照税法要求，需要就其经营利润缴纳企业所得税，通常税率为25%。若公司制企业对其自然人股东进行税后利润分配，那么还需要再缴纳20%的个人所得税。针对公司制企业的这种纳税规定，一般称为"双重征税"，而双重征税的税负率恰好等于个人所得税税率20%的两倍，具体分析如下：

$$双重征税的综合税负率 =25\%+(1-25\%) \times 20\%=40\%$$

当然，运用纳税主体筹划法还应充分考虑其他重要的影响因素，譬如风险因素。因为当经营者选择不同性质的企业类型或组织机构类型时，其所面对的经营风险与财税风险都有所不同：个人独资企业、合伙制企业承担无限责任，经营风险、财税风险较大；民营企业若以有限责任公司或股份有限公司的形式存在，则只需以企业资产总额为限对所欠债务承担有限责任，以出资额为限对企业经营承担有限责任，其经营风险与财税风险相对较小。

2. 不同类型纳税人之间的转化

税法规定,纳税人分为一般纳税人和小规模纳税人。对这两种类型纳税人征收增值税时,其计税方法和征管要求不同。一般将年应税销售额超过小规模纳税人标准的个人、非企业性单位、不经常发生应税行为的企业,视同小规模纳税人。年应税销售额未超过小规模纳税人标准的,从事货物生产或提供劳务的小规模企业和企业性单位,账簿健全、能准确核算并提供销项税额、进项税额,并能按规定报送有关税务资料的,经企业申请,税务部门可将其认定为一般纳税人。

一般纳税人采取税款抵扣制,即销项税额减去进项税额后的余额为应纳增值税额。而小规模纳税人不采取税款抵扣制,不允许抵扣进项税额,而是采用简易计税方法计税,即以销售额乘以征收率计算应纳增值税额。

一般情况下,小规模纳税人的税负略重于一般纳税人。其原因在于,一般纳税人可以将进项税额抵扣,尤其是当应税销售额增值率较小时,一般纳税人的税负明显低于小规模纳税人。但这也不是绝对的,需要通过比较两类纳税人的应税商品的增值率与税负平衡点的关系,合理合法选择税负较轻的纳税人身份。

纳税人身份之间的转化一般存在多种情况,比如,增值税一般纳税人和小规模纳税人之间的合理转变,可以实现筹划节税。

情形一: 税负无差别平衡点增值率(不含税销售额)的测算。

假定纳税人的不含税增值率为 R,不含税销售额为 S,不含税可抵扣购进金额为 P,一般纳税人适用的增值税率为 T_1,小规模纳税人适用的征收率为 T_2,则 $R=(S-P) \div S$。

税负无差别平衡点的增值率(不含税销售额)的计算推导如下。

$$一般纳税人应纳增值税额 = 销项税额 - 进项税额$$
$$= S \times T_1 - P \times T_1$$
$$= S \times T_1 - S \times (1-R) \times T_1$$
$$= S \times T_1 \times R$$

$$小规模纳税人应纳增值税额 = S \times T_2$$

当一般纳税人和小规模纳税人的税负相等时,其增值率则是税负无差别平衡点增值率(不含税销售额),有 $S \times T_1 \times R = S \times T_2$。

则税负无差别平衡点(不含税销售额)的增值率 $R^* = T_2/T_1$。

按照上述结论，税负无差别平衡点的增值率（不含税销售额）组合如表 8-1 所示。

表 8-1　税负无差别平衡点的增值率（不含税销售额）

T_1	T_2		R^*	
13%	3%	5%	23.08%	38.46%
9%	3%	5%	33.33%	55.56%
6%	3%	5%	50.00%	83.33%

情形二： 税负无差别平衡点增值率（含税销售额）的测算。

假定纳税人的含税增值率为 R，含税销售额为 S，含税可抵扣购进金额为 P，一般纳税人适用的增值税率为 T_1，小规模纳税人适用的征收率为 T_2，则 $R=(S-P)/S$。

无差别平衡点的增值率（含税销售额）的计算推导如下。

$$\begin{aligned}
\text{一般纳税人应纳增值税额} &= \text{销项税额} - \text{进项税额} \\
&= \frac{S \times T_1}{1-T_1} - \frac{P \times T_1}{1+T_1} \\
&= S \times T_1 - S \times (1-R) \times T_1 \\
&= SRT_1/(1+T_1)
\end{aligned}$$

小规模纳税人应纳增值税额 $= S \times T_2/(1+T_2)$

当一般纳税人和小规模纳税人的税负相等时，其增值率则是税负无差别平衡点增值率（含税销售额），则有 $SRT_1/(1+T_1) = S \times T_2/(1+T_2)$

税负无差别平衡点（含税销售额）的增值率计算如下。

$$R^* = \frac{(1+T_1)T_2}{(1+T_2)T_1}$$

或表述为：

$$R^* = (T_2/T_1)[(1+T_1)/(1+T_2)]$$

按照上述结论，税负无差别平衡点的增值率（含税销售额）组合如表 8-2 所示。

表 8-2　税负无差别平衡点的增值率（含税销售额）

T_1	T_2		R^*	
13%	3%	5%	25.32%	41.39%
9%	3%	5%	35.28%	57.67%
6%	3%	5%	51.46%	84.13%

【案例8-1】

假设某零售商主要从小规模纳税人处购入服装对外销售，年销售额为900万元（不含增值税），其中可抵扣进项增值税的购入项目的金额为600万元，取得的增值税专用发票上记载的增值税额为60万元。该零售商应如何进行税收筹划？

【解析】：按照一般纳税人认定标准，该零售商（从事货物批发或零售的纳税人）年销售额超过了500万元，应被认定为一般纳税人，须缴纳57万元（即900×13%-60）的增值税。但由于从事商品销售的税负无差别平衡点增值率（不含税销售额）为23.08%，而该零售商的增值率（不含税销售额）为50%[即（900-600）/600]，因此，把该零售商拆分为小规模纳税人，其整体税负会下降。

按照这一思路，如果该零售商被认定为小规模纳税人，则只需缴纳27万元（即900×3%）的增值税。因此，应用纳税主体筹划法，将该零售商分立为两个零售企业，每个零售企业的年销售额均控制在500万元以下，这样被分立的两个零售企业就会被认定为小规模纳税人，按照3%的征收率计算缴纳增值税。通过企业分立将一般纳税人转化为小规模纳税人，可实现税款节约为30万元（即57-27）。

3. 避免成为某种税的纳税人

纳税人通过合理运作，使自身不符合某税种的纳税人条件，这样可以避免成为该税种的纳税人。譬如，通过税收筹划安排，使纳税人发生的某项业务不属于某一种税的征税范围，该项业务就可以避免负担该种税的税负。例如，税法规定，房产税的征税范围是城市、县城、建制镇和工矿区的房产，而对于房产的界定为有屋面和围护结构（有墙或两边有柱），能够遮风挡雨，可供人们在其中生产、学习、娱乐、居住或者储藏物资的场所。符合上述房产条件的场所一般需要计算缴纳房产税，而独立于房屋之外的建筑物，如围墙、烟囱、水塔、变电塔、室外游泳池、喷泉等则不属于房产。若企业拥有上述建筑物，则不成为房产税的纳税人，就不需要缴纳房产税。

【案例8-2】

信达公司兴建一座工业园区，工业园除厂房、办公用房外，还包括厂区围墙、水塔、变电塔、停车场、露天凉亭、喷泉设施等建筑物，工程造价为8亿元，除厂房、办公用房外的建筑设施总造价为2亿元。如果把8亿元建筑物都作为房产，则信达公司从工业园区建成后的次月起就应全额缴纳房产税，每年需要缴纳的房产税（假设当地政府规定的房产税扣除比例为30%）金额为 80 000×(1-30%)×1.2%=672(万元)。那么，怎么处理可以使信达公司少缴税款？

【解析】：除厂房、办公用房以外的建筑物，如停车场、游泳池等，都建成了露天的，并且把这些独立建筑物的造价同厂房、办公用房的造价分开，在会计账簿中单独核算。按照税法规定，这部分建筑物的造价不计入房产原值，不需要缴纳房产税。这样处理的结果是信达公司每年可以少缴房产税168万元：20 000×(1-30%)×1.2%=168(万元)

8.2 税基筹划法

8.2.1 税基筹划法的原理

税基筹划法是指纳税人通过控制或改变计税依据的方式来减轻税负的一种筹划方法。税基就是计税依据，是计算税款的基本依据。大部分税种都采用税基与适用税率的乘积来计算应纳税额。在税率固定的情况下，应纳税额与税基成正比，即税基越小，纳税人负担的纳税义务就越轻。因此，如果能够有效控制税基，就等于控制了应纳税额。

不同税种的税基确认与计算方法不同，税基一般采取历史成本、公允价值等多种计量模式，实务中某些情况下也可能存在税务机关核定税基的情形。一般认为，税基的确认既与会计确认、计量密切相关，也与资产的价值评估密切相关。

8.2.2 税基筹划法的操作技术

1. 控制或安排税基的实现时间

（1）税基推迟实现。税基总量不变的条件下，合法推迟税基的实现时间，就等于推迟了纳税时间。税基推迟实现可以实现递延纳税；在通货膨胀环境下，税基推迟实现的效果更为明显，能够降低未来所付出税款的现金流购买力，相当于获取了资金时间价值。

（2）税基均衡实现。税基总量不变的条件下，均衡税基在各个纳税期间的分布，就可以均衡税基在不同期间的确认金额，在适用累进税率的情况下，可以实现边际税率的最小化，从而有效控制税负。

（3）税基提前实现。税基总量不变的条件下，通过合法操作将税基提前实现，就可以提前确认税基。处于税收减免期间时，税基提前实现可以享受更多的税收减免优惠。

2. 分解税基

分解税基是把税基进行合理分解、分拆，实现税基从税负较重的形式转变为税负较轻的形式。分解税基筹划法一般适用于累进税率或存在差别性比例税率的情况。如纳税人存在较高的综合所得、须缴纳土地增值税的房地产收入、适用不同增值税税率的混合销售收入等情形，分解税基是一种有效的税收筹划技术。

【案例 8-3】

> 晨晖中央空调公司主要生产大型中央空调机，每台售价为 100 万元（不含增值税），售价相对较高，原因是售价中包含 5 年的维护保养费，维护保养费占售价的 20%。由于维护保养费包含在价格中，因此税法规定一律被视为销售额计算缴纳增值税。
>
> 在税收筹划前，晨晖中央空调公司应缴增值税为：
>
> $$100 \times 13\% = 13(万元)$$
>
> 问题：晨晖中央空调公司应如何进行税收筹划？

【解析】：针对空调维护保养专门注册成立一家具有独立法人资格的"晨晖中央空调维护服务公司"，主营业务为中央空调机维护保养服务。这样每次销售中央空调机时，晨晖中央空调公司负责签订销售合同，只收取中央空调机的销售额 80 万元，款项汇入晨晖中央空调公司的基本账户；晨晖中央空调维护服务公司负责签订维修服务合同，只收取中央空调机的维护服务费 20 万元，款项汇入晨晖中央空调维护服务公司的基本账户。这样一来，每家公司各负其责，共同完成中央空调机的销售与服务业务。则税收筹划后的纳税额计算如下。

晨晖中央空调公司应缴增值税 $=100 \times (1-20\%) \times 13\% = 10.4(万元)$

晨晖中央空调维护服务公司应缴增值税 $=20 \times 6\% = 1.2(万元)$

合计纳税额 $=10.4+1.2=11.6(万元)$

税收筹划方案节税额 $=13-11.6=1.4(万元)$

3. 缩小税基

缩小税基是指利用税法的规定，借助税收筹划操作技术使税基合法缩小，从而减少应纳税额或避免多缴税的税务管理行为。缩小税基技术是企业所得税、增值税、消费税等税种常用的税收筹划方法。

【案例 8-4】

信达房地产开发公司实现年销售收入 9 000 万元，各项代收款项 2 500 万元 [包括水电初装费、燃（煤）气费、维修基金等各种配套设施费]，代收手续费收入为 125 万元（按代收款项的 5% 计算）。对于信达房地产开发公司来说，这些配套设施费属于代收应付款项，不作为房产的销售收入，应作为其他应付款处理。

【解析】：根据《财政部 国家税务总局关于全面推开营业税改征增值税试点的通知》（财税〔2016〕36 号）的规定，销售额是指纳税人发生应税行为取得的全部价款和价外费用。价外费用是指价外收取的各种性质的费用。

为了降低价外费用的税收负担，信达房地产开发公司可成立独立的物业公司，将这部分价外费用转由物业公司收取。这样其代收款项就不属于税法规定的价外费用，也就不再适用 9% 的税率计算缴纳增值税。

上述两个方案的纳税情况比较如下。

（1）原方案：代收款项作为价外费用。

信达房地产开发公司应纳增值税 =(9 000+2 500+125)×9%=1 046.25(万元)

应纳城市维护建设税及教育费附加 =1 046.25×(7%+3%)=104.63(万元)

应纳税费合计 =1 046.25+104.63=1150.88(万元)

（2）税收筹划方案：各项代收款项转为物业公司收取。

信达房地产开发公司应纳增值税 =9 000×9%=810(万元)

应纳城市维护建设税及教育费附加 =810×(7%+3%)=81(万元)

物业公司应纳增值税 =(2 500+125)×6%=157.5(万元)

物业公司应纳城市维护建设税及教育费附加 =157.5×(7%+3%)=15.75(万元)

两个公司应纳税费合计 =810+81+157.5+15.75=1 064.25(万元)

税收筹划方案比原方案节约税费金额 =1 150.88–1 064.25=86.63(万元)

【案例 8-5】

某房地产公司销售房产总面积为 80 000 平方米，土地增值税其他扣除项目的金额为 14 000 万元，其他成本费用支出为 16 000 万元（包含其他扣除项目金额的 20%），该公司采用简易计税方法计算房地产的增值税。

该房地产公司设计了以下两个筹划方案。

方案一：销售毛坯房的价格为 4 000 元/平方米（均为不含增值税价），同时送装修服务 1000 元/平方米。

方案二：直接销售毛坯房，价格为 3 000 元/平方米，装修费用自付。

【解析】：

方案一：应交增值税 = 80 000×0.4×5% = 1 600(万元)

城建税及两个附加 = 1 600×(7%+3%+2%) = 192(万元)

印花税 = 80 000×0.4×0.000 5 = 16(万元)

土地增值税扣除项目金额 = 14 000+16 000+192+16 = 30 208(万元)

增值额 = 32 000−30 208 = 1 792(万元)

增值率 = 1 792÷30 208×100% = 5.9%

应交土地增值税 = 1 792×30% = 537.6(万元)

利润额 = 80 000×0.4−16 000−192−16−537.6−8 000 = 7 254.4(万元)

应纳企业所得税 = 7 254.4×25% = 1 813.6(万元)

合计纳税额 = 1 600+192+16+537.6+1 813.6 = 4 159.2(万元)

方案二：应交增值税 = 80 000×0.3×5% = 1 200(万元)

城建税及两个附加 = 1 200×(7%+3%+2%) = 144(万元)

印花税 = 80 000×0.3×0.000 5 = 12(万元)

土地增值税扣除项目金额 = 14 000+16 000+144+12 = 30 156(万元)

增值额 = 32 000−30 156 = 1 844(万元)

增值率 = 1 844÷30 156×100% = 6.1%

应交土地增值税 = 1 844×30% = 553.2(万元)

利润额 = 80 000×0.3−16 000−144−12−553.2 = 7 290.8(万元)

应纳企业所得税 = 7 290.8×25% = 1 822.7(万元)

合计纳税额 = 1 200+144+12+553.2+1 822.7 = 3 731.9(万元)

由计算可知，方案一实现利润小于方案二，但方案二要多交一部分土地增值税和企业所得税。由于装修收入与售房收入一起计入房地产销售收入，加大了土地增值税的税基，因此房地产企业销售房屋附赠装修的行为会使房地产企业多交土地增值税。

综上所述，由于房屋的销售价格影响到了土地增值税的收入金额，进而影响到了土地增值税负担，因此，房地产企业采取买房送装修的做法会使企业税收负担增加。

本案例的税收筹划点归纳如下：一是建议房地产企业从税收角度考虑，尽量避免采取买房送装修的做法，因为此种做法会使土地增值税的计税基数增加；二是房地产企业可以选择在订立售房合同时，把房屋买卖合同和装修合同分开签订，这样装修合同部分的收入就不用计入土地增值税的计税基数了。当然，相应的装修成本也不能从房地产开发成本中扣除。

8.3 税率筹划法

8.3.1 税率筹划法的原理

税率筹划法是指纳税人通过降低适用税率的方式来减轻税负的一种筹划方法。税率是税制最重要的要素之一，也是决定纳税人税负高低的主要因素。在税基一定的情况下，纳税额与税率呈正相关性，即降低税率就等于降低了税负，这就是税率筹划法的基本原理。一般情况下，税率越低，应纳税额就越少，税后利润就越多。但是，需要注意的是，纳税人适用的税率低，并不一定能保证其税后利润最大化。

不同的税种适用不同的税率，纳税人可以利用对征税对象的不同界定而适用不同的税率。即使是同一税种，适用税率也会因税基或其他前提条件不同而不同。纳税人可以直接选择适用的较低税率或通过改变税基分布来调整适用的税率，从而达到降低税负的目的。

8.3.2 税率筹划法的操作技术

1. 比例税率筹划法

同一税种对不同征税对象实行不同的比例税率政策,直接影响应纳税额及税后利润的大小。譬如,我国增值税有13%的基本税率,还有9%、6%等多档税率;对小规模纳税人规定的征收率为3%或5%。运用比例税率筹划法对上述比例税率进行筹划,可以寻找最低税负点或最佳税负点。税法对消费税、企业所得税等税种也规定了多档不同的比例税率,可以进一步筹划比例税率,尽量适用较低的比例税率以节约税金。

2. 累进税率筹划法

各种形式的累进税率都存在一定的税收筹划空间,筹划累进税率的关键目标是防止税率爬升。相较而言,适用超额累进税率的纳税人对防止税率爬升的欲望程度较弱,而适用全额累进税率的纳税人对防止税率爬升的欲望程度较强,适用超率累进税率的纳税人防止税率爬升的欲望程度与适用超额累进税率相同。

我国个人所得税中涉及的综合所得(包括工资薪金所得、劳务报酬所得、稿酬所得、特许权使用费所得)适用累进税率,如表8-3和表8-4所示。对工资薪金所得、劳务报酬所得、综合所得来说,采用累进税率筹划法可以取得较好的筹划效果。

表8-3 综合所得适用税率(按年)

级数	全年应纳税所得额(含税级距)	全年应纳税所得额(不含税级距)	税率(%)	速算扣除数
1	不超过36 000元	不超过34 920元的	3	0
2	超过36 000元至144 000元的部分	超过34 920元至132 120元的部分	10	2 520
3	超过144 000元至300 000元的部分	超过132 120元至283 080元的部分	20	16 920
4	超过300 000元至420 000元的部分	超过283 080元至346 920元的部分	25	31 920
5	超过420 000元至660 000元的部分	超过346 920元至514 920元的部分	30	52 920
6	超过660 000元至960 000元的部分	超过514 920元至709 920元的部分	35	85 920
7	超过960 000元的部分	超过709 920元的部分	45	181 920

注:(1)本表所称全年应纳税所得额是指依照新《个人所得税法》第六条的规定,从2019年1月1日开始,居民个人取得综合所得以每一纳税年度收入额减除费用6万元及专项扣除、专项附加扣除和依法确定的其他扣除后的余额。(2)非居民个人取得工资薪金所得、劳务报酬所得、稿酬所得和特许权使用费所得,依照本表按月换算后计算应纳税额。

第 8 章 税收筹划普适方法与技术

表 8-4 综合所得适用税率（按月）

级数	全月应纳税所得额 （含税级距）	全月应纳税所得额 （不含税级距）	税率（%）	速算扣除数
1	不超过 3 000 元的	不超过 2 910 元的	3	0
2	超过 3 000 元至 12 000 元的部分	超过 2 910 元至 11 010 元的部分	10	210
3	超过 12 000 元至 25 000 元的部分	超过 11 010 元至 21 410 元的部分	20	1 410
4	超过 25 000 元至 35 000 元的部分	超过 21 410 元至 28 910 元的部分	25	2 660
5	超过 35 000 元至 55 000 元的部分	超过 28 910 元至 42 910 元的部分	30	4 410
6	超过 55 000 元至 80 000 元的部分	超过 42 910 元至 59 160 元的部分	35	7 160
7	超过 80 000 元的部分	超过 59 160 元的部分	45	15 160

【案例 8-6】

某工程设计人员利用业余时间为某项工程项目设计图纸，同时担任该项工程的总顾问。设计图纸花费了 3 个月时间，获取报酬 120 000 元。

问题：该工程设计人员应如何进行预缴环节的税收筹划（暂不考虑综合所得的年终汇算清缴的影响）？

【解析】：如果该设计人员要求工程项目单位在其担任工程顾问期间，将其报酬一次性支付或分 3 个月支付，则该工程设计人员的税负会出现明显的不同。

方案一： 一次性支付 120 000 元报酬。

劳务报酬收入按次征税，若应纳税所得额在 50 000 元以上，适用 40% 的税率。

该设计人员应预缴个人所得税计算如下：

$$应纳税所得额 = 120\,000 \times (1-20\%) = 96\,000(元)$$

因为该设计人员的应纳税所得额大于 50 000 元，因此适用 40% 的个人所得税税率。

$$预缴税额 = 120\,000 \times (1-20\%) \times 40\% - 7\,000 = 31\,400(元)$$

方案二： 分 3 个月支付报酬。

该设计人员 3 个月共预缴税额为：

$$[(120\,000 \div 3) \times (1-20\%) \times 30\% - 2000] \times 3 = 22\,800(元)$$

因此，分月支付报酬可节税：

$$31\,400 - 22\,800 = 8\,600(元)$$

在本例中，分次支付报酬可以减轻预缴税款的资金压力，即通过延迟支付获得货币的时间价值。由于《个人所得税法》将劳务报酬所得纳入了综合所得计税，分次缴纳税款可以减轻纳税人预缴环节的资金压力。

从税收角度分析，分 3 个月支付报酬，该设计人员适用的税率为 30%。如果再进行税基分解，使其适用 20% 的税率，则预缴的总税额还能降低。按照税法的要求，某项活动带来的收入按照业务内容分项签约的，按照分项收入分别计算税金；某一项收入持续在 1 个月以上的，支付间隔超过 1 个月，按每次收入额计入各月计算税金，而间隔时间不超过 1 个月的，应合并收入额计算税金。因此，劳务报酬所得的税收筹划思路是，把 120 000 元的总报酬先拆分为不同项目的收入，然后按不同项目分不同月份发放，这样就可以既按照项目分拆收入，又可以进一步按照支付时间分拆收入，最终使收入所适用的税率降至最低，从而有效控制税负总额。

8.4 税收优惠筹划法

8.4.1 税收优惠筹划法的原理

税收优惠筹划法是指纳税人借助各种外部条件，充分利用税收优惠政策带来的税收利益开展税收筹划的操作方法。税收优惠政策属于一种特殊性政策，这种特殊性体现了国家对某些产业或某些领域的税收照顾。税收优惠筹划法可以使纳税人轻松地享受低税负待遇，包括税收减免、税收抵免、税收返还等在内的一系列税收优惠性规定和条款。税收优惠筹划法的关键是寻找合适的税收优惠政策并把它运用于纳税人的税收实践中。在一些特殊情况下，税收优惠筹划法还表现为积极创造条件去享受税收优惠政策，从而获得政府给予纳税人的税收政策方面的扶持。

税收优惠是一定时期内国家的税收导向，纳税人可以充分利用这些税收优惠政策获取税收利益，实现节税。税收优惠政策主要有以下形式。

1. 免税

免税是指国家对特定的地区、行业、企业或特定的纳税人、应税项目等，给予纳税人完全免税的照顾或奖励措施。免税属于国家的税收照顾方式，同时也是国家出于政策需要制定的一种税收奖励方式，它是贯彻国家政治、经济和社会政策的重要手段。我国对从事农、林、牧、渔业生产经营的企业给予免税待遇，就属于一种行业性照顾或激励。

对于免税优惠政策，纳税人应考虑两个操作技巧。一是在合理、合法的前提下，尽量争取更多的免税待遇。与缴纳的税收相比，免征的税收就是节减的税收，免征的税收越多，节减的税收也越多。二是在合理、合法的情况下，尽量使免税期最长，免税期越长，节税额越多。

2. 减税

减税是指国家对某些纳税人或征税对象给予鼓励或照顾的一种特殊措施。减税与免税类似，实质上相当于一种财政补贴。政府主要给予纳税人两类减税办法。一类是出于税收照顾目的的减税。比如，国家对遭受自然灾害地区的企业、残疾人企业等给予的减税，这类减税是一种税收照顾，是国家对纳税人因各种不可抗力造成的损失进行一定额度的财务补偿。另一类是出于税收奖励目的的减税。比如，对产品出口企业、高新技术企业、环境保护产业等给予的减税，这类减税是一种税收奖励，是政府对纳税人贯彻国家政策的税收激励。

3. 免征额

免征额亦称扣除额，是指在征税对象全部数额中免予征税的数额。它是按照一定标准，从征税对象全部数额中预先扣除的数额。免征额部分不征税，只对超过免征额的部分征税。如工资、薪金所得的法定扣除额为每月 5 000 元，每年 60 000 元。

4. 起征点

起征点亦称征税起点，是根据征税对象的数量，规定一个标准，达到这个标准的，就对全部征税对象征税，未达到这个标准的就不征税。我国税法对增值税、企业所得税、消费税等税种都有关于起征点的税收优惠政策。

5. 退税

退税是指可以直接减轻纳税人税收负担的那一部分退还的税款。在国际贸易中，出口退税是鼓励出口的一种有效措施。当对某些商品降低出口退税率时，会导致针对该种商品的实际征税率的提高。

6. 优惠税率

优惠税率是指对符合条件的产业、企业课以较低的税率。优惠税率有利于吸引外部投资，加快该产业或企业的发展。

7. 税收抵免

对纳税人的境内境外全部所得计征所得税时，准予在税法规定的限度内以其国外已纳税款抵减其应纳税款，以避免重复征税。

8.4.2 税收优惠筹划法的操作技术

税收优惠政策多表现为行业性、区域性优惠政策或特定行为、特殊时期优惠政策，如福利企业税收优惠政策、软件企业税收优惠政策、环保和节能节水产业税收优惠政策、技术研发费用加计扣除的税收优惠政策等。

譬如，国家对小微企业给予特别优惠的税收政策。按照国家税务总局2019年第13号公告的规定，自2019年1月1日至2021年12月31日，对小型微利企业年应纳税所得额不超过100万元的部分，减按25%计入应纳税所得额，按20%的税率缴纳企业所得税；对年应纳税所得额超过100万元但不超过300万元的部分，减按50%计入应纳税所得额，按20%的税率缴纳企业所得税。按照《关于明确增值税小规模纳税人免征增值税政策的公告》（财政部 税务总局公告2021年第11号），自2021年4月1日至2022年12月31日，对月销售额15万元以下（含本数）的增值税小规模纳税人，免征增值税。

对小微企业和个体工商户年应纳税所得额不到100万元的部分，在现行优惠政策的基础上，再减半征收所得税，实际企业所得税税率为2.5%。

第 8 章 税收筹划普适方法与技术

【案例 8-7】

宇洪建设集团是一家以建筑施工为主的工程施工企业，自 2020 年起，从传统的商品房建筑装修逐渐转向从事国家重点扶持的公共基础设施项目的建设施工，主要是港口码头、机场、铁路、公路、水利等项目的工程施工。该集团能享受什么样的税收优惠？

【解析】：按照《中华人民共和国企业所得税法实施条例》（简称《企业所得税实施条例》）第八十七条规定，企业从事国家重点扶持的公共基础设施项目的投资经营所得，自项目取得第一笔生产经营收入所属纳税年度起，第 1~3 年免征企业所得税，第 4~6 年减半征收企业所得税。（该政策自 2008 年起全面执行。）

按照上述税收政策，宇洪建设集团公司 2020 年起所从事的公共基础设施项目的建设施工业务所获得的收入，就可以享受企业所得税"三免三减半"的优惠政策，即 2020 年、2021 年、2022 年享受企业所得税免征优惠，2023 年、2024 年、2025 年享受减半征收企业所得税的优惠。

【案例 8-8】

在新经济形势下，房地产开发企业为了避免资金链条断裂，一般有以下税收筹划思路：以自己的建筑公司承包整个项目的建设，即房地产的建造，然后利用地区税收奖返政策进行筹划。

某建设公司业务范围为建筑工程、建材沙石销售（税率为 13%）等，业务体量大，但是进项发票不足，欠缺成本。

该公司利用地区税收优惠政策进行筹划的具体操作方法是通过业务拆分，该建设公司在税收洼地设立两家有限责任公司，一家提供建筑工程服务，一家提供建材贸易及建筑设备的租赁业务等。

【解析】：房地产开发企业一般拥有自己的建设公司，将自己建设公司的材料供应及设备服务分成两个子公司独立计算，即将这两个部分的业务外包给子公司，然后将子公司注册在税收洼地并申请高额的税收奖励返还扶持。这样材料及设备供应活动产生的增值税、企业所得税等都能得到地方的高额税收奖励返还扶持。

假设两家公司的增值税一年须纳税 1 000 万元，企业所得税须纳税 1 000 万元。通过税收洼地的高额税收奖励（增值税奖返率、所得税奖返率均为地方留存部分的 90%），将财政奖返额分别返还给这两家公司。

增值税奖返额：1 000×50%×90%=450(万元)

企业所得税奖返额：1 000×40%×90%=360(万元)

奖返额合计：450+360=810(万元)

企业纳税2 000万元，可以通过高额税收奖励返还政策获得810万元。获得的810万为净利润，可以极大地缓解房地产开发企业的资金链紧张问题。

【筹划分析】

创造条件享受税收政策红利的税收筹划方案

1. 享受税收优惠政策的房地产税收筹划方法

1）直接利用政策筹划法

国家为了实现总体经济目标，从宏观上调控经济，引导资源流向，制定了许多税收优惠政策。对于纳税人利用税收优惠政策进行筹划，国家是支持与鼓励的，因为纳税人对税收优惠政策利用得越多，越有利于国家特定政策目标的实现。也就是说，纳税人可以光明正大地利用优惠政策为自己企业的生产经营活动服务。

2）地点流动筹划法

纳税人可以根据需要，或者选择在优惠地区注册公司，或者将现时不太景气的生产转移到优惠地区，以充分享受税收优惠政策，减轻企业的税收负担，提高企业的经济效益。

3）创造条件筹划法

纳税人创造条件使自己符合税收优惠规定，或者通过挂靠在某些能享受优惠待遇的企业或产业、行业，使自己符合优惠条件，从而享受优惠待遇。

2. 房地产开发项目的背景资料

嘉善·海龙湾位于某市国家经济技术开发区，项目总占地面积为114.24亩（1亩＝666.67平方米），总建筑面积约为170 000平方米。该项目分两期建设完成。第一期占地面积为38 129.6平方米，第二期占地面积为38 034.1平方米。

项目一期于2018年7月30日开工，于2022年4月25日项目二期全部竣工交付业主使用。产品包括普通住宅、商业等非普通住宅、公建配套设施、地下建筑等，项目规划指标如下。

①总建筑面积：169 590平方米。

②容积率：1.5。

③公共配套设施面积：2 370.07 平方米。

④可售面积：113 402.93 平方米，其中，普通住宅面积为 91 588.8 平方米，非普通住宅面积为 21 814.13 平方米，停车场面积为 55 344.71 平方米。

嘉善·海龙湾的房产 2018 年均价已经突破 8 000 元 / 平方米，临近的红谷中心区均价已经向 10 000 元 / 平方米的成交均价攀升，性价比吸引了大量客户，市区特别是钟情于红谷中心区的刚性购房者倾向于向嘉善·海龙湾项目所在的区域转移。因此，一期竣工当年，项目二期于 11 月紧锣密鼓开工。项目还增加了地源热泵、太阳能等低碳技术及每户达 10% 左右的面积赠送，总体造价较红谷中心区建安工程造价参考指标高出了 10%～15%。嘉善·海龙湾项目一期和二期时间紧，中间几乎没有断档期，成本相对较高，税收筹划极富挑战又极具代表性。

嘉善·海龙湾拟建于该市经济开发区，在建设预算中，就地安置拆迁户的房屋拆迁面积达 5 000 平方米，其中就地安置等面积偿还 4 000 平方米，其余 1 000 平方米以 7 500 元 / 平方米的价格给予货币补偿。已知该住宅项目的房屋市场售价为 8 000 元 / 平方米，以协议出让方式取得的土地使用权成本为 8 000 万元，可售总面积为 50 000 平方米，其中包括用于拆迁安置的房屋面积 5 000 平方米。

3. 开发项目的税收筹划方案

1）契税方案

对以上开发项目，提出以下两种契税缴纳方案。

方案一： 拆迁过程中，货币补偿部分以实际支付的拆迁补偿款确定契税的计税依据，就地安置部分应以每平方米的货币补偿标准确定契税的计税依据。

回迁部分契税的计税依据为：7 500 元 / 平方米 × 4 000 平方米 =3 000 万元

拆迁户货币补偿：7 500 元 / 平方米 × 1 000 平方米 =750 万元

全部契税计税依据为：3 000 万元 +8 000 万元 +750 万元 =11 750 万元

方案二： 拆迁过程中，货币补偿部分以实际支付的拆迁补偿款确定契税的计税依据，就地安置部分应以被拆迁房屋每平方米的市场价格确定契税的计税依据。

即回迁部分契税的计税依据为：8 000 元 / 平方米 × 4 000 平方米 =3 200 万元

全部契税计税依据为：3 200 万元 +8 000 万元 +750 万元 =11 950 万元

2）开发建设环节的税收筹划

（1）融资方式的税收筹划。

嘉善·海龙湾项目中，对土地增值税清算中利息的扣除计算方法进行选择对比。该项目取得土地使用权所支付的金额为 6 700 万元，开发成本为 4 亿万元，而利息支出为 1 680 万元。

方案一：据实扣除。

扣除额 =(6 700+40 000)×5%+1 680=4 015(万元)

方案二：定率扣除。

扣除额 =(6 700+40 000)×10%=4 670(万元)

【结论】：就嘉善·海龙湾项目而言，方案二的扣除额大于方案一，差额为 655 万元，可见方案二更合算。因此在清算时应选择方案二，即前提条件是企业不能合理分摊利息费用或不能提供金融机构证明。

（2）建房方式的税收筹划。嘉善公司拟建的龙湖经典项目有一地块，其土地成本和开发成本合计为 29 000 万元，评估公司按照市价给出的评估价格为 50 000 万元。现有以下两个方案（均采用营改增后的简易计税法）。

方案一：自建自销。

嘉善公司将该项目作为商品房用于直接销售，依据税务规定，按照销售不动产税目征税，涉及土地增值税。

销售收入（含增值税）：50 000(万元)

销售收入（不含增值税）：50 000÷(1+5%)=47 619(万元)

销项税额：47 619×5%=2 381(万元)

城建税及教育费附加：2 381×(7%+3%+2%)=286(万元)

印花税：50 000×0.000 5=25(万元)

扣除项：29 000×(1+10%+20%)+286=37 986(万元)

增值额：47 619−37 986=9 633(万元)

增值率：9 269÷37 986×100%=25.36%

土地增值税：9 633×30%=2 889.9(万元)

净收入：47 619−29 000−25−2 889.9−286=15 418.1(万元)

方案二：代建。

嘉善公司先将该地块出售给绿地公司用于职工住房，土地转让价格按照评估价格为 10 000 万元，土地成本为 7 280 万元，进行土地使用权证的更名，涉及土地增值税。嘉善公司与绿地公司签订房屋代建协议书，工程所需全部建设资金均由绿地公司提供，同时绿地公司还负责采购大部分的建筑材料（价款约为 1 300 万元）。嘉善公司只负责工程的组织协调工作，建筑面积为 90 000 平方米，按照每平方米 2 500 元收取代建服务费，共计 22 500 万元。代建服务期间费用预测为 6 500 万元。代建服务按照服务收入征税，不涉及土地增值税。

该房地产公司转让该地块的损益如下。

销售收入（含增值税）：10 000(万元)

销售收入（不含增值税）：10 000÷(1+5%)=9 524(万元)

销项税额：9 524×5%=476(万元)

城建税及教育费附加：476×(7%+3%+2%)=57(万元)

印花税：10 000×0.000 5=5(万元)

扣除项：7 280×(1+10%)+57=8 065(万元)

增值额：9 524-8 065=1 459(万元)

增值率：1 459÷8 065×100%=18%

土地增值税：1 459×30%=438(万元)

净收入：9 524-7 280-57-5-438=1 744(万元)

该房地产公司代建服务损益如下。

代建收入（含增值税）：22 500(万元)

代建收入（不含增值税）：22 500÷(1+5%)=21 429(万元)

代建增值税：21 429×5%=1 071(万元)

代建城建税及教育费附加：1 071×(7%+3%+2%)=129(万元)

净收入：21 429-129-6 500=14 800(万元)

该房地产公司两项业务合计净收入如下。

合计净收入：14 800+1 744=16 544(万元)

【结论】：根据上述分析，本项目方案二的净收入更多，比方案一多 1 296 万元。因此选择方案二——代建方式——更合适。

8.5 会计政策筹划法

8.5.1 会计政策筹划法的原理

当企业存在可供选择的会计政策时,择定有利于税后利润最大化的会计政策组合,就是所谓的会计政策筹划法。其目标在于将会计政策引入纳税活动,形成会计政策选择与税收筹划的联合效应。

会计政策是会计核算时所遵循的基本原则及所采纳的具体处理方法和程序的总称。会计政策在形式上表现为会计处理的一种技术规范,本质上是一项社会经济政策和政治利益的博弈规则与制度安排。不同的会计政策选择必然会形成不同的财务结果,也必然会导致不同的税收负担,同时也会对利益相关者乃至社会经济环境产生不同程度的影响。

8.5.2 会计政策筹划法的操作技术

1. 分摊筹划法

对于一项费用,如果涉及多个分摊对象,分摊依据的不同会造成分摊结果的不同;对于一项拟摊销的支出,采用的摊销期限和摊销方法不同,摊销结果也就不同。分摊筹划法影响企业的损益计量和资产计价,进而影响企业的实际税负水平。

分摊筹划法涉及的主要会计事项有无形资产摊销、待摊费用摊销、固定资产折旧、存货计价方法选择及间接费用分配等。例如,存货计价方法会对企业的纳税结果造成影响。在财税实务中,存货的计价方法主要有先进先出法、月末一次加权平均法、移动加权平均法、个别计价法等。在不同财税形势下,应根据存货的市场价格变动趋势合理选择存货计价方法。表8-5反映了不同情况下选择存货计价方法的基本规律。

表 8-5 存货计价方法的选择

项目	比例税率			累进税率
价格变动趋势	物价上涨	物价下跌	物价波动	物价波动
存货计价方法	加权平均法	先进先出法	加权平均法	加权平均法
选择理由	多计发出存货成本，少计期末存货成本，减少当期所得税支出	提高本期发出存货成本，减少当期收益，减轻所得税负担	避免各期利润忽高忽低及企业各期应纳所得税上下波动，利于企业资金安排与管理	使计入成本的存货价格比较均衡，进而使各期利润比较均衡，避免因适用较高的税率而加重税负

2. 会计估计筹划法

由于企业的生产经营活动存在诸多不确定因素，一些项目不能被精确计量，而只能加以合理的会计估计与测算，因此，在会计核算中，对尚在延续中、其结果尚未确定的交易或事项需要估计入账。这种会计估计会影响计入特定会计期间的收益或费用的金额，进而影响企业的收益水平与税收负担。

会计估计筹划法涉及的主要会计事项有坏账估计、存货跌价估计、折旧年限估计、固定资产净残值估计、无形资产受益期限估计等。

【案例 8-9】

丽江天然矿泉水公司是一家生产销售天然矿泉水的生产商，该公司为鼓励代理商，给予了优惠折扣政策如下：年销售矿泉水在 100 万瓶以下的，每瓶享受 0.20 元的折扣；年销售矿泉水在 100 万～500 万瓶的，每瓶享受 0.25 元的折扣；年销售矿泉水在 500 万瓶以上的，每瓶享受 0.30 元的折扣。但是，在代理期间，由于丽江天然矿泉水公司不知道也不可能知道每家代理商到年底究竟能销售多少瓶矿泉水，也就不能确定每家代理商应享受的折扣率。因此，丽江天然矿泉水公司通常会采用下列做法：等到年底或次年年初，一次性结算应给代理商的折扣总额，并单独开具红字发票。但这种折扣在计税时不允许冲减销售收入，结果造成每年多缴纳一部分税款。那么，有没有税收筹划办法改变这一现状呢？

【解析】：丽江天然矿泉水公司通过税收筹划，可以采取预估折扣率的办法来解决折扣问题，具体有两种操作模式。

（1）每年年初，丽江天然矿泉水公司按最低折扣率或根据上一年每家经销代理商的实际销量初步确定一个折扣率，在每次销售时按照预估的折扣率减除预扣的折扣额来确定销售收入。即在代理期间每一份销售发票上都根据预估折扣率计算预扣的折扣额，这样企业就可以将减除折扣额后的收入确认为主营业务收入，从而降低每期的应纳税额。等到年底或次年年初每家代理商的实际销售数量和销售折扣率确定后，再调整预估折扣额与实际折扣额的差额部分。如果属于调增折扣额，那么虽不能再冲减销售收入，但绝大部分的折扣额已经在平时的销售中直接冲减了销售收入，已经降低了税款支出，对于折扣额的差额部分，即便是正常缴税也未尝不可。

（2）递延折扣额。本方法中平时预估折扣率的操作处理与第一种方法相同，不同的是等到年底或次年年初每家代理商的实际销售数量和销售折扣率确定后，将预估折扣额与实际折扣额的差额部分递延到下一年度确认，即将本年度需要返还代理商的折扣额差额部分，作为下一年度的销售收入的折扣额进行处理，从下一年度的销售收入中扣除。

8.6 税负转嫁筹划法

8.6.1 税负转嫁筹划法的原理

税负转嫁筹划法是指在市场环境下，受商业利益的驱动，纳税人通过种种途径和方式将税负部分或全部转移给他人的操作方法。税负转嫁可以视为市场主体之间的一种税收博弈行为。

税负转嫁是一种纳税技巧，可以在悄无声息中实现纳税人税负的降低。税负转嫁筹划法的操作平台是价格，其基本操作原理是利用价格浮动、价格分解来转移或规避税负。税负转嫁筹划能否通过价格浮动方式实现，关键取决于商品的需求价格弹性的大小：需求价格弹性越小，越容易实现税负转嫁。在现实经济活动中，实现价格浮动的手段和方法不拘一格，税负转嫁的手段更为灵活多样。

采用税负转嫁筹划法应注意三个方面：第一，税负转嫁和商品价格是直接联系的，和价格无关的因素是不能纳入税负转嫁范畴的；第二，税负转嫁是一个客观过程，没有税收转移就不能算作税负转嫁；第三，税负转嫁应理解为纳税人的主动行为，与纳税人主动行为无关的价格再分配性质的价值转移不能算作税负转嫁。

税负转嫁意味着税负的实际承担者可能不是缴纳税款的直接纳税人,而是背后的负税人。税款的直接纳税人将税负转嫁给他人,自己并不承担纳税义务,仅仅是充当税务机关与实际纳税人之间的桥梁。由于税负转嫁没有伤害国家利益,也不违法,因此税负转嫁筹划法受到纳税人的普遍青睐,同时也得到了政府的认可。利用税负转嫁筹划法减轻纳税人的税负,已成为一种普遍的财税管理活动。

8.6.2 税负转嫁筹划法的操作技术

1. 税负前转筹划法

税负前转是指纳税人将其所负担的税款,通过提高商品或生产要素价格的方式转移给购买者或最终消费者,这是最为典型、最具普遍意义的税负转嫁形式。比如,在生产环节课征的税收,生产企业就可以通过提高商品出厂价格而把税负转嫁给批发商,批发商再以类似的方式将税负转嫁给零售商,零售商最终将税负转嫁给最终消费者。税负前转筹划法即税负顺转法,一般适用于市场紧俏的生产要素或知名品牌的商品。

税负前转筹划法的基础是价格平台,如果将税负前转筹划法与转让定价策略及集团运营结合,就会显示出其更大的威力。税负前转筹划法操作便捷灵巧,有时能起到"四两拨千斤"的奇妙效果。

税负前转筹划法只能将企业的部分税负进行转嫁。从实践情况来看,能够进行税负前转的,主要是那些征税时无法确定其最终负担者的税种,如增值税、消费税、关税等。举个例子,一家生产制造公司属于增值税一般纳税人,其增值税负担并不代表其真实税负率,因为其销项税额是由购买方或消费者提供的。再如,对香烟征收消费税,香烟的消费者实际上才是香烟消费税的承担者,但由于预先并不能确定每包香烟的消费者,因而只能以香烟为征税对象,以其制造者和销售者为纳税人,再由制造者和销售者将税负转移给消费者和购买者。这与增值税的税收原理基本一致,其共同点是税款可以加在商品价格上,通过提高商品售价的方式将税负转移给消费者,最终实现税负转嫁。

【案例 8-10】

我国南方一些竹木产区生产竹木地板,这种地板的特点是清凉、透气、加工制造简单。但是与革制地板、化纤地毯相比,显得不够美观。生产厂商将竹木地板的定价设为 80 元/

> 平方米。由于竹木地板只适用于南方潮湿地区，北方多数地区无法使用（竹木地板易裂，怕干燥），因此市场需求量不大，结果造成竹木地板生产厂商只能简单维持企业运转。由于80元/平方米在当时已被认为是很高的价格标准，因此有关增值税负担只能由生产厂商承担。那么，有没有好的税收筹划方法？

【解析】：经分析测定，这种竹木地板具有很高的养身功效与医用价值，使用竹木地板保持人与纤维的密切接触，对人体循环和代谢平衡能起到很好的作用。因此周边很多国家纷纷到我国南方竹木地板厂订货，原来80元/平方米的竹木地板，在国际上的销售价格一跃变成了60美元/平方米。这样一来，竹木地板生产厂商大幅提高了利润水平，其所承担的增值税负担通过售价的提高而顺利地实现了税负转嫁。

对于生产厂商来讲，从多个层面提升商品的价值，这样可以采取提高售价的方法向消费者转嫁税负，尤其当商品的需求价格弹性较小时，极易实现税负转嫁。

2. 税负后转筹划法

税负后转筹划法与税负前转筹划法的原理大致相同，只是税负转嫁的方向不同。纳税人通过降低生产要素购进价格、压低工资或其他转嫁方式，将其负担的税收转移给提供生产要素的企业，这就是税负后转。在这种情况下，纳税人已纳税款因种种情况不能转嫁给购买者和消费者，而只能转嫁给货物的供给者和生产者。比如，一个批发商纳税后，因为商品价格下降，已纳税款难以加在商品价格之上转移给零售商，于是批发商就要求厂家退货或由厂家承担全部或部分已纳税款，这时就会发生税负后转。税负后转筹划法一般适用于生产要素或商品积压时的买方市场。

在现实经济生活中，税负转嫁法的运用非常灵活。有些情况下，购买方虽然还没有付款，却要求销售方先开具增值税专用发票，然后根据资金周转的情况再付款给销售方，这时就会出现税负转嫁现象：购买方在没有付款的情况下，却取得了增值税专用发票，在当期就可以抵扣进项税额；而销售方把增值税专用发票开给购买方后，就必须计提销项税额并缴纳增值税。如果遇上所得税申报期，销售方还要计算应纳税所得额并缴纳企业所得税。所以，购买方在取得增值税专用发票而没有支付价款的情况下，会实现税负后转现象，即销售方因此先承担了购买方转嫁来的增值税负担。

【案例8-11】

酒厂生产的白酒是一种特殊的消费品，不仅需要缴纳增值税，还需要缴纳消费税。白酒厂商为了保持适当的税后利润率，通常的做法是相应地提高出厂价。但这样做一方面会影响市场销量，另一方面会导致从价定率消费税与增值税的攀升。下面分析酒厂利用税负转嫁原理进行税收筹划的基本操作。

【解析】：上述案例利用税负转嫁原理进行税收筹划有以下两种方式。

（1）设立独立的销售公司以规避消费税。许多酒厂都会设立独立的销售公司，利用增加流通环节的办法转嫁税负。由于酒类产品的消费税仅在出厂环节征收，即按照白酒的出厂价计征消费税，后续的分销、零售等环节不再征收消费税。因此在这种情况下，通过引入独立的销售公司，采取"前低后高"的价格转移策略即可转嫁税负。即先以相对较低的价格将白酒卖给自己的销售公司，再由销售公司以合理的高价进行层层分销，最终到达消费者手中。这样操作的效果是在确保总体销售收入的同时降低消费税负担。

（2）市场营销费、广告费的转嫁。酒厂还有一种转嫁税负的手段，即将市场营销费、广告费等合理地转嫁给经销商负担，但酒厂要对经销商做出一定的价格让步，以弥补经销商负担的相关市场营销费、广告费等支出。这种费用的转嫁方式，降低了白酒的出厂价，直接转嫁了增值税，降低了消费税。对于经销商来说，在销售及其他因素不变的情况下，白酒进价的降低会导致可以抵扣的进项税额减少，相当于经销商负担了酒厂的一部分增值税，而酒厂的一部分消费税却在转嫁中悄然消失了。同时，经销商增加市场营销费、广告费等支出，会降低其企业所得税负担，从而对其多缴的增值税进行补偿。当然，补偿程度会因市场营销费、广告费等费用的开支及白酒价格让利程度的不同而不同。

8.7 递延纳税筹划法

8.7.1 递延纳税筹划法的原理

递延纳税筹划法是指纳税人通过合同控制、交易控制、流程控制等手段，利用税收政策合法延缓纳税义务发生时间，合理安排进项税额抵扣时间及企业所得税预缴和汇算清缴时间，从而科学地推迟纳税时间。

递延纳税旨在推迟纳税时间，相当于获取了一笔与推迟缴纳的税款相当的无息贷款，获得了货币的时间价值，给纳税人带来的好处是不言而喻的。《国际税收词汇》中对递延纳税条目的注释进行了精辟的阐述：递延纳税，有利于资金周转，节省利息支出，以及由于通货膨胀的影响，延期缴纳的税款币值下降，从而降低了实际纳税额。由此可见，递延纳税具有多重好处，其中，合理控制纳税环节、抵扣税额、税前扣除额、纳税时间、纳税地点等因素是实施递延纳税筹划法的关键。

8.7.2 递延纳税筹划法的操作技术

税收筹划的重点税种是增值税、企业所得税。增值税的计税依据是收入，企业所得税的计税依据是应纳税所得额，即纳税人的收入总额减去成本、费用、税金、损失后的余额。所以，递延纳税的本质是推迟收入或应纳税所得额的确认时间，采用的税收筹划技术主要有两个：一是合理推迟收入；二是尽早确认成本、费用支出。

税法对不同销售行为的纳税义务发生时间做出了明确的法律规定。纳税人采取不同的收款方式，纳税义务发生时间会存在很大差别。如果纳税人合理利用这些具体规定，就可以签订对自己有利的销售合同。

以采取委托代销方式为例，委托方先将商品交付给受托方，受托方根据合同要求，将商品出售后给委托方开具代销清单。此时，委托方根据代销清单确认销售收入。按照这一原理，如果纳税人的产品销售对象是商业企业，并且以先销售后付款结算的方式完成销售，就可以采用委托代销结算方式，即根据实际收到的货款分期计算销项税额，从而合理、合法地延缓纳税义务发生时间。

【案例 8-12】

某造纸厂 7 月份向汇文商店销售白板纸 113 万元（含税价），货款结算采用先销售后付款的方式。截至同年 10 月份，汇文商店只汇来 33.9 万元货款，导致该造纸厂垫付了大量增值税款。对此类销售业务，造纸厂应如何进行税收筹划？

【解析】：此笔业务中，由于购货方是汇文商店，属于商贸企业，并且货款结算采

用了先销售后付款的方式,导致 7 月份造纸厂发出白板纸后就必须计算缴纳销项税额:

$$113 \div (1+13\%) \times 13\% = 13(万元)$$

若考虑选择委托代销模式,就可实现递延纳税。具体税务处理如下:该造纸厂 7 月份采用委托代销方式销售白板纸,白板纸发出时不需要计算销项税额;10 月份按收到的代销清单确认销售额并计提销项税额:

$$33.9 \div (1+13\%) \times 13\% = 3.9(万元)$$

对尚未收到代销清单的货物,可暂不申报、缴纳增值税,这样便达到了递延纳税的目的。

8.8 规避平台筹划法

8.8.1 规避平台筹划法的原理

在税收筹划实务中,税法规定的若干临界点常被称为"规避平台"。规避平台建立的基础是临界点,因为临界点会因"量"的积累而引起"质"的变化,是一个特别重要的关键点。当纳税人突破某些临界点时,由于所适用的税率降低或满足享受税收优惠的条件,因此可以获得一定的税收利益,这便是规避平台筹划法的基本原理。规避平台筹划法着眼于寻找临界点,并巧妙利用临界点来控制税负水平。

8.8.2 规避平台筹划法的操作技术

1. 税基临界点筹划法

税基临界点筹划法主要是寻找税基临界点,并利用税基临界点控制税负。税基临界点主要有起征点、扣除限额、税率跳跃点等。税基相对于临界点的变化会引起税负的巨大变化,即临界点的边际税率会出现迅速递增或递减的变化态势。

税基临界点筹划法聚焦于临界点,即要关注临界点、测算临界点、利用临界点。诸如个人所得税的起征点、个人所得税的税率跳跃点、企业所得税的税前扣除限额等，都是典型的税基临界点，对其进行税收筹划可以降低税负。

像公益性捐赠支出、业务招待费、广告费和业务宣传费等扣除项目都有税前扣除限额，都属于税基临界点。《企业所得税法》及其实施条例规定，企业发生的公益性捐赠支出，在年度利润总额12%以内的部分，准予在计算应纳税所得额时扣除；企业发生的业务招待费，按照实际发生额的60%扣除，最高不超过营业额（销售额）的5‰；企业发生的广告费和业务宣传费，在不超过营业额（销售额）15%的范围内扣除。

2. 优惠临界点筹划法

优惠临界点筹划法主要着眼于优惠政策所适用的前提条件，只有在满足前提条件的基础上才能适用税收优惠政策。一般优惠临界点包括三种情况：一是绝对数额临界点，二是相对比例临界点，三是时间期限临界点。

规避平台利用的是临界点的量变质变规律。如果实际业务距离优惠临界点太远，那么要突破它，就必须有足够的量变积累，这可能会导致成本损耗与费用支出。所以，在利用优惠临界点筹划法时应合理规划，测算达到临界点的非税成本，避免出现舍本逐利、本末倒置的情况，以保证规避平台筹划法能达到最佳的筹划效果。

【案例8-13】

李明在天津市拥有一套家庭唯一生活用房，已经居住了4年零9个月。这时他在北京找到一份薪水很高的工作，需要出售该住房搬到北京居住，那么李明应如何进行税收筹划呢？

【解析】：对个人住房转让所得征收个人所得税，适用20%的个人所得税税率，但对个人转让自用5年以上并且是家庭唯一生活用房取得的所得免征个人所得税。对出售自有住房并在1年内重新购房的纳税人不再减免个人所得税。如果李明马上出售天津市的住房，就必须缴纳个人所得税。

合乎理性的筹划方法是，他将住房于3个月后转让而不是马上转让，且在北京购房的时间延续到天津住房转让1年后，这样就符合上述免税政策的规定。当然，李明如果遇到了合适的买主，也可以立即出售该住房。采取时间期限临界点筹划法，和买主签订两份合同：一份是远期房产转让合同（3个月后正式交割房产）；另一份是为期3个月的房产租赁合同。只要租金和售价之和等于买主理想中的价位，这种交易很容易成功。这样买主可以马上住进去，李明也可以顺利享受个人所得税的免税待遇。

按照"营改增"最新政策，个人将购买不足 2 年的住房对外销售的，全额征收增值税；个人将购买 2 年以上（含 2 年）的住房对外销售的，免征增值税。李明在天津市的住房购买时间已经超过 2 年，所以免征增值税。

8.9 资产重组筹划法

8.9.1 资产重组筹划法的原理

资产重组筹划法是指纳税人通过合并筹划法、分立筹划法等手段，实施资源优化配置，科学筹划税收，为资产重组活动节税。

资产重组的核心是实现资源的合理配置和资本效用的最大化，其实质是通过收购、兼并、分立等重组行为来实现包括经营业务整合、资产结构优化、财务状况改善、税款节约等目的。资产重组不可避免地影响着产权关系，甚至会打破原来的企业边界，实现资产转移、股权关系的变化。资产重组筹划法的基本原理是资产重组行为改变了产权结构，产权结构的变化影响纳税活动，进而影响企业实际的税负水平。其实，诸如纳税地点、纳税时间、纳税环节、纳税主体等税制要素都会因为资产重组、产权结构变化而发生变化。从一定意义上说，资产重组筹划法旨在打破企业边界的"束缚"，寻找最佳资源配置结构，寻找税负最小化的产权关系。

8.9.2 资产重组筹划法的操作技术

1. 合并筹划法

企业合并是实现资源流动与有效配置的重要方式。企业合并不可避免地涉及税收筹划问题。合并筹划法是指企业利用并购及资产重组手段，改变其组织形式及股权关系，实现控制税负目的的筹划方法。

合并筹划法一般应用于以下五个方面：一是企业合并完成后，可以进入新的领域、新的行业，享受新领域、新行业的税收优惠政策；二是企业并购有大量亏损的公司，可以实现盈亏抵补、低成本扩张[①]；三是企业合并可以实现关联企业或上下游企业流通环节的减少，合理规避流转税和印花税；四是企业合并可能改变纳税主体的性质，譬如，企业可能会因为合并行为而由小规模纳税人转变为一般纳税人，或由内资企业转变为中外合资企业；五是企业合并符合免税重组政策条件的，可以不确认资产转让所得，不缴纳企业所得税。借助企业合并的特殊性重组政策，可以合法规避资产转让的所得税负担，具体参照《财政部国家税务总局关于企业重组业务企业所得税处理若干问题的通知》（财税〔2009〕59号）的相关规定。[②]

2. 分立筹划法

企业分立，是指一家企业将部分或全部资产分离转让给现存或新设的企业，被分立企业股东换取分立企业的股权或非股权支付，实现企业的依法分立。企业分立有利于企业更好地适应环境和利用税收政策获得税收方面的利益。

分立筹划法是指利用分拆手段，有效改变企业规模和组织形式、降低企业整体税负的一种税收筹划方法。分立筹划法的优势如下。

一是企业被分立为多个纳税主体，可以形成有关联关系的企业群，实施集团化管理和系统化筹划；

二是企业分立可以将兼营或混合销售中的低税率或零税率业务独立出来，单独计税以降低税负；

三是企业分立使适用累进税率的纳税主体分化成两个或多个适用低税率的纳税主体，税负自然会降低；

[①] 适用一般重组的企业合并，被合并企业的亏损不得在合并企业结转弥补；适用特殊性重组的企业合并，合并企业能以限额弥补被合并企业的亏损。

[②] 符合特殊性重组的条件如下：（1）具有合理的商业目的，且不以减少、免除或者推迟缴纳税款为主要目的；（2）企业重组后的连续12个月内不改变重组资产原来的实质性经营活动；（3）企业重组中取得股权支付的原主要股东，在重组后连续12个月内不得转让所取得的股权；（4）被收购、合并或分立部分的资产或股权比例超过了50%；（5）企业股东在该企业合并发生时取得的股权支付金额不低于其交易支付总额的85%，以及同一控制下且不需要支付对价的企业合并。

四是企业分立可以增加一道流通环节，有利于增值税抵扣及转让定价策略的运用。

企业分立发生时，被分立企业所有股东按原持股比例取得分立企业的股权，分立企业和被分立企业均不改变原来的实质经营活动，且被分立企业股东在该企业分立发生时取得的股权支付金额不低于其交易支付总额的85%，可以选择按以下规定处理。

（1）分立企业接受被分立企业资产和负债的计税基础，以被分立企业的原有计税基础确定。

（2）被分立企业已分立出去的资产相应的所得税事项由分立企业承继。

（3）被分立企业未超过法定弥补期限的亏损额可按分立资产占全部资产的比例进行分配，由分立企业继续弥补。

（4）被分立企业的股东取得分立企业的股权（以下简称"新股"），如果需要部分或全部放弃原持有的被分立企业的股权（以下简称"旧股"），那么"新股"的计税基础应以放弃"旧股"的计税基础确定；如果不需要放弃"旧股"，则其取得"新股"的计税基础可从以下两种方法中选择：一是直接将"新股"的计税基础确定为零；二是以被分立企业分立出去的净资产占被分立企业全部净资产的比例先调减原持有的"旧股"的计税基础，再将调减的计税基础平均分配到"新股"上。①

值得注意的是，分立筹划法在实际操作中要考虑两个问题：一是采用分立筹划法时必须先进行成本权衡分析，即要求满足企业分立所产生的非税成本必须小于节税利益；二是企业分立进行业务拆分时，必须考虑定价的合理性，由于分立企业之间存在一定的关联关系，如果定价不合理，税务机关就有权调整作为税基的定价。

【案例8-14】

神力电梯公司主要生产销售电梯并负责电梯的安装、维修及保养。8月份神力电梯公司取得含税销售收入3 390万元，其中安装费约占含税销售收入的30%，维修费约占含税销售收入的10%。假设8月份购进的进项税额为200万元，请为神力电梯公司设计税收筹划方案。

【解析】：混合销售行为和兼营的非应税劳务应当缴纳增值税，其销售额分别为货物与非应税劳务的销售额的合计，货物或者应税劳务与非应税劳务的销售额的合计。神力电梯公司既生产销售电梯又负责安装维修电梯的行为属于混合销售行为，按照税法规

---

① 参见《财政部 国家税务总局关于企业重组业务企业所得税若干问题的通知》（财税〔2009〕59号）的相关规定。

定，8月份神力电梯公司应纳增值税额为：3 390÷(1+13%)×13%-200=190(万元)。

如果神力电梯公司设立一个独立核算的安装公司，神力电梯公司只负责生产销售电梯，安装公司专门负责电梯的安装和维修，神力电梯公司和安装公司分别就销售电梯收入、安装维修收入开具发票。这样一来，纳税情况就会发生变化。对销售电梯取得的收入，征收13%的增值税；对不从事电梯生产销售，只从事电梯安装和维修的专业公司的电梯安装收入征收9%的增值税，电梯维修收入征收6%的增值税。

神力电梯公司应纳增值税=3 390×(1-40%)÷(1+13%)×13%-200

=34(万元)

安装公司应纳增值税=3 390×30%×9%÷(1+9%)+3 390×10%×6%÷(1+6%)

=103.16(万元)

神力电梯公司分立出安装公司后，节省增值税额为：

200-34-103.16=62.84(万元)

神力电梯公司在运用分立筹划法时要注意以下问题。

（1）要进行成本收益衡量。设立电梯服务公司所增加的企业分立成本和税收筹划费用之和应小于节税收益。

（2）注意定价的合理性。由于涉及货物销售价格与服务价格的剥离，不要为了节税而故意抬高服务价格，因为生产销售企业与提供服务的企业存在关联方关系，如果定价不合理，那么税务机关有权调整货物及服务的定价。

【案例8-15】

乙公司是制造型企业，为加快产品研发和技术更新，2021年年底成立了技术研发部，2022年该研发部门全年研发费用为1 000万元，技术转让收入为3 000万元。乙公司当年税前利润为4 000万元，研发费用已全部计入当期损益，且没有其他纳税调整事项。

2022年乙公司应交企业所得税为：

(4 000-1 000)×25%=750(万元)

现假定乙公司将研发部门独立出来，单独成立一家全资控股的高新技术企业——B公司，且B公司独立运营、自负盈亏。预计年技术转让收入为3 000万元，成本支出为1 000万元，税前利润为2 000万元。那么，将研发部门独立出来后可节省多少税额？

【解析】：乙公司将研发部门独立出来后，节税情况有 3 种。

（1）若 B 公司处于免税期，则无须缴纳企业所得税。将研发部门独立出来后，乙公司的税前利润变为：

$$4\,000+1\,000-3\,000=2\,000(万元)$$

乙公司应交企业所得税为：

$$2\,000\times25\%=500(万元)$$

则两家公司合计应缴纳企业所得税 500 万元。

由此可见，乙公司将研发部门独立出来更节税，少交税金为：

$$750-500=250(万元)$$

（2）若 B 公司适用居民企业技术转让所得优惠政策：一个纳税年度内居民企业技术转让所得不超过 500 万元的部分免征企业所得税，超过 500 万元的部分减半征收企业所得税。

B 公司技术转让所得① 为：

$$3\,000-1\,000=2\,000(万元)$$

应交企业所得税为：

$$(2\,000-500)\times25\%\times50\%=187.5(万元)$$

此外，乙公司应交企业所得税为 500 万元，则两家公司合计应交企业所得税为：

$$187.5+500=687.5(万元)$$

乙公司将研发部门独立出来，节税额为：

$$750-687.5=62.5(万元)$$

（3）若 B 公司按优惠所得税税率 15% 计算，那么应交纳企业所得税为：

$$(3\,000-1\,000-500)\times15\%\times50\%=112.5(万元)$$

此外，乙公司应交企业所得税为 500 万元，则两家公司合计应交企业所得税为：

$$112.5+500=612.5(万元)$$

乙公司将研发部门独立出来节税额为：

$$750-612.5=137.5(万元)$$

---

① 技术转让所得＝技术转让收入－技术转让成本－相关税费。

8.10 业务转化筹划法

8.10.1 业务转化筹划法的原理

业务转化筹划法蕴藏着大智慧，是一种在变化中寻找节税空间的税收筹划方法。业务转化筹划法所采用的手段灵活多样，体现了与时俱进的开创思维。穷则变，变则通，通则久。业务转化筹划法强调的是转变，只有变才是世间唯一不变的规则，只有变才能立于不败之地。

"春播夏长，秋收冬藏"，世间万物皆有其变化规律。业务转化筹划法崇尚的是转化规律，关键是掌握变化之道。现实经济活动中的购买、销售、运输、建房等业务可以合理转化为代购、代销、代运、代建房等业务，无形资产转让可以合理转化为技术研发服务或非货币性资产投资业务，甚至还有公司雇员与非雇员之间的相互转化……这些业务模式浑然天成，没有一丝雕琢的痕迹。业务转化使得纳税人于转化前后享受到的税收政策天壤之别，正是变化的业务模式与设计的交易结构凸显了税收筹划的操作空间。

8.10.2 业务转化筹划法的操作技术

业务转化筹划法蕴含着业务模式转变思想，不同的业务模式适用不同的税收政策，自然会形成不同的税负状况，其中就会显示出一定的节税空间。业务转化筹划法主要有三种操作技术：业务形式转化、业务口袋转化、业务期间转化。

1. 业务形式转化

业务形式转化，即将纳税人的收入从一种形式转化为另一种形式。随着业务形式的转化，其所涉及的收入性质、税种、应纳税额也会相应发生变化，税负结果自然不同。

【案例 8-16】

美国的股份公司经常为职工购买多份生命保险,保费的资金来源是贷款,可以是银行提供的,也可以是保险公司提供的。按照美国税法的规定,银行贷款利息可以在税前扣除。每年购买保单的资金不必立即缴税,只是在保单变现时才予以征税。因此,购买保单就是一项获取税收利益的投资。

【解析】:如果保费是由保险公司提供的融资,那么企业要求保险公司通过银行转贷该笔资金给自己使用,就可以实现贷款利息税前扣除,而保险公司还能从银行拿到利息收入,具体筹划模型如图 8-1 所示。这一融资形式的转化就体现着业务形式转化的税收筹划技术。

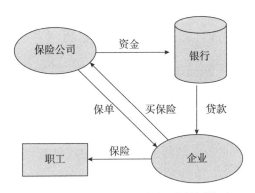

图 8-1 为职工购买保险的税收筹划模型

【案例 8-17】

为了建设"社会主义新农村",响应城乡一体化发展战略,中部地区某村庄推出了"新型城镇"计划,具体建设规划如下:在村民集中居住地的南面统一建设 10 栋两单元五层的居住楼,妥善安置村里 600 余村民,待居住楼建设完毕后再统一拆迁原居民院落,变原院落为耕地。

由于当地政府资金不足,因此将此项目的房地产开发项目转给了村中的某房地产企业进行开发。该房地产企业对此项目进行了初步规划:本着自愿签署合同的原则,对每户同意拆迁的村民给予 10 万元的拆迁补偿费,待房屋建设完毕,再将房屋以每平方米1500 元的售价销售给村民。由于此项目的涉税金额较大,因此形成的税后利润很少,甚至可以忽略不计。此项目对于开发企业而言,构成了销售房地产的业务形式,涉及的税种较多,税负较大。对此有没有更好的税收筹划方法呢?

【解析】:此项目的筹划核心是变房地产开发业务为代建业务。若符合代建房行为,就可以免征土地增值税、契税等税种。经过分析发现，该项目可以按照代建业务操作，具体实施过程及关键环节如下。

（1）立项。此次房地产开发项目变企业立项为当地政府立项并报国家发展改革委备案，即开发主体是政府而非房地产企业。

（2）征地。由政府出面同村民签订征地协议，合同双方分别为政府和同意征地的村民，改变企业与村民签订协议的实质。

（3）费用。为了解决当地政府资金不足的问题，企业可以将征地款项借给地方政府，但必须要求地方政府定期偿还。

（4）合同。和当地政府签订代建房合同，变企业售房模式为代建房模式，并对获取的代建收入按照"建筑安装服务"税目纳税。

【案例8-18】

科研人员张明发明了一种新技术，该技术获得了国家专利，专利权属于其个人拥有。由于该专利的实用性很强，甲公司开出了500万元（不含税价）的购买价。这种情况下，张明是否应该转让其技术专利呢？

【解析】：根据增值税的有关政策规定，转让专利权属于转让无形资产，适用税率为6%，张明应纳增值税额为：

$$500 \times 6\% = 30(万元)$$

根据《个人所得税法》的有关规定，转让专利使用权属于特许权使用费收入，个人每次取得的收入不超过4000元的，减除费用800元；收入4000元以上的，减除费用的20%，张明应缴纳的个人所得税额计算如下：

$$500 \times (1-20\%) \times 20\% = 80(万元)$$

张明获得的税后收益为：

$$500 - 30 - 80 = 390(万元)$$

如果不转让专利，而采用业务转化筹划法将技术专利折合为股份投资于甲公司。按甲公司的经营状况测算，张明每年预计从甲公司获取股息收入50万元。若张明愿意采取折股投资方式，则其所负担的税收额将大大下降：（1）按照增值税有关规定，纳税人提供技术开发和与之相关的技术服务免征增值税；（2）按照《个人所得税法》的规定，个人的技术咨询、技术服务所得，应按照20%的比例税率缴纳个人所得税。所以，张明每年应纳个人所得税额为：

$$50 \times 20\% = 10(万元)$$

若采用技术服务形式,张明每年仅须负担10万元的税款,且实现了以后期间的递延纳税。如果每年都可以获取股息收入50万元,只要运营10年,张明就可获得500万元收入。

【案例8-19】

远扬电动车厂商拥有多家代理商,销售返利政策为:代理商每次购买1 000辆电动车,当累计达到3 000辆时,该电动车厂商给予代理商3%的销售返利,并当期支付给代理商。税务机关对此销售返利的看法是,由于是在代理商达到3 000辆时才给予销售返利,与税法规定不符,不能够在发票上体现折扣额,即不属于折扣销售。所以,必须按照销售收入全额确认收入纳税。对此情况,该电动车厂家应该如何筹划销售返利呢?

【解析】:对于上述案例,有如下两种方案。

(1) 当代理商的销售量达到3 000辆时,对最后的1 000件给予9%的折扣,并且在发票上注明折扣额。这样一来,就使销售返利转化为了折扣,解决了销售返利的纳税问题。

(2) 当代理商的销售量达到3 000辆时,厂商的销售返利不再当期返还,而是作为下一期间的折扣额,在下一期间的销售发票上体现,即采取销售返利后期递延方式处理。

2. 业务口袋转化

业务口袋转化,即将一个会计主体的业务转化为另一个会计主体的业务,常见的就是利用税率差在关联企业之间以转让定价的方式实现收入口袋转化,从而达到税收筹划的节税目的。

【案例8-20】

一家设备生产企业,自行研发了一套智能软件,与设备配置在一起对外销售。这套智能软件使设备的性能大大改善,企业因此提高了设备的销售价格。但随之而来的是企业面临着棘手的高税负问题,即设备售价高,增值税和企业所得税负担都很重。从业务流程角度分析,企业税负高的原因在于设备销售价格高,而设备销售价格高的原因在于智能软件。智能软件属于高附加值产品,设备的增值率因此而上升,从而带来了增值税负担和企业所得税负担的增加。那么,有什么节税方法吗?

【解析】:采用业务口袋转化技术,就可以寻找节税空间。操作方案设计是,将生产企业进行拆分,专门成立软件公司,在向购买方出售设备的同时,由软件公司出售智能软件。即把一项交易拆分为两个纳税主体的两项交易,虽然对于客户没有太大的影响,但设备生产企业的税收状况却发生了显著变化：在设备和智能软件的交易中，设备和智能软件分配了原来的销售价格，客户采购活动并没有增加支付成本，但新分立出来的软件公司作为独立的纳税主体，可以申办高新技术企业，其软件的销售收入享受软件产品税收优惠，实际仅负担15%的企业所得税与3%的增值税。①

该问题之所以能得到解决，归因于引入了业务口袋转化技术，把原来的销售收入分解后流入了不同的"口袋"。而不同的"口袋"存在税收待遇差异，从而产生了节税效果。

随着服务的进一步深入，购买方所投资的自动化设备需要设备生产企业提供软件升级、设备维护等后续服务，如果这些服务全部由设备生产企业提供，那么操作模式主要有两种：一是设备生产企业在设备实现销售时一次性收取服务费；二是设备生产企业逐年收取服务费。其实，这两种方式都不太合适：前者会导致设备生产企业提前纳税，后者虽然实现了递延纳税，但并不能摆脱较高的税收负担。对于后续服务问题，利用业务口袋转换模式可以有效控制税负，具体操作方案如下：设备生产企业再投资成立一家网络科技服务公司（申办为高新技术企业），享受企业所得税15%的低税率优惠。由该网络科技服务公司逐年收取服务费，即实际的服务费收入由原来的设备生产企业转移到了新办的网络科技服务公司，整体上可以获得两个企业税率差带来的税收利益。"营改增"之后，服务费收入适用6%的增值税税率，同时允许抵扣相应的进项税额，可以适当控制增值税负担。

3. 业务期间转化

业务期间转化，即把一个纳税期间的业务转化为另一个纳税期间的业务，实现业务收入、费用（成本）及税金的跨期转移，从而实现节税目的。

典型的例子是企业控制收入的实现时间，即合理地将收入归属于合理的期间，从而影响企业当期的应税收入和应纳税额。在经济实践中，企业控制收入的实现时间主要有

---

① 《财政部 国家税务总局关于软件产品增值税政策的通知》（财税〔2011〕100号）规定，自2011年1月1日起，增值税一般纳税人销售其自行开发生产的软件产品，按17%的税率征收增值税后，对其增值税实际税负超过3%的部分实行即征即退政策。《关于调整增值税税率的通知》（财税〔2018〕32号）规定，纳税人发生增值税应税销售行为或者进口货物，原适用17%税率的，税率调整为16%。《财政部 税务总局 海关总署关于深化增值税改革有关政策的公告》（财政部 税务总局 海关总署公告2019年第39号）规定，增值税一般纳税人（以下称纳税人）发生增值税应税销售行为或者进口货物，原适用16%税率的，税率调整为13%；原适用10%税率的，税率调整为9%。

三种方法：一是合理安排交易时间，控制交易进度和收入的实现时间；二是利用交易合同来控制，即通过签订并履行交易合同来控制收入的实现时间；三是通过收入结算方式来控制收入的实现时间及其所归属的期间。

静观业务转化筹划法，其精髓在于因时而变、因事而变、因地而变。推演之，孕育变化、适应变化、收藏变化，乃是税收筹划之道。

8.11 转让定价筹划法

转让定价利用企业间存在税率差异或减免税政策，通过合理操纵价格实现企业间利润转移。转让定价一般适用于关联企业，通过转让定价实现关联企业之间的利益再分配。

【案例 8-21】

振邦集团适用的企业所得税税率为 25%，另外一家子公司——振龙公司，雇用残疾人的比例达到了 75%，被认定为福利企业，暂免征收企业所得税。振邦集团把成本为 80 万元，原应按 120 万元作价的一批货物，以 100 万元的转让定价销售给了振龙公司，振龙公司再以 140 万元的价格将货物销售到了集团之外。下面分析转让定价筹划法对振邦集团总体税负水平的影响。

【解析】：振邦集团按正常定价应负担的税收为（120-80）×25%=10(万元)。

采用降低转让定价后，振邦集团实际负担的税收为（100-80）×25%=5(万元)。

采用转让定价后，振邦集团实现节税额为 10-5=5(万元)。

转让定价之所以被广泛运用的前提条件是商品存在一定的自主定价权。但是，有失公允的转让定价会被税务机关实施税务调整，所以转让定价筹划法是具有一定风险的。

下面通过转让定价模型（见图 8-2）分析转让定价筹划法的运用技巧。

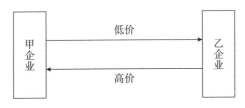

图 8-2 转让定价筹划的简单模型

在图 8-2 中，甲企业和乙企业为异地关联企业。当两家企业适用的企业所得税税率不同时，将利润从税率高的企业向税率低的企业转移有利于关联企业整体税负的降低：当甲企业税率高于乙企业时，采取向乙企业低价出货、高价进货的方法，将利润转移给乙企业，可以减少应纳税额；当乙企业适用的税率高于甲企业时，甲企业采取从乙企业低价进货、高价出货的方式，将利润转移到甲企业，可以减少应纳税额。

假如甲、乙企业为异地非关联企业，甲企业的税率高于乙企业的税率，此时如果再采取图 8-2 所示的方式，甲企业抬高进价、压低售价，就会使非关联企业获益，自己反倒吃亏。因而要引入另外一家企业——丙企业。假定丙企业与甲企业是关联企业，且丙企业与乙企业同处一地，适用税率与乙企业相同。税收筹划基本思路如图 8-3 所示：甲企业先与丙企业按转让定价核算，再由丙企业与乙企业按市场价格进行正常交易。

图 8-3 转让定价扩大模型

还有更为复杂的转让定价筹划，比如，利用关联交易非关联化处理，引入没有关联关系的第三方甚至更多方，通过多边关系多重交易，以转让定价的方式实现转移利润、降低税负的目的。

除了货物交易的转让定价之外，关联企业间的劳务转让定价、资金借贷转让定价、资产租赁转让定价、无形资产转让定价、管理费用分摊转让定价等都可以实现利润从集团内高税率公司向低税率公司的转移，其操作原理与货物交易如出一辙。

案例分析题

案例 1　警惕酒店给的"小惠"

陈先生是阳光服装公司的销售部经理，由于要和客户进行业务交流，因此经常在外地出差。某日，陈先生与客户洽谈业务之后，在一家酒店设宴款待客户，但结账后索要发票时，却被酒店收款员婉言拒绝。酒店收款员对陈先生说："你的消费金额为 1 000 元，如果不要发票，就可以给你 5% 的价格折扣，或者送您价值 50 元的两瓶饮料。"

【问题】：从税收筹划角度分析，陈先生应该放弃索要发票而接受价格折扣或者饮料吗？为什么？酒店为何不愿意给客户开发票？你在实际生活中遇到过类似的情况吗？你是如何处理的？

案例 2　机构设立的税收筹划

某外国企业拟到中国开展技术服务，预计每年获得 1 000 万元收入（暂不考虑相关的成本、费用支出）。该企业面临以下三种操作方案：

（1）在中国境内设立实际管理机构；

（2）在中国境内不设立实际管理机构，但设立营业机构，营业机构适用 25% 的企业所得税，劳务收入通过境内设立的营业机构取得；

（3）在中国境内既不设立实际管理机构，也不设立营业机构。

【问题】：请从税收筹划角度分析三种操作方案的优劣。

案例 3　资本结构的税收筹划

某股份有限公司计划筹措 1 000 万元资金用于某高科技产品生产线的建设，并制定了 A、B、C 三种筹资方案。假设企业所得税税率为 25%，三种筹资方案下息税前利润（扣除利息和企业所得税前的年利润额）都为 300 万元。

A 方案：1 000 万元资金都采用权益筹资方式，即向社会公开发行股票，每股计划发行价格为 2 元，共计 500 万股。

B 方案：1 000 万元资金都采用向商业银行借款的负债筹资方式，借款年利率为 10%。

C 方案：1 000 万元资金都采用向其他企业借款的负债筹资方式，借款年利率为 12%。

【问题】：请分析比较三个筹资方案。

案例 4　"买一赠一"促销模式

某房地产公司推出了"买一赠一"促销活动，购买一栋 300 平方米、市场价为 120 万元的别墅，赠送一个车库，市场价为 30 万元。

【问题】：该房地产公司应如何确认主营业务收入，应如何缴纳税款？

第 9 章
大数据时代的税收筹划新方法

一些最好的理论是在收集数据之后,因为这样你就会意识到另一个现实。

——诺贝尔经济学奖得主　robert J. Shiller

9.1　数字经济下的税收筹划新方法

9.1.1　灵活用工

灵活用工,顾名思义就是不与劳动力提供者签订长期雇佣合同,而是以合作方式灵活利用劳动力。以美团外卖为例,平台上需要非常多的外卖骑手,如果都签订雇佣合同,便与骑手之间形成了雇佣关系,这时企业要为骑手代扣代缴个人所得税,还要支付员工社保,使得美团骑手的人力成本居高不下,骑手个人每月到手的税后收入也会普遍较低。如何在此基础上进行税收筹划,实现企业与骑手共同受益,就需要探索新的用工方法,合理避开雇佣关系,于是灵活用工模式便应运而生。

在灵活用工模式下,企业与骑手从雇佣关系变成了合作关系,将提供服务的骑手变成了个体工商户。以同样的思路,那些滴滴司机、快递人员等都可以成为个体工商户,这些人以个体工商户的名义与平台之间签订提供个人服务的协议,与平台形成合作关系,使得自身的个人所得税由平台代扣代缴,然后企业再与平台签订项目服务协议,即以项目合作关系模式来获取个人的服务,具体的模式如图 9-1 所示。采取该模式,企业能够实现人力资源的外部化,将人力成本固化处理,只须支付自由职业者报酬和平台服务费。付款后,平台可以向企业开具 6% 的增值税专用发票,企业可以进行税款抵扣。对于企业来说等于降低了增值税负担，同时又因为企业与个人之间不再是雇佣关系，不需要负担个人的社保费用，因此人力成本大大降低。这一税收筹划方法也能使劳动者个人获利。劳动者与企业若形成了雇佣关系，取得的劳动报酬就需要按照工资薪金所得3%~45%的七级超额累进税率计算缴纳个人所得税；而取消了雇佣关系变成个体工商户的形式后，劳动者可以委托平台代扣代缴个人所得税，这时其全额收入若能采用核定方式征税，就能大大降低个人所得税负担。

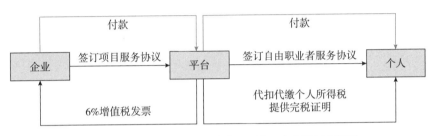

图9-1 灵活用工模式下的企业、平台、个人的三方关系

9.1.2 创新销售方式

互联网平台与线下商店相比有着独特的优势，其可以借助网络平台将商品信息快速传递给消费者，能够轻易地将买方聚集起来，并以创新销售方式的模式开展税收筹划，能在促进销售收入增长的同时有效降低自身的税负水平。

1. 预付定金方式

预付定金是一种典型的用于税收筹划的创新销售方式。例如，淘宝网在"双十一"到来之际一般采取预售方式进行商品销售。在这种销售方式下，购买者支付定金后，暂时不能拥有商品，只有在进行尾款支付后才能得到该商品的所有权，因此定金收入其实属于预收款性质。根据《中华人民共和国增值税暂行条例实施细则》（简称《增值税暂行条例实施细则》）第三十八条规定，一般情况下，采取预收货款方式销售货物，纳税发生时间为货物发出的当天。在这种销售方式下，商家收到定金时并没有产生增值税与企业所得税的纳税义务，等于获得了这笔定金的无息贷款，而且能够以此方式激发消费者的购物热情，可谓一举两得。

2. 拼团销售方式

拼团销售也是一种可以用于税收筹划的创新销售方式。在这种方式下，企业推出比个人单独购买价格大幅降低的拼团价，并且会规定拼团成功的人员数。因为价格降低了，导致增值税与企业所得税的应纳税额都会降低，企业可以用这种方式打开市场，并可被认定为属于有正当理由的低价销售，从而避免税务机关进行纳税调整或按照评估价格进行核定征收，从而达到筹划节税的目的。但该方法在企业销量稳定的盈利阶段则不再适用，否则会降低企业的销售收入。

9.1.3 利用产业园税收优惠政策

数字企业通过平台进行经营，其自身的虚拟性带来了办公地点的灵活性，因此企业可以灵活地选择注册地址，即企业可以直接将经营地址注册到有税收优惠政策的地区以享受当地的税收优惠。即使公司已经在别处注册了公司，也可以通过注册新公司、公司搬迁、设立分公司或子公司等方法入驻优惠产业园区，而且在不改变现有经营模式和经营地址的情况下享受当地的产业扶持政策，以降低增值税和企业所得税的税收负担。

企业还可以有效利用产业园区对个人独资企业的特殊优惠，即互联网企业可以在优惠产业园区成立个人独资企业，然后以个人独资企业的名义去承接业务。在这种情况下，个人独资企业不仅不需要缴纳企业所得税，还可能享受个人所得税核定征收政策，从而极大地降低实际税收负担。

9.1.4 利用税收管辖权

利用税收管辖权进行税收筹划是指使企业避免成为某地区税收管辖权范围内的企业，进而避免成为某一税种的纳税人。由于互联网企业不受物理空间的限制，因此只需要有一个 IP 地址就可以设置网页，开展销售货物或提供服务等业务活动。比如，当一些人通过互联网平台向社会提供各种形式的咨询服务时，该项咨询业务很难被确定实际供应地，因此很难界定该项咨询业务的征税地点。很多企业把此网络咨询业务策划到了海南、西部优惠地区等地征税，税收负担就会大大降低。因此，互联网企业往往利用税收洼地进行筹划，进而使企业可以适用较低的企业所得税税率，从而降低实际税负率。

9.1.5 利用高新技术企业税收优惠政策

我国为了鼓励高新技术企业发展，给予了相关税收优惠政策，包括所得税税率优惠及税前扣除政策。在大数据技术加持下，互联网企业往往包含很多高新技术元素。互联网企业各项经营业务趋于多样化，呈现出模糊、复杂的特征。因此，互联网企业通过安排企业的投资模式，将企业注册在高新技术园区内，并且投资一些高技术设备，提高企业的技术装备水平，以符合高新技术企业的认定要求，进而享受高新技术企业税收优惠政策。

由于我国对增值税不同应税项目规定了不同的税率，因此要尽量使企业的业务活动适用较低的税率，以获得一定的税收利益。互联网企业的发展使商品种类和服务形式更加多样化，甚至有些还没有被纳入增值税的征税范围。因此，互联网企业可以选择未纳入征税范围的产品进行销售或者通过改变经营方式，进而使经营活动符合适用低税率的要求。

9.1.6 设立创投基金

互联网经济的发展与创新创业密切相关。只有不断鼓励创新创业，互联网经济才有生机与活力。2018年，国家为了鼓励对科技型初创企业的投资，出台了财税〔2018〕55号文件，推出了对科技型初创企业投资的税收优惠，如表9-1所示。自此越来越多的数字企业开始设立创业投资基金对外进行投资。

表 9-1 创业投资企业税收优惠政策[①]

政策	投资主体	政策优惠
财税〔2018〕55号	公司制创业投资企业	满2年，按照投资额的70%抵扣应纳税所得额，当年不足抵扣的，可结转抵扣
	有限合伙制创业投资企业	法人合伙人：满2年，按照投资额的70%抵扣其从合伙创投企业分得的所得，当年不足抵扣的，可结转抵扣
		个人合伙人：满2年，按照投资额的70%抵扣其从合伙创投企业分得的经营所得，当年不足抵扣的，可结转抵扣
	天使投资个人	满2年，可以按照投资额的70%抵扣转让该初创科技型企业股权取得的应纳税所得额，当年不足抵扣的，可结转抵扣

以360公司为例，2021年2月8日，360公司全资合伙企业天津奇睿天成股权投资中心（有限合伙）（以下简称"奇睿天成"）与中关村发展集团等其他两家企业，共同出资成立了北京中关村高精尖创业投资基金（有限合伙）。奇睿天成作为有限合伙人（LP），以自有资金人民币100 000万元出资，占比45.29%。[②] 360公司以后就能利用该基金对外投资科技型初创企业，享受创业投资企业的税收优惠政策。

在设立创业投资基金之前，360公司对外投资，往往只能以自己或者关联公司直接进行投资，投资额不能抵扣企业所得税的应纳税所得额。360公司通过其全资企业奇睿天成参与设立创业投资基金，对外投资额满足一定条件后可以抵扣奇睿天成的企业所得税税款，从而可以有效地降低360公司的企业所得税。

随着360公司推行多元化战略，360公司不断投资一些初创型科技企业，投资额非常大。因此，360公司设立创投基金起到了明显的节税效果。并且通过参与设立创投基金，进一步吸收了非自由资金用于投资，缓解了资金压力。

9.1.7 利用新兴产业税收优惠政策

近年来国家为了鼓励新兴产业的发展，出台了许多税收优惠政策，其中有许多政策与互联网产业相关，如高新技术企业、软件企业、技术先进型企业税收优惠政策，如表9-2所示。

[①] 资料来源：根据国家税务总局网站的政策法规整理而成。
[②] 资料来源：360公司官网公司公告。

表 9-2 互联网产业相关税收优惠政策 [①]

时间	文件	优惠主体	企业所得税
2016 年	国科发火〔2016〕32 号	高新技术企业	减按 15% 的税率征收
2011 年	国发〔2011〕4 号	软件企业	"两免三减半"
2021 年	国发〔2020〕8 号	软件企业、重点软件企业	"两免三减半"（重点软件企业"五年免税，之后减按 10% 的税率征收企业所得税"）
2018 年	财税〔2018〕44 号	技术先进型服务企业	减按 15% 的税率征收

目前国内主要的数字企业都会尽可能地用足上述税收优惠政策。例如，阿里巴巴 2020 年财务报告披露，阿里巴巴集团旗下的阿里巴巴（中国）网络技术有限公司、淘宝（中国）软件有限公司、浙江天猫技术有限公司都获得了 2017—2019 年同时符合高新技术企业和重点软件企业的认定；而美团在 2020 年的财务报告中也提到，其有若干子公司属于高新技术企业。数字企业会尽可能地实施税收筹划，以满足相关优惠主体的资格认定，从而享受税收优惠政策。

数字企业通常会围绕相关优惠条件进行税收筹划。第一，数字企业一般会大量申请技术专利，不光是出于保护知识产权的原因，也有高新技术企业认定的原因。即使企业没有足够的专利，也会通过购买或者并购的方式获得专利。例如，阿里巴巴利用资金优势一直在国内并购科技公司，获得了大量知识产权。第二，国科发火〔2016〕32 号文件要求企业当年职工中科技人员的占比不低于 10%。因此，在与员工签订劳动合同时，企业会将研发人员集中在几个持有专利的子公司，这样企业旗下可以享受高新技术认定的公司就多了，可以最大化地享受税收优惠。因此，国内的许多数字企业都会尽可能地用高薪招聘研发人员，提高研发人员比重。第三，为了满足研发费用占比的条件，数字企业会尽量将与研发相关的费用都归集在研发费用当中。第四，为了满足高新技术占比的要求，企业会通过在关联企业之间进行知识产权的转让定价来增加专利持有一方子公司的收入。最后，如果企业成立一年以后仍然不满足高新技术企业的认定条件，企业就可以通过并购有高新技术企业资格认定的企业，来获取这一优惠资质，从而享受税收优惠。

---

① 资料来源：根据国家税务总局官网政策文件整理而成。

9.1.8 无形资产转让定价

互联网时代下，无形资产具有价值高、可比性差的特点。所以无形资产的实际价值难以估计，对企业的税收筹划较为有利。互联网企业往往会通过研发、购买积累大量无形资产来进行税收筹划，符合互联网企业的经营特点。

首先，无形资产的成本分摊是无形资产转让定价的重要方法之一，也是近年来企业进行税收筹划的重要手段。成本分摊协议允许参与方获得无形资产的使用权，提供无形资产使用权免税授予的机会。

例如，位于甲国的 R 公司与位于乙国的 S 公司签订了无形资产成本分摊协议，共同参与研发无形资产。通过成本分摊协议，S 公司可以获得该项无形资产的使用权，而无须就特许权使用费缴纳预提税。而共同开发的成本也可以作为研发费用在企业所得税前扣除，从而降低企业所得税负担。

其次，无形资产的授予使用也是税收筹划的方法之一。在集团内部进行专利、商标的授予，对专利持有方来说，可以获取特许权使用费，提高收入，以满足高新技术企业认定的要求；对于被授权方来讲，特许权使用费可以在税前扣除，从而降低企业所得税税负。

9.1.9 跨国经营

经济全球化不断加深，电子商务的发展拓展和丰富了国际贸易的方式，与此同时，也产生了新的税收管辖权问题。比如，消费者从网站上购买的电子书或者接受国外通过互联网提供的专业化的咨询服务，就面临着如何应对跨国税收管辖权的问题。现代企业可以根据实际需求确定交易场所，进而降低企业税负，或者企业可以通过国际避税方式创建企业网站，在此基础上开展电子商务贸易活动，享受一定的税收优惠。除此之外，互联网企业还存在一种筹划方式，即通过组织转让定价，将应税收入转移到低税率地区或者是国际避税地，从而实现较好的避税效果。

9.2 互联网代理型常设机构的税收筹划方法

9.2.1 筹划原理

1. 佣金代理人安排

大多数电商平台采用佣金代理人的交易模式进行税收筹划,即某公司在缔约国一方设立佣金代理人,佣金代理人与缔约国境内的消费者以自己的名义订立销售合同,销售被代理人(即被代理公司)的产品。签订合同后消费者直接从被代理公司获得产品,佣金代理人并不拥有被代理人售出的货物,其所获得的收入只有被代理人给予的服务费,所以佣金代理人所在国无法对销售利润征税,缔约国税务局只能对佣金代理人取得的服务所得征收税款。在佣金代理人模式下,更改合同条款就能规避被认定为常设机构。在数字经济发展的背景下,构建一个网络平台即可满足佣金代理人所需条件,其资产和人员的需求很低,所以被代理人分给佣金代理人的利润也不会很多,从而使企业在高税负地区缴纳较少的税款,企业整体利润提升。佣金代理人运营模式如图9-2所示。

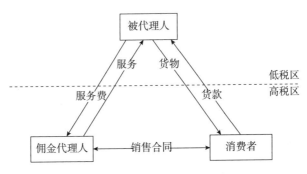

图9-2 佣金代理人运营模式

2. 离岸橡皮图章

除"佣金代理人安排"外,"离岸橡皮图章"也是企业进行税收筹划的一种方式。在这种筹划方式下,代理人为一家营销服务公司,消费者所在地的税率一般较高,而被代理人(即非居民企业)一般处在税率较低的地区。这一税收筹划的基本原理是,跨境企业将合同签订前的营销服务和最终签订合同的行为进行拆分,前者包括推销产品、从消费者手中收到订单并将订单交给委托人批准,营销公司需要与消费者进行沟通,并完成签订合同前的几乎所有工作,随后被代理人与消费者通过互联网签订合同。在税收筹划过程中,代理人起到主导作用,但并不与消费者签订合同,因此营销公司不符合代理型常设机构的认定条件,其所在国对销售利润不具有征税权,而这笔销售利润将在税率更低的国家征税。离岸橡皮图章运营模式如图9-3所示。

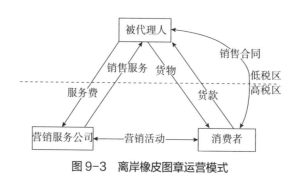

图9-3 离岸橡皮图章运营模式

9.2.2 筹划再升级

为追求税负最小化,可以从税收契约角度出发,灵活变换合同签订内容。从企业的自身利益角度出发来制定合同内容,跨国企业可以通过与代理人和消费者签订不同种类的合同,变更合同相对方,为的是达不到代理型常设机构认定的门槛,从而降低全球总税负。从管理学角度来看,企业通过互联网转换业务流程,利用企业经营模式的流程再造,可以节省企业经营成本,使业务流程更加顺畅,同时节约税金。

1. "佣金代理人安排"再升级

在数字经济发展的大背景下,"佣金代理人安排"拥有着灵活的业务模型及多样的合同签订方式,跨国企业可以将业务模式由"佣金代理人安排"转变为"低风险经销商",这两种筹划方式的功能极为相似,都能避免企业在高税负地区构成常设机构,从而降低全球总税负。"低风险经销商"的主要特征是,代理人在本国境内销售商品,代理人与消费者签订合同之后,先从被代理企业购入商品,然后将商品转交给消费者,过程中完成了两笔销售业务。在数字经济发展迅速的情况下,这两份销售合同几乎是同时签订的。代理人在收到消费者的货款后,再依据与被代理企业签订的合同,将货款转给被代理公司。这时，代理人的收入性质从服务所得转变为销售利润所得。在数字经济下，跨国公司没必要将大量的资金、人员和物资分配给代理人所在国，所以，跨国公司仍然可以通过控制利润的方式降低全球税负。低风险经销商运营模式如图9-4所示。

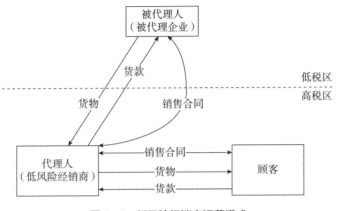

图 9-4　低风险经销商运营模式

在这种筹划模式下，低风险经销商不会构成代理型常设机构。从"以企业名义签订合同"角度来看，法律形式上是代理人作为独立法人与顾客签订合同，并不是以被代理公司的名义签订合同，所以不构成对被代理公司的约束力；从"涉及该企业有权使用或拥有财产之所有权的转移或使用权的授予"角度来看，商品所有权归低风险经销商所有，也就是代理人所有而不属于被代理公司，所以不符合代理型常设机构的认定条件；从"涉及该企业所提供的劳务"角度来看，为顾客提供的销售服务全都由低风险经销商负责，也不涉及代理人被认定为代理型常设机构的可能性。

2. "离岸橡皮图章"再升级

OECD 在《税收协定范本（2017）》中将"签订合同"的含义进行了扩展，更加注重签订合同的实质，但是跨国企业仍可以通过谨慎的税收筹划，来降低全球税收负担。OECD 在范本中提到代理人在合同订立过程中起主导作用，被代理企业不会对合同进行实质性修改并且会批准合同，而没有提及被代理企业不批准合同的情况。所以代理人可以通过调整合同内容及相关审批流程，降低代理人在合同签订过程中的作用，从而能够避免代理人被认定为代理型常设机构，这可以从两个角度进行考虑。首先可以降低代理人与消费者的合同谈判标准，将其降低到被代理人合同谈判标准之下，由此被代理人可以拒绝批准部分合同，从而避免了代理人在合同签订过程中起到主导作用，具体业务模式如图9-5所示；其次，可以考虑在一国设定多个代理人，分摊签订一笔合同的主导作用，让每个代理人都达不到代理型常设机构的认定标准，具体业务模式如图9-6所示。

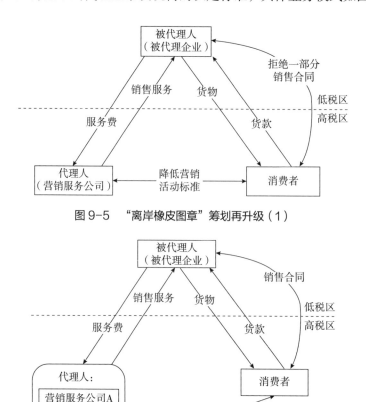

图9-5 "离岸橡皮图章"筹划再升级（1）

图9-6 "离岸橡皮图章"筹划再升级（2）

9.2.3 代理型常设机构税收筹划的发展趋势

由于互联网、大数据的迅速发展，一些高度数字化的企业已经开始对贸易结构进行重组。它们放弃跨国组织架构，转向与低风险经销商模式类似的"境内销售"模式，采用互联网远程销售模式对贸易结构进行重组。在这种模式下，分支机构直接与消费者签订合同，不再需要消费者与境外公司签订合同，这样就极大地降低了分支结构被认定为常设机构的可能性。这就为"境内销售"模式提供了更多的筹划空间，所以跨国企业利用互联网大数据优势构建"境内销售"模式成为大势所趋。

9.3 互联网平台的税收筹划方法

9.3.1 增值税筹划

1. 劳务派遣公司的税收筹划

以直播、短视频等文化娱乐业为主的互联网平台有一个共同特点,其支付的劳务成本大多是无法取得增值税专用发票的,进项税额抵扣存在严重不足,这是劳务成本的共性。在这种情况下,可以借鉴建筑企业的做法。建筑企业通常会使用大量的人力成本(人员成本占总成本30%以上),所以建筑企业会采用派遣和外包这两种常见的用工模式。

根据某直播公司披露的数据,其月收入10万元以上的主播贡献的全年收入为25.91亿元,全年成本为15.96亿元。如果选择将这部分高成本主播的成本外包给MCN(内容制造商)机构或者劳务公司,或者通过和主播的个人公司进行签约,就可以解决劳务成本无进项税额抵扣的问题。例如,不同的签约主体对进项税额的影响如表9-3所示。

表9-3 不同签约主体的税收筹划方案对比 (单位:亿元)

	筹划前	A	B	C
签约身份	无	一般纳税人	小规模纳税人	小规模纳税人
发票类型	无发票	增值税专用发票	增值税专用发票	增值税普通发票
成本支出	25.91	25.91	25.91	25.91
可抵扣进项税	0	1.47	0.75	0

对比三种不同类型的外包方式可以看出,选择A方案(一般纳税人提供增值税专用发票)获得的可抵扣进项税额是最高的,可以减少增值税负担1.47亿元。

2. 电商经营方式选择的税收筹划

《中国人民银行办公厅关于进一步加强无证经营支付业务整治工作的通知》(银办发〔2017〕217号)规定,若平台用户将资金先划转至网络平台账户,再由网络平台结算给该平台二级商户,以及为用户开立的账户提供充值、消费、提现等支付功能,以上都为"无证经营支付业务",也就是"二清"业务。因此,视频平台公司是否要选择以自营的方式提供电商服务值得商榷。

如果视频平台公司按照自营的方式运营，销售货物的交易金额将按照 13% 的增值税税率全额缴纳增值税，同时面临被认定为"二清"业务的风险。为解决这一问题，可以寻找有资质的第三方支付机构或者金融机构签订电商托管账户，类似支付宝、易支付或者招商银行、平安银行都有相关业务，这样就可以将视频平台公司视为电商平台公司，收取商家一定比例的交易佣金，将视频平台公司的收益核算更改为佣金手续费的形式，适用服务业增值税税率 6%。

3. 利用地方性税收返还、财政补贴的税收筹划

为了促进区域经济发展，一些地区设立了各种产业园区，吸引符合地方需要的企业前来投资、设立企业，以带动就业和增加地方财政收入。企业入驻产业园区后，地方会根据企业的行业类型、规模大小、纳税金额等情况，给予一定幅度的扶持资金、财政补贴，而企业通过在园区设立公司开展业务的方式可以享受相关政策，从而实现筹划节税。

9.3.2 主播个人所得税的税收筹划

1. 利用个人独资企业或合伙制企业转移税负

据虎牙直播 2018 年财报披露，主播成本中代缴的个人所得税就高达 3.65 亿元之多。这意味着实现主播人群的个人所得税筹划，可以为公司带来显著的成本降低效果。主播收入属于个人所得税应纳税所得性质，根据不同的情况则计算方式有所不同。

情形一： 主播个人直接与平台公司签订劳务合同的，由主播为平台公司提供演出服务，二者则构成了雇佣关系。主播取得的收入属于劳务报酬所得，按照税法规定计入综合所得，适用 3%～45% 的超额累计税率计税方法。

情形二： 如果主播以个人独资企业或者合伙企业形式——工作室——与平台公司签约，则工作室将主播个人取得的收入计入经营所得，缴纳增值税及个人所得税。个人独资企业和合伙企业按照税法要求，无须缴纳企业所得税。根据税法规定，经营所得适用 5%～35% 的五级超额累进税率计税方法。

可以看出，情形一和情形二的最高税率相差 10%。

2. 利用招商引资等税收洼地降低税负

在某明星逃税事件之后，国家虽然加强了对演艺人员的税收监管，但是从我国税收实务来看，基于避税目的注册企业经营仍然是合法的。影视公司聚集地"霍尔果斯经济开发区"从 2011 年开始对该地区注册企业提供了企业所得税"五免五减半"优惠政策，此后又加大税收优惠程度，出台了包括增值税、企业所得税、个人所得税等税种在内的税收优惠政策。

根据江苏徐州、淮安等一些地区目前对网络直播行业的扶持政策，在经济开发区、产业园区注册的直播行业个人独资企业可以申请核定征收，申请后享受的增值税和个人所得税综合征收税率为 0.5%~5%。

9.3.3 网络"红包"补贴的税收筹划

针对互联网流行的红包补贴形式，国家税务总局发出了《关于加强网络红包个人所得税征收管理的通知》(税总函〔2015〕409 号)，针对网络红包问题给出了政策规定。对于个人取得的网络红包，具有商业目的的、商家为了推广品牌或者商品而发放的，应按照偶然所得计征个人所得税，由派发企业代扣代缴。偶然所得适用税率为 20%，与原其他所得相同。

随着国家税收监管的与时俱进，对于企业通过支付宝、微信支付等发放的现金红包奖励，现在很多地方已经不再以发票为唯一扣除凭证了，而是可以通过当地税务主管机关认定的辅助材料和合法有效凭证证明其为真实支出，并允许税前扣除。

查阅天津、北京、无锡等相关税务机关在企业所得税相关政策答疑中对网络红包问题的解答发现，天津市税务局在《2016 年度企业所得税汇算清缴相关问题执行口径》中回答了电商平台促销活动扣除凭证问题。企业举办促销活动，并通过网络支付平台（如"财付通"）将促销奖金支付给获奖的消费者，对企业发生的上述奖励支出，可以凭以下证明资料在税前扣除。

（1）企业促销活动的安排；

（2）企业将奖金拨入网络支付平台时，网络支付平台企业出具的收款明细；

（3）网络支付平台企业将奖金拨入获奖消费者在该平台账户的拨付款项明细；

（4）企业代扣代缴获奖消费者个人所得税的纳税凭证。

北京市税务局在《企业所得税汇算清缴 2017 年度政策辅导笔记》中阐述了合法、有效凭据的种类及其执行标准。

（1）支付给境内单位或者个人的款项，且该单位或者个人发生的行为属于营业税或者增值税征收范围的，以该单位或者个人开具的发票为合法有效凭证；

（2）支付的行政事业性收费或者政府性基金，以开具的财政票据为合法有效凭证；支付给境外单位或者个人的款项，以该单位或者个人的签收单据为合法有效凭证；

（3）完税凭证；

（4）自制凭证（如工资单、网络红包、拆迁补偿等）。

两地税务机关都规定了网络红包税前扣除的条件是，要有企业为红包获取人代扣代缴的完税凭证。若视频平台公司因目前无法取得获奖人的身份信息而导致无法提供完税凭证，以至微信红包奖励支出全额调整企业的应纳税所得额，那么公司应该尽快上线用户实名系统，登记用户信息，每月按照用户领取红包金额编制清册向税务集团进行纳税申报，并且将银行转账凭证、微信支付凭证进行保留整理，一并作为企业所得税税前扣除凭证。

【筹划分析】

中兴与印度税收纠纷案

2016 年，印度新德里的所得税上诉法庭就印度的税务机关与中兴通讯长达 8 年的税收争议案做出判决，中兴通讯需要向印度补缴部分税款，但印度税务机关的诉求也并未全部得到满足，双方可谓互有胜负。该案件的争议焦点在于，中兴通讯是否应该就其 2008 财年在印度销售通信设备和相关软件的所得向印度税务机关申报纳税。具体来看，该案件涉及常设机构认定及其利润归属确定、转让定价和特许权使用费认定等多重问题，下面就其常设机构认定和特许权使用费认定两个方面进行深入分析。

1. 常设机构的认定

印度税局坚持认为中兴通讯在印度的子公司 ZTE India 构成了其物理型和代理型常设机构，德里法庭也基本上认同了这一观点。理由有二：第一，就物理型常设机构而言，中兴通讯的员工经常前往印度出差，协助其子公司的人员与客户洽谈业务并订立合同，具体涉及参与招投标并提供产品、售后支持等，故而中兴通讯在其子公司固定办公的 Gurgaon 等三个办公室构成了物理型常设机构；第二，就代理型常设机构而言，ZTE India 不仅有权长期代表中兴通讯在印度对外缔结合同，同时也在中兴通讯的技术指导下代替其完成设备安装等合同履约义务，且 ZTE India 仅为中兴通讯提供该类服务。

ZTE India 作为非独立代理人，不仅代表中兴通讯在印度开展了辅助性工作，也进行了合同和价格谈判及答复顾客询问等工作，在合同的签订中负有主要责任，故而构成了代理型常设机构。由于两类常设机构的认定，中兴通讯不得不就归属于常设机构的利润向印度税局补缴税款。可以说，中兴通讯在这一问题上是败诉而归。

从德里法庭的判决来看，物理型常设机构的判定存在一定瑕疵，不仅没有切实引入持续性测试以检验中兴通讯在上述办公室开展的营业活动是否具有连续性，也忽视了中兴通讯是否能够自由支配上述办公室的问题，而这两个问题都是判定物理型常设机构存在性的关键。当然，德里法庭之所以在相关证据不足的情况下做出判决，也可能是出于维护国家税收利益的考虑。然而，代理型常设机构的认定却无可避免，这也是中兴通讯对其跨境业务进行税收筹划时思虑最不周全的地方：没有将税收筹划前置，发展业务和订立合同阶段的税收筹划意识淡薄。针对这一点，中兴通讯应该将其对外缔结协议的权力全部或大部分收回，使其子公司更多地参与合同订立过程中的辅助性工作，从而尽可能规避代理型常设机构的认定。

常设机构对来源国的税权和企业的纳税义务均会产生重大影响，互联网企业在跨境经营的过程中应该尽量避免构成常设机构。

2. 特许权使用费的认定

该案件中的另一焦点问题在于，随硬件设备组合销售的嵌入式软件、程序是否构成技术授权并产生特许权使用费。在这一问题上，印度税局和中兴通讯的立场和态度截然相反。印度税局提出，虽然软件出售未订立专门的技术授权合同，但已经在实质上授权给印度客户，特别是中兴通讯与客户缔结的合同中还专门提及软件部分的价格，说明合同双方对软件部分有单独的考虑和授予行为，故而该部分所得应认定为特许权使用费。而中兴通讯主张不构成特许权使用费，主要基于以下几点：嵌入式软件是通信设备不可分割的一部分，软件的存在是客户顺利应用硬件设备的必要条件，软件没有独立的价值；软件的相关权限没有授予客户，未向客户授予软件中源代码的访问权限；客户支付的这部分对价与客户的使用、用户数量无关；客户无权对软件进行二次商业开发。最终德里法庭支持了中兴通讯的观点,中兴通讯也得以免于向印度补缴该部分所得的预提税款。可以说,中兴通讯在这一问题上取得了胜诉,其税收筹划方法也值得借鉴。

综合来看,该问题的关键点在于内置于硬件设备中的嵌入式软件是否构成特许权使用费。从中兴通讯的实践来看,印度法庭并没有将该部分所得视为特许权使用费。此外,通过对阿尔卡特、爱立信等类似案件进行梳理可以发现,大部分国家和地区都支持嵌入式软件不构成特许权使用费的观点。从业务特点上来看,通信的硬件设备和相关软件等均是互联网企业的主营产品,二者的组合销售也为互联网企业避免特许权使用费认定提供了新的思路。与此同时,互联网企业在运用该方法进行税收筹划时,应注意合同中的两个关键点:首先,合同中应该尽量避免对软件价格做出单独约定,要合理运用合同条款的模糊性;其次,应尽量加强软硬件用途之间的因果联系,以降低税收筹划的风险。

中篇

实践应用

世界上绝大多数纳税人缴纳的税收不会超过他们自己认为的必须缴纳的金额,他们花费大量资源来安排经济活动,以使税收带来的刺痛尽可能降到最低。这些活动安排得是如此精确,以致使税收政策具有巨大的潜力成为实现各种社会目标的工具。

——诺贝尔经济学奖得主　迈伦·斯科尔斯

第 10 章
公司设立的税收筹划

征税的艺术，是尽可能多地拔取鹅毛，而让鹅的叫声最小。

——17世纪法国财政大臣　柯贝尔

10.1　居民企业与非居民企业的设立与筹划

《企业所得税法》第二条规定：企业分为居民企业和非居民企业。下面讲解居民企业与非居民企业的设立与税收筹划。

10.1.1　居民企业的设立与筹划

1. 居民企业的界定

居民企业是指依法在中国境内成立，或者依照外国（地区）法律成立但实际管理机构在中国境内的企业。居民企业包括两大类：一类是依照中国法律、行政法规在中国境内成立的企业、事业单位、社会团体及其他取得收入的组织；另一类是依照外国（地区）法律成立但是实际管理机构设在中国境内的企业和其他取得收入的组织。

"依法在中国境内成立"中的"法"是指中国的法律、行政法规。目前，我国法人实体中各种企业及其他组织类型分别由各个领域的法律、行政法规规定。如《中华人民共和国公司法》《中华人民共和国全民所有制工业企业法》《中华人民共和国乡镇企业法》《事业单位登记管理暂行条例》《社会团体登记管理条例》《基金会管理办法》等，都是有关企业及其他取得收入的组织成立的法律、法规依据。

居民企业如果是依照外国法律成立的,就必须具备其实际管理机构在中国境内这一条件。所谓的"实际管理机构"是指对企业的生产经营、人员、账务、财产等实施实质性全面管理和控制的机构。我国借鉴国际惯例,对实际管理机构做出了明确的界定。

第一,对企业实施实质性管理和控制的机构。实际管理机构与名誉上的企业行政中心不同,属于企业真实的管理中心所在。一个企业在利用资源和取得收入方面往往和其经营活动的管理中心联系密切。国际私法对法人所在地的判断标准,通常采取"最密切联系地"的标准,也符合实质重于形式的原则。税法将实质性管理和控制作为认定实际管理机构的标准之一,有利于预防外国企业逃避税收征管,从而保障我国的税收主权。

第二,对企业实行全面的管理和控制的机构。如果该机构只是对企业的一部分或并不关键的生产经营活动进行影响和控制,比如,只是对在中国境内的某一个生产车间进行管理,则不被认定为实际管理机构。只有对企业的整体或者主要的生产经营活动进行全面的管理和控制,对本企业的生产经营活动负总体责任的管理控制机构,才符合实际管理机构的界定标准。

第三,管理和控制的内容是企业的生产经营、人员、账务、财产等。这是界定实际管理机构的关键标准,特别强调人事权和财务权的控制。比如,到中国投资的许多外国企业,如果其设在中国的管理机构冠以"亚太区总部""亚洲区总部"等字样,一般都被认定为实际管理机构,即对企业具有实质性管理和控制的权力。比如,在我国注册成立的通用汽车(中国)公司,就是我国的居民企业;在英国、美国、百慕大群岛等国家和地区注册的企业,实际管理机构在我国境内的,也是我国的居民企业。

2. 居民企业的税收政策

居民企业负担无限的纳税义务。居民企业应当就其来源于中国境内和境外的所得缴纳企业所得税。所得,包括销售货物所得、提供劳务所得、转让财产所得、股息红利等权益性投资所得、利息所得、租金所得、特许权使用费所得、接受捐赠所得和其他所得。

公司制企业属于法人实体,有独立的法人财产,享有法人财产权。公司以其全部财产对公司的债务承担有限责任。公司制企业一般分为有限责任公司和股份有限公司两大类。《中华人民共和国公司法》还规定了两种特殊形式的有限责任公司:一人有限公司和国有独资公司。

无论是有限责任公司还是股份有限公司,作为法人实体,我国税法对其进行了统一规定，即公司制企业应对其实现的利润总额进行相应的纳税调整后缴纳企业所得税，如果向自然人投资者分配股息或红利，还要代扣投资者 20% 的个人所得税。对于投资国内（沪市和深市）上市公司的自然人股东，对其股息红利所得，执行差别化税收政策。

《国家税务总局关于股权奖励和转增股本个人所得税征管问题的公告》（国家税务总局公告 2015 年第 80 号）规定：非上市及未在全国中小企业股份转让系统挂牌的中小高科技企业以未分配利润、盈余公积、资本公积向个人股东转增股本，并符合财税〔2015〕116 号文件有关规定的，纳税人可分期缴纳个人所得税；非上市及未在全国中小企业股份转让系统挂牌的其他企业转增股本，应及时代扣代缴个人所得税。上市公司或在全国中小企业股份转让系统挂牌的企业转增资本（不含以股票发行溢价形成的资本公积转增股本），按现行有关股息红利差别化政策执行。

10.1.2 非居民企业的设立与筹划

1. 非居民企业的界定

非居民企业，是指依照外国（地区）法律成立且实际管理机构不在中国境内，但在中国境内设立机构、场所的，或者在中国境内未设立机构、场所，但有来源于中国境内所得的企业。

机构、场所，是指在中国境内从事生产经营活动的机构、场所，包括以下情形。

（1）管理机构、营业机构、办事机构。管理机构是指对企业生产经营活动进行管理决策的机构；营业机构是指企业开展日常生产经营活动的固定场所，如商场等；办事机构是指企业在当地设立的从事联络和宣传等活动的机构，如外国企业在中国设立的代表处，往往为开拓中国市场进行调查和宣传等工作，为企业到中国开展经营活动打下基础。

（2）工厂、农场、开采自然资源的场所。这三类属于企业开展生产经营活动的场所。工厂是工业活动的场所，如制造业的生产厂房、车间所在地；农场是农业、牧业等生产经营活动的场所；开采自然资源的场所主要是采掘业的生产经营活动的场所，如矿山、油田等。

（3）提供劳务的场所。提供劳务的场所包括从事交通运输、仓储租赁、咨询经纪、科学研究、技术服务、教育培训、餐饮住宿、中介代理、旅游、娱乐、加工及其他服务活动的场所。

（4）从事建筑、安装、装配、修理、勘探等工程作业的场所，包括建筑工地、港口码头、地质勘探场地等。

（5）其他从事生产经营活动的机构、场所。

（6）非居民企业委托营业代理人在中国境内从事生产经营活动的，包括委托单位和个人经常代其签订合同，或者储存、交付货物等，该营业代理人视为非居民企业在中国境内设立的机构、场所。

2. 非居民企业的税收政策

第一，非居民企业在中国境内设立机构、场所的，应当就其所设机构、场所取得的来源于中国境内的所得，以及发生在中国境外但与其所设机构、场所有实际联系的所得，缴纳企业所得税。这里所说的实际联系，是指非居民企业在中国境内设立的机构、场所拥有据以取得所得的股权、债权，以及拥有、管理、控制据以取得所得的财产等。

第二，非居民企业在中国境内未设立机构、场所的，或者虽设立机构、场所但取得的所得与其所设机构、场所没有实际联系的，应当就其来源于中国境内的所得缴纳企业所得税。

由于非居民企业的税收政策相对复杂，且适用较为复杂的税率制度，这里对非居民企业适用税率进行归纳，如图 10-1 所示。

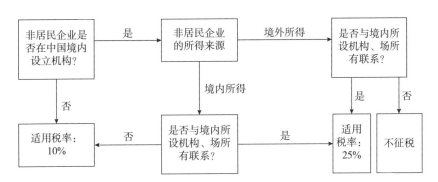

图 10-1　非居民企业适用的税率

居民企业和非居民企业都属于企业所得税的纳税人，我国之所以对居民企业与非居民企业进行合理划分，关键是为了区分纳税义务，这将会对不同纳税主体的税收活动产生深远影响。

【案例10-1】

英国的居民企业A在中国投资建立了一个生产基地B。2022年A准备转让一项专利技术给中国的居民企业C，转让价格为2 000万元，该专利技术的研发费用为1 200万元。已知：B当年在中国获得的利润总额为2 500万元，不包括该专利技术转让所得800万元。请问企业A、B、C该如何进行税收筹划？

【解析】：有以下三个税务方案可供选择。

方案一：B在中国注册成立为一家独立的法人公司（科技型制造企业），成为中国的居民企业，适用25%的企业所得税税率。由B成立研发部门组织开发某项专利技术，发生研发费用支出1 200万元，再由B将该专利技术转让给C。

根据《关于进一步完善研发费用税前加计扣除政策的公告》（2023年第7号）的规定，对其发生的研发费用可以加计扣除，且居民企业的技术转让所得不超过500万元的部分可以免征企业所得税，超过500万元的部分减半征收企业所得税。根据国家对科技型制造企业研发费用加计扣除100%的规定，B企业可以在利润总额中将研发费用再加计扣除100%。最终，B在中国应纳税额为：

$$(2\ 500-1\ 200\times 100\%)\times 25\%+(800-500)\times 25\%\times 50\%=325+37.5=362.5(万元)$$

方案二：B为A设立在中国的生产机构，没有在中国注册，其实际管理机构在英国，不具备中国居民企业身份。由B成立研发部门组织开发该专利技术，发生研发费用支出1 200万元，再由B将该专利技术转让给C。

由于B为中国的非居民企业，不能享受上述加计扣除和减免企业所得税的优惠，但B在中国境内有机构场所，且B的专利技术收入与中国境内所设的机构场所有联系，视同居民企业征税，即按25%的企业所得税税率征收。B在中国的应纳税额为：

$$(2\ 500-1\ 200)\times 25\%+2\ 000\times 25\%=825(万元)$$

方案三：B在中国注册为一家独立的法人公司，为中国的居民企业。由A在英国成立研发部门组织开发该专利技术，发生研发费用支出1 200万元，然后由A直接转让该专利技术给C。

该技术转让收入不是通过A在中国境内的B取得的，即该项收入与B没有任何联系，则A获得的收入全额征收预提所得税。A在中国的应纳预提所得税额为：

$$2\ 000\times 10\%=200(万元)$$

B在中国应纳企业所得税额为：

$$2\,500 \times 25\% = 625(万元)$$

A、B 在中国纳税额合计为：

$$200+625=825(万元)$$

采用方案一，B 在中国的纳税额为 362.5 万元；采用方案二，B 在中国的纳税额为 825 万元；采用方案三，A、B 在中国的纳税额为 825 万元。如果英国对研究开发费没有加计扣除等税收优惠政策，则方案一最优。其实方案一主要利用了中国研发费用加计扣除政策和技术转让减免税优惠政策。方案三只是计算了在中国缴纳的税款，由于 A 的专利技术的研发过程发生在英国，这里没有系统考虑研发费用支出对 A 在英国缴纳企业所得税的影响。

10.2 分支机构的设立与税收筹划

10.2.1 分支机构的设立与税收政策

分支机构缴纳所得税有两种方式：一种是分支机构独立申报纳税；另一种是分支机构集中到总公司汇总纳税。采用何种方式纳税，关键取决于分支机构的性质——是否为独立纳税人。同时，受分支机构的盈亏状况、所处地区的税率及资金控制等因素影响，不同纳税方式会对企业当期及未来各期的税负水平产生显著差异。由于分支机构可能存在盈亏不均、地区税率不同及资金控制等因素，因此不同组织形式的分支机构的税收待遇是不同的，甚至在当期和未来期间还会产生较大的税收差异。

1. 子公司的设立及税收政策

《中华人民共和国公司法》第十四条规定：子公司具有法人资格，依法独立承担民事责任；分公司不具有法人资格，其民事责任由总公司承担。

子公司是对应母公司而言的，是指被另一家公司（母公司）有效控制的下属公司或者是母公司直接或间接控制的一系列公司中的一家公司。子公司因其具有独立法人资格而被所在国视为居民企业,通常要履行与该国其他居民企业一样的全面纳税义务,同时也能享受所在国为新设公司提供的免税期或其他税收优惠政策。但建立子公司一般需要复杂的手续,财务制度较为严格,必须独立开设账簿,并且需要复杂的审计和证明,经营亏损不能冲抵母公司利润,与母公司的关联交易的真实性与关联交易定价往往是税务机关反避税审查的重点内容。

子公司属于独立法人企业,拥有独立的财产权,一般独立对外开展经营活动,与母公司之间没有连带责任。母公司作为子公司的控股公司,仅在控股权基础上对子公司行使权利,享有对子公司重大事务的决定权。设立子公司,其税收筹划有三个优势:一是子公司可以独立享受所在区域或行业的税收优惠政策;二是子公司的利润分配形式灵活,且不受母公司的干预;三是子公司的税务风险责任不会对母公司造成影响,即母公司没有风险连带责任。

2. 分公司的设立及税收政策

分公司是指总公司下辖的独立核算的、进行全部或部分经营业务的分支机构,如分厂、分店、分部等。分公司是总公司的组成部分,没有独立的财产权,不具有独立的法人资格,不单独构成独立的民事责任主体,其经营活动的所有后果均由总公司承担。

《企业所得税法》第五十条规定:居民企业在中国境内设立不具有法人资格的营业机构的,应当汇总计算并缴纳企业所得税。汇总纳税是指一个企业的总机构和其分支机构的经营所得通过汇总纳税申报的办法,实现所得税的汇总计算和缴纳。我国实行法人所得税制度,不仅是引入和借鉴国际惯例的结果,也是实现所得税调节功能的必然选择。法人所得税制要求总、分公司汇总计算缴纳企业所得税。因此,设立分支机构,使其不具有法人资格,就可以由总公司汇总缴纳企业所得税。这样可以实现总、分公司之间盈亏互抵,合理减轻税收负担的目的。

《跨地区经营汇总纳税企业所得税征收管理办法》(国家税务总局公告2012年第57号)规定:汇总纳税企业实行"统一计算、分级管理、就地预缴、汇总清算、财政调库"的企业所得税征收管理办法。上述管理办法的基本内容是,总机构统一计算包括企业所属各个不具有法人资格的分支机构在内的全部应纳税所得额、应纳税额。但总机构、分支机构所在地的主管税务机关都有对当地机构进行企业所得税管理的责任,总机构和分支机构应分别接受机构所在地主管税务机关的管理。在每个纳税期间,总机构、分支机构应分月或分季分别向所在地主管税务机关申报预缴企业所得税。等年度终了后，总机构负责进行企业所得税的年度汇算清缴，统一计算企业的年度应纳所得税额，抵减总机构、分支机构当年已就地分期预缴的企业所得税款后，应多退少补。

总分机构分摊税款的计算方法如下。

总机构分摊税款＝汇总纳税企业当期应纳所得税额×50%

所有分支机构分摊税款总额＝汇总纳税企业当期应纳所得税额×50%

某分支机构分摊税款＝所有分支机构分摊税款总额×该分支机构的分摊比例

总机构应按照上年度分支机构的营业收入、职工薪酬和资产总额三个因素计算各分支机构分摊所得税款的比例；三级及以下分支机构，其营业收入、职工薪酬、资产总额统一计入二级分支机构；三个因素的权重依次为 0.35、0.35、0.30。具体计算公式如下。

$$某分支机构分摊税款比例 = \frac{该分支机构营业收入}{各分支机构营业收入之和} \times 0.35 + \frac{该分支机构职工薪酬}{各分支机构职工薪酬之和} \times 0.35 + \frac{该分支机构资产总额}{各分支机构资产总额之和} \times 0.30$$

税法规定，以下二级分支机构不需要就地分摊缴纳企业所得税。

（1）不具有主体生产经营职能，且在当地不缴纳增值税营业税的产品售后服务、内部研发、仓储等汇总纳税企业内部辅助性的二级分支机构，不就地分摊缴纳企业所得税。

（2）上年度认定为小型微利企业的，其二级分支机构不就地分摊缴纳企业所得税。

（3）新设立的二级分支机构，设立当年不就地分摊缴纳企业所得税。

（4）当年撤销的二级分支机构，自办理注销税务登记之日所属企业所得税预缴期间起，不就地分摊缴纳企业所得税。

（5）汇总纳税企业在中国境外设立的不具有法人资格的二级分支机构，不就地分摊缴纳企业所得税。

总机构设立具有主体生产经营职能的部门，且该部门的营业收入、职工薪酬和资产总额是与管理职能部门分开核算的，可将该部门视同一个二级分支机构，参与计算分摊并就地缴纳。

总之，设立分公司有三个税收筹划优势：一是分公司与总公司之间的资本转移因不涉及所有权变动，所以不必纳税；二是分公司交付给总公司的利润不必纳税；三是经营初期分公司的经营亏损可以冲抵总公司的利润，从而减轻税收负担。

【案例10-2】

鼎新集团是一家大中型制造企业，以往年度每年盈利1 000万元。根据市场需求，当年在乙地准备新设立A分支机构，从事生物制药高科技项目投资，但项目投资前两年（设立当年和第二年）由于投入较大，估计每年亏损400万元，第三年才可能扭亏为盈，以后各年盈利额逐年增加：第三年盈利300万元，第四年盈利500万元。鼎新集团应该如何设立分支机构才能节税？

【解析】：如果鼎新集团在当年就将A分支机构设立为子公司，则在设立当年和第二年的两年中，一方面新设A子公司账面有巨额亏损，另一方面鼎新集团还须就每年1 000万元盈利缴纳250万元的企业所得税。如果将A分支机构设立为分公司，那么其前两年每年亏损的400万元可抵减企业利润，使鼎新集团减少所得税款100万元。

如果第三年及以后年度，A分支机构仍然保持分公司的身份，与鼎新集团汇总纳税，则可能因为A分支机构高新技术产品销售收入、研发费用占集团全部销售收入、全部研发费用的比例达不到税法规定的优惠标准，而无法享受高新技术企业低税率优惠政策。此时，如果及时将A分公司转换为A子公司，使其成为独立法人，并争取得到税务机关的认定，按照高新技术企业缴纳所得税，那么第三年可节税30万元[300×(25%–15%)]，第四年可节税50万元[500×(25%–15%)]。（如果符合小型微利企业的条件，则可享受小型微利企业税收优惠政策，税负会更低。）

10.2.2 选择分支机构形式的税收筹划

如何选择分支机构形式进行税收筹划呢？下面通过案例进行讲解。

【案例10-3】

深圳新营养技术生产公司为扩大生产经营范围，准备在内地兴建一家芦笋种植加工企业，在选择芦笋加工企业组织形式时，该公司进行了以下税收分析。

芦笋是一种根基植物，在新的种植区域播种，达到初次具有商品价值的收获期为4~5年，企业在开办初期将面临很大的亏损，但亏损会逐渐减少。经估计，此芦笋种植加工公司第一年的亏损额为200万元，第二年亏损额为150万元，第三年亏损额为100万元，第四年亏损额为50万元，第五年开始盈利，盈利额为300万元。

该公司总部设在深圳,属于国家重点扶持的高新技术公司,适用的企业所得税税率为15%。该公司除在深圳设有总部外,在内地还有一子公司H,适用的企业所得税税率为25%。经预测,未来5年内,新营养技术生产公司总部的应税所得均为1 000万元,H公司的应税所得分别为300万元、200万元、100万元、0、−150万元。

请问:该公司应如何进行税收筹划?

【解析】:经分析可知,有三种方案可供选择。

方案一:将芦笋种植加工企业建成具有独立法人资格的子公司M。

因子公司具有独立法人资格,属于企业所得税的纳税人,所以按其应纳税所得额独立计算缴纳企业所得税。

在这种情况下,该新营养技术生产公司包括三个独立纳税主体:深圳新营养技术生产公司、子公司H和子公司M。在这种组织形式下,因芦笋种植企业M是独立的法人实体,不能和深圳新营养技术生产公司或子公司H合并纳税,所以,其所形成的亏损不能抵销深圳新营养技术生产公司总部的利润,只能在其以后年度实现的利润中抵扣。

在前4年中,深圳新营养技术生产公司总部及其子公司的纳税总额分别为225万元（1 000×15%+300×25%）、200万元（1 000×15%+200×25%）、175万元（1 000×15%+100×25%）、150万元（1 000×15%),4年间缴纳的企业所得税总额为750万元。

方案二:将芦笋种植加工企业建成非独立核算的分公司。

分公司不同于子公司,它不具备独立法人资格,不能独立建立账簿,只能作为分支机构存在。按税法规定,分支机构的利润与其总部实现的利润合并纳税。因此,深圳新营养技术生产公司仅有两个独立的纳税主体:深圳新营养技术生产公司总部和子公司H。

在这种组织形式下,芦笋种植加工企业作为非独立核算的分公司,其亏损可由深圳新营养技术生产公司用其利润弥补,这样就降低了深圳新营养技术生产公司第一年至第四年的应纳税所得额,使深圳新营养技术生产公司的应纳所得税得以延缓。

在前4年中,深圳新营养技术生产公司总部、子公司及分公司的纳税总额分别为195万元（1 000×15%−200×15%+300×25%）、177.5万元（1 000×15%−150×15%+200×25%）、160万元（1 000×15%−100×15%+100×25%）、142.5万元（1 000×15%−50×15%),4年间缴纳的企业所得税总额为675万元。

方案三:将芦笋种植加工企业建成内地子公司H的分公司。

在这种情况下,芦笋种植加工企业和H合并纳税。此时深圳新营养技术生产公司有两个独立的纳税主体：深圳新营养技术生产公司总部和子公司 H。在这种组织形式下，因芦笋种植加工企业作为 H 的分公司，与 H 合并纳税，其前 4 年的亏损可由 H 当年利润弥补，降低了 H 第一年至第四年的应纳税所得额，不仅使 H 的应纳所得税得以延缓，而且使得整体税负下降。

在前 4 年里，深圳新营养技术生产公司总部、子公司 H 及分公司的纳税总额分别为 175 万元（1 000×15%+300×25%−200×25%）、162.5 万元（1 000×15%+200×25%−150×25%）、150 万元（1 000×15%+100×25%−100×25%）、150 万元（1 000×15%），4 年间缴纳的企业所得税总额为 637.5 万元。第 5 年起芦笋种植加工企业开始盈利，再享受农业种植和农产品初加工的免税优惠。

通过对上述三种方案的比较，应该选择第三种组织形式，将芦笋种植企业建成内地 H 的分公司，可以使整体税负最低。

10.3　各类经济组织的选择与税收筹划

10.3.1　公司制企业与非公司制企业选择的税收筹划

按照我国法律规定，企业有公司制企业和非公司制企业之分。非公司制企业主要是指个人独资企业与合伙企业，公司制企业主要是指有限责任公司和股份有限公司。

公司制企业属于企业法人，有独立的法人财产，享有法人财产权。无论是有限责任公司还是股份有限公司，公司制企业都应对其利润总额进行相应的纳税调整后缴纳企业所得税。如果向自然人投资者分配股息或红利，还要代扣投资者税率为 20% 的个人所得税。

我国税法规定对于个人独资企业、合伙企业只征收个人所得税，而对于公司制企业，既要征收企业所得税又要征收个人所得税，这即为"双重征税"。但由于股息红利和资本利得之间存在转化的可能，以及资本利得税率偏低甚至有免征的优惠待遇，公司制企业的"双重征税"下的总税负并不一定高于个人独资企业或合伙企业。因此，在选择企业性质的决策中，存在选择个人独资企业、合伙企业还是选择公司的筹划。

公司制企业的出现晚于个人独资企业、合伙企业，公司制企业相对较为进步，这不仅体现在公司较低的运作风险方面，而且体现在公司税收独特优势方面。公司在冲抵损失时不限于当期利润，损失甚至可以延续冲抵未来的利润；公司能够在合理范围内于税前列支雇员的金额、相当可观的年金支出及投资者本人的工资；公司还能够在所得税扣除方面于税前列支更多的成本费用项目。这些公司制企业具有的优势都是个人独资企业或合伙企业所不可比拟的。

10.3.2 个人独资企业、合伙企业的设立与税收筹划

我国对个人独资企业、合伙企业从 2000 年 1 月 1 日起，比照个体工商户的生产、经营所得，适用五级超额累进税率，仅征收个人所得税。而公司制企业需要缴纳企业所得税，如果向个人投资者分配股息、红利，还要代扣其个人所得税（个人投资者分回的股息、红利，税法规定适用 20% 的比例税率）。

一般来说，设立企业时应合理选择纳税主体的身份，选择的思路如下。

第一，从总体税负角度考虑，个人独资企业、合伙企业的税负一般要低于公司制企业，因为前者不存在重复征税问题，而后者一般涉及双重征税问题。

第二，在个人独资企业、合伙企业与公司制企业的决策中，要充分考虑税基、税率和税收优惠政策等多种因素，最终税负的高低是多种因素综合作用的结果，不能只考虑一种因素。

第三，在个人独资企业、合伙企业与公司制企业的决策中，要充分考虑税收管理中的账簿设置要求和所得税征收方式（查账征收与核定征收）。

第四，在个人独资企业、合伙企业与公司制企业的决策中，还要充分考虑可能出现的各种风险。

【案例 10-4】

李先生投资兴办了一家企业，年应纳税所得额为 100 万元。假设不考虑小微企业的相关税收优惠，那么该企业的类型在个人独资企业、合伙企业和有限责任公司之间应如何选择？

【解析】：该企业如果注册登记为个人独资企业，就应按照经营所得缴税个人所得税，经营所得适用 5%～35% 的超额累进税率（见表 10-1）。

表 10-1　经营所得适用 5%～35% 的五级超额累进税率

级数	全年应纳税所得额	税率	速算扣除数
1	不超过 30 000 元的	5%	0
2	超过 30 000 元至 90 000 元的部分	10%	1 500
3	超过 90 000 元至 300 000 元的部分	20%	10 500
4	超过 300 000 元至 500 000 元的部分	30%	40 500
5	超过 500 000 元的部分	35%	65 500

注：本表所称全年应纳税所得额，是指以每一纳税年度的收入总额减除成本、费用以及损失后的余额。

个人所得税负担为：

$$1\,000\,000 \times 35\% - 65\,500 = 284\,500 (元)$$

但如果该企业注册为有限责任公司，则应首先以法人身份计算缴纳企业所得税，然后分配给投资者的税后利润还应按照股息、红利所得计缴个人所得税，总税收负担为：

$$1\,000\,000 \times 25\% + 1\,000\,000 \times (1-25\%) \times 20\% = 400\,000 (元)$$

可见，该企业作为有限责任公司比个体工商户多缴纳税收额为 115 500 元。

另外，如果投资成立的是合伙企业，那么虽然也仅需要缴纳个人所得税，但由于现行税制规定每一个合伙人单独按照其所获得的收益计缴个人所得税，因此，使投资者有更多机会按照相对较低的税率计税，其总体税负会比个人独资企业更低。

如果李先生与三位朋友共同注册成立一家合伙企业，投资总额为 200 万元，每个人的投资比例均为 25%。假定年应纳税所得额为 100 万元，则其个人所得税负担为：

$$[(1\,000\,000 \div 4) \times 20\% - 10\,500] \times 4 = 158\,000 (元)$$

合伙企业比个人独资企业少缴所得税金额为：

$$284\,500 - 158\,000 = 126\,500 (元)$$

公司制企业所得税采用 25% 的比例税率，这意味着无论企业应纳税所得额规模有多大，其税收负担率是不变的（小型微利企业的税率为 20%）。而个人所得税对生产、经营性收入采用五级超额累进税率，这意味着应纳税所得额越大，其税率越高。从个人经营所得适用的五级超额累进税率表可以看出，个体工商户的应税所得额在 30 万元时，适用的边际税率为 20%，由于采用超额累进税率计税时应将以前级次适用低税率部分的差额减除，因此其实际税率为 16.5%[即 (300 000×20%–10 500)÷300 000×100%=16.5%]。应税所得额在 50 万元时，适用的边际税率为 30%，其实际税率是 23.25%[即 (500 000×30%–40 500)÷500 000×100%=21.9%]。应税所得额为 80 万元时，适用的边际税率为 35%，其实际税率是 26.81%[即 (800 000×35%–65 500)÷800 000×100%=26.81%]。随着应税所得的增加，个体工商户的实际税率还会逐渐增加。

因此，如果单纯比较企业所得税与个体工商户的经营所得的税收负担率，企业所得税税率始终为 25%，而个体工商户所得的税率则可能高于 25%。

10.3.3 民营企业、个体工商户的选择与税收筹划

民营企业亦称"私有企业"，是由私人投资经营的企业，产权完全私有，与国有企业的公有产权相对应。民营企业的生产资料和产品属私人所有，经营活动由私人投资者或雇用职业经理人管理，资金来源有私人出资或通过银行筹资、发行股票筹资等。我国现阶段鼓励民营企业的存在和发展，同时也允许外国资本家依法在中国投资设立各种形式的中外合资企业或外商独资企业。

个体工商户又称个体户，是个体经济单位，它以劳动者个人及其家庭成员为主体，用自有的劳动工具及生产资料、资金，经向国家有关部门登记，独立地从事生产、经营活动。个体工商户主要分布于各种小型手工业、零售商业、饮食业、服务业、运输业等行业。

按照现行税法规定，民营企业作为公司制企业，适用《企业所得税法》的各项规定，其适用的企业所得税税率是 25%。而个体工商户则适用《个人所得税法》，按照《个人所得税法》中的经营所得计税，其税率如表 10-1 所示。

个体工商户适用查账征收的，若为增值税一般纳税人，就按税款抵扣制计算缴纳增值税；若为小规模纳税人，就采用简易计税方法依 3% 或 5% 的征收率计算缴纳增值税。附加税费中，城建税按缴纳增值税的 7%（县城、镇为 5%，乡、农村为 1%）缴纳，教育费附加按缴纳增值税的 3% 缴纳，地方教育费附加按缴纳增值税的 1% 缴纳。

而民营企业属于公司制企业，负有全面的纳税义务，我国现行的所有税种都可能涉及。因此，民营企业与个体工商户面临不同的税收待遇。总体来说，个体工商户的税收负担低于民营企业的税收负担。

> **知识链接**

个人从事独立劳务，应如何选择合适的组织形式？

对于从事独立劳务的个人来说，在利用国家和地方政府提供的税收优惠政策时，可以比较不同组织形式下的税负状况，选择设立适合的经营机构或业务模式进行税收筹划。下面分析并比较三种不同组织形式下的纳税模式。

一是个人从事独立劳务，不设立任何机构，以自然人身份提供劳务，则需要按照劳务报酬所得适用三级超额累进税率计算缴纳个人所得税，且在年度终了对其所获取的综合所得进行汇算清缴；二是个人成立一家公司制企业，个人的劳务报酬转化为企业的经营所得，则需要缴纳企业所得税，然后分配税后利润，以股息、红利等形式获得报酬，但需要缴纳20%的个人所得税；三是个人成立一家个人独资企业，则需要按照个人经营所得计算缴纳个人所得税。这三种模式适用的税收政策比较如表10-2所示。

表10-2 个人从事独立劳务、设立公司制企业、设立个人独资企业的税收政策比较

税种	个人	公司制企业（小微企业）		个人独资企业
	个税	企税	个税	个税
税率	劳务报酬所得 最高边际税率为40%，其余两档分别为20%、30%；且个人的综合所得按照年度进行个人所得税汇算清缴，多退少补	应纳税所得额≤100万元 实际税负率为2.5% 100万元＜应纳税所得额≤300万元 实际税负率为5%	利息、股息、红利所得 适用税率为20%	1. 查账征收 按照5%～35%的五级超额累进税率计算缴纳个人所得税； 2. 核定征收 对经营所得核定税率： 核定征收适用的幅度税率＝应税所得率×五级累进税率； 应税所得率一般为10%；累进税率的最高边际税率为35%
费用扣除	不能扣除	允许扣除	不能扣除	不能扣除
增值税	根据现行增值税政策规定，年销售收入小于180万元的纳税人（按月申报的销售收入不超过15万元，按季申报的销售收入不超过45万元），免征增值税；年销售收入在180万元和500万元之间的小规模纳税人，适用的增值税征收率为3%或5%，2022年4月1日至2022年12月31日，适用3%征收率的应税行为，免征增值税；年销售收入在500万元以上的纳税人，服务性质的收入适用的增值税税率为6%			

复习思考题

1. 居民企业与非居民企业的税收政策有何差异?
2. 子公司与分公司的税收政策有何差异?
3. 非公司制企业有哪些类型?公司制企业与非公司制企业的税收政策有何差异?如何利用企业性质的差异进行税收筹划?

案例分析题

案例一 盈亏互抵的税收筹划

甲公司经营情况良好,准备扩大规模,增设一分支机构乙公司。甲公司和乙公司均适用25%的企业所得税税率。假设分支机构设立后5年内经营情况预测如下。

(1) 甲公司5年内每年均盈利,每年应纳税所得额为200万元。乙公司经营初期亏损,5年内的应纳税所得额分别为-50万元、-15万元、10万元、30万元、80万元。

(2) 甲公司5年内每年均盈利,每年应纳税所得额为200万元。乙公司5年内也都是盈利的,应纳税所得额分别为15万元、20万元、40万元、60万元、80万元。

(3) 甲公司在分支机构设立后前两年亏损,5年内的应纳税所得额分别为-50万元、-30万元、100万元、150万元、200万元。乙公司5年内都是盈利的,应纳税所得额分别为15万元、20万元、40万元、60万元、80万元。

(4) 甲公司在分支机构设立后前两年亏损,5年内的应纳税所得额分别为-50万元、-30万元、100万元、150万元、200万元。乙公司经营初期亏损,5年内的应纳税所得额分别为-50万元、-15万元、10万元、30万元、80万元。

【问题】:在每一种情况下,甲公司应将乙公司设立成哪种组织形式更合适?

案例二 非居民企业的税收筹划

在我国香港注册的非居民企业A,在内地设立了常设机构B。2022年3月,B就2021年应纳税所得额向当地主管税务机关办理汇算清缴,应纳税所得额为1 000万元,其中:

(1) 特许权使用费收入为500万元,相关费用及税金为100万元;

（2）利息收入为450万元，相关费用及税金为50万元；

（3）从其控股30%的中国居民企业甲取得股息200万元，无相关费用及税金；

（4）其他经营收入为100万元；

（5）可扣除的其他成本费用及税金合计为100万元。

上述各项所得均与B有实际联系，不考虑其他因素。B的企业所得税据实申报：

$$应申报企业所得税 = 1\,000 \times 25\% = 250(万元)$$

【问题】：A企业如何重新规划可少缴税？

综合阅读题

麦当劳组织架构的税收筹划案例

（一）案情介绍[①]

2015年5月，欧盟委员会对麦当劳进行调查，发现麦当劳2013年从加盟商及该公司的欧洲各个子公司收取的10亿美元转款中仅就2.88亿美元的利润缴纳了1.4%的税收，远低于29%的卢森堡企业所得税，认为其2009年至2013年间的一项税务安排，有使麦当劳在卢森堡的子公司避免在当地和美国缴纳约10亿欧元公司税的嫌疑。欧盟委员会认为卢森堡可能误用国家法律和《卢森堡－美国税收协定》，为麦当劳的卢森堡公司提供了非法税收优惠，违反了欧盟国家援助规则。经过相关的调查，欧盟把关注点聚焦在麦当劳的欧洲特许经营权的交易上。

2009年至2013年间，麦当劳总部在卢森堡成立了一家间接持股的卢森堡子公司，同时将欧洲特许经营权通过收取特许权使用费的方式转让给这家子公司。这家卢森堡子公司又在美国和瑞士分设了两家分公司，分别将欧洲特许经营权的持有权分给了美国分公司，运营权分给了瑞士分公司。美国分公司持有欧洲特许经营权，承担损益，瑞士分公司则挑起运营大梁，负责欧洲特许经营权的业务，收到的特许权使用费在扣除公司运营费用后转交给美国分公司。麦当劳"美国—卢森堡—瑞士—美国"的组织架构如图10-2所示。

---

① 万婷. 间接股权转让的税收筹划分析——以麦当劳改名税案为例[J]. 时代金融，2018(9)：183.

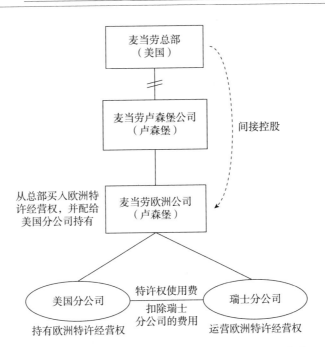

图10-2 麦当劳"美国—卢森堡—瑞士—美国"的组织架构

（二）组织架构的税收筹划分析

1. 业务划分

作为世界快餐行业的巨头，"麦当劳"三个字具有巨大的品牌价值，这个名称的使用权就是麦当劳独一无二的无形资产，麦当劳将这个无形资产以公司为单位单独持有，以特许经营权的方式出售。在上述麦当劳的筹划案例中，它将欧洲特许经营权从美国分离出去，单独转让给一家卢森堡公司，这就是无形资产的业务划分。同时麦当劳还下设两家海外分公司，分离欧洲特许经营权的持有人和管理人，这就是无形资产所有权和使用权的分割。美国分公司只是持有欧洲特许经营权，没有在境内开展商贸活动，欧洲特许经营权的运营由瑞士分公司进行，所以在美国税法下，卢森堡公司通过美国分公司获取的利润不属于美国的征税范围，不征收美国的企业所得税。

2. 企业类型的选择

麦当劳总部在卢森堡设立了一家子公司。之所以选择子公司，是因为子公司可以构成卢森堡的税收居民，享受卢森堡与美国和瑞士签订的税收协定的优惠待遇。

本来卢森堡公司应该就其 40 亿欧元的利润向卢森堡缴纳企业所得税，但是由于卢森堡的利润全部来自美国和瑞士的分公司，根据卢森堡和两国签订的税收协定，卢森堡公司的分公司仅单边征税，所以美国分公司和瑞士分公司的利润均不征收卢森堡的企业所得税。

麦当劳欧洲公司在美国和瑞士下设了两家分公司。之所以区别于卢森堡的子公司而选择设立分公司，是因为这两家分公司可以构成税收协定中的常设机构，适用常设机构原则——仅就常设机构的利润在来源国征税，美国仅就美国分公司的利润征收美国的企业所得税。但是根据业务划分的税收分析可知，这笔利润不在美国的征税范围内，所以最终这笔特许经营权的利润不被征收美国的企业所得税。瑞士仅就瑞士分公司的利润征收瑞士的企业所得税。

3. 设立地点的选择

麦当劳总部选择在卢森堡、瑞士成立欧洲子公司和分公司，首先显然是看中了卢森堡和瑞士"避税天堂"的税收地位。卢森堡具备宽松的法律和监管环境，众多税收优惠政策及广泛的双边税收协定网络，其中包括不对境内的投资基金所得红利和资本利得征税，为外国公司提供免税服务，享受欧洲最低的增值税制度；瑞士企业所得税率较低，最重要的是它有着完备的金融体系，尤其是严格的《银行保密法》，私人账户只要进入瑞士就无法被查明资金流向，虽然如今瑞士被美国逼迫开放了金融体系信息的交换，但是 2013 年时瑞士还是众多富豪隐匿收入的最佳选择。

其次是看中了卢森堡与美国和瑞士签订的税收协定，这两个税收协定都规定了分公司单边征税。根据《卢森堡—美国税收协议》的规定，美国分公司作为在美国的常设机构，产生的利润仅在美国征税，免征卢森堡的企业所得税。根据前面的分析可知，美国不征收美国分公司的美国企业所得税，所以美国分公司的利润完全没有缴纳企业所得税。根据《卢森堡—瑞士税收协议》的规定，瑞士分公司作为瑞士的常设机构，产生的利润仅在瑞士征税，免征卢森堡的企业所得税，所以瑞士分公司的利润仅仅缴纳了较低的瑞士企业所得税。

4. 内部交易的规划

在麦当劳这个案例中税收协定给予了免税待遇，所以采用任何支付方式都不会有太大影响，但是上述麦当劳所有无形资产的交易都是通过特许权使用费进行交易的，使用这种费用支付更容易进行分摊和利润的转移。

（三）案情结果

由图 10-3 可知，通过麦当劳组织架构的税收筹划，这笔欧洲特许经营权的利润仅就瑞士分公司的部分缴纳了 17% 的企业所得税，完美避开了欧盟的监管。2018 年 9 月 19 日，欧盟也裁定麦当劳税收合法，指出上述避税的成功是因为美国和卢森堡法律不匹配，是法律的漏洞或不适用问题。不难看出，麦当劳新计划的搬迁也是利用企业设立地点的筹划思路，选择低税率国家设立公司。

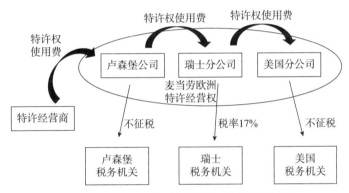

图 10-3 麦当劳欧洲特许权使用费的避税原理

问题思考：

1. 麦当劳的组织机构设置有其税收考虑，请分析其中的税收筹划原理。
2. 政府如何应对跨国公司利用组织架构设置可能造成的税收流失？

第11章

投资与融资的税收筹划

在未来税前现金流量和税收法规本身存在不确定性的条件下，风险报酬往往被写入契约中，以保证税收筹划对未来预期的税收状况变化做出灵活的反应。

——诺贝尔经济学奖得主　迈伦·斯科尔斯

11.1 投资决策的税收筹划

11.1.1 投资地点选择的税收筹划

1. 境内投资地点的选择

（1）利用西部大开发税收优惠政策投资西部地区

重庆市、四川省、贵州省、云南省、西藏自治区、陕西省、甘肃省、宁夏回族自治区、青海省、新疆维吾尔自治区、内蒙古自治区和广西壮族自治区，以及湖南省湘西土家族苗族自治州、湖北省恩施土家族苗族自治州、吉林省延边朝鲜族自治州和江西省赣州市，自2011年1月1日至2020年12月31日，对设在上述地区的鼓励类产业的企业减按15%的税率征收企业所得税。根据《关于延续西部大开发企业所得税政策的公告》（财政部　国税总局　国家发展改革委2020年第23号）对西部大开发政策延续10年，即2021年1月1日至2030年12月31日，继续对设在西部地区的鼓励类产业企业减按15%的税率征收企业所得税。

（2）在新疆困难地区投资新办企业

为支持新疆经济社会的发展，2010年1月1日至2020年12月31日，政府对在新疆困难地区新办的属于《新疆困难地区重点鼓励发展产业企业所得税优惠目录》范围内的企业，自取得第一笔生产经营收入所属纳税年度起，第 1~2 年免征企业所得税，第 3~5 年减半征收企业所得税。

根据《财政部 税务总局关于新疆困难地区及喀什、霍尔果斯两个特殊经济开发区新办企业所得税优惠政策的通知》（财税〔2021〕27 号）的规定，为推动新疆发展，2021 年 1 月 1 日至 2030 年 12 月 31 日，继续对在新疆困难地区新办的属于《新疆困难地区重点鼓励发展产业企业所得税优惠目录》范围内的企业，自取得第一笔生产经营收入所属纳税年度起，第 1~2 年免征企业所得税，第 3~5 年减半征收企业所得税。此外，2021 年 1 月 1 日至 2030 年 12 月 31 日，对在新疆喀什、霍尔果斯两个特殊经济开发区内新办的属于《新疆困难地区重点鼓励发展产业企业所得税优惠目录》范围内的企业，自取得第一笔生产经营收入所属纳税年度起，5 年内免征企业所得税。

综上，企业完全能够而且有必要在投资之前，充分考虑基础设施、金融环境等外部因素，选择整体税收负担相对较低的地点进行投资，以获得最大的税收利益。一般做法是，在低税区创办企业，即利用低税地区的各种优惠政策，其业务活动自然也可以扩大到非低税区；或在低税区设置关联机构，将更多利润留在低税区，以降低总体税负。但是企业一旦选择了在低税区投资，就必须考虑这些地区的硬件环境、软件环境及需求状况，以免为了节税而影响企业盈利，导致得不偿失，这是企业投资前应当慎重考虑的。

2. 跨国投资地点的选择

如果进行跨国投资，仅从税收角度出发，主要考虑四点。一是宏观税负的高低，二是所涉及的主要税种及其税负的高低，三是税收结构，四是居住国与投资地点所在国关于避免双重征税的政策规定。

从国外的情况看，有的国家或地区不征收所得税，有的国家的所得税税率高于或者低于我国。因此，投资地点不同，税收负担会有所差别，最终会影响到投资收益。对于跨国投资者，还应考虑有关国家同时实行居民管辖权和收入来源地管辖权而导致的对同一项所得的双重征税，以及为避免国际双重征税的双边税收协定有关税收抵免的具体规定，以进行投资国别或地区的选择。

公司所得税（即企业所得税）是世界上开征相当普遍的一个税种。根据对世界各国的跟踪检索，世界各国公司所得税的基本状况是，普遍征收公司所得税的国家和地区有220个。OECD在2019年公布的《公司所得税统计报告》对全球76个国家的法定公司所得税税率的统计显示，共有12个国家或地区的法定公司所得税税率为0，一部分国家或地区的公司所得税采取累进税制。

公司所得税综合税率存在持续下降的趋势。2010年降低公司所得税税率的国家和地区至少有21个。自从美国1986年实行以降低税率、拓宽税基为基调的税制改革以来，世界上公司所得税税率普遍呈下降趋势。2017年年底，特朗普税改方案在美国通过，这是30多年来美国税法最大的一次调整，美国的大规模减税政策可能将引起新一轮的全球减税浪潮。

此外，不少国家的地方所得税在各地的税率不一，如美国、日本、德国、瑞士、意大利等，有的差别还比较大。统计表明，达到20%但不超过30%这一税率段的国家和地区最多，有46个。其中税率低于25%的国家和地区有11个；达到25%但不超过30%这一税率段的国家和地区次之，有23个；税率为25%的国家和地区有12个。

企业进行投资时，应充分利用不同地区的税制差别或区域性税收倾斜政策，选择整体税负较轻的地区进行投资，以提高投资收益率。

11.1.2 投资行业选择的税收筹划

1. 流转税的行业税负差异

流转税主要通过对企业现金流量的影响约束企业的投资决策。在一定时期内企业缴纳的流转税越多，企业在该时期的现金流量就越少，从而抑制了企业的投资；反之，企业的现金流量增加会刺激企业的投资。

我国现行税法在流转税方面，是根据企业所属行业及经营业务内容分别按不同税种征收的，对以下所获得的收入应缴纳增值税：工业企业、商业企业和服务型企业销售或进口货物，提供加工修理修配劳务，提供交通运输、邮政、电信、建筑和其他服务，销售不动产，转让无形资产等。其中，特定产品（如烟、酒、化妆品等十五大类）在缴纳增值税的同时还须缴纳消费税。

为此，企业投资进行行业选择时应首先考虑未来经营收入缴纳流转税的差异。尽管从经济学角度考虑，流转税可以转嫁给他人负担，但实际能否转嫁、转嫁程度如何都会对企业的税收负担及税后利润造成不同影响。具体可从以下三个方面分析。

1）适用税率差异

不同行业的业务收入适用的税种不同，实际税负也不相同。工商企业销售收入缴纳增值税，名义税率较高，为13%或9%，但以增值额为计税依据，购进项目可做进项税额抵扣，税基较小。服务型企业提供各类服务的收入在营改增后缴纳增值税，名义税率为6%。

2）适用税种数量差异

生产销售产品的工业企业，大部分商品销售收入只缴纳增值税；而生产消费税应税产品的企业则须缴纳增值税、消费税两道流转税，而且由于消费税是价内税，增值税与消费税计税价格相同，因此消费税税率高低既影响消费税应纳税额的多少，又影响增值税应纳税额的多少。

3）适用税目差异

同样是缴纳增值税、消费税，如果税目不同，那么适用税率将不尽相同，税负轻重也不相同。不同类商品或劳务适用的税目税率不同；同类商品也会有税率高低的差别，如乘用小汽车消费税根据气缸容量的不同适用不同的税率。另外，还需考虑免税项目、出口退税率差别，进口征税时关税对增值税及消费税的影响等问题。

2. 所得税的行业税负差异

所得税对企业投资决策的影响主要体现在其直接影响企业的税后利润水平，进而影响企业的投资收益和投资决策。虽然我国企业所得税对各行业采用统一的比例税率，但各种优惠政策仍然为企业投资的行业选择提供了空间。

第一，利用公共基础设施项目企业的税收优惠政策。企业从事国家重点扶持的公共基础设施项目的投资经营所得，自项目取得第一笔生产经营收入所属纳税年度起，第1～3年免征企业所得税，第4～6年减半征收企业所得税。

第二，利用农、林、牧、渔业项目企业的税收优惠政策。企业从事农、林、牧、渔业项目的所得，可以免征、减征企业所得税。企业从事花卉、茶、其他饮料作物和香料作物的种植，以及从事海水养殖、内陆养殖的所得，减半征收企业所得税。

第三，利用环境保护、节能节水项目企业的税收优惠政策。企业从事环境保护、节能节水项目，包括公共污水处理、公共垃圾处理、沼气综合开发利用、节能减排技术改造、海水淡化等，自项目取得第一笔生产经营收入所属纳税年度起，第1～3年免征企业所得税，第4～6年减半征收企业所得税。

第四，利用高新技术企业的税收优惠政策。国家需要重点扶持的高新技术企业，减按15%的税率征收企业所得税。自2018年1月1日起，当年具备高新技术企业或科技型中小企业资格的企业，其具备资格年度之前5个年度发生的尚未弥补完的亏损，准予结转以后年度弥补，最长结转年限由5年延长至10年。科技型中小企业开展研发活动中实际发生的研发费用，未形成无形资产计入当期损益的，在按规定据实扣除的基础上，在2017年1月1日至2019年12月31日期间，再按照实际发生额的75%在税前加计扣除；形成无形资产的，在上述期间按照无形资产成本的175%在税前摊销。2021年3月24日，国务院常务会议明确将制造业企业研发费用加计扣除比例由75%提高至100%。

第五，利用创业投资企业的税收优惠政策。创业投资企业采取股权投资方式投资于未上市的中小高新技术企业2年以上的，可以按照其投资额的70%在股权持有满2年的当年抵扣该创业投资企业的应纳税所得额；当年不足抵扣的，可以在以后纳税年度结转抵扣。

第六，利用资源综合利用企业的税收优惠政策。企业以《资源综合利用企业所得税优惠目录》规定的资源作为主要原材料，生产国家非限制和非禁止并符合国家和行业相关标准的产品取得的收入，减按90%计入收入总额。

第七，利用国家扶持动漫产业发展的税收优惠政策。经认定的动漫企业自主开发、生产动漫产品，可申请享受国家现行鼓励软件产业发展的所得税优惠政策。另外，经国务院有关部门认定的动漫企业自主开发、生产动漫直接产品，确须进口的商品可享受免征进口关税和进口环节增值税的优惠政策。

第八，利用鼓励软件产业的税收优惠政策。软件生产企业实行增值税即征即退政策，所退还的税款，由企业用于研究开发软件产品和扩大再生产，不作为企业所得税应税收入，不予征收企业所得税。我国境内新办软件生产企业经认定后，自获利年度起，第1～2年免征企业所得税，第3～5年减半征收企业所得税；国家规划布局内的重点软件生产企业，当年未享受免税优惠的，减按10%的税率征收企业所得税；软件生产企业的职工培训费用，可按实际发生额在计算应纳税所得额时扣除。

【案例 11-1】

A 投资者想在西部地区投资创办一个新公司，兼营公路旅客运输业务和其他业务。预计全年公路旅客运输业务收入为 500 万元，其他业务收入为 300 万元，利润率均为 25%。

该项目的企业所得税额 =(500+300)×25%×25%=50(万元)，如何筹划企业所得税？

【解析】：A 投资者利用行业税负差异实现税收筹划。

可以选择分别投资两个企业：一个从事公路旅客运输业务，另一个从事其他业务。从事公路旅客运输业务的收入为企业的总收入，占比为 100%，超过了 70% 的比例，可享受减按 15% 的税率征收企业所得税的优惠政策。

应纳所得税 =500×25%×15%+300×25%×25%=37.50(万元)

根据地方税收优惠政策，可以将企业的业务进行调整从而达到节约税款的目的。

知识链接

灿坤集团投资活动的税收筹划案例

灿坤集团为台湾地区最大的连锁信息家电零售企业，也是全球最大的小家电生产基地，产品销售量全球第一。灿坤集团拥有先进的七大设计研发基地，产品行销全球上百个国家和地区，其主要产品的年产量均列全球第一。灿坤集团能够快速发展起来，离不开初建时期选择了有利于企业发展的投资方面的税收政策，即主要通过投资地点选择、产品选择、投资资金选择、经营方式选择、组织形式策划等进行税收筹划。

1. 投资地点的选择

首先，灿坤集团作为台资企业，于 20 世纪 80 年代末选择进入中国内地投资，在投资地点的选择上非常谨慎。寻找的投资地点最好是一个税收洼地，这样有利于未来发展。在这一点上，灿坤集团做出了非常明智的选择——福建厦门湖里工业区。厦门市在当时发布了特殊的企业所得税优惠政策和土地使用费优惠政策[①]。这个政策的发布年份为 1988 年，而厦门灿坤实业的成立也是这一年。灿坤集团密切跟踪税收优惠政策，并对其充分加以利用。

---

① 《厦门市人民政府关于鼓励台湾同胞在厦门经济特区投资的若干规定》(厦府〔1988〕综 014 号)。

2. 产品的选择

灿坤集团在产品选择上也有所斟酌，其选择的是小家电产品，国家针对小家电的税收优惠政策①的发布年份是1986年，灿坤集团对国家的宏观政策有较好的掌握和了解，小家电作为连续5年出口超过70%的产品，灿坤集团2000年至2004年获得所得税税率减半的税收优惠，以10%的税率缴纳企业所得税。1999年优惠政策到期后灿坤集团又享受了无缝衔接的小家电税收优惠政策，这对灿坤集团的长期发展至关重要。

3. 投资资金的选择

在投资资金的选择方面，灿坤集团利用了自有资金进行投资。灿坤集团作为台资企业，没有将从企业取得的利润汇回台湾，而是投资于本企业，用于增加注册资本，或开办其他企业，当经营期大于等于5年时，可退还投资部分已纳所得税的40%。如果再投资用于兴办或扩建产品出口企业或先进技术企业，那么经营期大于等于5年时，已纳所得税全部退还。厦门灿坤实业股份有限公司通过发放股票股利，用盈余公积转增资本等方式进行利润再投资，从而享受了利润再投资的优惠政策，持续时间从1999年到2003年，累计获得厦门税务局近4 000万元的退税款。

4. 企业经营方式的选择

在企业经营方式的选择上，灿坤集团一直坚持创新，加强产品研发，不是做简单的代工生产商，而是掌握自己的核心技术，创造自己的品牌商标。如果企业要长远经营下去，做得更大更好，就必须加强企业的核心竞争力。厦门灿坤实业股份有限公司的经营方式由企业刚建立时简单地贴牌生产转换为了贴牌生产和自创品牌并重。每年拿出其营业收入的5%作为研发费用，每年推出几十个自行研发的新品种。这种经营模式大大增加了研发费用的投入，可以享受研发费用加计扣除税收优惠政策。

---

① 《国务院关于鼓励外商投资的规定》第八条规定：产品出口企业按照国家规定减免企业所得税期满后，凡当年企业出口产品产值达到当年企业产品值70%以上的，可以按照现行税率减半缴纳企业所得税。经济特区和经济技术开发区及其他已经按15%的税率缴纳企业所得税的产品出口企业，符合前款条件的，减按10%的税率缴纳企业所得税。

5. 组织形式的策划

厦门灿坤实业股份有限公司选择了成立子公司，与总公司构成母子关系来进行税收筹划。选择在福建漳州成立子公司，这样做可以在原公司大量盈利之前将利润转移到子公司，子公司可以继续享受"两免三减半"税收优惠。相隔3年，又在漳州成立了经营活动相似的另一家子公司。其实，设立子公司也是一种投资形式，不仅可以延伸投资领域，还可以转移利润，形成一种产业布局。

【筹划分析】
甲公司利用投资行业实现税收筹划

甲公司属于创业投资有限责任公司，于2018年采取股权投资方式投入资本2 000万元，在某高新技术开发区设立了A高新技术企业（小型），职工有120人。A企业主要从事软件开发，已取得软件企业资质并通过了高新技术企业认定。当年，A企业实现利润20万元，2019年实现利润300万元。2020年1月，甲公司转让了A企业的股权，转让价格为3 500万元。甲公司具体的税收筹划方法如下。

（1）甲公司工商登记为"创业投资有限责任公司"，经营范围符合《创业投资企业管理暂行办法》的规定，投资设立的A企业已通过高新技术企业认定，可以享受按投资额的一定比例抵扣应纳税所得额的优惠。

（2）甲公司是A企业的投资方，享有100%的股权。根据《财政部 国家税务总局关于进一步鼓励软件产业和集成电路产业发展企业所得税政策的通知》（财税〔2020〕8号）的规定，我国鼓励的集成电路设计、装备、材料、封装、测试企业和软件企业，经认定后，自获利年度起计算优惠期，第1~2年免征企业所得税，第3~5年按照25%的法定税率减半征收企业所得税。因此，A企业在前两年免征企业所得税，两年共获利500万元，全部分配给甲公司，而甲公司从A企业分得的利润属于免税收入，不必缴纳企业所得税。

（3）2020年1月，甲公司转让了A企业的股权，转让价格为3 500万元，则：

股权转让所得 =3 500-2 000=1 500(万元)

甲公司抵扣应纳税所得额的限额 =2 000×70%=1 400(万元)

应缴企业所得税 =(1 500-1 400)×25%=25(万元)

11.1.3 投资方式选择的税收筹划

1. 直接投资方式

直接投资主要是指投资者用于开办企业、购置设备、收购和兼并其他企业等活动的投资行为，其主要特征是投资者能有效地控制各类投资资金的使用，并且能实施全过程的管理。直接投资的形式多种多样，如投资开办一家新公司，以较高比例的股份参与其他企业的经营，对外扩张设立子公司或分公司，收购或兼并外部企业，开办中外合资公司，等等。

1）税收成本的影响

企业直接投资是一个长期的、极其复杂的事项，投资过程中的涉税问题也同样错综复杂。但无论怎样复杂，涉税事项无非是税收成本的增减。企业选择投资项目时，主要的判断标准就是以最少的投入获得最大的收益。而税收成本的增加是一种现金流出，税收成本的节减与现金流入具有同样的意义。

国家税收有多种差异性条款，企业投资于不同的项目常常会由于所适用的条款不同，导致税前收益与税后收益有很大差别。

【案例11-2】

A公司现有一笔资金准备投资兴建一个项目，有甲、乙两个备选方案。其中甲方案预计年收入为1 000万元，成本费用为620万元。计算企业所得税时，由于部分费用超过了税法规定的准予税前扣除的标准，故税前可扣除项目金额仅为500万元。乙方案预计年收入为960万元，收入中有200万元可以按90%的比例减计收入，成本费用为600万元，均符合税法规定的准予税前扣除的标准，可在税前全额扣除。两个方案适用的企业所得税税率均为25%。

【解析】：税收成本计算过程如表11-1所示。

表11-1　甲、乙方案的税收成本比较　　　　　　　　（单位：万元）

项目	甲方案	乙方案
应纳税收入	1 000	760+200×90%=940
成本费用	620	600
税前现金流	380	360
可扣除项目金额	500	600

续表

项目	甲方案	乙方案
所得税成本	(1 000–500)×25%=125	(940–600)×25%=85
税后现金流	380–125=255	360–85=275

如果不考虑税收的影响，甲方案（税前现金流为 380 万元）的收益优于乙方案（税前现金流为 360 万元）。但考虑了税收的影响后，则乙方案（税后现金流为 275 万元）优于甲方案（税后现金流为 255 万元）。

2）税率的影响

企业投资项目在不同年度适用的边际税率不一定相等。所谓边际税率，是指当纳税人再增加一单位应纳税所得额时所适用的税率。有的国家采用的所得税税率是累进税率，在这种情况下，当纳税人某年收入较少时，其所适用的边际税率就比较低；但当纳税人某年收入较多时，其所适用的边际税率就比较高。再如，虽然有的国家所得税采用的是比例税率，但对于那些可以享受定期税收优惠的企业来说，实际上不同年度所适用的边际税率是不同的。

《企业所得税法实施条例》规定：企业从事国家重点扶持的公共基础设施项目的投资经营所得，从项目取得第一笔生产经营收入所属纳税年度起，第 1～3 年免征企业所得税，第 4～6 年减半征收企业所得税。不难看出，适用这项优惠政策的企业第 1～3 年适用的边际税率为 0，第 4～6 年适用的边际税率为 12.5%，第 7 年及以后年度适用的边际税率为 25%，实际上是一种不同年度间的累进税率。或者说，当企业获得同样数量的应税所得（如 100 万元）时，如在第 1 年获得，则不须缴纳企业所得税；如在第 4 年获得，则需要缴纳企业所得税 12.5 万元；如在第 7 年获得，则须缴纳企业所得税 25 万元。

【案例 11-3】

B 公司所在国的企业所得税采用超额累进税率，相关税收政策规定，年应纳税所得额在 60 万元以下的适用税率 20%，年应纳税所得额超过 60 万元的部分适用税率 30%。2020 年 B 公司原应纳税所得额为 40 万元，2021 年预计年应纳税所得额为 80 万元。2020 年拟追加投资一个项目，有甲、乙两个项目可供选择，两个项目均可获得 30 万元应纳税所得额。甲项目收益可在 2020 年实现，而乙项目收益可在 2021 年实现。请比较两个项目的税后收益。

【解析】：两个项目的投资比较分析如表 11-2 所示。

表 11-2　项目的投资比较分析　　　　　　　　　　　　　　　（单位：万元）

项目	2020年	2021年	两年合计
如追加投资选择甲项目			
应纳税所得额	40+30=70	80	150
应缴所得税	60×20%+10×30%=15	60×20%+20×30%=18	33
税后利润	70-15=55	80-18=62	117
如追加投资选择乙项目			
应纳税所得额	40	80+30=110	150
应缴所得税	40×20%=8	60×20%+50×30%=27	35
税后利润	40-8=32	110-27=83	115

从甲、乙两个项目的比较可知，同样数额应税所得，由于适用的边际税率不同，因此缴税数额和投资项目的税后收益也不相同。投资于甲项目所获得的30万元应税所得由于是在原收入较少年度实现的，其中的20万元适用税率20%，只有10万元适用较高边际税率30%。而投资于乙项目所获得的30万元应税所得是在原收入较高年度实现的，全部适用30%的较高的边际税率，故比甲项目多缴2万元企业所得税，导致整体税后收益降低。

3）关于现值的考虑

企业投资是一项长期行为，故在进行投资决策中须考虑投资收益的货币时间价值，应用净现值法可以对不同时期的投资收益折现值进行比较。运用净现值法分析，税款缴纳时间的早晚会导致分析结果的变化。

【案例 11-4】

C公司投资有甲、乙两个可选方案，两年中各年的收入均为100万元。甲方案第一年成本费用为55万元，第二年成本费用为65万元。乙方案第一年成本费用为70万元，第二年成本费用为50万元。每年年终计算缴纳企业所得税。假设税率为30%，当期利率为10%，第一年复利现值系数为0.909，第二年复利现值系数为0.826。请比较两个方案的应纳税额。

【解析】：两个方案的应纳税现值如表11-3所示。

表 11-3　应纳税额现值比较分析　　　　　　　　　　　　　　（单位：万元）

项目		甲方案	乙方案
第1年	应纳税所得	100-55=45	100-70=30
	应纳所得税	45×30%=13.5	30×30%=9
	折现值	13.5×0.909=12.271 5	9×0.909=8.181

续表

项目		甲方案	乙方案
第 2 年	应纳税所得	100−65=35	100−50=50
	应纳所得税	35×30%=10.5	50×30%=15
	折现值	10.5×0.826=8.673	15×0.826=12.39
两年应纳税合计		13.5+10.5=24	9+15=24
两年应纳税现值合计		12.271 5+8.673=20.944 5	8.181+12.39=20.571

如果单纯从账面价值看，甲、乙两个方案两年缴纳的企业所得税总额是一样的，都是 24 万元。但考虑折现因素后，乙方案第一年成本费用比甲方案数额大，应纳税所得额较少，缴纳所得税额较少；第二年成本费用比甲方案数额小，应纳税所得额较多，缴纳所得税额较大。实际上是一部分税款递延了缴纳时间，所以降低了所缴纳税款的折现值。

2. 间接投资方式

间接投资主要是指投资者购买金融资产的投资行为。依据具体投资对象的不同，间接投资又可分为股票投资、债券投资及其他金融资产投资，并可依据所投资证券的具体种类进行进一步划分。例如，债券投资又可以细分为国库券投资、金融债券投资、公司债券投资等。间接投资的特点是投资者在资本市场上可以灵活地购入各种有价证券和期货、期权等，并能随时进行调整和转移，有利于避免各类风险。但投资者一般不能直接干预和有效控制其投资资金的使用状况。

1）债券投资的税收筹划

《企业所得税法》规定：企业取得的国债利息收入免征企业所得税，而购买其他债券所取得的利息收入需要缴纳企业所得税。所以，企业在进行间接投资时，除要考虑投资风险和投资收益等因素外，还必须考虑相关税收规定的差别，以便全面权衡和合理决策。

国库券投资收益少，但无风险，个人所获取的国库券利息收入免征个人所得税。对个人而言，在没有时间和精力经营股票投资的情况下，购买国库券可以获得稳定的投资收益。

【案例 11-5】

ZL 企业在 2021 年年末有 2.4 亿元的货币资金，除去企业正常经营所需的资金外仍有闲置资金，企业就安排在本年购买 6 000 万的年利率为 4.5% 的银行理财产品，将购买理财与购买国债进行比较，期限为一年的国债利率是 3.7%。不考虑其他纳税调整因素，请问选择哪种投资方式更合理？

【解析】：两种投资方式下的企业所得税如表 11-4 所示，银行理财产品的年利率为 4.5%，年利息收入为 270 万元，由于利息收入冲减了财务费用，所以国债收入利润调减 270 万元，又因国债的利息收入能够在税前进行抵扣，所以应纳税所得额调减 222 万元。购买银行理财之后应纳税所得额为 902 万元，高于购买国债之后的应纳纳税所得额 74 万元，二者的利息收入差为 48 万元，选择购买国债的利息收入比银行理财低 48 万元，但是要比购买银行理财少缴纳 74 万元的税，故购买国债为更合理的方案。

表 11-4 两种投资方式下的企业所得税比较 （单位：万元）

种类	利率	利息收入	税前利润	纳税调减	应纳税所得额	所得税
银行理财产品	4.5%	270	6 014	0	6 014	902
国债	3.7%	222	5 744	222	5 522	828

【案例 11-6】

某企业有 1 000 万元的闲置资金，打算进行投资。其面临两种选择：一种选择是投资国债，已知国债年利率为 4%；另一种选择是投资金融债券，已知金融债券年利率为 5%，企业所得税税率为 25%。请问从税务角度分析哪种方式更合适？

【解析】：

（1）若企业投资国债，则：

$$投资收益 = 1\,000 \times 4\% = 40(万元)$$

根据税法规定，国债的利息收入免缴所得税，则税后收益为 40 万元。

（2）若企业投资金融债券，则：

$$投资收益 = 1\,000 \times 5\% = 50(万元)$$

$$税后收益 = 50 \times (1-25\%) = 37.5(万元)$$

所以从税务角度分析，选择国债投资对企业更有利。

2）股票投资的税收筹划

对企业所得税纳税人投资股票取得的投资收益，应区别不同情况进行处理。首先，对于企业在股票市场上低价买入、高价卖出股票获得的价差收益要并入企业收入总额计算缴纳企业所得税。其次，对于企业购买并持有上市公司股票获得的股息、红利须根据情况确定：（1）居民企业或非居民企业连续持有居民企业公开发行并上市流通的股票超过12个月取得的投资收益免征企业所得税；（2）居民企业或非居民企业连续持有居民企业公开发行并上市流通的股票不超过12个月取得的投资收益，应并入企业所得税应税收入，即应当依法征收企业所得税；（3）居民企业或非居民企业持有非居民企业公开发行并上市流通的股票取得的投资收益，一律并入企业所得税应税收入计算缴纳企业所得税。

《企业所得税法》规定：在中国境内设有机构、场所的非居民企业应就其来源于中国境内的所得，包括股息、红利所得等，按照10%的税率缴纳企业所得税。

企业在进行股票投资时可通过适当延长股票的持有时间，或选择居民企业公开发行的股票等方式，获得股息、红利等免税利益。

各国对买卖股票一般征收交易税（印花税）、资本利得税，对股票投资收益征收所得税。多数国家对企业的股息收益在征收企业所得税时，都有税前扣除等避免经济性双重征税的规定。多数国家或地区对个人投资所得实行不同形式的避免经济性双重征税的政策。

股票投资风险大，但收益高。一般情况下，企业通过股票投资，可以利用较少的投资实现较大规模的扩张经营，但税负一般不会有明显变化。对于个人而言，在有时间和精力经营股票的情况下，可选择股票方式进行投资，以取得较多的税后利润。

3）基金投资的税收筹划

《财政部 国家税务总局关于企业所得税若干优惠政策的通知》（财税〔2008〕1号）规定，对投资者从证券投资基金分配中取得的收入，暂不征收企业所得税。也就是说，企业从证券基金现金分红中获得的收益是免税的。但应当注意的是，有些证券投资基金会采用拆分基金份额的方式向投资者分红。在这种分红方式中，投资者获得了更多基金份额，降低了单位基金成本，待赎回时获得的价差收益是需要缴纳企业所得税的。

显然，证券投资基金采用的分红方式不同，投资者的税后利益也是不同的。当然，采用何种方式分红是由基金公司决定的，投资企业并没有决策权，但企业可以选择对有较大税收分红收益的基金进行投资。

【案例 11-7】

2021年1月，A企业以500万元投资购买单位净值为1元的证券投资基金，份额为500万份。2021年年末，基金净值升为1.6元。基金公司决定将升值部分全部向投资者分配。A企业在2022年5月基金净值又升为1.3元时将基金赎回。请问A企业应选择现金分红还是基金赎回？

【解析】：如果基金公司采用现金分红，则A企业全部税后收益为：

$$(1.6-1) \times 500+(1.3-1) \times 500 \times (1-25\%)=412.5(万元)$$

如果基金公司采用拆分方式，则原来的500万份拆分后变为800万份，单位净值降为0.625元。赎回时，价差收益应缴纳所得税为：

$$(1.3-0.625) \times 800 \times 25\%=135(万元)$$

A企业的税收净收益为：

$$[(1.3-0.625) \times 800]-135=405(万元)$$

可以看出，现金分红方式下A企业节税7.5万元，增加了基金投资的收益。企业在进行基金投资决策时，如预计分红水平相等，则应更倾向于选择投资现金分红基金。

另外，由于现金分红与基金赎回收益税收待遇上的差异，投资企业在确定基金赎回时间时也应将税收因素考虑进来。

【案例 11-8】

H企业原企业所得税应纳税所得额为1 000万元，利用资金买入基金2 000万元，分红比例为20%，分红所得为400万元，分红后基金净值下降，赎回基金所得1 600万元，交易亏损400万元（不考虑净值波动）。请问如何进行税收筹划？

【解析】：

交易前须缴纳所得税为：

$$1\ 000 \times 25\%=250(万元)（所得税按25\%计）$$

交易后由于基金投资行为产生400万元亏损，可以作为企业发生的实际资产损失，在计算企业所得税时进行税前扣除，故交易后的企业所得税应纳税所得额为：

$$1\ 000-400=600(万元)$$

进而计算得出企业所得税为：

$$600 \times 25\%=150(万元)$$

由此可见，通过该交易可实现税务筹划金额为：

$$250-150=100(万元)$$

上述购买基金的行为本质是利用基金分红避税，以少缴税款为目的，存在被税务局稽查并做出纳税调整的可能性，尤其是当基金的分红金额显著高于正常投资分红时，更容易引起税务机关的警觉。据此，税务机关会基于"合理商业目的原则"，不认可该基金投资产生的亏损，进而存在企业不能用该亏损递减企业所得税的应纳税所得额的风险。

此外，在基金分红登记日前持有或买入具有高分红特性的基金，在基金分红后立即赎回基金，本质上是基于避税考虑而产生的短期投资行为，投资本身存在一定风险。税务筹划具体方案中列举的例子没有考虑净值波动的影响，在理想情况下，基金分红所得可能恰好为基金亏损的金额，即投资基金的整体行为没有导致亏损。但另一种情况是，如果基金分红后，净值大幅下降，且下降的幅度超过了节税金额，那么该筹划方案就失效了。

11.1.4 投资方法选择的税收筹划

固定资产投资具有耗资多、时间长、风险大等特点，企业购置机器设备，进行固定资产投资可以采用多种方法，既可以完全自行出资，直接购置所需设备，也可以借助他人资金，采用分期付款赊购或者融资租赁的方式。显然，前者须考虑完全由自己支付资金所形成的机会成本的增加；后者则须考虑借用他人资金所须承担的融资成本，无论是哪一种方式，在预测中都须考虑税收因素。

【案例 11-9】

A 公司计划增添一设备，总共需要资金 200 万元，预计使用寿命为 6 年，净残值为 8 万元，采用平均年限法，折现系数为 10%。该企业有三种方案可供选择。

方案一：用自有资金购买，购买设备款为 200 万元。

方案二：用贷款购买，银行提供 5 年期的长期贷款，每年偿还 40 万元本金及利息，利率为 10%。

方案三：融资租赁，5 年后取得所有权，每年支付租赁费 40 万元，融资利率为 9%。

请比较三种方案，并提出纳税筹划方案。

设备采用平均直线折旧法计提折旧,折旧抵税视同现金流入。折现率为10%。(1年期、2年期、3年期、4年期、5年期、6年期利率为10%的复利现值系数分别为0.91、0.83、0.75、0.68、0.62和0.56。)

【解析】:

方案一: 用自有资金购买。

购置设备现金流出:200万元

相当于每年现金流出:(200-8)÷6=32(万元)

折旧抵税(视同现金流入):

第一年:(32×25%)×0.91=7.28(万元)

第二年:(32×25%)×0.83=6.64(万元)

第三年:(32×25%)×0.75=6(万元)

第四年:(32×25%)×0.68=5.44(万元)

第五年:(32×25%)×0.62=4.96(万元)

第六年:(32×25%)×0.56=4.48(万元)

折旧抵税折现值:7.28+6.44+6+5.44+4.96+4.48=34.8(万元)

现金净流出:200-34.8=165.2(万元)

方案二: 用贷款购买。

税后现金流出现值:

第一年:[(40+20)-(20+32)×25%]×0.91=42.77(万元)

第二年:[(40+16)-(16+32)×25%]×0.83=36.52(万元)

第三年:[(40+12)-(12+32)×25%]×0.75=30.75(万元)

第四年:[(40+8)-(8+32)×25%]×0.68=25.84(万元)

第五年:[(40+4)-(4+32)×25%]×0.62=21.7(万元)

第六年:(32×25%)×0.56=4.48(万元)

现金净流出=42.77+36.52+30.75+25.84+21.7-4.48=153.1(万元)

方案三: 融资租赁。

每年支付租金现金流出:

第一年:40×0.91=36.4(万元)

第二年:40×0.83=33.2(万元)

第三年：40×0.75=30(万元)

第四年：40×0.68=27.2(万元)

第五年：40×0.62=24.8(万元)

现金流出：36.4+33.2+30+27.2+24.8=151.6(万元)

折旧抵税：

年折旧额：32万元

第一年：(32×25%)×0.91=7.28(万元)

第二年：(32×25%)×0.83=6.64(万元)

第三年：(32×25%)×0.75=6(万元)

第四年：(32×25%)×0.68=5.44(万元)

第五年：(32×25%)×0.62=4.96(万元)

折旧抵税折现值：7.28+6.64+6+5.44+4.96=30.32(万元)

现金净流出：151.6−30.32−8×0.56=116.8(万元)

通过分析以上三种方案可以看出，从税后现金流出量现值来看，融资租赁所获得的利益是最大的，用贷款购买设备次之，用自有资金购买设备是最次的方案。

11.2 融资决策的税收筹划

11.2.1 资本结构理论与税收筹划

1. MM 资本结构理论

1) 无税模型

1958 年，美国著名学者莫迪格利尼（Franco Modigliani）与米勒（Mertor Miller）在《资本成本、企业理财和投资理论》一文中所提出的资本结构理论的无税模型，是 MM 理论的雏形。无税模型包括以下三个定理。

定理一：任何企业的市场价值与其资本结构无关，而是取决于按照与其风险程度相适应的预期收益率进行资本化的预期收益水平。

定理二：股票每股收益率应等于与处于同一风险程度的纯粹权益流量相适应的资本化率，再加上与其风险相联系的溢价。其中，风险以负债权益比率与纯粹权益流量资本化率和利率之间差价的乘积来衡量。

定理三：任何情况下，企业投资决策的选择点只能是纯粹权益流量资本化率，它完全不受用于为投资提供融资的证券类型的影响。

无税模型的最大贡献在于首次清晰地揭示了资本结构、资本成本及企业价值各概念之间的联系，但该模型没有考虑税收因素。无税模型认为，在资本市场充分有效，不考虑市场交易费用，也不存在企业所得税和个人所得税的情况下，企业价值取决于投资组合[①]和资产的获利能力，而与资本结构和股息政策无关。企业的平均资本成本并不取决于资本结构，也与公司价值毫不相关，但资本会随收益率的不同而发生转移。所以，融资结构的变化不会导致资本成本的变化，也不会引起企业价值的变化。这一基本结论是抽象出来的一种理想状态，在现实经济社会中是不存在的。

2）公司税模型

1963 年，无税的 MM 理论模型得到修正，将公司所得税（即企业所得税）的影响因素引入模型，从而得出了公司所得税下的 MM 理论，也被称为修正的 MM 理论或公司税模型。修正的 MM 理论认为，由于公司所得税的存在，负债会因利息抵税效应而使企业价值随着负债融资程度的提高而增加。公司税模型包括以下三个命题。

命题一：无负债企业的价值等于公司所得税后利润除以权益资本成本率，而负债企业的价值则等于同类风险的无负债企业的价值加上负债节税利益。负债节税利益等于公司所得税率乘以负债总额。故而，企业价值会因负债比率的上升而增大。

命题二：负债企业的权益资本成本率等于相同风险等级的无负债企业的权益资本成本率加上风险溢价，风险溢价取决于公司的资本结构和所得税率。

命题三：在公司所得税存在的情况下，企业的加权资本成本率与负债比率负相关，即企业资本总成本随负债比率的提高而降低。

由于受公司所得税的影响，尽管权益资本成本会随负债比率的提高而上升，但上升速度却慢于负债比率的提高，所以在所得税法允许债务利息于税前扣除时，负债越多，

---

① 投资组合隐含给定投资的概念，投资收益率决定于投资组合，而与资本来源无关。

即资本结构中负债比率越高,企业资本加权平均成本就越低,企业的收益乃至企业价值就越高。其中在起作用的是负债利息抵税效应[①]。沿着这一思路分析,公司最佳资本结构应该是100%负债,因为此时负债利息抵税效应发挥到了极致。

修正的MM理论模型把税收因素与资本结构及企业价值有机地结合了起来,由此可以得到以下启示。

第一,税收制度会对纳税主体的经济行为产生影响。税收制度与征税标准的变化会对一个纳税主体的经济行为产生影响,其中包括融资行为,因而会产生资本结构改造效应。税收筹划活动应该关注资本结构与税收负担之间的关系,税收筹划与融资契约之间的联系不应被割裂和忽略。

第二,修正的MM理论从反面证明资本结构与交易成本有关。修正的MM理论与科斯定理有相似之处。科斯认为,如果交易费用为零,则资源的配置与产权无关,企业就不会存在。与此相似,修正的MM理论认为,如果没有交易费用,则资本结构与企业价值无关。而现实经济中,交易费用为正,所以资本结构与企业价值有关。

第三,政府通过税收政策的变化可以决定整个社会的均衡负债比率。对一国(或地区)整个社会经济而言,理论上一定存在一个均衡的负债水平,其均衡点是由企业所得税、债权收益和股权收益的个人所得税及投资者的征税等级所决定的,它随公司所得税税率的增加而增加,随个人所得税税率的增加而减少。当边际节税利益等于个人边际所得税时,负债处于均衡状态,所以负债比率不可能达到100%。从上述分析也可以得到一个结论,即整个社会负债率的水平取决于税收政策。

2. 最佳资本结构与米勒模型

最佳资本结构是每个企业的追求,但最佳资本结构不能针对单个企业来确定。原因在于,与企业相关的投资者因征税等级不同,导致产生的股权收益税率与债权收益税率不同,这是企业无法控制和调节的。高负债率的企业可以吸引那些个人征税等级较低的投资者,而低负债率的企业可以吸引那些个人征税等级较高的投资者。实际上,在信息透明的有效资本市场中,任何企业以改变融资结构来实现企业市场价值最大化的决策效应,都会被股权投资者和债权投资者为追求自身利益最大化所采取的对策所

[①] 所得税法对利息与股利存在扣除差异,债务融资可以获得税收利益(Tax Subsidy),这就是所谓的利息抵税效应。

抵消。

关于这一问题，米勒于1977年引入了个人所得税因素，解释企业负债节税效应与个人所得税多征之间的矛盾，从而得出资本结构（债务比率）的均衡状态是由公司所得税税率、利息个人所得税税率、股利个人所得税税率及投资者的征税等级所决定的。引入个人所得税因素的米勒模型为：

$$V_g=V_u+[1-(1-T_c)\times(1-T_e)/(1-T_d)]\times D$$

式中，V_g为有负债公司的市价，T_c为公司所得税税率，T_d为债权人利息个人所得税税率，T_e为股东股利个人所得税税率，V_u为无负债公司的市价，D为负债的市价。

对引入个人所得税因素的米勒模型分析如下。

（1）当$T_e=T_d$时，上式可简化为$V_g=V_u+T_cD$。即当股利个人所得税税率与利息个人所得税税率相等时，个人所得税的征收不会对公司的资本结构产生影响。此时，个人所得税对股东和债权人是中性的。

（2）当$T_e<T_d$时，债务融资在公司所得税层面上所带来的节税利益被个人所得税层面上的债权人税收歧视部分抵消，因此，债务融资所带来的税收利益缩小。极端的，如果$(1-T_c)\times(1-T_e)=(1-T_d)$，则财务杠杆不会带来任何税收上的利益，此时，资本结构与公司价值无关。

（3）当$T_e>T_d$时，债务融资在公司所得税层面上所带来的税收利益，在个人所得税层面上被进一步放大，因此，债务融资所带来的税收利益比单纯征收公司所得税时更大。

米勒模型还可以推广到一般情形。假设企业的税后利润当期全部以现金股利或通过股票回购以资本利得的形式支付给股东，b（$0\leqslant b\leqslant 1$）为股利支付率，$1-b$为资本利得支付率，股东资本利得税率为T_f。[①] 在这些前提假设下，当同时考虑公司所得税、股利个人所得税、利息个人所得税和资本利得税时，米勒模型的一般表达式为：

$$V_g=V_u+\{1-(1-T_c)\times[b(1-T_e)+(1-b)(1-T_f)]/(1-T_d)\}\times D$$

---

① 中国目前对个人的资本利得不征税，即资本利得税税率为零。

> **知识链接**

米勒模型的证明

【米勒模型的表达式】

当同时考虑公司所得税和个人所得税时,有财务杠杆的公司的价值为:

$$V_g = V_u + [1 - (1-T_c) \times (1-T_e)/(1-T_d)] \times D$$

证明:当同时征收公司所得税和个人所得税时,股东每年获得的现金流为:$(EBIT-rD)(1-T_c)(1-T_e)$。债权人获得的现金流为:$rD(1-T_d)$,其中 r 为负债的必要报酬率,则公司每年产生的总现金流为:

$$(EBIT-rD)(1-T_c)(1-T_e)+rD(1-T_d) = EBIT(1-T_c)(1-T_e)+rD(1-T_d)[1-(1-T_c)(1-T_e)/(1-T_d)]$$

式中的第一项 $EBIT(1-T_c)(1-T_e)$ 是无财务杠杆的公司所得税和个人所得税后的现金流,该现金流的折现值就是无财务杠杆的公司的价值 V_u。债权人购买债券在支付个人所得税后获得的现金流为 $rD(1-T_d)$,因此,第二项的折现值等于 $D[1-(1-T_c)(1-T_e)/(1-T_d)]$。所以有

$$V_g = V_u + [1 - (1-T_c) \times (1-T_e)/(1-T_d)] \times D$$

米勒模型一般表达式的证明

【米勒模型的一般表达式】

$$V_g = V_u + \{1 - (1-T_c) \times [b(1-T_e)+(1-b)(1-T_f)]/(1-T_d)\} \times D$$

证明:当同时征收公司所得税、个人所得税及资本利得税时,股东每年获得的现金流为:$(EBIT-rD)(1-T_c)[b(1-T_e)+(1-b)(1-T_f)]$;债权人获得的现金流为:$rD(1-T_d)$,则公司每年产生的总现金流为:

$(EBIT-rD)(1-T_c)[b(1-T_e)+(1-b)(1-T_f)]+rD(1-T_d)$

$=EBIT(1-T_c)[b(1-T_e)+(1-b)(1-T_f)]+rD(1-T_d)\{1-(1-T_c)[b(1-T_e)+(1-b)(1-T_f)]/(1-T_d)\}$

式中的第一项是无财务杠杆的公司所得税和个人所得税后的现金流,该现金流的折现值就是无财务杠杆的公司的价值 V_u。债权人购买债券在支付个人所得税后获得的现金流为 $rD(1-T_d)$,因此第二项的折现值等于 $D\{1-(1-T_c)[b(1-T_e)+(1-b)(1-T_f)]/(1-T_d)\}$。所以,有财务杠杆公司的总价值为:

$$V_g = V_u + \{1 - (1-T_c) \times [b(1-T_e)+(1-b)(1-T_f)]/(1-T_d)\} \times D$$

3. 权衡理论

在实践中，各种负债成本是随负债比率的增大而上升的，当负债比率达到某一程度时，息税前收益率会下降，同时企业负担破产成本的概率会增加。除此之外，我们还要看到，融资的来源和结构存在一种市场均衡问题，债务关系存在代理成本和披露责任问题。因此，即使是修正的 MM 理论模型也并不完全符合现实情况，因为修正的 MM 理论忽略了财务杠杆、财务风险、资本成本三者之间的密切相关性。

20 世纪 70 年代形成的权衡理论，作为对修正的 MM 理论的补充和拓展，其主要观点是，企业最优资本结构就是在负债的税收利益与破产成本现值之间进行权衡。早期的权衡理论完全是建立在纯粹的负债的税收利益与破产成本相互权衡的基础上的，如图 11-1 所示。

由图 11-1 可以看出，当负债比率未超过 D_1 点时，破产成本不明显；当负债比率达到 D_1 点时，破产成本开始变得重要，负债利息抵税利益开始被破产成本所抵消；当负债比率达到 D_2 点时，边际利息抵税利益恰好与边际破产成本相等，企业价值最大，达到最佳资本结构；当负债比率超过 D_2 点后，破产成本大于负债利息抵税利益，导致企业价值下降。因此，从道理上讲，一个独立的企业存在着达到企业价值最大的最优资本结构，该资本结构存在于负债的节税利益与破产成本相互平衡的点上。

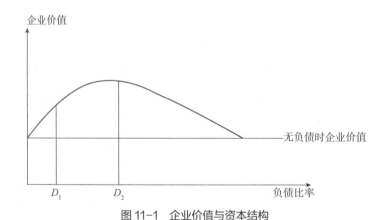

图 11-1　企业价值与资本结构

后期的权衡理论将负债的成本从破产成本扩展到了代理成本、财务困境成本和其他利益损失等方面，同时，又把税收利益从原来单纯讨论的负债税收利益引申到了非负债税收利益[①]方面，实际上是扩大了成本和收益所包含的内容，把企业的最优资本结构看成是在税收利益与负债相关的各类成本之间的权衡。

从契约角度分析，在复杂的资本融资关系中，除了负债的过度增长带来的破产成本外，企业股东、债权人和经营者之间因为资本结构问题而产生的利益冲突，所导致的各式各样的代理成本，在现实中是难以穷举和精确量化的。尽管理论上确信在一个特定经济环境下，企业一定存在实现企业价值最大化的最佳资本结构，但是由于融资活动本身、个人所得税的课征和企业外部环境的复杂性，目前仍难以准确地显示出存在于资本成本、每股收益、资本结构及企业价值之间的关系，实现企业价值最大化的最佳资本结构还要靠有关人员的经验分析和主观判断。

4. 资本结构决策与税收筹划

税收之所以会对企业资本结构决策产生影响，关键在于税收制度对股利支付和利息支付的区别对待：股利必须在公司所得税后支付，而利息却允许在税前支付。在考虑个人所得税因素后，税收对企业资本结构决策的影响波及个人所得税方面，因为政府对债权人的利息收益和股东的股利所得征收了不同的税。总之，资本结构的税收效应源于政府对不同收入项目征收不同的税。如果税收是中性的，那么，政府征税就不会对资本结构产生影响，即不会对融资行为及市场配置资源产生扭曲效应。

融资对企业绩效的影响主要是通过资本结构质量的变化而发挥作用的，这应从两个方面进行分析：资本结构的变化究竟是怎样对企业绩效与税收产生影响的；企业应当如何寻找最佳资本结构以降低税负。

1）资本结构对企业绩效及税收的影响

资本结构，特别是负债比率的合理性，不仅影响着企业风险、成本，而且在相当大的程度上影响着企业税收负担及企业权益资本税后收益实现的水平。

负债融资的财务杠杆效应主要体现在节税及提高权益资本收益率（包括税前和税后）等方面。其中节税功能反映为负债利息计入财务费用抵减应纳税所得额，从而相应减少应纳所得税额。在息税前收益率不低于负债成本率的前提下，负债比率越高，额度越大，其节税效果就越显著。当然，负债最重要的杠杆作用在于提高权益资本的收益水平及普

---

① 非负债税收利益主要是指资产折旧和投资减免等税收方面的抵税利益。

通股的每股收益（税后），这可以从以下公式得到充分的反映。

$$权益资本收益率（税前）=息税前投资收益率+负债/权益资本$$
$$\times（息税前投资收益率-负债成本率）$$

从上式可知，只要企业息税前投资收益率高于负债成本率，增加负债额度，提高负债比率，就必然会带来权益资本收益率的提高。但应当明确的是，这种分析是基于纯粹的理论，而未考虑其他约束条件，尤其是舍弃了风险因素及风险成本的追加等，修正的MM理论及后来的权衡理论正说明了这一点。因为随着负债比率的提高，企业的财务风险及融资风险必然增加，以致负债的成本水平超过了息税前投资收益率，从而使负债融资呈现出负的杠杆效应，即权益资本收益率随着负债额度、比例的提高而下降，这也正体现了实现负债利息抵税效应必须满足"息税前投资收益率不低于负债成本率"这一前提条件。

2）最佳税收筹划绩效的资本结构规划

评价税收筹划绩效优劣的标准在于是否有利于企业所有者权益的增长。由此依据企业权益资本收益率或普通股每股税后盈余预期目标，组织适度的资本结构，成为融资管理的核心任务。其中的关键无疑在于怎样确立适度的负债比率，并以此为基础，进一步界定负债融资的有效限度。

目标负债规模与负债比率的确定：

$$EPS=[(k \times R - B \times I)(1-t)-u]/n$$

式中，EPS 为期望普通股每股盈余，R 为息税前投资收益率，B 为负债总额，I 为负债成本率，n 为已发行普通股股数，u 为优先股股利支付额，t 为企业所得税税率，k 为投资总额。

此外，还可以根据获利能力预期，通过比较负债与资本节税功能的差异，利用上述公式进行追增资本或扩大负债的优选决策。

如果企业拟扩大规模 ΔK，追加负债 ΔK，则追增负债后，有：

$$权益资本收益率\ Q=(EBIT-BI-\Delta KJ)/S \qquad ①$$

如果企业拟扩大规模 ΔK，追加资本 ΔK，则追增资本后，有：

$$权益资本收益率\ Q=(EBIT-BI)/(S+\Delta K) \qquad ②$$

令①=②，整理得：

$$EBIT=BI+SJ+\Delta KJ$$

即举债盈亏均衡点的息税前利润为 $EBIT=BI+SJ+\Delta KJ$。

进一步整理，则可得到：

$$\Delta KJ=EBIT-BI-SJ$$

这样，在企业所得税税率及其他因素既定的条件下，企业欲维持原有的权益资本收益率，就必须要求 $EBIT-BI-SJ \geqslant \Delta KJ$ 成立，方可追加负债规模，追加负债的最高限额为：

$$\Delta K \leqslant (EBIT-BI)/J-S$$

式中，I 为既有负债成本率，J 为追加负债成本率，S 为权益资本额，B 为既有负债额，ΔK 为追增负债额。

3）财务视角下的税收成本及其对资本收益率的影响

税收成本与企业净收益率之间存在着一定的联系。从理财角度分析，最能有效地量化所有者权益最大化的指标是自有资本净收益率（即净资产收益率），其公式如下：

$$Q=[R+(R-I)\times B/S]\times(1-T)$$

式中，Q 为自有资本净收益率，R 为息税前总资本收益率，I 为借入资本利息率，B 为借入资本总额，S 为自有资本总额，T 为企业所得税税率。

上式中，税收成本相对数由 $[R+(R-I)\times B/S]\times T$ 表示。只要将上述公式稍作变形就可表述为：

$$Q=[R+(R-I)\times B/S]-[R+(R-I)\times B/S]\times T$$

即：

$$自有资本净收益率 = 自有资本总收益率 - 税收成本$$

在决定税收成本的变量中，企业所得税税率由于税法规定而具有固定性，可视为常量；息税前总资本收益率虽与资本运作有关，但主要还是由行业平均利润率决定的，因此也可视为常量；借入资本利息率在一定时期内是一个常量。因此，在决定税收成本的变量中，关键变量是负债权益比率，即通常所指的资本结构。

税收成本就是通过资本结构这一渠道对企业净收益产生作用的。如果企业弱化自有资本，利润可通过债务利息的支付而减少，由此所获利益通常称为负债利益，由上述公式中的 $[(R-I)\times B/S]$ 表示，从而取得巨大的节税收益，导致税收成本的降低。有趣的是，即使在负债利益为零的情况下，弱化自身资本也能导致税收成本的降低。

11.2.2 融资渠道选择的税收筹划

1. 多种融资渠道的比较

一般来说,企业的融资渠道有财政性资金、金融机构贷款、企业间资金拆借、企业自我积累、企业内部集资、债券融资、股票融资、商业信用融资。这些融资渠道不外乎内部渠道和外部渠道两种。从内部来说,包括企业的自我积累和内部集资;从外部来说,包括股票融资、债券融资、财政性资金、金融机构贷款、企业间资金拆借等。

2. 债权融资与股权融资的比较

债权融资是指企业通过借贷的方式筹集资金用于企业运营,到期需要还本付息的融资方式。企业选择债权融资的具体方式时,应将各种方式的税收效应与其筹资成本、财务风险结合考虑,做出恰当的选择。债权融资按融资渠道划分,又可以分为银行贷款、企业间资金拆借、商业信用、融资租赁、发行债券等方式,每种融资方式都有其优缺点。

股权融资是指企业的股东愿意出让部分企业所有权,通过企业增资的方式引进新的股东的融资方式。股权融资所获得的资金,企业无须还本付息,但新股东将与老股东同样分享企业的盈利和增长。股权融资主要分为风险投资、私募股权融资、上市发行股票融资等方式。

3. 债权融资的基本类型

1)银行贷款

银行贷款是我国最主要的债权融资形式。银行贷款规模大,贷款利率规范公允,是企业理想的债权融资方式。对于税收效应,在企业所得税方面,企业从银行获得贷款支付的利息可以在税前扣除;在增值税方面,贷款利息的增值税无法进行抵扣。

但银行对放贷对象的要求高,很多企业无法从银行获得足额贷款。国有商业银行是我国商业银行的主体,无论是在放贷规模方面还是在市场占有率方面都占据绝对的优势。但基于国有商业银行的国有性质,其经营易受到行政的干扰,贷款对象多为国有企业。民营企业尤其是中小企业因为其自身的局限性,很难从商业银行获得贷款。具体来讲,首先,中小企业在企业制度上存在缺陷,经营管理不够规范,人事和财务安排上随意性较大，缺乏良好的运行机制；再者，中小企业资本积累有限，缺乏长期规划，发展的可持续性较差。这些局限使得中小企业的信用层级较差，无法获得商业银行的贷款。

2）企业间资金拆借

对于无法从商业银行取得足额贷款的企业来说，企业间资金拆借是一个很好的解决短期资金短缺问题的融资渠道。相比银行贷款而言，企业间资金拆借的灵活性较大，在还款期限和借款利率上均存在较大弹性。在税收效应上，企业从非金融机构贷款，允许在企业所得税前扣除不超过按银行同期贷款利率计算的利息；在增值税方面，贷款利息的增值税不得抵扣。

为规范企业间资金拆借，国家对企业拆出资金的来源和拆入资金的用途都有严格的法律规定：企业拆出的资金必须是暂时闲置的资金，银行贷款不得进行拆出，以防出现企业从银行低利率贷进款项再高利率拆出款项的牟利现象；拆入的资金只能用于短期资金周转，不能用于投资长期固定资产，更不能转贷牟利。

3）商业信用

商业信用是指企业在交易过程中由于预收货款或延期支付货款所产生的借贷关系。商业信用最初形成是因为在产品的流通过程中，各上下游企业获得资金的时间不同，为了实现销售，企业间相互提供商业信用，促进交易的顺利完成。但随着正常银行融资难度的加大和融资成本的提高，企业除利用商业信用扩大销售外，还将商业信用作为一种融资手段来使用。对于贷款难的中小企业来说，商业信用在企业融资中的地位更是重要。

商业信用作为融资手段最大的优点在于方便和容易取得。商业信用不须办理正式的手续，只要交易双方达成一致，就可以形成商业信用，而且商业信用的取得没有成本。商业信用的实质是交易双方基于互相的信任而形成的借贷关系，这也就意味着商业信用不是永恒的，若企业的经营状况不好或是存在频繁的失信行为，其获取商业信用的可能性就会降低。因为商业信用是在企业交易中形成的，因此商业信用在规模、期限、对象上都存在局限性：商业信用的规模受企业交易规模的限制，商业信用的期限受商品生产流通周期的限制，商业信用的对象受交易对象的限制。

4）融资租赁

融资租赁是一种长期形式的租赁，承租企业由于资金不足，委托出租人代为购买所需的资产，承租人承担全部购买成本及应付的融资费用，出租人以定期收取租金的方式将投资额收回，融资租赁的资产专门性强。在税收效应上，企业定期支付的租金可全额在企业所得税前扣除；租金的增值税可进行进项税额抵扣。

融资租赁开辟了新的融资渠道，企业通过定期支付少量资金就能获得生产经营用的资产，增强了企业资金的流动性和营运能力。对于设备更新换代较快的企业而言，采用租赁的方式获取资产，还有助于加快设备的更新，避免了购买设备的成本与其所获取收益不匹配的设备投资风险。此外，租赁的灵活性强，限制性条款少，企业可根据自身经营情况对租赁协议进行约定，有利于企业经营管理战略的实施。

> **知识链接**
>
> ### 融资租赁与经营租赁的比较
>
> 1. 租赁的分类与税务处理
>
> 按照租赁资产所有权相关的风险和报酬是否转移，租赁分为融资租赁与经营租赁两种形式。
>
> 融资租赁是指本质上转移了与资产所有权有关的全部风险和报酬的租赁。所有权最终可能转移，也可能不转移。
>
> 融资租赁的税务处理如下：（1）融资租赁发生的租赁费不得直接扣除，承租方支付的手续费及安装交付使用后支付的利息等可在支付时直接扣除；（2）融资租赁设备可以计提折旧并在税前扣除，而租赁费高于折旧的差额也可以在税前扣除；（3）租赁费通过举债支付，其利息可以在税前列支；（4）融资租入设备的改良支出可以作为递延资产，在不短于五年的时间内摊销，而企业自有固定资产的改良支出，则作为资产，折旧年限一般长于五年。
>
> 如果一项租赁实质上并没有转移与资产有关的全部风险和报酬，那么该项租赁应归类为经营租赁。所以，一项租赁是归类为融资租赁还是经营租赁，依赖于租赁的实质而不是合同的形式。
>
> 经营租赁的税务处理如下：（1）可以避免因长期拥有设备而承担的负担和风险；（2）支付的租金冲减企业的利润，减少应纳税所得额；（3）当出租人和承租人同属一个大的利益集团时，租赁形式最终会使该利益集团实现利润的合理转移，这是典型的租赁节税效应。
>
> 2. 租赁形式的选择
>
> 对于融资租赁，由于会计处理要求确认租赁资产和租赁负债，因此它作为一种

表内筹资方式，会给承租人带来不利影响。由于企业债务金额上升，已获利息倍数、净利润率、资产收益率、股本收益率等指标就会下降，资产负债率就会上升。承租人一般不欢迎租赁合同被划分为融资租赁，那么如何才能规避呢？

《企业会计准则第 21 号——租赁》规定，对租赁的分类，应当全面考虑租赁期届满时租赁资产所有权是否转移、承租人是否有购买租赁资产的选择权、租赁期占租赁资产尚可使用年限的比例等因素；同时依据实质重于形式原则，考查与租赁资产所有权有关的风险和报酬是否转移，来具体区分融资租赁与经营租赁。一般在租赁合同中不要涉及资产所有权的转移和廉价购买权问题，或将租赁期设定为租赁资产有效经济年限的 75% 或稍短一些即可，这样可以避免被认定为融资租赁。

在利用融资租赁的方法实现税收筹划时，主要考虑以下几种常用的税收筹划思路。

一是从资金时间价值的角度来进行税务筹划。对于企业来说，每一笔资金都是具有时间价值的，税金同样如此。在当前企业筹资难度较大的情况下，如果能够在税收法规政策允许的条件下，合理推迟纳税的时间，就相当于企业在延迟的时间段内获取了一笔无息资金，不仅增加了企业自身的资金流动性，还降低了财务风险，充分获取了税金的时间价值。

二是通过增大或减小扣除额的金额或者调整扣除额的时间来开展税务筹划。企业在计算增值税和所得税应纳税额时，都会在政策规定的范围内对一定项目进行扣除，而这些扣除项目为企业进行税务筹划提供了思路，企业可以通过增大扣除项目的扣除额，或者根据盈亏对其扣除的时间进行调整来降低税负。在税收筹划实务中，企业一般是以增加成本费用的抵减额来缩小税基，实现企业所得税的降低，增加进项税的抵扣额来减小增值税缴纳额。

5）发行债券

发行债券是大公司融资的重要途径之一，债券利息可在税前扣除，同时企业也可以获得财务杠杆利益。溢价发行、折价发行和平价发行是公司发行债券的三种方式，其中，溢价发行与折价发行产生的摊销费用可计入财务费用，以冲减或者增加利息费用，摊销额必须在发行期间进行摊销。

债券有直线摊销法和实际利率摊销法两种摊销方法。直线摊销法是将债券的折价额或溢价额平均分摊到各年冲减利息费用;实际利率摊销法则是以应付债券的现值乘以实际利率计算出来的利息和名义利息比较,将其差额作为折价或溢价摊销额。两种方法的差异在于,直线摊销法下的各年利息费用保持不变,债券的账面价值在溢价摊销时逐年增加,在折价时逐期减少;实际利率摊销法下的各年利息费用与债券的账面价值都在变化,这种差异为延期纳税提供了可能。

【案例 11-10】

A 股份公司 2020 年 1 月 1 日发行债券 2 000 万元,期限为 3 年,票面利率为 5%,每年付息一次,公司按折价 1 940 万元发行,市场利率为 6%。请问公司在折价发行时用什么摊销法能获得延期纳税收益?

【解析】:该公司债券折价直线摊销法如表 11-5 所示。

表 11-5 公司债券折价直线摊销法 (单位:万元)

付息日期	实付利息	利息费用	折价摊销	未摊销折价	账面价值
2020.01.01	—	—	—	60	1 940
2020.12.31	100	120	20	40	1 960
2021.12.31	100	120	20	20	1 980
2022.12.31	100	120	20	0	2 000
合计	300	360	60	—	—

该公司债券折价实际利率摊销法如表 11-6 所示。

表 11-6 公司债券折价实际利率摊销法 (单位:万元)

付息日期	实付利息	利息费用	折价摊销	未摊销折价	账面价值
2020.01.01	—	—	—	60	1 940
2020.12.31	100	116.4	16.4	43.6	1 956.4
2021.12.31	100	117.39	17.39	26.21	1 973.79
2022.12.31	100	126.21	26.21	0	2 000
合计	300	360	60	—	—

通过以上计算可知,折价发行时,采用不同的摊销方法,利息费用的总额并没有变化,但是各年的利息摊销费用不同。在直线摊销法下,各年的利息费用和摊销额保持不变;采用实际利率摊销法时,各年的利息费用和摊销额一直在变化,但前几年的摊销额

比直线摊销法的少，利息费用也没有直线摊销法的多。所以在实际利率摊销法下，公司前期缴纳的税额比后期缴的多。由于货币存在时间价值，因此公司在折价发行时采用直线摊销法能获得延期纳税的收益。

【案例 11-11】

A 股份公司 2020 年 1 月 1 日发行债券 2 000 万元，期限为 3 年，票面利率为 5%，每年付息一次，公司按溢价 2 060 万元发行，市场利率为 4%。请问该公司在溢价发行时采用什么摊销法能获得延期纳税收益？

【解析】：该公司债券折价直线摊销法如表 11-7 所示。

表 11-7　公司债券折价直线摊销法　　　　　　　　　　（单位：万元）

付息日期	实付利息	利息费用	溢价摊销	未摊销溢价	账面价值
2020.01.01	—	—	—	60	2 060
2020.12.31	100	80	20	40	2 040
2021.12.31	100	80	20	20	2 020
2022.12.31	100	80	20	0	2 000
合计	300	240	60		

该公司债券折价实际利率摊销法如表 11-8 所示。

表 11-8　公司债券折价实际利率摊销法　　　　　　　　（单位：万元）

付息日期	实付利息	利息费用	溢价摊销	未摊销溢价	账面价值
2020.01.01	—	—	—	60	2 060
2020.12.31	100	82.4	17.6	42.4	2 042.4
2021.12.31	100	81.7	18.3	24.1	2 024.1
2022.12.31	100	75.9	24.1	0	2 000
合计	300	240	60	—	—

通过以上计算可知，公司在溢价发行时采用实际利率摊销法能获得延期纳税的收益。

4. 不同融资方式选择的税收筹划

1）不同融资方式下的税收筹划分析

融资决策需要考虑众多因素，税收因素是其中之一。不同融资方式选择的税收筹划，其实就是分析融资活动对税收的影响，精心设计融资方式，以实现企业税后利润或者股东财富最大化,这是不同融资方式选择的税收筹划的基本目标。

融资作为一项相对独立的资金筹措方式,主要借助于因资本结构变动而产生的财务杠杆作用对经营收益产生影响。资本结构是指企业长期债务与权益资本之间的构成及其比例关系。企业在融资中应当考虑三个关键性问题:一是融资活动对企业资本结构的影响;二是资本结构的变动对税收成本和企业利润的影响;三是融资方式的选择在优化资本结构和减轻税负方面对税后净利润的贡献。不同融资方式的税收待遇及其所造成的税收负担的不同为税收筹划提供了空间。

税法规定,纳税人在经营期间向金融机构借款的利息支出,按照实际发生数扣除;向非金融机构借款的利息支出,按照金融机构同类同期贷款利率计算的数额以内的部分,准予扣除。但是,企业通过增加资本金的方式进行融资所支付的股息或红利,是不能在税前扣除的,这属于股权性质的融资,不允许税前列支资金成本。对发行股票融资与发行债券融资进行比较,由于发行债券融资的利息支出可以作为财务费用在税前列支,因此这种融资方式会使企业所得税的税基缩小,企业实际税负得以减轻;而发行股票融资则不能实现股利的税前扣除。因此,企业应优先选择债券融资方式,后选择股票融资方式,从而充分发挥"利息税盾"效应。

融资活动不可避免地涉及还本付息的问题。利用利息摊入成本的不同方法和资金往来双方的关系及所处经济活动地位的不同,往往是实现合理节税的关键所在。金融机构贷款,其核算利息的方法和利率比较稳定,幅度变化较小,节税空间不大。而企业之间的资金拆借在利息计算和资金回收期限方面均有较大弹性和回旋余地,从而为节税提供了有利条件。尤其是企业内部基于委托贷款方式进行的资金划拨,在实际操作过程中还可以由企业自行决定其利息支付额度与支付时间。通过设定不同的利率可以实现利润的转移。比如,在一个集团内部,由高税率区的企业向低税率区的企业借入款项,使利息支出发生在高税率区,使利息收入发生在低税率区,这样集团整体的税负就能够实现最小化。

2)融资方式选择的税收筹划案例分析

【案例11-12】

Y公司于2018年购入一批医疗设备,总共需要资金500万元,预计使用寿命6年,净残值为8万元,采用年限平均法,折现系数为10%。该企业有以下三种方案可供选择。

方案一：用自有资金购买。

方案二：用贷款购买，银行提供5年期的长期贷款，每年偿还100万元本金及利息，利率为10%。

方案三：用融资租赁，5年后取得所有权，每年支付租赁费100万元，手续费为1%，融资利率为9%。

请比较三种方案并提出税收筹划方案。

【解析】：以上三种方案的现金流出量现值计算分别如表11-9～表11-11所示。

表11-9　方案一现金流出量现值　　　　　　　　　　　（单位：万元）

年份 ①	购买成本 ②	折旧费 ③	节税额 ④=③×15%	税后现金流出额 ⑤=②-④	折现系数 ⑥	税后现金流出额现值 ⑦=⑤×⑥
2018年年初	500			500		500
2018年年末		82	12.3	-12.3	0.91	-11.19
2019年年末		82	12.3	-12.3	0.83	-10.21
2020年年末		82	12.3	-12.3	0.75	-9.23
2021年年末		82	12.3	-12.3	0.68	-8.36
2022年年末		82	12.3	-12.3	0.62	-7.63
2023年年末		82	12.3	-12.3	0.56	-6.89
				-12.3	0.56	-6.89
合计				413.9	0.56	439.6

表11-10　方案二现金流出量现值　　　　　　　　　　（单位：万元）

年数 ①	偿还本金 ②	利息 ③	本利和 ④=②+③	折旧费 ⑤	节税额 ⑥=(③+⑤)×15%	税后现金流出额 ⑦=④-⑥	折现系数 ⑧	税后现金流出额现值 ⑨=⑦×⑧
1	100	50	150	82	19.8	130.2	0.91	118.48
2	100	40	140	82	18.3	121.7	0.83	101.01
3	100	30	130	82	16.8	113.2	0.75	84.9
4	100	20	120	82	15.3	104.7	0.68	71.20
5	100	10	110	82	13.8	96.2	0.62	59.64
6				82	12.3	-12.3	0.56	-6.89
						-12.3	0.56	-6.89
合计	500	150	650	492	96.3	523.3		421.6

表 11-11　方案三现金流出量现值　　　　　　　　　　（单位：万元）

年数	租赁成本	手续费	租赁利息	租赁总成本	折旧费	节税额	税后现金流出额	折现系数	税后现金流出额现值
①	②	③=②×1%	④	⑤=②+③+④	⑥	⑦=(③+④+⑥)×15%	⑧=⑤-⑦	⑨	⑩=⑧×⑨
1	100	1	45	146	82	19.2	126.8	0.91	115.39
2	100	1	36	137	82	17.85	119.15	0.83	98.89
3	100	1	27	128	82	16.5	111.5	0.75	83.63
4	100	1	18	119	82	15.15	103.85	0.68	70.62
5	100	1	9	110	82	13.8	96.2	0.62	59.64
6					82	12.3	-12.3	0.56	-6.89
							-12.3	0.56	-6.89
合计	500	5				94.8	532.9		414.39

通过比较上述三种方案可以看出，从税后现金流出量现值来看，融资租赁所获得的利益是最大的，其次是用贷款购买，最后是用自有资金购买。但从节税角度看，用贷款购买设备所享受的税收优惠最大，因为贷款成本（即贷款利息）可以在税前扣除，其次是融资租赁，最次的是用自有资金购买。

【案例 11-13】

C 电力公司计划开发一个新的发电厂，预计投资 10 亿元。那么在这种情况下，C 电力公司使用何种筹资方案，可以减少一定的税额，这是 C 电力公司必须考虑的问题。表 11-12 为三种不同方案下，C 电力公司的企业所得税纳税状况。试分析三种方案的筹划效果。（已知企业所得税税率为 25%，债务资金成本为 10%，2015 年税前利润约为 39 亿元。）

表 11-12　C 电力公司筹资方案纳税情况比较

方案	具体筹资方式	所得税总额
方案一	权益筹资，公开发行股票	9.75 亿元
方案二	权益筹资与资本筹资相结合，一部分发行股票，一部分债务融资（向银行贷款），权益筹资与资本筹资比例为 7∶3	9.675 亿元
方案三	权益筹资与资本筹资相结合，一部分发行股票，一部分债务融资（向银行贷款），权益筹资与资本筹资比例为 4∶6	9.6 亿元

第 11 章　投资与融资的税收筹划

✏️ 【解析】：从表 11-12 所示的比较分析结果可知，第三个方案的税收筹划效果最佳。借款利息是税收筹划中非常重要的一项资金，可以在税前就扣除，使得企业在很大程度减小了纳税额。同时也提高了企业的利润。但是在第三个方案中，给股东的分红则不作为可以在税前扣除的费用。在这种情况下，发行股票不是最好的选择，相反，从银行贷款更加合适。文中所涉及的案例有一个重要因素不可忽略，即"息税前"，我们所研究的项目利润和借款利率都要有这样一个前提。按目前市场来分析，一旦贷款增加、贷款难度系数提高、贷款利息上涨，就会入不敷出，不断给企业盈利带来影响，降低利润。

与此同时，企业贷款的额度有一定限度，如果贷款（即债务总额）大于税前投资回报总额，企业的权益资金受益额就会不断减小，筹资风险与财务风险会不断提高。而银行贷款这种债务融资的方式适合原本债务比较少的企业。如果企业本身的债务很多，那么再次贷款会增加企业的破产风险，而且这种平均资本不断提高的方式，会加重公司的财务压力。面对这种情况，适合采取股权融资及股权融资与债务融资结合的方式进行融资。案例中 C 电力公司的情况，应该要求筹划人员首先明确掌握公司目前的债务情况，而不是一味地考虑减税问题。后续的工作还应对各种筹资方式中的财务风险、收益率、税后利润率以筹资成本等对筹资方式的影响做比较，选择可以得到最大利益与最大价值的筹资方式。

🌀 【筹划分析】

万科筹资方式税收筹划分析

万科于 1984 年成立于深圳经济特区，起初万科并没有从事房地产行业，但是经过对市场的不断探索，万科决定在 1988 年开展房地产业务，也就是说，1988 年是万科进入房地产行业的元年。经过 30 多年的不断发展，万科已然变成了国内最具影响力的房地产企业之一。在发展区域不断扩大的背景下，万科也在不断地扩大它的业务领域，它已经不再局限于房地产及相关物业服务、租赁住宅服务的业务开发，而是将自己的定位从"三好住宅供应商"向"城市配套服务商"进行了升华。万科的这一举动，开创了房地产行业另一个"新纪元"。

由于万科房地产建设规模大，周期长，需要大量的资金支持，从税收筹划角度出发，选择不同的筹资方式能够在很大程度上影响万科的纳税情况，由此需要从不同的筹资方式出发，去探索万科的税收筹划思路。

目前万科的筹资方式有三种，分别是从企业内部税收留存利润筹资、从金融机构借款筹资和从非金融机构或企业筹资。2018年，万科利用银行贷款筹资的占比为53%，利用债券筹资的占比为27%，利用其他借款方式筹资的占比为20%，由此可见，万科筹资大部分是采取了向金融机构借款筹资的方式。而这种筹资方式的节税特点也在表11-13中得到了充分的展示，在从银行贷款的过程中，万科的长期借款额很明显地高于短期借款额，这是因为2018年短期借款的利率为4.35%，而长期借款的利率为4.75%，如果万科多采用长期借款的方式，就可以在税收筹划中多增加扣除的利息费用，减少纳税支出。除此之外，万科采用长期借款的筹资方式，符合了万科建筑周期长、资金使用量大的特性，而且长期且平均的利息支出，也可以减少万科的资金运作压力。

表11-13 万科筹资阶段税收筹划情况分析　　　　　　　　　　（单位：元）

	2018年金额	2018年可扣利息	2018年节税金额
短期借款	10 101 917 385	439 433 406	109 858 352
长期借款	120 929 055 439	5 744 130 133	1 436 032 533
合计	131 030 972 824	6 183 563 540	1 545 890 885

由此可以总结，在筹资阶段，像万科这样的房地产公司不仅需要从筹资方式上进行税收筹划，还要从具体的筹资方式中细化长期和短期的借款金额，使这种筹资方式不仅顺应企业的长期发展，还能起到节税的作用。

案例分析题

案例一　关于投资方式选择的税收筹划

湖北省某市属橡胶集团拥有固定资产7亿元、员工4 000人，主要生产橡胶轮胎，也生产各种橡胶管和橡胶汽配件。该集团位于某市A村，在生产橡胶制品的过程中，每天产生近30吨废煤渣。为了妥善处理废煤渣，不造成污染，该集团尝试过多种办法，如与村民协商用于乡村公路的铺设、维护和保养，与有关学校、企业联系用于简易球场、操场的修建等，但效果并不理想。废煤渣的排放未能达标，使周边乡村的水质受到不同程度的污染，该集团也因污染问题受到环保部门的多次警告和罚款，最高一次罚款达10万元。该集团要想维持正常的生产经营，就必须治污。所以根据建议，该集团拟定了以下两个方案。

方案 1：把废煤渣的排放处理全权委托给 A 村村委会，每年支付该村村委会 40 万元的运输费用，以保证该集团生产经营的正常进行。此举可缓解该集团同当地村民的紧张关系，但每年 40 万元的费用是一笔不小的支出。

方案 2：将准备支付给 A 村村委会的 40 万元的废煤渣运输费用改为投资兴建墙体材料厂，利用该集团每天排放的废煤渣生产免烧空心砖，这种砖有较好的销路。

【问题】：从税收角度分析，集团应选择哪个方案？

案例二　出售与租赁的税负比较

兴华集团有两家子公司：振兴公司与振华公司。振兴公司拟将一闲置生产线转让给振华公司，该生产线的年经营利润为 100 万元（扣除折扣）。现有两种方案可供选择：一是以售价 500 万元出售；二是以年租金 50 万元的租赁形式出租。假设两家子公司的所得税税率均为 25%。

【问题】：试比较两种方案对兴华集团税负的影响。

案例三　融资时间的选择

某企业预计 2020 年度应纳税所得额为 35 万元，2021 年度由于进行重大投资，将亏损 10 万元，2022 年度预计应纳税所得额为 0，2023 年度将实现盈利 10 万元，2024 年将实现盈利 20 万元。该企业原计划在 2021 年度开始从银行贷款，贷款期限为 3 年，每年支付贷款利息约 5 万元。

【问题】：该企业应当如何进行税收筹划？（该企业从业人数为 80 人，资产总额为 6 000 万元。）

案例四　融资方式的选择

甲公司对乙公司权益性投资总额为 1 000 万元，乙公司计划从甲公司融资 3 000 万元，融资利率为 7%。已知金融机构同期同类贷款的利率也为 7%，甲公司适用 15% 的税率，乙公司适用 25% 的税率。

【问题】：该企业应当如何进行税收筹划？

案例五　不同组织形式的比较

一汽解放近年来开展了多个新项目，这些项目大多是其子公司解放有限签署或者投资的。对于新项目的开展如何安排分支机构进行税收筹划，非常关键。解放有限 2021 年在青岛即墨投资建设新能源卡车基地，项目周期两年，根据分支机构在所得税方面的差异，把一汽解放设为 A 公司，其子公司解放有限设为 B 公司，设立的分支机构为 C 公司，其中 A 的企业所得税税率是 25%，B 的企业所得税税率为 15%，下面是该项目未来 5 年预测的利润情况。

A 公司未来 5 年预测利润逐渐下降：前两年均为 2 000 万元，后三年均为 1 500 万元；B 公司预测第一年和第二年的利润均为 800 万元，第三年的利润为 600 万元，第四、第五年的利润均为 700 万元；C 公司预测利润由亏损到盈利。

【问题】：根据预测的利润对 C 公司选择不同的组织形式进行对比。

方案一：让 C 公司作为 A 的分公司，那么分公司 C 和总公司 A 合并纳税，C 公司第一年的亏损额使 A 公司利润减少 500 万元，从而使纳税基数缩小。子公司 B 可以独立纳税。

方案二：让 C 公司作为 A 或 B 的子公司，那么 A、B、C 三个公司都具有独立法人资格，可以单独纳税。但是 C 公司前三年属于亏损阶段，利润为负数，纳税额为 0，亏损金额于 5 年内可以弥补。

方案三：让 C 公司作为 B 的分公司，那么 A 公司独立纳税，B、C 公司合并纳税，C 公司的亏损和 B 公司的利润相互抵消一部分，计算最后所得税额。

案例六　不同融资方案的比较

烟台大华公司计划筹资 6 000 万元用于一项新产品的生产，为此制定了 5 个方案。企业所得税税率为 25%，其他资料如表 11-14 所示。

【问题】：从节税及财务风险的角度，试分析各方案的优劣。

表 11-14 不同融资方案的比较

项目	方案 A	方案 B	方案 C	方案 D	方案 E
负债额（万元）	0	3 000	4 000	4 500	4 800
权益资本额（万元）	6 000	3 000	2 000	1 500	1 200
负债比率	0∶6	1∶1	4∶2	3∶1	4∶1
负债成本率（%）		6	7	9	10.5
息税前投资收益率（%）	10	10	10	10	10
普通股股数（万股）	60	30	20	15	12
息税前利润（万元）	600	600	600	600	600
利息成本（万元）	0	180	280	405	504
税前利润（万元）	600	420	320	195	96
应纳所得税（万元）	150	105	80	48.75	24
税后利润（万元）	450	315	240	146.25	72
税前权益资本收益率（%）	10	14	16	13	8
税后权益资本收益率（%）	7.5	10.5	12	9.75	6

综合阅读题

融资方式的选择

MK 公司现须购买一大型设备，拟以银行借款方式筹集资金 10 000 万元，银行 4 年期的贷款利率为 6%。预计该设备投入使用后，第一年会给该企业带来 2 000 万元的收益，以后每年增加 600 万元。该设备正常折旧年限为 8 年，企业所得税比例为 25%，暂不考虑其他税费因素，以下是 MK 公司面临的 4 种不同的还本付息的方式。

A 方案：复利计息，到期一次还本付息。

B 方案：复利年金法，即每年等额偿还本金和利息，金额为 2 886 万元（10 000/3.465，(P/A，6%，4)=3.465）。

C 方案：每年等额偿还本金，即每年偿还本金 2 500 万元，每年支付剩余借款的利息。

D方案：每年付息，到期还本。

MK公司购入的设备每年会产生1 250（即10 000÷8=1 250）万元的折旧，折旧可以在税前扣除，每年产生的借款利息同样可以在税前扣除。此时对MK公司在这4种方案下税后利润的现值进行计算，如表11-15～表11-18所示。

表11-15 方案A下税后利润现值情况 （单位：万元）

年数	年初所欠金额	当年利息额	当年所还金额	当年收益	当年税前扣除	当年税前利润	当年应纳税所得额	当年税后利润	当年税后利润现值
1	10 000	600	0	2 000	1 850	150	37.5	112.5	106.1
2	10 600	636	0	2 600	1 886	714	178.5	535.5	476.6
3	11 236	674.2	0	3 200	1 924.2	1 275.8	319	956.8	803.3
4	11 910.2	714.6	12 624.8	3 800	1 964.6	1 835.4	458.9	1 376.5	1 155.7
5	0	0	0	4 400	1 250	3 150	787.5	2 362.5	1 765.5
6	0	0	0	5 000	1 250	3 750	937.5	2 812.5	1 982.8
7	0	0	0	5 600	1 250	4 350	1 087.5	3 262.5	2 169.9
8	0	0	0	6 200	1 250	4 950	1 237.5	3 712.5	2 329.2
合计		2 624.8				20 175.2	5 043.9	15 131.3	10 789.1

表11-16 方案B下税后利润现值情况 （单位：万元）

年数	年初所欠金额	当年利息额	当年所还金额	当年收益	当年税前扣除	当年税前利润	当年应纳税所得额	当年税后利润	当年税后利润现值
1	10 000	600	2 886	2 000	1 850	150	37.5	112.5	106.1
2	7 714	462.8	2 886	2 600	1 712.8	887.2	221.8	665.4	592.2
3	5 290.8	317.4	2 886	3 200	1 567.4	1 632.6	408.2	1 224.4	1 028
4	2 722.2	163.8	2 886	3 800	1 413.8	2 386.2	596.6	1 789.6	1 417.5
5	0	0	0	4 400	1 250	3 150	787.5	2 362.5	1 765.5
6	0	0	0	5 000	1 250	3 750	937.5	2 812.5	1 982.8
7	0	0	0	5 600	1 250	4 350	1 087.5	3 262.5	2 169.9
8	0	0	0	6 200	1 250	4 950	1 237.5	3 712.5	2 329.2
合计		1 544				21 256	5 314.1	15 941.9	11 391.2

第 11 章 投资与融资的税收筹划

表 11-17 方案 C 下税后利润现值情况 （单位：万元）

年数	年初所欠金额	当年利息额	当年所还金额	当年收益	当年税前扣除	当年税前利润	当年应纳税所得额	当年税后利润	当年税后利润现值
1	10 000	600	3 100	2 000	1 850	150	37.5	112.5	106.1
2	7 500	450	2 950	2 600	1 700	900	225	675	600.8
3	5 000	300	2 800	3 200	1 550	1 650	412.5	1 237.5	1 039
4	2 500	150	2 650	3 800	1 400	2 400	600	1 800	1 425.8
5	0	0	0	4 400	1 250	3 150	787.5	2 362.5	1 765.5
6	0	0	0	5 000	1 250	3 750	937.5	2 812.5	1 982.8
7	0	0	0	5 600	1 250	4 350	1 087.5	3 262.5	2 169.9
8	0	0	0	6 200	1 250	4 950	1 237.5	3 712.5	2 329.2
合计		1 500				21 300	5 325	15 975	11 419.1

表 11-18 方案 D 下税后利润现值情况 （单位：万元）

年数	年初所欠金额	当年利息额	当年所还金额	当年收益	当年税前扣除	当年税前利润	当年应纳税所得额	当年税后利润	当年税后利润现值
1	10 000	600	600	2 000	1 850	150	37.5	112.5	106.1
2	10 000	600	600	2 600	1 850	750	187.5	562.5	500.6
3	10 000	600	600	3 200	1 850	1 350	337.5	1 012.5	850.1
4	10 000	600	10 600	3 800	1 850	1 950	487.5	1 462.5	1 158.4
5	0	0	0	4 400	1 250	3 150	787.5	2 362.5	1 765.5
6	0	0	0	5 000	1 250	3 750	937.5	2 812.5	1 982.8
7	0	0	0	5 600	1 250	4 350	1 087.5	3 262.5	2 169.9
8	0	0	0	6 200	1 250	4 950	1 237.5	3 712.5	2 329.2
合计		2 400				20 400	5 100	15 300	10 862.6

由以上计算可知，各方案税后利润的折现值分别为 10 789.1 万元、11 391.2 万元、11 419.1 万元和 10 862.6 万元。显而易见，尽管采用 C 方案时应缴纳的企业所得税比较多，但其税后利润的折现值是最大的，故从财务管理的角度看，MK 公司若采用银行借款方式筹集资金，则应按 C 方案的还本付息方式与银行签订借款合同。

【问题】：你认为企业应如何选择融资方式？在企业融资决策中，需要重点考虑哪些影响因素？

第 12 章

物资采购的税收筹划

税收代表一种经营成本，而且要像产品成本、雇员工资、财务成本等一样进行管理。将税收作为一种战略规划变量，特别强调其在经营决策中的角色。

——美国税务学会前任主席 萨利·琼斯

12.1 采购发票及税款抵扣的税收筹划

12.1.1 索取采购发票

许多企业在采购时为了获得一些价格让利，往往会同意供货方不开发票。我们不禁会有所疑问，采用不开发票的办法能节省采购成本吗？先撇开这种行为的违法性不谈，供货方的这种行为真的能为采购方节省采购成本吗？

其实，从财务角度分析可知，采购方没有发票就意味着采购成本不能入账，就不能实现税前扣除，因此，采购方要为没有取得发票而多承担25%的企业所得税；由于未取得发票或者取得的发票不是增值税专用发票，因此采购方并不能抵扣增值税进项税额。综上，企业在采购过程中一定要索取合法的发票。财务会计制度对不同情况下取得采购发票做出了以下规定。

（1）在购买商品、接受服务支付款项时，应当向收款方索取符合规定的发票。不符合规定的发票，不得作为财务凭证入账。

（2）特殊情况下由收款方向付款方开具发票时，必须按号码顺序填开，填写项目要齐全，内容要真实，字迹要清楚，全部联次一次复写、打印，内容完全一致，并在有关联次加盖财务印章或者发票专用章。采购物资时必须严格遵守发票管理办法及税法关于增值税专用发票管理的有关规定。

12.1.2 规避采购合同的税收陷阱

采购合同至关重要，在采购活动中一定要注意采购合同的税收陷阱。对于采购方来说，在采购合同中要避免出现条款：采购方全部款项付完后，由供货方开具发票。这一条款意味着只有采购方全额付款后才能拿到发票。在实际工作中，由于产品质量、货物标准、供货时间等方面的原因，采购方往往不会支付全款，而根据合同条款采购方可能无法取得发票。因此，采购合同条款应改为"根据采购方实际支付金额，由供货方开具发票"，这样就不会出现不能取得发票的问题了。

此外，购销双方在签订合同时，应该在合同条款中明确结算价格、税款等关键性条件。譬如，采购方作为一般纳税人，从小规模纳税人处购进货物可能无法取得增值税专用发票，或获取的专用发票的抵扣率很低，就会造成增值税进项税额抵扣方面的损失。在这种情况下，采购方可以通过谈判压低从小规模纳税人处购进货物的价格，以补偿相关税收损失。

12.1.3 增值税进项税额的筹划

在日常的财务工作中，除了要特别在增值税专用发票的识别上多加留意，还要了解进项税抵扣究竟有哪些规定，抵扣时容易出现哪些问题，以便按照税法的规定做好采购交易并索取增值税发票。

1. 准予从销项税额中抵扣的进项税额

根据税法规定，下列进项税额准予从销项税额中抵扣。

（1）增值税专用发票：从销售方取得的增值税专用发票（含机动车销售统一发票）上注明的增值税额。

（2）海关进口增值税专用缴款书：从海关取得的海关进口增值税专用缴款书上注明

的增值税额。

（3）农产品收购发票：购进农产品，除了取得的增值税专用发票或者海关进口增值税专用缴款书上注明的增值税额，还要按照农产品收购发票或者销售发票上注明的农产品买价和相应的扣除率计算进项税额。其计算公式为：

$$进项税额 = 买价 \times 扣除率$$

买价是指纳税人购进农产品时，在农产品收购发票或者增值税普通发票上注明的价款和按规定缴纳的烟叶税。

（4）完税凭证：从境外单位或者个人处购进服务、无形资产或者不动产，自税务机关或者扣缴义务人处取得的解缴税款的完税凭证上注明的增值税额。

（5）公路、桥闸通行费发票：接受公路通行服务，按照通行费增值税电子普通发票上注明的增值税额抵扣；接受桥闸通行服务并取得通行费普通发票，为按照下列公式计算的进项税额。

$$桥闸通行费进项税额 = 票面金额 / (1+5\%) \times 5\%$$

（6）不动产在建工程：自 2019 年 4 月 1 日起，增值税一般纳税人购进不动产或者不动产在建工程的当期一次性抵扣进项税额。

（7）固定资产、无形资产、不动产，发生用途改变，用于允许抵扣进项税额的应税项目。不得抵扣且未抵扣进项税额的固定资产、无形资产、不动产，发生用途改变，用于允许抵扣进项税额的应税项目，可在用途改变的次月按照下列公式计算可以抵扣的进项税额。

$$可以抵扣的进项税额 = \frac{固定资产、无形资产、不动产净值}{1+适用税率} \times 适用税率$$

上述可以抵扣的进项税额应取得合法有效的增值税扣税凭证。

（8）增值税一般纳税人购进国内旅客运输服务的进项税额，允许从销项税额中抵扣。具体规定如下。

第一，取得增值税电子普通发票的，为发票上注明的税额。

第二，取得注明旅客身份信息的航空运输电子客票行程单的，为按照下列公式计算的进项税额：

$$航空旅客运输进项税额 = (票价 + 燃油附加费) / (1+9\%) \times 9\%$$

第三，取得注明旅客身份信息的火车票的，为按照下列公式计算的进项税额：

$$铁路运输进项税额 = 票面金额 / (1+9\%) \times 9\%$$

第四，取得注明旅客身份信息的公路、水路等其他客票的，为按照下列公式计算的进项税额：

公路、水路等其他旅客运输进项税额 = 票面金额 /(1+3%)×3%

上述进项税额扣除的具体处理如表 12-1 所示。

表 12-1 进项税额扣除分析

涉及事项	扣税凭证	取得处	进项税额
购进货物、接受应税劳务或应税服务	增值税专用发票	一般纳税人	凭证注明的金额
接受货物运输服务	增值税专用发票	一般纳税人	
进口货物	海关进口增值税专用缴款书	海关	
购进农产品	农产品销售发票	销售自产农产品的农业生产者	买价 × 扣除率（9% 或 10%）
	农产品收购发票	零散经营的农户	
接受交通运输劳务	增值税专用发票	一般纳税人	凭证注明的金额（适用 9% 的税率）
购进国内旅客运输服务	航空公司电子客票行程单、铁路车票	运输服务公司	计算进项税额
购进不动产	增值税专用发票	一般纳税人或简易计税	凭证注明的金额（9% 的税率或 5% 的税率）

【案例 12-1】

长江肠衣制品公司（以下简称肠衣公司）是一家规模较大的生物制品专业生产企业，经营两个月后，取得了较好的经济效益。肠衣公司的业务流程是，从全国的生物收购站采购新鲜的小猪肠，收购额为 27 100 万元，集中到生产基地进行加工制作成肠衣制品。其产品主要销售给国内各大医药公司，然后由医药公司再销售给医院。某年年初，财务部负责人给公司高层送来一份财务报告，上一年度实现销售额 36 000 万元，但是经营成果为微利，主要原因是增值税税收负担较重。

肠衣公司从国内生物收购站采购的猪肠无法取得增值税专用发票，原材料无法获得增值税进项税额抵扣，企业可以抵扣的只有水电费等少量项目，可以取得的增值税进项税额为 1 512 万元。经过税务专家的建议，肠衣公司决定对经营模式进行改变。肠衣公司在各地设立猪肠收购站，规范其收购行为，并在当地税务机关申请领取农副产品收购凭证用于收购农副产品。收购站再将收购的猪肠销售给肠衣公司。在这个运行条件下，整个肠衣公司的收购站可以取得 9% 的进项税额，因此大大降低了税负。请分析两种经营模式下的税收筹划。

✎ **【解析】**：因为医药公司一般都是增值税一般纳税人，所以要求肠衣公司销售产品均须开具13%的增值税专用发票。肠衣公司为了生产经营的需要，只能按照医药公司的要求开具增值税专用发票。经测算，该公司增值税情况如下。

应缴纳增值税 =36 000×13%-1 512=3 168(万元)

增值税税负 =3 168÷36 000=8.80%

改变经营模式后的增值税情况如下。

增值税进项税额 =27 100×9%=2 439(万元)

应缴纳的增值税 =36 000×13%-2 439-1 512=729(万元)

该方案与原来的操作方案相比，可以节省税收为：

3 168-729=2 439(万元)

同样，我们也应该看到，这个方案的操作难点在于要在各地设立符合税务机关要求的收购机构，并且要对各个收购站进行规范化建设。对此，肠衣公司要花费一定的时间和精力，同时会发生费用，并且这种费用的数额还比较大。但是，若经营得当，不仅可以节省税收费用，还可以拓展企业的业务范围，扩大企业规模，对企业长远发展会有很好的促进作用。

2. 不得从销项税额中抵扣的进项税额

（1）用于简易计税方法的计税项目、免征增值税项目、集体福利或者个人消费的购进货物、加工修理修配劳务、服务、无形资产和不动产。其中涉及的固定资产、无形资产、不动产，仅指专用于上述项目的固定资产、无形资产（不包括其他权益性无形资产）、不动产。纳税人的交际应酬消费属于个人消费。

（2）非正常损失的购进货物，以及相关的加工修理修配劳务和交通运输服务。

（3）非正常损失的在产品、产成品所耗用的购进货物（不包括固定资产）、加工修理修配劳务和交通运输服务。

（4）非正常损失的不动产，以及该不动产所耗用的购进货物、设计服务和建筑服务。

（5）非正常损失的不动产在建工程所耗用的购进货物、设计服务和建筑服务。纳税人新建、改建、扩建、修缮、装饰不动产，均属于不动产在建工程。

第 12 章 物资采购的税收筹划

（6）购进的贷款服务、餐饮服务、居民日常服务和娱乐服务[①]。

（7）纳税人接受贷款服务向贷款方支付的与该笔贷款直接相关的投融资顾问费、手续费、咨询费等费用，其进项税额不得从销项税额中抵扣。

（8）财政部和国家税务总局规定的其他情形。

3. 进项税额扣除的特殊规定

（1）适用一般计税方法的纳税人，兼营简易计税方法计税项目、免征增值税项目而无法划分不得抵扣的进项税额，按照下列公式计算不得抵扣的进项税额。

$$\text{不得抵扣的进项税额} = \text{当期无法划分的全部进项税额} \times \left(\frac{\text{当期简易计税方法计税项目销售额} + \text{免征增值税项目销售额}}{\text{当期全部销售额}} \right)$$

主管税务机关可以按照上述公式依据年度数据对不得抵扣的进项税额进行清算。

（2）已抵扣进项税额的购进货物、接受加工修理修配劳务或者应税服务，发生不得抵扣进项税额情形（简易计税方法计税项目、免征增值税项目除外）的，应当将该进项税额从当期进项税额中扣减；无法确定该进项税额的，按照当期实际成本计算应扣减的进项税额。

【案例 12-2】

> 上海市某运输企业于 2021 年 1 月购入一辆汽车作为企业的运输业务的运输工具，车辆购入时不含税价格为 40 万元，取得的增值税专用发票上注明增值税税款为 5.2 万元，当月该企业就对增值税专用发票进行了认证抵扣。2022 年 1 月，为了增进员工福利，该企业将该车辆转作为接送员工上下班的工具。车辆折旧期为 4 年，采用直线法计提折旧。请问该运输企业应如何扣减已抵扣的进项税额？

【解析】：

（1）由于须扣减的进项税额无法确定，因此应按照当期实际成本计算应扣减的进项税额，即：

$$\text{应扣减的进项税额} = 5.2 \div 4 \times 3 = 3.9 (\text{万元})$$

（2）该进项税额应从当期的进项税额中扣减。假设该运输企业 2022 年 1 月可抵扣的进项税额为 100 万元，则：

$$\text{实际可抵扣的进项税额} = 100 - 3.9 = 96.1 (\text{万元})$$

[①] 根据《财政部 税务总局 海关总署关于深化增值税改革有关政策的公告》，纳税人购进国内旅客运输服务，其进项税额允许从销项税额中抵扣。

12.2 采购控制的税收筹划

12.2.1 采购时间选择的税收筹划

1. 利用商品供求关系进行税收筹划

采购方应在不影响正常生产经营的情况下，选择在商品供大于求时进行采购。因为在供大于求时，采购方往往可以压低购买价格，从而实现税负转嫁。

2. 利用税制变化进行税收筹划

税制的稳定性决定了税制改革往往采取过渡的方式，过渡措施的存在为利用税制变化进行税收筹划提供了空间。对负有纳税义务的企业来讲，及时掌握各类商品税收政策的变化，包括征税范围、税率等内容的变化，就可以在购货时间上做相应策划安排，从而使税负减轻。

3. 安排购进材料的涉税处理

增值税一般纳税人购进材料主要用于增值税应税项目，但是也有一部分用于集体福利或者个人消费。用于免税项目的购进货物或者应税劳务、用于集体福利或者个人消费的购进货物或者应税劳务的进项税额不得从销项税额中抵扣。于是，不少企业在财务核算时为避免进项税额上出现差错，便将用于上述项目的外购材料单独设立"工程物资""其他材料"等科目入账，同时将取得的进项税额直接计入材料成本。

其实上述进项税额不得从销项税额中抵扣，仅指"用于"，也就是在领用的时候要转出进项税额，不"用于"时就无须转出。一般情况下，材料在购进和领用环节会存在一个时间差，企业往往容易忽视这段时间差的重要性。如果能充分利用材料购进和领用的时间差，那么也可以减轻企业税收负担，获得货币时间价值。

【案例 12-3】

一大型煤炭生产企业，下属有医院、食堂、宾馆、浴池、学校、幼儿园、托儿所、工会、物业管理等常设非独立核算的单位和部门，另外还有一些在建工程项目和日常维修项目。

这些单位、部门及项目耗用的外购材料金额也是相当巨大的，为了保证正常的生产、经营，必须不间断地购进材料以补充被领用的部分，保持一个相对平衡的余额。试问企业如何安排购进材料的涉税处理？

【解析】：假设企业购买的这部分材料平均金额为 1 130 万元，如果单独成立"原材料"科目记账，将取得的进项税额直接计入材料成本，就不存在进项税的问题，从而可以简化财务核算。但是，如果所有购进材料都不单独记账，而是准备作为增值税应税项目，在取得进项税时就可以申报从销项税额中抵扣，领用时作为进项税额转出。虽然核算复杂了一些，但是企业在生产经营期间可以少缴税款。

这里不妨算一笔账，该企业将上述单位、部门及项目的材料不间断地购进、领用，再购进、再领用，并形成一个滚动链，始终保持 1 130 万元的余额。如此，企业就可以申报抵扣进项税额 130 万元，少缴增值税 130 万元、城建税 9.10 万元、教育费附加 3.90 万元。如果没有这部分税金及附加可占用，在流动资金不足的情况下，就须向金融机构贷款。以贷款年利率 6% 计算，则：

节约的财务费用 = (130+9.10+3.90) × 6%=8.58(万元)

企业多获得的利润 = 8.58–8.58 × 25%=6.435(万元)

由此可见，企业对材料采购进行税收筹划，不仅节省税款，而且节约利息支出，一举两得。

12.2.2 供应商选择的税收筹划

在采购货物时，作为一般纳税人，考虑到所采购货物的税款抵扣问题，应该到一般纳税人那里去采购。因为只有这样，才能取得增值税专用发票，才能最大可能地抵扣税款。但是，在现实生活中，事情并不都是那么凑巧，有的货物能够在一般纳税人与小规模纳税人之间选择，有的可能因为质量、采购量、距离远近等因素的制约，只能向小规模纳税人采购。因此，企业在采购货物时应从进项税额能否抵扣、价格、质量、付款方式（考虑资金时间价值）等多方面综合考虑。

【案例 12-4】

华丰商贸城为一般纳税人，当月拟购进某种商品，每件进价为 20 000 元（不含税），销售价为 22 000 元（不含税）。

在选择进货渠道时，可做出三种选择：增值税一般纳税人；能开具增值税专用发票的小规模纳税人；开具普通发票的小规模纳税人。那么以这三种纳税人为供货对象，税收负担有什么不同呢？

【解析】：

方案一： 以一般纳税人为供应商，经计算可知，增值税应纳税额为 260 元（即 22 000 × 13%–20 000 × 13%）。

方案二： 以可以开具增值税专用发票的小规模纳税人为供应商，经计算可知，增值税应纳税额为 2 260 元（即 22 000 × 13%–20 000 × 3%）。

方案三： 以只能开具普通发票的小规模纳税人为供应商，经计算可知，增值税应纳税额为 2 860 元（即 22 000 × 13%）。

所以，选择一般纳税人为供应商时税负最轻，选择能开增值税专用发票的小规模纳税人次之，选择只能开普通发票的小规模纳税人税负最重。

12.2.3 结算方式选择的税收筹划

关于结算方式选择的税收筹划，最为关键的一点就是尽量推迟付款时间，为企业赢得一笔无息贷款。具体操作方法如下。

（1）对于购买方而言，付款之前先取得对方开具的增值税专用发票，抵扣进项税额。

（2）采取托收承付或委托收款的结算方式时，尽量让销售方先垫付税款。

（3）采取赊销或分期付款方式时，争取在货物发出时索取增值税专用发票，让销售方先垫付税款，使自身获得足够的资金调度时间。

【案例 12-5】

北方商业城于 2022 年 3 月 26 日从山东某酒厂购进一批粮食白酒，取得由防伪税控系统开具的增值税专用发票一份。北方商业城于当年 4 月将该份专用发票向当地税务机关申请并通过了认证，并于当月申报抵扣了专用发票上列明的进项税额 6.8 万元。

当年 5 月 16 日，当地税务机关在对北方商业城（增值税一般纳税人）进行增值税日常稽核时，以北方商业城未支付货款为由，责令其转出已抵扣的进项税额 6.8 万元。原因是北方商业城与销货方采取的是占压对方 50 万元货物的结算方式，且无法确定该批货物的准确支付货款时间。那么，税务机关的处理意见是否正确呢？

【解析】：并没有哪项税法规定购货方必须付款后才可以申报抵扣进项税额，故而税务机关的处理意见不正确。

12.2.4 委托代购方式的税收筹划

制造企业在生产经营中需要大量购进各种原辅材料。由于购销渠道的限制，企业常常需要委托商业机构代购各种材料，委托代购业务自然就产生了。委托代购时，一般受托方只向委托方收取手续费，采取委托代购操作必须符合以下条件。

（1）受托方不垫付资金。

（2）销售方将发票开具给委托方，并由受托方将该发票转交给委托方。

（3）受托方按销售实际收取的销售额和增值税额与委托方结算货款，另外收取手续费。这种情况下，受托方按收取的手续费缴纳增值税。

一般纳税人通常都不愿意跟小规模纳税人打交道，原因是后者不能按要求开具增值税专用发票，即使到主管税务机关代开增值税专用发票，也只能按小规模纳税人的 3% 的征收率抵扣。同样的原因，众多小规模纳税人因销货时不能提供增值税专用发票而失去了许多一般纳税人客户。

如果小规模纳税人能够巧妙运用税法关于委托代购的规定，通过将经销转为委托代购，就可以防止一般纳税人客户的流失。

【案例 12-6】

某烟草站是专门从事批发、零售卷烟的小规模纳税人，烟草站附近的供销社是一般纳税人。供销社的营业窗口点多面广，拥有固定的消费群体，其年卷烟销售额可达到 500 万元。这样大的卷烟零售量，在烟草站眼里无疑是一个十分诱人的市场。然而，近在咫尺却无法建立业务关系。原因很简单，供销社采购卷烟必须索要增值税专用发票，才能申报抵扣进项税额。供销社也只能舍近求远去百里外的县烟草公司采购，运费成本居高不下。

【解析】：税务师事务所了解到他们的苦衷，提供了以下税收筹划方案。

（1）烟草站与供销社之间签订一份委托代购协议书。协议书约定：供销社委托烟草站代购（烟草站的供货来源也是县烟草公司）××品牌的卷烟××箱，供销社应支付烟草站代购业务手续费××元等。

（2）供销社按县烟草公司的供应价（含增值税）计算，将购货款预付给烟草站，使烟草站不垫付购货资金。

（3）县烟草公司凭烟草站与供销社之间签订的委托代购协议书，根据《关于代购货物免征增值税条例》，可将增值税专用发票直接开具给供销社。

（4）烟草站另开发票向供销社收取代购手续费。

12.2.5 固定资产采购的税收筹划

1. 采购固定资产应获取增值税专用发票

增值税转型对企业投资产生了正效应，使企业存在扩大设备投资的政策激励，从而对企业收益产生了影响。但需要注意的是，对房屋、建筑物、土地、固定资产、用于自制（含改扩建、安装）固定资产的购进货物或劳务必须取得增值税专用发票，才能抵扣增值税进项税额。

纳税人购进的固定资产、无形资产、不动产，既用于一般计税方法计税项目，又用于简易计税方法计税项目、免征增值税项目、集体福利或者个人消费的，其进项税额准予从销项税额中全额抵扣。纳税人租入固定资产、不动产，既用于一般计税方法计税项目，又用于简易计税方法计税项目、免征增值税项目、集体福利或者个人消费的，其进项税额准予从销项税额中全额抵扣。

2. 采购固定资产应选择供货商的纳税人身份

一般纳税人在采购固定资产时，必须在不同纳税人身份的供货商之间做出抉择。供货商有两种纳税人身份——一般纳税人和小规模纳税人。假定购进固定资产的含税价款为 S，若供货商为一般纳税人，其适用的增值税税率为 T_1；若供货商为小规模纳税人（能到税务机关代开增值税专用发票或自开增值税专用发票），其增值税征收率为 T_2。则从一般纳税人供货商或小规模纳税人供货商处购进固定资产时,可抵扣的增值税进项税额分别为 $ST_1/(1+T_1)$ 与 $ST_2/(1+T_2)$。

(1)若一般纳税人增值税税率 T_1 取值 13%,小规模纳税人增值税税率 T_2 取值 3%,则有 13%/(1+13%)>3%/(1+3%),因此一般纳税人企业从一般纳税人供货商处采购能获得更多的进项税额抵扣。

(2)若一般纳税人增值税税率 T_1 取值 9%,T_2 取值 3%,则有 9%/(1+9%)>3%/(1+3%),因此一般纳税人企业从一般纳税人供货商处采购固定资产能获得更多的进项税额抵扣。

在购入固定资产时,进项税额支付少,则抵扣少;进项税额支付多,则抵扣多。关键是专票和普票的选择问题,因为普票不能抵扣进项税额,而专票可以抵扣进项税额,但与适用的增值税税率有关。

3. 采购固定资产抵扣增值税时机的选择

当企业购买固定资产时,必须考虑固定资产的购进时机。一般来说,企业在出现大量增值税销项税额时购入固定资产较为适宜,这样在固定资产购进过程中就可以实现进项税额的全额抵扣。否则,若购进固定资产的进项税额大于该时期的销项税额,则购进固定资产时就会出现一部分进项税额不能实现抵扣,从而降低增值税抵扣的力度。因此,增值税转型后,企业必须对固定资产投资做出财务预算,合理规划投资活动的现金流量,分期分批进行固定资产更新,以实现固定资产投资规模、速度与企业财税目标的相互配合。

【案例 12-7】

A 公司为一般纳税人,准备购入一批固定资产扩大生产规模,价格为 565 万元(含税),有三个供应商可以选择:

甲为一般纳税人,适用税率 13%,可以提供增值税专用发票;

乙为小规模纳税人,可以到税务机关代开增值税专用发票;

丙为小规模纳税人,不能取得专用发票。

A 公司当期有 30 万元销项税额,选择哪个供应商才能最大程度获得增值税抵扣力度呢?

【解析】:选择甲,则可抵扣进项税额 =565÷(1+13%)×13%=65(万元)。

选择乙,则可抵扣进项税额 =565÷(1+3%)×3%=16.46(万元)。

选择丙,不能取得专用发票,因此不能抵扣进项税额。

由计算结果可知，供应商丙劣于供应商甲和乙，甲可抵扣进项税额大于乙，可以直接选择甲。因为 A 当期只有 30 万元销项税额，会造成大量的进项税额留抵；如果考虑抵扣增值税的时机，充分发挥增值税进项税额的抵扣力度，就在不影响企业生产计划正常执行的情况下，等有更多销项税额时，再分期分批购入固定资产。

复习思考题

1. 请分析采购合同中可能出现的税收陷阱有哪些。
2. 从税收筹划角度分析企业采购时应选择什么样的供应商。
3. 物资采购中，哪些进项税额不能抵扣？
4. 企业采购时，应从哪些方面进行税收筹划？
5. 企业购置固定资产时，应该考虑哪些涉税问题？

案例分析题

案例一　运输业务的税收筹划

利华轧钢厂是生产钢材的增值税一般纳税人，拥有自己的运输车辆。预计销售钢材时可同时取得运费收入 100 万元（不含税），车辆运输费用为 30 万元（不含税），其中油料等可抵扣增值税进项税额为 2.5 万元，可抵扣增值税的项目均取得了增值税专用发票。有两种方案可供利华轧钢厂选择：一是自营运输；二是将运输部门设立为独立的运输公司。

【问题】：从税收角度考虑，利华轧钢厂应如何选择？

案例二　兼营行为的税收筹划

中超运输公司是营改增试点纳税人，兼营运输及仓储服务业务，6 月取得运费收入 1 000 万元（不含税），取得仓储收入 300 万元（不含税），交通运输业增值税税率为 9%，仓储业增值税税率为 6%，城建税税率为 7%，教育费附加为 3%。假设不考虑其他税种。

【问题】：从税收角度考虑，中超运输公司的运费收入及仓储收入应如何进行税收筹划？

综合阅读题

"三流"一致能否作为判断真实交易的标准？

所谓"三流"一致，是指发票流、资金流、货物流应当统一，具体是指一张发票上的收款方、发货方、销售方（是指发票抬头上的销售方）应该是同一个主体，且付款方、收货方、购买方（是指发票抬头上的购买方）也应该是同一个主体。其理论根基是，既然发票上抬头的销售方和购买方是真实交易，那么销售方应该会直接把货物发送给购买方，货款应当由购买方直接支付给销售方。如果"三流"不能一致，则很可能面临虚开发票的判定而遭受不利的法律后果。

一、"三流"一致的来龙去脉

（一）资金流一致的渊源

1995年10月18日，国家税务总局出台了国税发〔1995〕192号文。该文规定：纳税人购进货物或应税劳务，支付运输费用，所支付款项的单位，必须与开具抵扣凭证的销货单位、提供劳务的单位一致，才能够申报抵扣进项税额，否则不予抵扣。

该文表达的意思是，"所支付款项的单位，必须与开具抵扣凭证的销货单位、提供劳务的单位一致"。故而，这里强调的是收款方与销售方的一致，即收取货款的应该是销售方而不是其他人，其取得的抵扣凭证才能予以抵扣进项税额。

（二）货物流一致的来源

国税发〔1995〕192号文规定："准予计算进项税额扣除的货运发票，其发货人、收货人、起运地、到达地、运输方式、货物名称、货物数量、运输单价、运费金额等项目的填写必须齐全，与购货发票上所列的有关项目必须相符，否则不予抵扣。"（该条款已经作废。）有些人认为，该条款是货物流一致的根源，经过反复审查该条文，发现该项仅仅是用来规范运输费发票的，实际上这个条款也很不现实。

（三）发票流一致

发票流一致是理所应当的，但问题是，发票流应当与谁保持一致呢？是与货物流一致呢，还是与资金流一致呢？这里很难给出明确答案。

二、"三流"一致的具体表现

以A公司和B公司为例。A公司开具发票给B公司，发票上抬头为：销售方为A公司，购买方为B公司。

（一）货物流一致的要求：A 公司→B 公司，具体有以下要求。

（1）A 公司必须足额发送货物到 B 公司，少发送或没有发送货物则货物流不一致。

（2）直接发货人只能是 A 公司而不能是其他公司（不能是他人代发），直接收货人只能是 B 公司（不能是他人代收或指定他人接收货物）。

（3）A 公司与 B 公司之间不能插入其他单位转手（物流公司不排斥）。

（4）A 公司必须对货物享有所有权。

（5）B 公司收到的货物必须是 A 公司交付过来的货物，中间不许调换货物。

（二）资金流一致的要求：B 公司→A 公司，具体有以下要求。

（1）货款必须足额支付，少支付或未支付也属于资金流不一致。

（2）直接支付货款的必须是 B 公司（不能代为支付），直接接受货款的必须是 A 公司（不能是其他人接受该款项）。

（3）货款在 B 公司到 A 公司之间不能插入其他环节。

问题思考：

1."三流"一致能证明交易真实吗？

2.如果"三流"不一致，就一定是虚开增值税发票吗？

第 13 章

生产研发的税收筹划

虽然各国税制的具体细节各不相同，但所有的所得税体系都面临同样的基本问题，如对国际所得课征多少税收，以及应在何时对所得进行征税等。另外，所有国家的税收筹划者都必须确定税收战略与公司的财务和经营战略之间的相互影响。

——诺贝尔经济学奖得主　迈伦·斯科尔斯

13.1　存货计价与资产折旧的税收筹划

13.1.1　存货发出计价方法

纳税人采取的存货计价方式不同，对产品成本、企业利润和企业所得税都有较大影响。对于性质和用途相似的存货，应当采取相同的成本计算方法确定发出存货的成本。对于不能替代使用的存货，为特定项目专门购入的存货及提供劳务的成本，通常采用个别计价法确定发出存货的成本。

这里的存货是指企业在生产经营过程中为销售或者耗用而储存的各种资产，如商品、产成品、半成品、在产品及各类材料、燃料、包装物、低值易耗品等。存货是资产负债表中的重要项目，也是利润表中用来确定主营业务成本的一项重要内容。

$$存货成本 = 期初存货 + 本期存货 - 期末存货$$

由上述公式可知，期末存货的大小，恰好与销货成本的高低呈反向变化。换言之，本期期末存货的多计，必然会降低本期销货成本，增加本期收益。此外，本期期末存货的多计，又会增加下期期初存货成本，从而使下期的销货成本提高，降低下期的收益。

存货计价是指按照企业的会计制度对企业库存商品的价格进行计算，由于企业生产经营过程中会不断地采购、生产和销售商品，难免会出现库存堆积的情况，因此能否准确计算存货的价值对企业的经营效益与财务状况有着直接的影响。另外，企业会计准则规定的存货计价方法又有多种，不同的计价方法对企业利润和纳税额的影响是不一样的，因而企业在选择存货计价方法时，可选择使其税负较轻的方法。

对企业来说，可选用的存货计价方法主要有：先进先出法、个别计价法、月末一次加权平均法、移动加权平均法等。在价格平稳或者价格波动不大时，存货计价方法对成本的影响不显著；当价格水平不断波动时，存货计价方法对成本的影响就较为显著。

不同的存货计价方法对企业纳税的影响是不同的，这既是财务管理的重要步骤，也是税收筹划的重要内容。一般采取何种方法为佳，应根据具体情况进行分析。

（1）当物价有上涨趋势时，采用月末一次加权平均法计算出的期末存货价值最低，销售成本最高，可将利润递延至次年，以延缓纳税时间；当物价呈下降趋势时，则采用先进先出法计算出的存货价值最低，同样可达到延缓纳税的目的。

（2）同样，在物价有上升趋势的前提下，当企业处于所得税的免税期时，企业获得的利润越多，其免税额就越多，这样企业就可以选择先进先出法计算期末存货价值，以减少当期成本、费用的摊入，扩大当期利润；相反，当企业处于征税期或高税负期时，企业就可以选择月末一次加权平均法，将当期的摊入成本尽量扩大，以减少当期利润，降低应纳所得税额。反之，在物价有下降趋势时，企业就可以选择相反的做法。

（3）存货计价方法作为企业内部核算的具体方法，可以利用市场价格水平的变动来达到降低税负的目的。由于商品的市场价格总是处于变动之中，政府对商品市场价格的控制也有一定的限度，这就为企业利用价格变动获得最大利益创造了条件。

在实行累进税率的条件下，企业也可以利用存货计价方法开展税收筹划活动。累进税率主要是针对个体工商户而言的。我国个人所得税法规定，个体工商户的生产、经营所得，对企事业单位的承包经营、承租经营所得，适用5%~35%的五级超额累进税率。在实行超额累进税率的条件下，选择一次加权平均法或者移动加权平均法对企业存货进行计价核算，可以使企业税收负担较轻。这是因为在加权平均法下，企业各期的利润比较平均，不至于因为利润忽高忽低而使利润过高的会计期间套用过高的税率。

【案例 13-1】

某企业期初存货数量是 100 件，价格为 8 元/件；本期购入第一批次存货数量为 200 件，价格为 6 元/件；本期购入第二批次存货数量为 150 件，价格为 10 元/件。本期销售数量为 400 件，比较先进先出法和一次加权平均法的节税效果。

【解析】：

（1）对于先进先出法，其成本与可抵缴企业税分别如下。

成本：$100 \times 8 + 200 \times 6 + 100 \times 10 = 3\,000$（元）

可抵缴企业所得税：$3\,000 \times 25\% = 750$（元）

（2）对于一次加权平均法，其成本与可抵缴企业税分别如下。

成本：$(100 \times 8 + 200 \times 6 + 150 \times 10) \div (100 + 200 + 150) \times 400 = 3\,111.11$（元）

可抵缴企业所得税：$3\,111.11 \times 25\% = 777.78$（元）

因此，在本案例中，一次加权平均法比先进先出法的节税效果要好。

13.1.2 固定资产折旧的税收筹划

折旧作为成本的重要组成部分，有着"税收挡板"的作用。企业会计准则规定，企业常用的折旧方法有平均年限法、工作量法、年数总和法和双倍余额递减法。运用不同的折旧方法计算出的折旧额在量上是不相等的，因而分摊到各期生产成本中的固定资产折旧额也不同，这会影响到企业的利润和应缴纳的企业所得税。

企业计提固定资产折旧时，一般只能选用平均年限法或工作量法。对于加速折旧法的采用，税法有非常严格的规定。《企业所得税法实施条例》第九十八条规定，企业可以采取缩短折旧年限或者加速折旧的方法的固定资产包括：（1）由于技术进步，产品更新换代较快的固定资产；（2）常年处于强震动、高腐蚀状态的固定资产。

根据《财政部 国家税务总局关于完善固定资产加速折旧企业所得税政策的通知》（财税〔2014〕75 号）规定，有以下几点。

（1）对生物药品制造业，专用设备制造业，铁路、船舶、航空航天和其他运输设备制造业，计算机、通信和其他电子设备制造业，仪器仪表制造业，信息传输、软件和信息技术服务业等 6 个行业的企业，2014 年 1 月 1 日后新购进的固定资产，可缩短折旧年限或采取加速折旧的方法。

对上述6个行业的小型微利企业，2014年1月1日后新购进的研发和生产经营共用的仪器、设备，单位价值不超过100万元的，允许一次性计入当期成本费用在计算应纳税所得额时扣除，不再分年度计算折旧；单位价值超过100万元的，可缩短折旧年限或采取加速折旧的方法。

（2）对所有行业，企业在2014年1月1日后新购进的专门用于研发的仪器、设备，单位价值不超过100万元的，允许一次性计入当期成本费用在计算应纳税所得额时扣除，不再分年度计算折旧；单位价值超过100万元的，可缩短折旧年限或采取加速折旧的方法。

（3）对所有行业，企业持有的单位价值不超过5 000元的固定资产，允许一次性计入当期成本费用在计算应纳税所得额时扣除，不再分年度计算折旧。

此外，根据《财政部 国家税务总局关于进一步完善固定资产加速折旧企业所得税政策的通知》（财税〔2015〕106号）的规定，对轻工、纺织、机械、汽车等四个领域重点行业的企业，在2015年1月1日后新购进的固定资产，可由企业选择缩短折旧年限或采取加速折旧的方法。对上述行业的小型微利企业，在2015年1月1日后新购进的研发和生产经营共用的仪器、设备，单位价值不超过100万元的，允许一次性计入当期成本费用在计算应纳税所得额时扣除，不再分年度计算折旧；单位价值超过100万元的，可由企业选择缩短折旧年限或采取加速折旧的方法。

根据《财政部 税务总局关于设备、器具扣除有关企业所得税政策的通知》（财税〔2018〕54号）和《国家税务总局关于设备、器具扣除有关企业所得税政策的通知》（国家税务总局公告2018年第46号）的规定，企业在2018年1月1日至2020年12月31日期间新购进的设备、器具（除房屋、建筑物以外的固定资产），单位价值不超过500万元的，允许一次性计入当期成本费用在计算应纳税所得额时扣除，不再分年度计算折旧。《财政部 税务总局关于延长部分税收优惠政策执行期限的公告》（财政部 税务总局公告2021年第6号）将该政策执行期限延长至了2023年12月31日。

《关于扩大固定资产加速折旧优惠政策适用范围的公告》（财政部税务总局公告2019年第66号）将原适用于六大行业和四个领域重点行业的企业的固定资产加速折旧的适用范围扩大至了全部制造业，但具体的固定资产加速折旧政策内容没有调整，仍与原有政策保持一致，具体为：一是制造业企业新购进的固定资产，可缩短折旧年限或采取加速折旧的方法；二是制造业小型微利企业新购进的研发和生产经营共用的仪器、设备，单位价值不超过 100 万元的，可一次性于税前扣除。

需要强调的是，2018 年 1 月 1 日至 2020 年 12 月 31 日，企业新购进的单位价值不超过 500 万元的设备、器具可一次性在税前扣除，该政策适用于所有行业企业，已经涵盖了制造业小型微利企业的一次性税前扣除政策。在此期间，制造业企业可适用设备、器具一次性税前扣除政策，不再局限于小型微利企业新购进的单位价值不超过 100 万元的研发和生产经营共用的仪器、设备。

《财政部 税务总局关于中小微企业设备器具所得税税前扣除有关政策的公告》（财政部 税务总局公告 2022 年第 12 号）（以下简称"第 12 号公告"）明确，中小微企业在 2022 年 1 月 1 日至 2022 年 12 月 31 日期间新购置的设备、器具，单位价值在 500 万元以上的，按照单位价值的一定比例自愿选择在企业所得税税前扣除。其中，《企业所得税法实施条例》规定，最低折旧年限为 3 年的设备器具，单位价值的 100% 可在当年一次性于税前扣除；最低折旧年限为 4 年、5 年、10 年的，单位价值的 50% 可在当年一次性于税前扣除，其余 50% 按规定在剩余年度计算折旧进行税前扣除。

企业选择适用上述政策当年不足扣除形成的亏损，可在以后 5 个纳税年度结转弥补，享受其他延长亏损结转年限政策的企业可按现行规定执行。

采取缩短折旧年限方法的，最低折旧年限不得低于税法规定折旧年限的 60%；采取加速折旧方法的，可以采取双倍余额递减法或年数总和法。

一般情况下，在企业创办初期且享有减免税优惠待遇时，企业可以通过延长固定资产折旧年限，将计提的折旧递延到减免税期满后计入成本，从而获得节税的好处。而对处于正常生产经营期且未享有税收优惠待遇的企业来说，缩短固定资产折旧年限，往往可以加速固定资产成本的回收，使企业后期成本费用前移，前期利润后移，从而获得延期纳税的好处。

在物价持续上涨时期，企业如果采用加速折旧方法，既可以缩短回收期，又可以加快折旧速度，有利于前期的折旧成本取得更多的抵税额，从而取得延缓纳税的好处。

企业采用加速折旧法计提折旧，只是相对改变了折旧计提的时间。在实施该方法的前几年，企业所得税的数额相对减少，可以达到节税的目的，但后期的企业所得税会逐渐增加。总体而言，总税负是不变的。但采用加速折旧法，可以使企业加速对设备的更新，促进技术进步，从而增强企业发展后劲。

【案例 13-2】

某公司有一台设备,其原值为 500 万元,预计残值 50 万元,预计可使用年限为 5 年,企业所得税税率为 25%。采用哪种折旧方法的节税效果最好?

【解析】:

该公司在三种折旧方法下所得税抵免额及现值对比如表 13-1 所示。假定贴现率为 10%,第 1~5 年的复利现值系数分别为 0.909、0.826、0.751、0.683、0.621。

表 13-1 三种折旧方法下所得税抵免额及现值 （单位:万元）

折旧时间	年限平均法		双倍余额递减法		年数总和法	
	抵免额	现值	抵免额	现值	抵免额	现值
第 1 年	22.5	20.45	50	45.45	37.5	34.09
第 2 年	22.5	18.59	30	24.78	30	24.78
第 3 年	22.5	16.90	18	13.52	22.5	16.90
第 4 年	22.5	15.37	7.25	4.95	15	10.25
第 5 年	22.5	13.97	7.25	4.50	7.5	4.66
合计	112.5	85.28	112.5	93.2	112.5	90.68

从表 13-1 可知,尽管三种不同的折旧方法下,企业所得税税收抵免金额合计数没有差别,均为 112.5 万元。然而,考虑到货币时间价值后,企业在不同年份所缴纳的企业所得税的现值是不一样的。毫无疑问,双倍余额递减法的节税效果最好。

13.2 生产设备租赁的税收筹划

企业在生产管理中经常会遇到设备租赁业务。对于出租方而言,按税法规定,公司不论是从事经营租赁业务还是融资租赁业务,所获取的租赁收入均应缴纳增值税。对于承租方而言,根据《企业所得税法》的规定,企业租入固定资产的租赁费根据租赁方式的不同,有不同的处理方法。

(1) 企业以经营租赁方式租入的固定资产,发生的租赁费支出,按照租赁期限均匀扣除。

(2) 企业以融资租赁方式租入的固定资产,发生的租赁费支出不得在当期直接扣除,构成固定资产价值的部分应提取折旧费用,分期扣除。

【案例 13-3】

甲公司从事融资租赁业务，受乙公司所托，购入生产设备，价格为 2 260 万元（含增值税 260 万元），支付境内运输费 50 万元。甲公司与乙公司可选择经营租赁或者融资租赁方式，具体如下。

方案一：双方签订融资租赁合同，明确融资租赁价款为 3 000 万元，租赁期为 10 年。乙公司每年年初支付租金 300 万元，合同期满付清租金后，该设备归乙公司所有，乙公司须支付转让价款 30 万元（残值）。

方案二：双方签订经营租赁合同，约定租期为 10 年，租金总额为 2 400 万元。乙公司每年年初支付租金 240 万元，租赁期满，甲公司收回设备。收回设备的可变现净值为 200 万元。

对于甲公司而言，哪种方案的税收筹划效果更好？

【解析】：

对于甲公司而言，两个方案的纳税情况分析如下。

方案一： 租赁期满后，设备的所有权转让，应缴纳增值税。如果甲公司为增值税一般纳税人，则该设备的进项税额可以抵扣。

应纳增值税 =(3 000+30)÷(1+13%)×13%–260=88.58(万元)

应纳城建税及教育费附加 =88.58×(7%+3%)=8.86(万元)

方案二： 甲公司应纳增值税。

应纳增值税 =2 400÷(1+13%)×13%–260=16.11(万元)

应纳城建税及教育费附加 =16.11×(7%+3%)=1.61(万元)

可见，方案二的节税效果更好。

13.3 技术改造及设备大修的税收筹划

13.3.1 技术改造与设备大修的税收政策

技术改造是指企业为了提高经济效益和产品质量、增加花色品种、促进产品升级换代、扩大出口、降低成本、节约能耗、加强资源综合利用和"三废"治理、劳保安全等，利用先进的新技术、新工艺、新装备等对生产条件进行改造。

为达到节约税款的目的，技术改造存在着选择的时机，而非任意时间段。另外，还涉及技术引进的方式及技术转让购进渠道的选择。

修理是使设备恢复原来的状况和功能，包括更换零部件。大修理在税法上称为固定资产改良支出，是指同时符合下列条件的支出：（1）修理金额占原固定资产设备价值的 50% 以上；（2）修理后固定资产的经济寿命延长两年以上。当企业的固定资产修理费用达到或者超过固定资产原值的 50% 时，可以考虑采用多次修理的方式来达到税收筹划的目的。

技术改造投资大，时间长，但能极大提高生产效益。设备大修相对于技术改造来说简单一些，只是功能的恢复，但能节约资金。因此，对技术改造和设备大修不能简单地比较孰优孰劣，企业在选择时需要根据实际情况进行比较分析，从而进行税收筹划。

13.3.2 设备大修的税收筹划

1. 大修支出的税务处理

税法规定，企业的设备大修支出根据固定资产已计提折旧的情况归入固定资产或长期待摊费用。

1）设备大修费用计入固定资产原值

当该项固定资产尚有折旧未提完时，设备大修费用应计入固定资产原值。假设原固定资产价值为 H，大修费用为 K，那么设备大修费用 K 应在 $50\%H$ 以上，设备大修增加固定资产原值则为 $50\%H$ 以上。

假设 $K=50\%H$，按 10 年计提折旧，每年折旧额为 $5\%H$。当修理费越高时，其利润越少。由于设备大修只是恢复原有功能，生产效益不能提高，同时还会增加折旧，减少利润。设原来的年利润为 M，经过大修理后，企业的年利润为 $M-5\%H$。

2）设备大修费用计入长期待摊费用

假设设备大修费用仍为 K，按税法政策的规定，固定资产大修理计入长期待摊费用，应在 5 年时间内摊销，每年摊销额为 $10\%H$，此时，年利润为 $M-10\%H$。

2. 设备大修与技术改造的结合

企业可以将设备大修和技术改造巧妙结合、统筹安排。

（1）在时间安排上，可将设备大修安排在技改前一年，使当年利润减少，第二年年初购入技改设备，使设备提取较多的折旧额抵减利润。

（2）对于一些设备的小修理，可以考虑与技术改造相结合，变成设备大修理，提高税前扣除额。

13.4 技术研发的税收筹划

13.4.1 技术开发、技术服务、技术培训与技术转让

1. 技术开发、技术转让与技术咨询

科研单位的技术服务与技术转让业务极易混淆，下面分析对比技术开发与技术转让的税收政策。

技术开发是指开发者接受他人委托，就新技术、新产品、新工艺或者新材料及其系统进行研究开发的行为。技术转让是指有偿转让专利和非专利技术的所有权或使用权的行为。这里需要特别提醒，技术转让既包括转让技术的所有权，也包括转让技术的使用权。

与技术转让、技术开发相关的技术咨询、技术服务，是指转让方（或者受托方）根据技术转让或者技术开发合同的规定，为帮助受让方（或者委托方）掌握所转让（或者委托开发）的技术，而提供的技术咨询、技术服务业务，且这部分技术咨询、技术服务的价款与技术转让或者技术开发的价款应当在同一张发票上开具。

技术咨询是指就特定技术项目提供可行性论证、技术预测、专题技术调查、分析评价报告等业务活动。

按照税务机关的权威解读，"技术开发"属于"研发服务"范围，"技术转让服务"

属于"销售无形资产"范围,"技术咨询服务"属于"鉴证咨询服务",同时将"研发和技术服务——技术转让服务""文化创意服务——商标和著作权转让服务"纳入"销售无形资产"。

《财政部 国家税务总局关于全面推开营业税改征增值税试点的通知》(财税〔2016〕36号)规定,纳税人提供技术转让、技术开发和与之相关的技术咨询、技术服务免征增值税。纳税人申请免征增值税时,须持技术转让、技术开发的书面合同,到纳税人所在地省级科技主管部门进行认定,并持有关的书面合同和科技主管部门审核意见证明文件报主管税务机关备查。这里所说的技术转让与技术开发是指自然科学领域的技术开发和技术转让业务。显然,所谓的技术不包括社会科学领域技术及其研究成果。《企业所得税法实施条例》第九十条规定,居民企业在一个纳税年度内,技术转让所得不超过500万元的部分,免征企业所得税;超过500万元的部分,减半征收企业所得税。企业在取得技术转让所得时应充分利用该优惠政策,得到最大的节税效果。需要注意的是,下列情况不得享受技术转让减免税政策:(1)居民企业从直接或间接持有股权之和达到100%的关联方取得的技术转让所得,不享受技术转让减免企业所得税优惠政策;(2)居民企业取得禁止出口和限制出口技术转让所得,不享受技术转让减免企业所得税优惠政策。

目前技术市场常见的合同有两种:一种是技术转让合同,其适用于非专利技术转让合同、专利技术转让合同、专利申请权转让合同等文本的签订;另一种是技术服务合同,它是对专项技术的技术咨询、技术培训、技术指导业务所签订的合同。

境内的技术转让须经省级以上(含省级)科技部门认定登记,跨境的技术转让须经省级以上(含省级)商务部门认定登记,涉及财政经费支持产生技术的转让,需省级以上(含省级)科技部门审批。技术转让的范围包括专利(含国防专利)、计算机软件著作权、集成电路布图设计专有权、植物新品种权、生物医药新品种,以及财政部和国家税务总局确定的其他技术。同样是技术类合同,一个是技术转让合同,所涉及的技术转让收入可享受免征增值税和减免所得税优惠;另一个是技术开发合同,所涉及的技术开发研究及与之相关的技术咨询、技术服务等免征增值税,但不能享受减免所得税优惠政策。因此,企业和科研机构必须严格区分技术转让合同与技术开发合同,并清楚划分技术转让收入与技术咨询收入、技术服务收入与技术培训收入。

在契税方面,专利申请权转让、非专利技术转让所书立的合同,适用"技术合同"税目;专利权转让、专利实施许可所书立的合同、书据,适用"产权转移书据"税目。

【案例 13-4】

甲公司转让技术，与客户签订协议共收取价款 800 万元。如何签订合同能最大化节税？

✎ 【解析】：

方案一：甲公司一次性收取 800 万元。

甲公司应纳企业所得税金额为：

$$(800-500) \times 25\% \times 50\% = 37.5(万元)$$

方案二：甲公司与客户约定分两年收取价款，每年收取 400 万元。根据《企业所得税法实施条例》第九十条规定，甲公司应纳企业所得税金额为 0 元。

对于以上两种方案，甲公司收取的价款都是 800 万元，而在方案二中由于每年收取款项低于 500 万元，因此可以免征企业所得税，取得最大的节税效果。

2. 技术服务、技术培训与技术中介服务

技术服务与技术培训是极为类似的两种活动。技术服务属于现代服务业[①]，增值税税率为 6%；而技术培训是当事人一方委托另一方对指定的专业技术人员进行特定项目的技术指导和专业训练，也属于现代服务业，增值税税率为 6%。技术中介服务是指科技领域的中介服务活动，属于现代服务业，增值税税率为 6%。根据《国家税务局关于对技术合同征收印花税问题的通知》（国税地字〔1989〕34 号）第三条的规定，技术服务合同的征税范围包括技术服务合同、技术培训合同和技术中介合同。即上述三类合同需要缴纳印花税。

13.4.2 研究开发费用的税收筹划

1. 研究开发费用的税收政策

为了促进企业技术进步，国家出台了一系列税收优惠政策。企业在进行技术开发时，有必要根据企业实际情况事先进行策划，合理地利用税收优惠政策，以节约技术研发费。

---

① 现代服务业是指围绕制造业、文化产业、现代物流产业等提供技术性、知识性服务的业务活动，包括研发和技术服务、信息技术服务、文化创意服务、物流辅助服务、有形动产租赁服务、鉴证咨询服务、广播影视服务。

《企业所得税法》第三十条规定，企业开发新技术、新产品、新工艺发生的研究开发费用，可以在计算应纳税所得额时加计扣除。《企业所得税法实施条例》第九十五条规定，企业所得税法第三十条第（一）项所称研究开发费用的加计扣除，是指企业为开发新技术、新产品、新工艺发生的研究开发费用，未形成无形资产计入当期损益的，在按照规定据实扣除的基础上，按照研究开发费用的50%加计扣除；形成无形资产的，按照无形资产成本的150%摊销。根据《财政部 税务总局 科技部关于提高研究开发费用税前加计扣除比例的通知》（财税〔2018〕99号）的规定，企业开展研发活动中实际发生的研发费用，未形成无形资产计入当期损益的，在按规定据实扣除的基础上，在2018年1月1日至2020年12月31日期间，再按照实际发生额的75%在税前加计扣除；形成无形资产的，在上述期间按照无形资产成本的175%在税前摊销。根据《财政部 税务总局关于延长部分税收优惠政策执行期限的公告》（财政部 税务总局公告2021年第6号）的内容，加计扣除政策延期至2023年12月31日。

此外，根据《关于进一步提高科技型中小企业研发费用税前加计扣除比例的公告》（财政部 税务总局 科技部公告2022年第16号），科技型中小企业开展研发活动中实际发生的研发费用，未形成无形资产计入当期损益的，在按规定据实扣除的基础上，自2022年1月1日起，再按照实际发生额的100%在税前加计扣除；形成无形资产的，自2022年1月1日起，按照无形资产成本的200%在税前摊销。

企业在进行技术转让时有意识地改变自身性质，也会对税收产生很大影响。例如，企业若以研究机构的身份或者分立形成高新技术企业、软件公司再进行技术转让，可以享受有关税收优惠。当然，企业是否必须成立独立的研发公司，需要综合考量新公司的运营费用、母公司的盈利情况及转让所得的情况，具体情况具体分析。

根据上述规定，所有财务核算制度健全、实行查账征收企业所得税的各种所有制的工业企业，都可以享受技术开发费加计扣除的优惠政策，即对财务核算制度健全、实行查账征收的内外资企业、科研机构、大专院校等，在一个纳税年度实际发生的下列技术开发费项目，包括新产品设计费、工艺规程制定费、设备调整费、原材料和半成品的试制费、技术图书资料费、未纳入国家计划的中间实验费、研究机构人员的工资、用于研究开发的仪器设备的折旧、委托其他单位和个人进行科研试制的费用，以及与新产品的试制和技术研究直接相关的其他费用，在按规定实行100%扣除的基础上，在2018年1月1日至2023年12月31日期间，允许再按当年实际发生额的75%在企业所得税税前加计扣除。

为了更好地鼓励企业开展研究开发活动和规范企业研究开发费用加计扣除优惠政策执行，财政部、国家税务总局、科技部于 2015 年 11 月 2 日联合发布的《关于完善研究开发费用税前加计扣除政策的通知》（财税〔2015〕119 号）明确规定了以下内容。

（1）研发活动。

研发活动是指企业为获得科学与技术新知识，创造性运用科学技术新知识，或实质性改进技术、产品（服务）、工艺而持续进行的具有明确目标的系统性活动。

（2）特别事项处理。

①企业委托外部机构或个人进行研发活动所发生的费用，按照费用实际发生额的 80% 计入委托方研发费用并计算加计扣除，受托方不得再进行加计扣除。委托外部研究开发费用实际发生额应按照独立交易原则确定。

②企业共同合作开发的项目，由合作各方就自身实际承担的研发费用分别计算加计扣除。

③企业集团根据生产经营和科技开发的实际情况，对技术要求高、投资数额大，需要集中研发的项目，其实际发生的研发费用，可以按照权利和义务相一致、费用支出和收益分享相配比的原则，合理确定研发费用的分摊方法，在受益成员企业间进行分摊，由相关成员企业分别计算加计扣除。

④企业为获得创新性、创意性、突破性的产品进行创意设计活动而发生的相关费用，可按照本政策规定进行税前加计扣除。

创意设计活动是指：多媒体软件、动漫游戏软件开发，数字动漫、游戏设计制作；房屋建筑工程设计（绿色建筑评价标准为三星）、风景园林工程专项设计；工业设计、多媒体设计、动漫及衍生产品设计、模型设计等。

《关于进一步完善研发费用税前加计扣除政策的公告》（财政部 税务总局公告 2023 年第 7 号）规定，企业开展研发活动中实际发生的研发费用，未形成无形资产计入当期损益的，在按规定据实扣除的基础上，自 2023 年 1 月 1 日起，再按照实际发生额的 100% 在税前加计扣除；形成无形资产的，自 2023 年 1 月 1 日起，按照无形资产成本的 200% 在税前摊销。

（3）管理要求。

①会计核算。研究开发费用税前加计扣除有关政策适用于会计核算健全、实行查账

征收并能够准确归集研发费用的居民企业。

企业应按照国家财务会计制度要求,对研发支出进行会计处理;同时,对享受加计扣除的研发费用按研发项目设置辅助账,准确归集核算当年可加计扣除的各项研发费用实际发生额。企业在一个纳税年度内进行多项研发活动的,应按照不同研发项目分别归集可加计扣除的研发费用。

②税务管理。企业研发费用各项目的实际发生额归集不准确、汇总额计算不准确的,税务机关有权对其税前扣除额或加计扣除额进行合理调整。

税务机关对企业享受加计扣除优惠的研发项目有异议的,可以转请地市级(含)以上科技行政主管部门出具鉴定意见,科技部门应及时回复意见。企业承担省部级(含)以上科研项目的,以及以前年度已鉴定的跨年度研发项目,不再需要鉴定。

税务部门应加强研发费用加计扣除优惠政策的后续管理,定期开展核查,年度核查面不得低于20%。

《国家税务总局关于企业研究开发费用税前加计扣除政策有关问题的公告》(国家税务总局公告2015年第97号)对研发费用相关政策做了以下规定。

(1)研究开发人员范围。企业直接从事研发活动的人员包括研究人员、技术人员、辅助人员。研究人员是指主要从事研究开发项目的专业人员;技术人员是指具有工程技术、自然科学和生命科学中一个或一个以上领域的技术知识和经验,在研究人员指导下参与研发工作的人员;辅助人员是指参与研究开发活动的技工。

企业外聘研发人员是指与本企业签订劳务用工协议(合同)和临时聘用的研究人员、技术人员、辅助人员。

(2)研发费用归集。

①加速折旧费用的归集。企业用于研发活动的仪器、设备,符合税法规定且选择加速折旧优惠政策的,在享受研发费用税前加计扣除时,就已经进行会计处理计算的折旧、费用的部分加计扣除,但不得超过按税法规定计算的金额。

②多用途对象费用的归集。企业从事研发活动的人员和用于研发活动的仪器、设备、无形资产,同时从事或用于非研发活动的,应对其人员活动及仪器设备、无形资产使用情况做必要记录,并将其实际发生的相关费用按实际工时占比等合理方法在研发费用和生产经营费用间分配,未分配的不得加计扣除。

③其他相关费用的归集与限额计算。企业在一个纳税年度内进行多项研发活动的,

应按照不同研发项目分别归集可加计扣除的研发费用。

④特殊收入的扣减。企业在计算加计扣除的研发费用时，应扣减已按规定归集计入研发费用，但在当期取得的研发过程中形成的下脚料、残次品、中间试制品等特殊收入，不足扣减的，允许加计扣除的研发费用按零计算。

企业研发活动直接形成的产品或作为组成部分形成的产品对外销售的，研发费用中对应的材料费用不得加计扣除。

⑤财政性资金的处理。企业取得作为不征税收入处理的财政性资金用于研发活动所形成的费用或无形资产，不得计算加计扣除或摊销。

⑥不允许加计扣除的费用。法律、行政法规和国务院财税主管部门规定不允许企业在所得税前扣除的费用和支出项目不得计算加计扣除。

已计入无形资产但不属于允许加计扣除研发费用范围的，企业摊销时不得计算加计扣除。

（3）委托研发。

企业委托境外研发所发生的费用不得加计扣除，其中受托研发的境外机构是指依照外国和地区（含港澳台）法律成立的企业和其他取得收入的组织。受托研发的境外个人是指外籍（含港澳台）个人。

委托方与受托方存在关联关系的，受托方应向委托方提供研发项目费用支出明细情况。

根据《关于企业委托境外研究开发费用税前加计扣除有关政策问题的通知》（财税〔2018〕64号）的规定，自2018年1月1日起，委托境外进行研发活动所发生的费用，按照费用实际发生额的80%计入委托方的委托境外研发费用。委托境外研发费用不超过境内符合条件的研发费用2/3的部分，可以按规定在企业所得税前加计扣除。

【案例13-5】

甲公司当年税前利润为3 000万元，计划在当年成立研发部门，预计全年研发费用为1 000万元，如何实现节税效果最大化呢？

【解析】：

方案一： 成立内部研发部门。

按规定，甲公司除了可扣除研发费用1 000万元以外，还可以加计扣除750万元，因此应纳企业所得税为：

$$(3\,000-1\,000-750) \times 25\% = 312.5(万元)$$

方案二：成立一家全资高新技术企业乙公司，不考虑新增管理费用。乙公司将技术转让给甲公司，价款为400万元，开发成本为1 000万元。

乙公司处在亏损状态，不缴纳企业所得税，而甲公司应缴纳企业所得税为：

$$(3\,000-500) \times 25\% = 625(万元)$$

比较方案一和方案二可知，内部成立研发部门节税效果最大。

2. 技术研发部独立的税收筹划

承【案例13-5】，假如甲公司研究开发费用为A，技术开发收入为S。甲公司适用《企业所得税法》中关于研发费用加计扣除75%的相关规定。

方案一为企业内部设研发部，方案二为将研究开发业务分离出去成立独立的研发公司。

（1）如果一个纳税年度内，估计技术转让所得不超过500万元，则方案一应缴税为$(S-1.75A) \times 25\%$，方案二免征企业所得税。两种方案等额缴税时技术开发收入与研究开发费的关系为：

$$(S-1.75A) \times 25\% = 0$$

筹划思路：如果$S>1.75A$，将研究开发业务独立出来成立研发公司合适；反之，在企业内部设立研发部门合适。

（2）如果一个纳税年度内，估计技术转让所得超过了500万元。按税法规定，一个纳税年度内，居民企业技术转让所得不超过500万元的部分，免征企业所得税；超过500万元的部分，减半征收企业所得税。方案一应缴税为$(S-1.75A) \times 25\%$，方案二应缴税为$(S-1.75A-500) \times 25\% \div 2$。两种方案等额缴税时技术开发收入与研究开发费的关系为：

$$(S-1.75A) \times 25\% = (S-1.75A-500) \times 25\% \div 2$$

即

$$S = 1.75A - 500$$

筹划思路：如果$S>1.75A-500$，将研究开发业务独立出来成立研发公司合适；反之，在企业内部设立研发部门合适。

（3）若研究开发业务分离后的企业所得税税率为优惠税率15%，分离前公司基本税率为25%，则方案一应缴税为$(S-1.75A) \times 25\%$，方案二应缴税为$(S-1.75A) \times 15\%$。两种方案等额缴税时技术开发收入与研究开发费的关系为：

$$(S-1.75A) \times 25\% \geqslant (S-1.75A) \times 15\%$$

筹划思路：将研究开发业务独立出来成立独立的公司可以实现节税。

3. 设立软件企业和高新技术企业的税收筹划

1）将研究开发业务分离出来，单独成立软件企业

如果企业的研发部门能够分离出来认证为软件企业，则可以享受货劳税和所得税的优惠政策。

根据《财政部 国家税务总局关于软件产品增值税政策的通知》（财税〔2011〕100号）的规定，软件生产企业实行增值税即征即退政策，增值税一般纳税人销售其自行开发生产的软件产品，征收增值税后，对其增值税实际税负超过3%的部分实行即征即退政策。所退还的税款，由企业用于研究开发软件产品和扩大再生产，不作为企业所得税应税收入，不予征收企业所得税；我国境内新办软件生产企业经认定后，自获利年度起，第一年和第二年免征企业所得税，第三年至第五年减半征收企业所得税；国家规划布局内的重点软件生产企业，如当年未享受免税优惠的，减按10%的税率征收企业所得税；软件生产企业的职工培训费用，可按实际发生额在计算应纳税所得额时扣除；企事业单位购进软件，凡符合固定资产或无形资产确认条件的，可以按照固定资产或无形资产进行核算，经主管税务机关核准，其折旧或摊销年限可以适当缩短，最短可为2年。

2）将研究开发业务分离出来，单独成立专门从事技术开发服务的高新技术企业

如果企业的研发部门能够分离出来认定为国家需要重点扶持的高新技术企业，则可以享受高新技术企业的税收优惠政策，即企业所得税税率减按15%执行。高新技术企业的研发费用依然享受加计扣除税收优惠政策。

《高新技术企业认定管理办法》规定，新设高新技术企业须经营一年以上，新设立有软件类经营项目的企业可以考虑先通过申请认定"双软"企业资格，获取"二免三减半"的税收优惠政策，五年经营期满后，再申请高新技术企业优惠政策，能获取更大的税收利益；无法挂靠"双软"企业获得优惠政策的企业，可以通过收购并变更设立一年以上的公司获取高新技术企业的税收优惠政策。

4. 企业研究开发方式的税收筹划

企业研究开发方式及税前扣除政策如表13-2所示。

表 13-2　企业研究开发方式及税前扣除政策

研究开发方式	税前扣除政策
委托开发	委托方按照规定享受加计扣除优惠政策，受托方不得再进行加计扣除，可享受技术转让所得免税或者其他技术类优惠
合作开发	关联企业实施联合研发，共同享受该项技术的预期效益。各方就自身承担的研发费用分别按照规定计算加计扣除
集团研发	集团公司集中开发的研究开发项目，实际研究开发费允许按照合理的分摊方法在受益集团成员公司之间进行分摊
补贴研发	研发补助可划归为财政拨款，作为不征税收入，但形成的相关费用支出不可税前扣除

企业研究开发费用的操作要求如下。

（1）对企业委托给外单位进行开发的研发费用，凡符合税法规定条件的，由委托方按照规定计算加计扣除，但受托方不得再进行加计扣除。需要特别注意的是，对委托开发的项目，受托方应向委托方提供该研发项目的费用支出明细情况，否则，该委托开发项目的费用支出不得实行加计扣除。故企业在签署的研究开发合同中必须明确受托方在日常核算中按委托方的要求进行。

（2）合作开发是指企业之间进行某项技术的联合研发，进而共同享受该项技术带来的预期效益。对企业合作开发的项目，凡符合税法规定条件的，由合作各方就自身承担的研发费用分别按照规定计算加计扣除；合作各方的会计处理应保持统一和配比。《企业所得税法》第四十一条第二款、《企业所得税法实施条例》第一百一十二条规定，对企业与其关联方共同开发、受让无形资产，或者说共同提供、接受劳务发生的成本，在计算应纳税所得额时应当按照独立交易原则（成本与预期收益相配比的原则）进行分摊。

（3）企业集团根据生产经营和科技开发的实际情况，对技术要求高、投资数额大，需要由集团所属多家公司进行集中开发的研究开发项目，其实际发生的研究开发费，可以按照合理的分摊方法在受益集团成员公司间进行分摊。

分摊研究开发费时，企业集团应提供集中研究开发项目的协议或合同。该协议或合同应明确规定参与各方在该研究开发项目中的权利和义务、费用分摊方法等内容。如未提供协议或合同，研究开发费不得加计扣除。

企业集团采取合理分摊研究开发费的，集中研究开发项目实际发生的研究开发费，应当按照权利和义务、费用支出和收益分享一致的原则，合理确定研究开发费用的分摊方法。企业集团采取合理分摊研究开发费的，企业集团母公司负责编制集中研究开发项目的立项书、研究开发费用预算表、决算表和决算分摊表。具体操作建议遵照《关于母子公司间提供服务支付费用有关企业所得税处理问题的通知》(国税发〔2008〕86号)的相关规定执行并开具符合规定的发票。

（4）为鼓励企业创新和产业调整，往往相当一部分企业会获得主管部门或各级政府的研发补助，依据《〈中华人民共和国企业所得税法实施条例〉释义》中对不征税收入的解释：企业实际收到的财政补贴和税收返还等，按照现行会计准则的规定，属于政府补助的范畴，被排除在税法所谓的"财政拨款"之外，会计核算中记入企业的"营业外收入"或"递延收益"科目，除企业取得的出口退税（增值税进项）外，一般作为应税收入征收企业所得税。

《企业所得税法实施条例》二十六条规定，国务院规定的其他不征税收入，是指企业取得的，由国务院财政、税务主管部门规定专项用途并经国务院批准的财政性资金。财政性资金，是指企业取得的来源于政府及其有关部门的财政补助、补贴、贷款贴息，以及其他各类财政专项资金，包括直接减免的增值税和即征即退、先征后退、先征后返的各种税收，但不包括企业按规定取得的出口退税款。

关于如何从应税收入争取认定为不征税收入，《财政部 国家税务总局关于专项用途财政性资金企业所得税处理问题的通知》（财税〔2011〕70号）明确规定，企业从县级以上各级人民政府财政部门及其他部门取得的应计入收入总额的财政性资金，凡同时符合以下条件的，可以作为不征税收入，在计算应纳税所得额时从收入总额中减除：①企业能够提供规定资金专项用途的资金拨付文件；②财政部门或其他拨付资金的政府部门对该资金有专门的资金管理办法或具体管理要求；③企业对该资金以及以该资金发生的支出单独进行核算。需要说明的是，将企业获得的研发补助作为不征税收入固然可以减少税负，但亦会导致相关费用不允许在税前扣除。《财政部 国家税务总局关于专项用途财政性资金企业所得税处理问题的通知》（财税〔2011〕70号）第二条规定："根据《企业所得税法实施条例》第二十八条的规定，上述不征税收入用于支出所形成的费用，不得在计算应纳税所得额时扣除；用于支出所形成的资产，其计算的折旧、摊销不得在计算应纳税所得额时扣除。"鉴于此，企业应该衡量补贴收入作为不征税收入和作为征税收入的税负后果。

【案例 13-6】

某高新技术企业 2021 年获得 200 万元符合条件的研究开发补助，假定该企业适用的企业所得税税率为 15%。企业应如何进行税收筹划？

【解析】：

方案一： 税务机关确认该笔研究开发补助为不征税收入，企业税负减少 30 万元；但由此 200 万元形成的研发支出不允许在税前扣除，企业税负会增加 30 万元，企业总税负未发生变化。

方案二： 企业放弃 200 万元作为不征税收入，企业税负上升 30 万元，假定 200 万元均用于可加计扣除的研发费用，企业税负会降低 52.5 万元，企业净收益增加 22.5 万元。

13.4.3 转让商誉的税收筹划

1. 商誉的概念

商誉是企业中一项特殊的无形资产。商誉通常是指企业由于所处的地理位置优越，或由于市场信誉好而获得了客户信任，或由于组织得当、生产经营效益好，或由于技术先进、掌握了生产诀窍等原因而形成的无形价值，这种无形价值具体体现在企业的获利能力超过一般企业的获利能力。商誉是企业获得超额利润的综合能力，商誉的价值一般只有在企业产权转让时才予以确认。

商誉按构成要素及性质可分为广义的商誉和狭义的商誉。广义的商誉包括良好的地理位置、独特的生产技术和专营专卖特权等。狭义的商誉包括杰出的管理人员、科学的管理制度、融洽的公共关系、优秀的资信级别、良好的社会形象等。商誉具有以下特征。

（1）商誉不能离开企业单独存在，不能与企业可辨认的各种资产分开出售。

（2）商誉是多种因素形成的结果，但形成商誉的个别因素，不能以任何方法单独计价。

（3）商誉本身不是一项单独的、能产生收益的无形资产，而只是超过企业可确定的各单项资产价值之和的价值。

（4）商誉是企业长期积累起来的一项价值。商誉可以是自创的，也可以是外购的。外购商誉是指在并购过程中，购买成本与被购买企业净资产公允价值的差额，若为正，就是通常所说的商誉；若为负，就是负商誉。

2. 商誉的会计处理与税务处理

1）确认商誉

由于商誉无法辨认，不可确指，不可单独取得、转让和销售，无法准确分配到企业各单项资产，其价值只有在企业整体转让时才能得以体现。会计上将商誉作为独立于无形资产之外的单独一类资产进行确认、计量和报告，而税法则将其作为无形资产加以规定。商誉根据其来源的不同，可分为自创商誉和外购商誉。

《企业会计准则》规定，自创商誉不予确认，原因是自创商誉的代价在发生时已经作为成本、费用或资产在会计核算中反映了，只不过形成商誉所累计投入的价值没有商誉的公允价值大，或者至少二者不相等，也可能投入了一些价值但没有形成任何商誉价值。

相对于自创商誉而言，外购商誉易于确认也应该确认。通常在非同一控制下的企业合并中才确认商誉，即企业合并成本大于合并中取得的被购买方可辨认净资产公允价值份额的差额，应确认为商誉。税法将控股合并视为一项资产收购业务（股权收购），被收购方为被收购企业的股东，被收购企业虽然控制权发生了变化，但包括商誉在内的资产并未转移给收购方，只是企业可以根据不同情况，选择适用取得股权（投资资产）计税基础（合并成本）的税务处理方法。因此，在股权收购（控股合并）中，企业取得股权的计税基础（合并成本）大于收购（合并）中取得的被收购企业（被购买方）可辨认净资产公允价值份额的差额应确认为收购企业的商誉。

外购商誉是一种特殊类型的无形资产，同其他无形资产一样准予在会计上摊销。但是，根据《企业所得税法》第十二条、《企业所得税法实施条例》（国务院令第 512 号）第六十七条的规定，"外购商誉的支出，在企业整体转让或清算时，准予扣除"。无论是外购商誉还是自创商誉，即使在会计处理上予以摊销，计税时也要进行企业所得税的纳税调整，即不得进行价值摊销。

2）转让商誉

营改增后，转让商誉按照"销售无形资产"税目缴纳 6% 的增值税，但由于商誉一般不能单独销售，所以现实中对商誉转让缴纳增值税的情形也不常见。有专家观点认为，吸收合并购入企业或作为一项业务购入被合并方多项资产，支付对价超过各项资产公允价值之和的部分，在个别报表中确认商誉，则增值税上作为无形资产交税的商誉应该特指这一部分。

在所得税处理上，企业外购商誉的支出，在企业整体转让或者清算时准予扣除。

3. 商誉的税收筹划

1）确认、计量商誉的政策空间

《企业会计准则第 20 号——企业合并》（财会〔2006〕3 号）规定，非同一控制下的企业合并，企业合并成本大于合并中取得的被购买方可辨认净资产公允价值份额的差额，应确认为商誉。这一规定并未涵盖税法规定的情况，也与税法规定不一致，只有在吸收合并成本与企业整体价值相当的情况下才具有参考意义。在一般性税务处理的情况下，企业可能通过评估取得商誉的公允价值。在特殊性税务处理的情况下，被合并企业存在外购商誉的，合并企业应当以被合并企业外购商誉原有计税基础为基础确定这部分商誉的价值；同时，可以通过评估取得被合并企业自创商誉价值，作为确定该部分商誉计税基础的依据。

商誉的评估方法包括割差法和超额收益法。割差法是根据企业整体资产评估价值与可确指的各单项资产评估价值之和进行比较确定商誉评估价值的方法，基本公式是：

商誉的评估 = 企业整体资产评估值 – 企业可确指的各单项资产评估值之和

超额收益法是把企业超额收益作为评估对象进行商誉评估的方法。商誉评估值指的是企业超额收益的本金化价格。超额收益法视被评估企业的不同又可分为超额收益本金化价格法和超额收益折现法两种具体方法。其中，超额收益折现法是把企业可预测的若干年预期超额收益进行折现，把其折现值确定为企业商誉价值的一种方法。

2）商誉处理的税收筹划方法

从上述商誉确认、计量政策可知，在非同一控制下的企业并购业务中，并购企业的并购出资额超过被并购企业净资产公允价值的差额，可视为并购企业要开办一家与被并购企业同样规模的企业所要支付的开办费，这种方法体现了对新建企业和被并购企业之间的公平性，可以优化配置社会资源，应该是一种受到鼓励的做法，在会计处理和税法允许的情况下是一种比较好的税收筹划方法。

企业在整体转让或清算时处置商誉，外购商誉支出在处置时准予扣除，并确认转让所得或损失。对于企业并购中作为开办费处理的商誉，如果被并购企业再次整体转让或清算，则未摊销完的开办费也应一并转销。

复习思考题

1. 企业如何利用存货计价方法的调整降低税收负担?
2. 企业租赁固定资产应选择融资租赁还是经营租赁?二者有何区别?
3. 设备大修和技术改造的税收政策有何差异?如何进行设备大修及技术改造的税收筹划?
4. 技术服务、技术培训、技术转让的税收政策有何差别?如何利用政策差异进行税收筹划?
5. 成立技术研发部如何实现节税效果最大化?
6. 商誉转让的税收筹划方法有哪些?
7. 如何最大化利用研发费用加计扣除政策?

案例分析题

案例一 委托加工与自行加工的方案比较

假设甲企业收购木材,价款为 10 万元。乙企业是加工企业,两个企业都是增值税一般纳税人。现在甲企业要将木材加工成一次性筷子,有两种方案。

方案一:甲企业委托乙企业加工,支付加工费 3 万元,收回后取得乙开具的增值税发票注明增值税为 0.39 万元。甲企业收回筷子并出售,取得不含增值税价款 20 万元。

方案二:甲公司自行加工,总共花费 3 万元,出售后取得不含增值税价款 20 万元。

【问题】:分析比较两种方案的增值税、消费税及税后利润,企业应该选择哪种方案?

案例二 固定资产折旧方式的选择

某企业投资一套生产管理用的网络设备共计 500 万元。假定企业采用的折旧年限为 5 年。由于属于技术进步、产品更新换代较快的固定资产,因此还可以采用加速折旧方法。假设市场年利率为 10%,且均不考虑残值因素。

【问题】:应选择年限平均法、双倍余额递减法及年数总和法中的哪种折旧方法?

案例三 技术转让所得的筹划

某企业转让技术，与受让方签订了 3 年的协议，共需收取 1 200 万元的技术转让费。

【问题】：应如何进行税收筹划？

案例四 转让定价的税收筹划

甲企业是一家生产药酒的企业，从乙企业购进粮食白酒作为原材料生产药酒。当年，甲企业从乙企业购进白酒 200 吨，价格为 6 元/斤，销售药酒取得销售收入 200 万元。

【问题】：怎样实现企业节税效果最大化？

案例五 固定资产大修理的税收筹划

甲公司对某一条生产线进行设备大修，消耗材料费 100 万元，工人工资 30 万元，总共花费 130 万元，生产线原值为 250 万元。

【问题】：甲公司应如何进行税收筹划？

第 14 章

市场销售的税收筹划

尽管你费尽心机去征想征的税,但商人们最终还是会把他们自己承担的税收转嫁出去。

——英国著名民主宪政哲学家 约翰·洛克

14.1 混合销售与兼营行为的税收筹划

14.1.1 混合销售

一项销售行为如果既涉及服务又涉及货物,则为混合销售,即销售货物与提供服务是由同一纳税人实现的,价款是同时向一个交易者收取的,该项服务是直接为销售货物而发生的,具有较强的从属关系。

混合销售的税务处理原则是按企业主营项目的性质划分增值税税目。从事货物的生产、批发或零售的单位或个体工商户的混合销售行为,按照销售货物缴纳增值税。其他单位和个体工商户按照销售服务缴纳增值税。

混合销售有以下两项特别规定。

(1)纳税人销售活动板房、机器设备、钢结构件等自产货物的同时提供建筑安装服务的,不属于混合销售,应分别核算货物和建筑服务的销售额,分别适用不同的税率或征收率。

(2)一般纳税人销售电梯的同时提供安装服务的,其安装服务可以参照甲供工程选择使用简易计税方法计税。纳税人对安装运行后的电梯提供的维护保养服务,按照"其他现代服务"缴纳增值税。

【案例 14-1】

某商场开展空调促销活动，一台空调售价为 4 520 元，并免费聘请专业安装公司为客户安装空调，安装费 520 元由商场承担。那么该商场在发票开具方面应如何进行税收筹划？

【解析】：

方案一：商场为消费者开具 4 520 元的发票。

商场应纳增值税 = 4 520 ÷ (1+13%) × 13% = 520(元)

安装公司应纳增值税 = 520 ÷ (1+9%) × 9% = 42.94(元)

空调售价虽然为 4 520 元，但商场又支付给安装公司 520 元，自己实际所得是 4 000 元，理应按 4 000 元纳税，结果多缴了税。

方案二：商场为消费者开具 4 000 元的发票，安装公司开具 520 元的发票给消费者。

商场应缴纳增值税 = 4 000 ÷ (1+13%) × 13% = 460.18(元)

安装公司应纳增值税 = 520 ÷ (1+9%) × 9% = 42.94(元)

对比方案一，方案二中商场销售每台空调省下 59.82 元（即 520-460.18）增值税，而安装公司所承担的增值税负担不变。如果在原有的模式中，安装公司给商场开具增值税专用发票，商场作为一般纳税人可以抵扣增值税，但即便如此，商场也会多负担增值税。原因在于商场适用 13% 的增值税税率，高于安装公司适用的 9% 的增值税税率。

14.1.2 兼营行为

纳税人的经营范围涉及销售货物、劳务、服务、无形资产或者不动产，适用不同税率或征收率的经营活动，为兼营行为。纳税人从事不同业务取得的收入之间没有从属关系，属于兼营行为。混合销售的本质是一项纳税行为，而兼营行为的本质是多项应税行为。

纳税人兼营行为应当分别核算适用不同税率或者征收率的销售额，未分别核算的，从高适用税率；兼营免税、减税项目的，应当分别核算免税、减税项目的销售额，未分别核算的，不得免税、减税。

【案例 14-2】

某农贸公司为增值税一般纳税人，生产免税农产品和适用 9% 税率的应税加工食品。该企业当月免税农产品销售额为 130 万元（不含税，下同），加工食品销售额为 90 万元，并购进 7 万元的运输服务，其中与免税农产品相关的运输费为 3 万元，与加工食品相关的运输费为 4 万元。城建税税率为 7%，教育费附加为 3%，无上期留抵税额。该公司是否应该分别核算两项业务收入？

【解析】：

方案一： 若该公司未分别核算两项业务收入，则应缴纳的增值税额为：

$$(130+90) \times 9\% - 7 = 12.8 (万元)$$

方案二： 若该公司分别核算两项业务收入，则应缴纳的增值税额为：

$$90 \times 9\% - 4 = 4.1 (万元)$$

两种方案城建税和教育费附加相差为：

$$(12.8-4.1) \times (7\%+3\%) = 0.87 (万元)$$

则该公司分别核算两项业务收入后少缴增值税及城建税和教育费附加为：

$$12.8 - 4.1 + 0.87 = 9.57 (万元)$$

可见，方案二比方案一少缴 9.57 万元的税款。在实务中，纳税人兼营免税、减税项目的，纳税人应判断与免税相关的进项税额的大小，来选择是否分别核算。如果与免税相关的进项税额大于免税产品适用从高税率计算得出的销项税额，则不分别核算对于纳税人来说有利；反之应分别核算免税、减税项目。

【案例 14-3】

亚盛公司是一家工业生产企业，拥有运输车队。10 月份销售给大华公司产品 1 万件，产品不含税售价为 200 元/件，产品运费不含税售价为 10 元/件（即承运产品的最终不含税售价为 210 元/件）。其中因加工产品购进原材料可抵扣的进项税额为 20 万元，运输中物料油耗等可抵扣的进项税额为 6 000 元。假设该公司是增值税一般纳税人，从纳税策划的角度分析，亚盛公司将自己的车辆独立出去成立运输公司的决策是否可行？

【解析】： 对销售货物并承担运输服务的公司来说，可以分为两种组织形式，即自营运输和成立独立运输公司。

方案一： 自营方式下由非独立的车队运输。

亚盛公司应缴纳的增值税额 $=(200+10) \times 1 \times 13\% - 20 - 0.6 = 6.7 (万元)$

方案二： 成立独立的运输公司并购买该运输公司的运输劳务，为客户提供所售货物的运输服务，将货物运抵客户指定的地点，并向该运输公司支付运费。

（1）当运输公司为一般纳税人时，运输公司应缴纳的增值税额为：

$$1 \times 10 \times 9\% - 0.6 = 0.3(万元)$$

亚盛公司可以抵扣的运费进项税额为：

$$1 \times 10 \times 9\% = 0.9(万元)$$

则：

亚盛公司应缴纳的增值税额 = $(200+10) \times 1 \times 13\% - 20 - 1 \times 10 \times 9\% = 6.4(万元)$

应缴纳的增值税总额 = $0.3 + 6.4 = 6.7(万元)$

（2）当运输公司为小规模纳税人时，运输公司应缴纳的增值税额为：

$$1 \times 10 \times 3\% = 0.3(万元)$$

假定亚盛公司无法抵扣运费进项税额，则：

亚盛公司应缴纳的增值税额 = $(200+10) \times 1 \times 13\% - 20 = 7.3(万元)$

应缴纳的增值税总额 = $7.3 + 0.3 = 7.6(万元)$

方案三： 成立独立的运输公司，以客户代理身份采用委托运输的方式。这与企业自身委托运输企业完成货物运输相比，二者的主要区别在于，一方面，企业向运输企业支付的运费属于代垫性质，之后有权向客户索还；另一方面，运输企业开具的发票抬头为客户，且要送达客户手中。根据增值税相关规定，此笔运费不列入销售额，不征收增值税，则亚盛公司产品不含税售价为 200 元 / 件，运费的不含税售价为 10 元 / 件。

（1）当运输公司为一般纳税人时，运输公司应缴纳的增值税额为：

$$1 \times 10 \times 9\% - 0.6 = 0.3(万元)$$

此发票开给大华公司，亚盛公司不能抵扣运费进项税额，则：

亚盛公司应缴纳的增值税额 = $1 \times 200 \times 13\% - 20 = 6(万元)$

应缴纳的增值税总额 = $6 + 0.3 = 6.3(万元)$

（2）当运输子公司为小规模纳税人时：

运输公司应缴纳的增值税额 = $1 \times 10 \times 3\% = 0.3(万元)$

亚盛公司应缴纳的增值税额 = $1 \times 200 \times 13\% - 20 = 6(万元)$

应缴纳的增值税总额 = $6 + 0.3 = 6.3(万元)$

就此案例而言，在仅考虑增值税的情况下，将车辆独立出去成立小规模纳税人身份的运输公司，亚盛公司以客户代理身份采用委托运输的方式，应缴纳的增值税额最低。但在实际操作过程中，究竟采用何种形式运输，不能只考虑增值税的税负问题，还应综合考虑各种因素，如购进固定资产、燃油、修理费等增值税专用发票取得的可能性，企业的分拆费用，新增企业经营成本等。

【案例14-4】

迅达电梯生产企业为增值税一般纳税人，具有生产与安装电梯资质。10月份与甲公司签订了销售电梯及安装电梯服务的合同，合同总额为190万元（不含增值税，下同），电梯销售金额为160万元，安装服务金额为30万元，当期生产电梯进项税额为16万元，与安装有关的进项税额为2.4万元。那么，迅达电梯生产企业应选择简易计税还是一般计税？

【解析】：销售自产机器设备同时提供安装服务的特殊销售业务，其安装收入可以选择一般计税（9%的征税率），也可以选择简易计税（3%的征收率）。

方案一：未在合同中分别注明销售电梯货物金额与安装费，那么安装与销售电梯的金额合计按销售商品适用的13%的税率缴纳增值税。

迅达电梯生产企业应缴纳的增值税额=190×13%-2.4-16=6.3（万元）

方案二：在合同中分别注明销售电梯货物的金额与安装费，则电梯销售费按13%计算缴纳增值税，安装费可选择一般计税，按9%计算缴纳增值税。

销售电梯应纳增值税=160×13%-16=4.8（万元）

安装电梯服务应纳增值税=30×9%-2.4=0.3（万元）

迅达电梯生产企业应缴纳的增值税额=4.8+0.3=5.1（万元）

方案三：在合同中分别注明销售电梯货物的金额与安装电梯的金额，且其安装服务可以按照甲供工程选择适用简易计税方法计税。

销售电梯应纳增值税=160×13%-16=4.8（万元）

安装电梯服务应纳增值税=30×3%=0.9（万元）

迅达电梯生产企业应缴纳的增值税额=4.8+0.9=5.7（万元）

【筹划思路】：在简易计税法下，与安装有关的进项税额不得抵扣，故增值税纳税筹划空间主要在于通过测算安装业务的进项税额的大小，来判断是采用一般计税方法还是简易计税方法对纳税人来说有利。

14.2 促销行为的税收筹划

14.2.1 商业折扣

商业折扣也称为折扣销售,是指企业为促进商品销售而在定价上给予的价格扣除,实质上就是销售行为发生之前,销售方给予的价格优惠。为了抓住客户的消费心理,折扣大小取决于购买的商品数量,一般购买数量越多,价格折扣越大。商业折扣一般是在商品交易前即承诺给予价格折扣。对于折扣销售,如果销售额和折扣额在同一张发票上注明,则允许销售方以其销售额扣除折扣额后的余额作为计税额;如果销售额和折扣额不在同一张发票上注明,则不允许将折扣额从销售额中扣除作为计税额。同时,商业折扣仅限于货物价格的折扣,如果销售方将自产委托加工或购买的货物用于实物折扣,则该款额不能从货物销售额中减除,且该实物应按"视同销售货物"中的"无偿赠送他人"计算缴纳增值税。

商业折扣在现实中不仅包括折扣销售这一情形,还有很多其他变化的情形。比如,购物返券就是一种典型的商业折扣形式,如购买1 000元商品,返还200元代金券,可以现送现用,有时商家承诺以后才能使用。这种购物返券的促销行为的实质也是折扣销售,这与商品打折没有本质的区别。国家税务总局没有统一的政策规定,《四川省国家税务局关于买赠行为增值税处理问题补充意见的公告》(四川省国家税务局公告2011年第7号)对此问题做出规定:销货方开具发票(含增值税专用发票、增值税普通发票、通用机打普通发票和通用手工版普通发票)时,对在同一张发票上注明"返券购买"的货物金额,应作为折扣额在总销售额中扣减。

实践中,折扣销售开票时其实可以直接简单地以折扣后的金额来开具发票,相当于最终实现的销售价格就是折扣后的价格。但是如果需要完整地展示购买价格、折扣金额,开票时就有要求了。根据《国家税务总局关于折扣额抵减增值税应税销售额问题通知》(国税函〔2010〕56号)的规定,纳税人采取折扣方式销售货物,销售额和折扣额在同一张发票上分别注明的,可按折扣后的销售额征收增值税;未在同一张发票"金额"栏注明折扣额,而仅在发票的"备注"栏注明折扣额的,折扣额不得从销售额中减除。如果价格折让能一一对应到销售时的商品明细,就可以直接以商品名称开具红字;如果是总价折让,无法分摊,就可以直接采取开具总折让金额形式进行,大类编码保持和销售商品类别一致即可。这时价格折让和商品税目确认方面具有同质性,选用同一个商品编码进行开票即可。

【案例 14-5】

鹏泰超市是增值税一般纳税人,在中秋节期间对月饼开展大促销活动。每盒月饼原价为 100 元,成本为 60 元。经过考虑,拟通过三种方案进行促销,请进行分析比较。

【解析】:

方案一: 将每盒原价为 100 元的月饼打八折销售,且将销售额和折扣额在同一张发票上注明。

应纳增值税 =100÷(1+13%)×13%×80%-60÷(1+13%)×13%=2.30(元)

应纳城建税及教育费及附加 =2.3×(7%+3%)=0.23(元)

应纳企业所得税 =[100÷(1+13%)×80%-60÷(1+13%)-0.23]×25%=4.37(元)

税后利润 =100÷(1+13%)×80%-60÷(1+13%)-0.23-4.37=13.10(元)

方案二: 将每盒原价为 100 元的月饼打八折销售,仅在发票的"备注"栏注明折扣额。

应纳增值税 =100÷(1+13%)×13%-60÷(1+13%)×13%=4.60(元)

应纳城建税及教育费及附加 =4.6×(7%+3%)=0.46(元)

应纳企业所得税 =[100÷(1+13%)×80%-60÷(1+13%)-0.46]×25%=4.31(元)

税后利润 =100÷(1+13%)×80%-60÷(1+13%)-0.46-4.31=12.93(元)

方案三: 向购买月饼满 100 元的客户赠送 20 元现金券,可用于下次购物抵现。

应纳增值税 =100÷(1+13%)×13%-60÷(1+13%)×13%=4.60(元)

应纳城建税及教育费及附加 =4.60×(7%+3%)=0.46(元)

应纳企业所得税 =[100÷(1+13%)-60÷(1+13%)-0.46]×25%=8.73(元)

税后利润 =100÷(1+13%)-60÷(1+13%)-0.46-8.73=26.21(元)

【筹划思路】: 三种方案中,方案三获得的税后利润最多。在该种方案下,销售 100 元的商品全额计入应税收入,送的现金券作为递延收益,将来顾客抵用时再确认递延收益。等到未来消费者使用了现金券,再确认折扣销售。这样一来,不仅在扩大本次销售量的同时增加了本次销售的税后利润,而且顾客为了行使折扣期权会进行二次购物,还能继续产生一定的促销效果。

【案例 14-6】

华美盛服装有限公司是内衣生产企业，产品主要销往日本、韩国及东南亚国家。考虑到外销的产品利润较低，近年来公司大力开拓国内市场，主要利用各地的代理商扩大市场。为了激励代理商，公司根据代理商的销售业绩给予商业折扣。公司规定：在以月度结算的条件下，月销售内衣 10 000 件以下的，月度折扣为 2 元/件；月销售内衣 10 000 ~ 20 000 件的，月度折扣为 3 元/件。年销售内衣 150 000 件以下的，年终折扣为 2.5 元/件；年销售内衣 150 000 ~ 250 000 件的，年终折扣为 3 元/件。

该方法在经营实践中收到了较好的效果，很快打开了国内市场，当年实现销售收入 4 亿元。到年底与代理商进行结算时，支付商业折扣 2 000 万元（以产品的形式或货币的形式），但税负很高，因为价款与商业折扣不能在同一张发票上体现，增值税、企业所得税等税收负担大大增加。华美盛公司邀请税务顾问为其设计税收筹划方案，税务专家设计了以下三种方案，即预估折扣率、递延处理折扣、当期结算和递延结算相结合，请分析这三种方案的优缺点。

【解析】：

方案一： 预估折扣率。

根据代理商以前月份或者以往年度的销售情况平均计算确定一个适当的折扣率。当该代理商于本期来公司提货时，会计人员在开具发票过程中就可以按平均数 10 000 件的折扣率计算折扣，在一定的期间内再进行结算。

这种方法的优点是能够反映代理商的折扣情况，及时结算商业折扣；缺点是对业务不稳定、销售波动比较大的客户的折扣情况难以把握。

方案二： 递延处理折扣。

将月度折扣推迟至下个月来反映，年度折扣推迟到下个年度来兑现。假如某代理商 1 月销售衣服 12 000 件，其享受的折扣额为 3 元/件，那么该客户 1 月应享受的月度折扣为 36 000 元，待该客户 2 月来开发票时，便将其上月应享受的月度折扣 36 000 元在票面予以反映，客户按减除折扣后的净额付款。如果客户上月应结折扣大于当月开票金额，则可分几次在票面上予以体现。年度折扣的主要目的是加强对市场网络的管理，如无特殊情况，一般推迟到次年的 3 月进行结算，其处理方法与月度折扣一样，在次年 3 月开票时在票面上反映出来即可。

这种方法的优点是操作非常简便。但如果月度间和年度间销量和折扣标准差异较大，就不能真实地反映当月和本年度实际的经营成果,而且12月的年终折扣在进行所得税汇算清缴时可能会遇到一些障碍。这种方法适用于市场比较成熟、稳定,月度和年度间销量的折扣标准变化不大的企业。

方案三: 当期结算和递延结算相结合。

当期结算和递延结算相结合的办法,即在日常开票时企业可设定一个当期结算折扣的最低标准,如2元/件,所有的客户都按照这一标准来结算,并在发票上予以体现。客户按减除折扣后的净额付款,月末计算出当月应结给客户的折扣总额,减去在票面上已经反映的折扣额即为应结付的折扣额,将该差额在下个月的票面上予以反映,年度折扣仍然放到下个年度。

这种方法的优点是缓解了客户的资金压力,操作也较为简便。缺点是因部分月度折扣放在下个月,年度折扣放在下个年度,如果销量起伏太大,便不能真实地反映月度和年度的经营成果。这种方法适用于客户资金有一定压力或有特殊要求的企业。

【筹划分析】

皇冠地板公司促销活动的税收筹划

皇冠地板公司在周边地区分别建立了经销商销售渠道,与经销商平时按协商价格结算货款,并在购销合同中规定,经销商月累计进货量达到50 000平方米时,地板公司给予经销商50 000平方米地板累计总进价5%的优惠奖励;经销商年累计进货量达到200 000平方米时,地板公司则给予经销商年累计总进价8%的优惠奖励。在内部核算处理上,皇冠地板公司在经销商每次进货时分别按售价预提了5%或8%的提留,冲减当期的销售收入,以便日后支付给经销商该笔优惠奖励。

一年后,当税务部门进行税务检查时发现了这一问题,经核查该公司的相关购销合同、商事凭证及财务核算过程之后,对照现行税收政策规定,确定这些支付给经销商的优惠奖励属于返利性质,不能在税前列支。因此,税务机关做出了对皇冠地板公司追补增值税、企业所得税税款及滞纳金,并加收罚款的税务处罚。

从上述促销行为的客观情况分析,该地板公司的本意确实符合常理,主要是为了鼓励经销商扩大销售,并以合同的形式规定了达到标的后将给予的价格折扣优惠。但其从销售合同直至财务核算方面并没有按照相关的税收政策规定正确处理,致使企业蒙受经济损失,还给企业的声誉造成了一定的负面影响。

按照现行的相关税收政策规定,如果按照购销合同属于销售折扣类型的情况,企业应该在开具同一份销售发票时，同时列明货物销售折扣金额，并在销售收入中进行核算；如果按照购销合同属于销售费用类型的情况，则应该由受益者开具合法的商事凭证，财务应该在销售费用中进行核算；如果按照购销合同属于销售奖励类型的情况，则不能在费用中列支或作为销售折扣予以扣除。

如果皇冠地板公司在与经销商签订的销售合同中约定：经销商月累计进货量达到50 000平方米标的时，皇冠地板公司给予经销商50 000平方米地板累计总进价5%的销售折扣优惠；经销商年累计进货量达到200 000平方米时，皇冠地板公司则按经销商年累计总进价给予8%的销售折扣优惠。在实际购销操作中，经销商前一个月进货达到50 000平方米时，则在次月供货时按约定给予5%的销售折扣，以此原理逐期顺延；在第11个月时，确定经销商该年度能够达到年进货量200 000平方米时，则按累计进货额的销售折扣约定给予8%的销售折扣，在第12个月时补足销售折扣额。皇冠地板公司在财务处理上，首先要按照税法规定，在发票上同时列明销售额和销售折扣金额，这样就可以按照扣除折扣额后的余额计算缴纳增值税。

从表观上看，这样的处理和先期的促销效果并没有本质变化，但其结果却大相径庭。由于后者是按照现行税收政策要求进行的操作，经销商得到了价格折扣优惠，供货商的实际销售收入的核算也符合税法规定的要求，合法降低了税收负担，这就是税收筹划的魅力所在。

14.2.2 现金折扣

现金折扣也称为销售折扣，即为鼓励客户早付款而给予的价款结算金额的优惠。现金折扣是一种鼓励购买方快速支付账单的价格削减方式，其期限在净期限内变更。例如，"2/10，净30"（2/10, net 30）的含义是，如果在10天内付款，购买者就能够从销售价款（发票面额）中得到2%的折扣；否则，在30天内支付销售价款（发票面额）的全部金额。而且，常常会注明或让人理解为30天的信用期限后将加收利息费用。

商品卖出后，想让客户早付款，会给予现金折扣。少收款项相当于应收账款贴现的代价，记作财务费用，确认销售收入与开票金额均按折扣前的商品总价格确定。购货方取得的现金折扣不属于增值税应税收入，当然也无须开具发票。

企业所得税方面，根据《国家税务总局关于确认企业所得税收入若干问题的通知》

（国税函〔2008〕875 号）的规定，债权人为鼓励债务人在规定的期限内付款而向债务人提供的债务扣除属于现金折扣，销售商品涉及现金折扣的，应当按扣除现金折扣前的金额确定销售商品收入金额，现金折扣在实际发生时作为财务费用扣除。

关于税前扣除凭证，国家税务总局 2018 年 28 号文规定，企业在境内发生的支出项目不属于应税项目的，对方为单位的，以对方开具的发票以外的其他外部凭证作为税前扣除凭证。所以在实践中，凭双方盖章确认的有效合同、根据实际情况计算的折扣金额明细、银行付款凭据、收款收据等证明该业务真实发生的合法凭据应据实列支。

【案例 14-7】

甲公司是一家女装生产企业，系增值税一般纳税人。甲公司销售一批女装给乙公司，销售价款为 400 万元（不含税价），成本为 300 万元，拟通过以下三种方案进行销售：以现金折扣方式销售，约定对方在 15 天内付款，给予 6% 的折扣；以商业折扣方式销售，直接给予对方 6% 的折扣；主动降价为 376 万元。请比较分析这三种方案。

【解析】：

方案一： 以现金折扣方式销售，约定对方在 15 天之内付款，则给予 6% 的折扣。

（1）15 天之内付款。

销售额 =400(万元)

应纳增值税 =400×13%=52(万元)

销售费用 =400×6%=24(万元)

净利润 =(400−24−300)×(1−25%)=57(万元)

（2）15 天之后付款。

销售额 =400(万元)

应纳增值税 =400×13%=52(万元)

净利润 =(400−300)×(1−25%)=75(万元)

方案二： 以商业折扣方式销售，直接给予对方 6% 的折扣，并将折扣额开在同一张发票上。

采用商业折扣方式销售，无论对方是 15 天之内付款还是 15 天之后付款，甲企业的增值税和净利润情况一样。

销售额 =400×(1−6%)=376(万元)

应纳增值税 =400×(1−6%)×13%=48.88(万元)

净利润 =[400×(1-6%)-300]×(1-25%)=57(万元)

方案三： 销售时主动降价为 376 万元 [即 400×(1-6%)]，并约定若超过 15 天付款将加收 27.12 万元的违约金。

（1）15 天之内付款。

销售额 =376(万元)

应纳增值税 =376×13%=48.88(万元)

净利润 =(376-300)×(1-25%)=57(万元)

（2）15 天之后付款。

销售额 =376×13%+27.12÷(1+13%)=72.88(万元)

应纳增值税 =376×13%+27.12÷(1+13%)×13%=52(万元)

净利润 =[376+27.12÷(1+13%)-300]×(1-25%)=75(万元)

首先，对比方案一和方案二，若对方在 15 天之内付款，则现金折扣方式下的 24 万元计入了销售费用，故甲企业的净利润均为 57 万元。但若对方在 15 天之后付款，则商业折扣方式较现金折扣损失 24 万元的销售额。由此可见，采用商业折扣并未解决根本的问题。其次，对比方案二和方案三，若对方在 15 天之内付款，则甲企业的增值税和净利润情况一样；但若对方在 15 天之后付款，则甲企业将收到一笔属于价外费用性质的 27.12 万元的违约金，并不会导致销售额损失。综合分析，甲企业采用方案三能够使企业获取最大的收益，通过加收违约金的形式能从根本上解决现金折扣下的额外增值税税负。

14.2.3 销售折让

销售折让是指企业因售出商品质量不符合要求等原因而在售价上给予的减让。企业将商品销售给购买方后，如购买方发现商品在质量、规格等方面不符合要求，就可能要求销售方在价格上给予一定的减让。比如，销售方售出商品，购买方在使用过程中发现瑕疵，双方约定给予 10% 的价格折让，就属于销售折让情形。其实，销售返利行为也可以看作一种特殊形式的销售折让，但销售返利一般是指在销售活动结束后，销售方因购买方采购商品数量比较多而给予的类似价格奖励或吸引购买方未来再交易的一种价格返还。

在增值税处理方面，税法规定，企业因售出商品的质量不合格等原因而在售价上给予的减让属于销售折让；企业已经确认销售收入的售出商品发生销售折让，应当在发生当期冲减当期销售商品收入，即销售方可以将折让后的销售额作为计税依据计算缴纳增值税。按照《国家税务总局关于纳税人折扣折让行为开具红字增值税专用发票问题的通知》（国税函〔2006〕1279号）规定，纳税人销售货物并向购买方开具增值税专用发票后，由于购货方在一定时期内累计购买货物达到一定数量，或者由于市场价格下降等原因，销货方给予购货方相应的价格优惠或补偿等折扣、折让行为，销货方可按现行《增值税专用发票使用规定》的有关规定开具红字增值税专用发票。

因此，在其他条件都相同的情况下，销售方选择商业折扣或者销售折让的促销方式时税负最低，因为商业折扣或销售折让均允许以折扣额或折让额作为税基的减除项。

【案例 14-8】

某市大型商场是增值税一般纳税人，购货均能取得增值税专用发票，商品促销活动拟采用三种方案：一是商品7折销售；二是购物满200元赠送价值60元的商品（成本为36元，均为含税价），赠送的商品属于"买一赠一"；三是购物满200元返还60元现金。假定该商场所销售商品的平均毛利率为40%，即销售额为200元的商品，其成本为120元。

问题：当消费者同样购买200元的商品时，该商场选择哪种促销方式最合适？

【解析】：

方案一： 商品7折销售，原价值为200元的商品销售价格为140元。

应纳增值税 = $140 \div (1+13\%) \times 13\% - 120 \div (1+13\%) \times 13\%$ = 2.30（元）

应纳城建税及教育费及附加 = $2.3 \times (7\%+3\%)$ = 0.23（元）

税后现金净流量 = 140 − 120 − 2.30 − 0.23 = 17.47（元）

方案二： 购物满200元赠送价值60元的商品，其中赠送的价值60元商品属于促销中的"买一赠一"行为，所赠送商品不视同销售，且可抵扣所赠送商品购进的进项税额。

200元商品及赠送商品应纳增值税 = $200 \div (1+13\%) \times 13\% - 120 \div (1+13\%) \times 13\% - 36 \div (1+13\%) \times 13\%$ = 5.06（元）

应纳城建税及教育费及附加 = $5.06 \times (7\%+3\%)$ = 0.51（元）

税后现金净流量 =200-120-36-5.06-0.51=38.43(元)

方案三：购物满 200 元，返还 60 元现金。

应纳增值税 =200÷(1+13%)×13%-120÷(1+13%)×13%=9.20(元)

应纳城建税及教育费及附加 =9.20×(7%+3%)=0.92(元)

税后现金净流量 =200-120-60-9.20-0.92=9.88(元)

从税负角度分析，方案一最优，企业缴纳的增值税金额最小。从税后现金净流量的比较来看，方案二最优。那么到底哪个是最优方案呢？

方案二非常类似捆绑销售，相对方案一而言，多销售了商品，也多获得了现金净流量，因此，方案二是最优方案。进一步分析，如果方案二中赠送商品的成本很高，就会削减其现金净流量，则方案二就不一定是最优的了，读者可以进行验证，也可以进一步求出方案一和方案二的增值税负担的无差别临界点，以及现金净流量的无差别临界点，并得出最终的促销决策结论。

14.2.4 捆绑销售

1. "买一赠一"

"买一赠一"这种情况在现实中很常见，如买抽油烟机赠送榨汁机，其实质就是折扣销售，无非就是有些折扣销售直接减钱，这种折扣销售直接送物品，属于销售折扣中的实物折扣情形。这种情形也可视为"捆绑销售"，但它不属于捐赠行为，更不是无偿赠送，而是建立在购物基础上的市场等价交换活动的一部分。所以，"买一赠一"属于捆绑销售模式，在销售活动中运用"买一赠一"方式替代商业捐赠行为，能够合理控制税负。

对销售方的"买一赠一"行为，按其实际收到的货款申报缴纳增值税，应按照《国家税务总局关于确认企业所得税收入若干问题的通知》（国税函〔2008〕875 号）第三条的规定，在账务处理上将实际收到的销售金额，按销售货物和随同销售赠送货物的公允价值的比例来分摊确认各项的销售收入，同时应将销售货物和随同销售赠送的货物品名、数量及按各项商品公允价值的比例分摊确认的价格和金额在同一张发票上注明。同时，这些赠送的商品也允许相应结转其商品成本。

当然，也可以参考《四川省国家税务局关于买赠行为增值税处理问题的公告》（四川省国家税务局公告 2011 年第 6 号）的规定，"买物赠物"方式，是指在销售货物的同时赠送同类或其他货物，并且在同一项销售货物行为中完成，赠送货物的价格不高于销售货物收取的金额。

"买一赠一"方式下，因为有实物出库，所以发票需要显示数量，但是赠品并没有实际销售金额。因为赠品的实质是有偿赠送，不属于视同销售范畴，无须计算缴纳增值税，所以其实质就是对赠送物品进行 100% 的折扣，即开票时也可将赠送商品先输入原价，然后选中进行 100% 折扣就可以了。但这样处理可能会给人一种赠品折扣率太高的感觉，而且结转赠品成本时会形成赠品亏损的假象。所以，还是提倡采用国税函〔2008〕875 号文件规定的按各项商品公允价值的比例来分摊销售收入的做法。

当然，对随同销售赠送的货物品种较多，不能在同一张发票上列明赠送货物的品名、数量的，也可统一开具"赠品一批"，同时开具《随同销售赠送货物清单》，并作为记账的原始凭证。这样形成一个完整的"买物赠物"交易的完整的证据链条，也可以据此进行账务处理和完成纳税。

【案例 14-9】

某房地产公司推出"买一赠一"促销活动，购买一栋 300 平方米、市场价格为 120 万元的别墅，赠送一个车库，市场价格为 30 万元。请问该房地产公司应如何确认主营业务收入？

【解析】："买一赠一"活动不属于商业捐赠，应将总的主营业务收入金额按别墅和车库的公允价值比例来分摊确认各自的销售收入。

别墅的销售收入 =120÷(120+30)×120=96(万元)

车库的销售收入 =30÷(120+30)×120=24(万元)

2. 加量不加价

加量不加价是一种有效的促销方式，其操作要点是，在销售商品时，增加每一包装中的商品数量，而销售总价不提高，相当于商品打折销售，但可以起到打折销售不能实现的促销效果。同时，还可以加快存货周转速度，增加税前扣除项目金额，从而降低企业所得税负担。加量不加价的促销模式，实际上是一种特殊形式的捆绑销售。

【案例 14-10】

某洗衣粉厂商在进行洗衣粉促销时，推出的促销方式是加量不加价。请问该洗衣粉厂商应如何进行税收筹划？

【解析】：该洗衣粉厂商如果采取"买 5 000 克洗衣粉再免费赠送 1 000 克"的促销政策，可能就要为免费赠送的 1 000 克洗衣粉缴纳增值税并代扣代缴个人所得税。而采取加量不加价的促销模式，6 000 克洗衣粉卖 5 000 克的价钱，虽然洗衣粉的量增加了，但价格不变，相当于洗衣粉打折销售，则该洗衣粉厂商只需按照销售价格计算缴纳增值税，允许税前扣除 6 000 克洗衣粉的成本，从而降低了企业所得税负担。从税收筹划角度分析，加量不加价是一种较优的促销方式，不仅可以提高存货周转率，还可以降低销售环节的税负，提高产品的市场占有率，从而总体提升产品的市场竞争力。

14.2.5 商业捐赠

税法规定，企业商业性质的捐赠视同销售，一并计算缴纳增值税。且企业不得在税前扣除捐赠支出。

有关捐赠的主要规定如下。

（1）企业的公益性捐赠：对于企业的公益性捐赠，不超过企业当年会计利润 12% 以内的部分准予在税前扣除，超过部分允许结转以后 3 年内在税前扣除，即允许往后递延 3 年。

（2）扶贫捐赠扣除：自 2019 年 1 月 1 日至 2025 年 12 月 31 日，企业通过公益性社会组织或者县级（含县级）以上人民政府及其组成部门和直属机构，用于目标脱贫地区的扶贫捐赠支出，准予在计算企业所得税应纳税所得额时据实扣除。在政策执行期限内，目标脱贫地区实现脱贫的，可继续适用上述政策。

商业捐赠的税收筹划思路，一般是将商业捐赠转化为其他形式的促销手段，合法规避视同销售和不能在税前扣除的税收约束。还有一种思路，就是避免商业捐赠行为，而转为公益性捐赠，后者是受到税法鼓励的行为，还可以提升企业社会形象。目前已为很多企业所采纳和重视，成为税收筹划的重要手段之一。

第14章 市场销售的税收筹划

【案例14-11】

汇丰商场以销售国内外名牌服装为主,"五一"期间搞促销活动,推出了优惠的销售政策:凡购买一套西服便赠送一条领带。西服和领带的市场销售价分别为1 130元(含税价)和226元(含税价)。

汇丰商场的具体操作为,对客户出具的发票上填写西服一套,价格为1 130元,同时领出领带一条,客户付款1 130元,在账务处理上记录的"主营业务收入"为1 000元[即1 130÷(1+13%)],销项税额为130元。对于赠送的领带则按实际进货成本予以结转,记入当期"销售费用"科目核算。按照《增值税暂行条例实施细则》的规定,将自产、委托加工或购买的货物无偿赠送他人,应视同销售计算缴纳增值税。所以,随同西服赠送的领带价值226元视同销售计算增值税销项税额26元。此项销售活动每人次最终涉及增值税销项税额156元,同时补缴相应的企业所得税和个人所得税。

对商场而言,搞赠送活动旨在吸引顾客,加快销售,提高市场占有率,其结果却加重了企业的税收负担,增加了企业的现金流出。为此,汇丰商场邀请税务专家策划促销活动,税务专家设计了两种税收筹划方案,即实行捆绑销售和将赠送的领带作为销售折让。请分析这两种方案是否可行。

【解析】:

方案一: 实行捆绑销售。即将西服和领带价格分别下调,使两种商品的销售价格总额等于1 130元,并将西服和领带捆绑销售。这样就能达到促销和节税的双重目的。

捆绑销售模式下,商场计算的增值税销项税额为:

$$增值税销项税额 = 1\ 130 \div (1+13\%) \times 13\% = 130(元)$$

方案二: 将赠送的领带作为销售折让。将西服按正常销售来对待,同时将赠送的领带按其销售价格以销售折让的形式返还给客户。即在发票上填写西服一套,价格为1 130元(含税价),同时填写领带一条,价格为226元(含税价),同时以销售折让的形式将226元开具红字专用发票,直接返还给客户,发票上的销售净额为1 130元,即客户实际付款为1 130元。此项活动的不含税销售收入为1 000元,增值税销项税额为130元,从而减少了增值税销项税额26元,同时也规避了企业所得税和个人所得税。

【案例 14-12】

北京某企业通过公益性社会组织对外捐赠一批物资，价值 60 万元，并花费 5 万元将物资运送至指定地点，获得了受赠单位开具的捐赠票据。企业当年利润总额 500 万元。该企业如何对捐赠物资进行税收筹划？

【解析】：符合公益性捐赠的企业需要获得受赠单位开具的捐赠票据，捐赠票据上注明的捐赠金额与当年会计利润的 12% 孰低者为当年允许捐赠扣除的金额。

方案一： 捐赠票据上注明物资和运输费合计捐赠金额 65 万元。

$$捐赠限额 = 捐赠扣除限额 = 500 \times 12\% = 60(万元)$$

因此，该笔捐赠只能扣除 60 万元，超出的 5 万元准予结转以后 3 年内在计算应纳税所得额时扣除。

方案二： 捐赠票据上只注明物资捐赠金额 60 万元。

$$捐赠限额 = 捐赠扣除限额 = 500 \times 12\% = 60(万元)$$

因此，该笔捐赠能在当年全额扣除，运输费 5 万元计入当期的成本费用中，直接影响应纳税所得额。

【筹划思路】：捐赠过程中发生相关其他成本，若捐赠票据记载金额包含了其他相关成本金额，则会受到会计利润 12% 扣除限额的限制，容易导致超额捐赠。而捐赠票据记载金额未包含相关其他成本金额，则其他相关成本直接全额影响当期会计利润，进而影响应纳税所得额，不受 12% 的限额限制，在当期就能获得少缴税款的税收利益。

14.3 销售模式及结算方式的税收筹划

14.3.1 产品成套销售

当产品成套销售时，要特别注意套装产品各组成部分所适用的税率是否一致。如果套装产品中有应税产品也有免税产品，有税率高的产品也有税率低的产品，那么最好的办法是把产品分开销售，独立核算分别计税，否则，税务机关征税时会从高适用税率。

因此，套装产品的销售要规避税率从高征税的陷阱。

【案例 14-13】

某酒厂生产粮食白酒与药酒组成的套装礼品酒进行销售。该酒厂对外销售的套装礼品酒单价为 600 元/套，其中粮食白酒、药酒各 1 瓶，均为 500 克装（假设该酒厂单独销售，粮食白酒为 400 元/瓶，药酒为 200 元/瓶，礼品套装酒的包装费忽略不计）。请问该酒厂销售礼品套装酒应如何进行税收筹划？根据现行的税法规定，粮食白酒的比例税率为 20%，定额税率为 0.5 元/500 克；药酒的比例税率为 10%。

【解析】：该酒厂经过策划，可以采取以下两种税收筹划方案。

方案一：先包装后销售。税法规定，将不同税率的应税消费品组成套装消费品销售的应按最高税率征税。因此，如果销售套装礼品酒，药酒不仅要按 20% 的高税率从价计税，还要按 0.5 元/500 克的定额税率从量计税。这样，该酒厂应纳消费税为：

$$600 \times 20\% + 2 \times 0.5 = 121(元)$$

方案二：先销售后包装。即先将粮食白酒和药酒分品种销售给零售商，分别开具发票并分别核算收入，然后由零售商包装成套装礼品酒后对外销售。在这种情况下，药酒仅需按 10% 的比例税率从价计税，而且不必按 0.5 元/500 克的定额税率从量计税。这样，该酒厂的应纳消费税为：

$$400 \times 20\% + 200 \times 10\% + 1 \times 0.5 = 100.5(元)$$

通过比较可知，每销售套装礼品酒一份，方案二就比方案一节省消费税 20.5 元（即 121–100.5）。

14.3.2 代理销售

代理销售通常有两种方式。一是收取手续费的方式，即受托方根据所代销的商品数量向委托方收取手续费，这对受托方来说是一种劳务收入，需要缴纳增值税。二是视同买断，即委托方不采用支付手续费的方式委托代销商品，而是通过制定较低的协议价格鼓励受托方买断商品，受托方再以较高的市场价格对外销售。如果委托方为了统一市场价格，执意要受托方按一定的市场价格销售，那么双方可以调整协议价格以达到满意的合作结果。这种情况下受托方无须缴纳增值税，但委托方、受托方之间的流通环节应视为正常销售行为，需要缴纳增值税。两种代销方式对委托双方的税务处理及总体税负水平的影响是不同的，合理选择代销方式可以达到合法节税的目的。

【案例14-14】

中华制衣公司销售本品牌的服装，销售单价为1 000元/件，购进成本为700元/件，并取得增值税专用发票。该公司委托利群商贸公司进行代销，并拟通过以下两种方案开展销售活动：一种是对利群商贸公司支付手续费，即每售一件支付200元手续费；另一种是采取视同买断方式，中华制衣公司按800元/件售给利群商贸公司，利群商贸公司再按1 000元/件对外销售。（假设利群商贸公司在第一季度共销售服装100件，利群商贸公司无进项税额。）请比较分析两种方案的税收筹划。

【解析】：

方案一： 利群商贸公司采取收取手续费的方式为中华制衣公司代销品牌服装，每销售1件收取手续费200元。

（1）利群商贸公司。

应缴纳增值税 $=200\times100\div(1+6\%)\times6\%=1\,132.08$（元）

应纳城建税及教育费及附加 $=1\,132.08\times(7\%+3\%)=113.21$（元）

净利润 $=[200\times100\div(1+6\%)-113.21]\times(1-25\%)=14\,066.04$（元）

（2）中华制衣公司。

应缴纳增值税 $=1\,000\times100\div(1+13\%)\times13\%-700\times100\div(1+13\%)\times13\%=3\,451.33$（元）

应纳城建税及教育费及附加 $=3\,451.33\times(7\%+3\%)=345.13$（元）

净利润 $=[1\,000\times100\div(1+13\%)-700\times100\div(1+13\%)\times13\%-200\times100\div(1+6\%)-345.13]\times(1-25\%)=45\,922.07$（元）

两个公司承担的增值税合计 $=1\,132.08+3\,451.33=4\,583.41$（元）

两个公司的利润合计 $=14\,066.04+45\,922.07=59\,988.11$（元）

方案二： 利群商贸公司按视同买断方式为中华制衣公司代销品牌服装，中华制衣公司按800元/件售给利群商贸公司，利群商贸公司再按1 000元/件对外销售。

（1）利群商贸公司。

应缴纳增值税 $=100\times1\,000\div(1+13\%)\times13\%-100\times800\div(1+13\%)\times13\%=2\,300.88$（元）

应纳城建税及教育费及附加 $=2\,300.88\times(7\%+3\%)=230.09$（元）

净利润 $=[100\times1\,000\div(1+13\%)-100\times800\div(1+13\%)-230.09]\times(1-25\%)=13\,101.77$（元）

（2）中华制衣公司。

应缴纳增值税 =800×100÷(1+13%)×13%–700×100÷(1+13%)×13%=1 150.44(元)

应纳城建税及教育费及附加 =1 150.44×(7%+3%)=115.04（元）

净利润 =[100×800÷(1+13%)–700×100÷(1+13%)×13%–115.04]×(1–25%)=46 971.24(元)

两个公司承担的增值税合计 =2 300.88+1 150.44=3 451.32(元)

两个公司的利润合计 =13 101.77+46 971.24=60 073.01(元)

✎【筹划思路】：首先，比较各方税负，在视同买断方式下，利群商贸公司多缴纳增值税 1 168.80 元（2 300.88–1 132.08），中华制衣公司少缴纳增值税 2 300.89 元（3 451.33–1 150.44）。其次，比较各方净利润，在视同买断方式下，利群商贸公司净利润减少了 964.27 元（14 066.04–13 101.77），中华制衣公司净利润增加了 1 049.17 元（46 971.24–45 922.07）。最后，比较委托双方总体税负和净利润，在视同买断方式下，委托双方应纳增值税减少 1 132.09 元，净利润增加了 84.91 元。

因此，在代理销售业务中，委托双方应争取采取视同买断方式。而采用这种方式代销时，受托方需多缴纳一部分增值税，委托方则可少缴纳等额的增值税，因此，受托方可以要求委托方在协议价格上做出一定的让步，以使受托方多缴纳的增值税额在协议价格制定时就得到补偿，最终使委托双方的总体税负水平趋于合理。

> **知识链接**

进场费、广告促销费、上架费、管理费或展销费如何纳税？

有些地区允许将进场费、上架费视为场地租赁，对应税率为 9%；而对于广告促销费、展销费，则按照广告业税目征收，对应税率为 6%。

这些费用应当统一按照 6% 的税率征收增值税，理由如下：这些费用虽名称各异，但实质相同，不应按照其外在表现形式的不同而在税率上区分对待，否则违反公平原则；进场费、上架费不能视为"租赁"，因为虽然厂家占用代理商的场地或柜台，但实际运营管理的权利和义务仍归代理商，因此并不构成"租赁"，而只是接受代理商提供的服务。

在实务中，如果企业需要选择以进场费、广告促销费、上架费、管理费或展销费等方式进行返利，那么建议与当地主管税务机关做好沟通，了解当地税收征管政策，合理设计企业合同条款，避免产生税收风险。

14.3.3 销售结算方式

与采购时的付款方式相对应,在销售时企业也可以通过收款方式的选择进行税收筹划。从本质上看,委托代销、分期收款销售与直接收款销售结算方式最终都表现为货物所有权的转移和货款的收取,只是结算的方式不同而已。但从税收角度来看,不同的结算方式将导致应税收入的确认时间不同,纳税人缴纳税款的时间也不同。由于税金缴纳均为现金形式,企业如果能够在取得现金后进行税金支出,显然是最好的选择,也可以减少财务风险。

【案例 14-15】

某外贸公司与当地交通部门签订了一份合同,由该外贸公司为交通部门从国外进口一批通信设备,销售额达 3 亿元。由于该外贸公司看到市场竞争激烈,怕失去交通部门这一重要客户,因此急于成交,合同签订草率。合同中规定交通部门货到验收后付款,交通部门出于自身财务预决算的考虑,请求外贸公司在 12 月底以前开具正式销售发票,该外贸公司认为进口商品会很快运抵,便同意了交通部门的请求,并马上开具了销售额为 3 亿元的增值税专用发票。由于进口谈判和季节周期等原因,该批通信设备截至次年 2 月还未运抵,结果导致该外贸公司在开票后确认销售收入的实现,先垫付了 3 900 万元的增值税,还提前确认销售收入,提前缴纳了企业所得税。该外贸公司应如何规避垫税风险?

【解析】:对于上述外贸公司,在交易完成之前,轻率地开出销售发票,很容易出现垫付增值税的现象。这是交易的不确定性造成的,防止垫税的最佳方法是利用合同转嫁税负,在充分考虑结算方式和销售方式的前提下以合同条款的形式将交易活动控制在自己手中。实际上该外贸公司完全可以通过分期销售的方式来规避垫税风险。

每种销售结算方式都有其收入确认的标准条件,企业通过对收入确认条件的控制,可以控制收入确认的时间。因此,在进行税收筹划时,企业可以采用合法的方式推迟销售收入的确认时间,从而推迟纳税。

如对发货后一时难以回笼的货款,可以作为委托代销商品处理,待收到货款时再出具发票纳税;尽量避免采用托收承付和委托收款的结算方式销售货物以防止垫付税款;在不能及时收到货款的情况下,采用赊销或分期收款的结算方式以避免预付税款等。

【案例 14-16】

美华公司以生产化妆品为主，以一个月为一个纳税期限。预计 5 月 28 日销售化妆品 10 000 盒给永安商场，不含税单价为每盒 100 元，单位销售成本为 40 元。预计销售费用为 50 000 元。增值税税率为 13%，消费税税率为 15%，企业所得税税率为 25%，城市维护建设税税率为 7%，教育费附加征收率为 3%。假设美华公司与永安商场均为增值税一般纳税人，所有购销业务均开具增值税专用发票。请比较美华公司在不同销售结算方式下的税务方案的差异性。

【解析】：在选择销售结算方式时，美华公司有以下几种方案。

方案一： 直接收款销售结算。

《增值税暂行条例实施细则》规定，采取直接收款方式销售货物，不论货物是否发出，其纳税义务发生时间均为收到销售款或取得索取销售款凭据的当天。

5 月 28 日，无论是否收到货款，美华公司都应该确认收入，计算缴纳增值税、消费税和企业所得税。此方案的优点是可以在销售货物的同时及时收到货款，能够保证企业在取得现金后再支出税金。

方案二： 分期收款销售结算。

若预计 5 月 28 日无法及时取得货款，可以采取分期收款销售的结算方式。假设将上述货款平均分到 4 个月收取，每个月收取 250 000 元，合同约定分别在 6 月、7 月、8 月、9 月各月的 10 日收取货款。销售费用 50 000 元在 6 月发生。

《增值税暂行条例实施细则》规定，采取赊销和分期收款方式销售货物，在书面合同约定的收款日期的当天确认收入，无书面合同的或者书面合同没有约定收款日期的，在货物发出的当天确认收入。

如购销双方签订书面合同约定收款日期为 6 月 10 日，则 5 月 28 日发出货物时无须确认收入，到 6 月 10 日再确认收入，缴纳税款。

此方案虽然不能减少纳税总额，也未增加税后净收益总额，但可以延迟纳税义务发生时间，减轻企业资金支付压力。

方案三： 委托代销结算。

若美华公司于 5 月 28 日将化妆品委托给永安商场代销，合同约定永安商场以单价 100 元销售，每销售一盒化妆品可提取 4 元作为手续费（商场在交付销售清单时开具普通发票给美华公司）。美华公司 5 月份的销售费用则减少为 10 000 元。美华公司于 7 月

10 日收到永安商场的代销清单，上列已销售数量为 8 000 盒，不含税价款为 800 000 元。永安商场扣除手续费后，将余款通过银行支付给美华公司。

《增值税暂行条例实施细则》规定，委托其他纳税人代销货物，在收到代销单位的代销清单或者收到全部或部分货款的当天确认收入；未收到代销清单及货款的，在发出代销货物满 180 天的当天确认收入。

5 月 28 日，由于尚未收到销售清单，所以无须确认该笔业务收入，也不需要计算缴纳相关税金，但 5 月份发生的销售费用 10 000 元，可以在计算 5 月份的应纳税所得额时扣除。

7 月 10 日，美华公司收到永安商场的代销清单时确认收入，计算缴纳税金。

根据例 14-16，可以得出以下结论。

（1）若预期在商品发出时可以直接收到货款，则选择直接收款方式较好；若商品紧俏，则选择预收货款销售方式更好，这样可以提前获得一笔流动资金又无须提前纳税。

（2）若预期在发出商品时无法及时收到货款，如果采取直接收款方式，则会出现现金净流出，表现为企业账面利润不断增加的同时，流动资金却严重不足。企业为了维持生产可以向银行贷款解决资金问题，但又需要承担银行利息，加上尚未收到的货款还存在坏账风险，所以，财务风险大大增加。此时宜选择分期收款或赊销结算方式，一方面可以减少销售方的财务风险，另一方面也可以减轻购买方的付款压力。

（3）与自营销售相比，委托代销可以减少销售费用总额，还可以推迟收入实现时间。但同时可能使纳税人对受托方产生依赖性，一旦受托方出现问题，就可能给纳税人的生产经营活动带来很大危害。

14.4 销售返利及佣金的税收筹划

14.4.1 销售返利的税收筹划

企业为了促销，往往对销售其产品的代理商给予货币或实物形式的销售返利，这种销售返利已经成为一种日趋成熟的商业模式。

1. 平销返利及其税收政策

1）平销返利的概念

平销返利是指生产企业以商业企业经销价或高于商业企业经销价的价格将货物销售给商业企业，商业企业再以进货成本或低于进货成本的价格进行销售的业务，生产企业则以返还利润等方式弥补商业企业的进销差价损失。

生产企业弥补商业企业进销差价损失的返利方式主要有以下几种：（1）生产企业通过返还资金方式弥补商业企业的损失，如有的对商业企业返还利润，有的向商业企业投资等；（2）生产企业通过赠送实物或以实物投资方式弥补商业企业的损失。

2）平销返利业务的税收政策

自1997年1月1日起，凡增值税一般纳税人，无论是否有平销行为，因购买货物而从销售方取得的各种形式的返还资金，均应依所购货物的增值税税率计算应冲减的进项税金，并从其取得返还资金当期的进项税金中予以冲减。应冲减的进项税金计算公式如下：

当期应冲减进项税金 = 当期取得的返还资金 / (1 + 所购货物适用增值税税率)
× 所购货物适用增值税税率

对于采取赠送实物或以实物投资方式进行平销经营活动的，需要通过两个步骤来进行处理，即实物的视同销售及完成利润返还的处理。

3）平销返利业务的发票开具

商业企业向供货方收取的各种收入，一律不得开具增值税专用发票。

供货方向商业企业进行利润返还，可以开具红字增值税专用发票；实物返利的情况下，利润返还部分的核算可以开具红字增值税专用发票，视同销售部分的核算可以向商业企业开具蓝字增值税专用发票。

4）平销返利中的特殊政策规定

平销返利主要涉及《国家税务总局关于平销行为征收增值税问题的通知》（国税发〔1997〕167号）、《国家税务总局关于增值税一般纳税人平销行为征收增值税问题的批复》（国税函〔2001〕247号）、《国家税务总局关于商业企业向货物供应方收取的部分费用征收流转税问题的通知》（国税发〔2004〕136号）等文件，相关政策规定如下。

（1）与总机构实行统一核算的分支机构从总机构取得的日常工资、电话费、租金等资金，不应视为因购买货物而取得的返利收入，不应做冲减进项税额处理。

（2）对商业企业向供货方收取的与商品销售量、销售额无必然联系，且商业企业向供货方提供一定劳务的收入，如进场费、广告促销费、上架费、展示费、管理费等，不属于平销返利，不冲减当期增值税进项税金，应按现代服务业——商务辅助服务——企业管理服务（增值税税率为6%）计算销项税额。

【案例 14-17】

A公司为某商场的商品供应商，每期期末，按商场销售本公司商品金额的5%进行平销返利。2020年6月，商场共销售A公司商品金额1 130 000元，按约定收到返利56 500万元。

【解析】：商场收取的返还收入，应按规定冲减当期增值税进项税金；商业企业向供货方收取的各种收入，一律不得开具增值税专用发票。同时，对于商场向供应商收取的返还资金，应当由供应商出具红字专用发票。

不得开具增值税专用发票的原因在于，在平销返利活动中，商场从供应商手中收取的返还资金并不属于销售收入，而是对进销差价损失的补偿，也可以理解为对购进成本价的让步，故不允许开具增值税专用发票。

方案一：商场直接收到现金返利。

（1）商场的会计处理如下。

借：银行存款　　　　　　　　　　　　　　　　56 500
　贷：主营业务成本　　　　　　　　　　　　　500 000
　　　应交税费——应交增值税（进项税额转出）　6 500

应缴纳增值税 =56 500÷(1+13%)×13%=6 500(元)

应纳所得税 =500 000×25%=12 500(元)

两税合计 =6 500+12 500=19 000(元)

（2）供应商的会计处理如下。

借：主营业务收入　　　　　　　　　　　　　　50 000
　　应交税费——应交增值税（销项税额）　　　　6 500
　贷：银行存款　　　　　　　　　　　　　　　56 500

方案二：收到供应商的实物返利。

供应商进行实物返利需要通过两个步骤来完成：一是实物的视同销售，二是完成利润返还。完成利润返还的部分与现金返还的处理一致，但是返利实物的视同销售，要计征增值税销项税额。即供应商在实物返利时，要同时确认价格折让引起的前期已确认收入、销项税额的减少，以及赠送实物视同销售引起的本期收入、销项税额的增加。在发票的开具方面，也会涉及两份发票：一是折让的红字发票，二是视同销售的蓝字发票。

（1）商场的会计处理如下。

借：库存商品——平销返利　　　　　　　　　50 000
　　应交税费——应交增值税（进项税额）　　6 500（增值税蓝字发票）
　贷：主营业务成本　　　　　　　　　　　　50 000
　　　应交税费——应交增值税（进项税额转出）6 500（红字专用发票）

应缴纳增值税 =0(元)

应纳所得税 =50 000×25%=12 500(元)

两税合计 =0+12 500=12 500(元)

（2）供应商的会计处理如下。

借：主营业务收入　　　　　　　　　　　　　50 000
　　应交税费——应交增值税（销项税额）　　6 500（红字专用发票）
　贷：库存商品　　　　　　　　　　　　　　50 000
　　　应交税费——应交增值税（销项税额）　6 500（增值税蓝字发票）

筹划分析：对比分析可知，商场在实物返利方式下承担的税负比现金返利方式下低，少了 6 500 元的税款。因此，商场应尽量选择实物返利的平销返利方式。

2. 销售返利的税收筹划

对于销售返利的税收筹划，思路主要有两种。

思路一：销售返利递延滚动到下一期间。把本期该返利的部分递延到下一期间，以销售折扣或销售折让的形式体现出来，这样可以合理抵减主营业务收入。这一方法适用于业务量大且交易稳定的代理商。

思路二：销售返利以加量不加价的方式体现在产品包装中。销售返利无法返还或无法直接返还时，可采用不同的产品包装，以加量不加价的方法解决。这一方法也适用于交易稳定的代理商。

一些企业通过固定资产、存货、福利品等实物形式实现销售返利，还有一些企业通过代为支付费用等形式返利，这些做法可能存在不合规现象，应引起注意。

【案例 14-18】

某摩托车厂家拥有多家代理商，销售返利政策如下：代理商每次购买 1 000 辆摩托车，当累计达到 3 000 辆时，该摩托车厂家给予代理商3%的销售返利，并当期支付给代理商。税务机关对此销售返利的看法是，由于是在代理商最后达到 3 000 辆时才给予销售返利，因此与税法规定不符。而且不能够在发票上体现折扣额，即不属于折扣销售。所以，必须按照销售收入全额确认收入纳税。对此情况，该摩托车厂家应该如何策划销售返利呢？

【解析】：该摩托车厂家邀请税务顾问为其进行税收筹划，税务顾问设计了以下四种筹划方案。

方案一： 当代理商的销售量达到 3 000 辆时，对最后的 1 000 辆给予 9% 的折扣，并且在发票上注明折扣额。

方案二： 当代理商的销售量达到 3 000 辆时，需要给的销售返利不在当期返还，而是作为下一期间的折扣额，在下一期间的销售发票上体现，即采取销售返利递延的方法处理。

方案三： 当代理商为大型商场或超市时，给予代理商的销售返利一般转化为进场费、管理费或展销费。即大型商场或超市以收费形式替代销售返利，并为摩托车厂家开具增值税发票。

方案四： 货物销售完毕前返利的方式，即按本年度实际销售额进行返利，取消销售量达到 3 000 辆的限制。在该方案下，如果跨越会计年度或者所得税缴纳时点，那么代理商在当年度的税收负担就会减轻，从而可以达到推迟纳税的效果。

14.4.2 佣金及手续费的税收政策与税收筹划

1. 佣金及手续费的税收政策分析

佣金是指代理人或经纪人为委托人介绍生意或代买代卖而收取的报酬。

手续费是指企业或个人作为代理者为委托人或客户办理各种事务或专门业务而收取的酬劳或报酬费，一般较常见于银行、信用社、保险机构等办理结算业务、委托贷款、代理类债券股票、代办保险、代办中间业务等而获得的手续收入。

1）增值税

根据《营业税改征增值税试点实施办法》（财税〔2016〕36号附件1）和《销售服务、无形资产、不动产注释》的规定，经纪代理服务，是指各类经纪、中介、代理服务，包括金融代理、知识产权代理、货物运输代理、代理报关、法律代理、房地产中介、职业中介、婚姻中介、代理记账、拍卖等，因此佣金的增值税税目是经纪代理服务。

如果是保险行业，根据《国家税务总局关于个人保险代理人税收征管有关问题的公告》（国家税务总局公告2016年第45号）第三条规定，接受税务机关委托代征税款的保险企业，向个人保险代理人支付佣金费用后，可代个人保险代理人统一向主管税务机关申请汇总代开增值税普通发票或增值税专用发票。

个人保险代理人代开发票时应注意以下几点：（1）保险企业代个人保险代理人申请汇总代开增值税发票时，应向主管税务机关出具个人保险代理人的姓名、身份证号码、联系方式、付款时间、付款金额、代征税款的详细清单。（2）保险企业应将个人保险代理人的详细信息，作为代开增值税发票的清单，随发票入账。（3）主管税务机关为个人保险代理人汇总代开增值税发票时，应在备注栏内注明"个人保险代理人汇总代开"字样。（4）这里所称个人保险代理人，是指根据保险企业的委托，在保险企业授权范围内代为办理保险业务的自然人，不包括个体工商户。小规模纳税人增值税月销售额免税标准提高到15万元这项政策，同样适用于个人保险代理人为保险企业提供保险代理服务。同时，保险企业仍可按照相关规定，向主管税务机关申请汇总代开增值税发票，并且可以按规定适用免税政策。

证券经纪人、信用卡和旅游等行业的个人代理人比照上述规定办理。

2）企业所得税

第一，保险企业。根据《关于保险企业手续费及佣金支出税前扣除政策的公告》（税务总局公告2019年第72号）的规定，保险企业发生与其经营活动有关的手续费及佣金支出，不超过当年全部保费收入扣除退保金等后余额的18%（含本数）的部分，在计算应纳税所得额时准予扣除；超过部分，允许结转以后年度扣除。

第二，电信企业。《国家税务总局关于企业所得税应纳税所得额若干税务处理问题的公告》（国家税务总局公告2012年第15号）第四条规定，电信企业在发展客户、拓展业务等过程中（如委托销售电话入网卡、电话充值卡等），需向经纪人、代办商支付手续费及佣金的，其实际发生的相关手续费及佣金支出，不超过企业当年收入总额5%的部分，准予在企业所得税前据实扣除。

第三，房地产企业。国家税务总局关于印发《房地产开发经营业务企业所得税处理办法》的通知（国税发〔2009〕31号）第二十条规定，企业委托境外机构销售开发产品的，其支付境外机构的销售费用（含佣金或手续费）不超过委托销售收入10%的部分，准予据实扣除。

第四，其他企业。根据《财政部 国家税务总局关于企业手续费及佣金支出税前扣除政策的通知》（财税〔2009〕29号）的规定，其他企业发生与其经营活动有关的手续费及佣金支出，按与具有合法经营资格中介服务机构或个人（不含交易双方及其雇员、代理人和代表人等）所签订服务协议或合同确认的收入金额的5%计算限额。

国家税务总局2012年第15号公告第三条规定，从事代理服务、主营业务收入为手续费、佣金的企业（如证券、期货、保险代理等企业），其为取得该类收入而实际发生的营业成本（包括手续费及佣金支出），准予在企业所得税前据实扣除。

3）个人所得税

扣缴义务人向居民个人支付佣金等劳务报酬所得，按以下方法按次或者按月预扣预缴个人所得税：劳务报酬所得以每次收入减除费用后的余额为收入额，预扣预缴税款时，劳务报酬所得每次收入不超过4 000元的，减除费用按800元计算；每次收入4 000元以上的，减除费用按收入的20%计算。

居民个人办理年度综合所得汇算清缴时（取得所得的次年3月1日至6月30日内），应当依法计算劳务报酬所得的收入额，并入年度综合所得计算应纳税款，税款多退少补。劳务报酬所得以收入减除20%的费用后的余额为收入额。

【案例14-19】

李先生介绍客户购房，2020年3月取得佣金收入3 000元；2020年6月，取得劳务报酬30 000元。李先生取得劳务报酬所得应缴税款是多少？

【解析】：

3月劳务报酬所得预扣预缴应纳税所得额 = 每次收入 −800

$$= 3\ 000-800=2\ 200(元)$$

劳务报酬所得预扣预缴税额 = 预扣预缴应纳税所得额 × 预扣率 − 速算扣除数

$$= 2\ 200×20\%-0=440(元)$$

6月劳务报酬所得预扣预缴应纳税所得额 = 每次收入 ×(1−20%)

$$=30\,000×(1−20\%)=24\,000(元)$$

劳务报酬所得预扣预缴税额 = 预扣预缴应纳税所得额 × 预扣率 − 速算扣除数

$$=24\,000×30\%−2\,000=5\,200(元)$$

2. 佣金及手续费的税收筹划

佣金、手续费业务简单，内容单一，可以策划的内容不多。根据企业经营现实情况和税收政策，一般在三个方面考虑佣金、手续费的策划。

一是尽量延后支付佣金及手续费，因为一旦支付，收取方构成应税收入，但代理事项及商务活动能否达到预定目的，还不能最终确定，因此存在佣金及手续费提前确认收入纳税问题。

二是收取佣金及手续费的主体需要策划，比如，个人取得佣金收入需要缴纳个人所得税，按照劳务报酬所得计税，在现行税制下不仅取得时需要预扣预缴个人所得税，年终还需要汇算清缴，汇算清缴极易面对较高的边际税率，因此把个人的佣金收入通过个人设立个人独资企业，转化为个人独资企业的经营收入，适用5%～35%的五级超额累进税率，可能会降低相关税负。

三是尽量避免佣金及手续费以现金方式支付，并准确地将佣金及手续费与其他费用分别核算。按规定，除委托个人代理外，企业以现金等非转账方式支付的佣金及手续费不得在税前扣除。即使将佣金及手续费计入回扣、业务提成、返利等费用，也不得在税前扣除。

【案例14-20】

王先生帮助某企业开展产品销售推广，因成功联络跨国贸易集团而获得佣金收入9万元。预计王先生当年度还能获得佣金收入20万元。请为王先生设计税收筹划方案。

【解析】：王先生获得佣金收入9万元，如果作为个人的劳务报酬所得，那么获得佣金时需要预缴个人所得税为：

$$90\,000×(1−20\%)×40\%−7\,000=21\,800(元)$$

如果王先生设立一家个人独资企业，则王先生的佣金收入转变为个人独资企业的经营所得。假定个人独资企业的扣除额为6万元，则应纳个人所得税为：

$$(90\,000−60\,000)×5\%=1\,500(元)$$

对于一些地区，允许对个人独资企业核定应税所得率，现代服务业核定的应税所得率范围为 10%～30%，最低为 10%。按照这一政策，王先生的个人独资企业应纳的个人所得税为：

$$90\ 000 \times 10\% \times 5\% = 450(元)$$

通过上述分析可知，通过设立个人独资企业，佣金收入的个人所得税负担会大大下降。

14.4.3 礼品、宣传品赠送的税收筹划

在客户营销、业务推广及实际交易应酬活动中，企业难免涉及对外赠送礼品、宣传品的行为，以积累客户资源、开拓业务。由于赠送背景、环节和方式不同，适用的税收政策也不相同，税收负担及涉税风险差别极大。企业需要结合实际情况，合理选择赠送方式，有效提高捐赠行为的投入产出比并严格控制税务风险。

1. 礼品、宣传品赠送的税收政策

1）增值税

企业发生的馈赠礼品事项，按照税法规定应缴纳税款，履行纳税义务。《中华人民共和国增值税暂行条例实施细则》第四条规定，将自产、委托加工或者购进的货物无偿赠送其他单位和个人，需在税收上视为销售，确认应税收入并缴纳增值税。企业在宣传活动或业务招待活动中，附赠的礼品通常被视为无偿赠送，需要缴纳增值税，一般纳税人适用税率为 13%。

根据《财政部 国家税务总局关于全面推开营业税改征增值税试点的通知》（财税〔2016〕36 号）附件 1 第二十四条的规定：下列项目的进项税额不得从销项税额中抵扣，用于……集体福利或个人消费的购进货物，……，纳税人的交易应酬消费属于个人消费。即无论是否取得增值税专用发票，企业列支于业务招待费的进项税额均不可抵扣。但是，企业赠送的礼品不属于个人消费，而属于企业的商业捐赠行为，因此，企业赠送的礼品的进项税额允许抵扣。推而广之，可以得出以下增值税的相关结论：对于改变用途的自产或委托加工的货物，无论是用于内部还是用于外部，都应视同销售处理；而对于改变

用途的外购货物或应税劳务，若是用于外部的，即用于投资、分配或无偿赠送，则应视同销售处理，其进项税允许抵扣；若是用于内部的，即用于免税项目、非应税项目、集体福利或个人消费，则不应视同销售处理，其进项税额不得从销项税额中抵扣，对已经抵扣的进项税应做进项税额转出。

企业在提供服务（电信公司售卡、保险公司销售保单、服务公司推广服务）的同时发生赠送行为，各地税收政策具有差异。如河北税务局《关于全面推开营改增有关政策问题的解答（之五）》中规定，保险公司销售保险时，附带赠送客户的促销品，如刀具、加油卡等货物，不按视同销售处理。该解释认为企业在提供服务的同时赠送商品，实质是一种利益让渡，并非无偿赠送，其对价已包含在服务对价中。

但重庆市税务局在《营改增政策指引（一）》中规定，公司在开展业务时，赠送客户的礼品如果单独作价核算，则按销售处理，不属于视同销售。如果纳税人无偿赠送，则属于视同销售。纳税人购进礼品取得的进项税额符合政策规定可抵扣的，允许从应纳税额中抵扣。

2）个人所得税

按照《财政部 国家税务总局关于企业促销展业赠送礼品有关个人所得税问题的通知》（财税〔2011〕50号）的规定，企业在营销活动中以折扣折让、赠品、抽奖等方式，向个人赠送现金、消费券、物品、服务等（以下简称礼品）有关个人所得税问题按照以下方式处理。

（1）企业向个人赠送礼品，属于下列情形之一的，取得该项所得的个人应依法缴纳个人所得税，税款由赠送礼品的企业代扣代缴。

①企业在业务宣传、广告等活动中，随机向本单位以外的个人赠送礼品，对个人取得的礼品所得，按照"其他所得"项目，全额适用20%的税率缴纳个人所得税。

②企业在年会、座谈会、庆典及其他活动中，向本单位以外的个人赠送礼品，对个人取得的礼品所得，按照"其他所得"项目，全额适用20%的税率缴纳个人所得税。

③企业对累积消费达到一定额度的顾客给予额外抽奖机会，个人的获奖所得，按照"偶然所得"项目，全额适用20%的税率缴纳个人所得税。

（2）企业赠送的礼品是自产产品（服务）的，按该产品（服务）的市场销售价格确定个人的应税所得；是外购商品（服务）的，按该商品（服务）的实际购置价格确定个人的应税所得。

按照《关于个人取得有关收入适用个人所得税应税所得项目的公告》（财政部 税务总局公告 2019 年第 74 号）的规定，企业在业务宣传、广告等活动中，随机向本单位以外的个人赠送礼品（包括网络红包），以及企业在年会、座谈会、庆典及其他活动中向本单位以外的个人赠送礼品，个人取得的礼品收入，按照"偶然所得"项目计算缴纳个人所得税，但企业赠送的具有价格折扣或折让性质的消费券、代金券、抵用券、优惠券等礼品除外。

这里所称的礼品收入，其应纳税所得额按照《财政部 国家税务总局关于企业促销展业赠送礼品有关个人所得税问题的通知》（财税〔2011〕50 号）第三条的规定计算。

3）企业所得税

对企业将货物、财产、无形资产、服务用于捐赠、偿债、赞助、集资、广告、样品、职工福利或者利润分配等用途的，应当视同销售。根据《国家税务总局关于企业处置资产所得税处理问题的通知》（国税函〔2008〕828 号）的规定，企业的资产移送他人按视同销售确认收入，主要包括：用于市场推广或销售，用于交易应酬，用于职工奖励或福利，用于利润分配，用于对外捐赠，其他改变资产所有权属的用途等。企业赠送礼品时，如果不属于公益性捐赠（可能免税），则要视同销售，按照公允价值计算销售收入，计入应纳税所得额计算缴纳企业所得税。如果企业在业务宣传、广告等活动中向客户赠送礼品，则按照广告费、业务宣传费的规定扣除；如果企业在年会、座谈会、庆典及其他活动中向客户赠送礼品，则按照交际应酬费的规定扣除；如果赠送礼品与本企业业务无关，则按照非广告性赞助支出处理，不得在税前扣除。

【案例 14-21】

盛华公司在新品发布会上，向参加活动的经销商 A 公司、B 公司赠送宣传品，价值 113 000 元，为宣传活动附赠。同时，盛华公司还向参加新品发布会的个人嘉宾赠送纪念品，价值 22 600 元。盛华公司对赠送的宣传品和纪念品应如何缴税？

【解析】：盛华公司把宣传品赠送给经销商，应作为业务宣传费处理，同时视同销售缴纳增值税，涉及的应纳增值税额为：

$$113\ 000 \div (1+13\%) \times 13\% = 13\ 000(元)$$

盛华公司计入业务宣传费的金额为：$113\ 000 \div (1+13\%) = 10\ 000(元)$，允许在业务宣传费限额内税前列支。

盛华公司赠送给个人嘉宾的纪念品属于业务招待费性质，不能抵扣进项税额，所以应纳增值税为：

$$22\ 600 \div (1+13\%) \times 13\% = 2\ 600(元)$$

盛华公司计入业务招待费的金额为：$22\ 600 \div (1+13\%) = 20\ 000(元)$，允许在业务招待费限额内税前列支。

个人嘉宾获得纪念品，需要扣缴个人所得税为：

$$22\ 600 \times 20\% = 4\ 520(元)$$

但是，因个人嘉宾太多，企业扣缴个人所得税的操作难度较大（一般需要嘉宾个人提供身份证信息，而嘉宾可能不便于提供或不愿提供），为发挥礼品馈赠的营销推广作用，通常税负由企业负担，则嘉宾所得转化为税后所得。此种情况下，盛华公司负担的税款为：

$$22\ 600 \div (1-20\%) \times 20\% = 5\ 650(元)$$

需要注意的是，如果是后一种情况，则盛华公司代个人承担的个人所得税款，不属于企业正常经营活动的合理开支，不允许在税前扣除，必须做永久性差异进行纳税调整，按照25%的税率补缴企业所得税，因而需要补缴的企业所得税金额为：

$$5\ 650 \times 25\% = 1\ 412.50(元)$$

2. 礼品、宣传品赠送的税收筹划

1）增值税筹划

企业应尽量减少或不采用无偿赠送的方式，执行"在向个人销售商品（产品）和提供服务的同时提供物品"，准备具有说服力的证据和材料，阐释与赠送物品对价的服务过程，有效地减轻企业税负并严格执行税收政策。

赠送物品时，尽量采取引入中介机构的操作模式，从而避免物品赠送行为的直接发生。比如，可以在庆典活动中引入会议公司，委托其主导和操控相关的庆典议程，最终支付会议公司活动经费，并由会议公司开具合规的增值税专用发票，作为会议费列支。

2）个人所得税筹划

企业涉及礼品、纪念品赠送给个人的，尽量由个人承担个人所得税。

企业随机赠送印有企业标识的小金额物品，如玻璃杯、雨伞等，单位价值比较低，且在购入时直接计入管理费用或营销费用，不需要赠送时扣缴个人所得税。

3. 不属于征税范围的礼品赠送行为

对于企业发生的礼品赠送行为，哪些情况下可以不缴纳增值税或个人所得税呢？

（1）实行折扣销售。企业在销售商品（产品）和提供服务的过程中，通过价格折扣、折让方式向个人销售商品（产品）和提供服务，不征收个人所得税。即把赠品或对外捐赠之物作为价格折扣或折让向购买方提供。这种情况不构成商业捐赠，不用缴纳增值税。这种情况属于促销活动中的商业折扣范畴。

（2）交易活动中给予物品。企业在向个人销售商品（产品）和提供服务的同时给予赠品，如通信企业对个人购买手机赠话费、入网费，或者购话费增手机等。

（3）交易活动中赠送服务项目。企业在向个人销售商品（产品）的同时赠送服务项目，属于捆绑销售模式，一般不缴纳个人所得税。譬如，房地产公司在销售房产时向客户赠送物业服务（即免收房屋业主若干年物业费），就属于这种情况。

（4）累计消费送礼品。企业对累计消费达到一定额度的个人按消费积分反馈礼品。譬如，超市连锁企业对外销售办理消费积分卡，按照消费金额累计积分，并按积分赠送礼品，这种情况不需要缴纳个人所得税。

（5）作为宣传费用的礼品赠送。企业所赠送的礼品在采购时作为宣传费用处理，此种情形不需要缴纳个人所得税。但所购礼品必须符合宣传费的标准，且金额不宜过大，即开支属于宣传费的正常范围。

14.5 销售活动的其他税收筹划方法

14.5.1 设立独立核算公司

对于生产企业，设立销售公司不仅可以通过关联定价规避税收，还可以实现销售费用、管理费用、财务费用等费用的转移支付，加大税前费用扣除力度。

【案例 14-22】

黄河酒厂主要生产粮食白酒,是一家大型骨干企业。以前该企业的产品销售是按照计划经济的模式来进行的,产品按照既定的渠道销售给全国各地的批发商。随着市场的日益活跃,商品销售出现了多元化的格局,部分消费者也直接到生产企业买一定数量的白酒。按照以往的经验,本市的一些零售商店、酒店、消费者每年到工厂直接购买的白酒大约为 5 000 箱(每箱 10 千克)。请设计两个方案帮助黄河酒厂节税。

【解析】:

方案一: 为了提高企业的盈利水平,企业在本市设立了一家独立核算的白酒销售公司。该酒厂按照给其他批发商的产品价格与销售公司核算,每箱 400 元,销售公司再以每箱 480 元的价格对外销售。粮食白酒适用消费税税率 20%。黄河酒厂每年的业务招待费超支 20 000 元。

黄河酒厂应纳消费税额分析如下:

设立销售公司前应纳消费税 =5 000×480×20%+20×5 000×0.5=530 000(元)

设立销售公司后应纳消费税 =5 000×400×20%+20×5 000×0.5=450 000(元)

消费税节税额 =530 000−450 000=80 000(元)

销售公司业务招待费可以列支金额 =5 000×480×5‰=12 000(元)

由于销售公司的设立,分流了一部分业务,因此黄河酒厂可以将业务招待费转移到销售公司,税前多扣除业务招待费 12 000 元,所以可以抵减所得税 3 000 元。

通过设立销售公司,黄河酒厂可实现节税额:

$$80\ 000+3\ 000=83\ 000(元)$$

方案二: 由于消费税具有单一环节征税的特点,且按规定,白酒生产企业销售给销售单位的白酒,生产企业消费税计税价格高于销售单位对外销售价格 70%(含 70%)以上的,税务机关暂不核定消费税最低计税价格。因此,利用销售价格的临界点,则黄河酒厂销售给白酒销售公司的价格最低为 336 元。

黄河酒厂应纳消费税额分析如下:

设立销售公司前应纳消费税 =5 000×480×20%+20×5 000×0.5=530 000(元)

设立销售公司后应纳消费税 =5 000×336×20%+20×5 000×0.5=386 000(元)

消费税节税额 =530 000−386 000=144 000(元)

销售公司业务招待费可以列支金额 =5 000×480×5‰=12 000(元)

由于销售公司的设立，分流一部分业务，所以黄河酒厂可以将业务招待费转移到销售公司，税前多扣除业务招待费为 12 000 元，所以可以抵减所得税 3 000 元。

通过设立销售公司，黄河酒厂可实现节税额：

$$144\,000+3\,000=147\,000(元)$$

筹划分析：方案二比方案一多节税 64 000 元。由此可知，设立销售公司的筹划主要适用于应纳税消费品的销售，且对于白酒、卷烟等，还可以利用其销售价格临界点进一步获得税收利益。

【案例 14-23】

某果汁公司为增值税一般纳税人，拥有苹果种植基地，主要从事苹果种植、加工、销售。当年销售果汁的收入为 1 000 万元（不含税价），可抵扣进项税额为 90 万元，其中与种植相关的为 20 万元，与加工相关的为 30 万元，与销售相关的为 40 万元。该果汁公司设立独立核算的公司是否可行？

【解析】：

方案一：将苹果种植、加工、销售整体作为一个独立核算的公司。

$$果汁公司应纳增值税 =1\,000 \times 13\%-20-30-40=40(万元)$$

方案二：设立独立核算的苹果种植公司。

对于苹果种植公司而言，其向果汁公司销售种植的苹果，属于免增值税的范畴。

对于果汁公司而言，其从苹果种植公司购进的苹果，可按 10% 的扣除率计算抵扣进项税额。假设当年果汁公司从苹果种植公司购进 250 万元的苹果，则果汁公司应纳增值税为：

$$1\,000 \times 13\%-250 \times 10\%-30-40=35(万元)$$

通过设立销售公司的筹划，黄河酒厂可实现节税额：

$$40-35=5(万元)$$

筹划分析：方案二比方案一节税 5 万元。采用设立独立核算的公司的筹划方法时应注意：第一，两个公司属于关联方，两者之间的关联交易应遵循独立交易原则，避免相应的涉税风险；第二，应综合考虑增设独立核算的公司而增加的工商登记、税务登记等费用与减少的税款之间的大小，若新增费用小于减少税款，则设立独立核算的公司就是可行的筹划方法。

14.5.2 价格拆分

企业销售货物、不动产、无形资产及提供服务的业务活动，可以考虑进行价格拆分，从而降低销售交易中的税收负担。

【案例 14-24】

以销售一套 150 平方米、单价为 40 000 元的房屋为例，若契税税率为 3%，则销售房屋应缴纳的契税为 18 万元。如果将房屋价格拆分为 35 000 元/平方米的单价和 5 000 元/平方米的装修费，则销售房屋应缴纳的契税为 15.75 万元，节省契税 2.25 万元。这里提醒大家注意，拆分房屋的价格时，需要防止出现装修价格虚高、房屋价格偏低的现象。

需要注意的是，本案例不仅节省了契税，还可以节省增值税、土地增值税，请读者自行分析。

14.5.3 转让定价

转让定价也称为关联定价，是利用税率的差异或减免税的低税负政策，通过价格因素在企业之间转移利润的行为。实行转让定价筹划的双方具有一定的隶属关系和互惠关系，属于关联方。转让定价会造成关联体内部之间利益的再分配，但能够从关联体整体角度降低税负。

【案例 14-25】

振邦集团总部的所得税税率为 25%，其子公司振龙公司雇用残疾人的比例达到了 75%，被认定为福利企业，暂免征收企业所得税。振邦集团总部把成本 80 万元、原应按 120 万元作价的一批货物，以转让定价 100 万元销售给了振龙公司，振龙公司最后以 140 万元的价格将这批货物销售到了集团之外。下面比较转让定价对振邦集团总体税负水平的影响。

【解析】：

采用转让定价前：

振邦集团按正常定价应负担的税收 =(120−80)×25%=10(万元)

采用转让定价后:

$$振邦集团实际负担的税收 =(100-80)\times 25\%=5(万元)$$

则:

$$振邦集团可以实现的节税额 =10-5=5(万元)$$

转让定价之所以得以广泛运用,是因为任何一个商品生产者和经营者均有权根据自身的需要确定所生产和经营产品的价格标准。只要交易价格是合理的,交易双方是自愿的,别人就无权干涉,这是一种合理合法的行为。但关联企业之间有失公允的转让定价会被税务机关调节或处罚,所以转让定价筹划也有一定的风险。

下面通过对转让定价模型来分析转让定价在税收筹划中的运用技巧,如图 14-1 所示。

图 14-1 转让定价简单模型

图 14-1 中的甲企业和乙企业为异地关联企业,当两个企业适用的企业所得税税率不同时,将利润从税率高的企业向税率低的企业转移有利于关联企业整体税负的减轻。(1)当甲企业适用的企业所得税税率较高时,可以采取低价出货给乙企业,从乙企业高价进货的方法,将利润转移给乙企业,从而减少甲、乙双方整体应纳税额。(2)当乙企业适用的企业所得税税率较高时,甲企业可以采取从乙企业低价进货、高价出货的方式,将利润转移到甲企业,从而减少甲、乙双方整体应纳税额。

假如甲、乙企业为异地非关联企业,甲企业适用的企业所得税税率高于乙企业,如果再采取图 14-1 所示的甲企业抬高进价、压低售价的方法,就会使非关联企业获益,自己反倒吃亏,因而要引入丙企业。假定丙企业与甲企业是关联企业,且丙企业与乙企业同处一地,适用的企业所得税税率与乙企业相同。其策划思路如图 14-2 所示。甲企业先与丙企业按内部价格核算,再由丙企业与乙企业按市场价格进行正常交易。

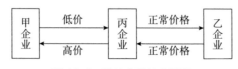

图 14-2 转让定价扩大模型

由于现实经济活动的复杂性，甲、乙企业可能为同地企业，也可能是异地企业，但如果适用的企业所得税税率相同，有时并不涉及交易活动，可能只涉及集团内部的税费分摊。这时上面的模型便不能说明问题，需借助复杂的转让定价模型，即通过建在低税区或避税地的中转公司进行转让定价操作，将利润转入低税区或避税地以实现节税目的。还有更复杂的，利用关联交易非关联化处理，即引入非关联的第三方甚至更多方，通过多边关系、多重交易过程实现转让定价筹划的节税目标。

另外，关联企业之间的劳务转让定价、资金借贷转让定价、资产租赁转让定价、无形资产转让定价、管理费用分摊转让定价等，都是使利润从集团内高税率公司向低税率公司转移，其操作原理与货物交易是相同的。

复习思考题

1. 商业折扣有哪些形式，应该如何进行税务处理？
2. "买一赠一"为何不视同商业捐赠？"加量不加价"能起到节税的效果吗？为什么？
3. 企业采用促销方式销售货物时，税收筹划应考虑哪些要点？
4. 请辨析佣金、返利、回扣、商业贿赂这四个概念，你认为在商业实践中应如何有效规避风险？
5. 销售返利的税收筹划方法有哪些？
6. 佣金如何进行税收筹划？

案例分析题

案例一　分开核算策划方案

杜美思（深圳）装饰材料有限公司是增值税一般纳税人，主要从事装饰装修材料的销售业务，同时又承揽一些装饰装修业务。杜美思（深圳）装饰材料有限公司对外销售装饰装修材料获得含税销售收入339万元（含税收入），另外又承接装饰装修业务获得装饰装修服务收入234万元（含税收入）。

【问题】：杜美思（深圳）装饰材料有限公司应如何进行税收筹划？

案例二　促销模式的税收筹划

华润商业（集团）公司以几项世界名牌服装的零售为主，商品销售的平均利润率为30%。它们准备于春节期间在北京开展一次促销活动，以扩大该企业在当地的影响。经测算，如果将商品打8折让利销售，企业就可以维持在计划利润的水平上。在促销活动的酝酿阶段，企业的决策层对销售活动的涉税问题了解不深，于是他们向普利税务师事务所的注册税务师提出咨询。

为了帮助企业做好销售环节的税收筹划，普利税务师事务所的专家提出了三个方案。

方案一：让利（折扣）20%销售，即企业将10 000元的货物以8 000元的价格销售。

方案二：赠送20%的购物券，即企业在销售10 000元货物的同时，赠送2 000元的购物券，持券人可以凭购物券购买商品。

方案三：返还20%的现金，即企业销售10 000元货物的同时，向购货人赠送2 000元现金。

【问题】：请从税收筹划角度比较分析以上三个促销方案。

案例三　利用临界点进行策划

某啤酒厂生产销售某知名品牌啤酒，每吨出厂价格为2 990元（不含增值税）。该厂对该品牌啤酒的生产工艺进行了改进，使该啤酒的质量得到了较大提高。该厂准备将价格提高到3 010元（不含增值税）。

提示：出厂价不低于3 000元/升的啤酒为甲类啤酒，每吨征收250元的消费税；出厂价格低于3 000元/升的啤酒为乙类啤酒，每吨征收220元的消费税。

【问题】：根据上述信息，该啤酒厂是否应该提高价格？

案例四　复杂促销方式的税收筹划

甲企业是增值税一般纳税人，2018年1月为促销拟采用以下5种方式：（1）商品8折销售；（2）按原价销售，但购物满800元，当天赠送价值200元的商品（购进价格为 140 元，均为含税价，下同）；（3）采取捆绑销售，即加量不加价方式，将 200 元商品与 800 元商品实行捆绑销售；（4）购物满 800 元，赠送价值 200 元的购物券，且规定购物后的下一个月内有效，估计有效时间内有 90% 的购物券被使用，剩下的 10% 作废；（5）按原价销售，但购物满 1 000 元返还 200 元现金。另外，甲企业每销售原价为 1 000 元的商品，便发生可以在企业所得税前扣除的工资和其他费用 60 元。

【问题】：对顾客和企业来说，同样是用 800 元现金与原价 1 000 元的商品交换，但对甲企业来说，选择哪种方式最有利呢？（计算时暂不考虑城建税和教育费附加。）

案例五　还本销售的税收筹划

某家电企业是增值税一般纳税人，每台电风扇的市场价格为 100 万元，该企业急需资金周转，拟通过以下两个方案进行销售。

方案一：还本销售方式，将每台电风扇以 300 万元的价格对外销售，并约定 5 年内每年还本 60 万元。

方案二：以市场价格 100 万元对外销售，并向购买方借入一笔为期 5 年、年利率为 10% 的 200 万元的借款。

【问题】：对比两个方案，哪种方案对于企业来说最有利呢？（计算时暂不考虑城建税和教育费附加。）

综合阅读题

"两票制"下的医药企业的税收筹划

一、案例背景

医药行业是我国国民经济的重要组成部分，对于增进民生福祉、提升生活质量有重大作用。随着人口老龄化趋势的发展，医药市场未来的整体需求将会不断增加。对于百姓而言，就医的最大难题是药价高、看病贵。一方面是因为制药原材料成本上升，研发投入资金增长；另一方面是因为药品销售环节的高回扣抬高了药价。

为了严厉打击药品销售的高回扣行为，解决药价虚高问题，国家卫计委于2017年年初出台了在公立医疗领域内的"两票制"政策，并规定了相关实施细节。简言之，除特殊原因外，在药品从药厂到医院的环节，最多只能合法地开具两次发票。改革前后的资金流、货物流和发票流分别如图14-3和图14-4所示。

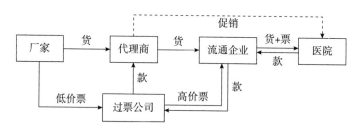

图14-3　实施"两票制"之前的流程

图14-4　实施"两票制"之后的流程

二、医药企业的税收筹划

（一）采购环节的税收筹划

"两票制"之后，药品在流通环节所开具的增值税专用发票被严格监控，而医院固有的招标模式和议价过程使药品的终端销售价格无法改变。为了消化流通环节的费用或折扣，只能倒逼制药企业提高出厂价，具体分析如图14-5所示。于是，制药企业安排税收筹划的压力就落在了药品出厂前的采购环节。

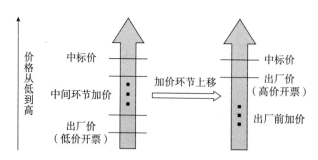

图14-5　药品加价环节上移到出厂价示意图

制药企业在税收筹划时面临的首要问题就是选择供应商。供应商分为一般纳税人和小规模纳税人两种，前者适用标准税率，而后者只能申请开具3%征收率的增值税发票。小规模性质的供货商为了弥补购货方进项税额不能充足抵扣的损失，通常会压低产品价格来留住客户。因此，制药企业要么从一般纳税人处进货，要么压低小规模纳税人的销售价格。

税法规定，生产销售免税药品而购进的原材料的进项税额不能抵扣，但是原材料采购与实际领用后再转出存在一定的时间差，制药企业应该采取在统一购进材料时不区分用途，先行抵扣进项税额，等到实际领用时再转出进项税额，以起到递延纳税的作用。

制药企业在货款结算时尽量推迟付款时间，可以采用赊销和分期付款的方式，让供货商先垫付一段时间税款。同时，药品生产企业在不影响正常生产经营的前提下，要尽可能地把原材料采购集中在供大于求的时间段，以提升自己的议价能力。

（二）广告费用的税收筹划

广告宣传对于制药企业提高其在市场上的竞争力十分重要。税法规定，制药企业关于广告费用和业务宣传费支出的税前扣除限额是销售收入的30%，远高于其他行业。因此，药品生产企业进行广告宣传应该通过正规广告商制作后在各类媒体上传播并取得合规的发票，从而合法地列支成本费用。

从思维拓展角度分析，制药企业可以选择成立一家独立核算的药材种植、生产加工公司，将其业务向前拓展至药材种植、加工和销售环节，通过上下游公司之间的交易往来分担广告费和业务招待费的税前扣除压力。如果能将药材种植、生产加工公司设立在税收洼地，则还能通过关联定价合法降低税收负担。

（三）研发费用的加计扣除

制药企业应加大对研究开发活动的投入以求在竞争中胜出。国家为鼓励企业的创新和研发投入，执行研究开发费用的加计扣除税收优惠政策，加计扣除比例为75%。当然，制药企业不能盲目追加研发投入，要合理安排研发费用发生的时间，避免其发生在免税期或者亏损年度。

【问题】：

1."两票制"为何能够堵塞药品销售环节的高回扣问题？

2."两票制"下，制药企业还有哪些税收筹划策略应对税收环境的变化？

第 15 章

利润分配的税收筹划

未来的资本利得像树上的鸟一样不一定能抓到,而眼前的股利则犹如手中的鸟一样飞不掉,即"一鸟在手胜过二鸟在林"。

——著名财务金融专家 戈登·林特纳

15.1 企业利润形成的税收筹划

从经济学角度观察,企业是一个以营利为目的的经济组织。企业组织采购、研发、生产、销售等经营流程,其最终目的是获得利润。按照现行税法规定,企业获得利润后,也要像之前的经营流程那样缴纳相应的税收——企业所得税。

《企业所得税法》规定:企业应当就其来源于中国境内外的所得缴纳企业所得税。这里的所得就是我们通常所说的企业利润(税务利润),在税务上一般称为应纳税所得额,其计算公式如下。

应纳税所得额 = 收入总额 – 不征税收入 – 免税收入 – 各项运行扣除项目
– 允许弥补的以前年度亏损

上述公式由三个要素构成:收入、各项扣除项目和允许弥补的以前年度亏损。显然,企业利润形成过程的基本税收筹划应围绕这三个要素展开。在税率既定的条件下,该过程的筹划思路是,尽量缩小企业所得税的税基,从而达到减少企业所得税或递延所得税的目的。缩小企业所得税的税基,就是缩小企业当期的应纳税所得额,可以从两个方面进行筹划:一是减少当期的收入金额,二是增大当期的扣除项目的金额。

15.1.1 收入总额的税收筹划

《企业所得税法》第六条规定，企业的收入总额包括以货币形式和非货币形式从各种来源取得的收入，具体包括：销售货物收入，提供劳务收入，转让财产收入，股息、红利等权益性投资收益，利息收入，租金收入，特许权使用费收入，接受捐赠收入和其他收入。

由于《企业所得税法》对收入构成、收入确认条件、收入计量等内容规定得都十分明确和具体，特别是《关于确认企业所得税收入若干问题的通知》（国税函〔2008〕875号）对商品销售收入、提供劳务收入等的确认条件和时间都进行了具体的规范，因而在收入总额筹划方面，现行税收法律政策提供给纳税人的筹划空间相对较小，纳税人主要考虑的是通过适当的筹划，使收入合法地实现递延，从而获得货币时间价值。因此，企业可根据实际情况，选用不同销售方式和确认时点进行推迟收入确认时间的税收筹划。

【案例 15-1】

东方经贸公司将其闲置的房产出租，与承租方签订的房屋出租合同中约定：租赁期为 2019 年 9 月至 2020 年 9 月；租金为 200 万元，承租方应于 2019 年 12 月 20 日和 2020 年 6 月 20 日各支付租金 100 万元。东方经贸公司可以通过什么方式来进行推迟收入确认时间的税收筹划？

【解析】：按照这样的合同，东方经贸公司应于 2019 年 12 月 20 日将 100 万元的租金确认为收入，并计入 2019 年度的应纳税所得额；2020 年 6 月 20 日也应将 100 万元的租金确认为收入，并在 2020 年 7 月 15 日前计算预缴企业所得税。东方经贸公司在订立合同时可做如下改变：第一，将支付时间分别改为 2020 年 1 月及 7 月，就可以轻松地将与租金相关的两笔所得税纳税义务延迟至下一年和下一个季度；第二，不修改房租的支付时间，只是将"支付"房租改为"预付"，同时约定承租期末进行结算，相关的收入可以得到更长时间的延长。

15.1.2 不征税收入的税收筹划

不征税收入，是指能够流入企业，但按照《企业所得税法》的规定，企业不需要承担企业所得税纳税义务、不纳入企业所得税课税范围的经济利益，具体包括：财政拨款；依法收取并纳入财政管理的行政事业性收费、政府性基金；国务院规定的其他不征税收入。按照《企业所得税法实施条例》第二十六条的解释，属于不征税收入范围的财政拨款是指各级人民政府对纳入预算管理的事业单位、社会团体等组织拨付的财政资金；纳入不征税范围的行政事业性收费，是指依照法律法规等有关规定，按照国务院规定程序批准，在实施社会公共管理，以及在向公民、法人或者其他组织提供特定公共服务的过程中，向特定对象收取并纳入财政管理的费用；属于不征税收入范围的政府性基金，是指企业依照法律、行政法规等有关规定，代政府收取的具有专项用途的财政资金；国务院规定的其他不征税收入，是指企业取得的由国务院财政、税务主管部门报国务院批准的有专门用途的财政性资金。

符合条件的软件企业根据《财政部 国家税务总局关于软件产品增值税政策的通知》（财税〔2011〕100号）的规定取得的即征即退增值税款，由企业专项用于软件产品研发和扩大再生产并单独进行核算，可以作为不征税收入，在计算应纳税所得额时从收入总额中减除。

税法对上述不征税收入都有明确的界定，纳税人必须按照税法的规定，对相关收入是否属于不征税收入做出明确的定性，既不能将应税收入误作为不征税收入而发生不缴税与少缴税问题，也不能将不征税收入误作为应税收入而多缴所得税。对不征税收入的筹划，纳税人主要做两件事：第一，企业应当尽量取得并保存好相关的政府文件资料；第二，对相关收入单独核算，若未按《财政部 国家税务总局关于专项用途财政性资金企业所得税处理问题的通知》（财税〔2011〕70号）的规定单独核算，则应作为应税收入计入应纳税所得额计算缴纳企业所得税。

15.1.3 免税收入的税收筹划

《企业所得税法》第二十六条规定：国债利息收入，符合条件的居民企业之间的股息、红利等权益性投资收益，在中国境内设立机构、场所的非居民企业从居民企业取得与该机构、场所有实际联系的股息、红利等权益性投资收益，符合条件的非营利组织的收入为免税收入。其中，国债利息收入，是指企业持有国务院财政部门发行的国债取得的利息收入；符合条件的居民企业之间的股息、红利等权益性投资收益，是指居民企业直接投资于其他居民企业取得的投资收益，但不包括连续持有居民企业公开发行并上市流通的股票不足 12 个月取得的投资收益。

免税收入的税收筹划，就是充分利用税法中这些免税收入的规定，在经营活动的一开始就进行相应的筹划。当企业有暂时闲置的资产而进行对外投资时，可考虑选择国债或居民企业的股票、股权进行直接投资——尤其是投资于享受优惠税率的企业，其节税效果更佳。

【案例 15-2】

甲、乙两个公司同为某集团公司的子公司，甲公司按 25% 的税率缴纳企业所得税，而乙公司被认定为高新技术企业，享受 15% 的优惠企业所得税税率。通过母公司的安排，甲公司将部分产能以股权投资的形式投资于乙公司，假设该部分产能可形成 100 万元的净利润，则该部分产能在甲公司时应缴纳企业所得税为 100×25%=25(万元)，在乙公司时应缴纳企业所得税为 100×15%=15(万元)。按现行《企业所得税法》，甲公司从乙公司获得的分红为免税收入，则实际节税 25-15=10(万元)。

提示：上述筹划不能改变乙公司符合高新技术企业的认定条件，如高新收入占比、技术人员占比、研发费用占比等。

15.1.4 扣除项目的税收筹划

各项扣除项目，是指税法规定的实际发生的与取得收入有关的、合理的支出，包括成本、费用、税金、损失和其他支出。成本，是指企业在生产经营活动中发生的销售成本、业务支出及其他耗费；费用，是指企业发生的，除已计入成本的有关费用之外的管理费用、销售费用和财务费用；税金，是指纳税人按规定缴纳的、除企业所得税之外的各项税金；损失，是指企业经营活动中实际发生的各项财产的损失；其他支出，是指除成本、费用、税金、损失外，企业经营活动中发生的有关的、合理的支出，以及符合财政部、国家税务总局规定的其他支出。

税法规定的不得在税前扣除的项目有：资本性支出，无形资产受让、开发支出，违法经营的罚款和被没收财物的损失，因违反法律、行政法规而缴付的罚款、罚金、滞纳金,自然灾害或者意外事故损失有赔偿的部分,超过国家规定的允许扣除标准的捐赠,各种赞助支出,与取得收入无关的其他各项支出,为其他企业提供与本身应税收入无关的担保而承担的本息支出,职工宿舍修理费,当年应计未计扣除项目,国家税收法规规定可提取的准备金之外的任何形式的准备金,期货交易所和期货经纪机构提取的准备金,粮食类白酒广告宣传费,未经批准的价内外基金及收费,建立住房基金和住房周转金制度的企业出售给职工住房的损失,已出售或出租住房的折旧费用和维修费,住房公积金超过规定标准的部分,给购货方的回扣、贿赂等非法支出,超过或高于法定范围和标准部分的费用,金融企业返还的手续费,企业承租者上交的租赁费,劳务服务企业缴纳的就业保障金及滞纳金,企业之间支付的管理费,企业内营业机构之间支付的租金和特许权使用费,以及非银行企业内营业机构之间支付的利息,向投资者支付的股息、红利等权益性投资收益款项等。

在企业的业务状况既定也就是收入和开支项目既定的情况下,增加准予在税前扣除的项目必然会减少当期的应纳税所得额,进而减少当期的应纳所得税额。所以,各项扣除项目筹划的基本思路是,尽量增加当期允许扣除的各项支出;对于不允许扣除或限制扣除的项目,则尽量避免发生支出,或一定条件下将其转换为可扣除的项目。

1. 费用、损失确认与分摊的筹划

权责发生制下,费用的确认一般有三种方法:一是直接作为当期费用确认;二是按其与营业收入的关系加以确认,凡是与本期收入有直接联系的耗费,就是该期的费用;三是按一定的方法计算摊销额予以确认。

费用确认的筹划首先要求对已经发生的费用、损失及时入账。已发生的各项费用及时核销入账;已发生的坏账、存货和其他资产的盘亏与毁损及时查明原因,并及时向主管税务机关报备相关手续,然后做出相应的账务处理。当然,企业的成本也应及时归纳、结转,税金也应及时计算、缴纳和抵扣。

《企业所得税法》确认了收入和费用的权责发生制原则,为一些费用的计提与摊销提供了税收筹划的空间,如固定资产的折旧费、大修理费,无形资产的摊销,低值易耗品、包装物的摊销等。这类费用摊销的税收筹划,通常遵循当期分摊最大化的原则,以争取获得递延纳税的税收利益。当然,若企业处在享受所得税减免期间,费用分摊的原则通常应该为当期最小化,以争取将费用扣减时间递延到不能享受税收优惠的纳税期间。

【案例 15-3】

夏季台风给福建中部沿海地区带来了强风和暴雨，导致泉州某瓷砖生产厂家一仓库坍塌，造成仓库中大部分瓷砖及包装纸箱损毁，企业清点总损失为 160 万元，并报保险公司。事后，保险公司赔偿 30 万元，企业财务将该净损失 130 万元计入营业外支出。年度企业所得税汇算清缴时，依据《企业资产损失所得税税前扣除管理办法》（国家税务总局公告 2011 年第 25 号）和《关于企业所得税资产损失留存备查有关事项的公告》（国家税务总局公告 2018 年第 15 号）的规定，该企业向税务机关申报资产损失扣除，仅须填报企业所得税年度纳税申报表，不再报送资产损失相关资料，相关资料由企业留存备查。

2. 工资性支出项目的筹划

工资性支出项目包括工资薪金支出和根据工资总额按一定比例计提的职工福利费、职工教育经费和工会经费等工资性费用。现行税法规定，企业发生的合理的工资薪金支出，准予据实扣除；企业发生的职工福利费、职工教育经费、拨缴的工会费，分别不超过工资薪金总额 14%、8%、2% 的部分准予在计算企业所得税应纳税额时扣除，超过部分，职工教育经费准予在以后纳税年度结转扣除，但职工福利费和工会经费不得结转。

1）一般性工资支出项目

进行一般性工资支出的筹划，可采取以下措施。第一，福利较多的企业，超支福利以工资形式发放；第二，加大教育投入，增加职工教育、培训的机会，努力提高职工素质；第三，费用或支出转化成工资形式发放，如对于兼任企业董事或监事职务的内部职工，可将其报酬计入工资薪金，又如，对于持有本企业股票的内部职工，可将其应获股利改为以绩效工资或年终奖金形式予以发放。

【案例 15-4】

某民营企业由 7 位亲朋好友共同出资注册成立，公司生产经营扩大后，为鼓励和留住优秀员工，管理层开始实行全员持股计划。该计划实施后，公司的主要管理人员、技术人员和部分生产一线骨干均有条件地获得了数量不等的公司股份，享受公司的年终分红。事后财务经理提出，经过测算，除持股比例较大的股东外，其余员工的年终分红大部分可改为增加每月的绩效工资发放，这样，在员工个人所得税税负总体未提高的情况下，企业每年还可增加工资性支出扣除 300 万元以上。经过公司股东会讨论，公司采纳了财务经理的建议。为此，企业每年可少缴 300×25%=75(万元) 以上的企业所得税。

2）国家鼓励安置的就业人员工资支出项目

现行税法还对企业支付给残疾人的工资做了加计100%扣除的规定。但《残疾人就业条例》规定，用人单位应当按照一定比例安排残疾人就业，就业的比例不得低于本单位在职职工总数的1.5%。用人单位安排残疾人就业达不到其所在地省、自治区、直辖市人民政府规定比例的，应当缴纳残疾人就业保障金。

【案例15-5】

福建泉州某企业2019年利润总额为500万元，职工总数为100人，月平均安置残疾人25人，残疾人平均月工资为2 500元，不考虑其他因素，分析如下。

加计扣除额=2 500×12×25=750 000(元)

加计扣除而节省的企业所得税=750 000×25%=187 500(元)

提示： 企业要享受残疾人工资加计扣除和减免残疾人保障金的政策优惠，并不是聘用残疾人员工就可以了，还要满足相关法律、政府文件规定的条件并完成相关程序。

3. 业务招待费的筹划

在税务执法实践中，税务机关通常将业务招待费的支付范围规定如下。

第一，因企业生产经营需要而宴请或提供工作餐的开支。

第二，因企业生产经营需要而赠送纪念品的开支。

第三，因企业生产经营需要而发生的旅游景点参观费和交通费及其他费用的开支。

第四，因企业生产经营需要而发生的业务关系人员的差旅费开支。

按现行税法，企业发生的与取得收入有关的、合理的直接费用，通常都能在计算企业所得税时据实全额扣除，但对业务招待费则规定了扣除的双重标准，即实际发生额的60%，同时不得超过当年销售（营业）收入的5‰，这就意味着企业实际发生的业务招待费至少有40%得不到扣除。在筹划期间，企业的业务招待费可按实际发生额的60%计入企业筹办费，并在生产经营之日的当年一次性扣除或者三年内分期摊销。所以，企业业务招待费的税收筹划，除了应按规定的营业收入比例严格控制业务招待费开支，还可在以下方面做出筹划。

1）区分业务性质，避免费用被业务招待费化

餐费和交通住宿等差旅费是业务招待费中常见的项目，但在实际工作中，企业非招待性的业务中也常常发生这两项费用，因此，企业的财务部门需要认真区分这些费用的性质，将业务招待费与差旅费、会议费和职工福利费严格区分，不得将业务招待费挤入

这些费用。同时，把不属于业务招待费的餐费、差旅费、会议费等区分出来，分别核算，避免将这些费用列入业务招待费。而且，最好不要单独开具餐费、礼品发票，而应根据实际用途按大类开具发票。

【案例 15-6】

长江公司年度发生会务费、差旅费共计 18 万元，业务招待费 6 万元，其中，部分会务费的会议邀请函及相关凭证等保存不全，导致 5 万元的会务费无法扣除。该企业年度的销售收入为 400 万元。

【解析】：根据税法规定，如凭证票据齐全，则 18 万元的会务费、差旅费可以全部扣除，但其中凭证不全的 5 万元会务费只能算作业务招待费，而该企业年度可扣除的业务招待费限额为 2 万元（400×5‰）。超过的 9 万元（6+5−2）不得扣除，也不能转到以后年度扣除。仅就此项超支费用企业需缴纳企业所得税 2.25 万元（9×25%）。

就该项业务筹划，企业应加强财务管理，各种会务费、差旅费都按税法规定保留完整合法的凭证，则至少可少缴纳企业所得税 2.25 万元；同时，还可进行事先筹划，将业务招待费尽量控制在 2 万元以内。

2）相近业务费用的适当转换

在实际工作中，企业的业务招待费经常与业务宣传费、会议费等存在着相互交叉，如企业参加产品交易会、展览会等发生的餐饮、住宿等费用，如果参会凭证齐全，就可以作为会议经费列支；如果参会凭证不齐全，则可列为业务招待费支出；外购礼品用于赠送的，应作为业务招待费，但如果礼品是纳税人自行生产或经过委托加工，对企业的形象、产品有标记及宣传作用的，也可作为业务宣传费。这就为业务招待费的转化提供了筹划空间。虽然业务宣传费和广告费有不超过营业收入 15% 的限额限制，但其开支范围远大于业务招待费，且超出限额部分可无限期向以后年度结转。会议费的限制更少，只要真实发生且提供相关会议资料，则均可税前扣除。

【案例 15-7】

安徽某企业每年举行一次产品宣传会。往年的产品宣传会，公司都外购 10 万元左右的"文房四宝"作为礼物赠送给重要客户，该笔支出按规定计入业务招待费。今年由于公司业务招待费超过了税法规定的限额，为控制业务招待费的支出金额，财务经理建议将本年外购的"文房四宝"改为委托外单位加工，且外包装印上本公司的标识。经此操作，可将该项支出列入业务宣传费，从而使业务招待费控制在税法规定的限额之内，则可节税 10×25%=2.5（万元）。

提示：税法规定，纳税人申报扣除的业务招待费，主管税务机关要求提供证明材料的，应提供足够的能证明真实性的有效凭证或材料。会议费证明材料包括会议时间、地点、出席人员、内容、目的、费用标准、支付凭证等。

3）利用临界点合理安排业务招待费

企业业务招待费的扣除限额是根据业务招待费实际发生额的60%和当年销售收入的5‰两者孰低来确定的。在此基础上，假设企业当年业务招待费为X，销售收入为Y，令$60\%X=5‰Y$，可计算出在$X=8.3‰Y$为临界点。当企业实际发生的业务招待费小于当期销售收入的8.3‰时，仅需将应纳税所得额调增发生额的40%；当企业实际发生的业务招待费大于当期销售收入的8.3‰时，不仅需要将应纳税所得额调增发生额的40%，还需进一步调增$60\%X-5‰Y$。因此，企业可以预估当年的销售收入，合理规划当年的业务招待费支出，尽量使企业实际发生的业务招待费小于或者等于当期销售收入的8.3‰，从而达到节税的目的。

【案例15-8】

江西某企业当年销售收入为1 000万元，发生的业务招待费为8.6万元；湖南某企业当年的销售收入为1 000万元，发生的业务招待费为8万元。这两个企业应如何进行税收筹划？

【解析】：

对于江西某企业来说，实际发生的业务招待费（8.6万元）大于当期销售收入的8.3‰（1 000×8.3‰=8.3），60%的部分在税前扣除，需将40%的部分计入应纳税所得额，即当期应纳所得税额应调增3.44万元（8.6×40%），同时按照孰低原则，还应进一步调增0.16万元（8.6×60%-1 000×5‰），故当期应纳所得税额总计应调增3.6万元。

对于湖南某企业来说，实际发生的业务招待费（8万元）小于当期销售收入的8.3‰（1 000×8.3‰=8.3），60%的部分在税前扣除，仅需将40%的部分计入应纳税所得额，当期应纳所得税额应调增3.2万元（8×40%），且按照孰低原则，无须进一步调整，故当期应纳所得税额总计应调增3.2万元。

4. 广告费和业务宣传费的筹划

《企业所得税法实施条例》第四十四条规定：企业发生的符合条件的广告费和业务宣传费支出，除国务院财政、税务主管部门另有规定外，不超过当年销售（营业）收入

15%的部分,准予扣除;超过部分,准予在以后纳税年度结转扣除。

《财政部 税务总局关于广告费和业务宣传费支出税前扣除政策的通知》(财税〔2017〕41号)规定如下。

一、对化妆品制造或销售、医药制造和饮料制造(不含酒类制造)企业发生的广告费和业务宣传费支出,不超过当年销售(营业)收入30%的部分,准予扣除;超过部分,准予在以后纳税年度结转扣除。

二、对签订广告费和业务宣传费分摊协议(以下简称分摊协议)的关联企业,其中一方发生的不超过当年销售(营业)收入税前扣除限额比例的广告费和业务宣传费支出可以在本企业扣除,也可以将其中的部分或全部按照分摊协议归集至另一方扣除。另一方在计算本企业广告费和业务宣传费支出企业所得税税前扣除限额时,可将按照上述办法归集至本企业的广告费和业务宣传费不计算在内。

尽管广告宣传费超出比例部分可无限期向以后纳税年度结转,但是过度的广告费支出,不仅会抵减年度利润,而且会因超出比例而进行纳税调整,从而加重当期税收负担。因此,企业除应正确选择广告形式及优化广告费、业务宣传费支出外,税收筹划的重点是扩大广告费的扣除限额。通常的做法是成立单独核算的销售子公司,这样就增加了一道营业收入,在整个集团利润总额未改变的情况下,费用限额扣除的标准可获得提高。

【案例15-9】

甲企业为新建企业,生产儿童食品,适用广告费扣除率15%,企业所得税税率25%。企业年初推出一种新产品,预计年销售收入为8 000万元(假若本地销售1 000万元,南方地区销售7 000万元),需要广告费支出1 500万元。

方案一:产品销售统一在本公司核算,需要在当地电视台、南方地区电视台分别投入广告费500万元、1 000万元。

方案二:鉴于产品主要市场在南方,可在南方设立独立核算的销售公司,销售公司设立以后,与甲企业联合做广告宣传。成立销售公司预计需要支付场地、人员工资等相关费用30万元,向当地电视台、南方地区电视台分别支付广告费500万元、1 000万元。南方销售公司销售额仍然为7 000万元,甲企业向南方销售公司按照出厂价6 000万元进行销售,甲企业当地销售额为1 000万元。

对于以上两个方案,请进行比较分析。

【解析】:方案一中广告费超出了扣除限额300万元(即1 500-8 000×15%),尽管 300 万元广告费可以无限期得到扣除，但要提前缴纳所得税 75 万元（300×25%）。

在方案二中，若南方销售公司销售收入仍为 7 000 万元，这样甲企业向南方销售公司移送产品可按照出厂价进行销售，此产品的出厂价为 6 000 万元，甲企业准予扣除的广告费限额为 (1 000+6 000)×15%=1 050（万元），南方销售公司准予扣除的广告费限额为 7 000×15%=1 050（万元），这样准予税前扣除的广告费限额为 2 100 万元，实际支出的 1 500 万元的广告费可由两公司分担，分别在甲企业和南方销售公司的销售限额内列支，且均不进行纳税调整。同时，由于销售公司对外销售的价格不变，整体增值额不变，也不会加重总体的增值税负担。对两个公司来说，方案二将比方案一当年增加净利 45 万元（75-30）。

✏️ **提示**：上述独立销售公司的设立，不仅使整个集团的广告费和业务宣传费扣除限额得到提高，而且业务招待费的扣除限额也同样得以提高。

5. "五险一金"及其他社会保险费的筹划

1）五险一金

企业依据国务院有关主管部门或者省级人民政府规定的范围和标准为职工缴纳的"五险一金"，即基本养老保险费、基本医疗保险费、失业保险费、工伤保险费、生育保险费等基本社会保险费和住房公积金，准予税前扣除。

企业参加财产保险，按照规定缴纳的保险费，准予税前扣除。

2）企业责任保险

根据《关于责任保险费企业所得税税前扣除有关问题的公告》（国家税务总局公告 2018 年第 52 号）的规定，自 2018 年度及以后年度企业所得税汇算清缴，企业参加雇主责任险、公众责任险等责任保险，按照规定缴纳的保险费，准予在企业所得税税前扣除。

6. 公益性捐赠支出的筹划

1）税收政策

《企业所得税法》第九条规定，企业发生的公益性捐赠支出，在年度会计利润总额 12% 以内的部分，准予在计算应纳税所得额时扣除。

《关于公益性捐赠支出企业所得税税前结转扣除有关政策的通知》（财税〔2018〕15 号）明确规定：企业通过公益性社会组织或者县级（含县级）以上人民政府及其组成部门和直属机构，用于慈善活动、公益事业的捐赠支出，在年度利润总额 12% 以内的部分，准予在计算应纳税所得额时扣除；超过年度利润总额12%的部分，准予结转以后三年内在计算应纳税所得额时扣除。

2）公益性捐赠的六大模式

目前，国内企业公益性捐赠模式可以分为六类：一是企业纯现金捐赠模式；二是企业现金捐赠+个人捐赠模式；三是企业现金捐赠+实物捐赠模式；四是纯实物捐赠模式；五是企业实物捐赠+个人捐赠模式；六是公益基金捐赠模式。

从税收角度来看，企业现金捐赠模式没有额外成本，但有12%的扣除比例上限；个人捐赠模式不增加企业纳税负担，但对本人也有个人所得税应纳税额30%的扣除比例上限；实物捐赠模式因视同销售或转让财产，需缴纳增值税等流转税及企业所得税；公益基金捐赠没有限额，也完全免税，但企业要自己设立并运作公益性基金会，相关要求很高，其运作成本也不低。

3）企业公益性捐赠税收筹划的操作点

第一，分清捐赠对象与捐赠中介。企业的捐赠应通过税法规定的公益性社会团体和政府机关，而不是直接向受赠人捐赠。

第二，把握捐赠的时机。企业的捐赠应兼顾企业的盈利情况，盈利多的年度多捐赠，盈利少的年度少捐赠，不盈利的年度则考虑暂停捐赠。

第三，捐赠手续与程序的完备。企业在进行捐赠税前扣除申报时，不仅应附送由具有捐赠税前扣除资格的非营利的公益性社会团体、基金会和县及县以上人民政府及其组成部门出具的公益救济性捐赠票据，同时还应当附送接受捐赠或办理转赠的公益性社会团体、基金会的捐赠税前扣除资格证明材料等。

4）企业公益性捐赠的税收筹划操作

视企业情况和捐赠项目情况的不同，有以下几种筹划思路。

（1）小型微利企业的年应纳税所得额或资产总额在临界点附近时，可通过适当的捐赠降低利润总额或资产总额，以达到税法规定的小型微利企业要求。

【案例15-10】

某企业资产总额在3 000万元以下，在职员工60人，预计当年会计利润为308万元，且没有纳税调整项目。按现行《企业所得税法》的规定，该企业当年应按25%的税率缴纳企业所得税，但若企业增加一笔10万元的公益性捐赠支出，则企业可被认定为小型微利企业，所得税税率降为20%。

【解析】：捐赠前后的结果计算如下。

捐赠前：

$$应纳所得税额 = 308 \times 25\% = 77(万元)$$

$$企业净利润 = 308 - 77 = 231(万元)$$

捐赠后：

$$应纳所得税额 = (308-10) \times 20\% = 59.6(万元)$$

$$企业净利润 = 308 - 10 - 59.6 = 238.4(万元)$$

可见，捐赠10万元后，企业的净利润反而比不捐赠多了7.4万元。

（2）企业的捐赠超过当年扣除上限时，可由企业的大股东或高管个人捐赠一部分，其捐赠的效果没本质区别。

【案例15-11】

某企业拥有10名股东，当年拟通过公益性组织对外捐款140万元，会计利润为1 000万元。

【解析】：

方案一：企业通过公益性组织对外捐款140万元。

$$捐赠扣除限额 = 1\,000 \times 12\% = 120(万元)$$

$$应纳所得税额调增 = 140 - 120 = 20(万元)$$

$$应纳所得税额 = (1\,000+20) \times 25\% = 255(万元)$$

$$企业净利润 = 1\,000 - 255 = 745(万元)$$

方案二：向公司10名股东每人多发2万元的工资，并要求10名股东每人通过公益性组织对外捐款2万元，本企业通过公益性组织对外捐款120万元。

$$捐赠扣除限额 = 1\,000 \times 12\% = 120(万元)$$

$$应纳所得税额调整 0 万元$$

$$应纳所得税额 = 1\,000 \times 25\% = 250(万元)$$

$$企业净利润 = 1\,000 - 250 = 750(万元)$$

可见，方案一和方案二对外捐赠额均为140万元，但在方案二的做法下，企业对外捐赠未超出捐赠限额，比方案一的净利润多出5万元。

（3）集团企业捐赠，可在母子公司之间、子公司之间分配捐赠额，以控制捐赠额不突破12%的扣除上限。

（4）具备条件的大企业，可设立并通过公益性基金会进行捐赠。

【案例15-12】

某大型集团公司自行设立了一家公益性基金会，计划通过该公益性基金会捐赠1 000万元，但这1 000万元可先由母公司借给基金会，年底会计利润出来后再灵活处理。

【解析】：若当年的会计利润为1亿元，由于捐赠额在扣除上限以内，捐赠的1 000万元可在税前扣除，则可将借款全部转为捐赠；若该年度的会计利润为7 000万元，由于税前扣除上限为840万元，则可将借款中的840万元转为捐赠，剩余的160万元继续作为借款，留待下一年度处理。

7. 个人捐赠的税收政策分析

根据《个人所得税法》第六条的规定，个人将其所得对教育、扶贫、济困等公益慈善事业进行捐赠，捐赠额未超过纳税人申报的应纳税所得额30%的部分，可以从其应纳税所得额中扣除；国务院规定对公益慈善事业捐赠实行全额税前扣除的，从其规定。

《中华人民共和国个人所得税法实施条例》（简称《个人所得税法实施条例》）第十九条进一步明确，个人将其所得对教育、扶贫、济困等公益慈善事业进行捐赠，是指个人将其所得通过中国境内的公益性社会组织、国家机关，向教育、扶贫、济困等公益慈善事业的捐赠；所称应纳税所得额，是指计算扣除捐赠额之前的应纳税所得额。

15.1.5 以前年度亏损弥补的税收筹划

《企业所得税法》第十八条规定：企业纳税年度发生的亏损，准予向以后年度结转，用以后年度的所得弥补，但结转年限最长不得超过5年。这就将用以后年度利润弥补亏损分成了两种情况：5年内的亏损可在所得税前弥补，超过5年的亏损则只能用税后利润或其他途径弥补。显然，后一种情况将使企业损失一定的税收利益。因此，企业发生亏损后，基本的筹划思路就是尽量争取在其后的5年内用税前利润弥补完，且越早弥补对企业越有利。

若情况允许，企业可在5年的亏损弥补期内尽量提前确认收入或延后列支费用，如将可列为当期费用的项目予以资本化,或将某些可控的费用延后支付等。

【案例 15-13】

> 某公司财务部门测算本年度的利润总额为 60 万元,尚有税法允许税前利润弥补的亏损余额 80 万元,而本年度是可用税前利润弥补的最后一年。为争取当年能在税前弥补完,财务部门梳理了本年度的业务,发现本年度尚有一笔 50 万元的广告费需在月内支付。经与对方协商,本月先支付 30 万元,下月初再支付剩余的 20 万元。

【解析】:通过以上筹划,本年度的费用减少了 20 万元,利润总额则增加了 20 万元,使得 80 万元的以前年度亏损余额能在本年度全部弥补完,节税 5 万元(20×25%)。

当然,企业也可沿用上述思路,在税前利润弥补亏损的 5 年期限到期前,继续造成企业亏损,从而延长税前利润补亏这一优惠政策的期限。

提示: 税法中的年度亏损,不是企业会计报表中反映的亏损额,而是主管税务机关按税法规定核实调整后的金额。

15.1.6 减计收入的税收筹划

减计税收在现行税法中主要有两项:一是资源综合利用项目,二是技术转让项目。

1. 资源综合利用减计收入

企业以《资源综合利用企业所得税优惠目录》(以下简称《目录》)规定的资源作为主要原材料,生产国家非限制和禁止并符合国家和行业相关标准的产品取得的收入,减按 90% 计入收入总额。按《目录》的规定,共生、伴生矿产资源,废水(液)、废气、废渣和再生资源共 3 大类别、16 项资源被列为综合利用的资源,企业利用《目录》规定的产品,并符合《目录》规定的技术标准,就可享受企业所得税优惠政策。

若企业生产过程中伴生《目录》所列资源,或是周边有大量廉价的该类资源,可酌情调整该类资源作为原材料的使用比例,以符合税法规定。企业不仅可以享受所得税的优惠,通常也享受增值税的退税优惠。比如,国内的上市公司中,宝新能源(000690)、恒源煤电(600971)利用煤矸石发电,企业不仅变废为宝,获得了廉价原材料,还享受了增值税、所得税的税收优惠,取得了较好的经济效益。

2. 技术转让收入减免所得税

居民企业技术转让所得不超过500万元的部分，免征企业所得税；超过500万元的部分，减半征收企业所得税。非居民企业取得技术转让所得，减按10%的税率征收企业所得税。

技术转让的税收筹划，应特别注意遵守规定的程序。如应签订技术转让合同，须在政府相关部门登记、审批，同时，应单独计算技术转让所得，并合理分摊企业的期间费用。在筹划方法上，可参照前面的收入、费用筹划，合理地确认技术转让的收入和费用，使企业的技术转让所得尽可能在税法规定的减免税金额的范围内，还可以在一定程度上结合关联交易进行筹划，但应避免100%的关联方交易。

提示：技术转让税收筹划的法律依据，除了《企业所得税法》，操作性的法律文件还有《国家税务总局关于技术转让所得减免企业所得税有关问题的通知》（国税函〔2009〕212号）和《财政部 国家税务总局关于居民企业技术转让有关企业所得税政策问题的通知》（财税〔2010〕111号）。

15.2 企业利润分配的税收筹划

利润分配，是指企业将一定时期内实现的税后利润按照有关规定进行合理分配的过程。在企业利润分配过程中，税制对企业本身的收益并无影响，但会影响企业投资者的利益，即投资者分到利润时面临所得税问题。从税收对投资者利益的影响情况分析，可从企业股东（包括合伙企业和个人独资企业）和个人股东两个角度进行相关税收筹划。

15.2.1 企业股东利润分配的税收筹划

现行《企业所得税法》规定：居民企业直接投资于其他居民企业取得的股息、红利等权益性投资收益为免税收入。所以，一般情况下，企业利润分配对企业投资者没有所得税方面的影响，但在特殊情况下，针对企业股东的利润分配仍可以进行相关的税收筹划。

1. 利润分配的一般筹划方法

1）经营所得尽可能向资本利得转化

企业保留税后利润不分配，相当于对其经营主体追加投资，从而提高企业的股票（股价）市值，为投资者带来更多收益。

2）合理推迟获利年度

在同样的会计年度之内，如果企业前亏后盈，那么可以利用以后年度的盈利弥补亏损；如果企业前盈后亏，则不能用以前年度的盈利弥补以后年度的亏损。因此，企业可以在成立以后，尽量推迟获利年度，这样可以充分利用亏损弥补政策。

3）充分利用以前年度亏损弥补政策

企业发生纳税年度亏损的，可以用下一纳税年度的所得弥补；下一纳税年度的所得不足弥补的，可以逐年延续弥补，但是延续弥补期限最长不得超过5年。

纳税人前5年内发生的亏损，可用本年度的所得弥补。但需要注意，不要让亏损超过5年的弥补期限。具体的筹划方法有：（1）利用税法允许的资产计价和摊销方法的选择权，以及费用列支与摊销政策，多列税前允许扣除的项目金额，使企业形成或适度扩大前期亏损，从而充分运用税前利润弥补5年内的亏损政策；（2）兼并账面上有亏损的企业，以盈补亏，实现降低企业所得税负担的目的。

2. 利润分配的筹划案例

1）投资企业亏损时，被投资企业利润分配的筹划

【案例15-14】

甲企业有乙企业和丙企业两个子公司，甲企业当年亏损30万元，而乙企业分配给甲企业税后利润51万元，丙企业分配给甲企业税后利润64万元。甲企业适用25%的税率，乙企业适用20%的税率，丙企业适用15%的税率。甲企业的亏损弥补应如何安排，才能实现税收利益最大化？

【解析】：

方案一：用乙企业分回的税后利润来弥补甲企业当年亏损的30万元。

弥补亏损后 =51-30=21（万元）

乙企业分回的税后利润应补税 =21÷(1-20%)×(25%-20%)=1.31（万元）

丙企业分回的税后利润应补税 =64÷(1−15%)×(25%−15%)=7.53(万元)

则甲企业合计补税应为 8.84 万元 (1.31+7.53)。

方案二： 用丙企业分回的税后利润来弥补甲企业当年亏损的 30 万元。

  弥补亏损后 =64−30=34(万元)

  乙企业分回的税后利润应补税 =51÷(1−20%)×(25%−20%)=3.19(万元)

  丙企业分回的税后利润应补税 =34÷(1−15%)×(25%−15%)=4(万元)

则甲企业合计补税应为 7.19 万元 (3.19+4)。

筹划分析： 方案二比方案一少缴 1.65 万元（8.84−7.19）的税款。因此，当企业投资于两个以上的企业，且两个以上的被投资企业均对投资企业分配利润时，若投资方企业存在还未弥补的税前亏损，就应先用适用低税率的被投资企业分回的利润弥补亏损，再用适用高税率的被投资方企业分回的利润弥补亏损，然后计算应当补缴的税款。通过这种筹划，在弥补亏损后应当补缴税款的所得额不变的情况下，可以将低税率补税基数转移给高税率补税基数，从而达到减轻企业税负的目的。

2）投资企业股权转让时，被投资企业利润分配的筹划

在直接投资中，投资者可以直接以实物进行投资，也可以以货币进行投资。假设某投资者是以其购买的其他企业（准备上市、未上市公司）的股票或以货币资金、无形资产和其他实物资产直接投资于其他单位并取得股权的，称作股权投资。股权投资的最终目的是获得较大的经济利益（未来通过分得利润或股利获利）。投资者从被投资企业获得的收益主要有股利（包括股息性所得）和股权转让所得。根据目前我国《企业所得税法》的相关规定，企业股权投资取得的股利与股权转让所得的税收待遇是不同的。

股利属于股息性所得，是投资方从被投资单位获得的税后利润，属于已征过税的税后利润，原则上不再重复征收企业所得税。

股权转让所得是投资企业处置股权的净收益，即企业收回、转让或清算处置股权投资所获得的收入减去股权投资成本后的余额。

投资方可以充分利用上述政策差异进行税收筹划。如果被投资企业是母公司下属的全资子公司，则没有进行利润分配的必要。但是，需要注意的是，如果投资方打算将拥有的被投资企业的全部或部分股权对外转让，则会造成股息性所得转化为股权转让所得，使得本应享受免税的股息性所得转化为应全额缴税的股权转让所得。因此，投资方应该要求先将被投资企业的税后利润分配完毕之后再进行股权转让，这样就能获得税收筹划的好处。

因此，一般情况下被投资企业保留税后利润不分配，但企业股权欲转让时，在转让之前必须将未分配利润进行分配。这样做对投资方来说，可以达到不缴税的目的，有效地避免股息性所得转化为资本利得，从而避免重复纳税；对于被投资企业来说，不分配税后利润可以减少现金流出。

【案例15-15】

A公司于2020年2月20日以银行存款900万元投资于B公司，占B公司股本总额的70%，B公司当年获得税后利润500万元。A公司2021年度内部生产、经营所得为100万元。A公司适用的所得税税率为25%，B公司适用的所得税税率为15%。

方案一：2022年3月，B公司董事会决定将税后利润的30%用于分配，A公司分得利润105万元。2022年9月，A公司将其拥有的B公司70%的股权全部转让给C公司，转让价为1 000万元，转让过程中发生税费0.5万元。

方案二：B公司保留盈余不分配。2022年9月，A公司将其拥有的B公司70%的股权全部转让给C公司，转让价为1 105万元，转让过程中发生税费0.5万元。

请分析方案一和方案二哪个对A公司的税收筹划更合适？

【解析】：

A公司应纳企业所得税额计算如下。

方案一：A公司生产、经营所得100万元，企业所得税税率为25%，应纳企业所得税为：

$$100 \times 25\% = 25(万元)$$

A公司分得股息收益105万元，不需要缴纳企业所得税，则

$$股权转让所得 = 1\ 000 - 900 - 0.5 = 99.5(万元)$$

$$应纳所得税额 = 99.5 \times 25\% = 24.88(万元)$$

因此，A公司2022年应纳企业所得税额为49.88万元（25+24.88）。

方案二：同理，A公司生产、经营所得应纳税额为25万元。

由于B公司保留盈余不分配，从而导致股息所得和资本利得发生转化，即当被投资企业有税后盈余而发生股权转让时，被投资企业的股价就会发生增值，如果此时发生股权转让，这个增值实质上就是投资者在被投资企业的股息所得转化为了资本利得。因为企业保留利润不分配，才会导致股权转让价格升高。这种因股权转让而获得的收益应全额并入企业的应纳税所得额，依法缴纳企业所得税。

A公司资本转让所得204.5万元（1 105-900-0.5），应纳所得税额为51.13万元（204.5×

25%），则 A 公司 2022 年合计应纳企业所得税为 76.13 万元（25+51.13）。

方案一比方案二减轻税负 76.13-49.88=26.25(万元)，前者明显优于后者。其原因在于，A 公司在股权转让之前获取了股息所得，有效防止了股息所得转变为股权转让所得，避免了这部分股息所得被重复征税。

✎ **提示：** 值得一提的是，被投资企业对投资方的分配支付额，如果超过被投资企业的累计未分配利润和累计盈余公积金而低于投资方的投资成本，则视为投资回收，应冲减投资成本；超过投资成本的部分，视为投资方企业的股权转让所得，应并入企业的应纳税所得，依法缴纳企业所得税。因此，在 A 公司进行转让之前 B 公司分配股息时，其分配额应以不超过"可供分配的被投资企业累计未分配利润和盈余公积金的部分"为限。

上述筹划方案适用于类似情形，比如，外商投资企业的外籍个人股东转让其股权，就应当采取先分配后转让的筹划策略，因为外国投资者从外商投资企业取得的利润（股息）和外籍个人从中外合资经营企业分得的股息、红利，免征个人所得税，而外国企业和外籍个人转让其在中国境内外商投资企业的股权取得的超出其出资额部分的转让收益，应按 20% 的税率缴纳预提所得税或个人所得税。因此，采取先分配后转让的筹划方案可以有效避免重复征税。

3）直接投资时，投资企业与被投资企业存在税率差的筹划

根据《企业所得税法实施条例》第八十三条的规定，居民企业之间的股息、红利等权益性投资收益免税有两大条件：一是直接投资，二是不包括连续持有居民企业公开发行并上市流通的股票不足 12 个月的情形。符合这两个条件的，不仅可以享受免税待遇，而且作为投资方的企业适用的企业所得税税率高于、等于或者低于被投资企业，都不需要考虑税率差因素，都不涉及投资利润分配的补税问题。因此，利用这一税收政策，合理控制投资条件，满足权益性投资收益免税的相关条件，投资企业对投资分配中产生的股息、红利回流不会产生额外税负。

进一步分析，若被投资企业的税率低，投资企业的税率高，这种情况下，还可以进行有效的投资收益的税收筹划。例如，企业对外直接投资时，可以设立或组建适用企业所得税税率较低的被投资企业，如高新技术企业、小微企业等，或者将被投资企业直接设立在存在税收减免优惠政策的税收洼地。由于被投资企业适用较低的企业所得税税率，因此可以把大量产业利润或收益转移至被投资企业，然后投资企业通过股息、红利分配，享受投资收益免税待遇，从而有效降低投资方的企业所得税税负。

15.2.2 个人股东利润分配的税收筹划

1. 股息、红利所得转化为资本利得的税收筹划

对个人股东而言，一般情况下，资本利得免征个人所得税，如买卖股票所得等；一般非上市股份公司分配税后利润，个人股东需要被扣缴个人所得税，税率为20%；上市公司分配股息、红利，个人股东的纳税视不同情况而定。根据《财政部 国家税务总局 证监会关于上市公司股息红利差别化个人所得税政策有关问题的通知》（财税〔2015〕101号）的规定，个人从公开发行和转让市场取得的上市公司股票，持股期限超过1年的，股息、红利所得暂免征收个人所得税。个人从公开发行和转让市场取得的上市公司股票，持股期限在1个月以内（含1个月）的，其股息、红利所得全额计入应纳税所得额；持股期限在1个月以上至1年（含1年）的，暂减按50%计入应纳税所得额。上述所得统一适用20%的税率计征个人所得税。另外，外国人取得的股息、红利，无论被投资企业是否为上市公司，都不需要缴税。境外非居民企业股东从中国居民企业取得2008年及以后的股息，按10%的税率缴纳企业所得税。

一般情况下，个人投资者获得的资本利得免征个人所得税，如买卖股票所得、股东因资本公积金转增资本所得等。个人投资者获取的利润分配（股息、红利）应按规定代扣代缴20%的个人所得税。因此，股份公司获取税后利润后，可以不分配利润（股息、红利）而使股票增值。不仅投资者（股东）可以避免因利润分配（股息、红利）而产生个人所得税负担，而且投资者（股东）的收益可以由股票价格的上涨得到补偿，从而使投资者（股东）间接获得较多的净收益。

【案例15-16】

A公司某年税后净利润为1 500万元，下一年的投资计划要追加投资额2 000万元，该公司的目标资本结构为权益资本占60%，负债资本占40%。按照目标资本结构计算出投资方案需追加的权益资本数额为2 000×60%=1 200(万元)。此数额比当年实现的净利润1 500万元小，因此，该公司应确定留存收益1 200万元，满足投资所需追加的权益资本后，其剩余部分300万元可用于给股东发放现金股利。如果投资所需追加的权益资本大于该公司当年实现的净利润1 500万元，该公司就应将当年实现的净利润1 500万元全部留存，不发放现金股利。

【解析】：对个人股东来说，上市公司获取的税后利润不能转增资本，因为转增资本会涉及个人股东缴纳个人所得税问题。相比而言，更为便利的是上市公司的法人股东，因为上市公司把税后利润转增资本，法人股东不需要缴纳企业所得税。

总之，上市公司不同的利润分配方式对个人股东税负的影响是不同的：股息、红利需要缴纳个人所得税，股票转让则不需要缴纳个人所得税。所以，上市公司在分配股息、红利时，应注重税收对个人股东财富的影响，合理选择利润分配方式。

2. 现金股利、股票股利与剩余股利政策的税收筹划

个人股东获取的现金股利（股息）和股票股利（包括净利润转送红股和盈余公积转增股本）都需要缴纳个人所得税。但两者相比较，现金股利形式优于股票股利形式（不考虑股价变化），因为两者的税负虽然相同，但税后的现金股利归投资者，而股票股利对投资者来说仅仅是增加了股票数量而已，却因此丧失了资金的使用收益权。若能将股利转化为资本利得，对个人股东而言，税收筹划利益更大。其通常的做法是用剩余股利政策，即在公司有良好的投资机会或公司正处于成长阶段时，根据一定的目标资本结构（最佳资本结构）测算出投资所需追加的权益资本，先从当年的净利润中提取一定比例的留成，以满足投资所需追加的权益资本，然后将剩余的利润作为股利分配。对个人股东来说，采用剩余股利政策的好处是少分配现金股利或不分配现金股利，可以避免缴纳较高的股利所得税，或可推迟缴纳所得税（以后多发放现金股利），且股东对公司未来获利能力有较好的预期，其股票价格可能会上涨。

【案例 15-17】

某科技股份有限公司由谢某、刘某、杨某三人共同出资成立，2021 年该股份公司实现利润总额 240 万元（企业所得税税前利润）。经该股份公司的股东大会决定，税后利润全部进行分配。为此，财务部设计了以下三种分配方案。

方案一：该股份公司采用净利润分红的形式，240 万元利润总额缴纳 60 万元企业所得税后，180 万元净利润以股息、红利的形式分配给个人股东。

方案二：该股份公司每月为三位股东共发放工资 20 万元（三位股东从事企业管理活动，每年人均 80 万元工资，基本减除费用、三险一金、专项附加扣除及法定其他扣除额合计为 14 万元），12 个月共发放 240 万元，以达到实现利润分配的目的。

方案三：投资者将企业注册到有税收优惠的地区，享受区域性税收优惠政策。税负

率最低的是成立个人独资企业，具体税负率为：增值税税率为3%、附加税税率为12%（城建税税率为7%、教育费附加征收率为3%、地方教育费附加征收率为2%），个人所得税核定征收率为3.5%。

请问对于个人股东而言，应该如何选择利润分配方案？

【解析】：

方案一： 采用利润分红方式将净利润以股息、红利的形式分配给个人股东。

$$企业应纳企业所得税 = 240 \times 25\% = 60(万元)$$

$$股东应纳个人所得税 = (240-60) \times 20\% = 36(万元)$$

$$股东税后收益 = 240-60-36 = 144(万元)$$

方案二： 每月为股东发放工资，以达到实现利润分配的目的。

$$全年共增加工资支出 = 20 \times 12 = 240(万元)$$

$$发放工资后企业利润总额 = 240-240 = 0(元)$$

股东每年人均80万元工资薪金所得，则

$$年应纳税所得额 = 80-14 = 66(万元)$$

按照个人所得税综合所得税率表，适用30%的个人所得税税率，速算扣除数为52 920元。

$$工资应缴纳个人所得税 = (66 \times 30\% - 5.292) \times 3 = 43.524(万元)$$

$$股东税后收益 = 240-43.524 = 196.476(万元)$$

需要注意的是，要确保以上策划方案的有效实施，企业在实施前一定要构建一套完整的薪酬体系制度作为支撑。根据《企业所得税法实施条例》第三十四条的规定，企业发生的合理的工资薪金支出，准予扣除。

方案三： 成立个人独资企业，与该股份公司发生业务关系。

$$应纳增值税 = 240 \div (1+3\%) \times 3\% = 6.99(万元)$$

$$应纳城建税及教育费附加 = 6.99 \times 12\% = 0.84(万元)$$

个人独资企业无须缴纳企业所得税。

$$应纳个人所得税 = [240 \div (1+3\%)] \times 3.5\% = 8.16(万元)$$

$$应纳税额合计 = 6.99+0.84+8.16 = 15.99(万元)$$

$$股东税后收益 = 240-15.99 = 224.01(万元)$$

通过对以上三个利润分配方案纳税情况的分析可知，方案二比方案一多实现收益

52.476 万元（196.476-144）。由于方案二中每月给三位股东共发放 20 万元工资，致使企业原本有 240 万元的利润，最终企业利润为零，也就无须缴纳企业所得税。但需要缴纳 43.524 万元的个人所得税。方案三采用个人独资企业核定征收方式，只需缴纳税款 15.99 万元，最终收益额为 224.01 万元，是三个方案中的最佳方案。

【案例 15-18】

甲公司是乙公司的全资子公司，拟派发股利。甲公司是国家重点扶持的高新科技公司，适用 15% 的优惠税率，乙公司适用 25% 的税率。为此，财务部设计了以下两种分配方案。

方案一：直接派发现金股利 1 000 万元。

甲公司收到分回的现金股利，无需纳税。

乙公司直接派发现金股利 1 000 万元，相当于按市场价 10 元出售了 100 万件 A 产品。

乙公司的利润 =(10-6)×100=400(万元)

应纳所得税额 =400×25%=100(万元)

甲和乙公司合计应纳所得税额为 100 万元。

方案二：乙公司将自产的 100 万件 A 产品派发给甲公司。已知 A 产品的市场价为 10 元/件，成本为 6 元/件，乙公司按 8 元/件的价格支付给甲公司，而后甲公司以 10 元/件的价格对外销售。

甲公司收到分回的利润，无需纳税；但将 100 万件 A 产品以 10 元/件对外销售，需要纳税。

甲公司的利润 =(10-8)×100=200(万元)

应纳所得税额 =200×15%=30(万元)

乙公司的利润 =(8-6)×100=200(万元)

应纳所得税额 =200×25%=50(万元)

甲和乙公司合计应纳所得税额为 80 万元。

【解析】：方案二中甲和乙公司合计应纳所得税额比方案一少了 20 万元。由此可见，企业可以将现金股利转化为财产股利，并通过转移定价的方式实现利润的转移，从而减轻税收负担。

复习思考题

1. 公益性捐赠有哪些税收政策？如何进行公益性捐赠的税收筹划？
2. 股利收入如何进行纳税？
3. 利润分配的一般税收筹划方法有哪些？请举例说明。
4. 如何避免个人股利重复征税？
5. 如何做好股权转让的税收筹划？谈谈你的观点。

案例分析题

案例一　自然人股权转让与红利分配的税收筹划

自然人甲投资 A 企业 100 万元，取得 A 公司 100% 的股权。两年后，甲将持有的 A 公司股份转让给自然人乙，转让价格仍为 100 万元。转让之时，A 公司的净资产为 150 万元。甲将股份转让给乙后，A 公司分配股利 50 万元给乙。

【问题】：请问甲在股权转让中应如何进行税收筹划？

案例二　利用利润转移进行纳税筹划

某企业集团下有甲、乙两个企业。其中，甲企业适用 25% 的企业所得税税率，乙企业属于需要国家扶持的高新技术企业，适用 15% 的企业所得税税率。2021 年度，甲企业的应纳税所得额为 8 000 万元，乙企业的应纳税所得额为 9 000 万元。

【问题】：请计算甲、乙两个企业及该企业集团在 2021 年度分别应当缴纳的企业所得税税款，并提出有效的税收筹划方案。

第 16 章
薪酬激励的税收筹划

在组织契约问题上,外部观察者往往难以确定与利润挂钩的契约究竟是出于税收考虑,还是出于激励考虑,或两者兼而有之。这种识别问题使人们难以了解究竟是什么经济问题形成了契约的微观结构。

——诺贝尔经济学奖得主 迈伦·斯科尔斯

16.1 综合所得的计税政策与税收筹划

16.1.1 综合所得的计税政策

1. 综合所得适用税率

综合所得包括工资薪金所得、劳务报酬所得、稿酬所得、特许权使用费所得。《个人所得税法》分别为不同个人所得项目,规定了超额累进税率和比例税率两种不同形式的税率。居民个人取得的综合所得,按纳税年度合并计算个人所得税;非居民个人取得工资薪金所得、劳务报酬所得、稿酬所得、特许权使用费所得,按月或者按次分项计算个人所得税。

综合所得适用 3%~45% 的七级超额累进税率,如表 8-3 和表 8-4 所示。

2. 综合所得计税方法

应纳税额的计算公式如下:

$$应纳税额 = (每年收入 - 60\,000 - 专项扣除 - 专项附加扣除 - 其他扣除) \times 适用税率$$

综合所得费用扣除标准如下。

（1）生计费用：个人所得税费用扣除标准为每年60 000元（每月5 000元）。

（2）专项扣除：具体包括居民个人按照国家规定的范围和标准缴纳的基本养老保险、基本医疗保险、失业保险等社会保险费和住房公积金等。

（3）专项附加扣除：包括子女教育支出、继续教育支出、大病医疗、住房贷款利息支出或者住房租金支出、赡养老人支出等各项开支，如表16-1所示。

个人所得税专项附加扣除在纳税人本年度综合所得应纳税所得额中扣除，本年度扣除不完的，不得结转以后年度扣除。

个人所得税专项附加扣除遵循公平合理、简便易行、切实减负、改善民生的原则，根据教育、住房、医疗等民生支出变化情况，适时调整专项附加扣除范围和标准。

表16-1 专项附加扣除汇总表（2023年）

扣除类目	每年	每月限额（元）	备注
子女教育支出	24 000元定额扣除	2 000	父母分别扣除50%，或者约定一方扣除100%
继续教育支出	4 800元定额扣除	400	技能人员职业资格、专业技术人员资格继续教育，每年3 600元定额扣除
大病医疗支出	80 000元限额扣除		个人负担超过15 000元的医疗费用支出部分
住房贷款利息	12 000元定额扣除	1 000	必须是首套住房贷款
住房租金支出（1）	18 000元定额扣除	1 500	承租房位于直辖市、省会城市、计划单列市及国务院确定的其他城市
住房租金支出（2）	13 200元定额扣除	1 100	承租房位于其他城市，市辖区户籍人口超过100万的
住房租金支出（3）	9 600元定额扣除	800	承租房位于其他城市，市辖区户籍人口不超过100万（含）的
赡养老人支出	36 000元定额扣除	3 000	非独生子女分摊扣除额度，每一纳税人分摊额度不超过总体的50%
3岁以下婴幼儿照护支出	24 000元定额扣除	2 000	父母分别扣除50%，或者约定一方扣除100%

（4）依法确定的其他扣除：包括企业年金、职业年金、符合国家规定的商业健康保险、个人税收递延型商业养老保险。

（5）关于捐赠的扣除：个人将其所得对教育、扶贫、济困等公益慈善事业进行捐赠，捐赠额未超过纳税人申报的应纳税所得额30%的部分，可以从其应纳税所得额中扣除；国务院规定对公益慈善事业捐赠实行全额税前扣除的，从其规定。

16.1.2 综合所得的税收筹划

1. 工资、薪金的税收筹划方法

2019年我国新修订的《个人所得税法》实行重大改革调整，综合所得采取取得时先预扣预缴，年终再汇总工资薪金所得、劳务报酬所得、稿酬所得、特许权使用费所得等四项综合所得项目进行汇算清缴。工资、薪金所得税涉及面广，占个人税收收入比例大，如何根据税法的要求，选择最佳的节税方案，特别是在减税降费的大环境下，已成为广大企业和职工尤其是工薪族最关心的事情。

1）收入福利化

企业一味地增加职工的现金收入，从税收的角度来看并不完全可取。企业可以通过提高职工的福利水平，降低其名义工资金额，通过减少职工的税金支出，达到增加实际收入的目的。常用的方法有以下几种。

一是为职工提供交通设施。职工上、下班一般都要花费一定的交通费，企业可以通过提供免费的接送服务，或者将单位的车租给职工使用，再相应地从职工的工资、薪金中扣除部分予以调整。对企业来讲，当职工支付的税金影响其消费水平时，就要考虑采取加薪措施，而加薪会引起税收变化，从而会导致企业支付金额的增加。因此，由企业为职工承担部分费用的做法，往往会使职工、企业双方受益。

二是为职工提供免费工作餐。企业为职工提供免费的工作餐，必须具有不可变现性，即不可转让，不能兑换现金。

三是为职工提供培训机会。随着知识更新速度的加快，参加各种培训已经成为个人获取知识的重要途径。如果企业每年给予职工一定费用额度的培训机会，职工在考虑个人的报酬总额时，一般也会把这些考虑进去。这样职工也可以在一定程度上减少税收负担。

四是为职工提供考察学习机会。随着人民生活水平的提高，考察学习开支已经成为许多家庭必不可少的支出项目。个人的考察学习支出同样不能抵减个人所得税。但是企业在制订年度职工福利计划时，可以给部分职工及其家属提供一次考察学习机会，而把相应的费用从原打算支付给职工的货币工资及奖励中扣除。这样一来，职工在维持同等消费水平的基础上，个人所得税负担却减轻了。当然，企业支付的职工考察学习费用有开支的规定，可以考虑从工会经费等项目中开支。

2）变换应税项目

（1）住房公积金的税收筹划。根据《关于基本养老保险费基本医疗保险费失业保险费住房公积金有关个人所得税政策的通知》（财税〔2006〕10号）的规定，单位和个人分别在不超过职工本人上一年度月平均工资12%的幅度内，其实际缴存的住房公积金，允许在个人应纳税所得额中扣除。单位和职工个人缴存住房公积金的月平均工资不得超过在岗职工月平均工资的3倍。单位和个人超过上述规定比例和标准缴存交的住房公积金，应将超过部分并入个人当期的工资、薪金收入，计征个人所得税。

【案例16-1】

某公司员工张某每月工资为9 000元，扣除按上年月平均工资的6%计提的住房公积金后，应税工资为8 460元。如何减轻张某的所得税税负？

【解析】：

张某年应纳个人所得税额 = (8 460×12−60 000)×10%−2 520 = 1 632(元)。

由于张某的住房公积金计提比例没有达到国家规定的上限，因此可以将公积金个人缴纳比例提高至12%。则工资所得年应纳个人所得税额为 [9 000×(1−12%)×12−60 000]×3% = 1 051.2(元)。

（2）工资转化为租车收入的筹划。随着生活水平的提高，汽车基本成为每个家庭的标配，养车的费用更是必不可少。对于高收入阶层而言，将汽车租给公司使用，可以将工资收入转化为租金收入，达到降低个人所得税负担的效果。

具体操作为，职工与公司签订租车协议，将自家汽车租给公司，公司按月向职工支付租金。同时还可以在协议中约定因公务发生的相关车辆非固定费用（如汽油费、过桥费、停车费等）由公司承担。需要注意以下几项：

①租车的租金必须按照市场价格设定；

②职工需要携带租车协议和身份证到税务局代开租车发票，公司才能在税前列支该项费用；

③汽车的固定费用（如保险费、车船税、折旧费等）不能由公司承担；

④在公司报销的车辆费用必须取得发票。

（3）工资收入转化为房屋租金收入的筹划。住房是职工生存必要的场所，为住房而支付的费用是必要的开支，利用税前的收入支付这部分必要的开支能够达到很好的节税效果。

具体操作为：若职工拥有自有房产，那么可以与公司签订房屋租赁协议，将房屋租给公司，公司按月向职工支付租赁费，同时约定每月的水电费、物业管理费等固定费用由公司承担；若职工现居住的房屋为租赁的，那么可以与公司签订转租协议，由公司承担房屋的租金和水电费、物业管理费等固定费用。

个人出租住宅或转租住宅，只需要按照个人所得税中出租财产项目征收个人所得税，若为居民唯一自用住房，则税率更低，且采用的为比例税率并非综合所得的累进税率。但值得注意的是，若自身没有房产，通过与公司签订合同说明公司福利包括提供职工住房，用于支付员工较少的工资、薪金以适用较低税率，会存在纳税人失去个人所得税法中的住房租金的专项附加扣除，因此在实际操作中需要衡量两者之间的优劣关系。

个人出租住宅的个人所得税税率在高净值人群中远低于综合所得的累进税率，以租金收入代替工资收入节税效果明显。同时由公司承担房屋的水电费、物业管理费等固定费用，相当于利用员工的税前收入支付这部分必要费用。

（4）公益性捐赠的税收筹划。

个人通过公益性捐赠，可以合法降低自身的应纳税所得额，从而在为社会付出爱心和捐助的同时，合法降低个人税负。

税法规定，个人将其所得对教育、扶贫、济困等公益慈善事业进行捐赠，捐赠额未超过纳税人申报的应纳税所得额30%的部分，可以从其应纳税所得额中扣除；国务院规定对公益慈善事业捐赠实行全额税前扣除的，从其规定。

（5）专项附加扣除的税收筹划。

【案例16-2】

张先生每月工资8 000元，张太太每月工资4 000元，均已减除了专项扣除，两个人在婚后首次购买住宅享受首套房贷款利率。二人该如何筹划利息的扣除呢？

【解析】：

方案一：全部由张先生申报。

此时张先生应纳税额：(8 000×12-60 000-12 000)×3%=720(元)

张太太无须纳税，二人总共需纳税720元

方案二：全部由张太太申报。

此时张先生应纳税额：(8 000×12-60 000)×3%=1 080(元)

张太太仍无须纳税，二人总共纳税1 080元很明显，利息扣除应该由张先生全额申报。夫妻双方有一方工资低于 5 000 元，另一方高于 5 000 元，或者两者均高于 5 000 元，但是有一人在减除基本减除费用后适用的税率高，那么专项附加扣除应该由该方申报。

【案例 16-3】

> 居民个人王某月收入扣除三险一金后为 2 万元，其作为独生子赡养 60 周岁以上的父母。另外，王某利用业余时间去甲公司提供技术培训，约定报酬为 3 万元，培训期间，王某需要自己负担交通、住宿等费用 5 000 元。此外，由于王某业绩突出，其单位给予年终奖 5 万元。王某除上述收入外无其他收入来源。请问王某应该如何进行个人所得税筹划？

【解析】：如果王某不做任何税收筹划，直接进行年终汇算清缴，则其劳务报酬所得应与工资、薪金所得汇总后按综合所得进行申报纳税；其年终奖可单独计税，也可与综合所得合并计税；赡养老人的专项附加扣除可以全额扣除。

王某年薪为 24 万元，其扣除每年基本减除费用 6 万元、赡养老人专项附加扣除 3.6 万元，加上当年的劳务报酬所得，所适用的个人所得税综合税率为 20%。因此，张先生将面临高额税负。

基于此，张先生进行了以下税收筹划。

首先对工资、薪金进行策划。张先生年薪 24 万元，扣除基本费用和专项附加扣除后依旧适用 20% 的税率，税负相对较高。因此可以通过增加福利收入（如免费班车等），减少名义收入的方式降低税负。

其次对年终奖进行筹划。张先生收到 5 万元年终奖，可以自行选择是否并入综合所得征税。此案例中，显然不应该并入综合所得征税，但是在年终奖超过 3.6 万元时，税率从 3% 提升到了 10%，会大幅增加张先生税负，因此张先生可以通过与公司协商，年终奖分两年发放。这样，张先生的年终奖只需按照 3% 的税率缴纳个人所得税。

最后对劳务报酬进行筹划。王某可与甲公司协商，约定报酬为 2.5 万，由甲公司负责交通、住宿等费用。

2. 全年一次性奖金的税收筹划方法

1）全年一次性奖金的税收政策

关于全年一次性奖金的征税问题，《国家税务总局关于调整个人取得全年一次性奖金等计算征收个人所得税方法问题的通知》(国税发〔2005〕9号)的规定如下。

第一，全年一次性奖金是指行政机关、企事业单位等扣缴义务人根据其全年经济效益和对雇员全年工作业绩的综合考核情况，向雇员发放的一次性奖金，也包括年终加薪、实行年薪制和绩效工资办法的单位根据考核情况兑现的年薪和绩效工资。

第二，纳税人取得全年一次性奖金，单独作为一个月工资、薪金所得计算纳税，并按以下计税办法，由扣缴义务人发放时代扣代缴。

（1）先将雇员当月内取得的全年一次性奖金除以12个月，按其商数确定适用税率和速算扣除数。

（2）如果在发放全年一次性奖金的当月，雇员当月工资薪金所得低于税法规定的费用扣除额，应将全年一次性奖金减去"雇员当月工资薪金所得与费用扣除额的差额"后的余额，按（1）确定全年一次性奖金的适用税率和速算扣除数。

（3）将雇员个人当月内取得的全年一次性奖金，按（1）和（2）确定的适用税率和速算扣除数计算征税。

如果雇员当月工资、薪金所得高于（或等于）税法规定的费用扣除额，则适用公式为：

$$应纳税额 = 雇员当月取得全年一次性奖金 \times 适用税率 - 速算扣除数$$

《国家税务总局关于雇主为雇员承担全年一次性奖金部分税款有关个人所得税计算方法问题的公告》（国家税务总局公告2011年第28号）规定如下。

第一，雇主为雇员负担全年一次性奖金部分个人所得税款，属于雇员又额外增加了收入，应将雇主负担的这部分税款并入雇员的全年一次性奖金，换算为应纳税所得额后，按照规定方法计征个人所得税。

第二，将不含税全年一次性奖金换算为应纳税所得额的计算方法如下。

（1）雇主为雇员定额负担税款的计算公式：

$$应纳税所得额 = 雇员取得的全年一次性奖金 + 雇主替雇员定额负担的税款 - 当月工资薪金低于费用扣除标准的差额$$

（2）雇主为雇员按一定比例负担税款，其计算公式如下。

①查找不含税全年一次性奖金的适用税率和速算扣除数。用未含雇主负担税款的全年一次性奖金收入除以12，根据其商数找出不含税级距对应的适用税率和速算扣除数。

②计算含税全年一次性奖金。

应纳税所得额 =（未含雇主负担税款的全年一次性奖金收入

－当月工资薪金低于费用扣除标准的差额－不含税级距的速算扣除数

× 雇主负担比例）÷(1－不含税级距的适用税率 × 雇主负担比例)

《关于个人所得税法修改后有关优惠政策衔接问题的通知》（财税〔2018〕164 号）规定：居民个人取得全年一次性奖金，符合《国家税务总局关于调整个人取得全年一次性奖金等计算征收个人所得税方法问题的通知》（国税发〔2005〕9 号）规定的，在 2021 年 12 月 31 日前，不并入当年综合所得，以全年一次性奖金收入除以 12 个月得到的数额，按照月度税率表（按月换算后的综合所得税率表），确定适用税率和速算扣除数，单独计算纳税。

《财政部 税务总局关于延续实施全年一次性奖金等个人所得税优惠政策的公告》（财政部 税务总局公告 2021 年第 42 号）规定：《财政部 税务总局关于个人所得税法修改后有关优惠政策衔接问题的通知》（财税〔2018〕164 号）规定的全年一次性奖金单独计税优惠政策，执行期限延长至 2023 年 12 月 31 日。

计算公式为：

应纳税额 = 全年一次性奖金收入 × 适用税率－速算扣除数

全年一次性奖金适用的月度税率表如表 8-4 所示。

居民个人取得全年一次性奖金，可以选择并入当年综合所得计算纳税，也可以单独计税。

【案例 16-4】

居民个人张某取得年终奖金 42 000 元，选择单独计税，请计算其应缴的个人所得税。

【解析】：用全年一次性奖金 42 000 元除以 12 个月后的商数为 3 500 元，适用税率为 10%，速算扣除数为 210，则：

应纳税额 =42 000 × 10%-210=3 990(元)

【案例 16-5】

居民个人张某取得年终奖金 42 000 元。当月工资为 4 800 元，费用扣除额为 6 000 元。请计算张某应纳的个人所得税。

【解析】：

首先，确定全年一次性奖金适用的税率和速算扣除数。由于该月张某的费用扣除额超过了工资，因此超出部分 1 200 元可以在全年一次性奖金中扣除。

$$(42\ 000-1\ 200)\div12=3\ 400(元)$$

查看月度税率表可知,张某适用的税率为10%,速算扣除数210。

其次,根据税率及速算扣除数计算出应纳税额。

$$(42\ 000-1\ 200)\times10\%-210=3\ 870(元)$$

需要注意的是,在一个纳税年度内,对每一个纳税人,该计税办法只允许采用一次。雇员取得除全年一次性奖金以外的其他各种名目的奖金,如半年奖、季度奖、加班奖、先进奖、考勤奖等,一律与当月工资、薪金收入合并,按税法规定缴纳个人所得税,即维持现有的征税办法。

【案例16-6】

居民个人刘某2022年1月取得2021年的年终奖金30 000元。单位替他承担了600元税款,刘某选择单独计税。请计算其应纳税额。

【解析】:

第一步,将单位为刘某负担的税额作为刘某年终奖的一部分并入刘某取得的年终奖:

应纳税所得额 = 雇员取得的全年一次性奖金 + 雇主替雇员定额负担的税款

$$=30\ 000+600=30\ 600(元)$$

第二步,平均到12个月查找税率:

$$30\ 600\div12=2\ 550(元)$$

查找月度税率表,找到对应的税率为3%。

第三步,计算年终奖应纳个人所得税:

$$30\ 600\times3\%=918(元)$$

由于单位为刘某负担了600元税款,则刘某还需要自行负担318元(918-600)。

【案例16-7】

中国公民李某2023年2月取得不含税的2022年的年终奖金42 000元。选择不并入当年综合所得的计税方法,请计算其年终奖应纳个人所得税。

【解析】:不含税年终奖应纳个人所得税的计算方法如下。

第一步:$42\ 000\div12=3\ 500(元)$,第一次查找不含税级距对应的税率为10%,速算扣除数为210元。

第二步:应纳税所得额 $=(42\ 000-210)\div(1-10\%)=46\ 433.33(元)$。

第三步:$46\ 433.33\div12=3\ 869.4(元)$,第二次查找含税级距对应的税率为10%,速算扣除数为210元。

第四步：年终奖应纳个人所得税 =46 433.33×10%–210=4 433.33(元)。

2）全年一次性奖金的"税收陷阱"

全年一次性奖金计税政策采用简易计税办法，与工资薪金所得的七级超额累进税率计税办法有很大差异。在某些奖金区间内，可能会出现税前奖金比其他人多，而纳税人实际获得的税后奖金反而比其他人少的情况。

【案例16-8】

某单位发放年终奖，由于甲的业绩较乙突出，因此甲的年终奖比乙要高：甲收到38 000元，而乙只有36 000元。请分别计算甲和乙的应纳税额和税后奖金。

【解析】：

甲的应纳税额与税后奖金：

$$应纳税额 = 38\,000 \times 10\% - 210 = 3\,590(元)$$

$$税后奖金 = 38\,000 - 3\,590 = 34\,410(元)$$

乙的应纳税额和税后奖金：

$$应纳税额 = 36\,000 \times 3\% = 1\,080(元)$$

$$税后奖金 = 36\,000 - 1\,080 = 34\,920(元)$$

比较甲、乙的税后奖金，发现甲在纳税后奖金反而比乙低了。这种情况的出现，是政策本身的不合理性导致的，这时就出现了年终奖金政策"无效区间"，或称"不合理区间"。企业及相关单位在发放年终奖金时，应尽量避免将税前年终奖金的金额定在所谓的"无效区间"内。

分析可知，全年一次性奖金的纳税额一般会随着发放金额的提高而提高。但是，由于全年一次性奖金的适用税率和速算扣除数是通过全年一次性奖金除以12个月之后的商数来确定的，且计算应纳税额时速算扣除数仅允许扣除一次，所以就会出现当全年一次性奖金超过某个临界点之后，适用的税率会提高一个档次，导致奖金额增加之后税后所得反而减少的情况，这就是全年一次性奖金的"无效区间"或"税收盲区"。比如，年终奖为36 000元时，应纳税额为1 080元，而增加一元的年终奖会导致税额增加2 310.1元。通过测算可知，全年一次性奖金的"无效区间"共有六段，分别对应3%～40%的税率（见表16-2）。

表 16-2　全年一次性奖金的"无效区间"（2019.1.1—2023.12.31）　　（单位：元）

年终奖	税率	速算扣除数	应纳税额	多发奖金数	增加税额	税后数额
36 000	3%	0	1 080			34 920
36 001	10%	210	3 390.10	1	2 310.10	32 610.90
38 566.67	10%	210	3 646.67	2 566.67	2 566.67	34 920
144 000	10%	210	14 190.00			129 810.00
144 001	20%	1 410	27 390.20	1	13 200.20	116 610.80
160 500	20%	1 410	30 690	16 500	16 500	129 810.00
300 000	20%	1 410	58 590			241 410
300 001	25%	2 660	72 340.25	1	13 750.25	227 660.75
318 333.3	25%	2 660	76 923.33	18 333.33	18 333.33	241 410
420 000	25%	2 660	102 340			317 660
420 001	30%	4 410	121 590.30	1	19 250.30	298 410.70

3. 工资薪金与全年一次性奖金的权衡与合理分摊

对全年一次性奖金进行筹划，除了避免全年一次性奖金进入"无效区间"，还要考虑工资、薪金和全年一次性奖金的权衡与合理分摊。

【案例 16-9】

某股份公司总经理每年的年薪总额为税前收入 24 万元（不含三险一金），如何将此收入在工资薪金和年终奖之间合理分配，使得个人所得税支出最小化？

【解析】：设月工资薪金为 X，月应纳税所得额为 $X-5\,000$，确定年终奖税率需参考值为 $20\,000-X$，即 $(240\,000-12X)\div 12$，年终奖应纳税所得额为 $240\,000-12X$。

方案一：$X-5\,000\leq 3\,000$，则 $20\,000-X\geq 12\,000$，工资薪金适用税率为 3%，年终奖适用税率为 20%（$20\,000-X=12\,000$ 时，税率为 10%）。则：

应纳税额 $=(X-5\,000)\times 3\%\times 12+(240\,000-12X)\times 20\%-1\,410=44\,790-2.04X$

最低税额点：当 $X=8\,000$ 时，即 $20\,000-X=12\,000$，年终奖适用税率为 10%。

最低税额 $=(8\,000-5\,000)\times 3\%\times 12+(240\,000-12\times 8\,000)\times 10\%-210=16\,920$（元）

方案二：$3\,000<X-5\,000\leq 12\,000$，则 $3\,000\leq 20\,000-X<12\,000$，工资薪金适用税率为 10%，年终奖适用税率为 10%。则：

应纳税额 $=[(X-5\,000)\times 10\%-210]\times 12+(240\,000-12X)\times 10\%-210=15\,270$（元）

与月工资薪金 X 无关。

方案三：$12\,000 < X-5\,000 \leq 25\,000$，则 $17\,000 < X \leq 30\,000$，$0 \leq 20\,000-X < 3\,000$，工资薪金税率为20%，年终奖适用税率为3%。则：

应纳税额 $=[(X-5\,000) \times 20\%-1\,410] \times 12+(240\,000-12X) \times 3\%=2.04X-21\,720$

月工资薪金 X 取该区间最小值 $17\,000$，应纳税额最低，为：$2.04 \times 17\,000-21\,720 = 12\,960$（元）。

结论：月工资薪金为 $17\,000$ 元，年终奖为 $36\,000$ 元，最小纳税额为 $12\,960$ 元。

此例除上述方法外，还有不同的方案。这里留给读者进一步探索。

工资、薪金与全年一次性奖金的合理分配结论如表16-3所示，即在不同的全年一次性奖金和工资、薪金之间有一个相对均衡的状态，从而达到综合税负最小化。

表16-3 工资、薪金和全年一次性奖金的合理分配表

全年一次性奖金	税率	月工资薪金	税率	预计年度收入总额
0	0	（0，5 000]	0	（0，60 000]
[0，36 000]	不纳税或3%	（5 000，9 000]	3%	（60 000，132 000]
36 000	3%	（9 000，18 000]	10%	（132 000，240 000]
36 000	3%	（18 000，19 935]	20%	（240 000，263 100，]
（36 000，144 000]	10%	（9 000，18 000]	10%	（263 100，348 000]
144 000	10%	（18 000，31 000]	20%	（348 000，504 000]
144 000	10%	（31 000，41 000]	25%	（504 000，624 000]
300 000	20%	（31 000，41 000]	25%	（624 000，780 000]
300 000	20%	（41 000，610 000]	30%	（780 000，1020 000]

16.2 企业年金的税收筹划

16.2.1 年金的税收政策

2013年12月6日，财政部、人力资源和社会保障部、国家税务总局联合发布了《关于企业年金 职业年金个人所得税有关问题的通知》（财税〔2013〕103号），该政策自2014年1月1日起执行。目前，企业年金涉及的个人所得税允许递延纳税，不仅让参保

者延迟纳税，还促进了更多的单位实行企业年金制。

1. 企业年金的概念

企业年金，是指根据《企业年金试行办法》（中华人民共和国劳动和社会保障部令第20号）的规定，企业及其职工在依法参加基本养老保险的基础上，自愿建立的补充养老保险制度，主要由个人缴费、企业缴费和年金投资收益三部分组成。职业年金是指根据《事业单位职业年金试行办法》（国办发〔2011〕37号）的规定，事业单位及其工作人员在依法参加基本养老保险的基础上建立的补充养老保险制度。

企业年金与法定保险的区别如下：法定保险（基本养老、基本医疗、失业等）个人缴纳部分中按规定比例缴付的，允许在应纳税所得额中扣除；企业为个人缴纳部分不超过规定比例部分可以免征个人所得税，超过规定比例部分并入个人工资、薪金收入，计征个人所得税。企业年金不能税前扣除，企业年金中企业缴费计入个人账户部分需计征个人所得税，且视为一个月的工资、薪金（不与正常工资、薪金合并），不扣除任何费用，按"工资、薪金所得"项目计算税款，由企业缴费时代扣代缴。

企业年金与商业保险的区别如下：企业为个人建立商业性补充保险或年金时都应缴纳个人所得税，但计算方法明显不同。商业保险与个人当月工资、薪金所得合并适用税率，企业年金单独适用税率，视为一个月的工资、薪金（不与正常工资、薪金合并）。

2. 企业年金的计税方法

企业年金计划的运作过程中涉及三个环节的税收问题，即缴费阶段、投资阶段和领取阶段。不同阶段的税收优惠方式组合，形成了九类不同形式的税收模式，其中个税递延型企业年金制度，即将缴费阶段和投资阶段的个人所得税递延至领取阶段征税的EET模式（E代表免税，T代表征税）。

1）缴付企业年金时的税务处理

企业和事业单位（以下统称单位）根据国家有关政策规定的办法和标准，为在本单位任职或者受雇的全体职工缴付的企业年金或职业年金（以下统称年金）单位缴费部分，在计入个人账户时，个人暂不缴纳个人所得税。

企业年金中个人缴费工资计税基数是本人上一年度月平均工资。月平均工资超过职工工作地所在设区城市上一年度职工月平均工资300%以上部分，不计入个人缴费工资计税基数；职业年金个人缴费工资计税基数是职工岗位工资和薪级工资之和。职工岗位工资和薪级工资之和超过职工工作地所在设区城市上一年度职工月平均工资300%以上部分，不计入个人缴费工资计税基数。

超过《财政部 国家税务总局 人力资源和社会保障部关于企业年金、职业年金个人所得税有关问题的通知》（财税〔2013〕103号）规定的缴付年金标准的单位缴费和个人缴费部分，应并入个人当期的工资、薪金所得，依法计征个人所得税。税款由建立年金的单位代扣代缴，并向主管税务机关申报解缴。

年金征税模式（EET）如表16-4所示。

表16-4　年金征税模式（EET）

征税模式（EET）	情形	税务处理
缴费环节	单位按有关规定缴费部分	免征个人所得税
	个人缴费不超过本人缴费工资计税基数4%标准内的部分	暂从纳税所得额中扣除
	超标年金单位缴费和个人缴费部分	征收个人所得税
投资环节	年金基金投资运营收益分配计入个人账户时	个人暂不缴纳个人所得税
领取环节	领取年金时	按照"工资、薪金所得"项目缴纳个人所得税

【案例16-10】

某单位员工王某本月工资为7 000元，去年月工资与本年度相同，工资中包括"五险一金"1 000元，以及个人需缴付的企业年金600元，该单位所在城市上一年年均工资为60 000元。请计算王某本月应该缴纳的个人所得税。

【解析】：

王某的工资并没有超过上一年度年均工资的300%，因此在算企业年金个人缴付的最高限额时用王某工资作为基数：

$$600 - 7\,000 \times 4\% = 320(元)$$

因此超出限额的320元应该计入应纳税所得额。

本月应纳税所得额为：

$$7\,000 - 1\,000 - 600 + 320 - 5\,000 = 720(元)$$

本月应纳个人所得税为：

$$720 \times 3\% = 21.6(元)$$

2）企业年金基金投资运营收益的税务处理

企业年金基金投资运营收益分配计入个人账户时，个人暂不缴纳个人所得税。

3）领取年金时的税务处理

个人达到国家规定的退休年龄，领取的企业年金、职业年金，不并入综合所得，全额单独计算应纳税款。其中按月领取的，适用月度税率表计算纳税；按季领取的，平均分摊计入各月，按每月领取额适用月度税率表计算纳税；按年领取的，适用综合所得税率表计算纳税。

个人因出境定居而一次性领取的年金个人账户资金，或个人死亡后，其指定的受益人或法定继承人一次性领取的年金个人账户余额，适用综合所得税率表计算纳税。对个人除上述特殊原因外一次性领取年金个人账户资金或余额的，适用月度税率表计算纳税。

【案例 16-11】

> A 市 2021 年度职工平均工资为 50 000 元，年金个人缴费部分税前扣除限额为 500 元（50 000×3÷12×4%=500）。
>
> A 市某单位职工甲 2021 年平均月工资为 20 000 元，2022 年年金个人每月缴费部分的金额为 600 元。
>
> A 市某单位职工乙 2021 年平均月工资为 10 000 元，2022 年年金个人每月缴费部分的金额为 300 元。

【解析】：甲缴费工资计税基数为 50 000×3÷12=12 500(元)（甲 300% 封顶），甲税前扣除限额为 12 500×4%=500(元)。超出的 100 元需并入当月工资、薪金所得缴税。

乙缴费工资计税基数为 10 000 元，乙税前扣除限额为 10 000×4%=400(元)。乙的 300 元均可以在税前扣除。

16.2.2 企业年金的税收筹划

1. 年金缴纳与否的税收筹划

根据企业年金的税收政策，企业参加年金不仅可以使企业缴纳部分暂免企业所得税，还能使个人缴纳部分在缴费工资计税基数的 4% 内暂免个人所得税。

【案例 16-12】

某企业全年工资预算增长 9%，某职工月均工资为 10 000 元。该企业如果把工资增长部分全部发放给职工，则职工要全额缴税；如果实行企业年金制度，企业按 5% 缴纳，个人按 4% 缴纳，则个人账户的年金不缴纳个人所得税，企业也会减少企业所得税的缴纳。设个人基本养老保险（8%）、医疗保险（2%）、失业保险（0.5%）、住房公积金（12%）缴费比例为 22.5%；企业缴纳的年金 50% 计入职工企业年金个人账户，另外 50% 划入本人企业年金个人账户；个人缴纳的年金全部计入本人企业年金个人账户。企业实行与不实行年金制度对个人所得税和年金本人账户的影响如表 16-5 所示。

表 16-5　实行年金制度与否对个税及年金本人账户的影响　　（单位：元）

年金缴纳与否	工资总额 （1）	三险一金 （2）=（1）×22.5%	年金 （3）	应纳税所得额 （1）-（2）-（3）-5 000	应纳个税	年金账户
不缴纳	10 900	2 452.5	0	3 447.54	134.75	0
缴纳	10 400	2 340	416	2 644	79.32	416+10 400 ×5%×50% =676

【解析】：由表 16-5 可知，实行企业年金制度的直接节税效应是该职工每月节约个人所得税 55.43 元（134.75-79.32）。除了直接节税效应，实行年金制度还能产生间接节税效应，即年金制度可提高职工退休后待遇，且本人企业年金个人账户储存额可继承，可减轻职工后顾之忧，调动其工作积极性。

2. 年金缴纳年限的税收筹划

考虑到货币时间价值，职工开始参加工作时尽量选择实行年金制度的单位，因为年金缴纳年限越长，个人所得税节税额越多，退休时领取的年金就越多。

3. 领取年金年限的税收筹划

由于个人领取年金环节要按工资、薪金所得全额缴纳个人所得税，年金个人所得税优惠只是延缓纳税而并非免税。自 2018 年 2 月 1 日起施行的《企业年金办法》明确规定：职工在符合相关条件时，可以从本人企业年金个人账户中一次性、分月或分次领取企业年金。因此，计划领取年金年限越长，适用税率越低，纳税额就越少，所以缴纳年金的职工在身体条件允许的情况下应尽量延长年金领取时间。

16.3 股权激励的税收筹划

16.3.1 股权激励的税收政策

1. 股权激励的概念

股权激励是目前企业激励人才的常用手段之一。股权激励最早起源于美国,美国的迪士尼公司和华纳传媒公司是世界上最早实施股票期权计划的两家企业。

股权激励是指包括经营管理者在内的员工可以取得本公司一定量的股票,享受股东的权益,但要受到一定条件的限制。如此就把企业绩效同管理者等人的利益联系在了一起,共担风险,共享收益,从而长期激励员工尽职尽责为企业服务。

2. 股权激励的主要模式

股权激励模式多种多样,这里介绍常见的四种模式。

1)股票期权模式

股票期权是企业授予高级管理人员的一种权利,具体是指管理人员有权在未来规定的一段时间内,按照先前和企业约定好的价格购买一定数量的公司股票,从而获得收益。股票期权持有人(高级管理人员)在规定的时间内以股票期权的"施权价"购买本公司股票,这个过程称为"行权";在行权之前,股票期权持有人(高级管理人员)没有任何现金收益;在行权之后,个人收益为"施权价"与行权日股票市价之间的差额。

股票期权主要适用于市场有效性比较好的资本市场上的上市公司及一些人力资本依附性较强、处于创业期、快速成长期的非上市公司。

2)限制性股票模式

管理者事先按照股权激励计划约定的价格从企业购买一定数量的股票,等到企业业绩达到股权激励计划事先的要求时,管理者(持股者)才可以将其所持股票卖出,进而赚取差价,获得收益。其适用范围包括上市和非上市公司,尤其适用于留住关键人才和金色降落伞计划。

3）股票增值权模式

股票增值权并不涉及股票所有权的转让。企业与管理者约定，管理者可以从股票价格上涨中获得收益。该模式对企业现金流提出较高要求，因此，适用于现金流较为充裕的上市和非上市企业。

4）员工持股模式

员工持股计划是一种新型的股权激励模式，它允许员工使用自己的资金或其他法律上合法的收入购入企业的股票，并将这些股票委托第三方集中管理。员工获得这些股票的同时享有部分或全部的公司管理权。持股模式的实现有三种方式：员工个人持有，通过有限责任公司持有，通过有限合伙企业平台持有。

3. 适用的税收政策

1）股票期权

股票期权是上市公司按照规定的程序授予本公司及其控股企业员工的一项权利，该权利允许被授权员工在未来一段时间内以某一特定价格购买本公司一定数量的股票。股票期权一般允许被授权员工在未来才可以行使股票交易权，这体现了激励与约束的相互渗透。

授予价（施权价）是指根据股票期权计划可以购买股票的价格，一般为股票期权授予日的市场价格或该价格的折扣价格，也可以是按照事先设定的计算方法约定的价格。授予日（授权日）是指公司授予员工股票期权的日期。

行权（执行）是指员工根据股票期权计划选择购买股票的过程。员工行使上述权利的当日为"行权日"，也称"购买日"。

依据财税〔2005〕35号文的规定，股票期权的纳税义务发生时间为行权日，授予日并不产生纳税义务。行权日的股票价格如果高于授予日股票价格，则这部分差额与行权股票份数的乘积应该作为应纳税所得额，按照工资、薪金所得计算缴纳个人所得税。

在股票持有阶段，取得来自被投资企业分配的股息红利所得，按照"股息红利所得"项目适用的20%的税率计算个人所得税。如果被投资企业是上市公司，则计算个人所得税时可以实行差别税率：持股期限在一个月以内（包括一个月）的，应纳税所得额按照20%的税率计算；持股期限在一个月以上，一年以内（含一年）的，应纳税所得额可以减按50%计算；如果持股期限在一年以上的，可以享受免税。如果被投资企业为非上市公司，那么上述差额征税的规则不存在，统一按照 20% 的税率计算。

在股票转让环节，获得的转让收入和行权日股票公允价值之间的差额部分，按照财产转让所得所适用的 20% 的税率计算个人所得税。按照税法规定，个人转让上市公司在公开市场发行的有价证券获得的所得可以免税。但是转让非上市公司的股票所得仍需要纳税。

值得注意的是，财税〔2005〕35 号文规定的股票期权所授予的主体包括上市公司和非上市公司，但股票期权所指向的标的股票必须是上市公司发行的股票。对于员工取得的拟上市企业的股票及非上市公司的股票并不在规定以内。

2）限制性股票

限制性股票缴纳个人所得税的情况如图 16-1 所示。

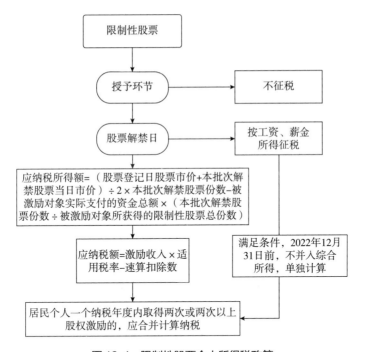

图 16-1 限制性股票个人所得税政策

3）股票增值权

股票增值权所有者所取得的收益等于行权日股票价格减去授予日股票价格后乘以被授予的股票股数。应缴纳的个人所得税等于该笔收益按工资、薪金所得项目计算的税额。总结如图 16-2 所示。

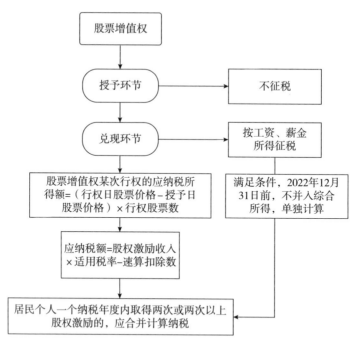

图 16-2　股票增值权个人所得税政策

4）员工持股激励

员工持股计划涉及持股平台的选择，持股平台有员工自己持有、通过有限责任公司持有及通过合伙企业持有三种形式。因此，在行权阶段、持有阶段、转让阶段所需缴纳的企业所得税和个人所得税就存在差异。

（1）员工个人直接持有。员工直接获得公司股票，在持有期间，如果获得了股息红利，则按 20% 缴纳个人所得税。当其退出投资时，转让股票所获得的转让收入需要按照财产转让所得缴纳 20% 的个人所得税。是否可以适用税收优惠政策还要具体看被投资企业的性质及持股期限。

（2）通过有限责任公司持有。该模式下，员工为股票的间接持有者。如果持股平台公司从被投资企业取得了分配的股息红利所得，则应该按税法规定缴纳企业所得税，但如果是境内居民公司投资于境内居民公司，则该股息红利所得可以免税。在向员工进行定向分配时（采用股息分配的方式），员工需要按照 20% 的税率计算缴纳个人所得税。

（3）通过合伙企业持有。我国合伙企业实行"先分后税"制度。员工直接转让持股平台股票时，仅需在个人层面按照财产转让所得缴纳 20% 的个人所得税。如果是持股平台转让股票后再以股息红利的方式向员工派发所得，则按 25% 的税率缴纳一次企业所得税。

第 16 章 薪酬激励的税收筹划

【案例 16-13】

某上市公司实施股权激励计划，公司授予员工王某股票期权，承诺王某自 2020 年 1 月 1 日至 2022 年 1 月 1 日履行工作义务满两年，则可以以每股 5 元的价格购买该公司股票 20 000 股。如果到了 2022 年 1 月 1 日，公司上市股票价格上涨到了 15 元/股，王某可以按 5 元/股购进，再按 15 元/股卖出，从而王某可获利 20 万元。当然，如果王某预计企业经营状况良好，股票可进一步升值，也可以等到股票升值后再行转让获利。

4. 股权激励的计税方法

1) 股票期权的性质及计税方法

员工接受实施股票期权计划的企业授予的股票期权时，除另有规定外，一般不作为应税所得征税。

员工行权时，其从企业取得股票的实际购买价（施权价）低于购买日公平市场价（指该股票当日的收盘价，下同）的差额，是因员工在企业的表现和业绩情况而取得的与任职、受雇有关的所得，应按工资、薪金所得适用的规定计算缴纳个人所得税。

居民个人取得股票期权、股票增值权、限制性股票、股权奖励等股权激励（简称股权激励），在 2021 年 12 月 31 日前，不并入当年综合所得，全额单独适用综合所得税率表计算纳税。其计算公式为：

$$应纳税额 = 股权激励收入 \times 适用税率 - 速算扣除数$$

居民个人一个纳税年度内取得两次以上（含两次）股权激励的，应合并按规定计算纳税。根据《关于延续实施全年一次性奖金等个人所得税优惠政策的公告》（财政部 税务总局公告 2021 年第 42 号）的规定，上市公司股权激励单独计税优惠政策，执行期限延长至 2022 年 12 月 31 日。

因特殊情况，员工在行权日之前将股票期权转让的，以股票期权的转让净收入，作为工资、薪金所得征收个人所得税。

员工行权日所在期间的工资、薪金所得，应按下列公式计算工资、薪金应纳税所得额。

$$\text{股票期权形式的工资、薪金应纳税所得额} = \left(\text{行权股票的每股市场价} - \text{员工取得该股票期权支付的每股施权价} \right) \times \text{股票数量}$$

对该股票期权形式的工资、薪金所得，可区别于所在月份的其他工资、薪金所得，单独按下列公式计算当月应纳税额。

$$应纳税额=\left(\begin{matrix}股票期权形式的工资、\\薪金应纳税所得额\end{matrix}\div 规定月份数\times 适用税率-速算扣除数\right)\times 规定月份数$$

式中，规定月份数是指员工取得来源于中国境内的股票期权形式工资、薪金所得的境内工作期间月份数，长于12个月的，按12个月计算；适用税率和速算扣除数，以股票期权形式的工资、薪金应纳税所得额除以规定月份数后的商数，对照工资、薪金个人所得税税率表确定（即七级超额累进税率）。

员工将行权后的股票再转让时所获得的高于购买日公平市场价的差额，是因个人在证券二级市场上转让股票等有价证券而获得的所得，应按照财产转让所得适用的征免规定计算缴纳个人所得税，即

$$财产转让所得=（每股转让价格-行权股票的每股市场价）\times 股票数量$$

这部分所得理应作为财产转让所得征税，但是鉴于目前对个人投资者在二级市场上买卖境内上市公司流通股的所得暂不征收个人所得税，如果行权所获得的股权是流通股，则其通过二级市场的转让所得暂免征收个人所得税；但如果是场外交易或者非流通股、境外上市公司股票的交易，就应当作为财产转让所得征收个人所得税。

员工因拥有股权而参与企业税后利润分配而取得的所得，应按照利息、股息、红利所得适用的规定计算缴纳个人所得税。除依照有关规定可以免税或减税的，其余均应全额按规定税率计算纳税。

综上所述，股票期权的税收政策归纳为：股票期权在计提期间（等待期间），不得在企业所得税前扣除相关成本费用，但在实际发放时（行权时）可以扣除。当个人行权时，股票期权的收益应按工资、薪金所得计算缴纳个人所得税。

【案例16-14】

某上市公司实施股权激励计划，公司授予员工小李股票期权，承诺其在本单位工作满一年即可以6元/股的价格购买本公司1万股股票，小李在获得期权时无须纳税。一年后小李行权，此时股票市价是10元/股，须缴纳个人所得税。

【解析】：

居民个人在2022年12月31日前取得股票期权等奖励，不并入综合所得，单独适用综合所得税率表纳税。2023年之后的税收政策有待税务机关进一步明确。

股票期权的应纳税所得额为：

$$(10-6)\times 10\ 000=40\ 000(元)$$

应纳税额为：

$$40\,000 \times 10\% - 2\,520 = 1\,480(元)$$

2）股票增值权和限制性股票的性质和计税方法

股票增值权是指上市公司授予公司员工在未来一定时期和约定条件下，获得规定数量的股票价格上升所带来收益的权利。被授权人在约定条件下行权，上市公司按照行权日与授权日二级市场股票差价乘以授权股票数量，发放给被授权人现金。

限制性股票是一种激励措施，是指上市公司按照预先确定的条件授予激励对象一定数量的本公司股票，激励对象只有在工作年限或业绩目标符合股权激励计划规定条件的，才可出售限制性股票并从中获益。

股票增值权行权时应纳税所得额计算公式：

$$股票增值权行权时应纳税所得额 = (行权日股票价格 - 授权日股票价格) \times 行权股票份数$$

限制性股票应纳税所得额的计算公式：

$$解禁日应纳税所得额 = (行权日股票市价 + 本批次解禁股票当日市价) \div 2$$
$$\times 本批次解禁股票份数$$
$$- 被激励对象实际支付的资金总额$$
$$\times 本批次解禁股票份数$$
$$\div 被激励对象获取的限售股总份数$$

【案例 16-15】

某企业对高管实行激励计划，授予限制性股票，承诺其可以 5 元/股的价格购买 5 000 股本公司股票，行权日为 2022 年 1 月 31 日，当日股价为 10 元/股，该批次股票解禁日的股价为 12 元/股。请计算高管取得限制性股票应缴纳多少个人所得税？

【解析】：

应纳税所得额为：

$$(10+12) \div 2 \times 5\,000 - 5 \times 5\,000 = 30\,000(元)$$

应纳税额为：

$$30\,000 \times 3\% = 900(元)$$

16.3.2 股权激励的税收筹划

1. 寻找股权激励递延纳税优惠的临界点

《关于完善股权激励和技术入股有关所得税政策的通知》（财税〔2016〕101号）规定，对于上市公司的股票期权、限制性股票及股权奖励可以适当性地延长纳税期限。即如果个人向主管税务机关备案，那么可以从其取得股票之日起或是股票解禁之日起，在不超过一年的期限内缴纳个人所得税。因此，高管人员在现金流不充裕的情况下可申请推迟纳税。

根据财税〔2016〕101号文的规定，非上市公司授予员工的股票期权、限制性股票及股权期权可以在向税务机关备案后，在取得股票时不用纳税，直到员工转让该股权时再纳税，并且是按照财产转让所得征收。这样一来，原先适用3%～45%的七级超额累进税率就转化为了20%的比例税率。如果股权激励的股票是来源于上市公司，那么还可以享受暂免缴纳个人所得税的优惠政策。持有环节的纳税情况同没有享受递延优惠的情况一样。

因为享受递延优惠前为累进税率，享受递延优惠后只有比例税率，所以这两项政策之间就可能存在一个临界点。以非上市公司股票期权为例，考虑取得环节、转让环节（因为持有环节需要缴纳的个人所得税情况相同，所以在这里没有加入公式计算），计算是否享受递延纳税政策的临界点，其他情况类似推理即可。

假设该股票期权的授予日股票价格为 P_0，行权日股票的市场公允价值为 P_1，取得股票后再转让的价格为 P_2，个人所得税综合税率表税率为 t，速算扣除数为 a。不享受递延纳税情况下的应纳税额计算公式为：$T_1=[(P_1-P_0)\times t-a]+(P_2-P_1)\times 20\%$。享受递延纳税情况下应纳税额的计算公式 $T_2=(P_2-P_0)\times 20\%$ 也可写为 $T_2=(P_2-P_1)\times 20\%+(P_1-P_0)\times 20\%$。

因此仅需要比较 $[(P_1-P_0)\times t-a]$（以下简称"1式"）和 $(P_1-P_0)\times 20\%$（以下简称"2式"）的大小即可。显然，当 $t=3\%$、10%、20% 时，1式将恒小于2式。此时 $P_1-P_0 \leqslant 300\,000$。当 $t>20\%$ 时，1式等于2式，$P_1-P_0=529\,000$，因此，可以得到临界点为529 200元。当 $P_1-P_0<529\,000$ 时，选择不享受递延纳税政策更优；当 $P_1-P_0>529\,000$ 时，选择享受递延纳税政策更优。企业自然可以在充分考虑各种税收优惠政策差异的基础上，把握好临界值进行税收筹划。

2. 利用股票期权推迟纳税

《企业会计准则第 11 号——股份支付》规定：股份支付分为以权益结算的股份支付和以现金结算的股份支付。在等待期间，对于以权益结算的股份支付，在计提费用时计入资本公积，即

借：管理费用等

　　贷：资本公积——其他资本公积（权益结算）

对于以现金结算的股份支付，在计提费用时计入应付职工薪酬，即

借：管理费用等

　　贷：应付职工薪酬——股份支付（现金结算）

税法规定，企业对其职工以现金结算的股份支付，应在实际行权时确认费用，并准予在计算应纳税所得额时扣除；而企业对其职工以权益结算的股份支付，不得在计算应纳税所得额时确认费用扣除。

3. 控制股权激励的方式与操作时点

股票期权模式和限制性股票模式是公司实施激励计划的主要模式，不仅可以单独使用，也可以考虑联合使用。股权激励的应纳税所得额与股票的行权价和授予价有关，因此，在行权日，尽量控制股价以降低税收负担。股票价格随着证券市场行情而波动，因此，恰当选择行权日期，尽可能缩小行权价与行权日该种股票市价之间的差距，就可以降低税收负担。

高层管理人员可以选择或决定行权日的股票价格，因为高管人员是企业内部股票期权政策的制定者和执行者，掌握大量的信息，对上市公司的股票价格走势较为了解，一定程度上也在影响着股票价格的走势。

企业可重点关注行权日的选择问题，比如，企业经过多轮融资后股价有上涨的可能，之后实施的股权激励所承担的税收负担可能会高于多轮融资以前的税收负担，因此企业可以在融资前实施股权激励，进而降低应纳税额。

4. 控制工资薪金所得、财产转让所得和股息红利所得的整体税负

由于股票期权涉及工资薪金、财产转让和股息红利这三种不同类型的所得，因此如

何使这三项应纳个人所得税额的总和最小化就是税收筹划应关注的关键问题。通常可以不考虑期权行使后的股息、红利所得,因为对于持股比例不高的一般股东而言,很难对企业的利润分配政策和实务施加足够大的影响。也就是说,这方面的筹划空间很小,主要还是应关注行权时的工资、薪金的应纳所得税款和再转让时的财产转让所得的应纳所得税款的合计数最小化。

5. 选择税收洼地设立持股平台

税收洼地相对其他地区而言,享有更为优惠的税收政策。同时,这些地区也有更为宽松的金融约束。诸如新疆、深圳经济特区等,企业可以享受所得税的免税、减税等政策。因此,企业可以考虑在这些地区设立持股平台,降低企业层面缴纳的企业所得税负担。

6. 股权激励需要考虑非税因素

税收筹划的目的并非简单地降低纳税人的税收负担,还应该结合非税因素考虑,进而实现纳税人的企业价值最大化。股票期权模式、限制性股票模式涉及股票所有权的转让,而股票增值权不涉及股权的转让,相对而言,员工对股票的占有感较低,激励效果可能较差。股票期权、限制性股票及股票增值权的激励对象仅限于公司董事、监事和高级管理人员;持股计划的适用范围相对较广,只要是关键岗位的员工就可以获得。员工持股计划相对其他股权激励模式而言,是员工相信企业未来业绩后自愿选择的结果,在实施上更为灵活,激励效应也更强。这些都是非税因素,是企业进行股权激励税收筹划时需要考虑的。

【案例16-16】

2020年2月1日,某公司授予员工张某1万份股票期权,承诺其可在一年后以10元/股的价格购买1万股本公司股票。2021年1月31日,该公司股票价格为20元/股。张某如何筹划可节税?

【解析】:

在不经过筹划的情况下,张某因行权需缴缴纳个人所得税的情况如下。

应纳税所得额为:

$$(20-10) \times 10\ 000 = 100\ 000(元)$$

应纳税额为：
$$100\,000 \times 10\% - 2\,520 = 7\,480(元)$$

【筹划思路】：筹划节税的方案如下。

将 1 万份股票期权分两次在两个年度分别行权，假设 2022 年 1 月 31 日股票市价仍为 20 元 / 股，则应纳税所得额计算如下。

2021 年度 5 000 份股票期权应纳税额为：
$$(20-10) \times 5\,000 \times 10\% - 2\,520 = 2\,480(元)$$

2022 年度应纳税额也为 2 480 元，共计 4 960 元。

相较于筹划前节税金额为：
$$7\,480 - 4\,960 = 2\,520(元)$$

16.4 个人所得税的其他筹划方法

16.4.1 劳务报酬的税收筹划方法

随着中国经济的快速发展，个人收入的来源和形式日趋多样化。一些个人在取得固定工资、薪金所得的同时，还能取得合法的劳务报酬所得。依据国家税务总局公告 2018 年第 61 号的规定，扣缴义务人向居民个人支付劳务报酬所得时，应当按次或者按月预扣预缴税款。居民个人办理年度综合所得汇算清缴时，应当依法计算劳务报酬所得的收入额，并入年度综合所得计算应纳税款，税款多退少补。因此，根据该预扣预缴政策，将每一次的劳务报酬所得控制在较低的范围内，以尽量少预扣预缴税款或者使预扣预缴的税款为零。办理年度综合所得汇算清缴时，再依法计算劳务报酬所得的收入额，并入年度综合所得计算应纳税款，多退少补，尽量充分利用资金的时间价值。

【案例 16-17】

王某受 A 公司邀请，为 A 公司员工进行培训，培训要进行 6 天，在 6 到 7 月完成即可，每天的培训收入为 5 000 元，王某该如何筹划？

【解析】：

方案一：6天的安排在6月7日至12日，那么6天的收入应该作为一次收入纳税。

劳务报酬所得预扣预缴税款为：

$$5\,000 \times 6 \times (1-20\%) \times 30\% - 2\,000 = 5\,200(元)$$

方案二：6天连续授课时间安排在6月28日到7月3日，那么6天的收入就可以分两次预扣预缴税款。

6月预扣预缴税款为：$5\,000 \times 3 \times (1-20\%) \times 20\% = 2\,400(元)$

7月预扣预缴税款为：$5\,000 \times 3 \times (1-20\%) \times 20\% = 2\,400(元)$

总计预扣预缴 4 800 元。

从充分利用货币时间价值的角度，方案二的节税效果更好。

16.4.2 销售激励的税收筹划方法

企业一般会对销售人员的市场开拓给予奖励，其方法主要是将销售人员的销售业务量与报酬相结合，即按销售量乘以一个百分比，作为销售人员的提成奖金。这种做法从企业管理的角度来看当然是适用的有效方法，但从税收的角度来看，可能会导致个人所得税负担偏高。

如果能够将销售人员在实际销售过程中发生的费用进行适当的分解，或者在企业享受低税率与个人所得税实际税率之间进行权衡，企业则可以在企业所得税和个人所得税中选择较低的税率来纳税，只要计算准确、操作得当，对企业和个人都有利。

【案例16-18】

某公司市场部门员工的工资、薪金制度为每月底薪3 000元，同时计算提成并在年底一次性发放，这里面包括报销给员工的差旅费等支出。李某是该市场部销售人员，2021年除每月领取底薪3 000元外，年底还收到10万元的奖金。李某该如何进行税收筹划？

【解析】：

在进行筹划前，企业代扣代缴个人所得税额为：

$$(3\,000 + 100\,000 - 5\,000) \times 45\% - 15\,160 = 28\,940(元)$$

由于年底的10万元奖金包括李某的差旅费等支出，因此可以将其分离出来，在发生时实报实销，这样就不会计入应纳税所得额。假设李某当年发生差旅费等费用共计 4 万元，则李某实际收到奖金 6 万元，将这 6 万元作为全年一次性奖金，可以单独计税。

每月底薪 3 000，全年共计 36 000 元，不用纳税。

则全年一次性奖金 6 万元应纳税额为：

$$60\ 000 \times 10\% - 210 = 5\ 790(元)$$

复习思考题

1. 个人获取的综合所得应如何进行税收筹划？
2. 全年一次性奖金该如何进行税收筹划？
3. 股权激励有哪些税收筹划空间？
4. 个人收入的税收筹划方法有哪些？
5. 如何利用六项专项附加扣除项目进行税收筹划？
6. 如何对营销人员的销售提成进行税收筹划？

案例分析题

案例一　股票期权的税收筹划

某上市公司实施股权激励计划，公司授予员工王某股票期权，承诺王某自 2020 年 1 月 1 日至 2022 年 1 月 1 日履行工作义务满两年，则可以每股 5 元的价格购买该公司股票 20 000 股。2022 年 1 月 1 日，公司上市，股票价格为 15 元/股，2022 年 3 月 1 日，股票价格为 20 元/股。

【问题】：王某应该在 2022 年 1 月 1 日行权，在 3 月 1 日卖出，还是在 3 月 1 日行权？

案例二　劳务报酬的税收筹划

李某与某杂志社签订雇用合同，约定李某每月在该杂志上发表 10 篇文章，每篇文章的报酬是 1 000 元且每月末结算当月收入。

【问题】：李某应如何进行个人所得税的税收筹划（不考虑专项扣除等）？

案例三　稿酬所得的税收筹划

某教授打算出一本辅导教材，预计共六大部分内容，稿酬总共 30 000 元。

【问题】：如何进行稿酬的税收筹划？

案例四　工资薪金的个人所得税预缴

居民个人李某及其配偶名下均无住房，在省会城市租房居住，每月房租 3 000 元。2022 年 1 月，李某收到工资 8 000 元，已经由单位扣缴了社保和公积金。李某正在某大学攻读硕士，他还需要赡养 60 周岁以上的父母。另外，他利用业余时间出版了关于摄影方面的图书，取得稿酬 20 000 元。以上专项附加扣除都由李某一人扣除。

【问题】：请计算李某 2022 年 1 月应该预扣预缴的个人所得税。

案例五　转让限售股的税收筹划

王某持有某股票的 100 万股限售股，原始取得成本为 150 万元。2022 年 4 月，该限售股全部解禁，可上市流通。王某在 5 月将限售股全部出售，取得收入共计 1 000 万元，并支付手续费 5 万元，王某保存有完整、真实的限售股原值凭证。

【问题】：王某应该如何进行税收筹划？

资本交易的税收筹划

各特殊利益集团和政治家认为,利息支付所带来的税收扣除鼓励人们采取举债收购方式……为什么目标公司非要求助举债收购,而不能依靠自己举债或调整自身资本结构呢?原因在于,税收成本之外的非税成本使资本重组较之其他税收替代手段更有效。

——诺贝尔经济学奖得主　迈伦·斯科尔斯

17.1　企业并购的税收筹划

17.1.1　企业并购的税收筹划规律

企业并购(Mergers and Acquisitions,M&A)包括兼并和收购两层含义、两种方式,即企业之间的兼并与收购行为,是企业进行资本运作和经营的一种主要形式。从行业角度划分,可将其分为三类:横向并购、纵向并购和混合并购。横向并购是指同属于一个产业或行业,或产品处于同一市场的企业之间发生的并购行为,其可以扩大同类产品的生产规模,降低生产成本,消除竞争,提高市场占有率;纵向并购是指生产过程或经营环节紧密相关的企业之间的并购行为,其可以加速生产流程,节约运输、仓储等费用;混合并购是指生产和经营彼此没有关联的产品或服务的企业之间的并购行为,其主要目的是分散经营风险,提高企业的市场适应能力。从企业并购的付款方式来讲,企业并购主要包括企业合并、资产收购、股权收购三种形式。企业并购作为实现资源流动和有效配置的重要方式,在其过程中不可避免地会涉及企业的税收负担及策划节税问题。

企业并购是指通过一个企业与另一个企业的结合或获得对另一个企业净资产和经营

活动的控制权，而将各单独的企业合成一个经济实体。企业并购的税收筹划是指在税法规定的范围内，并购双方从税收角度对并购方案进行科学、合理的事先筹划和安排，尽可能减轻企业税负，从而达到降低合并成本，实现企业整体价值最大化。

【案例 17-1】

乙公司因经营不善，连年亏损。2021年12月31日，资产总额为1 200万元（其中，房屋、建筑物1 000万元，存货200万元），负债为1 205万元，净资产为 -5万元。公司股东决定清算并终止经营。甲公司与乙公司经营范围相同，为了扩大公司规模，决定出资1 200万元购买乙公司的全部资产。乙公司将资产出售收入全部用于偿还债务和缴纳欠税，然后将公司解散。请计算乙公司应纳税额，并对其进行税收筹划。

【解析】：乙公司在该交易中涉及不动产转让，须缴纳增值税及相关附加。

不动产转让应纳增值税 =1 000÷(1+9%)×9%+200÷(1+13%)×13%=105.58(万元)

应纳城建税及教育费附加 =105.58×(7%+3%)=10.56(万元)

转让企业产权是整体转让企业资产、债权、债务的行为，其转让价格不只由资产价值决定。所以，转让企业产权不缴纳增值税。

对于上述交易，如果甲公司将乙公司吸收合并，乙公司的资产和负债全部转移至甲公司账下，则甲公司无须立即支付资金即可获得乙公司的经营性资产，而且乙公司也无须缴纳增值税，可以实现筹划节税。

知识链接

企业合并、分立中不动产转让土地增值税及契税政策

《关于继续实施企业改制重组有关土地增值税政策的公告》（财政部 税务总局公告2021年第21号）规定：按照法律规定或合同约定，两个或两个以上企业合并为一个企业，且原企业投资主体存续的，对原企业将房地产转移、变更到合并后的企业，暂不征土地增值税。

按照法律规定或合同约定，企业分设为两个或两个以上与原企业投资主体相同的企业，对原企业将房地产转移、变更到分立后的企业，暂不征土地增值税。

单位、个人在改制重组时以房地产作价入股进行投资，对其将房地产转移、变更到被投资的企业，暂不征土地增值税。

《关于继续执行企业 事业单位改制重组有关契税政策的公告》（财政部 税务总局

公告 2021 年第 17 号）规定：公司依照法律规定、合同约定，合并为一个公司，且原投资主体存续的，对合并后公司承受原合并各方土地、房屋权属，免征契税。

公司依照法律规定、合同约定分设为两个或两个以上与原公司投资主体相同的公司，对分立后公司承受原企业土地、房屋权属，免征契税。

1. 选择并购目标的税收筹划

1）并购类型选择的税收筹划

并购类型的选择是并购决策中的首要问题。若选择同行业同类企业作为目标企业，则属于横向并购，可以消除竞争、扩大市场份额、形成规模效应。从税收角度看，由于横向并购不改变经营主业和所处的行业，因此一般不会对纳税环节和税种有过多影响。从纳税主体属性看，增值税小规模纳税人可能会因规模的扩大而转变为一般纳税人，中小企业可能会扩张为大企业。

若选择与供应商或客户并购，则属于纵向并购，可以实现上下游一体化、协作化生产，甚至可以实现范围经济。对并购企业来说，与供应商及客户的交易变成了企业内部调拨行为，其流转环节减少，相应的流转税负也会降低甚至消失。由于纵向并购拓宽了生产经营范围，所以很可能增加纳税环节及税种。例如，钢铁企业并购汽车企业，将增加消费税税种。由于税种增加，可以说相应纳税主体属性也有了变化，企业生产经营过程中也会相应地增加消费税的纳税环节。

【案例 17-2】

某地区有两家大型酒厂——A 和 B，它们都是独立核算的法人企业。A 酒厂主要经营粮食类白酒，以当地生产的大米和玉米为原料，按照消费税法规定，适用 20% 的税率。B 酒厂以 A 酒厂生产的粮食酒为原料，生产系列药酒，按照消费税法规定，适用 10% 的税率。A 每年要向 B 提供价值 2 亿元、共 5 000 万千克的粮食酒。经营过程中，B 酒厂由于缺乏资金和人才，无法经营下去，准备破产。此时 B 酒厂欠 A 酒厂共计 5 000 万元货款。经评估，B 酒厂的资产恰好为 5 000 万元。请分析 A 酒厂收购 B 酒厂的决策依据。

【解析】：A 酒厂领导人经过研究，决定对 B 酒厂进行收购，其决策的主要依据如下。

第一,这次收购支出的费用较小。由于合并前 B 酒厂的资产和负债均为 5 000 万元,净资产为零,因此,按照税法规定,该并购行为属于以承担被兼并企业全部债务的方式实现的吸收合并,不视为被兼并企业按公允价值转让、处置全部资产,不计算资产转让所得,不缴纳企业所得税。此外,两家企业之间的行为属于产权交易行为,按税法规定,不缴纳增值税。

第二,合并可以递延部分税款。合并前,A 酒厂向 B 酒厂提供的粮食酒,每年应该缴纳的消费税额为:

$$应纳消费税额 = 20\ 000 \times 20\% + 5\ 000 \times 2 \times 0.5 = 9\ 000(万元)$$

而这笔税款一部分合并后可以递延到药酒销售环节缴纳(消费税从价计征部分),从而获得递延纳税的好处;另一部分税款(从量计征的消费税)则免予缴纳。

第三,B 酒厂生产的药酒市场前景很好,企业合并后可以将经营转向药酒生产,转向后企业应缴的消费税款将减少。由于粮食酒的消费税税率为 20%,而药酒的消费税税率为 10%,如果企业转产为药酒生产企业,则相关消费税负担会大大减轻。

假定药酒的销售额为 2.5 亿元,销售数量为 5 000 万千克。

合并前后应纳消费税款如下:

$$A\ 酒厂应纳消费税 = 20\ 000 \times 20\% + 5\ 000 \times 2 \times 0.5 = 9\ 000(万元)$$
$$B\ 酒厂应纳消费税 = 25\ 000 \times 10\% = 2\ 500(万元)$$
$$合计应纳消费税款 = 9\ 000 + 2\ 500 = 11\ 500(万元)$$
$$合并后应纳消费税 = 25\ 000 \times 10\% = 2\ 500(万元)$$
$$合并后节约消费税 = 11\ 500 - 2\ 500 = 9\ 000(万元)$$

2)目标企业的财务状况与税收筹划

并购企业若有较高盈利水平,为改变其整体的税收负担,则可选择一家有大量净经营亏损的企业作为并购目标。实施合并后实现的盈利可以有条件地弥补被合并企业原来的亏损,降低合并企业的所得税负担。因此,目标公司尚未弥补的亏损和尚未享受完的税收优惠应当是决定是否实施企业并购的一个重要因素。

根据《财政部 国家税务总局关于企业重组业务企业所得税处理若干问题的通知》(财税〔2009〕59 号)的规定,适用于一般重组的吸收合并,被合并企业的亏损不得在合并企业结转弥补;而适用于特殊性重组的吸收合并,合并企业可以限额弥补被合并企业的亏损。因此,企业合并应符合特殊性重组的条件才能免征企业所得税,即必须满足四个条件：①具有合理的商业目的，且不以减少、免除或者推迟缴纳税款为主要目的；②企业重组后的连续 12 个月内不改变重组资产原来的实质性经营活动；③企业重组中取得股权支付的原主要股东，在重组后连续 12 个月内，不得转让其所取得的股权；④企业股东在该企业合并发生时取得的股权支付金额不低于其交易支付总额的 85%，以及同一控制下且不需要支付对价的企业合并。除此之外，并购亏损企业一般采用吸收合并或控股兼并的方式，不采用新设合并方式。因为新设合并的结果是被合并企业的亏损已经核销，无法抵减合并后的企业利润。但此类并购活动必须警惕亏损企业可能给并购后的整体带来不良影响，特别是利润下降给整体企业市场价值带来的消极影响，甚至会由于向目标企业过度投资，导致不但没有获得税收抵免递延效应，反而将优势企业也拖入了亏损的境地。

【案例 17-3】

广西建工集团有限责任公司（简称"广西建工"）是广西区政府直属国有大型企业，下属有子公司 22 家，其中拥有建筑施工特级资质的企业有 5 家，现有正式员工 2.8 万人。广西建工金控投资有限公司（简称"金控公司"）是广西建工旗下进行产融结合、开拓新业务的投资公司，其原为全资子公司，后因采用明股实债方式融资，股比降为 96.71%，现属于绝对控股子公司。公司注册资本金为 5 亿元，总资产为 40 亿元。广西建工集团第一建筑工程有限责任公司（简称"一建公司"）是广西建工旗下的主力子公司，其原为全资子公司，后因采用明股实债方式融资，股比降为 93.08%，现属于绝对控股子公司。注册资本金为 10 亿元，2017 年营业收入为 116 亿元。南宁市大都小额贷款有限公司（简称"小贷公司"）是一建公司的全资子公司，是广西建工 2014 年 5 月为整合集团内建筑上下游产业链贷款业务而成立的二级子公司；2017 年年底小贷公司净资产为 44 725 万元，其中注册资金为 4 亿元，4 725 万元为小贷公司经营积累。

由于金控公司与小贷公司同属于广西建工的金融板块，两者的业务有一定的交叉点；根据广西建工的《关于南宁市大都小额贷款有限公司整体并入广西建工金控投资有限公司的通知》（桂建集团政字〔2017〕51 号），集团把一建公司的小贷公司整体并入金控公司。

现针对上述税法与特殊性重组的税务规定，结合集团一建公司、金控公司的实际情况，提出以下三种股权变更方案，并比较其税务成本与税务风险。

【解析】：

方案一： 无偿划转。

在无偿划转方案下，一建公司与金控公司就小贷公司的股权划转签署《股权划转协议》。本次划转在广西建工合并报表范围内进行，并没有涉及合并报表范围的变化，故对单体企业权益不产生影响，对当期财务及生产经营也无重大影响。本方案中，一建公司与金控公司只需要以对小贷公司投资的账面价值 40 000 万元作为本次划转标的即可。

无偿划转是较为特殊的一种企业国有产权流转方式，是在兼并重组的前提下，以无偿形式对各部门的国有资产进行综合调配的一种资源优化手段，具有行政性特点，可以降低资源调配的阻力和成本，提升调控速度。无偿划转本身并不具有免税属性，尽管本方案中金控公司将一建公司划入的小贷公司股权作为实收资本，在方式上适用特殊性税务处理的相关规定，符合免税的范畴。但是一建公司与金控公司均有引入明股实债，作为战略合作方，广西建工持一建公司 93.08% 的股权，持金控公司 96.71% 的股权，均不符合《关于促进企业重组有关企业所得税处理问题的通知》（财税〔2014〕109 号）中"100% 直接控制的全资居民子企业之间的无偿划转条件"的要求。结合国务院国资委《企业国有产权无偿划转管理暂行办法》所述，无偿划转是指企业国有产权在国有独资企业（即全资）之间的无偿转移，该文件这样规定也是为了不让国有资产流失。所以尽管此方案股权划转成本低，但在合规性上无法采用无偿划转方案。

方案二： 非公开协议转让。

在非公开协议转让方案下：一建公司与金控公司就小贷公司的股权转让签署《股权非公开转让协议》。本次股权转让是在广西建工合并报表范围内进行，并没有涉及合并报表范围的变化，故对单体企业权益不产生影响，但会对一建公司当期财务、税务及生产经营产生一定影响，具体的会计处理如下。

一建公司账务处理：

借：银行存款　　　　　　　　　　　　　　44 725 万元

　　贷：长期股权投资——小贷公司　　　　　40 000 万元

　　　　投资收益　　　　　　　　　　　　　4 725 万元

金控公司账务处理：

借：长期股权投资——小贷公司　　　　　　44 725 万元

　　贷：银行存款　　　　　　　　　　　　　44 725 万元

一建公司采取非公开协议转让方式，其转让小贷公司股权的价格不得低于资产评估结果或小贷公司最近一期（即 2017 年）审计报告中的净资产数值。由于股权划出方一建公司确认了 4 725 万元所得，违反了《关于促进企业重组有关企业所得税处理问题的通知》(财税〔2014〕109号)中"股权划出、划入双方企业都没有在财务上确认损益"的特殊性税务处理规定,故不符合有关特殊性税务处理的规定,只能按照一般性税务处理。所以本方案中,一建公司与金控公司虽属于同一控制下的股权划转,但应以小贷公司净资产44 725万元作为本次转让标的,一建公司应确认投资收益4 725万元,从而影响一建公司当期利润总额4 725万元,同时应缴纳企业所得税708.75万元(一建公司2017年1月1日起取得高新技术企业,适用15%的企业所得税税率)。此方案虽然能实现企业重组的目的,但需要缴纳企业所得税708.73万元,明显不划算,因此并不是最优方案。

方案三: 股权支付方式收购。

金控公司采用股权支付方式收购一建公司的小贷公司股权,签署《股权支付方式收购协议》。本次股权收购在广西建工合并报表范围内进行,并没有涉及合并报表范围的变化,故对单体企业权益不产生影响,对当期财务及生产经营也无重大影响。金控公司向一建公司购买小贷公司100%的股权,将采取金控公司本企业股权支付形式支付100%股权交易总额,拟作为一建公司对金控公司的增资。这样做的目的是符合特殊性税务处理的相关条件,具体的会计处理如下。

一建公司账务处理:

借:长期股权投资——金控公司　　　　　　44 725万元
　　贷:长期股权投资——小贷公司　　　　　　40 000万元
　　　　资本公积　　　　　　　　　　　　　　4 725万元

金控公司账务处理:

借:长期股权投资——小贷公司　　　　　　44 725万元
　　贷:实收资本　　　　　　　　　　　　　　44 725万元

在采取股权支付方式收购方案下,一建公司以持有的小贷公司股权作为增资的对价,成为金控公司股东,符合特殊性税务处理的相关规定:①收购与支付股权比例均为100%,大于规定比例;②金控公司取得小贷股权后连续12个月内不改变小贷公司原来的实质性经营,同时也不转让此股权。本方案的好处为,一建公司、金控公司在本次股权收购、股权持有期间均不产生税务影响,既实现了广西建工企业重组目的,又不需要缴纳企业所得税。金控公司经过此次收购小贷公司股权,其企业注册资本金由5.17亿元增加到了9.64亿元,极大地提高了金控公司作为广西建工投资平台的实力与承接PPP项目的能力。

综上所述，本方案明显比前面两个方案更有可行性。本次股权收购的特殊性税务处理的实质是"延期交税"。一建公司在对外出售所持金控公司股权时，将重新面临涉税问题。

3）目标企业行业选择与税收筹划

我国对一些行业给予了企业所得税优惠，例如，对小型微利企业减按20%的税率征收；对国家需要重点扶持的高新技术企业减按15%的税率征收；对农、林、牧、渔业项目，国家重点扶持的公共基础设施项目，以及符合条件的环境保护、节能节水项目可予以免征、减征。并购方在选择并购对象时，可重点关注这些行业或项目，以获得税收优惠及其他政府补贴资金。

2. 选择并购出资方式的税收筹划

在税收法律的立法原则中，对企业或其股东的投资行为所得征税，通常以纳税人当期的实际收益为税基；对于没有实际收到现金红利的投资收益，不予征税。这就给并购企业提供了免税并购的可能。

并购按出资方式可分为现金购买资产式并购、现金购买股票式并购、股票换取资产式并购、股票换取股票式并购。后两种并购以股票方式出资，对目标企业股东来说，在并购过程中，不需要立即确认其因交换而获得并购企业股票所形成的资本利得，即使在以后出售这些股票需要就资本利得缴纳企业所得税，也已起到了延迟纳税的效果。

股票换取资产式并购也称为"股权置换式并购"，这种模式在整个资本运作过程中没有出现现金流，也没有实现资本收益，因而这一过程是免税的。企业通过股权置换式并购，可以在不纳税的情况下实现资产的流动与转移，并达到追加投资和资产多样化的理财目的。

【案例17-4】

深圳市大富科技股份有限公司（简称"大富科技"）以现金及发行股份购买资产收购华阳微电子。

大富科技拟收购华阳微电子剩余48%的股权，以便实现全资控制，充分利用物联网行业的快速发展来获利。本次交易前，大富科技已持有华阳微电子52%的股权。本次交易后，华阳微电子将成为大富科技的全资子公司，有利于上市公司对其实施进一步的业务整合。相比现金收购，上市公司发行股份收购可以突破账面资金的限制，发起更大规模的并购交易，且具备增值空间，容易得到交易对方的认可和接受。

本次交易通过支付现金及发行股份相结合的方式收购交易对方（自然人）持有的华

阳微电子 48% 的股权，交易对价为 24 960 万元。其中，7 500 万元以现金方式支付，其余 17 460 万元以发行股份的方式支付。本次非公开发行的股票为人民币普通股，每股面值人民币 1 元，发行价格为 13.06 元每股，拟发行不超过 1 336.906 5 万股。华阳微电子的注册资本为 1 535.00 万元，个人所得税税率为 20%。

请问具体税务该如何处理？

【解析】：由于本次收购华阳微电子的股权比例为 48%，少于 50%，因此只能使用一般性税务处理。依据一般性税务处理的规定，收购方大富科技的计税基础为 24 960 万元，被收购方的股东自然人应确认股权转让所得：

$$24\ 960-1\ 535\times48\%=24\ 223.2(万元)$$

因此缴纳税款为：

$$24\ 223.2\times20\%=4\ 844.64(万元)$$

被收购企业华阳微电子的相关所得税事项保持不变。

企业此次股权收购税务处理中，计税基础为公允价值，而公允价值一般会大于原计税基础，所以会增加税收负担。一般来说，企业应该尽量筹划使用特殊性税务处理，但本案例中华阳微电子只有 48% 的股权可以被收购，所以企业只能用一般性税务处理。但也有其他的解决办法，比如，让华阳微电子在新三板挂牌，挂牌后一年先采取分红方式分配利润，挂牌一年以上公司个人股东分红可以免个人所得税，分红后再转让股份，因分红降低了每股净资产，从而导致股权转让价格下降，这样可以减轻个人所得税税负。

【案例 17-5】

鞍钢股份是中国大型生产和销售钢铁的企业，它的前身是鞍钢新车L钢股份有限公司，是鞍山钢铁在 1997 年 5 月成立的股份有限公司，并且分别在香港联合交易所和深圳证券交易所上市。2018 年，为了把握市场的好时机，为公司注入新的资产，加速企业的改革进程，鞍钢股份作价 59.04 亿元收购了朝阳钢铁 100% 的股权，其转让款是一次性现金或银行承兑汇票支付全部。

鞍钢股份收购朝阳钢铁集团有限公司持有的鞍钢集团朝阳钢铁有限公司 100% 股权，朝阳钢铁 100% 股权的交易，原账面计税基础为 303 429.51 万元，公允价值为 590 384.77 万元，评估增值 94.57%。

【解析】：（1）一般性税务处理。

鞍钢股份取得朝阳钢铁股权计税基础 =590 384.77（万元）

朝阳钢铁确认转让所得=590 384.77-303 429.51=286 955.26(万元)

企业所得税=286 955.26×25%=71 738.82(万元)

（2）特殊性税务处理。以87%的股权和76 750.02万元现金方式支付。

公允价值中高于原计税基础的增加值=590 384.77-303 429.51=286 955.26(万元)

非股权支付比例=76 750.02÷590 384.77×100%=13%

朝阳钢铁转让所得=286 955.26×13%=37 304.18(万元)

企业所得税=37 304.18×25%=9 326.05(万元)

通过上述计算结果可以得出，两种支付方式下，一般性税务处理比特殊性税务处理在资产转让当期多确认了资产转让收益，即286 955.26-37 304.18=249 651.08(万元)，且当期多缴纳了企业所得税，即71 738.82-9 326.05=62 412.77(万元)。因此在不考虑其他因素的条件下，选择特殊税务处理比较合适。

3. 并购会计处理方法的税收筹划

并购会计处理方法有购买法和权益联合法两种。两种会计处理方法下，对重组资产确认、市价与账面价值的差额等有着不同的规定，会影响到重组后企业的整体纳税状况。

在购买法下，并购企业支付目标企业的购买价格不等于目标企业的净资产账面价值。在购买日将构成净资产价值的各个资产项目，按评估的公允市价入账，公允市价超过净资产账面价值的差额在会计上作为商誉处理。商誉和固定资产由于增值而提高的折旧费用或摊销费用，会减少税前利润，从而会产生节税效果。

权益联合法仅适用于发行普通股换取被并购公司的普通股。参与合并的各公司资产、负债都以原账面价值入账，并购公司支付的并购价格等于目标公司净资产的账面价值，不存在商誉的确定、摊销和资产升值折旧问题，所以对并购企业不会有未来收益减少的影响。吸收合并与新设合并及股票交换式并购采用的就是这种会计处理方法。

购买法与权益联合法相比，资产被确认的价值较高，并且由于会增加折旧和摊销商誉而导致净利润减少，形成节税效果。但是购买法会增加企业的现金流出或负债，从而会相对地降低资产回报率，降低资本利用效果，因此税收筹划要全面衡量得失。

4. 选择并购融资方式的税收筹划

企业并购通常需要筹措大量的资金，其融资方式主要有债务融资和股权融资。债务融资利息允许在税前列支,而股权融资股息只能在税后列支。因此,企业并购采用债务融资方式会产生利息抵税效应,这主要体现在节税利益及提高权益资本收益率方面。其中节税利益反映为负债成本计入财务费用以抵减应纳税所得额,从而相应减少应纳所得税额。在息税前收益率不低于负债成本率的前提下,债务融资比例越高,额度越大,其节税效果也就越显著。当然,负债最重要的杠杆作用在于提高权益资本的收益率水平及普通股的每股收益率,这可以从下面的公式得以充分反映。

$$权益资本收益率(税前)=息税前投资收益率+负债÷权益资本\times(息税前投资收益率-负债成本率)$$

【案例17-6】

甲公司为实行并购需要融资400万元,假设融资后息税前利润有80万元。现有三种融资方案可供选择:方案一,完全以权益资本融资;方案二,债务资本与权益资本融资的比例为10∶90;方案三,债务资本与权益资本融资的比例为50∶50。假设债务资金成本率为10%,企业所得税税率为25%。在这种情况下应如何选择融资方案呢?

【解析】:当息税前利润额为80万元时,税前投资回报率为80÷400×100%=20%>10%(债务资金成本率),税后投资回报率会随着企业债务融资比例的上升而上升。因此,应当选择方案三,即50%的债务资本融资和50%的权益资本融资,这种方案下的纳税额最小,即:

$$应纳企业所得税=(80-400\times50\%\times10\%)\times25\%=15(万元)$$

但并购企业同时也需考虑因大量债务融资给企业资本结构带来的影响。如果并购企业原来的负债比率较低,那么通过债务融资适当提高负债比率是可行的;如果并购企业原来的负债比率较高,那么继续采取债务融资可能会导致加权平均资金成本上升、财务状况急剧恶化、破产风险增大等负面影响。此时,更好的融资方式也许是股权融资,或债务融资与股权融资并用,以保持良好的资本结构。

5. 资产收购与股权收购的转化

股权收购是一种股权交易行为,它能够改变企业的组织形式及股权关系,与资产收购完全不同。资产收购一般只涉及单项资产或一组资产的转让行为,而股权收购涉及企业部分或全部股权。股权收购是收购企业资产、债权、债务及劳动力的综合性交易行为,其收购价格不仅由被收购企业账面资产价值决定,还与被收购企业的商誉等许多账面没有记录的无形资产等有关。

资产收购与股权收购所适用的税收政策有着较大差异。一般资产收购都需要缴纳流转税和所得税,如对存货等流动资产出让应作为货物交易行为缴纳增值税,对货物性质的固定资产转让也应缴纳增值税。如果需要在企业之间转移资产,那么以股权转让形式规避税收不失为一种好的税收筹划模式。企业股权转让与企业销售不动产、销售货物及转让无形资产的行为完全不同,它不属于增值税征收范围,因此,转让企业股权不缴纳增值税。[①] 通过把资产收购转变为产权收购,就可以实现资产、负债的打包出售,从而规避资产转让环节的流转税,达到利用并购重组筹划节税的目的。

产权交易还可以改变业务模式,整合资源,调整产权结构,进而影响企业税负。

【案例 17-7】

2021年,甲企业为了扩大生产经营,提升品牌竞争力,计划收购不存在关联关系的Y企业的实质经营性资产。2021年2月,Y公司全部实质性经营资产的计税基础为1.8亿元,经评估后的总价值为2.1亿元。以下提出了两种收购方案,请分别分析它们的税收成本和税务风险。

方案一:甲企业通过增发2.1亿元股权收购Y企业资产后,Y企业持有甲企业38%的股权。

方案二:甲企业以其持有的公允价值为2.1亿元(计税基础为1 200万元)的乙企业100%的股权作为支付对价,从Y企业处购入其全部实质性经营资产。重组交易完成后,甲企业持有Y企业全部实质性经营资产,Y企业持有乙企业100%的股权。

解析:

方案一:

对于Y企业,由于甲企业支付的对价全部为甲企业本身的股权,占全部支付金额的比

[①] 《国家税务总局关于纳税人资产重组有关增值税问题的公告》(国家税务总局公告2011年第13号)规定:纳税人在资产重组过程中,通过合并、分立、出售、置换等方式,将全部或者部分实物资产及与其相关联的债权、负债和劳动力一并转让给其他单位和个人的行为,不属于增值税的征税范围,其中涉及的货物转让,不征收增值税。《财政部 国家税务总局关于全面推开营业税改征增值税试点的通知》(财税〔2016〕36号)规定的"不征收增值税项目"包括:(1)根据国家指令无偿提供的铁路运输服务、航空运输服务,属于《营业税改征增值税试点实施办法》第十四条规定的用于公益事业的服务;(2)存款利息;(3)被保险人获得的保险赔付;(4)房地产主管部门或者其指定机构、公积金管理中心、开发企业及物业管理单位代收的住宅专项维修资金;(5)在资产重组过程中,通过合并、分立、出售、置换等方式,将全部或者部分实物资产及与其相关联的债权、负债和劳动力一并转让给其他单位和个人,其中涉及的不动产、土地使用权转让行为。

例为 100%。假设其他条件也满足，这个时候，Y 企业转让资产计税基础 1.8 亿元与公允价值之间的差额 3 000 万元，可暂不确认资产转让所得。也就是说，Y 企业取得的甲企业的 38% 的股权的计税基础，以被转让资产即 Y 企业实质性经营资产的原有计税基础 1.8 亿元确定。

对于甲企业，甲企业实际支付股权的公允价值为 2.1 亿元。如果适用一般性税务处理，那么其取得资产的计税基础是 2.1 亿元；如果适用特殊性税务处理，那么甲企业取得资产的计税基础为 1.8 亿元。即便 Y 企业今后转让股权，实现增值并纳税，甲企业取得资产的计税基础也不能随之调整，仍要按 1.8 亿元计提相关资产的折旧或者摊销，这在一定程度上增加了收购方甲企业的税收成本。

方案二：

对于 Y 企业，在转让实质性经营资产时，不确认转让所得或损失；取得乙企业 100% 的股权的计税基础，以被转让资产的原有计税基础，即其全部实质性经营资产的计税基础 1.8 亿元确定。

对于甲企业，以子公司乙企业 100% 的股权为对价，取得转让方 Y 企业全部实质性经营资产，暂不确认股权转让所得或损失。至于取得 Y 企业的全部实质性经营资产的计税基础的确认，是以被转让资产的原有计税基础（即 1.8 亿元）确定，还是应以乙企业股权的原计税基础（即 1 200 万元）确定，一般我们在设计方案时会先与企业所属主管税务机关沟通确认，避免因计税基础的确认错误而产生税务成本或风险。

通过分析上述两个方案可知，资产收购双方计税基础的确定不仅影响着本次交易的税务成本，还会对未来资产的交易或处置的税务成本产生重大的影响。

由于资产收购涉及的金额一般都比较巨大，方案设计不完善或无效导致的税务风险也将异常巨大，受影响范围也不只是资产收购方案中的企业，因此，资产收购税筹方案必须慎重考虑。

17.1.2 企业并购的税收筹划

【案例 17-8】

武汉市 A 房企集团下属 B 项目公司主要资产为一栋主城区在建办公楼，取得施工证的日期为 2016 年 4 月 30 日前，按老项目税务备案。现 A 集团拟将该办公楼转让给甲房地产公司。B项目公司注册资本为6 000万元，截至转让时已投资6 000万元，评估值为10 000万元。假设甲公司继续开发须追加投资2 000万元（进项税率为9%），项目预计销售额为16 000万元。请从资产收购和股权收购两方面进行税务筹划。（假设土地增值税清算，财务费用按开发成本5%计算扣除，不考虑印花税。）

解析：

方案一： 资产收购。甲公司直接收购B项目公司的在建办公楼，转让方A与受让方甲所需要缴纳的税费如表17-1所示。

表17-1 资产收购税负情况表 （单位：万元）

明细项目	转让方A公司	受让方甲公司
销项税		16 000÷1.09×9%=1 321.1
进项税		476.19+2 000÷1.09×9%=641.33
增值税	10 000÷1.05×5%=476.19	1 321.1-641.33=679.77
增值税金附加	476.19×(7%+3%+2%)=57.14	679.77×(7%+3%+2%)=81.57
开发成本		10 000÷1.05+1 000÷1.09=10 441.24
土地增值税	(10 000÷1.05-6 000-57.14-6 000×20%-6 000×10%)×30%-0=500	(16 000÷1.09-10 441.24-2 000÷1.09×20%-10 441.24×10)×30%=847.97
企业所得税	(10 000÷1.05-6 000-57.14-500)×25%=741.67	(16 000÷1.09-10 441.24-81.57-847.97)×25%=827.03
税费小计	1 775	2 463.34
现金净流入	10 000-6 000-1 775=2 225	16 000-10 000-2 000-2 436.34=1 563.66

方案二： 股权收购。甲公司直接收购A集团下属B项目公司股权，转让方A与受让方甲所需缴纳税费如表17-2所示。

表17-2 股权收购税负情况表 （单位：万元）

明细项目	转让方A公司	受让方甲公司
增值税	0	16 000÷1.05×5%=761.9
增值税金附加	0	679.77×(7%+3%+2%)=81.57
土地增值税	0	[16 000÷1.05-(6 000+2 000)-81.57-8 000×20%-8 000×10%]×30%=1 426.96
企业所得税	(10 000-6 000)×25%=1 000	[16 000÷1.05-(6 000+2 000)-81.57-1 426.96]×25%=1 432.39
税费小计	1 000	3 698.14
现金净流入	10 000-6 000-1 000=3 000	16 000-10 000-2 000-3 698.14=301.86

方案一中转让方 A 获得净现金流入 2 225.00 万元，受让方甲公司获得净现金流入 1 563.66 万元，双方合计获得现金流入 3 788.66 万元。方案二中转让方 A 获得净现金流入 3 000.00 万元，受让方甲公司获得净现金流入 301.86 万元，双方合计获得现金流入 3 301.86 万元。站在转让方 A 的角度，显然方案二更优，可获得更高净现金流入，而站在受让方甲的角度，方案一更优，可获得更高净现金流入。若要实现双方利益最大化，则方案一更优，可获得更高净现金流入。

税收并购的税务筹划点主要在并购的模式上，实际操作并购项目时，项目情况错综复杂。除了要考虑税务成本外，还要考虑交易成本、机会成本、筹融资成本及整合成本等。因此，最后的并购方案通常较为复杂，可能是几种并购模式的组合，且没有统一的标准，必须针对具体项目进行深入研究对比，找出相对较优的模式。

上述并购路径各有利弊，在进行税务筹划时，不能简单地认为资产并购或者股权并购更优，对受让方最优的可能对转让方却是最不利的，反之亦然。因此房地产企业并购只有找到双方整体税负的平衡点，最后才能真正实现整体利益的最大化。

【筹划分析】

A 汽配公司收购重组税收筹划

A 汽配公司是一家主营业务为汽车车身冲压的企业，成立于 2009 年，注册资本为 5 000 万元，如今总资产达 2 亿元，是中部地区相关业务企业规模较大、专业化程度较高的企业，目前已经成为东风乘用车公司、东风控股集团的战略合作伙伴。A 汽配公司有较强的扩张意愿。

B 汽配公司与 A 汽配公司经营范围有些重叠，是一家主营业务为汽车零部件生产销售的企业，注册于 2014 年，企业注册资本为 100 万元，B 汽配公司在业界广受好评，获得了业界合作伙伴的高度认可。

为了企业的进一步发展，缓解同业竞争，获得更大的市场，A 汽配公司在 2017 年决定收购 B 汽配公司 100% 的股权，以实现公司的战略发展目标。

1. 资产收购

如果 A 汽配公司以非股权支付的方式收购 B 汽配公司，则 B 汽配公司将所有资产卖出后，要注销清算公司。如果 A 汽配公司以股权支付的方式收购 B 汽配公司，则 B 汽配公司不需要注销公司，而是变更经营范围。B 汽配公司的资产信息如表 17-3 所示。

表 17-3 B 汽配公司资产信息表

资产	原价值	账面价值	评估价值	增值额
房产	225 万元	203 万元	451 万元	248 万元
生产专利	280 万元	217 万元	217 万元	0
生产设备	347 万元	232 万元	232 万元	0
土地使用权	148 万元	119 万元	268 万元	149 万元

下面分析需要缴纳的流转税。因为 B 汽配公司的房产主要为自建房产，一般纳税人将其于 2016 年 4 月 30 日之前取得的房产转让时，可以适用 5% 的简易征收率，当 B 汽配公司将房产转让时，需要缴纳的增值税为 451÷(1+5%)×5%=21.48(万元)。生产设备适用的税率为 17%，需要缴纳的增值税为 232×17%=39.44(万元)。生产专利的转让适用 6% 的税率，则生产专利的转让需要缴纳的增值税为 217×6%=13.02(万元)。转让土地使用权以评估价值减去取得的全部价款和价外费用，需要缴纳的增值税为 (268−148)÷(1+5%)×5%=5.71 万元。B 汽配公司需要负担的增值税税额总额为 13.02+39.44+21.48+5.71=79.65(万元)。

为了降低企业重组的税收负担，A 汽配公司可以选择将 B 汽配公司的资产、债务和相关劳动力全部收购，如此便不必缴纳增值税，并且 B 汽配公司向 A 汽配公司开具增值税专用发票，A 汽配公司还可以将此部分专用发票抵扣进项税额。

2. 股权收购

股权收购示意图如图 17-1 所示。

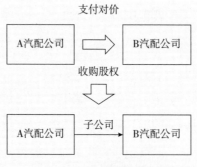

图 17-1 股权收购示意图

（1）流转税。根据我国税法的规定，采用股权收购的方式进行企业重组，被重组企业无须缴纳增值税、土地增值税，重组企业也无须缴纳契税。所以，如果采用股权收购的方式进行企业重组，则重组的双方都无须缴纳流转税。

(2)所得税。B 汽配公司的计税基础为 850 万元,如果 A 汽配公司选择一般性税务处理的方式,以 920 万元的公允价值收购 B 汽配公司,则 B 汽配公司需要缴纳的所得税税额为 (920-850)×25%=17.5(万元)。如果 A 汽配公司采取股权置换的方式,使重组符合特殊性税务处理的条件,企业可以暂时免于缴纳企业所得税。在股权支付比例符合特殊性税务处理最低比例的要求下,即股权支付金额为 920×0.85=782(万元)时,假设企业以 782 万元的股权和 138 万元的现金收购 B 汽配公司,则 B 汽配公司当年仅需要就 60 万元现金部分缴纳企业所得税,即 (920-850)×(138÷920)×25%=2.63(万元)。

综上所述,采用股权收购的方式,企业双方无须考虑流转税的问题,B 汽配公司需要考虑所得税问题。

3. 吸收合并

吸收合并是企业进行并购重组所经常采用的另外一种方式,如果 A 汽配公司采用此种方式去并购 B 汽配公司,则 B 汽配公司要在重组并购过程之后进行注销清算,B 汽配公司的部分财务信息如表 17-4 所示。

表 17-4　B 汽配公司部分财务信息　　　　　　　　　　　　　（单位：万元）

财务指标	账面价值	评估价值	增值额
资产	800	1 120	320
企业存货	75	47	−28
负债	100	100	0
所有者权益	700	1 020	320

(1)流转税。根据我国《中华人民共和国增值税暂行条例》(以下简称《增值税暂行条例》)的规定,企业以吸收合并的方式进行企业重组,不光其中涉及的财产转让无须缴纳增值税,企业还可以继续抵扣原来企业未抵扣的进项税额。我国税法规定,在企业合并中发生的土地和不动产的权属转移,免征土地增值税和契税。

(2)所得税。与资产出售相同,A 汽配公司可以获得 74.28 万元的税盾收益效应,B 汽配公司的资产公允价值为 1 020 万元,但实际上 A 汽配公司以 920 万元收购其资产,则 A 汽配公司可以获得 100 万元的收益,需要就这部分收益缴纳企业所得税 100×25%=25(万元)。B 汽配公司需要注销清算,在注销时,公司需要先将存货减值损失进行报备,并将前三个年度亏损的 200 万元进行亏损弥补,应纳税所得额为 320-200=120(万元),应纳税额为 120×25%=30(万元)。如果企业采取符合特殊性税务处理的方式，则 B 汽配公司就可以直接注销企业，仅须备案即可，不再需要清算注销企业。

综上所述，采用吸收合并的方式进行企业重组，重组双方均无须考虑流转税的问题，并且收购方还可以抵扣被收购方未抵扣的进项税额。在适用特殊性税务处理的情况下，在收购当年甚至也无须考虑所得税。

经比较，在 A 公司的企业重组中，资产收购是税负最重的重组方式，而吸收合并这种方式不光可以使企业免缴流转税，收购方还能继续抵扣被收购方未抵扣完的进项税额。从税收筹划的角度来看，吸收合并是较优的企业重组形式，但在实际情况中也要考虑具体情况，股权收购同样也可以作为选择，但资产收购相对而言税负就要高一些。因此 A 公司的重组应该选用吸收合并的方式，同时支付方式选择股权支付，以符合特殊性税务处理，获得递延收益。

17.2 企业分立的税收筹划

17.2.1 企业分立的筹划规律

企业分立与企业并购一样，也是企业产权调整、资产重组的重要方式。企业分立可以实现财产和所得在两个或多个纳税主体之间进行分割。

1. 企业分立的类型及企业分立的筹划规律

1) 企业分立的类型

公司分立以原有公司法人资格是否消灭为标准，可分为新设分立和派生分立两种。

新设分立，又称解散分立，是指一个公司将其全部财产分割，解散原公司，并分别归入两个或两个以上新公司中的行为。在新设分立中，原公司的财产按照各个新成立的公司的性质、宗旨、业务范围进行重新分配组合。同时原公司解散，债权、债务由新设立的公司分别承受。新设分立是以原有公司的法人资格消灭为前提，成立新公司。

派生分立，又称存续分立，是指一个公司将一部分财产或营业依法分出，成立两个或两个以上公司的行为。在存续分立中，原公司继续存在，原公司的债权、债务可由原公司与新公司分别承担，也可按协议由原公司独自承担。新公司取得法人资格，原公司也继续保留法人资格。

将企业进行分立，有利于企业更好地适应环境和利用税收政策获得税收方面的利益。

2）企业分立的筹划规律

企业分立筹划利用分拆手段，可以有效地改变企业组织形式，降低企业整体税负。企业分立的筹划一般有以下几种：一是利用企业分立可以将一个企业分拆形成有关联关系的多个纳税主体；二是企业分立可以将兼营或混合销售中的低税率业务或零税率业务独立出来，单独计税降低税负；三是企业分立使适用累进税率的纳税主体分化成两个或多个适用低税率的纳税主体，从而降低税负；四是企业分立可以增加一道流通环节，有利于增值税抵扣及转让定价策略的运用。

2. 利用企业分立的税收政策筹划

企业分立是一种产权关系的调整，这种调整不可避免地会影响到税收。在我国企业分立实务中，税法规定了免税分立与应税分立两种模式。对于纳税人来说，在实施企业分立时，应尽量利用免税分立。

《国家税务总局关于纳税人资产重组有关增值税问题的公告》（国家税务总局公告2011年第13号）规定："纳税人在资产重组过程中，通过合并、分立、出售、置换等方式，将全部或者部分实物资产以及与其相关联的债权、负债和劳动力一并转让给其他单位和个人，不属于增值税的征税范围，其中涉及的货物转让，不征收增值税。"

《中华人民共和国土地增值税暂行条例》规定：土地增值税的征收范围为转让国有土地使用权、地上的建筑物及其附着物并取得收入。企业分立涉及的土地所有权转移，不是被分立企业将土地转让给新成立企业，而是被分立企业的股东将该资产换股，因此，企业分立涉及的土地转移不征收土地增值税。

企业分立中，对于企业所得税，通常情况下当事各方应按下列规定处理。

（1）被分立企业对分立出去的资产应按公允价值确认资产转让所得或损失。

（2）分立企业应按公允价值确认接受资产的计税基础。

（3）被分立企业继续存在时，其股东取得的对价应视同被分立企业的分配进行处理。

（4）被分立企业不再继续存在时，被分立企业及其股东都应按清算进行所得税处理。

（5）企业分立相关企业的亏损不得相互结转弥补。

在企业分立时，如果被分立企业所有股东按原持股比例取得分立企业的股权，分立企业和被分立企业均不改变原来的实质经营活动，且被分立企业股东在该企业分立发生时取得的股权支付金额不低于其交易支付总额的85%，可以选择按以下规定处理（特殊性税务处理）。

（1）分立企业接受被分立企业资产和负债的计税基础，以被分立企业的原有计税基础确定。

（2）被分立企业已分立出去的资产相应的所得税事项由分立企业承继。

（3）被分立企业未超过法定弥补期限的亏损额可按分立资产占全部资产的比例进行分配，由分立企业继续弥补。

（4）被分立企业的股东取得分立企业的股权（以下简称"新股"），如需部分或全部放弃原持有的被分立企业的股权（以下简称"旧股"），"新股"的计税基础应以放弃"旧股"的计税基础确定。如不需放弃"旧股"，则其取得"新股"的计税基础可从以下两种方法中选择确定：直接将"新股"的计税基础确定为零；或者以被分立企业分立出去的净资产占被分立企业全部净资产的比例先调减原持有的"旧股"的计税基础，再将调减的计税基础平均分配到"新股"上。①

【案例17-9】

维达生物制药有限公司主要生产心血管类药物，也生产避孕药品。2019年维达制药有限公司心血管类药物的销售收入为2 000万元，避孕药品的销售收入为500万元。全年购进货物的增值税进项税额为100万元。请根据企业分立不同业务进行税收筹划。

【解析】：

①税务筹划前。在新设分立前：该制药公司购进的货物既有应税项目又有免税项目。根据《增值税暂行条例》及《增值税暂行条例实施细则》的规定，用于免税项目的购进货物或应税劳务的增值税进项税额不能从销项税额中抵扣。如果纳税人既经营免税项目的产品，又经营应税项目的产品，就必须准确划分不得抵扣的增值税进项税额。

因为避孕药品为《增值税暂行条例》规定的免税项目，根据《中华人民共和国增值税暂行条例实施细则》第二十六条的规定，一般纳税人兼营免税项目或者非增值税应税

---

① 参见《财政部 国家税务总局关于企业重组业务企业所得税若干问题的通知》（财税〔2009〕59号）的相关规定。

劳务而无法划分不得抵扣的进项税额的，按下列公式计算不得抵扣的进项税额：

不得抵扣的增值税进项税额 = 当月无法划分的全部增值税进项税额

×(当月免税项目销售额 + 非增值税应税劳务营业额)

÷(当月全部销售额 + 营业额)

=100×500÷(2 000+500)=20(万元)

可以抵扣的进项税额 =100-20=80(万元)

②税务策划。既有免税项目又有应税项目的购进进项税额，可以通过计算无差别点进行税务筹划。先算出分立前和分立后税收无差别点，再进行税务决策与筹划。

无差别点 =100×500÷(2 000+500)=20(万元)

税务筹划逻辑为：若将该制药公司的免税项目分立为独立的公司，且满足免税项目的购进进项税额小于无差别点 20 万元，则分立可以节税。

③满足条件分立后的节税比较。由于分立前不能抵扣的增值税进项税额为 20 万元，分立后如果避孕药品的增值税进项税额小于 20 万元，则维达制药有限公司可抵扣进项税额都会大于分立前可抵扣的 80 万元进项税额，显然企业抵扣多，对企业节税有利。

假如避孕药品的增值税进项税额为 10 万元，则维达制药有限公司可抵扣进项税额 =100-10=90(万元)，大于分立前可抵扣的 80 万元，节约增值税 =90-80=10(万元)。

【案例 17-10】

甲服装企业销售波司登羽绒服，每年不含税销售收入为 400 万元，购进服装成本为 100 万元，其为一般纳税人，适用税率 13%。请利用企业分立后组织形式的改变来进行税收筹划。

【解析】：

①税收筹划前：

应缴增值税 = 销项税额 − 进项税额 =400×13%−100×13%=39(万元)

增值税税负 =39÷400×100%=9.75%

②税收筹划：通过新设分立降低税负。具体操作为增设注册同样股权的服装销售公司，分别是甲和乙两个公司。两个公司一年的销售额均为 200 万元（不含税）。还是以前公司的原班人马，分处不同的公司，业务统一，分开核算，并分别申请为小规模纳税人，适用征收率 3%。这样筹划之后，两个公司应缴纳的增值税如下：

甲公司应缴增值税额 =200×3%=6(万元)

乙公司应缴增值税额 =200×3%=6(万元)

甲、乙两个公司合计缴纳增值税 =12(万元)

增值税税负 =12÷400×100%=3%

③税收筹划前后比较。通过把原服饰企业（一般纳税人）分立成两个独立核算的具有小规模纳税人资格的公司后，该企业节税 =39-12=27(万元)，税负由原来的 9.75% 降为了 3%，节税效果十分明显。

【筹划分析】

利用小微企业的优惠政策进行税收筹划

《关于小微企业和个体工商户所得税优惠政策的公告》（财政部 税务总局公告 2023 年第 12 号）中对于小微企业企业所得税税收优惠政策做出了如下规定。

对小型微利企业年应纳税所得额不超过 100 万元的部分，减按 25% 计入应纳税所得额，按照 20% 的税率缴纳企业所得税。

甲电器销售企业 2023 年应纳税所得额为 1 000 万元，其为一般纳税人。个人股东年终进行分红，适用税率 20%。

1. 税收筹划前

甲企业应缴纳企业所得税 =1 000×25%=250(万元)

股东分红应缴个人所得税 =(1 000-250)×20%=150(万元)

甲企业总税负 =(250+150)÷1 000=40%

2. 税收筹划后

若甲企业要采用分立方式享受小微企业税收优惠政策，则甲企业需要成立 10 家小微企业，将所有的利润平均分配给这 10 家小微企业，每家的税前利润为 100 万元。

每家小微企业应缴纳企业所得税 =100×25%×20%=5(万元)

股东分红应缴纳个人所得税 =(100-5)×20%=19(万元)

企业和股东共计缴纳所得税 =5+19=24(万元)

总税负 =24÷100×100%=24%

以此类推，10 家小微企业总计缴纳所得税 =240(万元)，则节税 =400-240=160(万元)。

弊端：由于分立太多企业，势必会增加管理成本、注册费用等，故需要权衡。

17.2.2 分支机构设立的税收筹划

一些集团性企业，当发展到一定规模后，基于稳定供货渠道、开辟新的市场或方便客户的考虑，不可避免地需要在异地设立分支机构。新设立的分支机构的性质不同，其企业所得税的缴纳方式也不尽相同。

企业分支机构所得税的缴纳有两种方式：一种是分支机构独立申报纳税；另一种是分支机构集中到总公司汇总纳税。采用何种方式纳税关键取决于分支机构的性质——是否为独立纳税人。同时，受分支机构的盈亏状况、所处地区的税率高低及资金控制等因素影响，不同纳税方式会使企业当期及未来各期的整体税负水平产生显著差异。由此可见，分支机构是否为独立法人是能否实现税收筹划节税的关键。

【案例 17-11】

某公司准备设立一个分支机构，原计划设立全资子公司。预计该子公司 2017 年度至 2020 年度的应纳税所得额分别为 –1 000 万元、–500 万元、1 000 万元、2 000 万元。该子公司 4 年分别缴纳企业所得税为 0 万元、0 万元、0 万元、375 万元。请对此提出纳税筹划建议。

【解析】：

由于该子公司前期亏损、后期盈利，因此，可以考虑先设立分公司，第三年再将分公司转变为子公司。由于分公司和全资子公司的盈利能力大体相当，因此可以认为该公司形式的变化不会影响公司的盈利能力。分公司 2017 年度和 2018 年度将分别亏损 1 000 万元和 500 万元，可以弥补总公司的应纳税所得。由此，总公司在 2017 年度和 2018 年度将分别少纳企业所得税 250 万元和 125 万元。从第三年开始，该分公司变为子公司，需要独立纳税。2019 年度和 2020 年度，该子公司应纳税额分别为 250 万元、500 万元。从 2017 年度到 2020 年度，该分支机构无论是作为子公司还是作为分公司，纳税总额是相同的，都是 375 万元，但设立分公司可以在 2017 年度和 2018 年度弥补总公司亏损，而设立子公司只能等到 2019 年度和 2020 年度再弥补亏损。设立分公司，使得该公司提前两年弥补了亏损，相当于获得了 250 万元和 125 万元的两年期无息贷款，其所节省的利息就是该纳税筹划的收益。

【筹划分析】
东海鼎盛房地产公司资产重组案例

一、东海鼎盛房地产开发公司及项目概况

东海鼎盛房地产开发有限公司（以下简称"东海鼎盛"）在东部沿海开发建设商品房项目，其中"鼎盛·光大花园"项目的商业为底商，住宅部分位于底商之上，属于花园式建筑，在主体建筑的第四层建有绿化景观平台。"鼎盛·光大花园"项目包括写字楼和酒店，出于融资抵押要求和变现考虑，拟将酒店资产从房地产公司进行剥离，并将酒店和售楼处一并销售给政府。酒店资产的市场公允价值为1.8亿元，预期会给政府5%的价格折扣，估计总销售价格在1.71亿元左右。

二、东海鼎盛开展资产重组的目标取向

基于东海鼎盛进行资产重组的目标取向在于对酒店和售楼处进行剥离，实现与房地产公司资产的清晰分割。企业实施资产分割的目的在于控制风险和增加经营收益，即一方面降低房地产公司可能给存量资产带来的不可控的经营风险，另一方面有效运营该资产，以实现存量资产运营的合理收益。

企业实施资产剥离后拟成立资产管理公司，对剥离资产进行管理。根据目前的基本情况，初步判断东海鼎盛可以采取三种重组方式：（1）酒店资产投资，即东海鼎盛房地产公司设立全资子公司，以酒店资产和售楼部对新设立的全资子公司进行增资，即以非货币性资产对外投资的方式实现对子公司的增资；（2）企业分立，采取存续分立方式分立出一家新公司，单独进行酒店资产和售楼部的管理；（3）资产划转，设立东海鼎盛房地产公司的全资子公司或由东海鼎盛房地产公司股东设立全资子公司，然后实施酒店资产和售楼部资产的划转。但是，由于拟剥离的酒店资产已经作为抵押担保资产用于融资，采取企业分立方式剥离酒店资产已经难以操作，因此，依据东海鼎盛面临的现实情况，建议采取酒店资产增资或资产划转方式实施资产重组。

三、东海鼎盛酒店的资产重组方案比较

（一）酒店资产投资方式

根据税法规定，非货币性资产投资视为转让和投资两项业务。对于转让环节，主要涉及企业所得税、增值税、土地增值税（涉及不动产）、契税（涉及不动产）、印花税等税种。酒店资产投资的税负测算与政策依据如表17-5所示。

表 17-5 酒店资产投资的税负测算与政策依据

税种	税负测算	政策依据
企业所得税	企业所得税=(非货币性资产评估价值－原计税基础)×25%=(17 100－酒店分摊的成本)×25%	企业应于投资协议生效并办理股权登记手续时，确认非货币性资产转让收入的实现。可在5年期限内，分期均匀计入相应年度的应纳税所得额，按规定计算缴纳企业所得税
增值税	1. 免征增值税 2. 已经转为固定资产的旧房，再次销售时： （1）2016年4月30日前自建的不动产，适用简易计税方法： 增值税=销售额×5%÷(1+5%) =17 100×5%÷(1+5%)=814.285 7（万元） （2）2016年4月30日前自建的不动产，适用一般计税方法： 增值税=销售额×9%÷(1+9%)=17 100×9%÷(1+9%)=141 192.66(万元) （3）2016年5月1日后自建的不动产，适用一般计税方法： 增值税=销售额×9%÷(1+10%)=17 100×9%÷(1+9%)=141 192.66(万元)	1. 如符合"打包转让（资产与其相关的债权、负债和劳动力一并转让）"要求，则可以免征增值税。 2. 关于旧房的政策 （1）一般纳税人转让其2016年4月30日前自建的不动产，可以选择适用简易计税方法计税，以取得的全部价款和价外费用为销售额，按照5%的征收率计算应纳税额。纳税人应按照上述计税方法向不动产所在地主管地税机关预缴税款，向机构所在地主管国税机关申报纳税。 （2）一般纳税人转让其2016年4月30日前自建的不动产，选择适用一般计税方法计税的，以取得的全部价款和价外费用为销售额计算应纳税额。纳税人应以取得的全部价款和价外费用，按照5%的预征率向不动产所在地主管地税机关预缴税款，向机构所在地主管国税机关申报纳税。 （3）一般纳税人转让其2016年5月1日后自建的不动产，适用一般计税方法，以取得的全部价款和价外费用为销售额计算应纳税额。纳税人应以取得的全部价款和价外费用，按照5%的预征率向不动产所在地主管地税机关预缴税款，向机构所在地主管国税机关申报纳税
土地增值税	土地增值税按照正常情况计算，或者采用核定征收方法（核定征收率不低于5%）。 核定征收率为5%，则需要缴纳的土地增值税=17 100×5%=855(万元)	《财政部 国家税务总局关于土地增值税一些具体问题规定的通知》（财税字〔1995〕48号）第七条规定，关于新建房与旧房的界定问题：新建房是指建成后未使用的房产。凡是已使用一定时间或达到一定磨损程度的房产均属旧房。 单位销售旧房或旧建筑物，以销售收入减去扣除项目金额，按增值额计算缴纳土地增值税，其中扣除项目金额包括：取得土地使用权所支付的金额、房屋及建筑物的评估价格，以及与转让房地产有关的税金。纳税人提供扣除项目金额不实的，应由评估机构按照房屋重置成本价乘以成新度折扣率计算的房屋成本价和取得土地使用权时的基准地价进行评估，税务机关根据评估价格按规定确定扣除项目金额。对不能取得评估价格，但能提供购房发票的，经当地税务部门确认，对取得土地使用权所支付的金额以及房屋建筑物的评估价格，可按发票所载金额从购买年度起至转让年度止每年加计5%计算；对纳税人购房时缴纳的契税，凡能提供契税完税凭证的，准予作为"与转让房地产有关的税金"予以扣除，但不作为加计5%的基数。对于转让房屋，既没有评估价格，又不能提供购房发票的，可以实行核定征收。

续表

税 种	税负测算	政策依据
土地增值税	土地增值税按照正常情况计算，或者采用核定征收方法（核定征收率不低于5%）。 核定征收率为5%，则需要缴纳的土地增值税=17 100×5%=855（万元）	《中华人民共和国土地增值税暂行条例》规定： （1）增值额未超过扣除项目金额50%的部分，税率适用30%（速算扣除率0）； （2）增值额超过扣除项目金额50%、未超过扣除项目金额100%的部分，税率适用40%（速算扣除率5%）； （3）增值额超过扣除项目金额100%、未超过扣除项目金额200%的部分，税率适用50%（速算扣除率15%）； （4）增值额超过扣除项目金额200%的部分，税率适用60%（速算扣除率35%）
契税	契税=不动产转让价值×3% =17 100×3%=513（万元）	根据《中华人民共和国契税法》（简称《契税法》）
印花税	印花税=不动产转让价值×0.5‰ =17 100×0.5‰=8.55（万元）	按照产权转移书据所载金额的0.5‰贴花（《中华人民共和国印花税法》简称《印花税法》）

（二）资产划转方式

资产划转是指100%直接控制的居民企业之间，以及受同一或相同多家居民企业100%直接控制的居民企业之间按账面净值划转股权或资产。资产划转涉及资产在不同法律主体之间的权属改变，就业务实质而言，须通过相关法律主体之间资产转让、增资、减资等步骤才能实现。虽然财税〔2009〕59号文未将资产划转列入企业重组的范围，但就其业务实质仍属于企业重组的一种特殊形式。

资产划转的税收政策最初主要针对国有企业设定，2014年，财政部、国家税务总局发布了《关于促进企业重组有关企业所得税处理问题的通知》（财税〔2014〕109号），将资产划转业务拓展至包括国企、民营、混合所有制在内的所有企业，为集团公司内部资产重组与资源整合提供了新的路径。2015年，国家税务总局发布的《国家税务总局关于资产（股权）划转企业所得税征管问题的公告》（国家税务总局公告2015年第40号）明确规定下列情形可以享受递延纳税待遇。

第一，100%直接控制的母子公司之间，母公司向子公司按账面净值划转其持有的股权或资产，母公司获得子公司100%的股权支付。母公司按增加长期股权投资处理，子公司按接受投资（包括资本公积）处理。

第二，100%直接控制的母子公司之间，母公司向子公司按账面净值划转其持有的股权或资产，母公司没有获得任何股权或非股权支付。母公司按冲减实收资本（包括资本公积）处理，子公司按接受投资处理。

第三，100%直接控制的母子公司之间，子公司向母公司按账面净值划转其持有的股权或资产，子公司没有获得任何股权或非股权支付。母公司按收回投资处理，或按接受投资处理，子公司按冲减实收资本处理。

1. 企业所得税

依据财税〔2014〕109号文及40号公告的规定，对100%直接控制的居民企业之间，以及受同一或相同多家居民企业100%直接控制的居民企业之间按账面净值划转股权或资产，凡具有合理商业目的，不以减少、免除或者推迟缴纳税款为主要目的，自股权或资产划转完成日起连续12个月内不改变被划转股权或资产原来实质性经营活动（生产经营业务、公司性质、资产或股权结构等），且划出方企业和划入方企业均未在会计上确认损益的，可以选择按以下规定进行特殊性税务处理。

（1）划出方企业和划入方企业均不确认所得。

（2）划入方企业取得被划转股权或资产的计税基础，以被划转股权或资产的原计税基础确定。

（3）划入方企业取得的被划转资产，应按其原计税基础计算折旧扣除。

股权或资产划转完成日，是指股权或资产划转合同（协议）或批复生效，且交易双方已进行会计处理的日期。

进行特殊性税务处理的股权或资产划转，交易双方应在协商一致的基础上，采取一致处理原则统一进行特殊性税务处理。

资产划转的交易双方需在企业所得税年度汇算清缴时，分别向各自主管税务机关报送《居民企业资产（股权）划转特殊性税务处理申报表》和相关资料。

2. 增值税

《增值税暂行条例实施细则》规定，将自产、委托加工或者购进的货物作为投资，提供给其他单位或者个体工商户；将自产、委托加工或者购进的货物分配给股东或者投资者；将自产、委托加工或者购进的货物无偿赠送其他单位或者个人，均视同销售货物，征收增值税。

《关于全面推开营业税改征增值税试点的通知》（财税〔2016〕36号）附件2《营业税改征增值税试点有关事项的规定》规定，在资产重组过程中，通过合并、分立、出售、置换等方式，将全部或者部分实物资产，以及与其相关联的债权、负债和劳动力一并转让给其他单位和个人，其中涉及的不动产、土地使用权转让行为，不征收增值税。

《关于纳税人资产重组有关增值税问题的公告》（国家税务总局公告 2011 年第 13 号）规定，纳税人在资产重组过程中，通过合并、分立、出售、置换等方式，将全部或者部分实物资产，以及与其相关联的债权、负债和劳动力一并转让给其他单位和个人，不属于增值税的征税范围，其中涉及的货物转让，不征收增值税。

通常情况下，居民企业间资产划转涉及不动产、土地使用权、存货、设备的，原则上征收增值税。因此，无论是母子公司之间划转资产，还是子公司之间划转资产，划出方需视同按公允价值销售货物、不动产、无形资产缴纳增值税；但是满足税收政策规定的特殊条件的，不征收增值税。

3. 土地增值税

《财政部 税务总局关于继续实施企业改制重组有关土地增值税政策的通知》（财政部 税务总局 2021 年第 21 号公告）规定，除以土地使用权投资于房地产开发企业用于开发产品或房地产企业，以开发产品对外投资，须视同按公允价值转让房地产计算缴纳土地增值税外，其他情形不征土地增值税。因此，居民企业间资产划转如涉及不动产、土地使用权，划入方按接受投资处理的，属于投资入股方式之一，应当免征土地增值税。

需要注意的是，根据财政部、税务总局 2021 年第 21 号公告的规定，东海鼎盛房地产开发有限公司作为房地产企业，其不动产类资产划转需要缴纳土地增值税。

4. 契税

《关于继续执行企业 事业单位改制重组有关契税政策的公告》（财税部 税务总局公告 2021 年第 17 号）规定：同一投资主体内部所属企业之间土地、房屋权属的划转，包括母公司与其全资子公司之间，同一公司所属全资子公司之间，同一自然人与其设立的个人独资企业、一人有限公司之间土地、房屋权属的划转，免征契税。

实践中，对于母公司将土地、房屋投资给全资子公司是否免征契税的条款争议较大。

酒店资产划转的税负测算与政策依据如表 17-6 所示。

表 17-6 酒店资产划转的税负测算与政策依据

税 种	税负测算	政策依据
企业所得税	符合特殊性税务处理，暂不纳税	《关于促进企业重组有关企业所得税处理问题的通知》（财税〔2014〕109 号）、《国家税务总局关于资产（股权）划转企业所得税征管问题的公告》（国家税务总局公告 2015 年第 40 号）明确规定，包括母公司向子公司、子公司向母公司及子公司之间等情形的股权或资产划转，可以享受递延纳税待遇

续表

税 种	税负测算	政策依据
增值税	1. 免征增值税。 2. 已经转为固定资产的旧房，再次销售时： （1）2016年4月30日前自建的不动产，适用简易计税方法：增值税＝销售额×5%÷(1+5%)=17 100×5%÷(1+5%)=814.285 7(万元) （2）2016年4月30日前自建的不动产，适用一般计税方法：增值税＝销售额×9%÷(1+9%)=17 100×9%÷(1+9%)=141 192.66(万元) （3）2016年5月1日后自建的不动产，适用一般计税方法：增值税＝销售额×9%÷(1+9%)=17 100×9%÷(1+9%)=141 192.66(万元)	1. 如符合"打包转让（资产与其相关的债权、负债和劳动力一并转让）"要求，则可以免征增值税。 2. 税法上按照"视同销售"处理。 （1）一般纳税人转让其2016年4月30日前自建的不动产，可以选择适用简易计税方法计税，以取得的全部价款和价外费用为销售额，按照5%的征收率计算应纳税额。纳税人应按照上述计税方法向不动产所在地主管地税机关缴纳税款，向机构所在地主管国税机关申报纳税。 （2）一般纳税人转让其2016年4月30日前自建的不动产，选择适用一般计税方法计税的，以取得的全部价款和价外费用为销售额计算应纳税额。纳税人应以取得的全部价款和价外费用，按照5%的预征率向不动产所在地主管地税机关预缴税款，向机构所在地主管国税机关申报纳税。 （3）一般纳税人转让其2016年5月1日后自建的不动产，适用一般计税方法，以取得的全部价款和价外费用为销售额计算应纳税额。纳税人应以取得的全部价款和价外费用，按照5%的预征率向不动产所在地主管地税机关预缴税款，向机构所在地主管国税机关申报纳税
土地增值税	土地增值税按照正常情况计算，或者采用核定征收方法（核定征收率不低于5%）。 核定征收率为5%，则需要缴纳的土地增值税=17 100×5%=855(万元)	单位销售旧房或旧建筑物，以销售收入减去扣除项目金额，按增值额计算缴纳土地增值税，其中扣除项目金额包括：取得土地使用权所支付的金额、房屋及建筑物的评估价格，以及与转让房地产有关的税金。纳税人提供扣除项目金额不实的，应由评估机构按照房屋重置成本价乘以成新度折扣率计算的房屋成本价和取得土地使用权时的基准地价进行评估，税务机关根据评估价格按规定确定扣除项目金额。对不能取得评估价格，但能提供购房发票的，经当地税务部门确认，对取得土地使用权所支付的金额及房屋、建筑物的评估价格可按发票所载金额，从购买年度起至转让年度止每年加计5%计算；对纳税人购房时缴纳的契税，凡能提供契税完税凭证的，准予作为"与转让房地产有关的税金"予以扣除，但不作为加计5%的基数。对于转让房屋，既没有评估价格，又不能提供购房发票的，可以实行核定征收。（核定时，税务部门根据同地段的房产，综合房屋的建筑材料、使用年限等因素核定征收率5%计算。国税发〔2010〕53号文件规定，核定征收的征收率不低于5%）。 《中华人民共和国土地增值税暂行条例》规定： （1）增值额未超过扣除项目金额50%的部分，税率适用30%（速算扣除率0）； （2）增值额超过扣除项目金额50%、未超过扣除项目金额100%的部分，税率适用40%（速算扣除率5%）； （3）增值额超过扣除项目金额100%、未超过扣除项目金额200%的部分，税率适用50%（速算扣除率15%）； （4）增值额超过扣除项目金额200%的部分，税率适用60%（速算扣除率35%）
契税	免征契税	财政部 税务总局公告2018年第17号公告：母公司与其全资子公司之间土地、房屋权属的划转，免征契税
印花税	印花税＝不动产转让价值×0.5‰=17 100×0.5‰=8.55(万元)	按照产权转移书据所载金额的0.5‰贴花（《印花税法》）

（三）企业分立方式

财税〔2009〕59号文规定，分立是指一家企业（被分立企业）将部分或全部资产分立转让给现存或新设的企业（分立企业），被分立企业股东换取分立企业的股权或非股权支付，实现企业的依法分立。

尽管企业分立不适用于目前的东海鼎盛，但我们也做出相应的税负测算以利于方案比较。企业分立方式的税负测算与政策依据如表17-7所示。

表17-7　企业分立的税负测算与政策依据

税种	税负测算	政策依据
企业所得税	符合特殊性税务处理，暂不纳税	财税〔2009〕59号：（1）企业重组后的连续12个月内不改变重组资产原来的实质性经营活动；（2）企业重组中取得股权支付的原主要股东，在重组后连续12个月内，不得转让所取得的股权
增值税	1. 免征增值税 2. 已经转为固定资产的旧房，再次销售时： （1）2016年4月30日前自建的不动产，适用简易计税方法： 增值税＝销售额×5%÷(1+5%)＝17 100×5%÷(1+5%)＝814.285 7(万元) （2）2016年4月30日前自建的不动产，适用一般计税方法： 增值税＝销售额×9%÷(1+9%)＝17 100×9%÷(1+9%)＝1 411 92.66(万元) （3）2016年5月1日后自建的不动产，适用一般计税方法： 增值税＝销售额×9%÷(1+9%)＝17 100×9%÷(1+9%)＝1 411 92.66(万元)	1. 如符合"打包转让（资产与其相关的债权、负债和劳动力一并转让）"要求，则可以免征增值税。 2. 税法上按照"视同销售"处理。 （1）一般纳税人转让其2016年4月30日前自建的不动产，可以选择适用简易计税方法计税，以取得的全部价款和价外费用为销售额，按照5%的征收率计算应纳税额。纳税人应按照上述计税方法向不动产所在地主管地税机关预缴税款，向机构所在地主管国税机关申报纳税。 （2）一般纳税人转让其2016年4月30日前自建的不动产，选择适用一般计税方法计税的，以取得的全部价款和价外费用为销售额计算应纳税额。纳税人以取得的全部价款和价外费用，按照5%的预征率向不动产所在地主管地税机关预缴税款，向机构所在地主管国税机关申报纳税。 （3）一般纳税人转让其2016年5月1日后自建的不动产，适用一般计税方法，以取得的全部价款和价外费用为销售额计算应纳税额。纳税人应以取得的全部价款和价外费用，按照5%的预征率向不动产所在地主管地税机关预缴税款，向机构所在地主管国税机关申报纳税
土地增值税	土地增值税按照正常情况计算，或者采用核定征收方法（核定征收率不低于5%）。核定征收率为5%，则需要缴纳土地增值税＝17 100×5%＝855(万元)	财政部、税务总局2021年第21号公告规定：企业分设为两个或两个以上与原企业投资主体相同的企业，对原企业将国有土地、房屋权属转移、变更到分立后的企业，暂不征土地增值税。但东海鼎盛房地产公司属于房地产企业，不适用免税政策。 单位销售旧房或旧建筑物，以销售收入减去扣除项目金额，按增值额计算缴纳土地增值税，其中扣除项目金额包括：取得土地使用权所支付的金额、房屋及建筑物的评估价格，以及与转让房地产有关的税金。纳税人提供扣除项目金额不实的，应由评估机构按照房屋重置成本价乘以成新度折扣率计算的房屋成本价和取得土地使用权时的基准地价进行评估，税务机关根据评估价格按规定确定扣除项

续表

税种	税负测算	政策依据
土地增值税	土地增值税按照正常情况计算，或者采用核定征收方法（核定征收率不低于5%）。核定征收率为5%，则需要缴纳土地增值税=17 100×5%=855(万元)	目金额。对不能取得评估价格，但能提供购房发票的，经当地税务部门确认，对取得土地使用权所支付的金额及房屋、建筑物的评估价格，可按发票所载金额从购买年度起至转让年度止每年加计5%计算；对纳税人购房时缴纳的契税，凡能提供契税完税凭证的，准予作为"与转让房地产有关的税金"予以扣除，但不作为加计5%的基数。对于转让房屋，既没有评估价格，又不能提供购房发票的，可以实行核定征收。 《中华人民共和国土地增值税暂行条例》规定： (1)增值额未超过扣除项目金额50%的部分，税率适用30%（速算扣除率0）； (2)增值额超过扣除项目金额50%、未超过扣除项目金额100%的部分，税率适用40%（速算扣除率5%）； (3)增值额超过扣除项目金额100%、未超过扣除项目金额200%的部分，税率适用50%（速算扣除率15%）； (4)增值额超过扣除项目金额200%的部分，税率适用60%（速算扣除率35%）
契税	免征契税	财政部 税务总局2018年第17号公告：母公司与其全资子公司之间土地、房屋权属的划转，免征契税
印花税	印花税=不动产转让价值×0.5‰=17 100×0.5‰=8.55(万元)	按照产权转移书据所载金额的0.5‰贴花（《印花税法》）

复习思考题

1. 酒店餐饮业"营改增"后，有哪些税收筹划的操作方法？结合你的认识及实际调研，系统谈谈你的观点。

2. 利用资产重组（或资本运营）实施税收筹划有哪些基本的操作方法，请归纳总结。

案例分析题

案例一　企业并购出资方式的选择

A公司欲对B公司实施并购。已知A公司共有发行在外的股票3 000万股，股票面值为1.5元/股，市场价值为4元/股。A公司近年来的应纳税所得额比较稳定，估计合并后每年的应纳税所得额为2 000万元。A公司合并前账面净资产为500万元，上年亏损 50 万元，以前年度无亏损。经评估确认，A 公司净资产公允价值为 800 万元。已知合并后 A 公司的股票面值基本不会发生变化，合并后资产的平均折旧年限为 10 年。

【问题】：

（1）如果 A 公司用 100 万股股票和 400 万元资金购买 B 公司，那么应该如何进行税收筹划呢？

（2）如果 A 公司用 175 万股股票和 100 万元资金购买 B 公司，那么应该如何进行税收筹划呢？

案例二　资产重组的税收筹划

A 公司由潘湖公司与蜀渝公司两家公司投资设立，双方各占 50% 的股权。A 公司的资产构成为：货币资金 2 000 万元；厂房一栋，原价为 3 000 万元，已折旧 1 000 万元，净值 2 000 万元，评估价格为 2 500 万元（土地增值税中扣除项目），公允价值为 3 000 万元；存货一批，原价为 1 000 万元，公允价值为 3 000 万元。净资产 5 000 万元的构成为：股本为 3 000 万元，未分配利润为 2 000 万元。契税税率为 3%，A 公司、潘湖公司与蜀渝公司的企业所得税税率均为 25%。（为讨论方便，忽略城建税与教育费附加等因素。）

A 公司拟进行改制，有以下两种方案可供选择。

一是 A 公司将整体资产转让（转让所有的资产与负债和劳动力）给 B 公司。两家协商后，B 公司支付 A 公司股票 6 000 万股（面值 6 000 万元），公允价值为 7 000 万元，同时付现金 1 000 万元，合计 8 000 万元。A 公司转让后成为一家投资公司。

二是 A 公司先分配未分配利润 1 000 万元，后由潘湖公司与蜀渝公司转让各自的股份给 B 公司，B 公司支付鄱湖公司和蜀渝公司股票 6 000 万股（面值 6 000 万元），公允价值为 7 000 万元。

【问题】：试比较不同方案的税收负担，并做出分析。

综合阅读题

（一）案例背景

江西国泰民爆集团股份有限公司（以下简称"国泰集团"）成立于 2006 年，坐落于资源大省江西，主要从事民爆器材的生产销售和爆破服务的提供，是我国民爆行业的龙头企业。2016 年在上交所挂牌上市。该企业实际控制人是江西国资委，控股股东是江西省军工控股集团有限公司。江西铜业民爆矿服有限公司（以下简称"江铜民爆"）成立于 2015 年，注册资本为 4 100 万元人民币。企业位于江西省德兴市，主营业务是民爆器材的生产销售。

我国鼓励深化产业结构，促进企业并购重组，民爆行业受国家政策和市场环境影响，也在积极兼并重组，整合优势资源。2018 年 10 月，国泰集团通过股权收购方式，收购了江铜民爆 100% 的股权，完成了对江铜民爆的并购重组，如图 17-2 所示。重组后公司的资产总额、净资产、营业收入、净利润大幅增长，合并后的国泰集团也成了国内民爆行业产品种类齐全的公司之一。

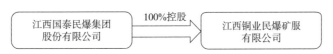

图 17-2　重组后的股权关系

（二）并购的动因

1. 扩大生产规模，提高综合竞争力

国泰集团与江铜民爆的主营业务都是生产销售民用爆破器，国泰集团并购江铜民爆属于横向并购。横向并购是以同行业的企业为合并目标，通过横向并购，可以消除同行业的竞争，扩大企业的生产经营规模，实现企业间优势互补，从而提高企业的综合竞争力。经过合并后，国泰集团的总资产、净资产及净利润都有提高，丰富的产品种类在民爆行业中极具竞争力，企业跻身行业前列。

2. 实现协同效应，提高风险防范能力

根据协同效应理论，并购后企业的业绩大于并购前两个企业的业绩之和。国泰集团并购江铜民爆的协同效应体现在三个方面。一是战略的一致性，国泰集团与江铜民爆合二为一，这就意味着两个企业有共同的战略目标，在经营策略、人员安排、财务安排上相互协作，形成了协同优势，进而提高了竞争力。二是降低成本，合并后企业可以利用数量优势降低买入价格，从而降低采购成本；合并后企业的生产规模扩大，产品生产成本降低；合并后人员可能会出现过剩现象，从而可以增强员工之间的竞争压力，一定程度上可以提高生产效率，或者通过裁员降低人工成本。三是提高风险防范能力，国泰集团并购江铜民爆，可以减少竞争对手，规模增大后企业的资产增加，应对风险的能力也可以增强。

3. 迎合政策导向，提升产品质量

国泰集团兼并江铜民爆，不仅迎合了产业重组的政策导向，而且受益于江铜民爆的税收优惠政策。江铜民爆2017取得了高新技术企业证书，有效期三年，这意味企业适用15%的税率；江铜民爆有研发活动和专利申请，适用于研发费用加计扣除，可以提高企业的产品质量；此外，江铜民爆使用的环保专用设备可以按专用设备投资额的10%抵免当年税款，这些税收优惠政策可以降低税收负担，增加税后利润，提高产品质量。

（三）资产收购

在实际收购中，国泰集团是通过股权收购的方式收购了江铜民爆。本案例假设国泰集团通过资产收购的方式收购江铜民爆，讨论另一种资产重组的税收结果。

根据资产评估报告，江铜民爆净资产的公允价值为48 573.32万元，账面价值为8 685.58万元，总资产的账面价值为19 477.46万元，国泰集团收购江铜民爆的资产低于50%，无论是现金支付还是股权支付都不符合特殊性税务处理方法，因此国泰集团若采用资产收购，则适用一般性税务处理，国泰集团与江铜民爆分别以转让资产或被收购股权的原有计税基础确定计税基础。

1. 现金支付

在现金收购方式下（见图17-3），国泰集团按公允价值48 573.32万元确定江铜民爆的计税基础。由于江铜民爆的资产项目中含有固定资产和无形资产，每年折旧或摊销的金额为240.53万元，这可以抵减应纳税所得额，形成税收挡板。江铜民爆应按公允价值48 573.32万元与账面价值8 685.58万元之差确认资产转让所得39 887.74万元。由于江铜民爆是高新技术企业，适用15%的企业所得税税率，最终江铜民爆缴纳企业所得税5 983.16万元。

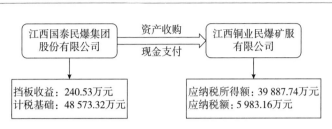

图 17-3 现金支付模式下的资产收购

2. 股权支付

在股权支付方式下（见图 17-4），国泰集团以股权支付对价，应确认股权转账所得 43 925.15 万元，适用 15% 的企业所得税税率，所得税应纳税额为 6 588.77 万元；固定资产与无形资产当年折旧或摊销的金额同样是 240.53 万元。江铜民爆应确认资产转让所得 39 887.74 万元，适用 15% 的企业所得税税率后缴纳企业所得税 5 983.16 万元。

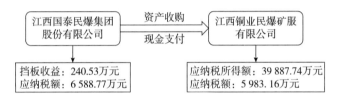

图 17-4 股权支付下的资产收购

（四）股权收购

在实际操作中，国泰集团收购江铜民爆 100% 的股权，支付方式分为股权支付和现金支付。案例通过现金支付和股权支付两种情况来讨论最优的税收筹划方案。

1. 现金支付

国泰集团按公允价值 48 573.32 万元确定收购江铜民爆股权的计税基础，取得股权时不做税务处理，当国泰集团转让该股权时确认资产转让所得。

在并购前江铜民爆由江西省民爆投资有限公司（简称"民爆投资"）独家控股，民爆投资转让江铜民爆的股权并接受现金支付，应确认股权转让所得 39 887.74 万元，适用 15% 的企业所得税税率后，应纳企业所得税是 5 983.16 万元。江铜民爆在该股权转让交易中无须纳税，仅作为并购的标的公司。现金支付模式下的股权收购税收分析如图 17-5 所示。

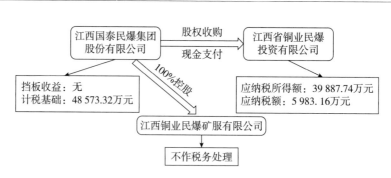

图 17-5 现金支付模式下的股权收购

2. 股权支付

国泰集团以 100% 股权支付对价收购江铜民爆 100% 的股权，该收购行为具有合理的商业目的，重组后 12 个月内既不改变江铜民爆资产的实质性经营活动，也不转让国泰集团取得的股权。这同时符合一般性税务处理和特殊性税务处理的条件。如果选择一般性税务处理，那么现金支付与股权支付类似，都是国泰集团后期确认股权转让所得，民爆投资也需要缴纳企业所得税。在这里我们选择特殊性税务处理方式进行筹划，国泰集团和民爆投资均以对方股权原有计税基础确定计税基础。

国泰集团以 8 685.58 万元确认收购江铜民爆的计税基础，该交换 100% 通过股权支付且符合特殊性税务处理条件，因此国泰集团暂时不确认转让所得。

民爆投资以 8 685.58 万元确认取得国泰集团股权的计税基础，同样暂时不确认转让所得。

江铜民爆在该股权转让交易中仅作为并购的标的公司，无须纳税。股权支付模式下的股权收购税收分析如图 17-6 所示。

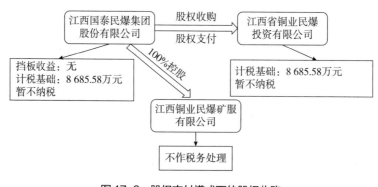

图 17-6 股权支付模式下的股权收购

（五）税收筹划结论

通过对比四种税收筹划方案（见表17-8）可知，如果选择资产收购的方式，就只能适用一般性税务处理。在此情况下，现金支付要比股权支付的所得税税收负担小；如果选择股权收购，则股权支付要比现金支付的实际税负小，因为特殊性税务处理方式可以实现递延纳税，获得资金的时间价值。综上所述，国泰集团选择股权支付对价收购江铜民爆100%的股权是最佳的税收筹划方案，在实际操作中国泰集团也是这样选择的。

表17-8 税收筹划方案对比表

		现金支付	股权支付
资产收购	国泰集团	挡板收益240.53万元	纳税6 588.77万元
	江铜民爆	纳税5 983.16万元	纳税5 983.16万元
股权收购	国泰集团	不纳税	不纳税
	江铜民爆	不纳税	不纳税
	民爆投资	应纳税额：5 983.16万元	不纳税

当然，企业所得税只是重组中需要负担的税种之一，国泰集团还需要缴纳增值税、城市维护建设税、房产税等，其中增值税负担对企业税收成本有着重要影响。在资产收购方式下，江铜民爆需要缴纳增值税；在股权支付方式下无须缴纳增值税，因此国泰集团通过股权支付的方式收购江铜民爆股权是税负最低的税收筹划方法。

股权收购的方式虽然税负最低，但是国泰集团要承受江铜民爆的风险。因此国泰集团在并购前要对江铜民爆的债务偿还、法律纠纷等情况进行调查，从而最大限度地降低财务风险。

【问题】：

1. 股权收购和资产收购各自的优缺点是什么？如果由你来决策，你会如何权衡税收利益与财务风险、税务风险的关系？

2. 本案例可以涉及其他类型的资产重组方式吗？若有，请给出重组的操作模式及税务处理方式。

第 18 章

国际税收筹划方法与技术

> 目前全球税收体系是不公平、扭曲的,导致苹果和谷歌等大公司海外运营后税收流失海外,美国国内普通工人和纳税人并没有因为大公司的繁荣而获得益处。
>
> ——诺贝尔经济学奖得主 约瑟夫·斯蒂格利茨(Joseph.Stiglitz)

目前,国际税收协调仍以双边模式为主,并辅以各国的单方措施和少量多边条约。但是,随着经济合作与发展组织(OECD)在 G20 的授权之下启动全球性大税改 BEPS 行动计划,并建立 BEPS 包容性框架,国际税收协调逐渐由双边机制转变为一个多层面、多层次的全球税收治理架构。

跨国公司在税收方面一些肆无忌惮的行为引起了全球政治领袖、媒体和社会公众的高度关注。2012 年 6 月,G20 财长和央行行长会议同意通过国际合作应对税基侵蚀和利润转移(Base Erosion and Profit Shifting,BEPS)问题,并委托 OECD 开展研究。2013 年 6 月,OECD 发布了《BEPS 行动计划》,2013 年 7 月正式向 G20 财长会议提交了《BEPS 行动计划》,提出 15 项行动计划,并于当年 9 月在 G20 圣彼得堡峰会上得到了各国领导人背书。2015 年 11 月,G20 领导人峰会正式批准了所有 15 项成果报告,标志着近百年来最大规模的一次国际税收规则重塑取得了重大进步。OECD 发布报告明确指出,跨国公司的税收筹划行为已经导致全球商业竞争环境的严重不公平,给世界经济发展带来长期和致命的危害。2014 年,国家主席习近平在澳大利亚布里斯班的 G20 第九峰会上提出"加强全球税收合作,打击国际逃避税,帮助发展中国家和低收入国家提高税收征管能力"。2017 年 6 月 7 日,包括中国在内的 67 个国家(地区)的代表在经合组织(OECD)于巴黎总部举行的签字仪式上签署了《实施税收协定相关措施以防止税基侵蚀和利润转移(BEPS)的多边公约》。

同时，国与国之间的税收竞争将更为激烈，尤其是在所得税课税领域，各国为了吸引外商投资，纷纷采取了降低所得税的措施试图在国际直接投资（FDI）方面独占鳌头。各国人为降低税率而引起了资本的税后收益与税前收益脱节，导致了世界范围内经济效益的下降。国际税收竞争推动了美国的税改，自 2018 年起，美国一系列税改大大降低了所得税税负，可能会恶化国际税收治理环境，阻碍 BEPS 行动的进程。

当下数字经济的发展呈现跃升式发展态势，对国际税收法律秩序构成了严峻挑战和全方位冲击，亟待完备的税收制度和国际税收协定给予有效回应。国际税收领域的避税与反避税活动，引起了税务界的深刻思考。本章将全面剖析国际税收筹划原理，揭秘国际税收筹划的操作实务。

18.1 导管公司与国际税收协定

18.1.1 引入导管公司

在 OECD 和联合国分别制定的两个国际税收协定范本产生以后，世界各国之间签订的税收协定越来越多。迄今为止，世界上已签署的税收协定已经超过 4 000 个；中国目前对外正式签署的税收协定也达 100 多个。这些税收协定形成了巨大的税收协定网络。由于税收协定的双边特性，签署不同税收协定的缔约国之间，以及缔约国与非缔约国之间都存在着明显的税制差异。

在税制差异的前提下，跨国投资者都会预先设计投资的税务安排。他们通常并不直接从自己的居住国向所得来源国进行投资，而是通过在一个与所得来源国签订有税收协定，或者与居住国和所得来源国都签订有税收协定的第三方国家或地区设立分支机构，即所谓的"导管公司"，并利用导管公司进行实际利益归属于自己的经济活动，从而享受税收协定优惠。

18.1.2 导管公司的类型

导管公司有两种类型：一是直接导管公司，二是"垫脚石"导管公司。

1. 直接导管公司模式

假设 A 国与 B 国没有签订税收协定，A 国居民对 B 国的投资所得会被征收较高的预提所得税，这里假定税率为 30%。A 国居民发现第三方——C 国——与 B 国签订有税收协定，按照税收协定，B 国仅对 C 国征收较低的预提所得税，假定税率为 10%。在此背景下，如果 A 公司不直接投资 B 国，而是在 C 国设立一个子公司，即设立一个导管公司来对 B 国进行投资。这样一来，跨国投资者便享受 10% 的预提所得税税率，从而使自己负担的所得税大大降低。从另一角度分析，即使 A 国与 B 国签订有税收协定，但是只要其协定的预提所得税率高于 10%，就存在利用导管公司筹划节税的空间。图 18-1 展示了直接导管公司的操作原理。

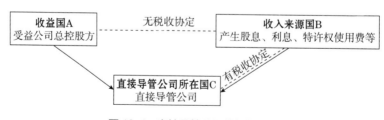

图 18-1 直接导管公司的操作原理

2. "垫脚石"导管公司

在上面的例子中，如果 C 国对在其国内设立的导管公司来源于 B 国的所得实行免税政策，那么 C 国的导管公司就被称为直接导管公司，它的作用是利用税收协定控制投资环节的税负。如果 C 国仍然对导管公司来源于 B 国的所得全额征税，则跨国投资者就需要考虑将 B 国的利润（通过支付利息、管理费用等方式）转移到另一个对来源于 C 国的所得不征税的国家 D，母公司就需要在 D 国设立一个辅助性导管公司。这样一来，C 国的公司一方面把利润转移到了 D 国的公司，另一方面又获得了 C 国成本费用的税前扣除，D 国的导管公司的作用则是保留所得。这种模式则被称为"垫脚石"导管公司。图 18-2 展示了"垫脚石"导管公司的操作原理。

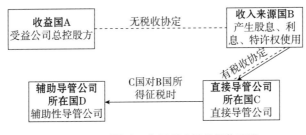

图 18-2 "垫脚石"导管公司的操作原理

18.1.3 导管公司与滥用税收协定

在国际税收领域，设立导管公司这种筹划方法因其游走于合法性的边缘，一直受到国际税收界的广泛关注。一些使用导管公司的税收实践，由于过度偏离税收协定的意图，在国际上被视为滥用税收协定。许多国家根据实质课税原则，对滥用税收协定的行为采取了必要的防范措施。例如，在德国与瑞士的税收协定中，规定了瑞士的公司如果大部分股权归属于第三国，则不应享有相应的低预提所得税优惠。

美国与加拿大 1994 年签订的税收协定中引入了反滥用协定的相关措施。关于税收协定的未来发展，有专家提出建立一次性多边的税收协定以替代现有的双边税收协定的前沿观念。2014 年 OECD 在防税基侵蚀与利润转移行动计划中也重点针对滥用税收协定，提出了更新常设机构的定义的行动计划。

根据实质课税原则，判断税收协定是否被滥用的标准有两个：一是受益所有人，二是合理的商业目的。受益所有人是指对所得或所得据以产生的权利或财产具有所有权和支配权的人，该标准是指不从事实质经营活动的导管公司不是真正的受益所有人，因此不应该适用税收协定的优惠税率。合理的商业目的则是指企业适用税收政策的商业行为主要或唯一目的不是获取税收利益。

国际上采用的应对滥用税收协定的方法主要有透视法、渠道法、善意法等。透视法是指最终取得股息的受益人应当是缔约国居民的公司，这种方法对享受税收协定优惠的公司的股东也做出了规定；渠道法对享受税收协定优惠的公司支付给第三方居民的股息、利息、特许权使用费的比例做出了规定，常常与透视法结合使用；善意法则是指税收协定的优惠只允许从事实质交易的公司享受。

为了避免与这些应对滥用税收协定的方法相抵触，跨国投资者在设立导管公司时，首先必须考虑税务当局的税收监管能力与反滥用税收协定的政策规定，以选择适当的地点设立导管公司；其次，在导管公司设立国也应开展实质性的经营生产活动，避免因单纯建立用来避税的空壳公司，而引起税务当局的注意。

18.2 转让定价与正常价格标准

18.2.1 转让定价原理

转让定价是指跨国关联企业间内部转让交易所确定的价格，这一价格通常与市场价格存在差距。转让定价是跨国企业进行利润转移的重要工具。

跨国企业通过转让定价，可以控制收入和成本的流向，最终达成所得税税基的流动和利润转移。国际税收领域使用转让定价的目的，就是使可扣除项目向高税率国流动，使收入向低税率国流动，最终获取税收利益。

转让定价不仅是国际税收筹划的重要方法，也是提高利润率、改变企业资信形象、垄断外国市场、转移利润和逃避外汇管制的重要途径。利用转让定价，将利润转移到一国，可以提高该国子公司的资信形象；利用转让定价，可以降低一国子公司的生产成本，进而达到垄断的目的；利用转让定价，还可以创造一个成本费用渠道，将利润从外汇管制的国家向外转移。

18.2.2 国际应对转让定价的措施

鉴于转让定价是国际贸易中常见的现象，各国为了控制转让定价所进行的不合理分配，维护其税收主权，都在努力探索或制定转让定价税制。BEPS 行动计划中特别提到了无形资产的转让定价问题。

国际上应对转让定价有以下两个重要措施。

一是关联企业的确认。对于税收协定国之间，在 OECD 税收协定范本中规定，存在直接控制关系的，或者是同时受控于同一企业的两家企业即构成关联关系；而对于非缔约国之间，主要通过控股比例、控制实质等标准判断关联关系，同时还有针对避税地的特殊规定。

二是制定针对转让定价应税所得的调整方法。将应税所得按照独立企业之间的正常价格标准，即按照独立交易原则调整转让定价为符合实际的应税所得。

国际上应对转让定价的常见方法包括正常价格标准和预约定价协议（APA）。正常价格标准是一种依照公平交易原则确定的转让定价方法，税务当局针对跨国关联企业的转让定价应用正常价格标准来判断是否进行制裁；预约定价协议是纳税人事先向税务机关备报自己在未来年度的定价，经税务机关审核同意之后，双方可以按照既定的原则来进行交易。我国现根据《中华人民共和国企业所得税法》及《中华人民共和国企业所得税法实施条例》，以及《中华人民共和国税收征收管理法》（简称《税收征管法》）及《中华人民共和国税收征收管理法实施细则》《国税总局关于完善预约定价安排管理有关事项的公告》（国税发 2016 年第 64 号）中的有关规定执行。从 2005 年到 2015 年年底，我国税务机关共签署了 49 个双边预约定价协议和 76 个单边预约定价协议。预约定价协议虽然一劳永逸，但是由于其成本对于纳税人而言仍然过大，因此可行性有限。

在当前国际形势下，如何才能使关联企业之间的转让定价既符合独立交易原则，又能减轻税收负担，已经成为转让定价研究的重点。

税务机关以关联企业之间的交易为对象，以公平交易为原则确定的转让定价，称为正常价格标准。而关联企业之间进行转让定价时采取不同的标准决定转让价格的方法，就是转让定价方法。而如何采用转让定价方法，既能够符合正常价格标准，又能够降低税负，是转让定价税收筹划的根本目的。

国际上常见的转让定价方法包括：可比非受控价格法、再销售价格法、成本加利法等。

1. 可比非受控价格法（CUP）

可比非受控价格法要求纳税人按照非受控的、公平交易的价格来衡量自己在受控交易中对商品的定价，这种方法的重点在于受控交易与可比非受控交易之间的比较。企业在转让定价过程中，要关注二者的差异。

在可比非受控价格法中有两个需要重点考虑的因素：一是转让定价与可比非受控价

格之间的可比性；二是比较数据的准确性和可靠性，在此基础上通过比较转让定价和正常价格标准之间的差异，寻找合理的理由来解释差异的来源，使转让定价接近可比非受控价格。

在适用可比非受控价格法的条件下，转让定价与可比非受控价格存在的差异被区分为次要差异、实质性差异等。如果差异微小或者差异可以被合理解释（如是因为品牌差异、地理差异等），转让定价就可以被确定为符合正常价格标准。

可比非受控价格法适用于跨国关联企业之间有形资产的交易、贷款、劳务提供、财产租赁和无形资产转让等交易。如果关联企业之间交易价格不符合这个可比非受控价格，国家有关的税务部门有权对其进行合理调整。

国家税务总局2017年6号公告也强调了可比非受控价格法中的可比性问题。该文件第十七条规定，可比非受控价格法的可比性分析，应当按照不同交易类型，特别考察关联交易与非关联交易中交易资产或者劳务的特性、合同条款、经济环境和经营策略上的差异：（1）有形资产使用权或者所有权的转让，包括：转让过程，转让环节，转让环境，有形资产的性能、规格、型号、结构、类型、折旧方法等，提供使用权的时间、期限、地点、费用收取标准等，资产使用者对资产的投资支出、维修费用等；（2）金融资产的转让；（3）无形资产使用权或者所有权的转让；（4）资金融通；（5）劳务交易。

【案例18-1】

甲国A公司向乙国市场销售一种产品，价格为每件70元，向乙国子公司B销售该产品的价格为每件60元。由于乙国所得税率比甲国低，甲国税务当局怀疑A公司通过转让定价进行利润转移（转让定价与可比非受控价格如图18-3所示）。经过对A公司提供的详细资料进行研判，甲国税务当局发现，销售到B公司的该产品的价格差异主要在于保险费与国际运输费。这种价格差异可以被合理解释，对其转让定价仍适用可比非受控价格标准，不需要调整。

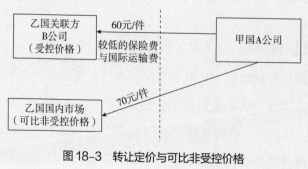

图18-3 转让定价与可比非受控价格

2. 再销售价格法（RPM）与成本加利法（CPM）

再销售价格法是指通过销售价格乘以合理的销售成本率，推定出关联企业间的正常价格标准。

成本加利法则是通过商品提供方的成本，除以合理的销售成本率，推定出关联企业间的正常价格标准。

再销售价格法标准 = 转入市场销售价格 ×（1- 交易的合理毛利率）

成本加利法标准 = 转出企业成本 ÷（1- 交易的合理毛利率）

这两种方法都是通过对价格构成的分析进行定价。在商品销售价格可以准确获得的情况下，适合使用再销售价格法；在商品原始成本可以确定的条件下则适合使用成本加利法。

【案例 18-2】

甲国 A 公司将自产的成本为 100 元的货物以 120 元的价格销售给乙国子公司 B，B 公司在乙国出售该货物的价格是 200 元。甲国税务当局怀疑 A 公司利用转让定价进行利润转移。由于在乙国无法获得可比非受控价格，因此采用再销售价格法或成本加利法对转让定价进行比对。税务当局认定的商品提供企业的合理毛利率为 20%，再销售的合理毛利率为 25%，请分析 A 公司的转让定价是否合理？

【解析】：根据再销售价格法标准和成本加利法标准的公式可得：

再销售价格法标准 =200×(1-25%)=150(元)

成本加利法标准 =100÷(1-20%)=125(元)

不论是按照再销售价格法标准，还是按照成本加利法标准，计算结果都与 B 公司在乙国出售货物的价格存在很大差异。因此，A 公司的转让定价不合理，被甲国税务当局要求进行税务调整是正常的。

18.2.3 转让定价调整中特别需要关注的问题：无形资产

我国政府加大了对无形资产转让定价的政策制定，国税总局〔2017〕6 号公告，即《特别纳税调查调整及相互协商程序管理办法》中，对无形资产转让定价税制进行了特别规定。公告中对无形资产的价值贡献、特许权使用费的特别纳税调整、无形资产转让定价调整方法及可比性分析均进行了详细介绍。

在征管实践方面，目前我国无形资产转让定价税务管理工作也取得了一定的进展，例如，在2014年的一起反避税调查案件中，我国税务部门成功根据市场溢价理论[①]，测算出了某跨国企业设置在我国的分销公司占据其全球价值链的比重，对其利润进行调整核算。同时，我国预约定价协议的签署上也取得了较大的进展。

18.3 外国基地公司与受控外国公司制度

18.3.1 外国基地公司的原理

外国基地公司，具体是指利用不同国家的税率差异，在相对低税甚至无税的避税地国家建立的从事收入费用转移或资产积累的公司。也就是说，外国基地公司的建立是在国际间税率存在差异的背景下，利用组织结构和延期纳税来进行税收筹划的方法。

外国基地公司一般建立在避税地国家，这是由避税地国家的独特特征所决定的，包括相对较低甚至为零的税率、现代化便利的商业环境、稳定的政治环境、优越的地理位置等。这种得天独厚的条件引起税基向"低洼"地流动。国际避税地应该是指那些提供普遍的税收优惠，以及可以被跨国公司用于经常性避税活动的国家和地区。随着国际反避税行动的日益推进，许多国家和地区纷纷建立了避税地黑名单。

在很多情况下，设立在避税地的一些外国基地公司被称为信箱公司，这是因为这些公司在注册国只有基本的组织架构和登记手续而得名，它们成立的目的仅仅是安排税收。信箱公司通常是跨国集团在避税地设立的财务子公司，通过名义营业、保留利润、投资、中介、担保等方式，进行利润与资本的转移与积累。

在现实条件下，外国基地公司在避税地的避税模式主要分为两种。第一种是收入与

---

① 市场溢价是指通过在对一项服务或产品具有特别需求的地区开展经营而获得与之相关的超额利润。

成本转移，通过其他公司与避税地基地公司之间的关联交易，将收入来源地尽量确定在避税地，而把成本费用通过特许权使用费或管理费用等方式转移到高税地。第二种是保留利润并再投资，在将利润转移到避税地之后或者是通过保留利润来递延纳税，或者是在此基础之上进行利润的再投资，进而享受避税地国家的所得税优惠。无论是采用哪一种模式，其原理都是通过成本和利润的流量控制来实现其分配安排，而其组织基础则是通过避税地基地公司来运行的。

1. 收入与成本转移类基地公司

这一类基地公司一般通过纳税主体的转移来实现收入，从而达到避税的目的。

2. 收入实现主体的转移——贸易公司

跨国集团常常将发生的国际商品、劳务交易活动的收入实现主体，在名义上变更为设立在避税港的贸易公司，使其成为收入实现的主体，享受避税地的低税收政策。这种特定的公司只能在跨国联属公司发生贸易时，开具发票和处理现金结算。

【案例 18-3】

跨国集团在高税率国甲国拥有生产机构子公司 A，如果直接与客户——乙国消费者——交易，将会在甲国被征以高税，因此该跨国集团可以在避税地丙国设立名义的贸易公司 B，使 B 公司成为跨国集团的销售业务主体，使 A 公司生产的货物在名义上经由 B 公司中转销售到乙国，从而使收入转移到 B 公司，享受低所得税率。货物与利润实际流向如图 18-4 所示。

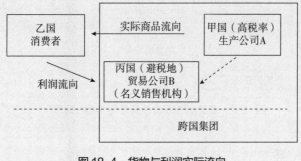

图 18-4　货物与利润实际流向

18.3.2 总机构的转移——控股公司和服务公司

控股公司是指在避税地设立的控制集团内子公司具有大量表决权股份的外国基地公司，设立在避税地之后使控股公司的股权——所有权——转移到避税地，从而可以名正言顺地享受股息收入和资本利得的低税收。而服务公司则是指能够对集团内的收入、费用、投资、筹资等进行分配的总管理机构，可以控制集团内部业务的发生，调节整个集团的税负。服务公司在多数情况下也是控股公司。相较于贸易公司，这两种公司可以在一定程度上减少税务当局的怀疑。

1. 保留所得与再投资类基地公司

通过收入和成本转移的税收筹划，企业已经将所得保留在了避税地。在这样的基础之上，如果跨国集团不将这些跨国所得转移到高税率国，就可以获得长时间的延期纳税。同时，跨国集团可以进一步将累积所得再投资，使免税所得能够产生更多的利润。

2. 投资公司、离岸基金与离岸信托

投资公司是指设立在避税地，利用跨国集团在其中积累的资金从事证券交易的外国基地公司，设立目的为实现投资收益。其投资方式多样，包括股权投资、债权投资、短期证券投资等形式。图 18-5 所示为在避税地设立投资公司的操作原理。

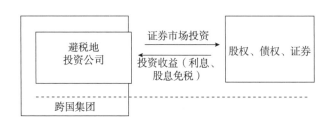

图 18-5　在避税地设立投资公司的操作原理

投资公司与控股公司的区别主要有两点。首先，投资公司并非跨国集团的总机构，即使是通过股权投资将资本投向集团内部，也不会拥有任何重要的表决权；其次，投资公司相比于控股公司，并不仅仅是一个累积免税所得的分支机构，还是一个主动投资以获得更多收益的分支机构。

投资公司直接利用避税地保留的利润进行再投资，在避税地的低税率，或者是税收协定存在少征或免征预提所得税的规定的条件下，实现再投资的股息、利息的再次免税。

投资公司的常见形式是受控离岸基金和受控信托公司，以基金或信托的形式托管跨国企业的所得，实现投资收益。与受控离岸基金相比，受控信托公司更有利于企业投资动向的保密，也可以被用来与其他外国基地公司共同设计税收筹划架构。很多国家都有信托财产继承免税的规定，这更有利于继承和遗产税规划。

【案例 18-4】

2014 年 10 月底，"90 后"女孩纪凯婷因 80 亿元身家登上胡润富豪榜，而迅速成为舆论聚焦热点。纪凯婷的父亲是龙光地产董事长纪海鹏，而纪凯婷通过多家公司和家族信托，持有龙光地产 85% 的股份。纪氏家族之所以不选择直接持股的方式控制龙光地产，而是通过家族信托的方式来达到财富延续的目的，是因为设立家族信托能够有效避税、隔离风险，以及保障或是增值财富。更重要的是，创始人可以通过在信托契约中附上特殊条款来约束家族信托受益人的行为，以其所希望的形式竭力维持家族的长盛不衰。纪氏家族的家族信托项目的运作轨迹可以概括为：将上市公司资产装入离岸信托公司，再由公司实际控制人控制离岸信托公司，从而达到合理避税、有效分配传承财产、隔离风险等目的。

值得一提的是，由于各国对金融衍生品的认定差异不同，在避税地国家被认定为股权工具的金融工具，在发行国可能会被认定为债权工具。有些跨国企业的投资公司会利用发行国与避税地的税制差异（避税地对股权工具的股息免征所得税，而发行国对债权工具的利息免征预提所得税），实现在发行国与所在国（避税地）的双重不征税。这种情况正属于国际反避税的热点——混合错配。

3. 金融公司与保险公司

与投资公司不同，金融公司和保险公司并不直接利用保留的利润再投资，而是以借贷人或保险人的身份，在将资金保留在避税地的前提下，实现资金为跨国集团所用。

金融公司是指在跨国集团中以避税地保留的利润作为借贷资本，向跨国集团进行债权投资的外国基地公司。跨国集团在有资本需要的时候，往往可以通过向其设在避税港的金融公司进行贷款来解决。所发生的利息，对于提供贷款的子公司而言可以在税前扣除，从而在避税子公司可以免征所得税。图 18-6 所示为在避税地设立金融公司的操作原理。

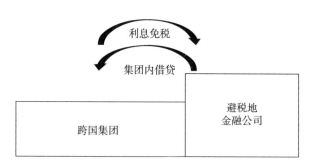

图18-6 在避税地设立金融公司的操作原理

保险公司是指受控于跨国集团,为集团内成员提供保险和分保服务的一种外国基地公司。保险公司与金融公司同样是间接利用避税地保留所得的受控外国公司,然而,设立保险公司的方式更为间接,需要考虑到风险和不确定性。

建立受控保险公司具有两方面优势。首先,作为集团内的保险公司,可以承担第三方保险公司不能承担的损失,同时需要投保的公司也只需要较低的保险费用。其次,在大多数国家保险赔款是不征税的,在出险的情况下,可以将在避税地保留的所得合理转移到需要资金的子公司所在地。

4. 专利公司与租赁公司

专利公司与租赁公司都是利用对资产的特殊所得税规定而设立的外国基地公司。

专利公司是指利用知识产权、工业产权等无形资产,通过收取特许权使用费等方式获取收益的避税地基地公司。专利公司所利用的特殊资产所得税规定一般是对特许权使用费减征或免征预提所得税。苹果的"三明治"避税架构中,就利用了欧盟关于免征特许权使用费的预提所得税的相关规定。

【案例18-5】

谷歌采取的被称为"双重爱尔兰夹荷兰三明治(Double Irish With Dutch Sandwich)"的模式成功将大部分海外利润转移至了百慕大等避税天堂,躲避美国的所得税或欧洲的预扣税。在2007—2009年三年间,谷歌将其海外利润有效税率降至了2.4%,三年节税31亿美元;2016年,至少避税37亿美元。图18-7很好地总结了整个避税安排。在控股架构中,底层是一家爱尔兰公司,中间夹着一家荷兰公司,顶层是一家管理中心设在百慕大的爱尔兰公司,因此爱尔兰公司在税务上是一家百慕大公司。如果顶层是设立在百慕大的公司,则美国就会因其避税地身份而根据受控境外企业(CFC)规定对谷歌的顶层——百慕大公司征税,但顶层是爱尔兰公司(即使其实际管理中心设在百慕大),就可以规避美国的 CFC 规定的约束。底层爱尔兰公司直接向全世界销售并取得收入,按爱尔兰的企业所得税率 12.5% 交税。顶层爱尔兰公司是一家持有大量特许权但在百慕大管理的公司,由于爱尔兰税法要求底层爱尔兰公司向顶层爱尔兰公司支付特许权使用费需要缴纳预扣税,中间的荷兰的公司就是为规避爱尔兰预扣税而设立的。

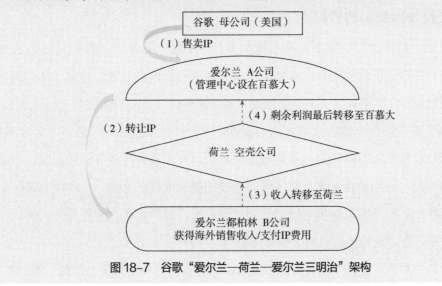

图 18-7 谷歌"爱尔兰—荷兰—爱尔兰三明治"架构

租赁公司是指从事资产租赁贸易等活动的机构。租赁的本质其实是一定时期内使用权的交易,因此,租赁在一方面可以作为转让定价的特殊情况来看待,而在另一方面适用于所得税法对固定资产折旧有特殊规定的情况。例如,在存在固定资产加速折旧的国家建立租赁公司,可以获得资产的加速折旧,提前获得抵税项目,从而达成与递延纳税相同的效果;又如,在不同国家对融资租赁的规定不同的条件下,一项租赁业务可能在租赁公司所在国家被认定为经济租赁,而在承租人所在的国家却被认定为融资租赁,这样,该项租赁资产在两个国家都可以享受到折旧抵税。

18.3.3 受控外国公司制度

利用在避税地建立的基地公司实现利润转移、保留和再投资是跨国集团常用的税收筹划手段,但是过于激进的筹划政策会造成不当的税收流失,因此,许多国家尤其是发达国家都特别注重应对受控于本国的避税地公司从事的避税活动,并以美国为首建立了受控外国公司制度（CFC Rules）。我国在2008年的《企业所得税法》中首次加入了关于受控外国公司的规定，认定不合理保留的利润负有纳税义务，并且在法律上赋予了税务机关对受控外国公司的所得归属进行依法审查的权力。我国还在2009年的《特别纳税调整实施办法》中对受控外国公司的所得制定了更为明确的豁免条件。

1. 受控外国公司的界定

每个国家受控外国公司制度的核心都在于对"控制"的界定。就各国CFC法规而言，主要是对持股比例的界定。这些规定既包括对全部股东控制权的界定，又包括对个别股东控制权的界定。例如，日本立法规定，当一家外国公司的50%被日本居民（企业）持有，且每个股东都至少持有这家外国公司5%的股权时，这家外国公司才需要纳税。其他国家对持股比例有不同规定，或是对是否对个别股东设置限额有不同规定，但是主要规定是类似的。而除了在法律上对量化的持股比例做出规定之外，一些国家还提出了实质控制标准——即持股比例虽然没有达到法定要求，但是实质上对外国公司构成控制的情况下，也认定这家外国公司为受控外国公司。

此外，各国对确认受控外国公司的控制时间也有不同的界定规定。例如，法国规定，符合持股比例的控制时间累计超过183天（非协定国）的外国公司才会被认定为受控外国公司；而美国法律规定的则是不间断地控制30天的外国公司才会被认定为受控外国公司。此外，有些国家还规定了特定的测试日期。

2. 针对受控外国公司的制裁

在确认了受控外国公司之后，受控外国公司的控制方所在的国家将会根据受控外国公司税制，对外国公司所得按照居民所得进行征税，其具体征税方式有按照比例、具体分项、全额征收等方式。按照比例征收是指，将受控外国公司的所得，乘以控制国居民持股的比例，再乘以一年中持股天数的比例作为税基进行征税。具体分项征收则是对受控外国公司所得进行分类，对每一项所得甚至每一项发生的业务进行分析，以确定是否征税。全额征收则是规定，只要受控公司位于避税港，那么其全部所得都按照居民所得征税。然而，为了防止打击面过大，一些国家对符合条件（如小额所得、无避税动机等）的受控外国公司会有免税规定。

OECD的BEPS工作小组2013年提出的应对BEPS行动计划的行动3中提出了六点

建议。一是受控外国公司不应仅限于公司实体，若有必要，还应该包括常设机构或其他透明体（如信托、合伙人）；二是受控外国公司法规应当适用于那些有效税率比母公司所在国低得多的受控外国公司；三是各国受控外国公司法规中应当加进一个应税的外国公司保留利润的定义；四是受控外国公司法规应当使用母公司所在国的法规来计算归属给股东的受控外国公司所得；五是在计算归属于股东的所得规模时应当考虑与其相对应的所有权或者影响；六是为了避免实施受控外国公司法规时出现双重征税，居住国应当允许境外所得已负担的外国税收用于税收抵免。

该项计划针对的是受控外国公司与不合理保留利润，督促 OECD 税收协定范本的修订和各国 CFC 法律制度的修改。

在这一国际形势下，利用外国基地公司进行税收筹划的策略应当更加谨慎。其一是税收筹划结构需要建立在各国最新税收政策基础上；其二是避免激进的税收筹划，违反税收筹划合乎立法意图的本质。

18.4 利息抵税与资本弱化税制

18.4.1 利息抵税在国际税收筹划中的应用

Modigliani 和 Miller 教授在 1958 年发表的论文中提出了关于资本结构的 MM 理论。该理论证明，在征收企业所得税的条件下，由于债务利息可以抵税，随着企业债务的增加，企业的筹资成本会逐渐降低，而债务也会增加企业的价值。

有负债企业的价值 = 无负债企业的价值 + 负债 × 所得税率

企业筹资成本 = 股权比例 × 股权筹资成本 +

债权比例 × 债权筹资成本 ×（1– 所得税率）

企业通过加大负债比例和减少股权比例的方式，可以增加税前的扣除项目。借贷款支付的利息，一般是作为期间费用中的财务费用在税前扣除的。相比之下，股息一般不得进行税前扣除。因此，在一定程度上增加企业资本结构中负债的比例，可以实现筹划税收的目的。因此负债的这种作用也被称为税盾作用。

跨国集团在经营过程中常常利用债务抵税的方法来减少纳税额，尤其是在承担债务的公司所在国采取高税率的时候，利用债务抵税可以实现利润的转移。

18.4.2 资本弱化税制

财务健康要求一家公司的资产负债率保持在一定程度（OECD 建议的资产负债率是 50%），如果资产负债率过高，则导致债权比例过高，债权比例高而股权比例低的公司的资本结构会明显导致资本弱化。

资本弱化有很多危害，不仅会破坏税收中性原则，导致企业之间的不公平竞争，更会引起被投资企业所在国的税基流失。OECD 的 BEPS 工作小组在 BEPS 行动计划中的行动 4 中同样提出了应对跨国企业通过关联方借贷获得利息扣除的建议。

世界各国大多建立了资本弱化税制。与受控外国公司制度主要针对本国对外国的投资不同，资本弱化税制针对的情况则主要是外国对本国的（债权）投资。资本弱化税制下，各国通常采取的方式是限制税前扣除。对于具体的限制数额，各国通常采用固定比例法、正常交易法等来确定。

1. 固定比例法

固定比例法是对企业的股权与关联方债务比例做出限制的资本弱化税制，其核心在于对关联方债务概念的确定。对债务概念的确定包括两个要点。一是对债务范围的规定，这一类规定明确了债务是什么：什么性质的金融工具属于债务，多久期限、何时借入的债务属于适用资本弱化税制的范围，等等。二是对债务来源的规定，这一类规定明确了贷款提供人的身份。除美国以公司全部债务作为适用基础之外，其他国家一般都规定，只有公司股东向本国公司提供贷款时，其债权才加入固定比例法中的债权数量进行计算。

固定比例法的优点是规则的确定性，可以节约税收征纳成本。然而，固定比例法的另一个特点就是容易回避。在了解该国对债务确定的政策之后，有些跨国公司会利用担保等方式，将贷款的提供者转为非股东，进而使公司股权结构在规定上符合固定比例。

我国采用的是固定比例法，在 2008 年实行的《企业所得税法》中，不仅规定了从关联方获得的债权性投资和利息支出的范围，还规定了安全港比例标准（金融企业为 5∶1；其他企业为 2∶1，超过规定比例的利息不得扣除）及关联债资比例的计算方法。

2. 正常交易法

正常交易法则是直接对债权债务的性质进行判断，如果一项关联方的借贷行为与非关联方的借贷条件不同，则关联方贷款可能被视为资本弱化行为，则利息将被当作股息，同时不能获得抵税的效果。

正常交易法的优点是考虑了每一项借贷行为的实质与特别因素，符合实质课税、税收中性的原则。然而，考虑到其高昂的纳税与税收成本，在实践中往往难以执行。

18.5 机构流动与常设机构

在国际税收领域，以人员（包括法人和自然人）流动或转移来实现减少税收的情况十分常见。在实行居民管辖权的国家，对企业居民身份的判定标准包括注册登记所在地、总机构所在地、实际管理机构所在地等，这些不同的标准恰恰为公司利用税制差异提供了税收筹划空间。

跨国企业可以在避税地或税收协定缔约国建立仅仅用来召开董事会的信箱公司，使之成为实际管理机构所在地，从而享受避税地的低税率或税收协定的税收优惠；跨国企业还可以利用两个国家对企业居民身份的认定差异，在两国都成为非居民公司，实现双重减少税收。这种方式常常利用税制差异中的实体认定差异，被归类为混合错配的一种。

OECD 与联合国订立的税收协定范本中规定了常设机构的判别标准：一是常设机构是全部或部分营业的固定场所；二是常设机构可以是代理非居民从事订单、合同签订的机构。不属于这两种情况的分支机构一般不会被视为常设机构。非常设机构的操作原理如图 18-8 所示。

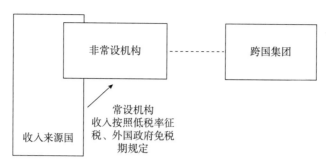

图 18-8 非常设机构的操作原理

中国在与美国、加拿大、泰国、新加坡等国家签订的税收协定中规定，仓储、采购、加工等辅助性的分支机构属于准备或辅助性质的常设机构。依据这一类规定，利用非常设机构实现一些不需要常设机构的经营业务，可以回避收入来源地的税收，从而达到减轻税负的目的。

【案例 18-6】

日本在 20 世纪 70 年代兴建了许多船上流动工厂车间，使之在亚洲和非洲流动作业，就地收购原材料、加工并就地出售，整个生产周期仅仅有一两个月。这些海上流动工厂车间既不对收入来源地负有纳税义务，在本国也被视作海外收入享受优惠，从而双重避免了税收。

复习思考题

1. 什么是导管公司？在国际税务领域如何使用导管公司？

2. 请比较下列三种转让定价方法的价格标准：可比非受控价格法、再销售价格法、成本加利法。

3. 世界跨国公司的避税行为越来越猖狂，在经济全球化的背景下，BEPS（税基侵蚀与利润转移）愈演愈烈，引起了全球政治领袖、媒体和社会公众的高度关注。为此，2012 年 6 月，G20 财长和央行行长会议同意通过国际合作应对 BEPS 问题，并委托 OECD 开展研究。2013 年 6 月，OECD 发布了 BEPS 行动计划，并于当年 9 月在 G20 圣彼得堡峰会上得到了各国领导人背书。

根据上述资料，请论述 BEPS 行动计划在国际反避税方面的价值。

案例分析题

案例一 反避税法案

我国台湾省反避税条款于 2016 年 7 月颁布实施。反避税条款的内容主要有两大重点。

一是建立受控外国公司（CFC）课税制度，只要在台企业及其关系企业投资境外受控公司的股权合计超过 50%，海外收益盈余不论是否分配汇回，在台企业都要按照持股比例向国库缴税，以防杜国内企业迟延缴税，将盈余留在海外子公司。

二是订立反制企业转换居住者身份的实际管理处所（PEM）课税制度，企业在租税天堂设立境外公司，其居住者身份视实际管理处所来决定，以避免其规避税负。

【问题】：请用国际税收原理解释这两项反避税条款的政策含义及实践应用。

案例二 跨国企业的税务处理

集美集团是一家新加坡大型跨国企业，其创始人为中国居民陈先生和私募基金光华私募。2011 年，由陈先生 100% 控股的设立在 BVI 群岛的欣荣 BVI 及由光华私募 100% 控股的香港风云（中国香港居民企业）共同在开曼群岛设立了美臣开曼公司（简称"集美开曼"）。

集美开曼的董事长为陈先生，他每年有 80% 的时间在境内工作；副董事长王先生，每年有 50% 的时间在境外工作，在中国大陆有永久性住所，妻女常住中国大陆；财务总监李女士，每年有 30% 的时间在境外工作；其他两位独立董事均为外国居民，平时不在中国大陆工作。

集美开曼除日常事务外的重大决策由董事会做出，同时公司的人事任免和财务决策亦由董事会决定。除上述公司最高管理层外，集美开曼的人事总监、销售总监等高层管理人员均在中国大陆长期居住。

为了方便企业信息的查询，集美开曼的会计账簿、董事会和股东会议纪要档案存放在中国大陆。

公司董事会每季度召开一次，召开地点不确定，可能在中国大陆、开曼群岛、新加坡等地。当公司董事会成员因故不能聚齐时，董事们还可以视频会议的形式在各自所在地参加会议。

【问题】：

1. 2016年年底，新加坡企业天伦集团拟收购集美开曼100%的股权。税务机关认定集美开曼不适用698号文的"穿透"，作为谈判议价的参考，天伦集团需要知道作为转让方的欣荣BVI和香港风云有哪些中国大陆税务义务和风险。请对此进行解释和评论。

2. 2013年天伦集团派遣员工Ryan到集美中国长期负责销售工作，合同未明确约定Ryan的实际雇主，也未明确其工作责任和风险由谁承担。派遣的过程中，天伦集团仅向集美（中国）收取其垫付给Ryan的工资。Ryan的奖金等职工福利由集美（中国）负担，并且集美（中国）全额代扣代缴Ryan的工资和福利的个人所得税。Ryan需向天伦集团和集美（中国）汇报工作，Ryan的绩效考评是由天伦集团和集美（中国）共同完成的。请分析该派遣安排给天伦集团带来的所得税影响。

下篇 案例解析

第 19 章
国内税收筹划战略案例

19.1　京东集团税收筹划案例

19.1.1　京东集团概况

1. 京东集团的基本情况

京东集团（北京京东世纪贸易有限公司）是目前我国最大的自营式电商企业之一。

京东集团是一家综合网络零售商，以 B2C（商家对消费者）模式开展运营，线上销售数码家电、家居百货、食品服装等数百万种商品。京东集团于 2006 年 11 月注册于英属维尔京群岛并于 2014 年迁至开曼群岛，2014 年 5 月在美国纳斯达克正式挂牌上市，2020 年 6 月赴香港上市。

京东集团主要通过其零售移动应用程序和网站经营电子商务业务，包括自营模式和平台模式。公司 2020 年年度报告显示，截至 2020 年 12 月 31 日，京东集团已经从三万多家供应商采购商品，具备丰富的专业知识和采购经验。同时京东集团设有严格的货物质量审核标准，能够保证服务质量。为了更好地服务消费者的网络购物，京东集团 2018 年成立了京东物流集团，建立起了全国所有电商公司中最大的全国性物流基础设施，运营的区域配送中心超过 300 个，覆盖中国华北、华东、华中、东南、东北、西北和西南七大区域，实现了根据消费者收货地址就近发货的目标，大大提高了物流运输的速度。

在互联网大数据背景下，京东集团可以整合消费者的大量信息，根据消费者的消费与搜索记录、商品浏览时长等信息，精准定位消费者的需求及偏好，进而为消费者提供个性化的精准服务，降低运营成本，提高商品的成交量。营销、物流上的优势，使得京东集团拥有大量的消费者和广阔的市场，成为中国电子商务领域的巨头之一。

京东集团的运营模式如图19-1所示，其主要收入来源为直接销售收入和提供平台服务、物流服务收入。由2018—2020年的各项收入变化（见表19-1）可知，平台服务和物流服务占总收入的比重逐渐增加，这与网络购物的流行密不可分，同时也说明互联网大数据的发展给电商企业带来了巨大的发展机遇。

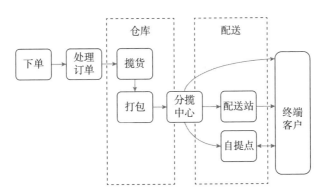

图19-1　京东集团的运营模式

表19-1　京东集团2018—2020年各项收入分布比例[①]　　　（单位：百万元）

收入来源	2018年		2019年		2020年	
销售商品收入	416 109	90.1%	510 734	88.5%	651 879	87.4%
平台服务收入	33 532	7.2%	42 680	7.4%	53 473	7.2%
物流服务收入	12 379	2.7%	23 474	4.1%	40 450	5.4%

京东集团的总部设在开曼群岛，子公司分布在开曼群岛、英属维尔京群岛、特拉华州、新加坡、中国香港及中国境内，集团的主要业务和地理市场位于中国境内，通过中国境内的子公司及可变利益实体开展各项业务活动，图19-2所示为京东集团的组织架构。

从京东集团的整个业务布局（见图19-3）分析，集团旗下设有京东商城、京东国际海外事业部、京东智能、拍拍网、O2O及京东金融集团。目前的转型目标是打造以供应链为基础的技术与服务企业，将业务铺开至上游的制造、采购、物流、分销及针对最终用户的零售的整个供应链，并且围绕供应链打造了人工智能、大数据分析和云计算三大技术体系，以支撑整个集团的业务和生态系统运作。

---

① 销售收入信息来源于京东集团2020年度报告。

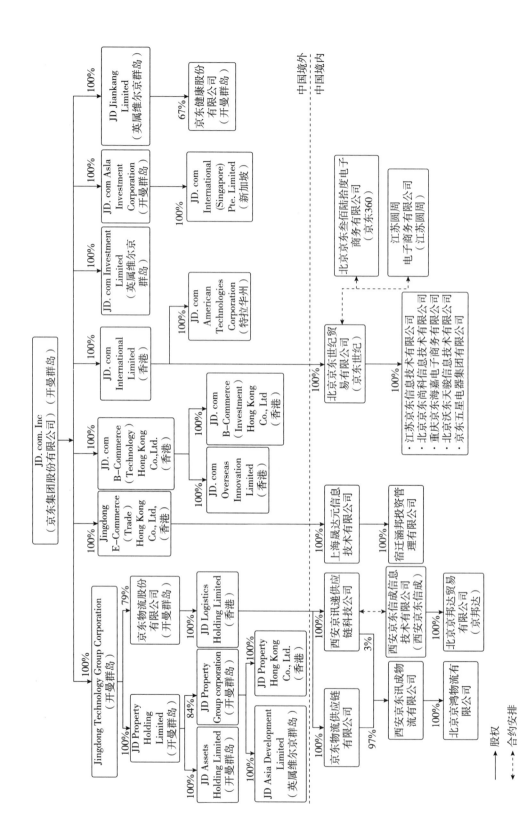

图19-2 京东集团组织架构

第 19 章 国内税收筹划战略案例

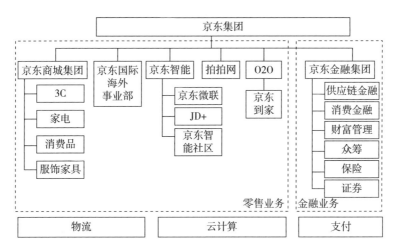

图 19-3 京东集团业务布局

在零售业务方面，京东打造了"自营＋平台"的混合经营模式。一方面，京东直接对接供应商采购产品，然后将产品销售给客户，作为卖家赚取产品的销售利润。2020年京东的自营业务收入高达 6 518.79 亿元，截至 2020 年年底已经获得 7 100 百万条客户发布的对已购产品的评价。另一方面，京东为第三方商家提供销售产品的平台，商家通过京东的电商平台向客户销售产品，京东向其收取销售佣金即服务费，同时京东会密切监测商家在平台的表现以确保产品质量和服务质量。此外，京东还会借助其人工智能能力和各种业务的大数据积累情况，为供应商、第三方商家及其他合作伙伴提供营销服务，提供本地搜索广告和展示广告，并向其收取广告费。

在物流业务方面，京东提供了涵盖全业务范围的优质物流服务，坚持以技术为导向，将物流服务的链条延伸至供应链的两端，连接供应商和终端客户，全方位满足从仓库储存服务到商品配送，以及快递和运输服务等需求，并充分发挥其运输速度优势和对特殊物品的控制能力方面的优势，完善客户体验，增强客户黏性。截至 2021 年 9 月 30 日，京东物流已经建造并运营了大约 1 300 个自己的仓库，仓储面积总计已超过 2 300 万平方米。

2. 京东集团的财务情况

表 19-2 反映了京东集团 2018—2020 年的利润表主要指标，从中可以看出，这三年来京东集团的收入和利润水平保持较好的增长势头，2019 年和 2020 年的营业收入增长率分别为 24.86% 和 29.28%，2020 年营业利润达到了 1 069 千万元，同比增长了 109.27%，2020 年利润总额的同比增长率更是高达 271.14%，净利润也是从 2019 年开始扭亏为盈，

可见京东集团运营良好，受市场看好。从研发费用来看，京东集团投入的研发费用从 2019 年的 1 462 千万元增长到了 1 614 千万元，同比增长了 10.47%，且每年研发费用占其期间费用的比重都在 17% 左右，占营业收入的比重在 2.5% 左右，可见京东集团对研发创新能力的重视，而这也是税收筹划需要重点关注的领域，合理运用税收优惠政策可以为京东集团节省不少税负。在所得税费用方面，初步看来，京东集团在 2018—2020 这三年里所得税费用占利润总额的比重分别是 -17.98%、13.16% 和 2.92%，这种变化趋势与企业利润的高速增长相差甚远，因此，研究京东集团的税收筹划方法非常有必要。

表 19-2　2018—2020 年度京东集团利润表指标　　（单位：万元人民币）

	2020 年	2019 年	2018 年
营业收入	74 580 189	57 688 848	46 201 976
营业成本	63 669 355	49 246 739	39 606 613
仓储物流费用	4 870 021	3 696 804	3 200 966
销售费用	2 715 597	2 223 405	1 923 674
研发费用	1 614 895	1 461 868	1 214 438
管理费用	640 913	549 016	515 967
营业利润	1 069 407	511 017	-259 681
利润总额	5 081 889	1 369 253	-237 368
所得税费用	148 165	180 244	42 687
净利润	4 933 724	1 189 009	-280 055

数据来源：京东集团 2020 年度财务报告。

税收筹划的核心就是要全面了解企业的业务流程，只有将税收安排在各项业务开展之前，税收筹划才有空间。从京东集团的收入构成情况（见表 19-3）来看，主要包括两大类业务：销售商品、提供服务，近三年来这两大业务的收入变化趋势是商品收入占比减少，而服务收入占比增加，这也体现了京东在转型过程中所做的努力。尽管如此，销售商品仍是京东主要的收入来源，至 2020 年，京东实现的商品收入为 651 879 百万元，占总营业收入的 53.8%。在商品收入中，京东以销售电子产品、家用电器及日用百货为主，电子产品和家用电器方面的营业收入占比最大，2018—2020 年均超过总营业收入的一半，收入绝对值逐年增加，但其占总营业收入的比值由 2018 年的 60.6% 下降到了 2020 年的 53.8%。与此同时，日用百货商品方面的销售占比呈增长趋势，至 2020 年已占总收入的 33.6%。在服务方面，京东作为电商平台向第三方商家收取佣金，并为其供应商、商家等提供广告宣传服务，这两种形式的收入占比相对稳定，增长迅速的是物流和其他服务带来的收入，从

2018 年的 12 379 百万元增长到了 2020 年的 40 450 百万元，增长了 226.8%。

表 19-3 2018—2020 年度京东集团营业收入构成情况

项目	2020 年		2019 年		2018 年	
	百万元	%	百万元	%	百万元	%
电子产品及家用电器商品收入	400 927	53.8%	328 703	57.0%	280 059	60.6%
日用百货商品收入	250 952	33.6%	182 031	31.5%	136 050	29.5%
商品收入	651 879	87.4%	510 734	88.5%	416 109	90.1%
平台及广告服务收入	53 473	7.2%	42 680	7.4%	33 532	7.2%
物流及其他服务收入	40 450	5.4%	23 474	4.1%	12 379	2.7%
服务收入	93 923	12.6%	66 155	11.5%	45 911	9.9%
总收入	745 802	100.0%	576 888	100.0%	462 020	100.0%

数据来源：京东集团 2020 年度财务报告。

3. 京东集团的税收分析

根据京东集团的经营内容来看，其经济活动中涉及的主要税种可以从自营、提供交易平台两个角度进行分析，具体涉税情况如表 19-4 所示。京东商城在开展自营经济活动时，与实体企业进行销售活动所涉及的税种大致相同，主要包括增值税、消费税、企业所得税等，增值税和消费税的适用税率根据交易商品的类别判断。京东集团进行平台模式的经济活动，为入驻商家提供销售平台而收取的使用费，按照现代服务项目适用 6% 的增值税税率，并缴纳与提供销售平台相关的印花税、企业所得税等。

表 19-4 京东集团经营活动涉及的主要税种

业务内容	应税项目	税种
自营活动	销售货物	增值税
	销售应税消费品	消费税
	以增值税、消费税税额为基数	城市维护建设税及附加
	获得的收入	所得税
	与供应商、消费者签订的合同	印花税
提供交易平台	服务	增值税
	以增值税税额为基数	城市维护建设税及附加
	获得的收入	所得税
	与入驻商家签订的合同	印花税

由表 19-5 可知，2019 年总收入和所得税费用都实现了较大幅度增长，企业所得税税收负担率也随之增加。2020 年营销开支大幅增加，由 2019 年 15.58% 的增幅增长到了 2020 年 22.14% 的增幅，导致京东集团的利润增长幅度缩小，企业所得税税收负担率下降。由于京东集团有自营模式和平台模式两种经营方式，混合了销售和服务两种经济活动，无法衡量其税收负担率是否合理。但总体来看还是远低于零售行业 1.5%、商业服务业 2.5% 的企业所得税实际税负率[①]，说明电子商务交易平台的税收负担率偏低。

表 19-5 京东集团 2018—2020 年部分合并经营状况表[②]　（单位：千元）

项目	2018 年	2019 年	2020 年
总收入	462 019 759	576 888 484	745 801 886
营业成本	396 066 126	492 467 391	636 693 551
营销开支	19 236 740	22 234 045	27 155 972
利润总额	2 619 131	8 994 880	12 342 820
所得税费用	426 872	1 802 440	1 481 645
企业所得税税收负担率	0.09%	0.31%	0.20%

由于京东集团先后在美国和中国香港上市，其财务报表编制规则与中国大陆有所差异，并未披露所有税费的具体缴纳情况。但从其年报中可知，京东集团主要需缴纳的税种是增值税和企业所得税，本案例也主要从这两大税种的角度分析京东集团的税负现状及税收筹划情况。

在增值税方面，京东集团 2018—2020 年的报告期内开展相应业务所使用的税率如表 19-6 所示。增值税税率与不同的业务活动紧密相连，尤其是在京东集团涉及较多涉税活动的情况下，更应加大对增值税筹划行为的关注。此外，对于销售书籍的收入，京东享受了免税的优惠政策，且就提供广告服务而言，京东集团还需按 3% 的税率缴纳文化事业建设费，但此项费用于 2019 年 7 月 1 日至 2019 年 12 月 31 日按应缴费额的 50% 减征，并于 2020 年 1 月 1 日至 2021 年 12 月 31 日免税。

---

① 行业税收负担率来源于新浪爱问共享资料：《各行业税收负担》。
② 数据来源于京东集团 2020 年度报告。

表 19-6 京东集团适用的增值税税率

期间	业务类型	适用税率
2018.01.01—2018.05.01	销售书籍、音频、视频产品	11%
	销售其他产品	17%
	物流服务	11% 或 6%
	广告及其他服务	6%
2018.05.01—2019.03.01	销售书籍、音频、视频产品	10%
	销售其他产品	16%
	物流服务	10% 或 6%
	广告及其他服务	6%
2019.04.01—2020.12.31	销售书籍、音频、视频产品	9%
	销售其他产品	13%
	物流服务	9% 或 6%
	广告及其他服务	6%

数据来源：京东集团 2020 年度财务报告。

在所得税方面，表 19-7 所示为京东披露的 2018—2020 年来的实际税率情况。根据图 19-2 可知，京东集团的总部设立在开曼群岛，在中国境外有很多子公司，同时中国境内的也均是子公司及合并可变利益实体，根据《中华人民共和国企业所得税法》的规定，这些企业的法定税率大部分是 25%，但由于享受了一系列税收优惠和部分调整，实际税率大大降低，2018 年京东集团的实际税率甚至是 –18.0%，2019 年上升至 13.2%，2020 年实际税率又下降至 2.9%。京东集团较低的实际所得税税率离不开其所做的税收筹划，由表 19-7 可以看出，京东集团不仅运用了政策规定的优惠税率、免税期，还涉及免税实体、不同税务司法管辖区、超额抵扣等方面的税务影响。

表 19-7 2018—2020 年度京东集团企业所得税纳税情况

项目	2020 年	2019 年	2018 年
法定所得税税率	25.0%	25.0%	25.0%
优惠税率及免税期的税务影响	–2.3%	–8.1%	8.3%
免税实体的税务影响	–16.8%	3.7%	–1.9%
不同税务司法管辖区税率的影响	–0.5%	–3.9%	2.2%
不可扣税开支的税务影响	0.5%	5.7%	–42.4%
非纳税所得额的税务影响	0.0%	–1.0%	3.8%
超额抵扣及其他的税务影响	–4.2%	–13.2%	53.9%
减值准备变动	1.2%	5.0%	–66.9%
实际税率	2.9%	13.2%	–18.0%

数据来源：京东集团 2020 年度财务报告。

19.1.2 京东集团的投资、经营与股权结构的税收筹划

1. 投资活动的税收筹划

1）单独成立软件公司

京东世纪是京东集团在中国境内的重要子公司之一，主要从事零售业务。而对于京东这类互联网企业来说，线上商城业务所需的软件技术要求较高，在集团技术创新战略的部署下，其研发能力不断提升，软件开发成果越来越多，因此京东采取了转化技术，利用纳税主体的税收政策差异进行筹划，将软件拆分出来，在江苏、北京成立了3家信息技术有限公司。按照《企业所得税法》的相关规定，被认定为软件企业的实体可以享受免税期政策优惠，从首个获利年度起的第1~2年免征企业所得税，第3~5年按照企业所得税的法定税率减半征收。此外，若符合高新技术企业的相关资格标准，还可以享受15%的优惠税率。以2012年成立的子公司北京京东尚科为例，其满足了软件企业的认定条件，从首个获利年度2016年开始的前2年免征企业所得税，在2018年、2019年和2020年内享受12.5%的优惠税率。同时该公司还被评为高新技术企业，但由于这两项优惠政策不能同时享受，因此北京京东尚科选择了软件企业的优惠待遇。对整个集团来说，实际企业所得税率也得以降低。

另外，软件企业销售自行开发的软件产品还可以享受增值税即征即退的优惠政策，对于实际税负率大于3%的部分可以得到即征即退。也就是说，北京京东尚科销售软件的增值税税率就从13%下降到了3%。

2）在税收洼地新设公司

根据国家税务总局2015年第14号公告，对于设在西部地区并且主营业务是《西部地区鼓励类产业目录》中的项目，满足一定条件时企业所得税可减按15%的税率征收。京东集团旗下的多家实体都符合相应条件，如西安京讯递供应链科技有限公司、西安京东迅诚物流有限公司及重庆京东海嘉电子商务有限公司等，它们都设在西部地区，且主营业务都对应目录中的鼓励项目，如电子商务、信息软件类产业、现代物流服务等，都可以享受15%的低税率优惠。

此外，京东集团在境内的很多关联企业都设在江苏宿迁，原因之一就是江苏宿迁给予了地方性税收优惠。地方政府为了招商引资，约定只要在地方相应园区内设立分支机

构或者新公司，就能享受增值税和企业所得税的财政返还，甚至享受核定征收等多种形式的税收优惠待遇，以奖励企业对当地经济发展的支持和贡献。京东在该地区有关联公司后，总部就可以将货物以较低的价格转到该公司，由该公司与客户进行交易，将增值部分转移到税收洼地的公司，而该公司的税收因享受到地区的税收优惠政策会大幅减少。比如，增值税作为中央地方共享税，地方政府会有 50% 的留存，设在该地区的分公司甚至可能享受到 50% 的税收返还。

2. 经营活动的税收筹划

1）利用灵活用工平台

近年来，灵活用工的新型用工模式备受互联网企业的青睐，京东集团也大力推出岗位共享等用工形式。比如，新型冠状病毒感染期间京东物流与十多家企业开展异业合作，提供快递员、仓储员、驾驶员等岗位超过 2 万个。京东 7FRESH 也发布了人才共享计划，招募此期间暂时闲置的临时员工，提供了收银员、理货员、客服等多个岗位。这种灵活用工的模式也是企业税收筹划的方法之一，在这种模式下，企业和员工之间没有雇佣合同，员工不属于京东集团，他们之间通过第三方的灵活用工平台建立联系，如图 19-4 所示。中间平台与税务局签署了相关协议，拥有委托代征代缴资质，且有人力资源资质，京东集团和中间平台签订服务协议，向其支付灵活用工人员的报酬和给平台的服务费，进而平台可向京东集团开具 6% 的增值税专用发票。对于京东来说即可用于进项税额抵扣，降低增值税税负。另外，这种方式也能成功把员工薪酬转变为费用，为京东集团节省社保费用和员工的工资支出，解决企业用工成本高的问题，同时也能避免劳动纠纷和缴纳社保的相应风险。对于灵活用工人员来说，这也能够实现降低税负的效果，得到的报酬不再属于工资薪金所得，可以避免综合所得 3%～45% 的超额累进税率。在不能准确核算相关成本费用时甚至可采用核定征收，税率下降幅度明显。

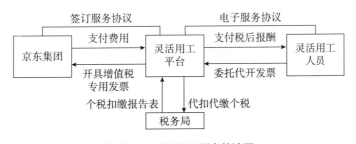

图 19-4　灵活用工平台的流程

2）合理分摊广告费成本

2020年京东集团的营销费用为2 715 600万元，与2019年的2 223 400万元相比增加了22.1%，而营销费用的主要构成就是广告成本，这也是互联网企业的特征之一。京东集团不仅以收取佣金为主要收入，还有一部分巨大的业务来自自营产品销售，京东需要推广自己的品牌，促进产品销售，同时也要为新业务的推广造势。2019年京东与腾讯续签了合作协议，腾讯继续在微信平台为京东提供位置突出的入口以支持京东流量，合作金额超过了800万美元。然而，这种高额的广告费支出却难以得到税前扣除。税法规定，广告费和业务宣传费的扣除限额是营业收入的15%，超过部分只能递延到以后年度。为了合理规划这部分费用，京东集团可能会在各个业务线之间签订成本分摊协议，由于推广效应作用于整个品牌，每条业务线都能从中获益，从收入成本相匹配的原则来看，签订成本分摊协议是非常合理的。同时，这部分广告费用的进项税额也可以在各个业务线之间分摊，进项税额可以用于弥补部分有大量销项税额的业务，从而起到降低整个集团税负的作用。

3）充分运用税收优惠政策

根据《企业所得税法》的规定，从事研发活动的企业在确定当年应纳税所得额时研发支出可以加计扣除。根据2018年9月的规定，京东集团于2018年1月1日至2020年12月31日有权将其产生的研发费用的175%列作加计扣除额。同时，研发人员的工资也可按75%加计扣除。

财税〔2018〕76号延长了高新技术企业、科技型中小企业的亏损结转年限，规定2018年具备高新技术企业资格的，无论2013—2017年是否具备资格，其2013—2017年发生的未弥补亏损都允许结转到以后年度，最长结转10年。京东集团旗下的高新技术企业众多，前期的高投入导致的经营亏损应尽量结转至以后年度，抵消未来的应纳税所得额。此外，2020年京东集团年报显示，2020年年底其在新加坡和中国香港注册成立的子公司的累计经营净损失724 659万元可以无限期结转，其在中国和印度尼西亚成立的子公司和合并可变利益实体产生的净损失810 233万元可在2021年到2025年间结转，可见京东集团非常重视亏损结转这一税收优惠。

在经营过程中，京东集团旗下的不少软件公司都会有技术交易收入，而根据相关政策规定，技术转让、开发及相关的咨询、服务都免征增值税，公司在开展业务之前，需要注意界定收入来源的性质，尽可能享受这项优惠政策。

3. 股权结构的税收筹划

正如前文所说，京东集团在江苏宿迁成立了多家子公司，且其中有很多是有限合伙企业，有限合伙企业的形式在分配利润、承担风险及股权转让方面都有很大的优势。以宿迁天强股权投资合伙企业（简称"宿迁天强"）为例，如图19-5所示。刘强东通过持有宿迁天强股权间接持有了多家企业，而有限合伙企业在分配利润时适用"先分后缴"的税收政策，合伙人直接缴税，避免了公司制企业需要先缴纳公司层面的企业所得税，在分配时又需要缴纳个人所得税的经济性重复征税情况。同时，刘强东就其持有的89.01%的比例承担该公司的有限责任，有效隔离了风险。此外，如果出现需要转让股权的情况，合伙企业的形式可以作为中间平台，通过合伙企业转让的溢价部分只需适用10%的核定征收率，再按照经营所得3%～35%的适用税率来计算缴纳个人所得税，比直接缴纳个人所得税股权转让所得适用20%的税率要低得多。

19.1.3 京东集团税收筹划方案设计

1. 分别核算不同经营模式的收入

京东集团将其自营活动与提供交易平台的活动明确区分，分别核算两项经济活动的收入、成本。在缴纳增值税时，自营活动中按照销售商品的性质以销售额为基数适用13%、9%的税率，平台服务则以收入的手续费为基数适用6%的税率。但如果不单独核算各项经济活动的收入，京东集团将被要求使用13%的税率缴纳增值税，并以此为基数缴纳城市维护建设税及附加。因为根据《增值税暂行条例》的规定，企业从事多项经营活动，如果没有单独核算或者不能合理区分各项收入，那么应按照混合销售行为处理（即适用各项经济活动中最高的增值税税率）来计算应交增值税。相比之下，不单独核算的经营方式，大大增加了企业的税收负担。

2. 减少经济活动流通环节

目前我国增值税的征收模式是按照商品在流转过程中的增值额，逐环节层层征收。京东集团提供的线上交易平台，除了买卖双方要在平台上达成一致意见，还需要等买方

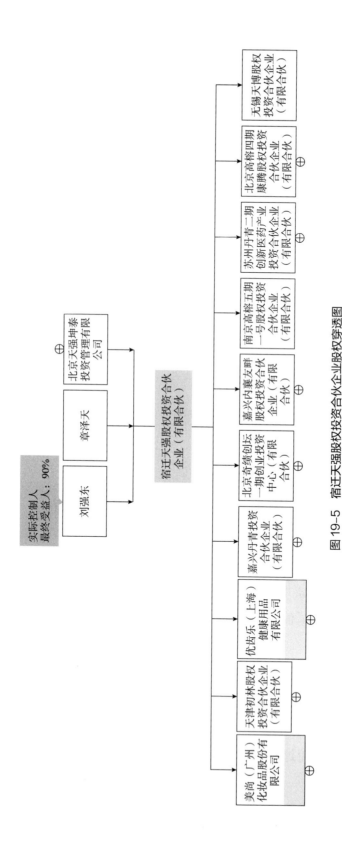

图19-5 宿迁天强股权投资合伙企业股权穿透图

收到货物后确认收货，卖方收到货款，整个交易活动才算完成。其中还涉及货物运输、线上支付等环节，这些环节支付的服务费用同样需要缴纳增值税。京东集团成立的京东物流子公司，可以为京东集团自营的线上销售活动提供物流运输。另外，京东集团旗下还设立了京东金融品牌，可以为线上交易活动提供在线支付、个人借贷等服务。如此一来，京东集团的支付的服务进项税额，便成为相应关联企业的销项税额，不仅减少了流通环节整体应缴纳的增值税税款，还能确保服务的质量，减少寻求供应商、谈判交易的成本。

3. 转变所得性质

京东集团目前自营模式下的经营活动，主要采取自采自销的方式开展，通过赚取商品的进销差价获取利润。京东集团企业规模庞大，年应税收入远超过500万元，是增值税一般纳税人。因此，这部分进销差价收入会根据所销售商品的类别，适用不同的增值税税率，并以此为基础承担城市维护建设税及附加费等税收负担。京东集团可以考虑通过转变所得性质的方式，降低适用的增值税税率，减少应负担的税款。京东可以与供应商品的厂家签订代销合同，将原来先采购后销售的行为转变为提供代销或包销服务，将收入性质转变为收取手续费的服务收入，适用的增值税税率由原来的13%、9%降低至6%，相应地减少应缴纳的城市维护建设税及附加费。但需要注意，要根据税法中实质重于形式的原则合理设计代销、包销条款。例如，在仓储环节对来自不同供应商的未销售商品分别保管，明确区分商品所有权。避免税务机关以所有权划分不明等理由，判断企业经营活动实质为销售商品，导致税收筹划方案失败。

4. 组织结构安排

线上交易主要是通过电子商务平台展开的，而电子商务平台是虚拟的空间网站。京东集团可以考虑将其电子商务平台与企业的实际销售活动剥离，成立一家独立运营电子商务平台的企业A，通过对A企业规模性质的调整，享受优惠的企业所得税税率。具体筹划可以从企业性质、设立地点两个角度展开。

从企业性质角度分析，可以通过合理控制A企业的规模、从业人数、资产总额等指标，使A企业满足小微企业的条件，享受企业所得税5%、10%的实际税负率。还可以使A企业成为高新技术企业，享受15%的企业所得税优惠税率政策。从企业设立地点角度分析，可以将企业设立在特殊优惠地区，享受15%的企业所得税优惠税率，降低电子商务平台提供服务取得收入的税收负担。此外，独立运作电子商务平台的企业从事与虚拟网站相关的各项研发活动，还可按照研发支出的175%在税前扣除，进一步减少企业所得税的应纳税所得额。

5. 转换纳税人身份

我国企业所得税法中将纳税人分为居民企业和非居民企业两大类，针对不同身份的纳税人，征收企业所得税的计税依据、适用税率存在差异。而电子商务交易平台是虚拟的，不受时空限制，可自由开展交易活动。京东集团可考虑将电子商务交易平台独立设为非居民企业，在境外成立公司负责电子商务交易平台的研发、维护等活动，再向境内使用电子商务交易平台的商家收取使用费。由于成立的非居民企业在境内并没有常设机构，因此只需要对来源于境内的平台使用费按照10%的优惠税率征收企业所得税。境外的非居民企业再通过投资京东集团等方式，实现资金回流及将利润汇回境内。

6. 合理采用转让定价策略

京东集团规模庞大，内部设有采购、销售、平台运营等机构部门，外部成立了京东物流集团等关联企业。经济活动涉猎广泛、涉税信息繁多，容易出现部门或企业之间信息不对称、经营目标与实际工作脱节的现象。企业可以建立一个信息库，及时填报各环节和各关联企业的成本、收入等经营信息，加强对信息更新、传递的管控。京东集团电子商务交易平台在交易时涉及的货物运输、线上支付活动，可由京东物流、京东金融等关联企业提供。可以考虑通过调整京东集团与其关联企业之间的成交价格，使得京东集团及关联企业的整体税收负担最小化。根据企业信息库所反映的经济活动实际的开展情况，及时调整部门之间、企业之间的往来活动，合理分摊成本、分配利润，实现企业整体经济利益最大化。京东集团还可以通过互联网大数据搜集、整合大数据信息，了解市场上其他类似交易的成交价格，确定一个成交价格的合理范围。或者提前与税务机关签订预约定价协议，协商关联交易的成交价格，避免被税务机关进行反避税纳税调整。

总之，在数字时代，京东集团作为电商企业，拥有经营成本低、信息流通快、精准定位消费需求等营销优势。根据网络交易的特殊性，电商企业可以从收入性质、组织结构、纳税人身份等多个角度开展税收筹划，降低自身税收负担。但税收筹划方案的收益与风险是同时存在的，数字时代同样带来了纳税风险，税务机关会通过对涉税信息的分析、比较同行业经营利润率和税收负担率，对电商企业开展反避税调查。因此，电商企业需要谨慎设计税收筹划方案，并积极应对可能发生的税收筹划风险。

19.2 拼多多税收筹划路径研究

19.2.1 案例背景

成立于2015年9月的拼多多，自称"新电商开创者"，提出网络拼团的概念引导大众结伴购买，以"拼着买，更便宜"的低价优势，吸引了数亿活跃买家。2021年11月26日，拼多多发布了公司2021年第三季度的财务报表，该季度实现了收入215.1亿元，同比增长了51%；实现了净利润16.4亿元，同比扭亏；非公认会计准则下，净利润为31.5亿元，2020年同期为亏损4.7亿元。作为国内互联网创新企业之一，拼多多成立两年之时就已坐稳C2B市场第三。截至2021年9月30日的一年内，拼多多的活跃买家为8.67亿，同比增长了19%，已经是用户规模最大的电商平台之一。可见，拼多多发展潜力巨大，十分具有代表性和研究价值。

本节旨在从税收筹划的角度分析拼多多一系列商业动作背后与节税、避税有关的考虑，并由此探寻大数据时代新型互联网公司税收筹划的共同倾向与方法，发掘这些方法可能带来的收益及风险，并为企业提出风险控制的方法。

19.2.2 案例分析

1. VIE股权架构

2018年在美国上市的胡桃街集团注册于开曼群岛，拥有一家位于中国香港的全资子公司——香港胡桃街集团。而香港胡桃街集团作为外资企业，又100%控股位于大陆境内的胡桃街（上海）信息技术有限公司、杭州微米网络科技有限公司、深圳前海新之江网络科技有限公司和上海敦旅科技有限公司等四家企业。拼多多集团股权架构如图 19-6 所示。

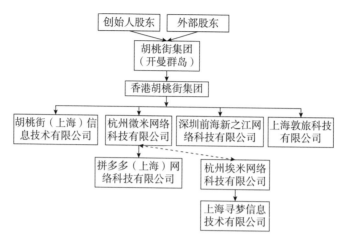

图 19-6　拼多多股权架构

杭州微米网络科技有限公司（简称"杭州微米"）和杭州埃米网络科技有限公司（简称"杭州埃米"）两家公司之间本来没有任何股权相关的关系，但是因为杭州微米和杭州埃米之间存在诸多协议，杭州微米对杭州埃米形成了协议控制。其实从公司名称就可以看出，这样的架构是企业创立之初就已经提前安排好的，并非实际经营过程中的业务往来导致的协议或控制。拼多多的股权结构属于典型的 VIE 架构（协议控制架构）。

利用 VIE 结构，只要符合程序申请为非居民企业，就不必在国内缴纳税率为 25% 的企业所得税，并且外商独资企业可以享受与香港之间协定的优惠税率，向境外输送利益的成本将大大降低。

2. 股权激励计划

拼多多作为十分依赖技术人员的互联网公司，为留住核心人才自然早早就设立了股权激励制度。其上市的招股书中显示，其从创立开始就启动了这项计划。2015 年，拼多多发布了《2015 年全球股票计划》，计划发放不超过 9.5 亿股（总股本的 52%）的股权用于激励员工，上市前期权实际授予的数量在 5.8 亿股。值得一提的是，拼多多双层股权计划中创始人具有 10 倍投票权的 A 股也有部分来源于此，上市前拼多多直接授予了创始人 2.5 亿股。上市后，也就是 2018 年，拼多多又公布了《2018 年股权激励计划》，计划将当时总股本的 8.8%（3.6 亿股）继续作为激励股份授予员工。这些股份以期权股票为主，以限制性股票为辅，并且对所有对象均设置了三年锁定期（行权后）。

其中，期权部分是逐步解锁的，员工自获得期权开始，在未来 4 年内每年解锁 1/4 的份额，4 年之后还将继续锁定 3 年，要等到整整 7 年之后才能实实在在获得这些期权的价值。如果员工中途离职，公司就会按照行权价格赎回期权。这个周期避免了人才流失的风险，保证了公司上市后继续增值的可能性。由于股权激励计划在实务中存在税会差异，在某种程度上可能会对企业税务产生帮助，后文的税收优势部分将进行详细介绍。

19.2.3 涉税分析

1. 主体税种

一般的境内公司理论上需要缴纳的大多是企业所得税、增值税、城建税和教育费附加。但新型互联网公司大多采用 VIE 架构在境外上市，缴纳的税款也因注册地、上市地和国际税收协定的不同而有所不同。在下面研究的主题和案例中，主要税种还是企业所得税。

拼多多作为在美国上市的公司，美国的第一大主体税种就是所得税，这份税收是根据美国会计准则，对企业净利润进行征收的。美国没有增值税，只有部分包含了增值税含义的消费税，而拼多多的业务不涉及这个板块，因此拼多多集团的主体税种只有所得税。但是作为拼多多本身，也就是上海寻梦信息技术有限公司，在我国境内的运营还是要缴纳增值税的。由于无法取得具体的税收数据，此处仅根据拼多多的收入来源进行适用税率的分析。

第一，拼多多的主要收入来源——向商家收取的广告费。根据我国税法的规定，一般纳税人取得广告费的增值税专用发票，税率为 6%，并且可以抵扣进项。

第二，拼多多的本质是技术服务公司，虽然不会向商家收取抽成费用，但是要求商家支付交易额 6‰ 的技术服务费，作为使用平台大数据技术的对价。当商家需要用到批量操作等高级技术时，还要额外缴纳使用平台 API（Application Program Interface，应用程序编程接口）的技术接口费用。技术服务费在增值税中属于现代服务业，税率为 6%。

第三，其他收入。拼多多还会因为商家未按时发货等违规行为向他们收取罚款，这部分收入属于营业外收入，不需要缴纳增值税。

这几种经营活动构成了拼多多的主要收入来源,其他电商企业也基本是这样的模式。

2. 纳税情况

拼多多在2018年上市后就实现了超过百亿元的年收入,2019年和2020年平均每年增加200多亿元收入,理论上来说创造了很多价值,应该可以缴纳很多企业所得税,但是观察企业历年来的纳税情况,并非如此。

笔者查阅拼多多年报披露的信息(见表19-8、表19-9),发现由于前期一直处于亏损状态,拼多多在2021年之前从未缴纳过企业所得税。拼多多在2021年的第二季度才首次实现盈利,第三季度才开始缴纳企业所得税。

表19-8 拼多多历年年报部分指标 (单位:亿元)

报表日期	2020/12/31	2019/12/31	2018/12/31	2017/12/31	2016/12/31
主营收入	594.90	301.40	131.20	17.44	5.05
营业成本	192.80	63.39	29.05	7.23	5.78
毛利	402.10	238.00	102.10	10.21	(0.73)
研发费用	68.92	38.70	11.16	1.29	0.29
营销费用	411.90	271.70	134.40	13.45	1.69
一般及行政费用	15.07	12.97	64.57	1.33	0.15
营业费用	495.90	323.40	210.10	16.17	2.13
营业利润	(93.80)	(85.38)	(108.00)	(5.96)	(2.86)
利息收入	24.55	15.42	5.85	0.81	0.04
利息支出	(7.57)	(1.46)	—	—	—
权益性投资损益	0.84	0.29	—	—	—
其他收入(支出)	1.94	0.83	(0.12)	0.01	(0.02)
汇兑损益	2.25	0.63	0.10	(0.12)	—
持续经营税前利润	(71.80)	(69.68)	(102.20)	(5.25)	(2.92)
所得税	—	—	—	—	—
持续经营净利润	(71.80)	(69.68)	(102.20)	(5.25)	(2.92)
净利润	(71.80)	(69.68)	(102.20)	(5.25)	(2.92)
归属于优先股净利润及其他项	—	—	0.81	(0.26)	0.30
归属于普通股股东净利润	(71.80)	(69.68)	(103.00)	(4.99)	(3.22)
归属于母公司股东净利润	(71.80)	(69.68)	(102.20)	(5.25)	(2.92)
全面收益总额	(96.76)	(65.55)	(91.58)	(5.73)	(2.72)

表19-9 拼多多2021年单季报部分指标　　　　　　　（单位：亿元）

报表日期	2021/9/30	2021/6/30	2021/3/31
主营收入	215.10	230.50	221.70
营业成本	65.59	78.98	107.50
毛利	149.50	151.50	114.20
研发费用	24.22	23.29	22.19
营销费用	100.50	103.90	130.00
一般及行政费用	3.35	4.34	3.52
营业费用	128.10	131.50	155.70
营业利润	21.39	19.97	（41.47）
利息收入	6.32	5.45	9.71
利息支出	（2.98）	（2.94）	（3.36）
权益性投资损益	0.85	（0.01）	1.47
其他收入（支出）	（0.63）	1.23	4.60
汇兑损益	—	0.44	
持续经营税前利润	24.95	24.15	（29.05）
所得税	8.55	—	—
持续经营净利润	16.40	24.15	（29.05）
净利润	16.40	24.15	（29.05）
归属于优先股净利润及其他项	—	—	
归属于普通股股东净利润	16.40	24.15	（29.05）
归属于母公司股东净利润	16.40	24.15	（29.05）

观察财务报表可知，企业利润为负的主要原因不在于营业成本，而是因为营销费用过高。对于拼多多这样基于社区效应起家的电商企业，前期确实需要投入大量的营销费用，尤其是近年来各大电商不断采用各种市场营销措施抢占市场，以低价闻名的拼多多更需要不断推出各种补贴才能防止用户流失。董事长陈磊表示，未来将不再专注营销，而是不断加大农业和研发投入。如此一来，虽然未来营销费用可能会有所降低，但研发费用进一步提高，获得的所得税减免额也会随之提高。

财务报表中还有一点值得关注，即利息收入问题。电商平台交易模式的共性是消费者支付的价款优先进入平台账户，直到确认收货平台才将款项真正打到商家的账户。而很多消费者出于谨慎或担心之后产品出问题或怕麻烦等原因，很难做到收到商品就确认收货。平均三天的快递时间加上商家设置的七天自动确认收货时间，商家根据权责发生制原则，一笔交易完成后可能要等 10 天后才能真正收到款项。而这 10 天对平台来说，又是一笔短期的无息借款，加上之前商家入驻缴纳的保证金，这些资金都会产生利息收入。在企业未来能够控制成本的基础上实现大量利息收入时，前期因为亏损过多抵消了利息收入的效应将会逐渐消失，这一部分收入将变成企业所得税的税基。

19.2.4 税收优势

1. 使用 VIE 架构的税收优势

除了商业结构上的优势，拼多多作为新型互联网公司，选择 VIE 架构也有其税收方面的考虑，具体分析如下。

1）运用协议达成优惠

在境内运营实体向外商独资企业转移利润阶段，主要使用的利润转移方式，就是"协定法"，通常通过签订技术服务或专利权转让等协议，以境内运营实体向外商独资企业支付价款的名义，将利润转移出去。同时，为给予境内运营实体外资支持，运营实体的大股东会用质押股权与外商独资企业签订企业对个人出借资金形式的借贷协议，以规避税务机关的审查。最终达成外商独资企业既为境内实体企业的运营者，又享有来自该实体的全部利润，还可以少缴税款的目的。以拼多多为例，外商独资企业与境内实体之间为达成控制目的通常签署的协议如下。

《技术使用许可协议》：由杭州微米网络科技有限公司（以下简称"杭州微米"）和杭州埃米网络科技有限公司（以下简称"杭州埃米"）签署，允许杭州埃米使用来自杭州微米的技术。

《独家技术咨询与服务协议》载明：杭州埃米和杭州微米之间签署，杭州埃米向杭州微米缴纳使用其技术的特许权使用费，以此将杭州埃米获得的利润转移到杭州微米中去。如此一来，胡桃街集团的财务报表即可体现这一部分利润。

《股权质押协议》载明：由杭州微米与朱健翀签署，主要目的是保证杭州微米可以向杭州埃米正常收取上述技术服务费和特许权使用费。

通过这一系列协议，外商独资企业就实现了对境内运营实体的控制。即便没有股权方面的直接联系，但在外商企业上市主体的合并报表中，依然要合并境内运营实体的部分,即境内拼多多的利润要写入胡桃街集团的报表。①

2)国际税收协定优惠

国际税收协定的使用体现在外商独资企业向境外主体及境外主体间转移利润方面。采用 VIE 架构时,公司选择中国香港作为境外架构的最后一站,主要是因为香港与大陆之间有大陆公司向香港公司支付股息的预提税率为 5% 的税收协定。我国《企业所得税法》对非居民企业划分的纳税范围和制定的税率都相对宽松。注册于香港的胡桃街集团属于非居民企业,其向开曼群岛汇出股息并不需要缴纳我国境内的所得税,所以利用香港这一"媒介"可以最大程度地减轻利润转移过程中的税收负担。

2. 采用股权激励计划的税收优势

由于税法与会计准则存在差异,因此发放激励性股权的税务处理与会计处理也有所不同。通常情况下,会计处理会将发放激励性股权视为生产经营支出,于发放当期在部门间分配后计入"成本费用"科目,并按照"工资、薪金"项目进行税前扣除。但税法规定税前列支的成本要以实际支付的金额为准,在行权的等待期内不可以扣除,只能在行权当期根据差额扣除。尽管不能递延纳税无法在时间上占据优势,但这部分金额是税法允许的工资薪金成本,在实际行权的当天依然可以抵扣。对拼多多而言,前期处于亏损状态,本就不必缴纳所得税,上市并盈利后再把发放激励性股权作为成本支出扣除恰好符合企业发展规律。对类似模式的互联网企业来说,这种规定是符合其需求的。

员工行权出售限制性股票时,个人所得税按照上市企业股票售出价格与行权数量、价格之间的差额计征,按照个人财产转让所得缴纳税率为 20% 的个人所得税。但只要不行权,员工(主要是大股东)持有的这部分资产就不需要纳税。但是根据财税〔1998〕61 号文的规定,对个人转让上市公司股票取得的所得继续暂免征收个人所得税。

3. 以农业为战略重心的税收优势

因为拼多多的净利润情况是亏损的,并不需要缴纳所得税,所以前期的架构在实际纳税中节省的税额较为有限。2021 年,拼多多开始实现盈利,将战略重心转为农业科技。

---

① 刘显福. VIE 架构拆除过程中的税务问题与筹划空间 [J]. 财会通讯,2019(17):113-121.

2021年8月，拼多多提出了"百亿农研专项"计划，准备将第二季度及之后的利润全部投入其中，助力农业科技发展。

现行税收优惠政策对农业的倾斜主要体现在增值税方面，即农户通过拼多多这一平台对外销售农产品取得的收入，根据不同情况享受低增值税率或免税优惠。但企业方面也不是无利可图，根据财税〔2017〕44号、财税〔2017〕48号文件的规定，保险公司为种植业、养殖业提供保险业务取得的保费收入，小额贷款公司取得的农户小额贷款利息收入，都减按90%计入收入总额。也就是说，只要互联网企业再分设一个金融或保险领域的子公司，同样是为农民提供资金或保险业务，就可以享受企业所得税减免优惠。

近年来，随着"脱贫攻坚"工作的不断深入，也乘着大数据、互联网技术快速发展的东风，越来越多的人通过网络关注农民和农副产品。

4. 研发投入的税收优势

在数字时代，互联网企业赖以生存的核心竞争力就是技术，无论是电子商务公司的算法功能，还是泛娱乐公司的用户交互技术，抑或是社交平台嵌入的数字货币支付技术，都需要持续不断地研发、更新换代，才能在市场上保持一定的地位。我国税法对这一行为也是十分支持的，根据财税〔2015〕119号文件的规定，只要是不属于烟草制造业、批发和零售业、租赁和商务服务业和娱乐业等限制性行业，凡是研发产生的费用计入当期损益的，都允许享受研发费用加计75%在税前扣除的优惠；对于制造业，加计比例提高到100%。

在拼多多案例中，一方面，拼多多的各项战略和商业行为都需要算法的支持，尤其是它C2B的运营模式要求，平台必须充分掌握客户的消费习惯才能做出精准、有效的推荐。另一方面，拼多多所属的科技推广和应用服务业行业在政策适用范围内，研发需要的大量投入，在符合要求的情况下都可以加计抵免。

拼多多自2016年起，投入的研发费用逐年增加，且增长比例均超过了200%，在2018年上市后增长率曾经达到了765%，其投入产出比也相当可观，产出转化率达到了10%以上。拼多多2021年第三季度财务报表也显示，本季度的研发费用为24.224亿元，同比增长了34%，公司约60%的员工为研发人员。可以说，拼多多十分重视研发投入，并因此取得了技术上和税收上的双重优势。

19.2.5 税收风险

1. VIE 架构导致的税收风险

1）利润转移风险

在 VIE 架构设计中，要想实现节税，就必须将利润层层向上转移。第一步要达成的是将境内运营实体实现的利润逐步转移到外商独资企业，在本案例中，就是将杭州埃米的利润转移到杭州微米。这种交易的本质是属于集团内部的关联交易，存在极大的转让定价的可能性。

根据国家税务总局 2015 年第 16 号公告的规定，杭州微米收取杭州埃米的服务费一定要承担相关的风险并且真实地履行相关功能，且据以收取服务费的相关技术必须有杭州微米贡献的一份力量。此外，杭州埃米因胡桃街集团上市产生的附带利益向境外支付的特许权使用费，在计算境内企业所得税时也是不能扣除的，否则就会被认定为非独立交易。

关于转让定价合理性问题，实务中税务机关允许企业交易价格波动变化的合理界限为，一般企业在正负 15% 的幅度之内调整价格都是可以的，但上市公司的价格变化不得超过正负 10%。针对一些特殊行业或处于特殊阶段的企业，在给出正当合理的理由的前提下，价格波动在正负 30% 范围内也可以被认可。但如果超出了 30%，除非极其特殊的情况，企业能够给出极其合理的解释，否则通常情况下税务机关都会认定其存在转让定价行为，从而会调整其应纳税所得额及应纳税额。但是如果完全不调整，所有业务全部独立且不进行筹划，那么境内运营实体可能享受的关于高新技术研发等税收优惠便无法惠及外商独资企业，利润转移将加重集团的税收负担。

一旦杭州埃米和杭州微米之间的协议转移超过了税法允许的范围，税务机关便会将相关行为认定为有失公平的转让定价。如果发现杭州微米的实际税率低于杭州埃米，那么税务机关将调整杭州埃米的应纳税所得额。调整过后，加上滞纳金和罚款，整个集团的税负将会额外加重。

2）身份认定风险

VIE 结构搭建境外公司的最后一站也是最近一站大多是中国香港，主要有两大原因：一方面是因为香港本就是低税率地区，另一方面是为了适用中国内地与中国香港之间的双边税收协定只缴纳5%的预提税。但这一切的前提都是，要认定公司的收益所有人身份，认定身份的要求是必须有实质性经营活动而不能为导管公司。也就是说，一旦以拼多多为代表的互联网VIE架构企业出现差池，被税务机关将香港的公司认定为导管公司，那么所有的优惠就都无法享受了，并且可能面临补缴税款、被罚以滞纳金甚至承担刑事责任的后果。因此，企业非居民身份认定问题相当重要，存在较大风险。

我国《企业所得税法》明确规定，实际管理机构在境内的境外注册企业属于居民企业，需要就来源于境内外的所有所得正常缴纳企业所得税。在实际工作中，根据国税发〔2009〕82号的规定，拼多多的VIE架构需要满足以下条件：一是高层管理部门、财务与人事决策的权力、主要档案资料存放地都不可以位于大陆；二是甚至50%以上的高层管理者不可以常住境内，否则就会有被判定为居民企业的风险。如果未来拼多多集团等企业股权或业务变动不符合规范，被税务机关认定为了居民企业，那么即使他的集团总部注册于开曼群岛，也仍然属于中国的公司，需要就其在开曼群岛、中国香港和境内的所有收入纳税，计税基础会大大增加。并且，根据我国与这些区域的国际税收协定，拼多多可能需要再次在开曼群岛和中国香港纳税。

2. 灵活用工导致的税收风险

拼多多作为社交型电商，多次开展大型的转发分享领红包活动，这些披着"优惠"外衣的金额本质上属于佣金性质。从理论上分析，这部分资金是需要平台先代扣代缴个税的，然后发放税后佣金额。对于普通消费者，偶然参加活动得到的佣金还可以避开这个问题，但是对于以赚取佣金为主的推广者，也就是非全日制用工，我国税法规定：以小时计酬为主，劳动者在同一用人单位一般平均每日工作时间不超过4小时，每周工作时间累计不超过24小时的用工形式为非全日制用工，国家强制用人单位为其缴纳工伤保险。此外还有一个问题：个人推广者无法就收到的推广佣金给平台开具发票，这会导致平台成本无法列支，从而加重平台的税收负担。

19.2.6 税收筹划建议

1. VIE 方面

我国政府部门针对大量互联网企业利用 VIE 架构避税的行为已经有所警觉和反应，针对一系列外商投资问题制定的《外商投资企业法》已经于 2020 年年初生效。只是由于 VIE 架构涉及的相关认定问题过于复杂，政府部门暂未对相关行为做出具体明确的要求。但不可否认，未来税务机关会对这一方面进行越来越严格的监管。因此，企业的风险控制能力一定也要随之加强。

VIE 企业架构主要是通过国际税收协定和非居民企业身份判定两个方面来实现税收优惠的，因此，防范相关风险要从这两个角度出发。针对利润转移可能发生的风险，企业在签署技术服务协议等一系列形成 VIE 控制的协议时，要遵守税法规定的相关原则，至少保证技术的注册和服务提供方面的真实性。在定价方面，要遵循谨慎性原则，不要过于贪婪。针对香港壳公司的居民身份问题风险，建议所有 VIE 架构的企业将董事会、股东大会的地点定于香港，并将所有公司文件、财务资料和印章等保存于香港的公司内，一旦遇到境内税务机关审查，可以及时提供相关证据。

2. 用工方面

在企业用工方面，建议企业采取业务外包的形式，将原来与自由职业者直接结算服务费的模式，转变为与外包公司结算项目总包服务费。很多专门从事外包业务的企业可以做到收入仅需要按 1% 核定缴纳个税，并且提供完税证明。与此同时，拼多多可以大量雇用残疾人作为他们的推广者。一方面，线上推广的工作只需要简单的电子设备就可以完成，残疾人完全可以胜任；另一方面，根据我国税法的规定，企业雇用残疾人可以得到税收上的优惠，即在计算应纳税所得额时按照残疾职工工资的 100% 加计扣除。

我国税法还有很多税收优惠，可以在帮助企业降低税负的同时对社会形成正外部性，建议互联网企业未来多多进行扶农、研发、缴纳社保等符合立法精神的筹划方法，以实现社会整体的帕累托最优。

19.3 哔哩哔哩税收筹划案例

19.3.1 哔哩哔哩概况

哔哩哔哩于 2009 年创立了以 ACG 主导的内容型社区网站，被用户称为"B 站"。随着 B 站商业模式及科技的不断创新，B 站已经进化成为涵盖各个领域内容的视频社区。目前，B 站 91% 的视频播放量都来自专业用户创作的视频（Professional User Generated Video，PUGV）。在此基础之上，B 站延伸了内容消费场景，提供了移动游戏、直播、付费内容、广告、漫画、电商等商业化产品服务，并对电竞、虚拟偶像等前沿领域展开了战略布局。B 站多个季度蝉联 QuestMobile "Z 世代偏爱 App" 和 "Z 世代偏爱泛娱乐 App" 两项榜单第一位，同时入选 "Brand 2" 报告 2019 年最具价值中国品牌 100 强。公司于 2018 年 3 月登陆美国纳斯达克。哔哩哔哩集团组织架构如图 19-7 所示。

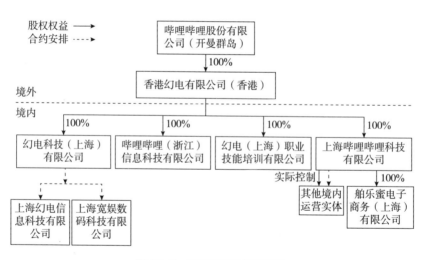

图 19-7　哔哩哔哩的组织架构

数据来源：由企查查、天眼查等网络资源整理。

19.3.2 组织架构设计的税收筹划

从图 19-7 中可以看出，在香港注册的离岸公司香港幻电有限公司全资控制的境内子公司上海哔哩哔哩科技有限公司、幻电科技（上海）有限公司、哔哩哔哩（浙江）信息科技有限公司和幻电（上海）职业技能培训有限公司均为港澳台法人独资企业，依据《中华人民共和国外商独资企业法》，这四家企业均为外商独资企业（Wholly Foreign Owned Enterprise，WFOE），而哔哩哔哩股份有限公司通过 WFOE，利用股权权益和合约安排的方式对境内运营实体进行实际控制。其中合约安排通常利用《股权质押协议》《业务经营协议》《股权处置协议》《独家咨询和服务协议》《借款协议》《配偶声明》等协议的签订来达到对境内经营实体的控制。而上海哔哩哔哩科技有限公司等 WFOE 对上海幻电信息科技有限公司也是通过这种 VIE 协议进行控制的。由此判断，哔哩哔哩的股权架构属于典型的 VIE 结构。

从降低企业税负角度分析，建立 VIE 架构首先能降低境内经营实体的税负。第一，目前外商投资企业拥有地区投资优惠、生产性投资优惠、再投资退税优惠，以及预提税方面的税收优惠，与境内其他经营实体相比具有税收优势。境内经营实体可通过上述协议以支付特许权使用费、技术咨询费等渠道向 WFOE 转移利润，降低企业整体税负。第二，我国于 2018 年起对境外投资者从境内居民企业取得利润用于境内直接投资的，实行递延纳税政策。由于中国与开曼群岛未签订税收协定，仅签订了税收情报交换协议，WFOE 若直接向开曼群岛公司分红，则需要按规定扣缴 10% 预提所得税，但香港离岸公司的设立使得 WFOE 的利润汇回香港，依据内地和香港的税收安排，内地仅扣缴 5% 的预提所得税，因此可以节省 5% 的预提税。同时，香港离岸公司出让股权或股票及所分得的红利（资本利得），不需要缴纳资本利得税。第三，哔哩哔哩股份有限公司在开曼群岛设立，开曼群岛本身对企业的利得是不征收任何税的。

从降低个人税负层面分析，香港离岸公司的设立能够规避创始股东的个人所得税。如果红利留在 BVI 公司内，就不需要缴纳个人所得税，因此可以达到免除缴纳个人所得税之目的。

19.3.3 利用行业优势进行的税收筹划

哔哩哔哩主要通过上海哔哩哔哩科技有限公司和上海幻电信息科技有限公司（以下简称"上海幻电"）两个平台对境内实体企业进行投资。上海哔哩哔哩科技有限公司注册地为上海市杨浦区，注册行业被认证为研究和试验发展，我国关于研发费用企业所得税的优惠政策是加计扣除75%。但研发费用的认定标准是非常复杂、严格的，上海哔哩哔哩科技有限公司属于研究和试验发展行业，证明其主营业务的研发费用通常是能够符合加计扣除的条件的，可见其将该税收优惠政策利用到了极致。

上海幻电信息科技有限公司的注册地在中国（上海）自由贸易试验区，享受自其注册时间2013年至2016年年限内的营业税、所得税等除社会保险以外的税收免除，以及领用发票的园区性税收优惠。同时由于互联网公司的行业性质，对于人才的需求量非常大，而中国（上海）自贸区对试验区内企业以股份或出资比例等股权形式，给予企业高端人才和紧缺人才的股权激励个人所得税分期缴纳的税收优惠政策，为上海幻电信息科技有限公司的人才吸引提供了政策支持。

上海幻电信息科技有限公司的注册行业被认证为软件和信息技术服务业，我国对于软件行业的税收优惠力度很大，享受即征即退的增值税优惠政策。而上海幻电利用自身的行业优势也积极认证了高新技术企业，享受企业所得税15%的优惠税率。

不仅如此，哔哩哔哩在境内控制的经营实体多被认证为小微企业、高新技术企业，所处行业多为软件、信息传输、信息技术、专业技术等主营业务适用6%增值税率的服务行业，而这些公司通过发展国家鼓励的动漫、软件等，享受增值税加计抵减、增值税即征即退、进口料件免征进口环节关税增值税等税收优惠政策。

19.3.4 员工股权信托激励的税收筹划

互联网企业保持竞争力的核心是人才。为了保持行业竞争力、留住研发型人才，互联网企业与传统实体经济企业不同的是，支出中研发开支（包含研发人员的股权激励费用）较大。从2018年赴美上市的招股书中我们可以看出，哔哩哔哩共实行过两次股权激励计划，第一次是2014年的"全球股票奖励计划"，第二次是2018年赴美上市之际的"2018共享激励计划"。

在VIE架构之下，常见的上市公司员工持股计划分为三种：员工直接持股、创始人代持和平台持股。哔哩哔哩与方舟信托（香港）有限公司合作，设立了员工激励信托机制，即公司有意让员工通过平台持股的方式享受股权激励计划。平台持股就是公司将一部分股权转让给受托人,并签订信托协议,约定各方权益。在这类信托中,公司是委托人,员工是受益人,员工只享有股票的收益权、分红权,但实际上并没有股票的所有权,所有权掌握在信托平台,也没有投票权,不能对公司经营决策产生影响,所以员工激励信托机制能够保留公司创始人和董事对公司的控制和管理的权利,这也是公司希望由员工平台持股的主要原因。

从税收筹划角度分析,由于股票的所有权并未转移,割断了员工和股票在法律上的联系,因此就不会产生员工缴纳个人所得税的问题。员工股权激励信托的存续时间一般为6至10年,相比家族海外信托,员工股权激励信托的存续期限较短,而且多选择设立在中国香港,哔哩哔哩就是如此。从税收监管层面而言,一是在香港设立的信托不用缴纳资本利得税;二是向香港境内或境外的受益人分配香港境内或境外取得的收益时,不用在香港缴纳股息预提税。

员工股权信托激励同样存在较大的税收风险。在海外信托给员工分红时,虽然境外并无法律规定要代扣代缴个人所得税,但是作为上市公司,信息披露更为畅通,而且受到更多的监管和关注。国内税务部门如果了解到员工分红未缴纳个人所得税,就不排除追责到上市公司,从而给上市公司带来不必要的麻烦。

根据哔哩哔哩2021招股书(见表19-10),销售及营销开支在经营开支中的占比从2018年的37%,到2019年的44.6%,再到2020年的58.4%,一路走高,后续说明中提到销售及营销开支包含销售和营销员工的股权激励费用,而同样包含研发人员的股权激励项目的研发开支也逐年升高,且哔哩哔哩在招股书中说明研发开支的主要增长是因为研发人员股权激励的原因,加强了哔哩哔哩存在利用股权信托激励进行税收筹划的猜想。

表19-10 截至2020年12月31日哔哩哔哩三年度经营开支比较

开支	2018年		2019年		2020年		
	人民币	百分比	人民币	百分比	人民币	美元	百分比
	(除百分比外,单位均为千元)						
经营开支							
销售及营销开支	585 758	37%	1 198 516	44.6%	3 492 091	535 186	58.4%
一般及行政开支	461 165	29.1%	592 497	22.1%	976 082	149 592	16.3%
研发开支	537 488	33.9%	894 411	33.3%	1 512 966	231 872	25.3%
经营开支总额	1 584 411	100%	2 685 424	100%	5 981 139	916 650	100%

数据来源:哔哩哔哩2021招股书。

19.3.5 日常经营活动中的税收筹划

互联网企业的经营活动往往需要投入大量研发经费，而国家为了鼓励科技发展，允许企业研发费用加计扣除 75%。哔哩哔哩的两个投资平台及其控制的境内多家经营实体企业均为高新技术企业，且哔哩哔哩显示，其主营业务收入为游戏开发，游戏开发往往需要投入大量的研发费用。当符合国家特定标准后，企业就可以享受加计扣除的税收优惠政策。

不仅如此，由于哔哩哔哩将研发人员的股权激励开支列入研发支出，企业可能会通过将工资转化为股权信托激励的形式达到税收筹划的目的。其中，关于将研发人员的工资转化为研发人员的股权激励，财政部、国家税务总局联合发布的《科学技术部关于完善研究开发费用税前加计扣除政策的通知》中规定，允许作为研发费用扣除的研发人员的工资、薪金是指直接从事研发活动人员的工资、薪金、奖金、津贴、补贴。由此可判断，可加计扣除的研发费用不能擅自扩大范围，很多研发人员的工资是不能作为加计扣除的研发工资的，因此转化为股权信托激励可以达到税收筹划的目的。在哔哩哔哩的股权激励费用分配去向中，分配给研发人员的股权激励是除分配给高层管理人员外最多的，2020 年甚至达到了 385 898 元人民币，即利用股权信托激励也是一种有效的节税方案。

19.3.6 其他性质的税收筹划

认证为 A 级纳税人实际上也属于税收筹划，因为税收筹划的定义就是通过事前规划使得税收利益最大化，认证为 A 级纳税人可以被认为是无风险税收筹划。认证 A 级纳税人可以按需领取普通发票，一般纳税人可以单次领取 3 个月的增值税发票用量，需要调整增值税发票用量时可即时办理。3A 纳税人还能享受办税服务绿色通道。哔哩哔哩的两个主要投资平台（上海哔哩哔哩科技有限公司和上海幻电信息科技有限公司）于 2019 和 2020 年均被评为 A 级纳税人，这意味着这两个公司均能够享受 A 级纳税人的税收待遇，减少了办税成本。

19.3.7 结论和税收筹划建议

当前互联网企业的税收筹划方式依然与传统企业的税收筹划方式相似,即主要通过合法节税、合理避税和税负转嫁三个途径。不过互联网企业的运营方式呈现出的税收筹划特点有所不同,如国家给互联网企业的税收优惠政策更多,可利用的税收筹划空间更大;在研发费用上的税收筹划空间大;组织架构更为精巧,易于避税等。面对比一般企业更大的税收筹划空间,互联网企业应当树立长久的战略观和较强的社会责任感,密切关注市场趋势,结合自身发展战略,合理合法地制定税收筹划方案。同时,还应当树立整体意识,不要为了节税而顾此失彼,应当在税收筹划后使得税后利润最大化。

19.4 滴滴出行平台快车业务税收筹划案例

19.4.1 滴滴出行快车业务的运作机制

滴滴出行快车业务的运营模式(见图 19-8)包含三部分主体,即滴滴出行平台、乘客、车主。其中,滴滴出行平台主要负责运用互联网大数据技术,为乘客和车主整合匹配供需信息,确保乘车业务的顺利开展。其业务流程并不复杂,首先,乘客和车主都需要在滴滴出行 App 上注册并填写相关信息,填写完毕后才可以使用平台。业务开始前,需要乘客在滴滴出行 App 上输入出发地和目的地并下单,滴滴出行系统运用大数据技术自动匹配距离乘客较近的空车车主,并将信息发送给相应的车主。车主在接收到信息后确认接单,并开车到乘客的出发地接送乘客前往目的地。将乘客送达目的地后,车主在平台上确认完成订单,再由乘客向滴滴出行平台支付乘车费用。平台扣除一定的佣金后,将车费打到车主账户,车主可以在特定时间内提取。

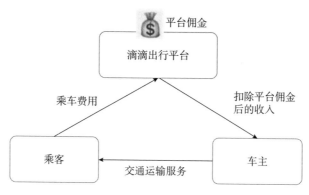

图 19-8 网约车业务的运营模式

下面从"四流"合一的视角分析滴滴出行平台的运行模式。

在合同流方面,平台与车主并不签订劳动合同,平台不能限制车主的工作时间、是否接单等,二者构成了合作契约,属于合作关系。

在货物和服务流方面,车主在确认订单之后向乘客提供交通运输服务。

在资金流方面,资金不是直接从乘客流向车主,而是从乘客流向第三方支付平台,再流向滴滴出行平台,平台扣除一定比例的佣金和代扣代缴个人所得税后,再流向车主。滴滴出行平台的佣金分为两部分:第一部分为固定佣金,即信息费0.5元/单;第二部分为可变佣金,随着订单收入的变化而变化,即里程费、市场费、远途费、夜间费总和的20%,其计算基础中不包括高速费、路桥费、停车费和其他费用。①

在票据流方面,票据不是由车主直接向乘客开具,而是由滴滴出行平台开具票据给乘客。由此可见,滴滴出行平台在该业务中承担着中介的作用,并从中获取了一定比例的佣金收益。

19.4.2 滴滴出行快车业务的涉税情况分析

滴滴出行快车业务的主要涉税环节(见图19-9)包括:收取乘客打车费用时缴纳增值税及附加税费;获取一定比例的平台佣金时缴纳企业所得税;向车主支付收入时代征个人所得税。

---

① 佣金计算方法参考:吕能芳.O2O模式下网约车业务之财税处理[J].财会月刊,2017(25):56-60.

第 19 章 国内税收筹划战略案例

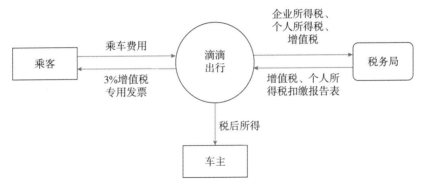

图 19-9 滴滴出行的涉税流程

1. 增值税

根据财税〔2016〕年 36 号文的规定,提供公共交通运输服务可以选择简易计税法,税率为 3%。其中,出租车运输服务属于公共交通运输服务的范围,而有关政策规定网约车的性质视同出租车①,因此滴滴出行快车业务的收入也可以按 3% 的简易计税法缴纳增值税。在实践中,滴滴出行于 2016 年 5 月申请了按简易计税法征收增值税,其税基为所有的乘车费用,即发生一笔 100 元打车业务时,滴滴出行需要缴纳 2.91 元 [100×3%÷(1+3%)] 增值税。

2. 企业所得税

滴滴全球有限责任公司建立在开曼群岛,并使用了 VIE 架构,以达到上市和规避税收的目的。在境内,滴滴出行 App 的运营收益归于小桔科技。小桔科技是高新技术企业,适用 15% 的优惠税率。滴滴出行的快车业务的应税所得按照平台佣金收入减去营业成本、相关费用及税金来计算,其中,营业成本、相关费用包括技术研发费用、员工工资薪金、租赁房屋支出及广告费支出等,可扣除的税金包括代征车主个人所得税的税金、代扣代缴员工个人所得税及其他可扣除的税金。

3. 个人所得税

私家车车主与平台之间不是劳动雇佣关系,因此平台无须将车主视为员工代扣代缴个人所得税。按照我国《个人所得税法》的规定,私家车车主应该被视为个体工商户,

---

① 依据为交通运输部、工信部等联合发布的《网络预约出租汽车经营服务管理暂行办法》。

其载客所得按照生产经营所得征收个人所得税。但在现实生活中，私家车车主群体较为零散，难以统一管理，采用的是委托代征的形式，即税务局委托滴滴出行平台代征车主载客收入的个人所得税。私家车车主在缴纳所得税时难以核定其可扣除的生产成本，因此采用的是核定征收的方式[①]，即应纳税所得税额＝车主的载客收入 × 核定税率。

19.4.3 滴滴出行快车业务的税收筹划方法及效果分析

1. 搭建 VIE 架构

滴滴集团搭建了一个 VIE 海外架构（见图 19-10），其主要目的是上市，但其中也不乏避税的可能。小桔快智是滴滴集团未来的境外上市主体，也是顶层控股公司，其实际控制人是程维、王刚等滴滴集团的早期投资人。小桔快智下设壳公司，分别是位于开曼群岛的小桔科技（全称"北京小桔科技有限公司"）（开曼群岛）和位于英属维尔京群岛的维尔京 CVG 公司。小桔科技（开曼群岛）下设子公司小桔科技（香港），小桔科技（香港）又下设外商独资企业嘀嘀无限（全称"北京嘀嘀无限科技发展有限公司"）。嘀嘀无限拥有滴滴集团的专利资产和著作权，而小桔科技是滴滴集团境内运营商的总控制企业，获取滴滴出行 App 的运营收益。小桔科技通过与嘀嘀无限签订协议，得到嘀嘀无限的资金支持和专利授权。嘀嘀无限因此获得了小桔科技的股权质押，实施对其的控制。

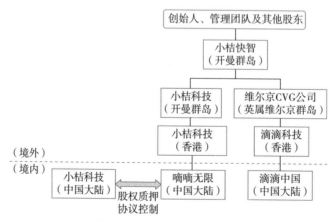

图 19-10 滴滴集团 VIE 架构

---

① 《国家税务总局天津市税务局关于调整客运出租汽车纳税人个人所得税有关事项的公告》。

滴滴集团利用该架构将利润转移到海外，从而降低国内税负。小桔科技作为运营实体，通过向嘀嘀无限支付特许权使用费、技术转让费等手段可以实现利润转移，降低小桔科技的企业所得税税负。嘀嘀无限将利润从中国内地汇到中国香港时，可以享受中国内地和中国香港税收协定 5% 的优惠预提税率。香港是适用来源地原则的税收管辖区，由于该笔利润不属于来源于香港的所得，因此不在香港征收企业所得税。最终，利润汇集到小桔快智离岸公司，而小桔快智位于开曼群岛，适用很低的所得税税率，由此实现了避税的目的。不仅如此，实际控制人在未来出让股权及其红利时，获得的资本利得在开曼群岛也承担很低的所得税，这样就降低了滴滴集团的总体税收负担。

2. 运用灵活用工模式

目前，大部分的互联网公司（例如美团、华为、京东等）都采用了类似滴滴出行的灵活用工模式。灵活用工模式是指平台与劳动供应者之间不构成传统的劳动雇佣关系，而是构成商务合作关系。劳动者被认定为是个体工商户，与平台达成合作契约，自负盈亏。滴滴出行快车业务就是采用这一模式，滴滴平台与私家车车主达成合作关系，平台负责提供信息匹配服务，并从司机的载客收入中抽取佣金。滴滴出行与私家车车主不签订劳动合同，不为其缴纳社保，也不代扣代缴个人所得税，而是采用代征的方式收取个人所得税。相比于传统的代扣代缴，一方面，委托代征不存在个人所得税税负转嫁问题。而且，在不签订劳动合同的情况下，企业就无须为劳动者缴纳五险一金，为平台节省了很大的成本；另一方面，平台在计算缴纳企业所得税时，可以申请主管税务机关开具其委托代征的个人所得税发票，以发票为凭据在企业所得税税前列支，以降低企业的所得税负担。

假设一名私家车车主一个月赚取的载客收入为 10 000 元，平台抽取佣金后支付给车主的载客收入约为 8 000 元（10 000−10 000×20%）。在灵活用工模式下，滴滴出行平台需要代征个人所得税，滴滴平台采用核定征收的办法，其核定征收率约为 0.6%，即税额为 48 元（8 000×0.06%），该笔税收完全由车主负担，且难以完成转嫁。因此在灵活用工模式下，滴滴出行平台在车主的个人所得税方面基本不存在税收负担。

在传统劳动用工模式下，假设司机的月薪为 8 000 元（与前一模式相同，以保证可比性），滴滴出行平台需要代扣代缴个人所得税，适用综合所得七级超额累进税率，税额为 90 元 [(8 000−5 000)×3%]，该笔税收可以通过税负转嫁转移给滴滴平台。同时，滴滴平台需要为司机缴纳五险一金，假如单位负担养老保险20%、失业保险1%、工伤保险1%、生育保险0.8%、医疗保险10%、住房公积金12%，则单位负担部分为3 584元。因此在传统劳务雇佣关系下，滴滴出行平台需要为每一位车主多支付约3 674元的成本。

2021年，滴滴公司递交的招股书显示，中国约有1 300万名司机用户，其数量十分庞大，因此采用灵活用工模式极大地降低了其用工成本。

3. 合理利用税收洼地

滴滴出行科技有限公司总部设置在天津经济技术开发区，过去该开发区享有税收优惠，开发区内的企业可按照15%的税率缴纳企业所得税，且可以按不高于40%的比例缩短固定资产的折旧年限和无形资产的摊销年限。[①] 但自2011年起，该税收优惠文件废止，条款不再适用。遵循这个税收筹划的思路，滴滴集团可以选择在税收洼地设立公司或子公司，利用线上乘车收入难以与业务发生地挂钩这一特殊性质，将利润聚集在税收洼地。税收洼地可以选择在特殊的经济园区，如海南自贸港、苏州工业园区等。海南自贸港对于鼓励类产业的企业，适用15%的企业所得税税率；对于不超过500万元的固定资产、无形资产，在计算应纳税所得额时可以一次性扣除；对于高新技术企业的直接境外投资，免征企业所得税。[②] 积极利用我国的特殊地区或园区的税收优惠政策，可以为企业节省部分税收。

19.4.4 滴滴出行快车业务的税收筹划风险分析

1. VIE架构的税收风险

2019年，开曼群岛颁布了《经济实质法案》，对于在开曼群岛设立的企业都要进行经济实质测试。不满足测试要求的企业将面临罚款，严重的会被要求强制注销。滴滴集团在开曼群岛设立了离岸企业和中间控股企业，要特别注意这一法案的规定及《经济实质法案》带来的税务风险。

滴滴集团的税务风险点还在于境外企业可能会被认定为境内居民企业。我国居民企

---

① 《财政部 国家税务总局关于支持天津滨海新区开发开放有关企业所得税优惠政策的通知》。
② 《财政部 税务总局关于海南自由贸易港企业所得税优惠政策的通知》。

业的判定依据注册地原则和实际管理机构原则。滴滴集团的境外企业满足了注册地的要求，同时也要注意实际管理机构要符合我国国内税法规定，关注境外企业的经营活动决策所在地、财务账簿所在地、管理人员所在地等可能会被判定为实际管理机构的因素。滴滴集团境外企业若被判定为实际管理机构位于境内，则构成我国居民企业，我国税务机关将要对其来源于全球的所得征收企业所得税。

嘀嘀无限向小桔科技（香港）支付股息缴纳预提税时存在税务风险，按照规定可以适用中国内地和中国香港的税收协定5%的预提税优惠，但同时我国税务机关也会判断股息的受益所有人是否为香港的居民企业。小桔科技（香港）作为中间控股企业，具有被穿透的风险，若判定受益所有人是位于开曼群岛的小桔快智，那么5%的预提税率将不再适用，而是适用10%的预提税率。

当实际控制人转让小桔快智的股权时，存在间接股权转让的税务风险。若境外股权转让行为不具有商业实质，则被判定为具有避税目的，那么转让方就来源于中国境内的所得具有缴纳企业所得税的义务，并且由受让方代扣代缴。这就不利于运用该架构进行股权转让，且会给滴滴集团带来税务风险。

2. 委托代征的税收风险

大部分互联网企业灵活用工采用的都是委托代征个人所得税的形式，但该形式需要企业与税务局之间达成委托代征协议。2021年10月，天津市税务局明确表示滴滴出行并未与其主管税务机关建立过委托代征关系（《国家税务总局天津市税务局对市人大十七届五次会议第0406号建议的答复》），即说明滴滴平台不具备委托代征的资质，这就给滴滴出行带来了税务风险。

即使有了委托代征资质，平台还存在着无法获得相应的凭证进行企业所得税税前列支的风险。企业代征税款交给税务局后，就能获得税务局开具的个人所得税缴纳凭证，可以用于企业所得税费用列支。但由于企业在实操过程中可能出现财务制度不完善、工作失误等问题，会导致税款金额错误进而引发税企争议，无法获得凭证。这就给企业带来了不必要的法律纠纷和税务风险。

3. 利用税收洼地的风险

在利用税收洼地的优惠政策时，面临的最大风险就是政策的不稳定性。当政策变动时，税收优惠随之取消，企业无法享受原有的税收优惠，但又负担了税收筹划的成本，导致企业负担加重。集团将利润归集于税收洼地时，要注意位于税收洼地的企业要有经济实质，包括实际的办公地址、办公人员、财务会计核算等。若洼地企业没有与之相符的经济实质，就容易受到税务机关的稽查。例如，某明星利用阴阳合同将利润转移至霍尔果斯，就是因为个人不当地利用税收洼地进行税收筹划而导致的，由此可见利用税收洼地进行避税也存在一定的风险性。

19.4.5 税收筹划的结论与启示

通过对滴滴出行快车业务税收筹划案例的分析，可以得出普遍适用于网约车平台税收筹划的方法。首先，网约车平台仅作为信息供需匹配的主体，不负责提供交通运输服务，其收入构成主要是平台佣金收入。基于平台经营的特殊性，可以适用VIE架构进行企业架构的搭建，将利润转移到低税的国家或地区。其次，平台与劳动者达成合作关系，而非劳动雇佣关系，可以减少企业的税收和五险一金的支出，降低企业经营成本。再者，可以将企业总部或子公司设置于税收洼地，降低企业所得税税率，以及获得加速折旧或摊销的税收优惠。采取以上三种税收筹划方法的同时，要注意防范税务风险。平台企业应该时刻关注税收政策的变化，确保企业具有与账面相对应的商业实质，加强与税务主管机关的沟通，多方面防范税收风险。

第 20 章

跨国税收筹划战略案例

> 目前全球税收体系是不公平的、扭曲的，导致苹果和谷歌等大公司海外运营后税收流失海外，美国国内普通工人和纳税人则没有因为大公司的繁荣而获得益处。
>
> ——诺贝尔经济学奖得主 约瑟夫·斯蒂格利茨（Joseph Stiglitz）

20.1 苹果公司全球税收筹划战略案例

20.1.1 背景资料

苹果公司（Apple Inc.）是美国一家高科技公司，总部位于加利福尼亚州的库比蒂诺。苹果公司创立于 1976 年 4 月 1 日，当时公司名称为美国苹果电脑公司（Apple Computer Inc.），并于 1980 年 12 月 12 日公开招股上市，2007 年 1 月 9 日更名为苹果公司。

苹果公司最初是一家从事个人电脑研发和销售的公司，目前该公司经营的硬件产品主要是 Mac（电脑）系列、iPod（媒体播放器）、iPhone（智能手机）和 iPad（平板电脑）；在线服务包括 iCloud、iTunes Store 和 App Store；消费软件包括 OS X 和 iOS 操作系统、iTunes 多媒体浏览器、Safari 网络浏览器，还有 iLife 和 iWork 创意和生产力套件。

2013 年 5 月 20 日，美国国会参议院国土安全委员会下属的常设调查委员会向外界发布了一份关于苹果公司纳税情况的报告，称苹果公司利用美国税法中的漏洞和海外分支网络，在 2009 年至 2012 年间避免向美国政府缴纳超过百亿美元的税额，总税率仅为 22%，远低于美国联邦税率 35%。就苹果 2012 年发布的财报显示，苹果公司在海外获得了 368 亿美元的利润，却仅仅缴纳了 7.13 亿美元的公司所得税，税负率仅为 1.9%。这些数据都表明苹果公司可能存在很大的税收问题。

面对这样的指控，苹果公司CEO蒂姆·库克（Tim Cook）在第二天的听证会上进行了辩驳。他坚决否认苹果在财务运营上有非法之处，并且强调苹果公司是美国第一大纳税企业，在创造就业、推动经济发展方面对美国经济社会都有巨大的贡献。但他承认，苹果公司在海外拥有千亿美元的资金储备，由于美国税率太高，苹果公司并没有把现金全部带回国内的打算。他建议美国应该对公司税进行全面的改革，这样才会有更多的公司把海外资产转回国内，从而推动美国经济的繁荣与发展。

一同出席听证会的苹果公司CFO及税务主管也强调，苹果公司与爱尔兰的协议早在30年前就已签订，并且税收筹划手段完全没有违背任何法律。美国税法限制了苹果公司的竞争力，为了扩展海外业务，他们不得不把海外收入留存在境外。如果苹果公司无法获得"合理税率"，则不会将境外收益带回本土。

20.1.2 苹果公司开展税收筹划的诱因与条件

1. 各国税收管辖权和法人税收居民身份判定标准的差异

税收管辖权是一国政府在征税方面的主权。目前，税收管辖权主要有地域管辖权、居民管辖权和公民管辖权。美国目前同时实行三种税收管辖权，爱尔兰同时实行地域管辖权和居民管辖权。实行居民管辖权就要确定居民身份的判定标准，而实行地域管辖权需要判定对非居民能否征税，关键在于其是否有来源于本国的所得，但也需要确定纳税人的居民身份。

对于法人税收居民身份的判定，美国采用的是以法人登记注册地作为确定法人居民身份的标准，即凡依据本国法律在本国登记注册的公司（企业），不论其总机构是否设在本国，也不论其投资者是本国人还是外国人，均确认其为本国公司或本国的法人居民；凡是根据外国法律在外国政府注册成立的公司，不论其设在美国境内或境外，即使股权的全部或部分属于美国，都是外国公司。而爱尔兰采用管理机构或者控制中心地（通常是公司董事会行使其权力的地点）标准，即凡是法人管理机构或者控制中心设在本国，无论其在哪个国家注册成立，都是本国的法人居民；凡是管理机构或者控制中心机构不在本国的，就算其在本国注册成立，也不是本国的法人居民。苹果公司正是利用了不同国家税收居民身份的判定标准的漏洞，在爱尔兰注册了一个负责海外业务的国际运营公司，又把其实际管理机构或者控制中心设在美国，这样就可以实现"双边均不纳税"。

对于所得来源地的判定，一般采用经合组织税收协定范本的规定：特许使用费一般只能由居民国征税，来源国不能行使征税权。这一规定也是发达国家之间签订税收协定时普遍采纳的做法。例如，爱尔兰的居民公司在英国收取特许权使用费，根据爱尔兰和英国之间的税收协定，特使权使用费所得只能由爱尔兰征税。另外，根据税收协定及其他一些国家国内税法的规定，积极营业所得[①]不需要在来源国缴税，除非在来源国设有常设机构；即使在来源国设有常设机构，积极营业所得扣除支付的特使权使用费后也只需要缴纳少量的税收。苹果公司利用这些规定在全球各集团子公司内转移其无形资产使用权，最终只在居民国缴纳了较低的税收。

2. 各国、各州公司所得税的差异

1）美国本地公司所得税的差异

美国宪法允许州政府自行开征州所得税，因而公司需要将其所得在拥有课税权的州之间进行划分。每一个州都有权自由选择对公司所得进行划分的要素种类及其权重，这就使得公司所得分配公式中的要素种类和数量及计算方法在各州之间呈现很大的差异。多数州使用"三要素法"进行分配，即以销售额、财产额及薪金额为分配要素来确定所得在各州之间分配的比例。一部分州在确定分配比例时对"三要素"赋予相等的权重；但也有越来越多的州逐步使用一种修正过的"三要素公式"，具体公式如下。

某州应分配的所得 =（公司在该州的销售额 ÷ 公司总销售额 × 权重
　　　　　　　　　+ 公司在该州的财产额 ÷ 公司财产总额 × 权重
　　　　　　　　　+ 公司在该州支付的薪金额 ÷ 公司支付的薪金总额 × 权重）
　　　　　　　　　× 公司应分配的总所得

此外，公司所得在各相关州之间进行分配主要包括四个步骤。

第1步：公司统一计算来自各州的总所得，并确定可以扣除的项目。

第2步：对经营性所得与非经营性所得加以区分，并将非经营性所得从公司总所得

[①] 积极营业所得，是指非居民企业从事经营活动而取得的所得，包括承包工程作业所得和提供劳务所得等。与积极营业所得相对应的是消极所得，主要是指股息、红利、利息、租金、特许权使用费所得、转让财产所得或其他所得。

中剔除，以确定应分配所得。

第 3 步：将应分配所得按照各州确定的分配公式在相关州之间进行分配，将非经营性所得直接分派给与取得该所得有直接联系的特定州。

第 4 步：根据公式计算的应分配所得和直接分派的非经营性所得，确定公司在各州的应税所得，并按各州的税法规定计算缴纳公司所得税。

按照上述规则，如果我们把收入实现设在一个公司所得税税率较小甚至为零的州，那么该公司的州应纳公司所得税额就会很小，这样就可以实现国内税收支出的减少。这就是苹果公司选择在内华达州设立资金管理公司的重要原因。

2）海外公司所得税政策与美国所得税的差异

苹果公司利用之前所提到的双边避免成为纳税人的方法，把海外公司建立在一个所得税税率相对较低甚至为零的国家，避开美国高达 35% 的所得税税率，就会使海外税收支出大大减少。苹果公司在海外拥有 1 000 多亿美元，如果把海外现金全部汇回美国，那么至少要向美国政府缴纳超过 300 多亿美元的企业所得税。

3. 转让定价协定的可利用性

利用转让定价手段在企业集团内部转移利润，使企业集团的利润尽可能多地在低税国关联企业中实现，是跨国公司常用的一种国际税收筹划策略。跨国关联企业之间可以通过操控企业之间的关联交易行为，把利润转移到低税率的国家，实现降低企业集团总税负的目的，但是此规定要求关联企业之间的转让定价要符合独立交易原则。苹果公司可以利用无形资产转让定价，使其海外利润承担较低的税负。

4. 成本分摊协议的可利用性

成本分摊协议是指参与方共同签署的对开发、受让的无形资产或参与的劳务活动享有受益权，并承担相应的活动成本的协议。两个或多个企业之间议定好成本分摊框架，用于确定各参与方在研发、生产或获得资产、劳务和权利等方面承担的成本和风险，并确定这些资产、劳务和权利的各参与方的利益的性质和范围。美国公司采用成本分摊协议可以避免使用美国税法典 Section 367(d)[①] 的规定。苹果总公司可以通过与爱尔兰子公

---

① 在美国税法典 Section 367（d）下，如果母公司把无形资产转移到新设立的外国子公司换取子公司的股权，该交易将会被视同母公司销售无形资产，应该就该无形资产收取的特许权使用费在美国纳税。

司签订成本分摊协议，共同研发无形资产，共同拥有无形资产，后期爱尔兰控股公司再买断欧洲地区的无形资产所有权。

5. 国际税收协定的可利用性

为了解决国与国之间税收权益分配的矛盾和冲突，各国之间一般会通过签订国际税收协定给予缔约国居民一定的所得税优惠。第三国居民可以通过在缔约国一方设立子公司的方法，使子公司成为缔约国一方居民公司，从而享受到税收协定的优惠。苹果公司便是利用爱尔兰和欧洲国家的相关协定（如爱尔兰与欧洲各国达成的欧盟成员国内所得税免税协议）来安排税收筹划战略的。

值得一提的是，利用国际税收协定筹划具有一定的风险性，表面上来看是合法有效的，实际上却容易被认为滥用国际税收协定，税务当局可以通过加强与税收协定国家交换税收信息等方式来加以控制。

6. 其他因素

除了以上几个因素，苹果公司进行税收筹划还有其他因素，如避税地的存在、其他税收优惠政策的可利用性等。

20.1.3 苹果公司境内筹划战略分析

1. 美国的多级税收体制

美国实行的是联邦—州—地方多级税收体系。美国现行的公司所得税是由联邦公司所得税和州公司所得税组成的。一般来说，州公司所得税是在联邦公司所得税税基上加征一定比例的税收。并且对于州所得税的征税权力，美国国会颁布了公法86-272号，就各州对跨州经营行为的所得税征税权做了进一步限定，着重强调只有当公司在征税州的活动与税收有足够联系时，该州才可征收所得税。

苹果公司对于国内的利润需要缴纳的所得税包括联邦公司所得税和州公司所得税两个部分。联邦公司所得税法定税率为35%，而对于州公司所得税的税率，各州有不同的规定。苹果公司在美国境内正是利用了各州之间不同的税率，部署了一套税收筹划安排。

2. 境内税收筹划的组织架构安排

1）在内华达州设立子公司

苹果公司的总部位于加州的库比蒂诺（Cupertino），而其管理和投放现金的部门却是一个设立在内华达州雷诺市的 Braeburn Capital 子公司。虽然这个子公司非常简陋，仅有几张桌子和几台电脑设备，但该公司是苹果旗下的资产管理公司，成立于 2006 年，其目的就是管理苹果公司的庞大现金。Braeburn Capital 用这些资金对公众权益市场进行相对保守的投资并且高度保密。

苹果公司为什么要把 Braeburn Capital 设在内华达州呢？原因在于，加州的公司所得税税率为 8.84%，如果该子公司设立在加州，那么公司就需要为其在国内的收益缴纳公司所得税。而内华达州不征收公司所得税，也没有资本收益税，把该公司投放于内华达州就避免了缴纳高额的州所得税。这样各州销售 iPhone、iPad 或者其他苹果产品后，部分销售利润就会被存入 Braeburn Capital 的账户中，接着该公司又会把这些收入投资到股票、债权等理财产品中，而对这些投资产生的利润也不受加州税务当局的监管。并且 Braeburn Capital 还为苹果公司提供了削减其他州——包括佛罗里达、新泽西和新墨西哥在内——税额的可能，因为那些州的税法规定，如果一家公司的财务管理在其他州进行，那么纳税基数可以降低。这样苹果公司就通过在国内跨州建立一个子公司，躲避了加州和其他 20 个州需要课征的上亿美元的税额。苹果公司在美国境内的税收筹划结构如图 20-1 所示。

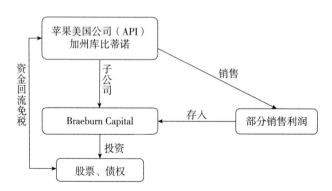

图 20-1　苹果公司在美国境内税收筹划的结构设置

2）利用研发支出优惠政策

美国高新技术产业税收优惠政策为：科研机构作为非营利机构免征各项税收，对企业 R&D（研究与开发）费用实行税收优惠。

R&D 投入与企业开发产品、提高市场竞争力有关，美国为鼓励企业增加 R&D 投入，把 R&D 投入与一般性投资区分开，实行费用扣除和减免所得税的双重优惠。企业 R&D 费用可选择以两种方法扣除：一是资本化，采取类似折旧的办法逐年扣除，扣除年限一般不少于 5 年，用于软件的费用可缩短到 3 年；二是在 R&D 费用发生当年进行一次性扣除。作为鼓励措施，企业 R&D 费用按规定办法计算新增部分，其 20% 可直接冲减应纳所得税额。若企业当年没有盈利，或没有应纳所得税额，则允许的减免税额和 R&D 费用扣除可往前追溯 3 年，往后结转 7 年，其中费用扣除最长可顺延 15 年。

加州鼓励企业加强他们的基础研究和开发活动，允许将公司内部 15% 的研发费用，或公司请外部机构从事研发的 24% 的费用，用于抵免银行和公司税，这一比例在全美是最高的。

3. 评价

对于苹果公司在美国境内的筹划结构安排，苹果公司的一些高管认为，批评苹果这么做是不公平的，因为其他上千家公司都在做类似的操作。如果苹果公司自愿交税，那会削弱它的竞争力，这最终会伤害到股东权益。然而，问题的关键应该在于美国特殊的联邦和州税收体系，各州拥有一定的立法权，从而造成了各州税率的差异性，给予了企业一定的政策选择空间。并且联邦政府的高税率，在一定程度上"迫使"企业寻求各种筹划手段来减轻其税负。

20.1.4 苹果公司海外筹划战略分析

1. 苹果软件产品筹划分析

1）无形资产交易的特性

无形资产是指企业拥有或者控制的没有实物形态的可辨认非货币性资产，它没有物质实体，而是表现为某种法定权利或技术。

无形资产交易有四大特征：无形资产在交易中会产生所有权和使用权的分离；无形资产交易是长期交易；无形资产交易无统一价格；无形资产交易价款的支付方式多样化。

软件也属于一种无形资产。软件下载不同于实体物品交易，其是无形的、无法触碰的，从中国的iTunes下载和从英国的iTunes下载效果是一样的。所以，如果你从低税国的iTunes下载，那么这种交易关系就会被当作是发生在该低税国的。

2）业务流程分析

苹果公司海外市场的App Store业务是由注册在卢森堡的苹果子公司iTunes S.A.R.L运营的。该公司只有几十名员工，并且该公司存在的外部证据只有一条，那就是一个写有"iTunes公司"字样的纸片的信箱。选择在卢森堡设立该公司的原因就是，该国承诺只要把相关的交易转移到卢森堡，卢森堡就会对苹果等高科技公司的收入实行低税政策。一旦相关国家的消费者在App Store上下载了歌曲、视频或者相关软件，这些销售收入就会被记在卢森堡iTunes公司名下。该行为的法律实质是，消费者向注册在卢森堡的iTunes公司付费购买了一个软件，iTunes公司在收到款项后将软件传输至消费者的手机中，如图20-2所示。据统计，iTunes公司自2011年以来，每年的销售收入都超过了10亿美元，大致相当于iTunes全球销售额的20%。

图20-2 软件产品的交易结构

3）税收争议

目前关于苹果公司如何确定软件销售地及如何征税，存在一定的税收争议，基本观点如下。

世界贸易组织协定中具有法律效力的《服务贸易总协定》确定了四种国际服务贸易方式，很多国家仅能对其中的商业存在和自然人流动征收关税。App Store的线上数字服务交易是《服务贸易总协定》中典型的跨境交付，需要对此征收关税。但根据世界贸易组织《关于软件海关估价的决定》，只有有载体的软件才需要交关税，苹果App下载不牵涉人员过境和硬件捆绑销售的话，就不必缴纳关税。

在苹果应用程序商店上传应用软件的开发商是自主的销售商，已为自己的销售行为在所在地缴纳增值税。而应用程序商店向开发商提供信息存储服务，并受其委托向最终用户收取费用，在扣除标准佣金后将全部收益转交给开发商，因此按照交易实质无法要求应用程序商店缴纳增值税。

对于非居民企业所得税，一方面，App Store通过网络向境外销售App的行为，目前只适用于对源自收入来源国的所得征税，应由付款人代扣代缴所得税，但目前很难找到一个个下载苹果软件的付款人。另一方面，iTunes 公司是卢森堡公司，无法在各国银行开立账户，所以其需要第三方支付公司的支持。这种交易实际是通过第三方支付服务商实现的，即由第三方支付服务商向用户收费，再转付至境外。或者支付人可以通过国内银行卡的国际卡通道支付美元。

2. "爱尔兰—荷兰—爱尔兰"三明治架构分析（Double Irish With a Dutch Sandwich）

苹果公司虽然把大部分的制造和组装业务承包给了海外公司，但是大多数的管理人员、产品设计师、营销人员、研发部门等都在美国。美国税制的基础理念是，企业的收入是在创造价值的地点获得的，并不是来自销售产品的地点。由此得出合乎逻辑的推理结论是，苹果公司的绝大部分利润也应该来自美国。然而，苹果公司的财务报告显示，该公司已经找到了各种各样的不违法途径，将大约 70% 的利润转移至世界各地，并且仅需要承担极低的税负。苹果公司采用的税收筹划方法就是运用"爱尔兰—荷兰—爱尔兰"三明治架构，如图 20-3 所示。

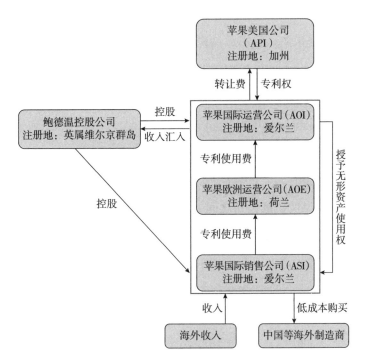

图 20-3 "爱尔兰—荷兰—爱尔兰"三明治架构

注：API: Apple Inc.　　　　　　　　AOI: Apple Operations International
　　AOE: Apple Operations Europe　　ASI: Apple Sales International

所谓的"爱尔兰—荷兰—爱尔兰",其基本结构就是图 20-3 中间框内的设立在境外的三家海外公司,这三家海外公司的基本概况如表 20-1 所示。

表 20-1　苹果设立的三家海外公司

项目	注册地	实际控股企业	居民纳税人身份
面包片二: 苹果国际运营公司(AOI)	爱尔兰	英属维尔京总部	非爱尔兰居民纳税人、 非美国居民纳税人
夹心: 苹果欧洲运营公司(AOE)	荷兰	苹果公司	荷兰居民纳税人
面包片一: 苹果国际销售公司(ASI)	爱尔兰	英属维尔京总部	非爱尔兰居民纳税人、 非美国居民纳税人

1)纳税人身份认定

爱尔兰、美国、荷兰法人居民纳税身份的判定标准如表 20-2 所示。

表 20-2　爱尔兰、美国、荷兰法人居民纳税身份的判定标准

爱尔兰	美国	荷兰
管理和控制中心地标准	公司注册地标准	公司注册地标准

通过观察发现,爱尔兰认定居民纳税人身份是根据其管理和控制中心所在地而不是注册地,因此注册在爱尔兰的双层面包并不是爱尔兰的居民纳税人,因为其实际管理和控制机构并不在爱尔兰。同时,双层面包也不是美国的居民纳税人,因为美国认定居民纳税人是根据其公司注册地。苹果公司人为形成双层"面包"AOI 和 ASI,实际管理和控制地不在爱尔兰,同时注册地也不在美国,自我双重否定两国的居民纳税人身份。

2)三明治中的"面包片"的作用

图 20-3 显示,苹果的关联公司之间并不存在实际的销售活动,苹果公司选择了一种难以找到公允价值的交易品来充当转移收入的媒介——知识产权(或无形资产)。当美国以外的苹果用户购买音乐或者下载软件时,美国的苹果公司就把其所拥有的知识产权资产,也就是 iPhone、iPad 等硬件终端和 iTunes 等软件所提供的服务,转移到苹果运营公司,用户所支付的现金则进入苹果销售公司 ASI 的账户。

第二片爱尔兰"面包"——苹果国际运营公司(AOI)——持有大量苹果产品的相关专利和知识产权,由于第一片爱尔兰"面包"——苹果国际销售公司(ASI)——在销售苹果产品时,必须用到苹果的知识产权资产,因此苹果国际销售公司(ASI)就需要

向苹果国际运营公司（AOI）支付知识产权专利使用费并同时分配股息。

至于为什么要选定爱尔兰作为三明治的面包片，原因如下。

首先，我们对爱尔兰当时所处的环境进行分析。对于当时的爱尔兰，苹果公司的投资无疑具有很大的吸引力。苹果公司落户爱尔兰之前，爱尔兰的失业率和通货膨胀都很高，并且仍然不断攀升，又受高素质人才移民国外等因素的影响，爱尔兰的经济和社会发展都面临着很大的危机。但苹果公司并不是特例，从1956年至1980年，爱尔兰就开始通过零税率吸引外国企业入驻该国，以拯救爱尔兰的经济。直至1973年，作为加入欧洲经济共同体的条件之一，爱尔兰才被迫停止向出口企业提供税收优惠。从1981年起，为让企业具备生产资格，落户爱尔兰的企业必须缴税，但是税率仍然很低，不超过10%。所以，苹果在爱尔兰可以享受很长一段时间的免税和低税待遇。

其次，选择爱尔兰还取决于两个因素：一是爱尔兰的所得税率是欧盟中最低的，仅为12.5%，远低于美国的35%；二是由于苹果公司为当地提供了大量的就业机会，爱尔兰政府承诺给苹果公司提供税收减免优惠。

最后，由于爱尔兰法人居民身份的判定标准是管理和控制中心地标准，也就是说，如果一家在爱尔兰注册的公司其管理权和控制权都不在爱尔兰本国，就会被认定为外国公司，不用在爱尔兰缴税。苹果公司正是利用这一点，在国际著名避税地英属维尔京群岛设立了爱尔兰公司的总部——鲍德温控股有限公司。鲍德温控股有限公司掌握了苹果国际运营公司（AOI）和苹果国际销售公司（ASI）的部分股权，达到了控股的标准。同时，由于苹果国际运营公司（AOI）是外国公司，因此它把收入汇到设在英属维尔京群岛的总部不需要向爱尔兰缴税，几乎是零成本。

3) 三明治中的"夹心"的作用

按照爱尔兰税法的规定，第一片"面包"ASI向第二片"面包"AOI名义上支付的专利使用费实际上是转移利润，需要缴纳爱尔兰所得税。苹果公司为了避免这个环节的税负，采用"曲线救国"的路线，在同盟国荷兰设立了"苹果欧洲营运公司（AOE）"。

荷兰税法规定：对于法人居民身份的判定是以公司注册地标准而不是总部所在地标准。所以与两个爱尔兰公司一样，荷兰公司也被认定为欧盟公司，并且爱尔兰和荷兰都有税收协定规定，欧盟成员国公司之间的交易免征所得税，即爱尔兰和荷兰都不对向境外支付的特许权使用费征收预提税。于是爱尔兰销售公司取得海外收入后首先支付给荷兰公司，再由荷兰公司支付给爱尔兰运营公司，这两个支付过程都是免税的，这样荷兰公司就把爱尔兰销售公司的收入"零成本"地转移到了 AOI。而且这些专利费的支付在美国也不用交税，原因在于美国联邦税法关于受控外国公司的 Subpart F 规定：受控外国公司进行积极营业活动收取来自非关联人的特许权使用费不属于 Subpart F 所得，受控外国公司自己制造产品然后销售获得的所得也不属于 Subpart F 所得，不用纳税。最终爱尔兰运营公司获得收入后，再通过分配股息的方式把利润转移到处于避税地的鲍德温控股有限公司，这部分收入积累在英属维尔京群岛，也就避开了税收监管。

3. 基于成本分摊协议（CSA）的转移定价分析

苹果公司研发活动的成果，就是苹果公司的知识产权，这是苹果公司和苹果商品的核心竞争力和价值源泉所在。苹果公司的研发活动几乎都是在美国本土进行的，是 API 的工程师和专家完成的。然而，在 CSA 之下，在美国本土进行的研发活动所创造出的价值极高的知识产权被部分置于爱尔兰公司名下，所赚取的巨额商业利润，大得不成比例地被截留在美国以外，成功实现避税。

首先苹果美国公司（API）与苹果国际运营公司（AOI）通过签订成本分摊协议，共同研发并拥有无形资产。此协议名义上是母公司和运营公司联合负担成本，但实际上考虑的还是税收利益。因为如果没有成本分摊协议，根据美国税法典 Section 367（d）的规定，运营公司在获得这些专利技术时，就需要母公司的授权，母公司转移专利技术就相当于销售无形资产，需要运营公司支付一笔权利金，并按照 20% 的税率征税，而母公司的这笔销售收入又要按照美国税法征收 35% 的公司所得税。但成本分摊协议的适用就解决了上述高税负问题。在成本分摊协议下，母公司和运营公司通过联合研发的方式实现了专利转移授予的目的。但是运营公司需要支付"Buy-in Payment"来进行联合开发，即运营公司支付给母公司一部分专利对价来换取联合开发的权利，由于成本是分摊的，所以只需要缴纳较少的税收。

CSA 主要由苹果的两家关联公司签订，即 API 和 ASI。API 与 ASI 共同承担苹果全球研发活动的成本，分担研发活动的风险，也共享研发活动的成果。虽然苹果全球的研发活动几乎都在美国本土进行，但 CSA 规定，由 API 与 ASI 按照各自负责的销售市场实现的销售收入所形成的比例，分担苹果全球研发活动的成本。

CSA 对苹果公司的知识产权做了特殊的安排，把知识产权拆分为法律权利和经济权利，其中全部的法律权利由 API 拥有，即 API 是苹果公司知识产权中的法律权利的唯一拥有者。同时 API 还是销往美洲市场苹果商品知识产权中经济权利的拥有者，ASI 是销往美洲以外市场苹果商品知识产权中经济权利的拥有者。这种对知识产权中的经济权利的拆分，既与 API 和 ASI 对苹果全球研发活动成本的分担完全对应，也与苹果全球市场分为美洲市场和美洲以外市场完全对应。当 API 和 ASI 根据《合约加工服务协议》以很低的价格从合约制造商处购买加工好的苹果产品以后，API 和 ASI 会附上很高的加价，将产品出售给美洲市场及美洲以外的市场，因此销往美洲以外的利润就保留在了 ASI。正是由于 API 和 ASI 拥有了这样的知识产权中的经济权利，使得它们能够在苹果的关联交易中充当资产、功能和风险的主承担者的角色，赚取利润。

总体来说，苹果 CSA 的真正功能是通过转让定价工具，人为地安排苹果价值核心的知识产权中的经济权利在关联公司间的拥有和归属，满足现有转让定价国际通用规则的形式要件，把利润转移到爱尔兰进行避税。

苹果公司设计的这种筹划方法为其带来了巨大的税收收益。然而这种筹划方法早就不是独家享有，诸如谷歌、星巴克、微软、亚马逊等我们耳熟能详的跨国公司都通过类似的方法规避了巨额税负。

20.1.5 苹果的全球销售结构

苹果公司在销售结构上把全球的销售区域划分为两大块：一块是美洲地区（包括美国本土、加拿大、拉丁美洲等地区），另一块是美洲以外的地区（包括欧洲、亚太地区等）。美洲地区主要是由苹果美国公司（API）负责销售，而美洲以外的地区则是由相关海外销售公司负责销售。

1. 苹果产品的生产销售模式

苹果产品的生产并不是在本国进行，而是把大量的制造组装业务外包给了海外公司，如中国第三方合约制造商。他们只会给予制造商有限的利润，使得销售公司能够以很低的价格从中国合约商处获得商品，销售时却会附以高价，因为他们拥有苹果价值链中最有价值的核心部分——知识产权。这样低成本购进，高价卖出，使得苹果获得了高额的利润。API 和 ASI 都是以低价从合约制造商处购进产品，而当它们把产品转售给相关关联分销公司时,就会附上高价,这样使得 API 获得了销往美洲市场产品的利润,ASI(包括 ADI)获得了销往美洲以外市场产品的利润。这样,通过关联交易,美洲市场的销售利润保留在了 API,API 再将其部分利润存放在内华达州的资金管理公司;美洲以外市场的销售利润保留在了 ASI(包括 ADI),再通过"爱尔兰—荷兰—爱尔兰"三明治架构的操作方法把利润集中于 AOI。

2. 美洲市场的销售网络

由图 20-4 可知,苹果美国公司(API)从合约制造商处买回产品后,又有两个流向:一是通过零售店直接销售给美国本土的消费者;二是通过转售给 ALAC 区域的关联分销公司,再销售给美洲的其他国家。在美洲的销售是由苹果美国公司全权负责的,所以这部分销售收入应该在美国纳税,这也是导致苹果公司在美国缴税最高的原因。

图 20-4　美洲市场销售网络

3. 美洲以外市场的销售网络

由图 20-5 可知,苹果国际销售公司(ASI)和苹果国际分销公司(ADI)负责美洲以外市场的销售。它们首先从合约制造商处低成本收回商品,再把产品转售给相关区域关联分销公司,由区域分销公司转售给各国的销售公司,最后由各国销售公司通过各自的方式把产品最终销售给消费者。特别需要注意的是中国市场,由苹果国际销售公司(ADI)作为第一手买家,把苹果商品转售给中国的关联销售公司,再把苹果商品最终销售给中国消费者。

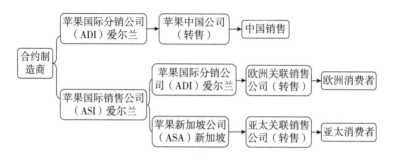

图 20-5　美洲以外的市场销售网络

4. 苹果产品的物流模式

在上述销售过程中,产品的所有权被转移了很多次才最终到达消费者手中。然而在实际的销售活动中,其物理空间转移路线却没有一连串的购销订单所列示的那么复杂,一般是直接由合约制造商发往消费者所在地的,从而大大节约了物流成本。

20.1.6 苹果公司的国际筹划方法总结

苹果公司的国际税收筹划运用了多种方法,下面进行系统分析。

1. 选择切入点

企业税收筹划的第一步就是要选择税收筹划的切入点。苹果、谷歌等跨国企业所承担的税收大部分是企业所得税,所以跨国企业的税收筹划一般针对利润在不同税率的国家之间进行转移,以求降低其所得税负担。

2. 延期纳税

苹果公司延期纳税的筹划方法体现在将利润留在海外。这一方法能够有效实施,得益于美国税法中规定的海外所得延迟纳税制度,即美国企业在海外的获利无须纳税。美国法律允许美国公司的海外子公司留取通过非美国无形资产取得的收入,直到这家海外子公司把利润转回美国再缴税。这就为苹果公司的海外利润筹划提供了条件,只要取得的收入一直停留在海外,就不用负担美国的所得税。但是利润汇回美国之后,就必须支付高达35%的所得税。

截至2013年5月,苹果拥有1 020亿美元的离岸现金、现金等价物及有价证券,但是苹果公司无意将这些现金汇回美国,除非美国修改相关的税法。之后,苹果发行了170亿美元的债券用于美国业务的开展,却拒绝将海外资金汇回美国,而选择将这些资金投资于其他业务或作为股东分红,避免或减少了向美国缴税。

苹果公司的延期纳税不完全等同于一般意义上的递延纳税。通常所说的递延纳税是指通过推迟收入的确认来获得货币时间价值,等于获得了一笔相当于税款等额资金的无息贷款。而苹果公司的延期纳税却是没有日期限制的，即苹果公司的海外利润在美国现行税制下是可以永远推迟纳税的。

3. 转让定价（通过成本分摊协议）

从国际税收筹划的角度来看，转让定价是常用的一种手段。转让定价的实践操作方法如下：位于高税率国的企业向位于低税率国的关联企业销售货物、提供劳务或转让无形资产时采取低定价交易；位于低税率国的企业向其位于高税率国的关联企业销售货物、提供劳务或转让无形资产时采取高定价交易。通过这样的定价安排，企业获得的利润就从高税率国转移到了低税率国，从而达到了最大限度减轻税负的目的。

苹果公司使用转让定价方法的媒介是知识产权（专利使用费）。现阶段并没有明确的法律条文规定无形资产的公允价值的定价方法，知识产权的公允价值也难以估计，因此利用知识产权来做转让定价已经成为世界范围内跨国公司常用的筹划手段。但苹果公司通过转让定价进行筹划的高明之处在于将成本分摊协议设计进去，即知识产权的成本被分摊到下属海外销售公司时，知识产权被拆分为了法律权利和经济权利，赋予销售公司经济权利，从而将利润留在海外销售公司，再通过子公司上交知识产权使用费的形式将大量的最终利润转移到英属维尔京群岛避税。苹果公司规定，美国以外所有地区的销售业务由苹果国际销售公司（ASI）负责，美国以外的用户购买苹果的产品或享受服务时所支付的费用进入苹果国际销售公司（ASI）的账户，同时这部分销售的实现是依靠 API 将知识产权转移到 AOI 名下，再由 AOI 转移给 ASI 这个条件，在知识产权由 API 到 AOI 再到 ASI 的过程中，专利使用费就要反方向由 ASI 支付给 AOI 再支付给 API。但是专利使用费在 ASI 和 AOI 之间的转移在爱尔兰被认定为利润转移，因此架构中荷兰的苹果欧洲营运公司（AOE）就搭起了利润转移路线的桥梁——将专利使用费在 AOE 中转，将销售收入以专利使用费的名义转移到 AOI，最终转移到英属维尔京避税地，从而规避了海外销售收入应缴纳的税收。

利用转让定价进行国际税收筹划的典型代表还有星巴克和谷歌等大型跨国企业，他们的转让定价方法与苹果类似，只是在架构上将苹果设立在荷兰的空壳公司设立在其他如卢森堡、百慕大等避税地。

4. 利用地区间税率差异

对苹果的财务年报进行分析，近年来苹果在美国国内及在海外地区的净销售额的占比分别为 40% 和 60%。

从境内来看，苹果的主要筹划方法是充分利用了加州和内华达州的税收优惠政策：设立在加州的美国总部将财务管理公司设立在内华达州。美国的许多州都有减税政策，适用于在外地进行财务管理的公司，苹果通过这一手段，将国内的销售收入转移到了所得税率为零的内华达州，从而规避了国内的所得税。

从境外来看，苹果设立的"双层爱尔兰夹荷兰"三明治架构的夹心"荷兰"，就是利用欧盟国家之间的税收优惠政策设定的：荷兰规定，欧盟成员国之间的交易，免缴企业所得税。除此之外，苹果还利用了爱尔兰的低所得税率、英属维尔京群岛避税地等税收优惠手段来安排其税收战略。

5. 组织架构

苹果公司的组织架构复杂而多样化，包括建立了不同的运营结构和业务组织模式，设计了全球采购和价值链，还安排了销售网络和分销结构等。其通过复杂的组织架构及分支机构在不同国家的纳税身份认定，巧妙实现了"双重否认居民纳税人身份"，最终规避了所得税。

20.1.7 苹果公司案例延伸分析：国际反避税趋势[①]

2016 年 8 月，苹果公司的避税事件引起了世界领域的轩然大波，可能面临补缴 145 亿美元的税务风险。据法新社报道，欧盟委员会 2016 年 8 月底裁定，苹果公司在爱尔兰非法逃税 145 亿美元，苹果须将这部分税金返还给爱尔兰政府。其实，2014 年 6 月，欧盟委员会已经对苹果在爱尔兰的税务问题展开调查。

"爱尔兰向苹果许诺了减税政策，使得苹果在很多年里比其他企业少缴纳了相当一笔税款"，欧盟竞争委员会专员 Margrethe Vestager 在邮件声明中表示，"这种选择性税收政策使苹果有效企业税从 2003 年的 1% 降低到了 2014 年的 0.005%。"著名经济学家斯蒂格利茨认为，苹果公司在爱尔兰的税收安排属于"耍奸使滑"行为。当然，美国税法也

---

① 借鉴《第一财经》2016 年 8 月 30 日报道的相关资料。

存在不足：它允许苹果公司将大部分现金留在国外。

苹果公司避税主要是通过爱尔兰子公司，而且根据爱尔兰法律，一家爱尔兰公司如果管理权和控制权都不在该国，就可以不在爱尔兰纳税。利用爱尔兰这种独特的税法，苹果公司先在爱尔兰设立苹果国际销售公司，负责接收美国以外地区的所有销售收入，享受较低的所得税率。然后，通过苹果国际销售公司的母公司苹果国际运营公司，将利润都转到英属维尔京群岛的苹果公司总部。由于苹果国际运营公司的管理权不在爱尔兰，因此不用在爱尔兰缴税，而且英属维尔京群岛几乎免税。

据英国《金融时报》报道，苹果公司可能要向爱尔兰补缴高达上百亿美元税款，实际追税金额要由爱尔兰政府计算而定。此前欧盟裁定苹果公司得到了爱尔兰的非法政府援助，有人指控爱尔兰政府发布的两项预先税务意见给了苹果公司一个不被其他公司所具有的优势，而这违反了欧盟法律。之后，欧盟委员会展开了为期三年的调查后，最终出炉了130页的判决书。

2014年，《金融时报》称，苹果将必须向都柏林补交数十亿欧元税款，这将是欧盟有权规管成员国企业以来的最大追税单。欧盟委员会采取行动，对全球各大企业的激进避税行为重新划定红线。

欧盟法院于2020年7月15日对苹果公司与爱尔兰政府的税案做出裁决。欧盟委员会没有提供足够的证据来证明爱尔兰政府违反了欧盟竞争法中的"禁止国家援助"条款，并将税收作为国家资源向苹果公司提供不正当的优惠待遇，因此撤销了2016年对此案做出的相关裁定，苹果公司无须向爱尔兰政府补缴130亿欧元的税款。至此，苹果公司和欧盟之间持续多年的税务纠纷暂告一段落。

20.2 星巴克国际税收筹划模式

20.2.1 案例背景

Starbucks（星巴克）是美国一家连锁咖啡公司，不仅在特种咖啡零售界处于世界领先地位，而且产业遍及全球。2020 年国际品牌咨询公司 Interbrand（英特品牌）发布了《2019 年全球最佳品牌》（2019 Best Global Brands report）报告，星巴克排名第 35 位。这样一家在全球范围内都享负盛名的跨国企业，有着十分成功的经营之道，每年都从世界各地的消费者手中赚取丰厚的利润，然而它的税收问题却频频出现在媒体的报道中。利用自己跨国经营的优势，星巴克在国际税收筹划方面探索出了适合自己的模式，享受着各国税制差异带来的税收便利。

1. 发展历程

星巴克起源于 1971 年，在美国华盛顿州西雅图市成立了第一家店；1982 年舒尔茨先生加入星巴克并于 1987 年收购星巴克，开了第一家销售滴滤咖啡和浓缩咖啡饮料的门店；1992 年，星巴克在纽约纳斯达克成功上市，从此进入一个新的发展阶段；1996 年星巴克在东京开了第一家海外咖啡店，标志着其正式迈入国际市场。目前星巴克经营范围遍布亚洲、美洲、欧洲、中东及太平洋地区，在全球 70 多个国家和地区拥有超过 24 000 间门店，238 000 名员工。

2. 经营范围

星巴克最初的经营产品包括上等的咖啡豆、手工制作的浓缩咖啡及一些冷热咖啡饮料。但从 2011 年开始，星巴克开始实施多元化发展战略，对与咖啡相匹配的食物产品进行收购。例如，在 2011 年 11 月，星巴克收购了一家果汁公司 Evolution Fresh；2012 年 6 月，星巴克以 1 亿美元收购了面包店 Bay Bread 和它的咖啡店 La Boulange；2012 年 11 月 14 日，星巴克以 6.2 亿美元收购了茶业零售商 Teavana。因此，目前星巴克店内除了销售经典的咖啡，还包含各种三明治、蛋糕、面包、茶饮料及马克杯等产品。

3. 营销策略

星巴克能够拥有全球众多消费者、成为备受追捧的咖啡品牌，是因为其严格的品质要求和精准的市场定位。星巴克对咖啡的原材料选购十分挑剔和仔细，对供应商的挑选、评估也有一套严格的程序。星巴克使用的咖啡豆来自世界主要咖啡豆产地，包括印尼、肯尼亚、危地马拉等，并在西雅图烘焙。从采购、运输、烘焙、调制到最后的配料、销售，都要符合严格的标准。星巴克精准的市场定位也为其带来了一批忠实的消费者。星巴克以都市白领为主要市场，该消费群体具备一定社会地位、收入水平高、注重生活品质和情趣，因此星巴克一般选址在商业区、金融中心或高档写字楼附近，通过精心选择地理位置和周边环境，稳定客户群，同时培养潜在客户，提升品牌影响力。

星巴克推崇体验式的营销方式，注重为顾客营造"第三空间"。星巴克认为，他们出售的不仅仅是优质咖啡，更重要的是顾客对咖啡的体验文化。星巴克希望能够为顾客营造一种有别于办公室和家的"第三空间"，在这一空间中给消费者营造一种浪漫、时尚、高贵的文化氛围，使顾客可以把喝咖啡当作一种生活体验，享受休闲时光。星巴克并不会刻意通过广告进行品牌宣传，而是希望通过口碑营销来推动目标顾客群的增长。

4. 全球布局

星巴克在全球范围内投资设立子公司，并根据不同洲的不同特点采取不同的商业组织结构。如在英国、泰国，星巴克持有子公司 100% 的股权进行独资经营；而对于与日本等地的合作，星巴克只占股权的 50%；在中国的台湾、香港、上海等地，星巴克则采用许可协议的方式，占股份较少，大约 5%；在菲律宾、新加坡、马来西亚及北京的市场，星巴克实行授权经营，不占任何股份。星巴克在全球范围内有着复杂的控股关系：星巴克集团控制着位于美国华盛顿州的一家有限责任公司 SCI（Starbucks Coffee International），该公司控股位于英国的一家有限合伙企业 Alki（Alki.LP），英国的有限合伙企业与荷兰星巴克总部（Starbucks Coffee BV）存在控股关系，而荷兰星巴克总部同时控制瑞士一家星巴克公司和荷兰星巴克制造（Starbucks Manufacturing BV），由此可见，星巴克形成了一种复杂的控股结构。

星巴克咖啡的门店也分布广泛，在全球 70 多个国家和地区有分店。其中，美国的星巴克门店在全世界最为密集，纽约曼哈顿几乎每一处都有星巴克；加拿大是星巴克门店数量第二大的国家；首尔是星巴克分店分布最多的城市。近年来，星巴克在中国和亚太地区的销售增长快于其他任何地方，也将其在亚洲市场的发展尤其是在中国的发展，放在未来全球市场拓展计划的前列。星巴克在欧洲各国的发展参差不齐，如在英国的店铺分布比较密集，而在法国、意大利等国则相对稀疏。

20.2.2 星巴克在美国的纳税状况及税收争议

排除 2013 年的诉讼费因素，星巴克近些年的经营状况良好，2013 年、2014 年、2015 年的总收益稳步上升，分别约为 25 亿美元、31 亿美元、39 亿美元；随之而来的企业所得税额也平稳增加，2014 年和 2015 年约缴纳 10 亿美元和 11 亿美元的税额。除此之外，星巴克在美国所缴纳的税收占据了星巴克整体税负的八九成，如 2015 年约有 9.5 亿美元税款在美国缴纳，相比之下，在海外的税负极少，近三年每年只有一成左右。

1. 星巴克在美国的纳税状况

星巴克在其财务报告中分析，因为美国对留存海外的利润暂不征税，等汇回美国后再缴纳，因此星巴克利用了这一延期纳税制度，留在海外的未分配利润帮助其减少了总体税负水平。例如，2015 年外国子公司和股权投资公司累计未分配收益约为 28 亿美元，这些收入不构成美国的收入，也未带来外国预提税支出。

作为一家美国企业，星巴克在尽可能地履行好自己的纳税义务的同时，也积极利用本国对跨国企业的优惠政策。同时，由于美国特殊的政治体制，星巴克也在努力游说政府，试图为自己谋求更多的利益。星巴克曾表示，愿意考虑放弃一部分美国税收优惠，包括国内制造扣减和商业投资加速折旧，来换取较低的美国公司税率。此外，目前延期缴税适用于不相关特许经营者的国际特许权使用费，而不适用于与星巴克有关联的经营方，因此星巴克提出针对特许权使用费收入的税收应延至资金汇回美国之后缴纳。

美国国会税收立法和企业之间良好的互动，一方面促进了星巴克税收政策的形成，另一方面也促进了星巴克履行纳税义务。然而在国外，星巴克的税收争议不断，代表性的有 2012 年英国的纳税公关危机，和 2016 年欧美裁定荷兰对星巴克采取非法国家补助。

2. 星巴克在英国的税收争议

2012 年在英国，星巴克曾因纳税问题引发了公关危机。路透社和一家名为"税务研究"的英国独立调研机构共同进行的为期四年的调查显示，星巴克从 1998 年进入英国以来的 14 年间，占据了英国市场 1/3 的份额，总销售额累计超过了 30 亿英镑，但其缴纳的企业所得税累计只有 860 万英镑，占其销售额的比重不到 0.5%。2011 年，星巴克在英国实现销售额 3.98 亿英镑，但其以"亏损"为由，未向英国政府缴纳一分钱的税收。该消息在英国引起轩然大波，英国民众在英国反避税组织的推动下于 2012 年 12 月在各大城市的星巴克门店外举行抗议活动，抵制星巴克。

星巴克时任首席财务官特洛伊·阿尔斯泰德声称，星巴克在英国的一切经营都是合法的，他们有着非常严格的会计核算方法，之所以在英国的利润微薄、纳税额过低，应归咎于英国经济萎靡、行业竞争激烈、原料成本上涨和门店业绩不佳等原因。不过，阿尔斯泰德也表示，星巴克确实存在以向其位于荷兰的欧洲总部支付特许权使用费的方式抵免英国税收的行为。

英国当局和税务专家认为，星巴克利用转让定价、资本弱化、收取特许权使用费等手段将英国子公司的利润进行转移，使得英国的子公司的应税利润很少甚至没有，导致英国的税收流失。另据英国《卫报》报道，星巴克通过英国和其他地区的分公司向荷兰和瑞士的公司付款，瑞士公司高价销售咖啡豆给英国的子公司，同时在英国开展业务每年需要支付商标使用费，这使得在英国的经营经常出现亏损。

迫于舆论压力，星巴克最终妥协，在 2012 年承诺会在未来 2 年向英国政府缴纳 2 000 万英镑的企业所得税。

3. 星巴克在荷兰的税收争议

由于跨国公司国际避税行为愈演愈烈，欧盟近年来加大了对国际避税行为的打击力度，并掀起了对跨国公司及避税地国家的调查高潮。星巴克也成为欧盟进行反避税调查的跨国公司之一。由于欧盟无权干预成员国的税收制度，因此欧盟仅对星巴克与荷兰之间私下签订的协议进行调查评估，内容涉及是否违反了欧盟内部市场公平竞争原则，是否构成了非法提供国家补助。但是，星巴克和荷兰对欧盟做出的税务调查拒绝发表任何评论。

2015 年 10 月，欧盟委员会判决荷兰政府与星巴克之间签订的预约定价协议不正当地减轻了星巴克在荷兰的税负，构成了荷兰对星巴克的非法国家补助。为减轻由此引发的不公平竞争，欧盟委员会责令星巴克向荷兰当局补缴 2 000 万~3 000 万欧元的税款。

2016 年 8 月，美国财政部批评欧盟对于美国星巴克、苹果等公司的避税调查存在片面和越权问题。美国财政部在白皮书中表示，欧盟对其成员国给予跨国公司的特别税收优惠进行税务调查，是一种"超国家税务机关"的存在，会对国际税务体系造成威胁。

然而欧盟认为，如果成员国私下向跨国企业提供特别税收优惠，以吸引全球大公司把业务转移至该成员国本国境内，将会造成欧盟内部的不公平竞争，因此要加大对这类避税行为的打击力度。2016 年 4 月，欧盟再次加强监管力度，出台了一系列旨在打击大企业避税的制度新规。

20.2.3 星巴克税收筹划的基本框架

星巴克税收筹划的基本框架如图 20-6 所示。

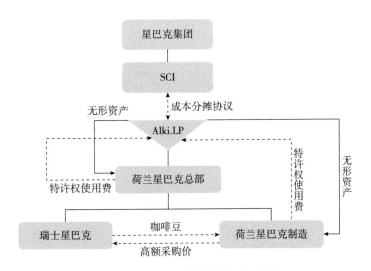

图 20-6　星巴克税收筹划的基本框架

首先，星巴克集团控制下的 SCI 是一家成立于美国华盛顿州的有限责任公司，其通过美国集团内部一系列复杂的控股关系，最终控制着位于英国的有限合伙企业 Alki。其次，这家有限合伙企业又控股荷兰星巴克总部。再次，荷兰星巴克总部控股瑞士星巴克总部和荷兰星巴克制造。

星巴克企业整体的最终目的是把海外利润集中在英国和瑞士，原因如下。第一，因为瑞士是避税天堂，企业所得税率只有 20%，远远低于美国的 35%，也低于欧美多数国家，利润囤积在瑞士可以大大减轻星巴克的税负。第二，英国的企业是一个合伙制企业，按照英国税法的规定，合伙企业不承担纳税义务，而是由合伙人缴纳个人所得税，而它的合伙人位于美国的华盛顿州，因此不用在英国纳税，所得分回美国后在华盛顿州不需要缴纳州税，节税效果明显。

1. 英国的有限合伙企业

Alki.LP 和 SCI 一起负责产品研发，签订了成本分摊协议。英国的这一合伙企业拥有星巴克的无形资产所有权，包括星巴克商标、咖啡配方、咖啡豆烘焙技术等，如图 20-7 所示。它把星巴克咖啡豆烘焙技术的使用权授予荷兰星巴克制造，将其他无形资产的使用权授予荷兰星巴克总部，因此这两家公司需要向英国的有限合伙企业支付特许权使用费。英国的这家有限合伙企业并没有太多实质性的经营活动，它签订了星巴克无形资产的成本分摊协议，负责一小部分产品研发，主要起着授予无形资产所有权的作用，除此之外不负责其他生产经营工作。

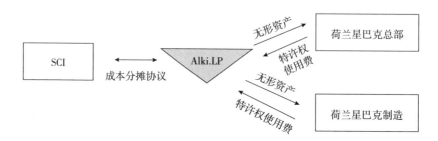

图 20-7　英国的有限合伙企业在税收筹划中的结构地位

2. 瑞士星巴克

瑞士星巴克负责星巴克全球范围内的生咖啡豆采购工作，之后再把咖啡豆销售给世界各地的星巴克制造公司，其中就包括荷兰星巴克制造，如图 20-8 所示。为了利用瑞士税率较低的优势，星巴克把利润汇集在瑞士，瑞士星巴克用较高的价格把生咖啡豆卖给荷兰星巴克制造。荷兰星巴克制造被定义为一家来料加工企业，因此采购价格根据成本加成法，按照 20% 的利润率，在瑞士星巴克购进生咖啡豆的成本上计算确定。资料表明，其他生咖啡豆加工制造企业的利润一般位于 4.9% ~ 13.1%，由此来看，20% 的利润率不仅超过了最高利润，而且超过较多，因此瑞士星巴克和荷兰星巴克制造的交易价格偏高，存在一定程度的转让定价避税嫌疑。

图 20-8　瑞士星巴克在税收筹划中的结构地位

3. 荷兰星巴克制造

荷兰星巴克制造负责欧洲、非洲等地区的咖啡豆供应，从瑞士星巴克采购生咖啡豆之后，负责烘焙和包装咖啡豆，之后再分销给各地的门店，如图20-9所示。荷兰星巴克的利润一部分流入了英国，一部分流入了瑞士，这就导致最后的应纳税所得额大幅度减少。一方面，由于荷兰星巴克制造在咖啡豆生产过程中，利用了英国Alki.LP授权的咖啡豆烘焙等技术，因此其收入的一部分通过特许权使用费的形式转移给了英国的有限合伙企业。另一方面，如上文所述，荷兰星巴克制造通过转让定价的方式，在采购咖啡豆的过程中，支付给瑞士星巴克较高的价格，从而把这部分利润转到了瑞士。

图 20-9　荷兰星巴克制造在税收筹划中的结构地位

4. 荷兰星巴克总部

荷兰星巴克总部负责和各门店谈判各项产品的具体销售协议，同时提供星巴克商标等无形资产的使用权，并向各门店收取特许权使用费，如图20-10所示。虽然荷兰星巴克总部每年从各门店获得了大量的特许权使用费，但是这一使用权是从英国星巴克制造授权而来的，因此还需要再向英国的Alki.LP支付高额的特许权使用费，由此导致利润减少，把大量的利润转移给了英国的Alki.LP。

图 20-10　荷兰星巴克总部在税收筹划中的结构地位

20.2.4　星巴克税收筹划策略

1. 利用税收管辖权

税收管辖权是一国在征税方面的主权，税收管辖权主要有地域管辖权、居民管辖权、公民管辖权。在实施居民税收管辖权的国家，是不是一国居民决定了该国是否有征税权。

利用各个国家居民判断标准的差异，避免成为一国居民而规避这个国家的税收，或争取成为一国居民而享受这个国家的税收优惠政策，已成为很多跨国企业税收筹划的路径之一。纳税企业利用这一差异，避免双重征税，甚至获得双重不征税的情况，同时会争取尽量享受到不同国家给予的税收优惠。

从表20-3可知，目前美国是按照登记注册地标准来判定纳税人身份的，而其他三个国家可以同时使用登记注册地标准和实际控制中心标准。第一，星巴克在英国、荷兰、瑞士建立的这些企业中，虽然某些企业只是一个空壳公司，实际管理控制中心在美国，但是美国采用单一的登记注册地标准，故这些设立在美国以外的企业不用缴纳美国的所得税。第二，英国、荷兰和瑞士的企业所得税税率相较美国来说较低，荷兰还具有较为优惠的税收政策，在这几个国家建立企业，成为该地居民纳税人，就可以享受较低的税率和优惠的政策。

表20-3 星巴克相关国家纳税人身份判别标准

国家	纳税人身份判定标准
美国	登记注册地标准
英国	登记注册地标准或实际管理与控制中心所在地标准
荷兰	登记注册地标准或实际管理与控制中心所在地标准
瑞士	登记注册地标准或实际管理与控制中心所在地标准

2. 特殊税收政策

1）美国：延期纳税

美国有着延期纳税的制度，这里所指的延期纳税并非指推迟确认收入或者提前确认费用，而获得货币的时间价值。它是指延期缴纳境外所得的税款，即跨国公司从境外获得的所得，一直延期到所得从境外汇回美国时才缴纳企业所得税，当所得留存在境外的时候不用纳税。尽管美国给予纳税人境外税收抵免，但若跨国公司在低税率的国家开展经营活动，当纳税人把境外利润汇回的时候，就要按照两国税法将分别计算的税款差额在美国纳税，这样企业税负还是达到了35%。利用延期纳税规则，星巴克把大量所得留存在境外的瑞士、英国等国家，这部分所得只按照国外较低税率征收所得税，当星巴克需要资金时，直接从境外支付，那么盈利从获得到支付都避免了美国的税收。

2）荷兰：不征预提税

一个集团内部通常会涉及跨国的资金支付，一般来说，支付资金的国家会对这笔来源于本国的所得征收预提税，因此这样的公司最好设在协定多甚至对支付的股息、利息等不征税的国家。荷兰有特殊的企业所得税政策，即对从荷兰向境外支付的股息、利息和特许权使用费不征预提税。星巴克在荷兰设立了两家公司，都使用了英国合伙企业提供的特许权，需要支付特许权使用费，所以星巴克无须支付任何税收，就轻松地完成了利润由荷兰到英国的转移设计。

3. 转让定价

转让定价是指有共同利益又处于同一控制下的相关企业之间，在转移商品、技术、劳务等的过程中，违背市场交易规则而制定了特殊价格政策，以达到整体利益的最大化。通过转让定价而避税的一般模式是将利润由高税地转移至低税地，高税率国企业按照较低价格向低税率国企业销售相关商品，而低税率国企业按照较高价格向高税率国企业销售相关商品。

随着企业对无形资产的日益重视和无形资产的不断增加，转让定价在企业发展过程中起到越来越重要的作用。又由于无形资产的特殊性，其价值不易被可靠评估，因此无形资产的转让定价被越来越多的跨国企业利用，目前很多大型跨国企业转让定价都是通过授予知识产权和支付特许权使用费的方式实现的。星巴克就是利用了无形资产的转让定价，其拥有的商标权、咖啡生产技术等无形资产，由注册在英国的有限合伙企业拥有，然后由它授予荷兰星巴克总部和荷兰星巴克制造公司。这样一来，两个公司就需要向英国的有限合伙企业支付大量的特许权使用费，从而转移了利润，减轻了在荷兰的税负。

4. 成本分摊协议

成本分摊协议是企业之间签订的一项协议，用来规定在研发、生产或获得资产、劳务和利益等的过程中，各方承担的风险和成本，以及享有的权利。成本分摊协议签订后，签订协议的相关各方即可拥有开发后的无形资产，同时各方也可以扣除无形资产开发过程中产生的费用。

美国星巴克公司和英国的 Alki.LP 签订了成本分摊协议，共同开发无形资产，共同享有无形资产的使用权。事实上,星巴克大量的无形资产都是在美国产生的,而英国的有限合伙企业和美国公司签订成本分摊后,无形资产也自动地被视为被英国的有限合伙企业所有。假设无成本分摊协议,那么美国公司在授予英国有限合伙企业知识产权的过程中就会获得一笔特许权使用费,而这笔特许权使用费不会改变整个集团的收益,但却因为需要在美国纳税,从而造成利益损失。此外,此举还是为了规避美国的一项法律,即受控外国公司在取得美国公司授予的无形资产后,不进行进一步开发就直接对外销售的,这时受控外国公司实现的销售收入,不管是否汇回美国,都要并入美国公司征税。签订成本分摊协议后,表明英国的有限合伙企业同样有履行开发无形资产的义务,这样星巴克获得的特许权使用费就可以留在英国而不用交税。

5. 企业组织形式

不同企业组织形式的法人地位不同,这就会导致企业在不同国家的纳税义务有所区别。常见的企业组织形式有股份有限公司、有限责任公司、普通合伙企业、有限合伙企业、个人独资企业、个体工商户等,前两类公司一般是法人,而对于合伙企业和独资企业来说,虽然通常意义上属于非法人机构,但是否被认定为独立的法人并附有纳税义务,不同国家的规定是不同的。

在英国,合伙企业不被视为一个纳税主体,其取得的所得分配到各个合伙人,由合伙人来纳税。在英国设立的星巴克有限合伙企业取得的所得不以合伙企业的名义纳税,这样这笔所得便会被直接分配给在美国华盛顿的合伙人,而美国华盛顿州是不征收个人所得税的州,由此,这笔收入就获得了双重节税的效益。

6. 政府协议

如果跨国公司在某个国家设立了机构场所,就必然会给该国家带来一定的收益和就业岗位,能够促进某个地区经济的发展。为了吸引海外的投资设厂,世界上的很多国家都会改变本国的税制设计,甚至和跨国企业签订特殊协议,让跨国企业获得一些节税效益。在西方的政治体制下,政府为了企业带来的效益,往往会和企业达成妥协。如荷兰的税务机关和荷兰星巴克协商,荷兰星巴克在计算应纳税所得额时,其整体利润率不得小于5%,如果荷兰星巴克的利润率小于5%,税务局就会调增应纳税额,反之则不会干预。如此一来,相当于只要荷兰星巴克给当地政府留下相当于5%利润率的应纳税所得额,剩余利润的转移就不受荷兰税务机关的限制。荷兰和瑞士等国家有税收裁定,纳税人可以利用税收裁定与税务机关谈判裁定的条款,税务机关一般都会给予这些纳税人比法定税率更低的税率。其实,政府和企业达成协议来避税的案例屡见不鲜,如苹果、谷歌等公司和爱尔兰政府,这样的协定在某种程度上可以说是当地政府和企业的"双赢",但是站在国际税收的大背景下,它却是扰乱了平衡的国际秩序,侵蚀了其他国家的税收利益。

【问题】:星巴克公司的税收策略有哪些?请根据案例进行分析。

20.3 数字经济下亚马逊公司税收筹划案例[①]

20.3.1 背景资料

1. 亚马逊公司的基本情况

亚马逊公司于 1995 年成立于华盛顿州的西雅图,是美国最大的一家网络电子商务公司。以图书销售起家的亚马逊,从 2001 年开始,除了宣传自己是最大的网络零售商外,还把"最以客户为中心的公司"确立为努力的目标。为此,亚马逊于 2001 年大规模推广第三方开放平台,2002 年推出网络服务,2005 年推出 Prime 服务,2007 年开始向第三方卖家提供外包物流服务,2010 年推出了 KDP 的前身——自助数字出版平台,业务领域从电子商务、数字阅读扩展到了云计算、物流、无人机等人工智能和科技界的方方面面。

亚马逊在全球有 3.04 亿活跃用户,其中,35.4% 的用户来自北美地区,31.8% 的用户来自欧洲地区,24.1% 的用户来自亚太地区。

从全球的布局来说,亚马逊有 14 个全球站点,其中有 11 个国家开通了第三方卖

---

① 本案例作者为蔡昌、王思月、张赛。

家功能，凭借着强大的技术优势和销售网络，各站点吸引了全球大量的卖家和买家。表20-4总结了这14个站点的平均每日访问量，从中可以看出亚马逊平台蕴藏着巨大商机。

表20-4 亚马逊全球14个站点的访问量

站点名称	访问量/天	站点名称	访问量/天
美国	约1亿	西班牙	约350万
英国	约1 200万	荷兰	约24万
德国	约1 400万	巴西	约29万
法国	约480万	墨西哥	约1 200万
日本	约2 800万	印度	约880万
加拿大	约240万	中国	约13万
意大利	约500万	澳大利亚	约24万

数据来源：ALEXA.COM。

另外，截至2019年亚马逊在全球有123个运营中心，可将商品配送至185个国家和地区的消费者。亚马逊拥有全球先进的电商运营系统及物流仓储运营体系，这项系统也可以为卖家所用，被称为"亚马逊物流"，即FBA，如图20-11所示。

图20-11 亚马逊物流（FBA）操作流程

由图20-11可知，卖家先将商品发送至亚马逊运营中心，由亚马逊储存商品；当客户订购商品后，亚马逊对商品进行拣货包装，再快捷配送至客户手中。

2. 与亚马逊有关的税收争议

作为全球较大的网络零售商，亚马逊除了缔造了众所周知的"网上沃尔玛"，还被各大媒体曝出一些税收争议。纽约大学斯登商学院市场营销学教授斯科特·加洛威（Scott Galloway），在他的一篇文章中表示，亚马逊在2016年往前追溯9年缴纳的所得税只有14亿美元，而其最大竞争对手沃尔玛，同期缴纳的所得税则高达640亿美元。

1）在欧洲的税收争议

（1）与欧盟的税收争议。亚马逊的欧洲总部选址在税率很低的卢森堡。2017年10月4日，欧盟委员会要求亚马逊向卢森堡政府补缴2.5亿欧元（约合2.94亿美元）的税款，原因是欧盟委员会认为该公司获得了相对于竞争对手不公平的税收优惠。欧盟称，亚马逊在2006年至2014年间享受到了卢森堡政府给予的税收优惠，掩盖了约9亿欧元的欧盟内利润，而该税收优惠政策属于非法政府补贴，违反了欧盟的国家补助法规，因此亚马逊应向卢森堡政府补税。其实早在2014年10月7日，欧盟监管机构就对亚马逊公司在卢森堡的税务安排发起了正式调查。欧盟认为，亚马逊在欧洲的大部分利润都被记在卢森堡子公司，而根据亚马逊与卢森堡政府签署的优惠协议，亚马逊在卢森堡有3/4的利润并未纳税。

然而亚马逊否认自己从事违法活动，认为监管部门将收入误认为是利润，并表示亚马逊在卢森堡的利润低是由于激烈的竞争环境和知识产权的巨大投资成本，而不是恶意避税。和亚马逊一样，卢森堡也否认自己曾从事任何违规活动，曾在声明中称："卢森堡确信，本案中有关卢森堡违反了国家补助规定的指控并无事实根据，并确信卢森堡将适时说服欧盟委员会相信其税收规则的合法性，以及说服其相信并无特定企业被授予竞争优势。"

对欧盟的这种做法，美国官员持批评态度。美国财政部负责国际事务的时任副助理国务卿罗伯特·斯塔克认为，欧盟的调查是针对美国企业的行为。美国指责欧盟这一调查为越权行为，认为预约定价协议是一个国家的税收主权，而欧盟是在行使超国家的税收权力。并且，美国财政部在2016年8月25日发布了一份白皮书，白皮书中表达了对欧盟调查的反对，并表示欧盟的做法可能会威胁到全球的税务改革。

欧盟多国政府面对美国科技公司的大规模避税，也表示十分不满，准备改革税制，对这些科技公司征收更多的税金。

由表20-5可知，亚马逊负担的税金并未与其高额利润相匹配。法、德两国表示将对网络交易平台加强税收管理，杜绝逃税现象。2017年8月26日，法国提出了新的提案：向各互联网巨头征收一种全新的税款——平衡税。法国财长表示，美国互联网公司应根据其数字平台在营收来源国的总收入来确定其税收水平。另外，法国认为在对大型数码企业加强税务管理的同时，还应在欧洲设立统一税率，以消除爱尔兰、卢森堡等低税率国家身为避税天堂的优势。

表20-5　亚马逊在欧盟多国政府纳税情况

年份	国家	销售额	纳税额
2012年9月	法国	少缴2.52亿美元	
2012年	德国	87亿美元	392万美元
2014年	德国	119亿美元	1 600万美元
2016年3月	意大利	少缴1.3亿欧元	

在2016年10月19日举行的布鲁塞尔会议中，即便欧盟成员国中大部分国家的财长支持这项计划，但由于爱尔兰、卢森堡等避税天堂国家的强烈反对，欧盟领导人决定暂停在欧盟全境的税制改革，以寻求在OECD框架下达成一项可以应用于全球、适应于数字时代的、更为有效和公平的长期协议。

（2）与英国的税收争议。2012年，亚马逊英国分公司被怀疑在英国没有交纳全部税款，受到英国税务部门对其自2004年以来的纳税情况的审查。

针对亚马逊的避税行为，2013年3月22日，英国超过10万人签名向政府请愿对亚马逊强制征税。英国政府也于2015年4月推出了转移利润税——向人为将利润转移到英国之外国家的企业征收25%的惩罚性税收。而亚马逊英国区负责人则发表声明称其税负低是由于投资成本大，导致平台盈利很微薄，并表示将在英国创造5 000个新的工作岗位，提供24 000个固定职位。

除了在缴纳所得税方面有争议，亚马逊与英国在增值税方面也存在争议。2017年9月13日，英国议员指责亚马逊、eBay等线上销售平台，认为其将产品销售到英国却没有在英国缴纳增值税。英国议会公共账目委员会指出，2015—2016年度，电商VAT欺诈导致英国政府损失了10亿～15亿英镑的税收。另外，英国是欧洲最大的电商市场之一，2016年网上销售额占到了英国整体零售业销售额的14.5%，而且在所有电商销售中，有超过一半是通过亚马逊和eBay等平台的，因此，英国政府要求亚马逊在英国销售货物时，应向第三方卖家收取增值税。而亚马逊和eBay认为，出售商品或服务所产生的增值税申报责任在于第三方卖家，而不是电商平台。

2）在美国的税收争议

（1）所得税方面的争议。2016年9月，美国国内收入署起诉亚马逊逃税15亿美元，这一案件的争议焦点是亚马逊美国公司与其位于卢森堡的欧洲子公司之间签署的成本分摊协议中的转让定价内容。该合同是在2005—2006年间进行的交易，涉及超过15亿美元的税款争议。根据该成本分摊协议，亚马逊集团授予子公司在欧洲使用某现有无形资产的权利，其中包括运营亚马逊欧洲网站业务所需要的无形资产。协议要求子公司预付一笔"购置款"，即一次性买入支付的费用，以补偿美国母公司转让无形资产给子公司的损失。此后，子公司需要每年支付分摊费用，以补偿美国业务持续发展的无形资产成本。

美国国税局认为这笔"购置款"的金额并不符合公平交易原则，它会导致亚马逊在美国的税收负担低于合理水平，并要求亚马逊采用现金流折现法来重新评估转让定价。亚马逊则认为，其支付的一次性买入费用是采用可比非受控价格法计算出来的，并表示美国国税局的裁定武断、反复无常且不合理。美国税务法庭在国税局与亚马逊公司的税务争议中认为，美国国税局专员滥用自由裁量权，武断地将技术和产品内容百分之百计入无形资产开发成本，夸大了子公司应付给母公司的无形资产成本，税务评估结果失当；并认可亚马逊为其子公司所需购进交易的支付总额所做的定价，认为其使用的经调整的成本分摊方法合理，可充分合理地将成本分摊进无形资产开发成本。

最终，尽管美国国税局在与亚马逊的税收争议中败诉，但这是美国国税局再次使用税法条款对关联公司跨境转让定价实施纳税评估的一个实际应用。可以看出，美国国税局为挽回海外税源做出了不懈努力。

（2）销售税方面的争议。除所得税之外，在州一级销售税方面，亚马逊和美国许多州政府也发生过分歧。一些州认为，亚马逊向本州消费者进行网络零售未收取销售税影响到了本州税款的征收，而亚马逊则表示，根据美国法律，美国各州只对在州内存在实体的在线零售商征税，而亚马逊在很多州并未设立实际经营实体，因此无须缴纳销售税。然而 2013 年"市场公平法案"的通过，意味着各州政府对州外互联网零售商与州内实体零售商拥有征收相同税率销售税的权利（年收入低于 100 万美元的互联网零售商可被豁免征税）。截至 2017 年 4 月，美国有 45 个州对互联网零售商征收销售税，只有阿拉斯加州、特拉华州、蒙大拿州、新罕布什尔州和俄勒冈州尚未征收销售税。

同时，对亚马逊开征销售税之后，美国部分州计划对小型电商卖家（包括亚马逊和 eBay 等平台的第三方卖家）征收销售税。如 2017 年 6 月，南卡罗来纳州税务局向行政法庭提起诉讼，称亚马逊并未向南卡罗来纳州第三方卖家收取销售税，仅就 2016 年第一季度论，亚马逊应支付给该州 1 250 万美元的税款、罚款和利息。亚马逊在南卡罗来纳州有三个仓库，存在经营实体，因此亚马逊并不否认在该州的纳税义务。但当涉及第三方卖家时，亚马逊坚持认为，应由卖家决定是否缴纳销售税。然而南卡罗来纳州认为，第三方卖家出售的商品数量占亚马逊销售总量的一半以上，而且亚马逊控制着第三方卖家的大部分销售过程，因而即使这些卖家在本州没有实体经营场所，但其使用了亚马逊的 FBA 仓储配送服务，就有义务缴纳销售税。

20.3.2 亚马逊开展海外税收筹划的框架及方法

1. 海外税收筹划框架

亚马逊的海外税收筹划主要是通过其在卢森堡设立的子公司完成的。卢森堡是一个内陆小国，国土面积仅有 2 586.3 平方千米，然而就是这样一个小国，在国际货币基金组织（IMF）2017 年 8 月 6 日发布的统计数据中，人口不到 60 万的卢森堡人均 GDP 在被调查的 190 个国家和地区中位居榜首。

卢森堡有亚马逊集团的两家公司，第一个是亚马逊欧盟有限责任公司（Amazon EU），第二个是亚马逊欧洲控股技术公司（Amazon Europe Holding Technologies），两个公司都是卢森堡的企业，完全由亚马逊集团拥有，并最终由亚马逊美国母公司控制。

1）亚马逊欧盟有限责任公司的作用

亚马逊欧盟有限责任公司是一个运营公司，拥有超过 500 名员工，经营着亚马逊的欧洲零售业务。该公司对欧洲亚马逊网站上售卖的商品先进行挑选，再从生产制造商处购进这些商品、管理在线销售，最后通过海外各国分销商将产品交付给来自各个国家的客户，如图 20-12 所示。也就是说，无论客户在亚马逊在欧洲的哪一站点购买商品，商品都是直接从卢森堡销售至各个国家的，这就使得亚马逊在欧洲的利润都转移到了卢森堡。而且这些海外国家的分销商只作为运营公司的一个服务提供商，从事实际经营活动以外的库存、仓储、发货及售后等服务，亚马逊只需要向其支付少量的成本加成费。亚马逊正是通过对运营公司销售职能的分割，实现了利润的转移。

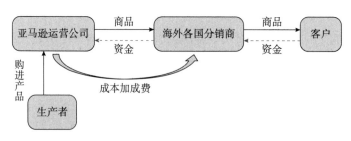

图 20-12　亚马逊运营公司在避税中的结构

2）亚马逊欧洲控股技术公司的作用

亚马逊欧洲控股技术公司是在卢森堡设立的一家有限合伙企业，是一个没有雇员、没有办公室和实际经营业务的空壳公司。该控股公司在运营公司和美国母公司之间扮演着中介的角色，它与美国母公司就知识产权签订了一份成本分摊协议，即共同拥有和研发无形资产，控股公司只需要向母公司支付一次性买入无形资产费用和每年需支付的分摊费用，以补偿美国业务持续发展的无形资产成本。控股公司并不实际使用这项知识产权，它只是将其授权给运营公司，供其经营在欧洲的零售业务，如图20-13所示。

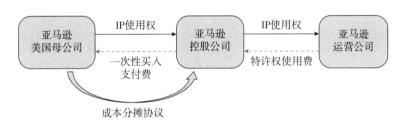

图20-13 亚马逊控股公司在避税中的结构

3）亚马逊在欧洲的税收筹划流程

亚马逊在卢森堡的税收筹划架构如图20-14所示，亚马逊美国母公司将其在美国开发的知识产权的使用权授权给控股公司使用，再由控股公司将其使用权许可给运营公司使用，并由运营公司向控股公司支付特许权使用费。亚马逊卢森堡运营公司除了负责记录亚马逊在欧洲出售的所有产品的收入，还负责收集客户数据、进行市场投资、积极完善亚马逊欧洲电子商务平台的软件开发技术。虽然运营公司对授权的知识产权进行了管理和增值，但其向亚马逊卢森堡控股公司支付的特许权使用费大大超过了其应支付的金额。

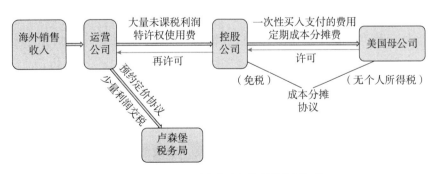

图20-14 亚马逊在卢森堡的税收筹划架构

另外，亚马逊与卢森堡政府在 2003 年签署了一份优惠的税收协议，协议将亚马逊在卢森堡子公司的缴税比例限制在欧洲总收入的 1% 以内，而且这份协议认同运营公司向控股公司支付的巨额未反映经济实质的特许权使用费，这就使得亚马逊运营公司并未缴纳与其所获大量利润相匹配的税款。对中介控股公司而言，由于其企业形式及其与美国母公司之间签订的成本分摊协议，控股公司取得的大量利润无须在卢森堡纳税；而且由于美国不同地区间的税制差异，其转移回美国的利润也避免了大量税款的缴纳。

2. 亚马逊海外税收筹划方法

1）税收管辖权

税收管辖权是一个国家根据其法律所拥有和行使的征税权力。目前，世界上大致实行三种税收管辖权：居民管辖权、公民管辖权和地域管辖权。对于法人居民身份的判定，各国主要采用注册地标准、总机构标准和实际管理机构所在地标准。

就亚马逊而言，虽然其在卢森堡的空壳子公司的实际管理机构在美国，但由于美国采用登记注册地标准来判定居民身份，因而卢森堡的空壳子公司不构成美国的居民纳税人，无须就其来源于境外所得在美国纳税。

2）成本分摊协议

成本分摊协议是指参与方共同签署的对开发、受让的无形资产或参与的劳务活动享有受益权、并承担相应活动成本的协议。常见的成本分摊协议是无形资产共同开发协议，即每一个参与者都可以获得独立的利用无形资产的权利。在成本分摊协议下，无须支付特许权使用费，因为没有发生无形资产使用权许可交易，但成本分摊协议要求各参与方分摊各自应承担的成本。

出于保护知识产权的目的，亚马逊将无形资产注册在具有完善法律体系的美国。亚马逊美国母公司和卢森堡控股子公司签订成本分摊协议，意味着双方拥有共同开发该无形资产的权利，控股子公司无须向母公司支付特许权使用费，只需要支付知识产权一次性买入费和定期成本分摊费。如果亚马逊美国母公司和卢森堡子公司之间未签订成本分摊协议，母公司将知识产权授权给子公司使用，该交易视同母公司销售无形资产，子公司向其支付的特许权使用费应在美国纳税。相反，通过成本分摊协议，不仅卢森堡子公司可以获得知识产权经济意义上的受益权，还可以避免母公司在美国多纳税。

3）利用打钩规则

子公司的利润在进行股息分配汇回给母公司之前，母公司一般不需要就子公司的利润进行纳税。然而为了防止跨国公司把利润滞留在"避税天堂"而长期不汇回本国，各国税法一般要求符合一定条件的受控外国公司（如子公司）的所得应在当期向母公司所在国纳税。根据美国CFC规则，卢森堡受控外国子公司未对无形资产进行开发，而直接将其授权给卢森堡运营公司，收取的费用应视同受控外国子公司的销售收入，应将其中归属于母公司的利润并入美国母公司纳税。

然而美国税法下也存在着"打钩规则"，即税务主体性质识别规则。美国税法允许美国公司将境外设立的公司设置为税法上不存在的实体对待，即纳税人可以自己自由选择是成为公司还是成为合伙企业。

如图20-15所示，亚马逊卢森堡控股公司可被视为美国税法上不存在的实体，即将其视为亚马逊卢森堡运营公司的一部分。运营公司向控股公司支付的特许权使用费、股息等费用属于单一主体的内部支付，因而也视同不存在，亚马逊无须就这笔收入在美国纳税，从而构成受控外国公司法制度的例外。

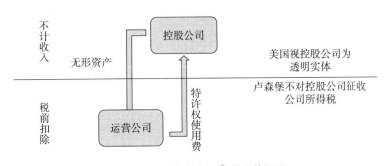

图20-15 "打钩规则"的具体运用

4）递延纳税

递延纳税是指，居民股东投资于外国企业所实现的投资所得被汇回本国时，才会对其征税；在被投资外国企业将投资所得以股息形式分配给股东前，该股东在国内承担的应税所得中则不包括这部分应取得而未实际取得的利润，这样便使股东规避了居住国的税款缴纳。这主要是各国政府在经济全球化条件下，为保持本国企业在国际市场上的竞争力而采取的措施。

亚马逊在向卢森堡缴纳了很少一部分税款后，将大量所得滞留在了卢森堡，当其有资金需求时，直接从卢森堡支付资金，这样从资金的取得到支付，便全流程避免了根据美国税法应缴纳的税款。而美国为吸引海外资金回流，在2017年9月28日推出了新税改框架，海外盈利的美国企业在将利润汇回时，由对其征收10%的税率转变为对其征收全球最低税率，这也意味着美国递延纳税的政策或许会被取消。

5）预约定价安排

卢森堡以其优惠的税收政策和广泛的税收协定吸引了大量跨国企业，成为世界主要投资地之一。然而，卢森堡的企业所得税税率并不低，即使卢森堡法定公司所得税税率从21%降到了19%，但加上卢森堡当地对企业征收的市政商业税，综合企业所得税税率可达到27.08%。也就是说，亚马逊只要取得了来源于卢森堡的所得，就无法避免在卢森堡所面临的高税率纳税问题。但是，通过预约定价安排，亚马逊可以大幅度地减轻其税收负担。

预约定价安排是企业与税务机关就企业未来年度关联交易的定价原则和计算方法所达成的一致安排，通常包括单边、双边和多边三种类型。为了实现"双赢"，亚马逊与卢森堡政府在2003年签署了一份优惠的税收协议，协议将亚马逊在卢森堡子公司的缴税比例限制在欧洲总收入的1%以内。亚马逊因此享受到了卢森堡政府给予的特殊性税收优惠，在卢森堡少缴了大量税款。而且，这个协议并未因亚马逊销售收入的增长而进行调整。虽然这种做法违背了国际上的一般做法，但这是与政府签订的协议，因而仍具有法律效力和确定性。由此可见，亚马逊通过预约定价安排极其合法地避开了卢森堡的税款征收。

6）亚马逊利用转让定价的操作

转让定价是指关联企业之间在销售货物、提供劳务、转让无形资产、进行融资等时制定的价格。跨国关联企业之间可以通过操控企业之间的关联交易行为，把利润转移到低税率的国家，达到减轻企业集团总税负的目的。关联企业间转让定价的一般做法如图20-16所示。

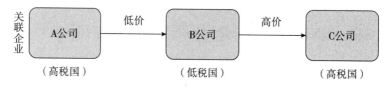

图20-16 亚马逊利用转移定价的操作

各国政府要求关联企业之间的交易定价要符合独立交易原则，而专有技术、注册商标、专利等无形资产的转让定价因为很难找到与其可比的对象和参照标准，并且容易与其他财产的交易混杂在一起难以拆分，所以不容易定价。

就亚马逊而言，其先将在美国公司开发的知识产权授予其在卢森堡的控股公司使用，控股公司再将其授予给实际运营的运营公司使用，然后运营公司通过向控股公司支付巨额的特许权使用费来转移利润，减少税款的缴纳。

7）亚马逊的企业组织形式

合伙企业在卢森堡不被视为公司所得税纳税主体，不以企业的名义纳税，而是由各合伙人就其分配的所得来缴纳税款。因此，在卢森堡设立的控股公司只有将其所得分配给该企业的合伙人时，合伙人才缴纳税款，而该有限合伙企业的合伙人是美国华盛顿州居民，因此卢森堡只能对其征收预提所得税。而根据美国与卢森堡签订的税收协定，这笔利润只缴纳5%的预提所得税，再加上华盛顿州不征收个人所得税，这就使得这笔来源于卢森堡的所得少缴了大量税款。

20.3.3 亚马逊境内税收筹划的条件及方式

1. 境内所得税的筹划条件及方式

1）所得税的筹划条件

美国公司所得税是对美国居民企业的全球所得和非美国居民企业来源于美国境内的所得所征收的一种所得税，分联邦、州和地方三级征收。在特朗普税改之前，美国联邦公司所得税税率采取超额累进税率制度，年应纳税所得额超过1 833万美元的企业适用最高税率35%。同时，拥有税收立法权的州（地方）政府会根据其税收自主权和实际经济发展状况制定不同的税收法律及税制体系，如表20-6所示。

表20-6　美国各州公司所得税分类情况

类别	州政府名称
不设公司所得税的州	得克萨斯、华盛顿、内华达、南达科他、俄亥俄
实行固定公司所得税的州	佛罗里达、蒙大拿、新罕布什尔、印第安纳、犹他、密歇根、特拉华、北卡罗来纳、田纳西、密苏里、科罗拉多、爱达荷、西弗吉尼亚、伊利诺伊、亚利桑那、马萨诸塞、亚拉巴马、维吉尼亚、宾夕法尼亚、俄克拉何马、南卡罗来纳、马里兰、华盛顿特区、威斯康星、康涅狄格、罗德岛、明尼苏达、加利福尼亚、纽约、肯塔基、佐治亚
实行累进税率公司所得税的州	阿拉斯加、俄勒冈、密西西比、堪萨斯、北达科他、内布拉斯加、夏威夷、缅因、新墨西哥、路易斯安那、阿肯色、爱荷华、佛蒙特、新泽西

数据来源：根据IBFD数据库整理。

由表 20-6 可知，各州及地方政府的税收规定存在差异，从事跨州业务的企业因此就有了税收筹划的空间。

一家从事跨州业务的美国公司是否要在不同州申报纳税，取决于该公司是否在该州"构成征税联系"①，企业一旦被认定为与该州有足够"关联"，则有义务在该州纳税。如果企业被几个州都认定为其纳税人，企业取得的全部所得就应在几个州之间先进行分摊，再分别缴纳归属于各州的公司所得税。

因此，如何在相关州之间对跨州经营的公司进行所得税的划分，是协调各州税收收入的重要内容，而州际公司所得税的分配又主要包括对征税权的确立及对跨州经营公司税基的分配。征税州主要采用三种方法对跨州经营公司的所得在州际间进行分配：独立核算法、特定分配法和公式分配法。其中，大多数州普遍采用的是公式分配法中马萨诸塞州首创的古典规则，即征税州在对跨州纳税人归属于其境内的净所得征税时，要考虑工资、财产和销售收入这三个因素，具体公式如下。

某州应分配的所得＝(公司在该州的销售额/公司总销售额 × 权重
　　　　　　　　　＋公司在该州的财产额/公司财产总额 × 权重
　　　　　　　　　＋公司在该州支付的薪金额/公司支付的薪金总额 × 权重)
　　　　　　　　　× 公司应分配的总所得

因此，从事跨州经营的企业可以从实际出发，对各州的税收政策进行对比，选择在不征所得税、所得税税率较低或实行更多优惠税收政策的州进行投资。另外，企业也可以不与各州构成关联来避免成为所在州的居民纳税人。

2）所得税的筹划方式

第一，合理选择经营注册地。亚马逊创始人贝索斯曾表明，将公司总部设在华盛顿州的西雅图，而不是建立在能为电商企业提供更多智力和技术支持的加利福尼亚州或纽约州，其中的原因之一就是华盛顿州能给予更优惠的税收政策。

由表 20-7 可知，华盛顿州不征收公司所得税和个人所得税，并且实行一系列的税收优惠政策，为亚马逊税负的减轻创造了条件。

---

① 构成征税联系，是指企业通过在该州拥有或租赁财产、设立营业场所或从事实际经营活动、拥有雇员或代理商及利用该州资源取得营业收入而与该州形成的关联。

表 20-7 华盛顿州税收规定

税种	公司所得税	个人所得税	资本利得税	营业及开业许可税	州际销售税	地方销售税
征收情况	不征	不征	不征	0.13%～3.3%（税基为总收入）	税率为 6.5%	平均税率为 2.7%

第二，充分利用产业扶持政策。美国促进高新技术产业发展的税收优惠形式有间接优惠和直接优惠两种。直接优惠方式表现为定期减免所得税、采用低税率等；间接优惠方式通常包括加速折旧、投资抵免、费用扣除、亏损结转、提取科研开发准备金等。

由图 20-17 可知，企业 R&D 费用可选择两种方法扣除——资本化和在费用发生当年进行一次性扣除。其中，作为鼓励措施，企业 R&D 费用新增部分的 20% 可直接冲减应纳所得税额，未冲减完的部分准予结转。美国加利福尼亚州拥有美国最高的研发费用扣除率，允许企业将企业内部研发费用的 15%，或公司请外部机构从事研发费用的 24%，在计算缴纳公司所得税时进行税前扣除。正是因为加利福尼亚州鼓励企业进行技术研发的力度较大，亚马逊在加利福尼亚州上市的子公司有四家，包括位于旧金山和库比蒂诺的软件开发公司及位于帕罗奥图和旧金山的互联网搜索引擎公司，进而达到减轻企业税负的目的。

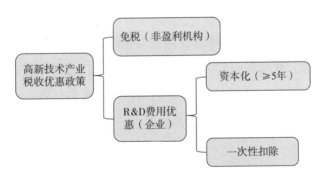

图 20-17 美国高新技术产业税收优惠政策

2. 销售税的筹划条件及方式

1）销售税的筹划条件

销售税是美国州和地方政府对商品及劳务按其销售价格的一定比例课征的一种税，税率由各州政府自行制定。销售税的纳税人是消费者，采用消费地原则，并在销售方向消费者销售时的环节征收。当一州居民购买到了来自其他州未课税的商品时，居民需要在其所在州自行申报缴纳与销售税具有替代性质的使用税。

在征收销售税的州中，地方政府平均销售税税率最高的五个州分别为亚拉巴马州（5.03%）、路易斯安那州（5.02%）、科罗拉多州（4.60%）、纽约州（4.49%）和俄克拉何马州（4.36%）；州级和地方综合销售税税率最高的五个州分别为：路易斯安那州（9.98%）、田纳西州（9.46%）、阿肯色州（9.34%）、亚拉巴马州（9.01%）和华盛顿州（8.92%）。由此可见，不同州及地方政府的销售税的税收规定存在差异，这为从事跨州经营的企业进行税收筹划创造了条件。

由于无法向网购消费者收取销售税，2012年美国政府因网购损失了233亿美元的税收收入。这也给传统零售企业带来了冲击，因而一些州政府为享受公平待遇和获取更多税收收入，开始对互联网零售商征收销售税，此类法律通常被称为"亚马逊法"[①]。2009年，纽约州成为首个通过"亚马逊税收法案"的州政府。截至2017年4月，美国有45个州对互联网零售商征收销售税。尽管对网上零售商征收销售税可以增加财政收入，但为吸引投资，一些州政府同时也制定了较为灵活的税收政策，如阿拉斯加、特拉华、蒙大拿、新罕布什尔和俄勒冈等州尚未征收销售税，这为电商企业税收筹划创造了条件。

2）销售税的筹划方式

第一，亚马逊通过与州政府达成协议来减轻税负。

2012年10月26日，亚马逊与亚利桑那州税务局达成协议：州政府批准亚马逊暂时不对本州消费者收取销售税，亚马逊则承诺建设物流等设施来为该州提供就业机会。从2013年2月1日开始，亚马逊同意对亚利桑那州的居民代收销售税，并承诺从当年7月1日起，同时代征电子书等数字产品或服务的销售税。作为交换条件，亚利桑那州政府同意亚马逊只代征6.6%的州级销售税，并不代征地方政府的销售税，使得亚马逊可以少缴近乎三分之一的税款。

第二，亚马逊通过解除与代理机构的合作关系来规避纳税义务。

2011年，阿肯色州立法通过了"亚马逊法案"，因亚马逊与该州的代理机构构成了"关联"关系，所以阿肯色州要求亚马逊代收销售税。于是亚马逊于2011年7月24日终止了与该州联营机构签订的协议，关闭了其在阿肯色州的网站，以达到免缴税款的目的。

---

① 亚马逊法：即使网络零售商在某州没有仓库、办公场所等传统意义上的实体，但只要该企业与本州内的居民或代理机构签有协议，拥有专用的服务器，并通过该服务器的网址从事实质性、经常性的交易而不是偶然性、辅助性的活动，就可以认定该跨州纳税人与该州构成实质性经济联系。该州可以对跨州纳税人行使税收管辖权。当该网络零售商在该州内年销售额超过100万美元时，就有义务在该州缴纳销售税或替代性的使用税。

因为相同的原因，亚马逊终止了与美国加利福尼亚、康涅狄格、北卡罗来纳、罗德岛、伊利诺伊和夏威夷等州联营企业的合作关系，以继续享受免税待遇。

第三，亚马逊通过充分利用税收政策来减轻税负。

由于不同州和地方的税率和税收优惠政策不同，亚马逊可以选择在低税率甚至是免税州从事生产经营活动，如亚马逊最初选择将物流中心建于免征销售税的特拉华州。

【问题】：

1. 国际税收业务经常运用转让定价方法，请大家根据所学国际税收知识，列举常见的几种转让定价方法。

2. 亚马逊卢森堡运营公司向卢森堡控股公司支付的特许权使用费合理吗？谈谈你的看法并给出理由。

参考文献

[1] S.P. 科塔里，等. 当代会计研究 [M]. 北京：中国人民大学出版社，2009.

[2] 迈伦·斯科尔斯，等. 税收与企业经营战略 [M]. 5 版. 北京：中国财政经济出版社，2018.

[3] 哈维·S. 罗森. 财政学 [M]. 北京：北京大学出版社，2005.

[4] 萨利·M. 琼斯，谢利·C. 罗兹 – 卡塔那奇. 税收筹划原理——经营和投资规划的税收原则 [M]. 11 版. 北京：中国人民大学出版社，2008.

[5] 萨利·M. 琼斯，谢利·C. 罗兹 – 卡塔那奇. 高级税收战略 [M]. 4 版. 北京：中国人民大学出版社，2010.

[6] 蔡昌. 税收筹划八大规律 [M]. 北京：中国财政经济出版社，2005.

[7] 蔡昌. 税收筹划 [M]. 北京：经济科学出版社，2016.

[8] 蔡昌. 中国特色公有制产权税收论 [M]. 北京：中国财政经济出版社，2018.

[9] 蔡昌. 契约视角的税收筹划研究 [M]. 北京：中国财政经济出版社，2008.

[10] 蔡昌. 税收筹划：理论、实务与案例 [M]. 3 版. 北京：中国人民大学出版社，2020.

[11] 蔡昌. 一本书讲透税收筹划 [M]. 北京：中国人民大学出版社，2021.

[12] 蔡昌. 税收与公司财务 [M]. 北京：中国财政经济出版社，2021.

[13] 布坎南. 自由、市场与国家 [M]. 上海：上海三联出版社，1989.

[14] 盖地，丁芸. 税务筹划 [M]. 7 版. 北京：首都经济贸易大学出版社，2021.

[15] 谭光荣. 战略税收筹划研究 [M]. 长沙：湖南大学出版社，2007.

[16] 梁云凤. 战略性税收筹划研究 [M]. 北京：中国财政经济出版社，2006.